U0142926

研究&方法

SPSS

操作與應用
多變量分析實務

第二版

吳明隆 著

SPSS Operation and Application—The Practice of Multivariate Analysis

五南圖書出版公司 印行

序言

多變量分析實務是《SPSS操作與應用》（*SPSS Operation and Application*）序列叢書之三。SPSS統計分析軟體（Statistical Package for the Social Science）是一種親和性佳、操作簡易且普及化的統計軟體，在行為及社會科學領域的量化研究中，甚為多數研究者使用。

多變量統計分析是進階的推論統計，本書的內容架構，在於完整介紹社會及行為科學領域中常用的多變量分析方法，統計分析程序以SPSS統計套裝軟體的操作界面與應用為主，內容除基本統計原理的介紹外，著重的是SPSS統計套裝軟體於量化研究上的應用。為讓讀者對量化研究之常用多變量方法有更完整的了解，除詳細詮釋輸出結果報表的意義外，同時也對統計分析相關的數據由來做完整的解析，讓讀者對統計分析的結果有更深入的了解。讀者若是在SPSS基本操作上不是很熟悉，可同時閱讀《SPSS操作與應用—問卷統計分析實務》一書，這樣當可收事半功倍之效。

本書以實務應用及使用者界面為導向，對於以SPSS統計套裝軟體來進行量化研究的使用者而言，實質上相信有不少助益，綜括本書的內容有五大特色：(1)完整的操作步驟與使用程序介紹，研究者只要依書籍步驟，即能完成資料統計分析工作；(2)操作畫面與說明以SPSS中文版視窗界面為主，符合多數研究者的需求；(3)詳細的報表解析與說明，讓讀者真正了解各種輸出統計量數的意義；(4)報表結果的統整歸納，「表格範例」可作為論文寫作的參考；(5)內容豐富而多元，包括量化研究中使用者最常使用到的多變量統計分析方法。

PREFACE

SPSS

　　本書得以順利出版，首先要感謝五南圖書公司的鼎力支持與協助。由於筆者所學有限，拙作歷經半年多的琢磨，著述雖經校對再三，謬誤或疏漏之處在所難免，尚祈各方先進及學者專家不吝指正。

吳明隆
謹誌於　國立高雄師範大學師培中心
2021.06.02

目錄

自 言

第一章 集群分析與多元尺度分析 1

　壹、集群分析相關理論　3

　　一、聚合法　▶8

　　二、分割法　▶8

　　三、標準化程序　▶11

　　四、距離度量　▶12

　　五、集群合併的準則—連結法　▶20

　　六、資料與圖形　▶31

　貳、階層集群分析法　34

　　一、操作程序　▶34

　　二、報表說明　▶42

　　三、不同集群方法結果　▶50

　參、K-Means集群分析法　53

　　一、操作程序　▶56

　　二、設定初始集群中心點　▶59

　　三、報表說明　▶65

　　四、K平均數集群分類結果　▶73

　肆、二階集群分析法　74

　　一、操作程序　▶75

　　二、報表說明—TwoStep叢集　▶80

　　三、二階集群分析結果　▶84

　伍、集群分析與區別分析　85

　　一、採用階層集群分析法—群間連結法　▶87

　　二、採用階層集群分析法—Ward連結法　▶89

　　三、採用二階集群分析法　▶91

　　四、採用區別分析　▶94

　陸、多元尺度法　96

　　一、操作程序　▶101

二、輸出結果 ▶108

三、MDS操作程序 ▶120

四、主要輸出結果 ▶121

第二章　區別分析 125

壹、區別分析的相關理論　127

一、區別分析之基本假設 ▶143

二、建立區別函數並進行顯著性檢定 ▶145

三、解釋自變項在各區別函數之意義 ▶147

四、分類與預測 ▶148

五、解釋結果 ▶160

貳、三個群組之SPSS區別分析程序　163

一、操作程序 ▶164

二、輸出結果 ▶168

參、MANOVA與DISCRIM關係　191

一、ANOVA結果顯著 & DISCRIM分析不顯著 ▶192

二、ANOVA分析不顯著 & DISCRIM分析顯著 ▶195

三、三個區別變項 & 二個群組的區別分析 ▶199

第三章　多變量變異數分析 205

壹、相關理論　207

一、MANOVA分析結果 ▶234

二、ANOVA分析結果 ▶235

貳、二組樣本單因子多變量變異數分析　236

一、SPSS操作程序 ▶238

二、二個群組之單因子多變量檢定輸出報表 ▶247

三、採用區別分析進行追蹤考驗 ▶257

參、三個群組之單因子多變量檢定輸出報表　258

一、SPSS操作程序 ▶259

二、輸出結果 ▶260

三、以區別分析進行追蹤考驗 ▶271

第四章　二因子多變量變異數分析 273

　壹、二因子多變量變異數分析－交互作用顯著　277

　　一、二因子多變量變異數分析操作　▶278

　　二、輸出結果－一般線性模式　▶280

　　三、二因子多變量單純主要效果檢定操作程序　▶291

　　四、二因子多變量單純主要效果報表詮釋　▶297

　貳、二因子多變量變異數分析－交互作用不顯著　311

　　一、雙因子多變量操作程序　▶311

　　二、雙因子多變量輸出報表　▶312

第五章　典型相關 317

　壹、理論基礎　319

　貳、典型相關分析操作　333

　　一、CANCORR語法指令　▶334

　　二、報表結果　▶335

　　三、MANOVA語法　▶353

　　四、MANOVA語法輸出結果　▶354

第六章　二元邏輯斯迴歸 367

　壹、相關理論　369

　貳、虛擬變項之邏輯斯迴歸分析　386

　參、預測變項為連續變項之邏輯斯迴歸分析　393

　肆、二元邏輯斯迴歸分析的實例　402

　　一、操作程序　▶403

　　二、輸出結果　▶412

第七章　虛擬變項與多項式邏輯斯迴歸 429

　壹、虛擬變項的邏輯斯迴歸實例　431

　　一、操作程序　▶433

　　二、輸出結果　▶434

　貳、直接以虛擬變項進行二元Logistic迴歸分析　438

　　一、增列二個年級變項之虛擬變項　▶438

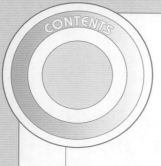

二、操作程序　▶439

三、輸出結果　▶439

參、多項式邏輯斯迴歸分析　443

一、操作程序　▶445

二、強迫輸入法輸出結果　▶452

三、逐步向前法輸出結果　▶457

第八章　主成分分析 461

壹、主成分分析相關理論　463

貳、SPSS操作程序範例　481

一、操作程序　▶481

二、報表解說　▶485

參、採用共變數矩陣進行主成分分析　494

一、操作程序　▶495

二、輸出結果　▶496

肆、主成分於複迴歸分析中的應用　501

一、一般複迴歸結果說明　▶503

二、抽取預測變項主成分　▶508

三、主成分迴歸分析　▶512

第九章　因素分析 517

壹、因素分析的相關理論　519

一、輸入指標變項的量測值　▶538

二、選擇萃取共同因素方法　▶540

三、選擇因素轉軸的方法　▶542

四、決定選取共同因素的準則　▶555

五、共同因素的命名與解釋　▶558

貳、因素分析操作程序　561

一、操作程序　▶562

二、第一次因素分析輸出結果　▶575

三、第二次因素分析輸出結果　▶591

主要參考文獻 607

CHAPTER

1

集群分析與多元尺度分析

【研究問題】

　　以企業組織的組織文化、組織知識管理、員工投入程度、生產效益等變因是否可將企業組織分成有意義的群組？上述研究問題的假設檢定中，採用的統計方法為「集群分析」（cluster analysis）。以國中學生的學習動機、學習態度與學業表現等變因，可否將學生分成有意義的群組？此種將觀察值樣本分類為少數群組的程序，稱為集群分析，分類後群組間特性是互斥而非重疊。

壹、集群分析相關理論

　　集群分析也是一種多變量分析程序，其目的在於將資料分成幾個相異性最大的群組，而群組間的相似程度最高。研究者如果認為觀察值間並非全部同質，在資料探索分析方面，集群分析是一個非常有用的技巧。由於集群分析時，使用之分析方法不同，結果便有所不同，不同研究者對同一觀察值進行集群分析時，所決定的集群數也未必一致，因而集群分析較偏向於探索性分析方法，在研究應用上，常與區別分析一起使用。

　　觀察值之集群分析應用與區別分析相似，均在於將獨立分開的觀察值分成不同組別（groups）或將觀察值分類，二者主要差別在於區別分析時，組別特性已知；而集群分析時，觀察值所屬群組特性還未知。此外，在集群分析前，研究者尚不知道獨立觀察值可分為多少個群組（集群），其集群數不知道，而集群的特性也無從得知，集群分析法採用的「數值分類法」（numerical taxonomy），分類的準則並非是研究者事先決定的，此方面就是將計量空間的樣本點加以分組，分組後使在同一群組內的樣本點具有高度的相似性（similarity）／較高的同質性（homogeneity），不同群組間的樣本點則具有高度的異質性（heterogeneity），此種分類法是根據樣本點的計量屬性加以估計分類，是一種「自然分組法」（natural grouping），其關注的焦點不在於估計觀察值在變項上之變異量的差異；相反的，乃是利用觀察值在變項變異量的不同，對觀察值加以分組。

　　假如有十一個觀察值，根據其在變項的變異量的不同，分為三個群組，其圖示如下：

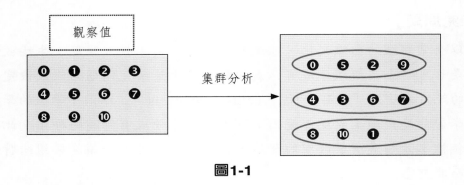

圖1-1

　　集群分析意義的圖示如下：左邊方框為所有觀察體的分布情形，零散而沒有意義，經由觀察體某些相似的變項性質，將具有類似性質的觀察體合併為一個集群，形成少數有意義而具有某種共同性質的群體。集群分析後，各群組中的觀察值具有最大相似性、各集群間具有最大的相異性。

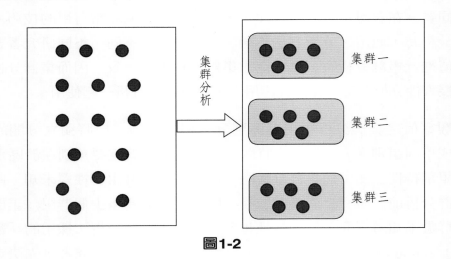

圖1-2

　　以教育程度及所得二個變項為例，六個樣本觀察值的假設資料如下表（*Sharma, 1996, p. 186*）：

表1-1

個人代號	所得（千元）	教育程度（年數）
S1	5	5
S2	6	6
S3	15	14

（續上頁表）

S4	16	15
S5	25	20
S6	30	19

　　上表數據依所得及教育程度二個變項繪製之散布圖如下，由二維空間之散布圖中可以看出：代號S1與代號S2為同一群組、代號S3與代號S4為同一群組、代號S5與代號S6為同一群組。集群成員{S5、S6}的所得最高、教育程度的年數也最長；集群成員{S1、S2}的所得最低、教育程度的年數也最短。

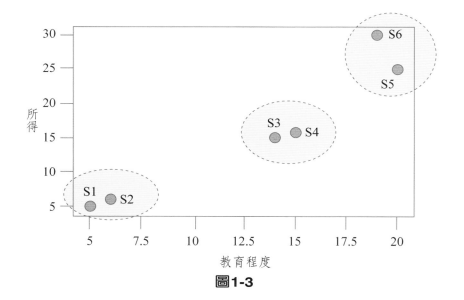

圖1-3

　　再以某企業組織受訓之二十八位學員的「學習動機」與「學習表現」二個變項來看，二十八名學員測得的數據如下。根據「學習動機」與「學習表現」二個變數測量值所繪製的散布圖如下：

表1-2

編號	學習動機	學習表現	編號	學習動機	學習表現
S1	10	2	S15	6	8
S2	10	8	S16	3	3
S3	8	9	S17	2	2

（續上頁表）

S4	9	10	S18	1	4
S5	8	10	S19	6	7
S6	5	5	S20	7	6
S7	1	3	S21	1	9
S8	2	2	S22	2	10
S9	3	1	S23	9	9
S10	6	6	S24	5	6
S11	3	9	S25	9	2
S12	2	8	S26	10	1
S13	1	10	S27	8	2
S14	10	10	S28	9	1

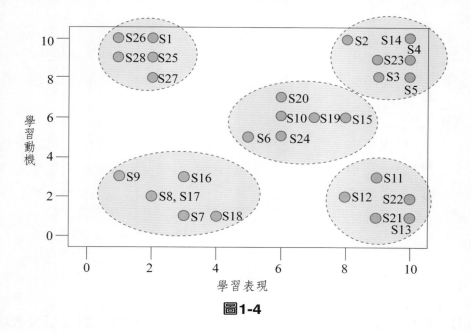

圖1-4

從上面的散布圖可以明顯看出，二十八名學員大致可以分為五個群組：群組[1]為學習動機低，學習表現也低者為{S7、S8、S9、S16、S17、S18}；群組[2]為學習動機低，但學習表現高者為{S11、S12、S13、S21、S22}；群組[3]為學習動機高，但學習表現低者為{S1、S25、S26、S27、S28}；群組[4]為學習動機高，且學習表現也高者為{S2、S3、S4、S5、S14、S23}；群組[5]為學習動機普通，且學習表現中等者為{S6、S10、S15、S19、S20、S24}。

變項的集群分析應用則相似於因素分析（factor analysis），二者進行的程序均在於辨認變項的相關組別。因素分析時，只有一個潛在的理論模式，而集群分析時則蘊含著一個以上的潛在理論模式。多數實際應用時，二者的主要差別在於因素分析是針對「變項」予以分組；而集群分析則是將「觀察值個體」予以分組，亦即，因素分析時，根據依變項（題項）間之關係密切與否，將變項予以分群（分為幾個層面因素）；而集群分析則較常使用於將變項屬性相似程度較高的觀察值，加以分群，使集群與集群間的異質性達到最大，而同一集群內觀察值同質性很高。因素分析除可將變數分群外，也可與集群分析一樣將觀察值分群，使用因素分析技巧將觀察值分群的方法稱為「Q—因素分析」（Q-factor analysis），學者Sharma（*1996*）建議研究者最好不要使用「Q—因素分析」來進行觀察值的分類，因為這樣會產生其他問題。若是研究者關注的確認潛在因素與潛在因素的指標變項，最好就使用因素分析法，因為這是因素分析統計法被發展出來的主要緣由；如果研究者關注的觀察值／樣本點的分類，最適切的統計方法就是採用集群分析法。

在統計分析程序中，如果集群分析的對象是變項，則變項集群分析結果與變項因素分析結果，往往會有差異出現，其原因在於二者處理變項間關係方式不同，集群分析所採取的是一種「階層式」（hierarchical）的判別，依據個別變項間相關強弱情形，逐次合併變項集群，而因素分析在聚合變項時，則是「同時」考量到所有變項間的關係。

集群分析方法，主要有二種：一為「階層式集群分析法」（hierarchical cluster analysis）；二為「非階層式集群分析法」，非階層式集群分析法最常使用者為「K組平均法」（K-Means集群分析法），如果觀察值的個數較多或資料檔非常龐大（通常觀察值在200個以上），以採用「K-Means集群分析法」較為適宜，因為觀察值數量太多，冰柱圖（icicle plots）與樹狀圖（dendrograms）二種判別圖形，在呈現時會過於分散，不易令人閱讀與解釋。使用「K-Means集群分析法」時，通常要訂定事先集群數目，進行分析次數可能較為多次，研究者可運用全體觀察值中部分數據進行「階層式集群分析法」，以作為決定集群數的參考。如果觀察值樣本不大，則採用「階層式集群分析法」較為適宜。

「階層式集群分析法」又可分為「凝聚法」或「聚合法」（algorithms method）與「分割法」（divisive method）二種：「凝聚法」又稱為「凝聚階層法」（agglomerative hierarchical methods）；「分割法」又稱「分割階層法」（divisive hierarchical methods）。

一、聚合法

開始時，先計算N個觀察體在P個分類變項上之相似性資料，以得到一個N×N的相似性矩陣，此時將所有個別觀察體視為一個群組（N群），之後將二個相似性最大的觀察體合併為新的一個群組（變成N-1群），依次兩兩配對的方式，執行N-1次的合併，讓所有觀察體變成一個集群。此種方法有一個特性，即二個觀察體一旦被合併為同一個群組時，則之後所有合併的程序，這二個觀察體必會在同一個集群內。凝聚法依其計算方法的不同，包括單一連結法（single linkage）、完全連結法（complete linkage）、平均連結法（average linkage）、形心連結法（centroid liknage）與華德最小變異法（minimum variance method）等。

二、分割法

分割法的分類程序剛好與凝聚法相反，開始時將所有觀察值視為一個集群，之後依觀察值相異性最大或相似性最小者抽離出來（多數計算此觀察體與集群內其他觀察體的平均距離），將觀察體分割成二個集群，接著分別計算大集群中每個觀察體與集群內及集群外觀察體的平均距離，根據平均距離將大集群中的觀察體分割出來，依此步驟分割成三個集群、四個集群……，直到每一個觀察體單獨成一個集群為止。此種方割法較為複雜，因而在階層式集群分析法中較少使用。分割法與聚合法的集群程序，均可以以雙構面的樹狀圖表示，從樹狀圖中可以得知集群分割或聚合的詳細步驟。

非階層式集群分析法使用時，必須先將所有觀察體資料粗分為K個集群，與階層式集群分析法相較之下，集群組數目的分類剛好相反，階層式集群分析是根據觀察體間的相似性，逐步進行群組的合併與分類；而非階層式集群分析必須事先決定集群數目（K個群組），因而此種分類法又稱

為「K組平均集群法」。非階層式集群分析法的步驟如下（*Sharma, 1996, p. 202*；呂金河，*2005*）：

1. 選定K個初始集群的形心（centroids）或種子點（seeds），其中K是假定想要分群集群數目。
2. 計算每個觀察體到各集群形心距離遠近，將每一個觀察體分派到離其最近集群。
3. 根據事先假定的調整規則，重新分配或重新配置每一個觀察值到K組集群中。
4. 如果重新分配資料點能滿足調整規則條件，則重複步驟2、步驟3，直到資料點無法重新配置。

多數非層次法聚合結果會依下列二個條件而異：一為初始K個群集形心或種子點的設定；二為重新分派觀察值的調整規則。可見初始種子點的設定與分類結果有密不可分的關係，初始種子點的設定之常用方法有以下六種：

1. 選取前K個沒有遺漏值的觀察值作為初始集群的形心或種子點。
2. 先選取第一個沒有遺漏值的觀察值作為第一個集群的種子，第二個集群的種子則選取與第一個種子的距離超過某個特定標準者，第三個集群的種子則選取與先前二個種子的距離超過某個既定標準者。依此方法，直到選出K個集群的的種子。
3. 以隨機方式選出K個沒有遺漏值的觀察值作為集群的形心或種子。
4. 先選擇K個種子，次則依照某種特定規則（規則如種子間的距離盡可能夠遠）重新調整種子。
5. 使用簡單合理的方式確認集群的形心，使形心間的距離盡可能夠遠。
6. 使用研究者提供的種子。

一旦K個初始種子確定後，接著要將其他剩餘的N-K個觀察值分派到距離最近的種子點（可以形成一個集群）。非層次法聚合重新調整分群的方

法有以下三種規則（*Sharma, 1996, p. 203*）：

1. 重新計算每個集群的形心，將每個觀察值分派到距離最接近的形心集群中。在分派觀察值到K個集群的過程中，不更新形心的數值，直到所有觀察值都分派完，才重新計算集群的形心。若後一次集群形心與前一次集群形心的改變值大於某個收斂標準（convergence criterion），則重複之前的步驟，重新計算集群的形心並重新分派觀察值到距離最接近的形心集群中，直到後一次集群形心與前一次集群形心的改變值小於某個收斂標準。

2. 分群完後，重新計算每個集群的形心，並將每個觀察值分派到距離最接近的形心集群中，在分派觀察值到K個集群的過程中，每次均會重新計算觀察值加入集群前後二次形心的改變值。重複此步驟，直到形心的改變值小於某個特定的收斂的標準值。

3. 重新分派觀察值，以讓某種統計準則數值為最小值，這些方法一般稱為「爬坡法」（hill-climbing method），常用的統計準則或客觀函數為最小值的方法，有以下四種：

　(1)組內SSCP矩陣的跡（trace）（最小的ESS）（方陣中左上至右下主對主線元素的總和稱為矩陣的跡）。

　(2)組內SSCP矩陣的行列式（determinant）值。

【備註】：行列式為一個數值，是一個方陣所構成的面積或容積，求方陣的行列式，可使用試算表函數「=MDETERM（陣列範圍）」求得。

$$\begin{vmatrix} 5 & 7 \\ 4 & 6 \end{vmatrix} = 5 \times 6 - (7 \times 4) = 2 \; 、 \; \begin{vmatrix} 2 & 3 & 3 \\ 2 & 5 & 7 \\ 3 & 4 & 6 \end{vmatrix} = 10$$

　(3)$W^{-1}B$矩陣的跡，其中W、B分別代表組內SSCP矩陣（$SSCP_W$）與組間SSCP矩陣。W^{-1}矩陣為矩陣W的反矩陣（inverse），W矩陣與其反矩陣有以下性質：$W^{-1}W = WW^{-1} = I$，矩陣I為單元矩陣（主對角線元素為1，其餘元素為0）。

【備註】：反矩陣（inverse matrix）的求法可以試算表函數語法

「=MINVERSE（原矩陣範圍）」求得，求出結果時，要同時按『Ctrl』＋『Shift』＋『Enter』鍵。

$$\begin{bmatrix} 3 & 4 \\ 5 & 6 \end{bmatrix}\begin{bmatrix} -3 & 2 \\ 2.5 & -1.5 \end{bmatrix} = \begin{bmatrix} 1 & 0 \\ 0 & 1 \end{bmatrix}, \text{ 若 } W = \begin{bmatrix} 3 & 4 \\ 5 & 6 \end{bmatrix}, \text{ 則其反矩陣為 } W^{-1} = \begin{bmatrix} -3 & 2 \\ 2.5 & -1.5 \end{bmatrix}$$

⑷$W^{-1}B$矩陣的最大特徵值。

　　階層式集群分析法中，根據觀察值或變項間距離，將最相似物件結合在一起，以逐次聚合的方式（agglomerative clustering）將觀察值分組。計算觀察值相似性最常用的方法是歐基里得距離平方法（square Euclidean distance）。歐基里得距離平方法在計算觀值的相異程度時，會隨著測量單位不同而不同。在集群分析中，如果階層集群分析法與非階層集群分析法統合運用，則稱為「二階段集群分析法」。在非階層集群分析法中最讓研究者困惑者，為研究者必須主觀事前決定集群的數目，此種主觀的認定有時並非十分適切；若是研究者利用多次測試，從中發掘一組的集群數，有時時間又不許可；此外，在階層集群分析法中，以相似性聚合集群方法，之前被分派到同一集群的觀察體，在之後的分群中，會被一直歸於同一集群內，為獲得最佳的集群數，研究者可使用二階段集群分析法（two-stage cluster analysis）。

　　在二階段集群分析法中，研究者可採用相似性聚合的方法（如華德法或平均連結法），來獲得集群的群數與起始點，再以K組平均數法，以之前獲得的集群數作為K組平均數法中起始假定或主觀認定的集群數，此種統合方法，可以解決在非階層集群分析法中主觀假定集群數的問題，此外，也可以解決階層集群分析法中，原觀察體無法重新分派或重新配置到其他集群的問題。

　　當研究者進行集群分析時，要考量到以下幾點（*SPSS Inc., 1998*）：

三、標準化程序

　　變項間的單位如果不同，原始數值較大的變項，在距離測量演算程序

的結果上，也會獲得較大的數值。為克服因測量單位不同而造成距離相異性結果值計算的差異，可將不同單位的變項加以轉換，常用者為轉換成Z分數，使每個變項的平均數均變為0、而標準差均成為1。不同量表所測量的變項數據，在進行集群分析時，最好依標準化程序將原始資料轉換，如果是使用「K-Means集群分析法」，則分析進行的第一個步驟就是要將原始分數以「標準化」（standardization）程序轉換。

如果是以距離量數作為分群依據的集群分析中，是否將變項進行「標準化」，讓所有變項具有相同的尺度與變異數，學者間的看法並未完全相同。如學者Everitt（1980）認為將變項轉換為標準化Z分數，能使各集群間在變項上的變異降低，此種標準化轉換程序最能有效區別各集群分類結果之差異；但學者Edelbrock（1979）則持相反的見解，其認為各變項間因為母群參數機率分配各不相同，標準化程序並無法確保各變項具有相同的轉換，有時還會改變了變項間原有的相關結構。部分學者認為變項之標準化與否，對集群分析結果的影響不大；也有學者甚至認為，變項之標準化轉換結果反而會破壞原有分類結果之正確性。因而在集群分析時是否將變項標準化，相關研究並無一致性的共識（Aldenderfer & Blashfield, 1984），研究者只能就問題性質，並注意標準化轉換與否對分類結果的影響，但若是研究者採用歐氏距離平方法作為觀察點間相異性或相似性的估計方法，則變項間最好進行標準化程序的轉換（王保進，2004）。

四、距離度量

集群分析進行時，在判別觀察值相異性或相似性程度的演算中，階層式集群分析程序提供數種距離或相似性的測量方法，如果觀察值間相似程度很高，則計算出的彼此距離測量值很小（相異性很低）、相似性測量值很大。測量觀察值個體距離最常用的方法為「歐基里得距離平方法」（square Euclidean distance）；而在變項集群分析中，計算變項相似程度值最常用的方法則為積差相關法。

「歐基里得距離平方法」的計算如下：以上述代號S1、S2二個觀察值為例，其相似性是用二點的距離量測的：

$$D^2{}_{XY} = (X_1 - Y_1)^2 + (X_2 - Y_2)^2 = (5-6)^2 + (5-6)^2 = 2$$

設有X與Y二個樣本點,二個樣本點在P個變項上的歐基里得直線距離平方為:

$$D^2{}_{XY} = \sum_{N=1}^{P} (X_N - Y_N)^2 \text{,其平方根 } D^2{}_{XY} = \sqrt{\sum_{N=1}^{P} (X_N - Y_N)^2} \text{ 為歐基里得}$$

直線距離

由於估算平方根較為煩瑣,因而在集群應用分析上二點相似性的估算均以歐氏距離的平方作為分群的依據。歐氏距離是集群分析中相似性的量測被使用最廣泛的量數,然而此量數並非是「尺度不變性」(scale invariant)量數,因而尺度改變,觀察值間的距離也會改變,如代號S1、S2二個觀察值為例,將所得單位由千元改為元(變更尺度),二個觀察值歐氏距離的平方為:

$$D^2{}_{S1\&S2} = (X_1 - Y_1)^2 + (X_2 - Y_2)^2 = (5000 - 6000)^2 + (5-6)^2 = 1000000 + 1$$
$$= 1000001$$

由上述量數可以發現:「所得」變項支配距離的計算,此即觀察值使用之量測尺度對於距離量數有重大的影響效果,可見變項間具有相似的測量尺度是非常重要的。如果變項尺度間的差異過大,無法符合尺度不變項的性質,則可考慮將變項的量數轉換為標準化的量數。標準化資料的歐氏距離有個很有用的特性,即此量數符合「尺度不變性」,標準化資料的歐氏距離會影響集群分類結果,因而研究者沒有強烈合理的理由,不應採用標準化資料的歐氏距離。

在SPSS統計軟體中,可以直接求出觀察值間的各種距離:

　　　執行功能列「分析（A）」／「相關（C）」／「距離（D）」程序，開啓「距離」對
話視窗。
　　　→在左邊變數清單中，將目標變數「所得」、「教育程度」選入右邊「變數（V）」
下的方格中
　　　→將觀察值樣本編號變數「代號」選入右邊「觀察值標示註解依據（L）」下的方格
中，「計算距離」方盒中選取內定選項「⊙觀察值之間（C）」，在「測量」方盒中選取
「⊙相異性（D）」內定選項→按最下方的『量數（M）』按鈕，開啓「距離：相異性量
數」次對話視窗。

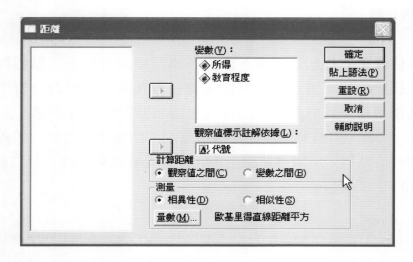

圖1-5

　　　在「測量」方盒選取「⊙區間（N）」選項，於「測量（M）」右邊的下拉式選單
中選取一種量測距離方法，選項中包括「歐基里得直線距離」、「歐基里得直線距離平
方」、「Chebychev」（柴比雪夫距離）、「區塊」（城市街道距離）、「Minkowski」
（明可斯基距離）、「自訂距離」等→按『繼續』鈕→回到「距離」對話視窗，按『確
定』鈕。
【備註】：在左下方「轉換值」方盒中，可以將變數進行標準化轉換，
於「標準化（S）」右邊的下拉式選單中的選項包括「無」、「Z分數」、
「值域−1到1」、「值域−1到0」、「1最大級數」、「1的平均數」、「1
的標準差」等。

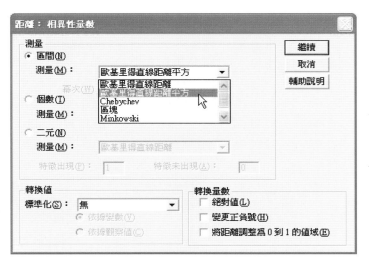

圖1-6

在「測量」方盒若選取「⊙二元（N）」選項，則「測量（M）」右邊的下拉式選單包括：「歐基里得直線距離」、「歐基里得直線距離平方」、「大小差異」、「形式差異」、「變異數」、「形狀」與「Lance與Williams」等選項。

圖1-7

S1至S6觀察值在「所得」與「教育程度」二個變項之歐氏距離平方的相似矩陣表如下：

表1-3

	近似性矩陣：歐基里得距離平方					
	1:S1	2:S2	3:S3	4:S4	5:S5	6:S6
1:S1	0.00	2.00	181.00	221.00	625.00	821.00
2:S2	2.00	0.00	145.00	181.00	557.00	745.00
3:S3	181.00	145.00	0.00	2.00	136.00	250.00
4:S4	221.00	181.00	2.00	0.00	106.00	212.00
5:S5	625.00	557.00	136.00	106.00	0.00	26.00
6:S6	821.00	745.00	250.00	212.00	26.00	0.00

這是相異性矩陣

樣本S2(6, 6)與樣本S3(15, 14)間的歐基里得距離平方為：

$$D^2_{XY} = (X_2 - Y_2)^2 + (X_3 - Y_3)^2 = (6-15)^2 + (6-14)^2 = 145.00$$

Chebychev（柴比雪夫）距離距陣如下：

表1-4

	近似性矩陣：Chebychev距離					
	1:S1	2:S2	3:S3	4:S4	5:S5	6:S6
1:S1	0.00	1.00	10.00	11.00	20.00	25.00
2:S2	1.00	0.00	9.00	10.00	19.00	24.00
3:S3	10.00	9.00	0.00	1.00	10.00	15.00
4:S4	11.00	10.00	1.00	0.00	9.00	14.00
5:S5	20.00	19.00	10.00	9.00	0.00	5.00
6:S6	25.00	24.00	15.00	14.00	5.00	0.00

這是相異性矩陣

樣本S2(6, 6)與樣本S3(15, 14)間的柴比雪夫距離為：

$$D_{XY} = MAX_N|X_N - Y_N| = 最大值（|6-15|, |6-14|）= 最大值（9, 8）= 9$$

樣本S5（25, 20）與樣本S6（30, 19）間的柴比雪夫距離為：

$$D_{XY}=MAX_N|X_N-Y_N|=\text{最大值}(|25-30|, |20-19|)=\text{最大值}(5, 1)=5$$

街道城市距離矩陣如下：

表1-5

	近似性矩陣：市區距離					
	1:S1	2:S2	3:S3	4:S4	5:S5	6:S6
1:S1	.00	2.00	19.00	21.00	35.00	39.00
2:S2	2.00	.00	17.00	19.00	33.00	37.00
3:S3	19.00	17.00	.00	2.00	16.00	20.00
4:S4	21.00	19.00	2.00	.00	14.00	18.00
5:S5	35.00	33.00	16.00	14.00	.00	6.00
6:S6	39.00	37.00	20.00	18.00	6.00	.00

這是相異性矩陣

樣本S2(6, 6)與樣本S3(15, 14)間的城市街道距離為：

$$D_{XY}=\sum_{N=1}^{P}|X_N-Y_N|=|6-15|+|6-14|=9+8=17$$

樣本S1(5, 5)與樣本S6(30, 19)間的城市街道距離為：

$$D_{XY}=\sum_{N=1}^{P}|X_N-Y_N|=|5-30|+|5-19|)=25+14=39$$

明可斯基距離矩陣如下：

表1-6

	近似性矩陣：Minkowski (2)距離					
	1:S1	2:S2	3:S3	4:S4	5:S5	6:S6
1:S1	.000	1.414	13.454	14.866	25.000	28.653
2:S2	1.414	.000	12.042	13.454	23.601	27.295
3:S3	13.454	12.042	.000	1.414	11.662	15.811

（續上頁表）

4:S4	14.866	13.454	1.414	.000	10.296	14.560
5:S5	25.000	23.601	11.662	10.296	.000	5.099
6:S6	28.653	27.295	15.811	14.560	5.099	.000
這是相異性矩陣						

　　明可斯基距離為距離量測的通式，若變項數只有二個，則其數據等於歐基里得距離，若有m個，則其距離為所有量測值間差異平方總和的m根次方，如m等於3，則明可斯基距離為：

$$D = \sqrt[3]{(X_1 - Y_1)^2 + (X_2 - Y_2)^2 + (X_3 - Y_3)^2}$$

上述明可斯基距離數據為歐基里得距離平方值開根號。

　　以「歐基里得距離平方法」來估計樣本點間的距離，由於是採用平方單位，因而對變異數的影響較大，在某些平方空間方面，以平方單位來推估二點間距離反而欠缺精確，此時可改用「城市街道距離」（city block distance）／曼哈頓距離（Manhattan distance），來推估二點間的距離。城市街道距離為二個樣本點間變項數值之差異的絕對值總和，如果距離值愈大，表示二個觀察體的距離愈遠，二者間的相異性也愈大。以公式表示為：

$$D_{XY} = \sum_{N=1}^{P} |X_N - Y_N|$$。代號S1與S2間的「城市街道距離」數值等於

$$D_{XY} = \sum_{N=1}^{2} |X_N - Y_N| = |5 - 6| + |5 - 6| = 1 + 1 = 2$$

　　第三種常用估計二個觀察體間距離的方法稱為「柴比雪夫距離」（Chebychev distance），城市街道距離為二個樣本點間變項數值之差異的絕對值總和，而柴比雪夫距離為變項數值之間差異絕對值中取其絕對值最大者，以公式表示為：

$$D_{XY} = MAX_N |X_N - Y_N|$$

　　如果要反映變項間測量單位的差異與相關高低對距離數值的影響，觀察體間相似性或相異性可改用「馬氏距離」（Mahalanhobis distance），「馬氏距離」也是一種平方單位，其公式為：

$$D^2{}_{XY} = (X_i - Y_i)' C^{-1}{}_W (X_j - Y_j)$$

　　上述中 C^W 為聯合組內共變異數矩陣（pooled within-in covariance matrix），「馬氏距離」是歐基里得距離平方的引申，它是歐基里得距離平方再乘於「聯合組合共變異數矩陣」之反矩陣，其目的可避免因測量單位不同而造成計算距離數值間的差異。

　　常用的相似性係數如，餘弦係數（cosine）與皮爾遜積差相關係數（Pearson correlation/correlation coefficients）。皮爾遜積差相關係數的計算方法與求變項間的積差相關係數相同。以距離表示觀察體的相似性時，估計出的距離數值量愈小，表示二個觀察體之相似性愈高；如果以皮爾遜積差相關係數求出的相關係數矩陣（又稱Q型相關矩陣）的係數值愈小，則表示二個觀察體之相似性愈低、相異性愈大，因此積差相關係數有時又稱為「不相似性量數」（dissimilarity measures）。嚴格而言，相關係數與關聯係數（association coefficient）均為不相似量數（dissimilarity），此種不相似量數值愈大表示相似性愈高；不相似量數值愈小表示相似性愈低，如果研究者以1減掉不相似量數值，也可得到相似性量測。

　　集群分析時，距離量測與相關數均是計量變項，如果變項是二元類別變項（binary variable），要計算二元變項的相似性可採用「簡單配對係數」（simple matching coefficients），簡單配對係數的性質與距離量測中的歐氏距離類似，可作為觀察值相似性指標。假設有二個二元變項所構成的交叉表為：

表1-7

	1（是）	0（否）
1（是）	A	B
0（否）	C	D

表中的A、B、C、D為事件發生的次數。二個變項的相似性量數為：

$\dfrac{A+D}{A+B+C+D}$ ，量數數值愈大，表示二個變項的相似性愈高。二元變項之列聯表，也可以求出其積差相關係數，係數值可表示二個變間相似性的量測值，相關係數求法為：

$r = \dfrac{AD-BC}{\sqrt{(A+B)(C+D)(A+C)(B+D)}}$ ，其中 $r^2 = \dfrac{\chi^2}{N}$ ，相關係數與卡方值統計量有關，在於檢定二個類別變項是否互為獨立，若是樣本數不變，則較大的相關係數表示二個變項愈不是互為獨立。

五、集群合併的準則─連結法（linking method）

在結合或連結集群方法方面，階層式集群分析法提供了七種不同方法：組間連結法（between-groups linkage）或稱組間平均連結法（average linkage between groups）、組內連結法（within-groups linkage）、最近法（nearest neighbor）或稱單一連結法（single linkage）、最遠法（furthest neighbor）或稱完全連結法（complete linkage）、形心集群法（centroid clustering）、中位數集群法（median cluster）、華德法（Ward's method）。SPSS內定方法為組間連結法，在大部分的研究中，均採用此一方法。在集群分析的每個步驟中，會進行三種不同的合併：一為兩個相似性最大物件（觀察值或變項）被合併；二為二個相異性最小集群也被合併；三為一個與集群相似程度最大的物件也會被合併。相異性程度計算與合併步驟重複進行，直到最後所有物件將被合併成一個大集群。

階層式集群分析之觀察體合併的依據以觀察體或集群間的距離為準，依據距離定義的不同，有以下幾種不同常用方法（*Everitt & Dunn, 2001*；*Lattin et al., 2003, pp. 281-284*；*Sharma, 1996, pp. 188-194*；呂金河，*2005*）：

● (一)中心法／形心法

中心法中距離定義是二個集群中心點之間的歐基里得距離，每個集群的中心點為其點座標的平均值。

以上述六個樣本在所得及教育程度二個變項的集群分析為例：第一次分群時，S1與S2的歐氏距離平方為2、S3與S4的歐氏距離平方也為2，有

二組最短距離時，隨機選取一組為起始集群，若選取S1與S2二個觀察體，將其合併為一個集群，則全體觀察體變為五個集群：「{S1 & S2}、S3、S4、S5、S6」。五個集群的數據資料與相似矩陣如下：從相似矩陣的距離大小，進行第二次集群分析，距離最近（相似性最高）的二個集群為S3、S4，在第二次集群分析中優先將此二個群組合併，全部資料檔變成四個集群：「{S1 & S2}、{S3 & S4}、S5、S6」，之後再依四個集群的資料檔，計算其相似矩陣。

表1-8 五個集群的資料檔

集群	個人代號	所得（千元）	教育程度（年數）
1	S1 & S2	5.5[=(5+6)÷2]	5.5[=(5+6)÷2]
2	S3	15	14
3	S4	16	15
4	S5	25	20
5	S6	30	19

表1-9 五個集群的相似矩陣

觀察值	S1 & S2	S3	S4	S5	S6
S1 & S2	0.00				
S3	162.50	0.00			
S4	200.50	2.00	0.00		
S5	590.50	135.96	106.00	0.00	
S6	782.50	250.00	212.00	26.00	0.00

表1-10 四個集群的資料檔

集群	個人代號	所得（千元）	教育程度（年數）
1	S1 & S2	5.5[=(5+6)÷2]	5.5[=(5+6)÷2]
2	S3 & S4	15.5	14.5
4	S5	25	20
5	S6	30	19

表1-11 四個集群的相似矩陣

觀察值	S1 & S2	S3 & S4	S5	S6
S1 & S2	0.00			

（續上頁表）

S3 & S4	181.00	0.00		
S4	590.50	120.50	0.00	
S5	782.50	230.50	26.00	0.00

（二）單一連結法或最近連結法

在中心法中，二個集群的距離為二個群組中心點的歐基里得距離的平方，而單一連結法中定義二個集群的距離為二個群組內所有可能配對點距離的最小值，此方法由於採用的是二個群組內最小距離，故又稱為最近連結法。如果第一個集群有M個觀測體、第二個集群有N個觀測體，則二個集群觀察體共可組合成M×N個距離。

以六個集群的相似陣為例：集群{S1 & S2}與觀察體S3的距離是下列距離的最小值（數值為145）：

$$D^2_{S1 \& S3} = 181 \cdot D^2_{S2 \& S3} = 145$$

集群{S1 & S2}與觀察體S4的距離是下列距離的最小值（數值為181）$D^2_{S1 \& S4} = 221 \cdot D^2_{S2 \& S4} = 181$。依單一結結法的距離定義，可以得到五個集群的歐氏距離平方值。

表1-12　最小連結法定義之五個集群的相似矩陣

觀察值	S1 & S2	S3	S4	S5	S6
S1 & S2	0.00				
S3	145.00	0.00			
S4	181.00	2.00	0.00		
S5	557.00	136.00	106.00	0.00	
S6	745.00	250.00	212.00	26.00	0.00

（三）完全連結法或最遠連結法

完全連結法（complete linkage）的距離定義剛好和單一連結法相反，此方法定義二個集群的距離為二個群組內所有可能配對點距離的最大值，

此方法由於採用的是二個群組內最遠距離，故又稱為最遠連結法。完全連結法可以確保加入新群組的每個樣本點與新群組內所有樣本點距離最為接近，雖然完全連結法的程序傾向於較為簡便與可使分組同質性較高，但對於偏離值的資料則十分敏感。

範例中若先將樣本點S1、S2合併為一新的群組{S1、S2}（因二個樣本點的相異性最小），之後再判斷新群組與其餘三個樣本點的最遠距離：

D[12]3 = 最大值（D13, D23）= 最大值（6, 5）= 6
D[12]4 = 最大值（D14, D24）= 最大值（10, 9）= 10
D[12]5 = 最大值（D15, D25）= 最大值（9, 8）= 9

四個集群新的距離矩陣為：

$$D = \begin{array}{c} (S1 \& S2) \\ S3 \\ S4 \\ S5 \end{array} \begin{bmatrix} 0.0 & & & \\ 6.0 & 0.0 & & \\ 10.0 & 4.0 & 0.0 & \\ 9.0 & 5.0 & 3.0 & 0.0 \end{bmatrix}$$

最相似的集群為集群{4}與集群{5}，因而之後的合併組為{S4、S5}，觀察體從四個集群變為三個集群：{S1、S2}、{S4、S5}、{S3}。

● (四)平均連結法

此方法定義二個集群的距離為二個群組內所有可能配對點距離的總平均值，即所有配對點的平均距離（average distance）。平均連結法程序同時考量到單一連結法與完全連結法，某些研究者偏愛此方法，因為此方法最接近適配樹狀圖的架構，且滿足最小平方的較小準則，不像單一連結法使用最小準則或完全連結法使用最大準則，平均連結法的新距離準則為二個集群（$C_k \& C_{n+t}$）的平均距離，若以公式表示為：
$d(C_{n+t}, C_k) = \dfrac{n_i d(C_i C_k) + n_j d(C_j C_k)}{n_i + n_j}$，其中$n_i + n_j$是集群$C_{n+t}$樣本點內的個數。

範例中的樣本點S1、S2合併為一新的群組{S1、S2}後,新集群與其餘樣本點的平均距離為:

$$D[12]3=(D13+D23)\div 2=(6+5)\div 2=5.5 \circ D[12]4=(D14+D24)\div 2=(10+9)\div 2=9.5 \circ D[12]5=(D15+D25)\div 2=(9+8)\div 2=8.5$$

四個集群新的距離矩陣為:

$$D=\begin{array}{l} (S1\ \&\ S2) \\ S3 \\ S4 \\ S5 \end{array}\begin{bmatrix} 0.0 & & & \\ 5.5 & 0.0 & & \\ 9.5 & 4.0 & 0.0 & \\ 8.5 & 5.0 & 3.0 & 0.0 \end{bmatrix}$$

單一連結法、完全連結法與平均連結法的差異可以用下列距離圖表示 (*Johnson & Wichern, 1998, p. 739*):

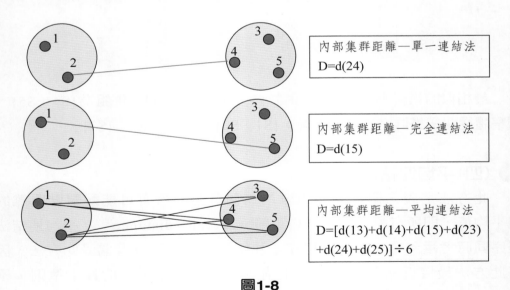

內部集群距離—單一連結法
D=d(24)

內部集群距離—完全連結法
D=d(15)

內部集群距離—平均連結法
D=[d(13)+d(14)+d(15)+d(23)+d(24)+d(25)]÷6

圖1-8

● (五)華德法

階層集群程序中的華德法關注的是合併二個群組後最小「資訊的遺失」(loss of information),資訊遺失的判斷準則通常採用的是誤差平方

和準則。因而華德法對於觀察體的分組並不是以距離量數為主,此方法不計算群組間的距離,而改以最大集群內同質性(maximizing within-clusters homogeneity)作為分組依據,華德法關注的全體組內或集群內的平方和為最小值。最大集群內同質性的判斷準則是所有群組的組內平方和(within-group sum of squares)的高低。華德法在分群的每一步驟(此時群數固定),取所有可能的分群中,能使集群內平方和/組內平方和(within-cluster sum of squares)或稱為「誤差平方和」(error sums of squares;簡稱ESS)最小者為分群依據,因而華德法在每一次的分群過程中,均會先計算各種分群的狀況下,各群組內的組內平方和及全體組內平方和。單一連結法、完全連結法、平均連結法三種凝聚法又稱為「配對群組法」(pair group method),相對的華德法又稱為「最小變異法」(minimum variance method),因為華德法程序在判定二個集群是否合併為一個新群組時,是要使新群組內有最小的平方法,即最小組內變異(minimum within-group variance)。採用華德法進行集群分析時,集群分析結果會傾向於各集群大小相同,即各集群內觀察值個體總數大約會相等,因法此方法是根據組內集群最小化距離來將集群分組。當所有觀察值最後合併為單一集群時,其ESS的數值為:

$$ESS = \sum_{j=1}^{N} (X_j - \overline{X})' (X_j - \overline{X})$$

X_j是j個題項多變項測量值,是所有題項的總平均數。

華德法之凝聚過程時,會估算所有集解的組內平方和/誤差平方和。範例中有六個樣本點,每個樣本點只有一個觀察值因而其ESS值為0,之後的凝聚程序會從六個集群合併為五個集群,由於有六個樣本點,取其中二個點為一組,則共有[6×(6−1)]÷2=15種,十五種可能的集群解之ESS中,以第一種集群解及第十種集群解的ESS值最小(均為1),因而第一次集群分組時,以選擇將觀察體S1和S2合併或將觀察體S3與S4合併為佳。如果選擇將觀察體S1和S2合併為一個集群{S1 & S2},則全部的集群組為五,此時共有十種可能集群解。

表1-13　六個觀察體所有可能的四個集群解之ESS摘要表

集群解	集群	$\bar{X}$	$\bar{Y}$	X1	X2	X3	Y1	Y2	Y3	ESS
1	{S1 & S2 & S3}	8.67	8.33	5	6	15	5	6	14	109.33
2	{S1 & S2 & S4}	9.00	8.67	5	6	16	5	6	15	134.67
3	{S1 & S2 & S5}	12.00	10.33	5	6	25	5	6	20	394.67
4	{S1 & S2 & S6}	13.67	10.00	5	6	30	5	6	19	522.67
		ESS1	ESS2							ESS
5	{S1 & S2}：{S3 & S4}	1	1							2
6	{S1 & S2}：{S3 & S5}	1	68							69
7	{S1 & S2}：{S3 & S6}	1	125							126
8	{S1 & S2}：{S4 & S5}	1	53							54
9	{S1 & S2}：{S4 & S6}	1	106							107
10	{S1 & S2}：{S5 & S6}	1	13							14

　　從上表中可知，以第五種集群解之ESS值最小，因而第二次集群分組分為四個群組時，群組內的觀察體分別為：{S1 & S2}、{S3 & S4}、{S5}、{S6}。華德法乃依上述方法，重複估算各集群解的ESS，將最小ESS的集群解作為集群分組的依據，直到所有觀察值合併為一個群組為止。

　　以六個樣本點在教育程度及所得二個變項進行集群分析為例，不同合併方法之樹狀圖如下：

●（一）平均連結法

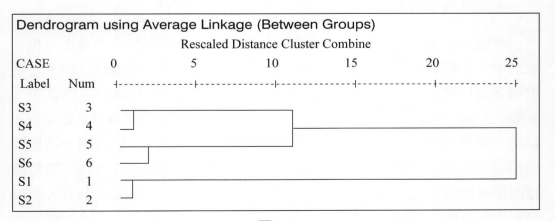

圖1-9

採用平均連結法時，樣本S1與S2合併為一個群組1{S1, S2}，樣本S3與S4合併為一個群組2{S3, S4}，之後樣本S5與S6合併為一個群組3{S5, S6}，群組3與群組2合併為另一集群{S3, S4, S5, S6}，此集群最後再與群組1合併為一個大集群{S3, S4, S5, S6, S1, S2}。

表1-14 均連法（組間）：垂直冰柱圖

集群個數	觀察值									
	6:S6		5:S5		4:S4		3:S3		2:S2		1:S1
1	X	X	X	X	X	X	X	X	X	X	X
2	X	X	X	X	X	X	X		X	X	X
3	X	X	X		X	X	X		X	X	X
4	X		X		X	X	X		X	X	X
5	X		X		X	X	X		X		X

上圖為採用均連法輸出之垂直冰柱圖，因為有六個觀察值，所以集群個數的劃分從1個集群至5(=6-1)個集群，冰柱圖中符號「X」相連在一起者為同一集群。如果分成三個集群時，集群[1]成員為{S6、S5}、集群[2]成員為{S4、S3}、集群[3]成員為{S2、S1}；若是分成二個集群時，集群[1]成員為{S6、S5、S4、S3}、集群[2]成員為{S2、S1}；如果分成四個集群時，集群[1]成員為{S6}、集群[2]成員{S5}、集群[3]成員為{S4、S3}、集群[4]成員為{S2、S1}。冰柱圖集群分類結果與樹狀圖呈現的結果是相同的。SPSS在集群分析程序中，輸出的冰柱圖有二種：一為垂直冰柱圖、一為水平冰柱圖，二者主要差異在於觀察值的排列位置不同，一為橫向排列、一為縱向排列。水平冰柱圖的圖示如下：

表1-15 均連法（組間）：水平冰柱圖

觀察值	集群個數				
	1	2	3	4	5
6:S6	X	X	X	X	X
	X	X	X		
5:S5	X	X	X	X	X
	X	X			
4:S4	X	X	X	X	X

（續上頁表）

		X	X	X	X	X
3:S3		X	X	X	X	X
		X				
2:S2		X	X	X	X	X
		X	X	X	X	
1:S1		X	X	X	X	X

● (二)單一連結法

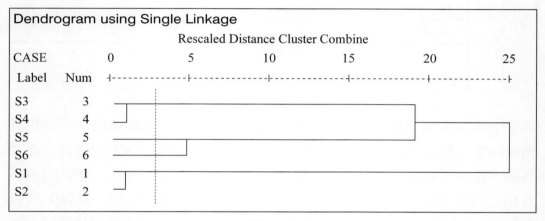

圖1-10

　　採用單一連結法時，樣本S1與S2合併為一個群組1{S1, S2}，樣本S3與S4合併為一個群組2{S3, S4}，之後樣本S5與S6合併為一個群組3{S5, S6}，群組3與群組2合併為另一集群{S3, S4, S5, S6}，此集群最後再與群組1合併為一個大集群{S3, S4, S5, S6, S1, S2}。若要分為四個群組，則個體5、個體6會分成二個群組，四個群組的成員分別為群組[1]包含{S1, S2}、群組[2]包含{S3, S4}、群組[3]為{S5}、群組[4]為{S6}。

（三）完全連結法

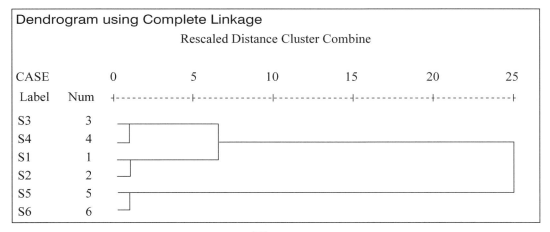

圖1-11

　　採用完全連結法時，樣本S1與S2合併為一個群組1{S1, S2}，樣本S3與S4合併為一個群組2{S3, S4}，樣本S5與S6合併為一個群組3{S5, S6}，群組1與群組2合併為另一集群{S3, S4, S1, S2}，此集群最後再與群組3{S5, S6}合併為一個大集群{S3, S4, S1, S2, S5, S6}。

（四）華德法

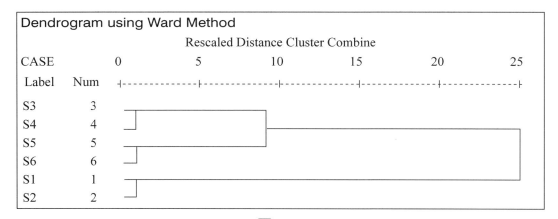

圖1-12

採用華德連結法時，樣本S1與S2合併為一個群組1{S1, S2}，樣本S3與S4合併為一個群組2{S3, S4}，樣本S5與S6合併為一個群組3{S5, S6}，群組2與群組3合併為另一集群{S3, S4, S5, S6}，此集群最後再與群組1{S1, S2}合併為一個大集群{S3, S4, S5, S6, S1, S2}。

表1-16　Ward連法：垂直冰柱圖

集群個數	觀察值										
	6:S6		5:S5		4:S4		3:S3		2:S2		1:S1
1	X	X	X	X	X	X	X	X	X	X	X
2	X	X	X	X	X	X	X		X	X	X
3	X	X	X		X	X	X		X	X	X
4	X		X		X	X	X		X	X	X
5	X		X		X	X	X		X		X

上圖為採用華德法所輸出之垂直冰柱圖，因為有六個觀察值，所以集群個數的劃分從1個集群至5個集群，如果分成三個集群時，集群[1]成員為{S6、S5}、集群[2]成員為{S4、S3}、集群[3]成員為{S2、S1}；若是分成二個集群時，集群[1]成員為{S6、S5、S4、S3}、集群[2]成員為{S2、S1}。冰柱圖集群分類結果與樹狀圖呈現的結果是相同的。

●（五）形心連結法

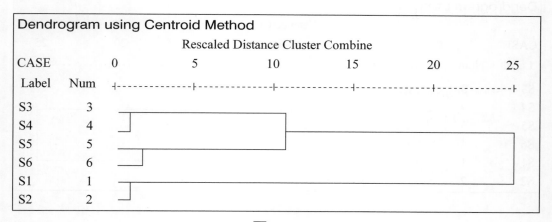

圖1-13

採用形心連結法時，樣本S1與S2合併為一個群組1{S1, S2}，樣本S3與S4合併為一個群組2{S3, S4}，樣本S5與S6合併為一個群組3{S5, S6}，群組2與群組3合併為另一集群{S3, S4, S5, S6}，此集群最後再與群組1{S1, S2}合併為一個大集群{S3, S4, S5, S6, S1, S2}。

若是研究者要分為二個集群，第一集群包含樣本點{S3, S4，S5, S6}、第二集群包含樣本點{S1, S2}；如果要分為三個集群，則集群1包含樣本點{S1, S2}、集群2包含樣本點{S3, S4}、集群3包含樣本點{S5, S6}。

六、資料與圖形

集群分析的變項，可以為等距變項（interval data）、次數（count）變項（frequencies）或二分變項（binary data）。依變項屬性不同，計算觀察值間距離方法也不同，變項如以次數為測量標準，則以「Chi-square measure」法較為適宜，亦即，二個變項距離的測量，則使用卡方考驗方法，考驗兩集合出現的次數是否相等；如果是二元變數資料，應使用二元變數相異性相關公式，如SPSS內定之「二元歐基里得距離平方法」。觀察值相似程度計算值，會因選用公式不同而有所差異。

階層式集群分析法報表中，集群數目的決定除參考觀察值聚合順序表外，最重要的是參考分析法中所繪製的冰柱圖與樹狀圖。在報表呈現時，這二個圖形最好一併列印出來。在集群分析程序中，集群數目的決定除了參考樹狀圖與冰柱圖外，若是以原始資料進行分析，也可以採用以下較為客觀的統計量數加以判別：

●（一）RMSSTD量數

RMSSTD量數為新集群「標準差的均方根」（Root-Mean-Square Standard Deviation）的簡稱（又稱為全體—樣本標準差的均方根）。RMSSTD的求法如下：

$$RMSSTD = \sqrt{\frac{(n-1)\sum_{i=1}^{P} SD_i{}^2}{P(n-1)}} = \sqrt{\frac{\sum_{i=1}^{P} SD_i{}^2}{P}}$$

在公式中，P為變數的個數、n為樣本數、SD_i^2為新集群內第i個變項的變異數（標準差平方），當SD_i^2愈小表示集群內觀察體的異質性愈低或同質性愈大，因而RMSSTD的數值愈小，表示集群內觀察體的相似性愈高，即分群的效度愈佳。由於RMSSTD會隨測量尺度而改變，因而只有測量尺度相似（similar scale）的變項資料相比較才有實質意義。

(二)R平方

在變異數分析或迴歸分析中，R平方（R-Square；簡稱RS）表示組間平方和除以總變異平方和（RS為SS_B與SS_T的比值），SS_B為群組差異的量數，由於$SS_T = SS_B + SS_W$，如果SS_W值愈小，則SS_B量數值愈大，結果表示為群與群間的差異愈大，群內的同質性愈高（因組內變異量數愈小）。RS的公式如下：

$$R^2 = \frac{SS_B}{SS_T} = 1 - \frac{SS_W}{SS_T}$$

若組間平方和值愈大，表示群體間的差異愈大，群體間的差異愈明顯，因而R平方值愈大，表示群體間的異質性愈大（同質性愈小），而群體內的同質性愈高。R平方值介於0至1之間，愈接近0，群體與群體間的差異愈不明顯，即集群分類的效度差，RS的數值若為1，代表群組間的差異為最大。

(三)SPR量數

SPR量數為「半淨R平方」（Semipartial R-Square）的簡稱，此指標是以二個集群聚合（合併）成新的集群時，集群內相似性損失比例值。在集群分析中，每一個新集群的形成是合併之前步驟的二個集群而成，新集群合併的SS_W與原先二個被聚合的集群之合併SS_W總和的差異值，稱為新集群「同質性損失」（loss of homogeneity）量數。若二者之差異（SPR值）為0，表示新集群完全是由二個同質性高的集群連結而成；相反的，如果SPR值愈大，表示新集群是由二個異質性高的集群連結而成。SPR以公式表示如下：

SPR＝（新集群內組內變異－原先集群內組內變異）÷全體樣本的組內變異

SPR量數愈小，表示原先集群內變為新集群時，集群內相似度損失（loss of similarity）值比例愈小，新的集群之群內觀察體的相似度愈高，分群的效度愈佳。

● (四) 集群間的距離

二個集群間的距離（Distance Between Clusters）愈近，代表二個集群間的相似性愈高。在中心法中，二個集群間的距離為二個集群中心的歐基里得距離，此距離又稱中心距離（或形心距離）（centroid distance；簡稱CD）；單一連結法的距離為二個集群中所有可能配對點或配對觀察體間歐基里得距離的最小值（minimum Eculidean distance；簡稱MIND）；完全連結法的距離為二個集群中所有可能配對點或配對觀察體間歐基里得距離的最大值（maximum Eculidean distance；簡稱MAXD）。

評估集群數的統計量數的準測，可以整理如下表（*Sharma, 1996, p. 201*）：

表1-17

統計量數	測量概念	評註
RMSSTD	新集群的同質性	量數值愈小愈好
SPR	被連結集群的同質性	量數值愈小愈好
RS	集群間的同質性	量數值愈大愈好
CD	被連結集群的同質性	量數值愈小愈好

由於在集群分析時，上述四個統計量數的抽樣分配無法得知，因而此種統計量是種主觀認定的量數，即缺少機率分配的訊息，在集群解的評估與集群數的決定，也只是一個原則性或較合理性的判斷而已。

在教育應用上，根據各縣市教育發展指標量數，將各縣市教育發展狀況，分成幾個不同的集群，並比較這些縣市群間的差異情形。此外，也可

以根據一般觀眾的特性，將電視節目分成不同的群組，集群分析也廣泛應用於市場行銷方面。應用集群分析方法，可將獨立的觀察值合併為少數有意義的群組，使得群組間的特性更為明顯。

貳、階層集群分析法

【研究問題】

某教育行政單位在校務評鑑時，根據學校的教師投入、學校氣氛、學生活動競賽表現，調查了該縣市十八所國民中學。請問根據教師投入、學校氣氛與學生活動競賽三個向度，是否可將十八所學校分成有意義的群組？十八所學校的數據資料如下。研究者擬採用階層集群分析法（又稱凝聚階層集群分析法—Agglomerative hierarchical clustering analysis），將十八個樣本點分成有意義的少數集群組。

表1-18

學校	教師投入	學校氣氛	活動競賽	學校	教師投入	學校氣氛	活動競賽
S1	81	80	40	S10	68	67	27
S2	57	52	14	S11	77	79	36
S3	61	59	16	S12	58	59	16
S4	55	51	19	S13	79	82	35
S5	72	74	24	S14	66	69	29
S6	56	59	18	S15	68	66	21
S7	81	79	36	S16	59	58	15
S8	84	82	38	S17	74	76	31
S9	65	65	29	S18	80	82	35

一、操作程序

● 步驟(一)

執行功能列「分析（A）」（Analyze）/「分類（Y）」（Classify）/「階層集群分析法（H）」（Hierarchical Cluster）程序，開啟「階層集群分析法」對話視窗。

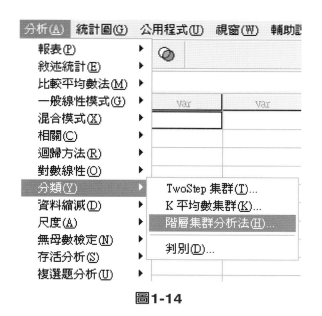

圖1-14

● 步驟（二）

　　將左邊方盒中的目標變數「教師投入」、「學校氣氛」、「活動競賽」選入右邊「變數（V）」的方盒中；將學校代號變數「學校」選入右邊「觀察值標記依據（C）」下的方框中；「集群」方盒中勾選內定選項「⊙觀察值（E）」、「顯示」方盒中勾選「☑統計量（S）」、「☑圖形（L）」，按『統計量（T）』鈕，開啟「階層集群分析法：統計量」（Hierarchical Cluster Analysis: Statistics）次對話視窗。

【備註】：「集群」方盒中有個二選項：「⊙觀察值（E）」與「○變數（B）」，變數的集群分析類似因素分析程序，在集群分析的操作中，多數是將觀察值加以分組，對變數加以分組的意義不大。如果要將觀察值分成集群，至少要選擇一個計量變項；若是要將變數分成集群，則至少要選擇三個計量變項。

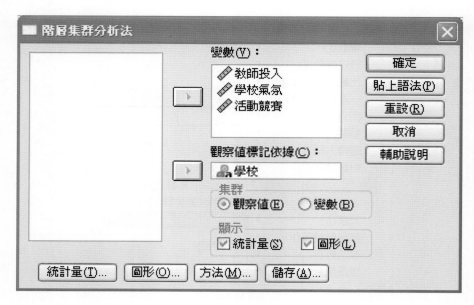

圖1-15

🔵 步驟（三）

在「階層集群分析法：統計量」次對話視窗，勾選「☑群數凝聚過程（A）」選項（內定選項，此選項會輸出觀察值詳細的聚合過程順序表），其次研究者可根據所需勾選「☑近似性矩陣（P）」選項（此選項會輸出觀察值之間的距離或相似性，如果觀察值較大，則輸出的結果報表較多）；在「各集群組員」方盒中選取「（圖形範圍（R）」，於「集群最小數目（M）」、「集群最大數目（X）」的右邊輸入集群的估計數目2、5。按『繼續』鈕，回到「階層集群分析法」對話視窗。

【備註】：在「各集群組員」方盒中有三個選項：(1)「○無（N）」：不印出觀察值分類之集群編號，此為內定選項；(2)「○單一圖形（S）」：印出單一集群數的觀察值成員，如研究者想了解根據變項劃分為四個集群時，每個集群內成員包括哪些觀察值，可選取此項；(3)「○圖形範圍（R）」：印出某範圍內集群的成員，如研究者想了解觀察值分成二群、三群、四群、五群時，各集群內的觀察值成員為何，可選取此項，之後在「集群最小數目（M）」的右邊輸入最小集群數目「2」、「集群最大數目（X）」的右邊輸入最大集群數目「5」。「☑群數凝聚過程（A）」選項會顯示每個階段所結合的觀察值或集群、要結合集群／觀察值間的距離，

以及觀察值與集群結合時的最後集群代號。「☑ 近似性矩陣（P）」選項
可輸出集群／觀察值間的距離或相似性。

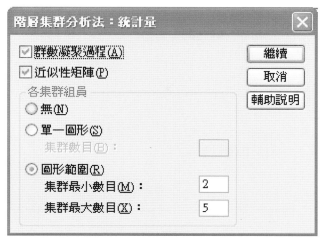

圖1-16

步驟（四）

在「階層集群分析法」對話視窗中，按『圖形（O）』鈕，開啟
「階層集群分析法：圖形」次對話視窗，勾選「☑ 樹狀圖（D）」
（Dendrogram）選項，在「冰柱圖」方盒中選取內定選項「⊙全部集群
（A）」、在「方向」方盒中選取「⊙垂直（V）」選項（此為內定選項，
可輸出垂直冰柱圖，如果要輸出水平冰柱圖，勾選『⊙水平（H）』選
項），按『繼續』鈕，回到「階層集群分析法」對話視窗。

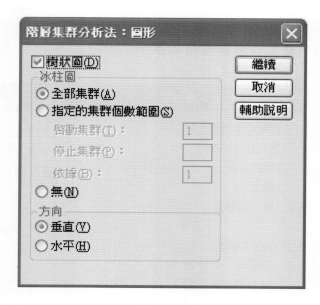

圖1-17

【備註】：在「階層集群分析：圖形」次對話視窗中，最好勾選「☑樹狀圖（D）」選項，由樣本點凝聚成的樹狀圖，可以很快判定要將觀察值樣本劃分為多少個集群數。

步驟（五）

　　在「階層集群分析法」對話視窗中，按『方法（M）』鈕，開啟「階層集群分析法：方法」次對話視窗。

　　在「集群方法（M）」右邊的下拉式選單中選取內定之「群間連結法」、在「測量」方盒中選取「⊙區間（N）」選項，右邊的下拉式選單中選取內定之「歐基里得直線距離平方」，按『繼續』鈕，回到「階層集群分析法」對話視窗。

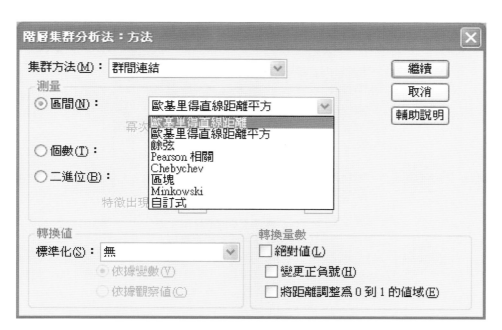

圖1-18

【備註】：在「集群方法（M）」下拉式選單中包括七種方法：群間連接法（內定方法—average linkage between groups）、組內變數連接法（又稱組內連結法）、最近鄰法（最近連結法—單一連結法）、最遠鄰法（最遠連結法—完全連結法）、重心集群化法（形心法或重心法）、中位數集群化法、Ward's法（華德最小變異法）；在「區間（N）」的下接式選單中包括以下幾種量測距離的方法：「歐基里得直線距離」、「歐基里得直線距離平方」、「餘弦」、「Pearson相關」、「Chebychev距離」、「區塊距離」、「Minkowski距離」、「自訂式」等。選取「Minkowski」或「自訂式」選項，可進一步設定「冪次（W）」（Power），「冪次（W）」的預設值為2，可設定的數值範圍為1至4，如設定為2，二個觀察值間的距離為X^2+Y^2；「自訂式」選項除可設定「冪次（W）」（Power）的數值，也可以設定「平方根（R）」的數值，預設值為2，可設定的數值範圍為1至4。

在「二進位（B）」下拉式選單中包括以下的選項（此選項適用於變數屬性為二分名義變項）：「歐基里得直線距離」、「歐基里得直線距離平方」、「大小差異」、「樣式差異」、「變異數」、「分散情形」、「形狀」、「簡單匹配相似性量數」、「Phi4點相關」、「Lambda

值」……等。「個數（T）」的選項包括卡方量數與Phi平方量數。

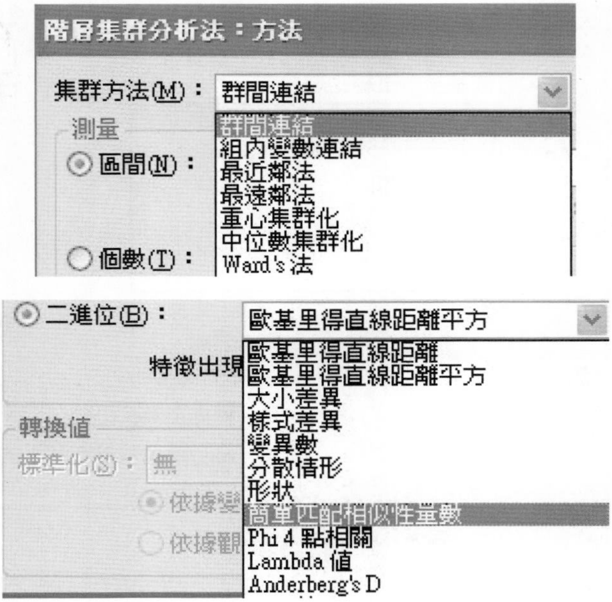

圖1-19

　　在群組相似性的計算中，如果變數間的量測尺度差異很大或變數間量測尺度單位不同，在計算距離相異性時，可將變數轉換。在「轉換值」方盒中，「標準化（S）」右邊的下拉式選單可選取變數轉換方法，內定值為「無」（此選項表示不需要將變數進行標準化轉換），其餘六個選項為：「Z分數」（標準化數值的平均數為0標準差為1，此選項最常使用）、「值域−1到1」、「值域0到1」、「1的最大級數」（以標準化數值除以所有數值的最大值）、「1的平均數」（以標準化數值除以所有數值的平均數）、「1的標準差」（以標準化數值除以所有數值的標準差），方盒中標準化適用對象內定為「⊙依據變數（V）」，另一選項為「依據觀察值（C）」。在「轉換量數」方盒中包括三個選項：「□絕對值（L）」、「□變更正負號（H）」、「□將距離調整為0到1的值域（E）」。

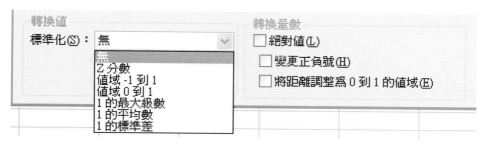

圖1-20

● 步驟(六)

在「階層集群分析法」對話視窗中,按『儲存(A)』鈕,開啟「階層集群分析法:儲存新變數」次對話視窗。選取「⊙圖形範圍(R)」選項,「集群最小數目(M):」的右邊輸入「2」、「集群最大數目(X):」的右邊輸入「4」→按『繼續』鈕,回到「階層集群分析法」對話視窗→按『確定』鈕。

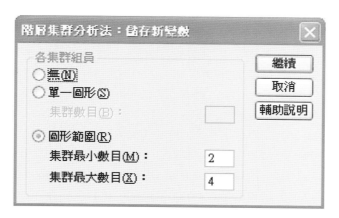

圖1-21

二、報表說明

表1-19　集群：觀察值處理摘要（a）

觀察值					
有效的		遺漏值		總和	
個數	百分比	個數	百分比	個數	百分比
18	100.0	0	.0	18	100.0
(a) 均連法（組間）。					

　　使用歐基里得距離平方法來求觀測值間相異性大小，有效觀察值的個數有18個（18所學校）、遺漏觀察值的個數0個，採用集群分析的方法為均連法。

● (一)近似性矩陣

表1-20

觀察值	歐基里得距離平方								
	1:S1	2:S2	3:S3	4:S4	5:S5	6:S6	7:S7	8:S8	9:S9
1:S1	.000	2036.000	1417.000	1958.000	373.000	1550.000	17.000	17.000	602.000
2:S2	2036.000	.000	69.000	30.000	809.000	66.000	1789.000	2205.000	458.000
3:S3	1417.000	69.000	.000	109.000	410.000	29.000	1200.000	1542.000	221.000
4:S4	1958.000	30.000	109.000	.000	843.000	66.000	1749.000	2163.000	396.000
5:S5	373.000	809.000	410.000	843.000	.000	517.000	250.000	404.000	155.000
6:S6	1550.000	66.000	29.000	66.000	517.000	.000	1349.000	1713.000	238.000
7:S7	17.000	1789.000	1200.000	1749.000	250.000	1349.000	.000	22.000	501.000
8:S8	17.000	2205.000	1542.000	2163.000	404.000	1713.000	22.000	.000	731.000
9:S9	602.000	458.000	221.000	396.000	155.000	238.000	501.000	731.000	.000

此為相異性矩陣。

　　樣本點S1(81, 80, 40)與樣本點S2(57, 52, 14)間的歐基里得距離平方求法為：

$$D^2_{12}=(81-57)^2+(80-52)^2+(40-14)^2=576+784+676=2036$$

樣本點S1(81, 80, 40)與樣本點S3(61, 59, 16)間的歐基里得距離平方求法為：

$$D^2{}_{13}=(81-61)^2+(80-59)^2+(40-16)^2=400+441+576=1417$$

●（二）近似性矩陣

表1-21

觀察值	歐基里得距離平方								
	10:S10	11:S11	12:S12	13:S13	14:S14	15:S15	16:S16	17:S17	18:S18
10:S10	.000	306.000	285.000	410.000	12.000	37.000	306.000	133.000	433.000
11:S11	306.000	.000	1161.000	14.000	270.000	475.000	1206.000	43.000	19.000
12:S12	285.000	1161.000	.000	1331.000	333.000	174.000	3.000	770.000	1374.000
13:S13	410.000	14.000	1331.000	.000	374.000	573.000	1376.000	77.000	1.000
14:S14	12.000	270.000	333.000	374.000	.000	77.000	366.000	117.000	401.000
15:S15	37.000	475.000	174.000	573.000	77.000	.000	181.000	236.000	596.000
16:S16	306.000	1206.000	3.000	1376.000	366.000	181.000	.000	805.000	1417.000
17:S17	133.000	43.000	770.000	77.000	117.000	236.000	805.000	.000	88.000
18:S18	433.000	19.000	1374.000	1.000	401.000	596.000	1417.000	88.000	.000
此為相異性矩陣。									

上述結果為18個觀察樣本在三個變項之「歐氏距離平方」，數字愈小表示距離愈近，二個觀察值間的相似性愈高（相異性愈小）；相反的，數字愈大表示距離愈遠，二個觀察值間的相似性愈低（相異性愈大），此矩陣稱為「近似性矩陣」（proximity matrix），又稱「相異性矩陣」（dissimilarity matrix），集群分析會根據此近似性矩陣數據資料，進行觀察值相似性的合併。上表中編號13觀察值與編號18觀察值間的歐氏距離平方為1，二者間的距離最短，是相似性最高的二個觀察值，因而會最先合併為一個群組。

(三)均連法（組間）

表1-22　群數凝聚過程

階段	組合集群		係數	先出現的階段集群		下一階段
	集群1	集群2		集群1	集群2	
1	13	18	1.000	0	0	5
2	12	16	3.000	0	0	3
3	3	12	7.500	0	2	9
4	10	14	12.000	0	0	7
5	7	13	12.500	0	1	6
6	7	11	16.333	5	0	11
7	9	10	17.000	0	4	13
8	1	8	17.000	0	0	11
9	3	6	18.667	3	0	14
10	2	4	30.000	0	0	14
11	1	7	32.000	8	6	16
12	5	17	57.000	0	0	15
13	9	15	62.667	7	0	15
14	2	3	71.000	10	9	17
15	5	9	137.000	12	13	16
16	1	5	401.833	11	15	17
17	1	2	1006.583	16	14	0

　　上表為採用「平均連結法」，觀察值聚合順序表。觀察值凝聚的過程會參考近似性矩陣，開始時將所有觀察值都視為一個獨立的群組，之後將相似性最高的二個觀察值合併為一個集群，再算出近似性矩陣，進一步將相似性最高的集群合併，重複此步驟，直到所有觀察值或群組合併為一個集群，此種凝聚的程序，總共必須進行N−1次（N為觀察值總個數）。表中各欄的意義如下：

1. 第一欄「階段」（Stage）代表分析步驟，集群分析時共有17個步驟（共有18個觀察值，必須經過18−1次的凝聚過程）。

2. 第二欄「集群1」（Cluster 1）表示要進行合併的觀察值之編號較小者。集群（觀察值）合併後以編號較小者為新觀察值（新集群）的

編號。

3. 第三欄「集群2」（Cluster 2）表示要進行合併的觀察值（集群）之編號較大者。

4. 第四欄「係數」（coefficients）：合併後的組內差異係數，此為歐基里得距離的平方。此值的數值愈小表示二個觀察值成員同質性愈高，相異性愈小。合併的觀察值愈多，成員間的差異性會愈來愈大，因而相異性係數值會愈來愈大，如果緊鄰的二個步驟，其相異性係數差異太大，表示新集群中成員的差異性很高，二個觀察體較不適合再合併成一個新集群組。至於係數差異量為多少，才是最合理的解釋，研究者應參酌研究目的，決定最佳集群數，以使集群能合理描述與詮釋集群內觀察值的特性。

5. 第五欄「集群1」（Cluster 1）表示正要進行合併之編號較小的觀察值（集群），前一次進行合併時出現的步驟。

6. 第六欄「集群2」（Cluster 2）表示正要進行合併之編號較大的觀察值（集群），前一次進行合併時出現的步驟。第五欄集群1與第六欄集群2以「先出現的階段集群」（Stage Cluster First Appears）標題呈現。

7. 第七欄「下一階段」（Next Stage）欄為合併之後新的觀察值（集群）下一次要進行合併的步驟。

以上表為例，步驟1為觀察值13與觀察值18合併（在近似矩陣中二者的距離最小為1），合併後群組內差異係數為1.000，新觀察值（新集群）的編號為13（現內有編號成員S13、S18二者）。下一次進行合併的地方為步驟5。

在步驟5中，觀察值7與觀察值13合併，合併後群組內的差異係數為12.50，其中觀察值7第一次進行合併，其前一次合併時出現的地方為步驟0，而觀察值13前一次合併時出現的地方為步驟1，二個觀察值合併後的新編號為7（以編號較小者為新觀察值或新集群的編號），在新編號7集群中，包含編號{S7、S13、S18}三個觀察值，新編號7集群，下次進行合併的地方，在步驟6。

在步驟6中，集群7包含{S7、S13、S18}三個觀察值、集群7與觀察值11合併，合併後組內的差異係數為16.333，其中集群7，其前一次合併時出現的地方為步驟5，而觀察值11，因第一次參與合併，前一次合併時出現的地方為步驟0，二個觀察值合併後的新編號為7，此時在新編號7集群中，包含編號{S7、S11、S13、S18}四個觀察值，新編號7的集群，下次進行合併的地方，在步驟11。

在步驟11中，集群1與群組7合併（群組7包含編號{S7、S11、S13、S18}四個觀察值），合併後的組內差異係數為32.000，其中編號為1的集群，其前一次合併時出現的地方為步驟8，而群組7前一次合併時出現的地方為步驟為6，二個觀察值合併後的新編號為1，此時在新編號1集群中，包含編號{S1、S8、S7、S11、S13、S18}六個觀察值，新編號1集群，下次進行合併的地方，在步驟16。在階段11中，合併的二個集群為集群1與集群7，集群1在階段11之前的聚合中，出現於階段8，階段8為集群1與集群8第一次合併，合併的集群代號為集群1，因而階段8凝聚後之集群1包括代號{S1、S8}二個觀察值，二者合併完再於階段11與集群7合併，合併後的集群代號為集群1。

在階段16中，編號1的集群與編號5的集群合併，其合併的差異係數突然變成401.833，二者差異性頗高，較不適宜合併，而應分開，此外，在階段17中，集群1與集群2合併後的差異係數增加值也很大，係數值為1006.583，因而也不適宜合併。

表1-23　各集群組員

觀察值	5集群	4集群	3集群	2集群
1:S1	1	1	1	1
2:S2	2	2	2	2
3:S3	3	2	2	2
4:S4	2	2	2	2
5:S5	4	3	3	1
6:S6	3	2	2	2
7:S7	1	1	1	1
8:S8	1	1	1	1

（續上頁表）

9:S9	5	4	3	1
10:S10	5	4	3	1
11:S11	1	1	1	1
12:S12	3	2	2	2
13:S13	1	1	1	1
14:S14	5	4	3	1
15:S15	5	4	3	1
16:S16	3	2	2	2
17:S17	4	3	3	1
18:S18	1	1	1	1

　　上表為使用群間連結法分成五個集群、四個集群、三個集群、二個集群時，各群組所包含的觀察值。以分成三個集群而言，集群1包括{S1、S7、S8、S11、S13、S18}六個觀察值；集群2包括{S2、S3、S4、S6、S12、S16}六個觀察值；集群3包括{S5、S9、S10、S14、S15、S17}六個觀察值。若將18個樣本點分成二個集群時，第一集群包括{S1、S5、S7、S8、S9、S10、S11、S13、S14、S15、S17、S18}十二個觀察值；第二集群包括{S2、S3、S4、S6、S12、S16}六個觀察值。

表1-24　垂直冰柱圖I：觀察值

集群個數	6:S6		16:S16		12:S12		3:S3		4:S4		2:S2		15:S15		14:S14		10:S10		9:S9
1	X	X	X	X	X	X	X	X	X	X	X	X	X	X	X	X	X	X	X
2	X	X	X	X	X	X	X	X	X	X	X		X	X	X	X	X	X	X
3	X	X	X	X	X	X	X	X	X	X	X		X	X	X	X	X	X	X
4	X	X	X	X	X	X	X	X	X	X	X		X	X	X	X	X	X	X
5	X	X	X	X	X	X	X	X	X	X	X		X	X	X	X	X	X	X
6	X	X	X	X	X	X	X	X	X	X	X		X	X	X	X	X	X	X
7	X	X	X	X	X		X	X	X	X	X		X	X	X	X	X	X	X
8	X	X	X	X	X		X		X	X	X		X	X	X	X	X	X	X
9	X	X	X	X	X		X		X		X		X	X	X	X	X	X	X
10	X		X	X	X		X		X		X		X	X	X	X	X	X	X
11	X		X		X		X		X		X		X	X	X	X	X	X	X

(續上頁表)

12	X		X	X	X	X	X		X		X		X	X	X		X		
13	X		X	X	X	X	X		X		X		X	X	X		X		
14	X		X	X	X	X	X		X		X		X	X	X		X		
15	X		X	X	X	X	X		X		X		X	X	X		X		
16	X		X	X	X		X		X		X		X	X			X		
17	X		X		X		X		X		X		X		X		X		

表1-25　垂直冰柱圖II：觀察值（接續上表）

集群 個數	17: S17		5: S5		11: S11		18: S18		13: S13		7: S7		8: S8		1: S1
1	X	X	X	X	X	X	X	X	X	X	X	X	X	X	X
2	X	X	X	X	X	X	X	X	X	X	X	X	X	X	X
3	X	X	X		X	X	X	X	X	X	X	X	X	X	X
4	X	X	X		X	X	X	X	X	X	X	X	X	X	X
5	X	X	X		X	X	X	X	X	X	X	X	X	X	X
6	X	X	X		X	X	X	X	X	X	X	X	X	X	X
7	X		X		X	X	X	X	X	X	X	X	X	X	X
8	X		X		X	X	X	X	X	X	X	X	X	X	X
9	X		X		X	X	X	X	X	X	X	X	X	X	X
10	X		X		X	X	X	X	X	X	X	X		X	X
11	X		X		X	X	X	X	X	X	X	X		X	X
12	X		X		X	X	X	X	X	X	X	X		X	X
13	X		X		X	X	X	X	X		X	X		X	X
14	X		X		X		X	X	X		X	X		X	X
15	X		X		X		X	X	X		X		X		X
16	X		X		X	X	X		X		X		X		X
17	X		X		X		X	X	X		X		X		X

　　上圖為垂直冰柱圖，左邊為集群的個數，從一個集群至十七個集群，「X」符號連續在一起者，為同一集群的成員，以分為三個集群而言，觀察值{S6、S16、S12、S3、S4、S2}為第一集群成員；觀察值{S15、S14、S10、S9、S17、S5}為第二集群成員；觀察值{S11、S18、S13、S7、S8、S1}為第三集群成員。

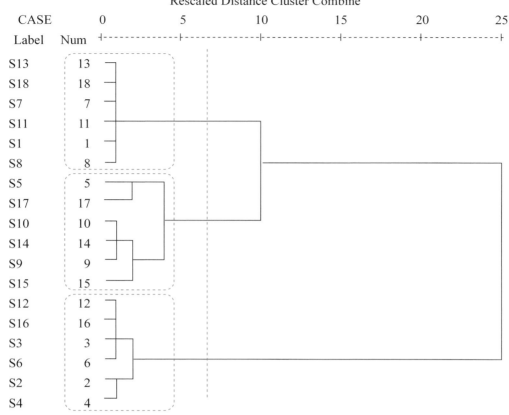

Dendrogram using Average Linkage (Between Groups)

圖1-22

上圖為SPSS輸出之樹狀圖，樹狀圖根據之前「群數凝聚過程」繪製而成，研究者可參考群數凝過程之差異係數值的改變及樹狀圖決定要分為多少個集群。因為集群分析只是一種探索性的分類方法，其本身並沒有提供集群分類效度的統計檢定法，因而集群數的判別非常重要，樹狀圖本身可提供研究者作為集群數的參考。從樹狀圖中可以看出，十八個觀察值很明顯可被分類成三大集群：觀察值{S13、S18、S7、S11、S1、S8}為一個集群；觀察值{S5、S17、S10、S14、S9、S15}為一個集群；觀察值{S12、S16、S3、S6、S2、S4}為一個集群。若是研究者要分為二個集群，集群[1]的觀察體為{S13、S18、S7、S11、S1、S8、S5、S17、S10、S14、S9、S15}；集群[2]的觀察體為{S12、S16、S3、S6、S2、S4}。

三、不同集群方法結果

● (一)群間連結法 & 標準化Z分數

　　下圖之集群方法為「群間連結」、將「教師投入」、「學校氣氛」、「活動競賽」轉換為「Z分數」之群數凝聚過程結果與其樹狀圖。

表1-26　群數凝聚過程

階段	組合集群		係數	先出現的階段集群		下一階段
	集群1	集群2		集群1	集群2	
1	13	18	.010	0	0	4
2	12	16	.032	0	0	3
3	3	12	.077	0	2	9
4	7	13	.116	0	1	6
5	10	14	.126	0	0	7
6	7	11	.160	4	0	10
7	9	10	.163	0	5	14
8	1	8	.178	0	0	10
9	3	6	.205	3	0	12
10	1	7	.355	8	6	16
11	2	4	.365	0	0	12
12	2	3	.661	11	9	17
13	5	17	.694	0	0	15
14	9	15	.767	7	0	15
15	5	9	1.349	13	14	16
16	1	5	4.160	10	15	17
17	1	2	10.331	16	12	0

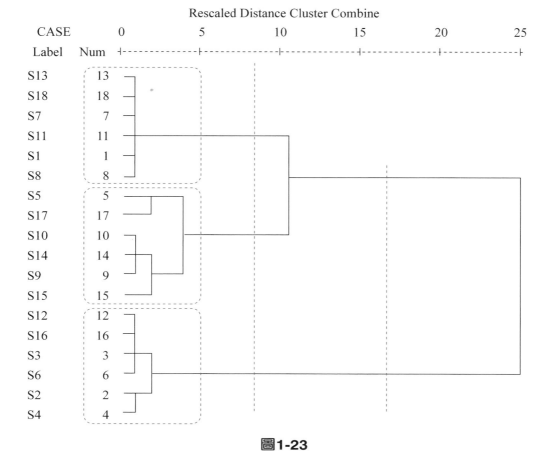

圖1-23

　　根據樹狀圖，十八個觀察值很明顯可被分類成三大集群：觀察值
{S13、S18、S7、S11、S1、S8}為第一個集群；觀察值{S5、S17、S10、
S14、S9、S15}為第二個集群；觀察值{S12、S16、S3、S6、S2、S4}為
第三個集群。前面二個集群可以再合併為一個群組，因而若是研究者要分
成二個集群，則觀察值{S13、S18、S7、S11、S1、S8、S5、S17、S10；
S14、S9、S15}為第一個集群；觀察值{S12、S16、S3、S6、S2、S4}為第
二個集群。

（二）華德法 & 標準化Z分數
　　下面集群方法採用的是「華德法」，使用「教師投入」、「學校氣
氛」、「活動競賽」三個計量變項的標準化分數所輸出的凝聚過程結果與
其樹狀圖。

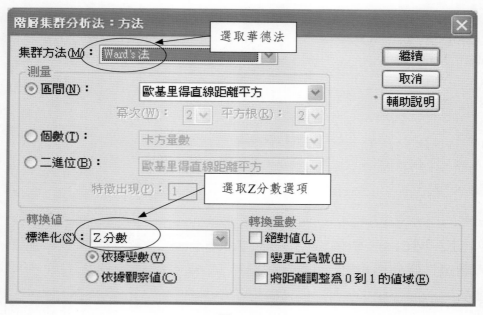

圖1-24

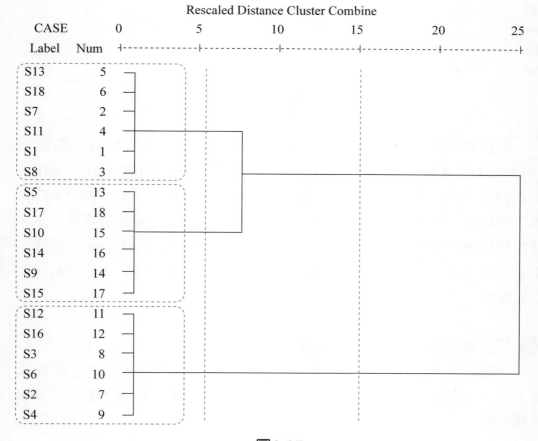

圖1-25

　　根據樹狀圖，十八個觀察值很明顯可被分類成三大集群：觀察值
{S13、S18、S7、S11、S1、S8}為第一個集群；觀察值{S5、S17、S10、
S14、S9、S15}為第二個集群；觀察值{S12、S16、S3、S6、S2、S4}為
第三個集群。前面二個集群可以再合併為一個群組，因而若是研究者要分
成二個集群，則觀察值{S13、S18、S7、S11、S1、S8、S5、S17、S10、
S14、S9、S15}為第一個集群；觀察值{S12、S16、S3、S6、S2、S4}為第
二個集群，結果和使用組間連結法之分組相同。

參、K-Means集群分析法

　　階層集群分析法對於集群凝聚的方法有許多種，如單一連結法、完全
連結法、平均連結法、華德最小變異法等，雖然這些方法對於凝聚的程序
不同，但基本凝聚的判定大致是相同的，如：⑴開始是N個個體（項目或
變項）先分為N個集群，每個集群包含單一個體及有N×N矩離（相似性）
的對稱矩陣；⑵找尋配對集群最接近（最相似）的距離矩陣，將距離最相
似矩陣的集群合併為一個新集群；⑶重新偵測及判別新集群的距離矩陣，
再次找尋配對集群中距離最接近或（最相似）者，再予以合併為新集群；
⑷重複上述N−1個步驟，直到所有個體合併為單一集群為止。階層集群分
析法在階層程序中關注的不是誤差或變異的來源，而是偏離值或「噪音」
點（noise points）（噪音點即干擾值），因而階層集群分析法對於偏離值
特別敏感。採用階層集群分析法，對於集群數判定的較理想方法即是同時
採用二種以上分群方法，若是分群結果大致相同，則分群的效度較佳。此
外，若是資料觀察體樣本很多，採用階層集群分析法較不適宜，此時，此
法可作為一種探索式的分群，再配合K平均數集群法更為適切（*Johnson &
Wichern, 2007, p. 695*）。

　　K−Means集群分析法可以處理個數較多的觀察值。此演算法會要求
研究者輸入指定的集群數，此外，研究者也可以根據各集群的資訊決定是
否輸入初始集群中心，觀察值分派的過程中，系統會重新計算各集群的中
心，原先被分派為同一集群的觀察值，可能因為形心的改變，而改分派至
不同的群組。K平均數集群分析法與階層集群分析法之疊代程序不同，如

單一連結法之集群分析而言，其疊代程序如下（*Lattin et al., 2003, p. 279*）：

步驟1：開始時將所有N個觀察值分為N個集群組（每個樣本點單獨為一個群組），以符號示這些集群為$C_1, C_2, ..., C_N$。重新計算二個集群間的距離，此階段，二個觀察體間的距離表示為$d(C_iC_j)=D_{ij}$，若t=1是疊代程序的指標值。

步驟2：找出二個集群間最小的距離，二個最接近的集群假定為C_i & C_j。

步驟3：將集群C_i & C_j合併為一個新的集群，新集群以符號C_{n+t}表示。

步驟4：重新估算新集群C_{n+t}與所有其他集群C_k的距離，距離估算公式為：

$$d(C_{n+t}C_k)=\min\{d(C_iC_k), d(C_jC_k)\}$$

步驟5：增列集群C_{n+t}作為新的集群名稱，並移除原先合併前的原始集群名稱C_i & C_j，疊代程序指標值t=t+1。

步驟6：回到步驟2，重新估算集群間距離並進行集群合併，直到所有觀察體合併為單一集群為止。

至於K平均數集群分析疊代程序一般則為（*Lattin et al., 2003, p. 288*）：

步驟1：先將資料檔分割為K個集群，以不同方法選擇初始分割方式。K平均數法中一個重要不同點是設定初始一組K種子形心，此形心在於假定初始分割時每個觀察體最接近種子點（seed point），一般而言，種子點僅是K個實際點，一般會以變項的平均數或中位數作為初始種子點。

步驟2：計算每個集群C間的形心$\overline{X}_C$。

步驟3：計算每個觀察體到其所屬集群形心距離的平方和（分隔出的誤差平方和，通常以符號ESS表示）。

$$ESS = \sum_{i=1}^{n} (X_i - \overline{X}_{C(i)})' (X_i - \overline{X}_{C(i)})$$

其中C(i)是觀察體i的集群。因為ESS反映觀察體間組內距離的大小，以ESS表示盡可能得到最小數值。

步驟4：重新安排每個觀察體i到離其形心最接近的集群中。此步驟結束時，若集群內成員沒有改變，則程序達到收斂，如果集群內包含的成員至少有一個以上又有改變，則回到步驟2繼續執行。

K平均數凝聚的疊代程序以下面二個圖示為例：左邊顯示的為七個觀察體在二個維度（X1與X2）的量測情形，最初的分割為七個觀察體分為二個集群，集群1為{1、2、3、4}、集群2為{5、6、7}。假設二個集群初始的形心分別為（−0.75, 0.00）、（2.53, 0.00），初始分類誤差ESS值為7.836，經過一個K平均數集群程序的疊代運算後，原先於集群1的一個觀察體[4]被重新歸類，觀察體[4]由集群1被歸於集群2，之所以會重新安排觀察值，乃由於觀察體[4]的位置為（1, 0），距離集群2的形心（2.33, 0）比距離集群1的形心（−0.75, 0）還近。右邊為將觀察值[4]重新分類後的集群組態圖形，重新分類後的誤差值ESS變為6.775，此為最後集群解，因為再進一步的分類也不會使誤差平方和數值再降低（*Lattin et al., 2003, pp. 289-290*）。

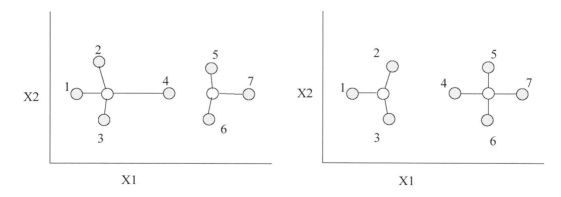

圖1-26

　　K平均數集群分析法要如何決定K值以獲得最佳集群解？不同的K值可能會產生不同的集群解，研究者必須同時考量到集群解的簡化（愈少的集群數愈佳）與適當性（如果是要減少組內的異質性，可保留較多的集群數較好），在這個部分，有時要加上研究者主觀的判定。從簡化與適當性觀點而言，學者Lattin等人（2003, p. 291）提供一個統計判斷準則，稱為擬似F統計量（pseudo－F statistic），此統計量類似變異數分析之F統計量（組間的均方值與組內均方值的比值），擬似F統計量的公式為：

$$pseudo-F = \frac{tr[B/(K-1)]}{tr[W/(N-K)]}$$，其中B是集群間（組間）平方和矩陣、W

是集群內（組內）平方和矩陣、K是集群的個數、N是觀察體總數，估算出的擬似F統計量值愈大，表示集群分析結果愈有效度。

一、操作程序

● 步驟（一）

　　執行功能列「分析（A）」（Analyze）／「分類（Y）」（Classify）／「K平均數集群（K）」（K-Means Cluster）程序，開啟「K平均數集群」對話視窗。

● 步驟（二）

　　將左邊方盒中的目標變數「教師投入」、「學校氣氛」、「活動競賽」選入右邊「變數（V）」的方盒中；將學校代號變數「學校」選入右邊「觀察值標記依據（B）」的方框中。

　　在「集群個數（U）」的右邊空格中輸入研究者指定要分類的集群數，在範例中輸入「3」，表示觀察值要分為三個集群；在右邊「方法」方盒中勾選內定選項「⊙疊代與分類（T）」；「集群中心點」方盒可以讀取各集群的初始值，若是研究者沒有勾選，則由內定的集群初始值→按『疊代(I)』鈕，開啟「K平均數集群分析：疊代」（K-Means Cluster Analysis: Iterate）次對話視窗。

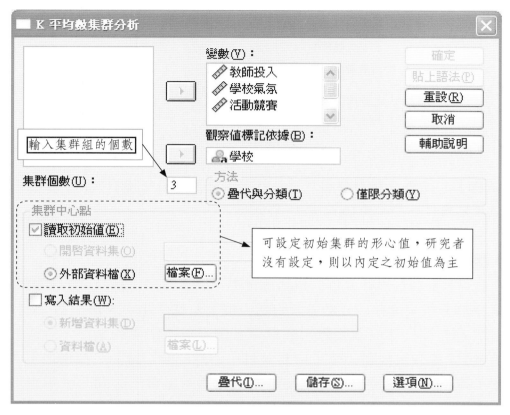

圖1-27

● **步驟（三）**

在「K平均數集群分析：疊代」次對話視窗中，系統內定最大疊代數為10、收斂條件為0，疊代為重複運算過程次數，其數字必須介於1至999間，最大疊代數值為K平均數演算法中的疊代運算次數，即使未達到收斂準則，疊代也會在達到這個次數之後停止。

「收斂條件」可決定疊代停止的時間，它代表初始中心間最小的距離比例，為每個集群中心的最大變更數，其數值必須介於0至1中間。範例中在「最大疊代（M）」的右邊空格數值10改為20、「收斂條件（C）」右邊的數值為0（0為系統設定值）；勾選下方「☑使用可動平均數（U）」選項，此選項的功能在於每一個觀察值被分群後，會重新計算各集群的形心／中心→按『繼續』鈕，回到在「K平均數集群分析」對話視窗。

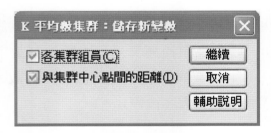

圖1-28

【備註】：集群分析時若出現無法收斂，可將「最大疊代（M）」後面的數值設定爲大一些，如100。

步驟（四）

在「K平均數集群分析」對話視窗中，按『儲存（S）』鈕，開啟「K平數集群分析：儲存新變數」次對話視窗，勾選「☑各集群組員（C）」（會於資料檔中建立新變數用於儲存各觀察值所歸屬的集群，變數數值會介於1與集群個數間）與「☑與集群中心點間的距離」二個選項，與集群中心點間的距離選項可以輸出各觀察值與各集群形心間的歐基里得距離及其分類中心的新變數，二個選項於資料檔中第一次會分別以變數名稱「qc1_1」、「qc1_2」表示→按『繼續』鈕，回到在「K平均數集群分析」對話視窗。

圖1-29

步驟（五）

在「K平均數集群分析」對話視窗中，按『選項（N）』鈕，開啟「K平數集群分析：選項」次對話視窗。在「統計量」方盒中勾選「☑各集群初始的中心（I）」、「☑ANOVA摘要表（A）」、「☑各觀察值的集群

資訊（C）」三個選項，在「遺漏值」方盒中選取內定選項「⊙完全排除遺漏值（L）」選項→按『繼續』鈕，回到在「K平均數集群分析」對話視窗→按「確定」鈕。

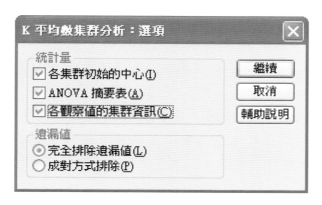

圖1-30

【備註】：「☑各集群初始的中心（I）」為SPSS內定選項，如果集群初始中心由研究自訂，則此選項可以不用勾選，系統內定以各個集群在變項的平均數為第一個估計值，各集群初始中心會用於第一次的分類，之後各集群的中心會被重新計算。「☑ANOVA摘要表（A）」選項可以顯示每個集群在分群變項（計量變數）上的獨立樣本變異數分析檢定摘要表，如果F統計量達到顯著，其數值愈大（關聯強度也會愈大）表示分群變項在集群分析中的重要性愈大，ANOVA摘要表之F考驗只是描述性的量數，不應被視為其產生的機率，若是所有觀察值都分派到一個集群，就不會顯示ANOVA摘要表。「☑各觀察值的集群資訊（C）」選項可顯示觀察值最終的集群訊息及觀察值與集群中心的歐基里得直線距離，也會呈現最終集群中心間的歐基里得直線距離。

二、設定初始集群中心點

若是研究者要自行界定初始集群中心點，其操作程序如下：

◉（一）增列分群變數標準化變項

執行功能列「分析（A）」／「敘述統計（E）」／「描述性統計量

（D）」程序，開啟「描述性統計量」對話視窗，將左邊方盒中的分群變數「教師投入」、「學校氣氛」、「活動競賽」選入右邊「變數（V）」下的方格中→勾選視窗下方「☑ 將標準化的數值存成變數（Z）」選項→按『確定』鈕。

【備註】：按『確定』鈕後，於原先資料檔中會增列三個標準化變數名稱：「Z教師投入」、「Z學校氣氛」、「Z活動競賽」，其變數的標記分別為「Z分數（教師投入）」、「Z分數（學校氣氛）」、「Z分數（活動競賽）」，研究者可以切換到「變數檢視」對話視窗，將變數的標記刪除。若是原始變項測量尺度差異較小，集群分析計量變項可以不用轉換，此時變項標準化程序可以省略。

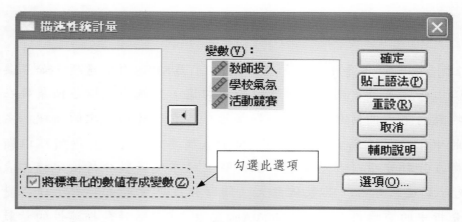

圖1-31

● （二）以三個集群名義變項分割資料檔

範例中於階層集層分析法時採用華德法，選取集群數為3的名義變數「CLU3_1」作為檔案分割的變數，將資料檔依其所屬集群分割成三個次資料檔。

執行功能列「資料（D）」／「分割檔案（F）」程序，開啟「分割檔案」對話視窗，選取右邊「⊙比較群組（C）」選項或「⊙依群組組織輸出（O）」選項，將目標變數「CLU3_1」選入右邊「依此群組（G）」的方格中→按『確定』鈕。

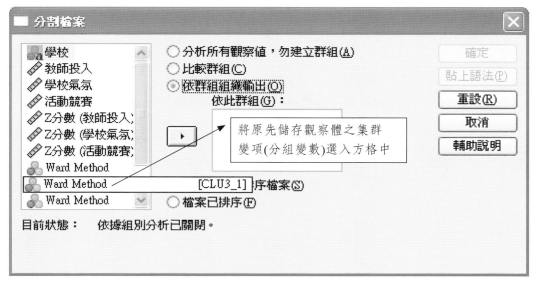

圖1-32

● (三) 求出各集群標準化變項的描述性統計量

執行功能列「分析（A）」／「敘述統計（E）」／「描述性統計量（D）」程序，開啟「描述性統計量」對話視窗，將左邊方盒中的標準化分群變數「Z教師投入」、「Z學校氣氛」、「Z活動競賽」選入右邊「變數（V）」下的方格中→按『確定』鈕。各集群變數之平均數如下：

表1-27　Ward Method=1：敘述統計（a）

	個數	平均數
Z分數（教師投入）	6	1.15499
Z分數（學校氣氛）	6	1.10079
Z分數（活動競賽）	6	1.12996
有效的N（完全排除）	6	
(a) Ward Method=1。		

表1-28　Ward Method=2：敘述統計（a）

	個數	平均數
Z分數（教師投入）	6	−1.14372
Z分數（學校氣氛）	6	−1.16281
Z分數（活動競賽）	6	−1.15493

（續上頁表）

有效的N（完全排除）	6	
(a) Ward Method=2。		

表1-29　Ward Method＝3：敘述統計（a）

	個數	平均數
Z分數（教師投入）	6	−.01127
Z分數（學校氣氛）	6	.06202
Z分數（活動競賽）	6	.02497
有效的N（完全排除）	6	
(a) Ward Method=3。		

　　將上列的數據資料整理於SPSS資料檔中，資料檔名為「初始形心.sav」，資料檔中有四個變數：「cluster_」（為三分名義變項）、「Z教師投入」、「Z學校氣氛」、「Z活動競賽」。變項與資料檔如下，第一個變項名稱「cluster_」為SPSS內定的系統變數，不能更改，其餘變數的順序與變項名稱要與原先集群分析中的變數名稱相同，範例中由於是使用標準化的變數，因而使用「Z教師投入」、「Z學校氣氛」、「Z活動競賽」變數名稱，若是分析時使用的原始變項（未標準化的變數名稱），則第二欄至第四欄的變項名稱為：「教師投入」、「學校氣氛」、「活動競賽」。

表1-30

cluster_	Z教師投入	Z學校氣氛	Z活動競賽
1	1.155	1.101	1.130
2	−1.144	−1.163	−1.155
3	−.011	.062	.025

　　以原始變項作為分類變數，則初始集群中心資料檔變數名稱分別為：「cluster_」、「教師投入」、「學校氣氛」、「活動競賽」，其中第一個變數名稱「cluster_」為SPSS內定系統變項，不能更改。

表1-31

cluster_	教師投入	學校氣氛	活動競賽
1	80.33	80.67	36.67
2	57.67	56.33	16.33
3	68.83	69.50	28.83

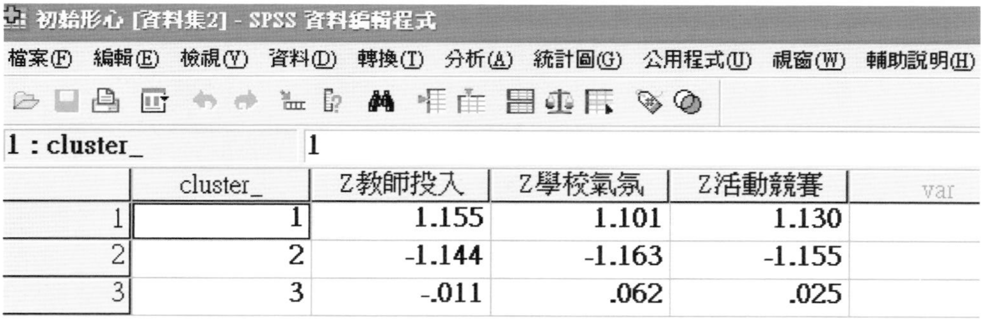

初始形心 [資料集2] - SPSS 資料編輯程式
檔案(F) 編輯(E) 檢視(V) 資料(D) 轉換(T) 分析(A) 統計圖(G) 公用程式(U) 視窗(W) 輔助說明(H)
1 : cluster_ 1
cluster_ Z教師投入 Z學校氣氛 Z活動競賽 var
1 1 1.155 1.101 1.130
2 2 -1.144 -1.163 -1.155
3 3 -.011 .062 .025

圖1-33

(四)讀入初始集群中心點資料檔

在「K平均數集群分析」對話視窗中，勾選「☑讀取初始值」，如果「初始形心.sav」資料檔已開啟，則可直接選取「⊙開啟資料集（O）」選項，於右邊下拉式選單中選取「初始形心.sav」資料檔（SPSS14.0中文版可同時開啟二個以上資料檔）。

集群個數(U)： 3
方法
⊙疊代與分類(T)
集群中心點
讀取初始值(E):
開啓資料集(O)
初始形心.sav [資料集2]
外部資料檔(X)
檔案(F)... D:\多變量\集群\初始形心.sav
寫入結果(W):

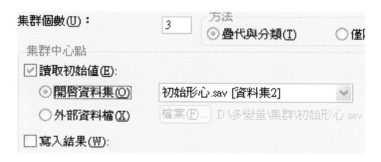

圖1-34

若是「初始形心.sav」資料檔尚未開啟，則選取「⊙外部資料檔（X）」選項，按「檔案（F）」鈕，開啟「K平均數集群分析：從檔案讀

入」次對話視窗,選取「初始形心.sav」資料檔所存放的位置,按「開啟」
鈕→回到「K平均數集群分析」,於「檔案(F)……」鈕的右邊會出現初.
始集群中心檔案的檔案名稱及其存放路徑。

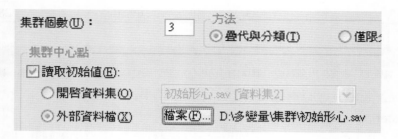

圖1-35

圖1-36

三、報表說明

●（一）未標準化變數 & 未設定初始集群中心點

表1-32　初始集群中心點

	集群		
	1	**2**	**3**
教師投入	55	66	84
學校氣氛	51	69	82
活動競賽	19	29	38

　　上表為系統設定之初始集群中心點，由於研究者未設定各集群的初始中心點，因而由系統自訂，集群[1]的初始形心值為（55, 51, 19）；集群[2]的初始形心值為（66, 69, 29）；集群[3]的初始形心值為（84, 82, 38）。

表1-33　疊代記錄（a）

疊代	集群中心點的變更		
	1	**2**	**3**
1	5.599	2.991	4.752
2	.800	.498	.594
3	.114	.083	.074
4	.016	.014	.009
5	.002	.002	.001
6	.000	.000	.000
7	4.76E–005	6.41E–005	1.81E–005
8	6.80E–006	1.07E–005	2.27E–006
9	9.71E–007	1.78E–006	2.83E–007
10	1.39E–007	2.97E–007	3.54E–008
11	1.98E–008	4.95E–008	4.43E–009
12	2.83E–009	8.24E–009	5.53E–010
13	4.05E–010	1.37E–009	6.91E–011
14	5.78E–011	2.29E–010	8.64E–012
15	8.26E–012	3.82E–011	1.09E–012
16	1.18E–012	6.36E–012	1.27E–013
17	1.68E–013	1.06E–012	2.13E–014
18	2.66E–014	1.74E–013	.000

（續上頁表）

19	7.94E−015	3.55E−014	.000
20	.000	7.11E−015	.000
21	.000	.000	.000

(a) 叢集中點沒有或僅有小幅變動，因此達成收斂。任何中點的最大絕對座標變動為.000。目前的疊代為21。初始中點之間的最小距離為23.345。

上表為疊代運算過程，表中經21次疊代過才達到收斂標準而停止疊代。在「K平均數集群分析：疊代」對話視窗操作中，SPSS內定的疊代次數為10，在實務應用上，研究者可最大疊代次數調整為大一點，如「100」，否則有時無法到達到收斂標準。

下表為採用標準化變數，最大疊代次數為20，無法達到收斂標準的提示語：

由於已執行最大數的疊代，因此停止疊代。疊代無法收斂。任何中點的最大絕對座標變動為4.58E−016。目前的疊代為20。初始中點之間的最小距離為2.211。

表1-34　集群成員

觀察值號碼	學校	集群	距離
1	S1	3	4.431
2	S7	3	1.868
3	S8	3	5.430
4	S11	3	2.630
5	S13	3	2.218
6	S18	3	2.250
7	S2	1	4.967
8	S3	1	4.282
9	S4	1	6.532
10	S6	1	3.559
11	S12	1	2.708
12	S16	1	2.517
13	S5	2	7.435
14	S9	2	5.204
15	S10	2	1.575
16	S14	2	3.589

（續上頁表）

| 17 | S15 | 2 | 5.466 |
| 18 | S17 | 3 | 8.310 |

「集群成員」（Cluster Membership）輸出所有觀察值被分派至哪一個集群，及觀察值至集群中心的歐基里得距離。以觀察值S1為例（測量值分別為81、80、40），觀察體與三個集群的歐氏直線距離分別為：

與集群1形心的距離：$\sqrt{(81-55)^2+(81-51)^2+(40-19)^2}=44.249$

與集群2形心的距離：$\sqrt{(81-66)^2+(81-69)^2+(40-29)^2}=21.610$

與集群3形心的距離：$\sqrt{(81-84)^2+(80-82)^2+(40-38)^2}=4.431$

由於觀察值S1與集群3形心的距離最近因而被分派至集群3。

集群3的觀察值為{S1、S7、S8、S11、S13、S18、S17}七個；集群1的觀察值為{S2、S3、S4、S6、S12、S16}六個；集群2的觀察值為{S5、S9、S10、S14、S15}五個。

表1-35　最後集群中心點

	集群		
	1	2	3
教師投入	58	68	79
學校氣氛	56	68	80
活動競賽	16	26	36

在K平均數集群分法中，如果有觀察值被分派至某一集群中，SPSS會重新計算該集群的形心／中心，所謂形心／中心即該集群中所有觀察值在所有變項的平均數。從最後集群中心點（Final Cluster Centers）可以看出三個集群的平均數高低的差異。

表1-36　最後集群中心點間的距離

集群	1	2	3
1		18.356	37.615
2	18.356		19.278
3	37.615	19.278	

最後集群中心點間的距離（Distance between Final Cluster Centers）可由「最後集群中心點」中的數據換算而得，如集群1與集群2中心點間的距離為：

$$\sqrt{(58-68)^2+(56-68)^2+(16-26)^2}=18.356；集群2與集群3中心點間$$
$$的距離為：\sqrt{(68-79)^2+(68-80)^2+(26-36)^2}=19.278$$

表1-37　ANOVA

	集群		誤差		F檢定	顯著性
	平均平方和	自由度	平均平方和	自由度		
教師投入	769.548	2	7.590	15	101.392	.000
學校氣氛	906.183	2	10.142	15	89.348	.000
活動競賽	617.044	2	7.479	15	82.499	.000
F檢定僅能用於描述性的目的，因為集群已經選來將不同集群中各觀察值之間的差異最大化。基於這個原因，觀察值的顯著水準尚未更正，因而無法解釋為集群平均數為相同的假設檢定。						

單因子變異數分析摘要表並不是各群間「平均數的差異假設檢定」（虛無假設為各群間平均數沒有差異），而是變項是否具有分群的效益，它是一種描述性的說明，如果集群的平均平方和愈大、誤差項平均平方和愈小（F值會愈大），表示此變數愈具有分類集群的功用。

表1-38　各集群中的觀察值個數

集群	1	6.000
	2	5.000
	3	7.000
有效的		18.000
遺漏值		.000

上表為各集群內所包括的成員數：集群1有6個觀察值；集群2有5個觀察值值；集群3有7個觀察值。

⬤（二）標準化變數 & 未設定初始集群中心點

表1-39 初始集群中心點

	集群		
	1	2	3
Z教師投入	1.22259	−1.41415	−.29861
Z學校氣氛	1.03878	−1.65894	.01550
Z活動競賽	1.50453	−.85527	.26844

在集群分析中，分群變數為變項的標準化分數（平均數為0、標準差為1），因而各集群初始集群中心點的數值中會有負數。集群[1]的初始形心值為（1.22, 1.04, 1.50）；集群[2]的初始形心值為（−1.41, −1.66 −0.86）；集群[3]的初始形心值為（−0.30, 0.02, 0.27）。

表1-40 集群成員

觀察值號碼	學校	集群	距離
1	S1	1	.492
2	S7	1	.185
3	S8	1	.555
4	S11	1	.264
5	S13	1	.214
6	S18	1	.217
7	S2	2	.486
8	S3	2	.421
9	S4	2	.640
10	S6	2	.354
11	S12	2	.253
12	S16	2	.255
13	S5	3	.723
14	S9	3	.532
15	S10	3	.160
16	S14	3	.391

（續上頁表）

| 17 | S15 | 3 | .598 |
| 18 | S17 | 1 | .860 |

採用K平均數集群分類結果，集群1的觀察值為{S1、S7、S8、S11、S13、S18、S17}七個；集群2的觀察值為{S2、S3、S4、S6、S12、S16}六個；集群3的觀察值為{S5、S9、S10、S14、S15}五個。

表1-41　各集群中的觀察值個數

集群	1	7.000
	2	6.000
	3	5.000
有效的		18.000
遺漏值		.000

上表為各集群內所包括的成員數：集群1有7個觀察值；集群2有6個觀值值；集群3有5個觀察值。

（三）未標準化變數 ＆ 設定初始集群中心點

三個群組未標化數值（依原始變項測量值）的初始中心點為各集群觀察值於三個分類變數的平均數，三個集群及所包含的觀察值乃之前採用階層集群分析法所得之結果。

表1-42

cluster_	教師投入	學校氣氛	活動競賽
1	80.33	80.67	36.67
2	57.67	56.33	16.33
3	68.83	69.50	28.83

表1-43　初始集群中心點

	集群		
	1	2	3
教師投入	80	58	69

（續上頁表）

學校氣氛	81	56	70
活動競賽	37	16	29
自FILE副命令輸入。三個集群的初始集群中心點為研究者自訂。			

集群[1]的初始形心值為（80, 81, 37）；集群[2]的初始形心值為（58, 56, 16）；集群[3]的初始形心值為（69, 70, 29）。

表1-44　集群成員

觀察值號碼	學校	集群	距離
1	S1	1	4.431
2	S7	1	1.868
3	S8	1	5.430
4	S11	1	2.630
5	S13	1	2.218
6	S18	1	2.250
7	S2	2	4.967
8	S3	2	4.282
9	S4	2	6.532
10	S6	2	3.559
11	S12	2	2.708
12	S16	2	2.517
13	S5	3	7.435
14	S9	3	5.204
15	S10	3	1.575
16	S14	3	3.589
17	S15	3	5.466
18	S17	1	8.310

採用K平均數集群分類結果；集群1的觀察值為{S1、S7、S8、S11、S13、S18、S17}七個；集群2的觀察值為{S2、S3、S4、S6、S12、S16}六個；集群3的觀察值為{S5、S9、S10、S14、S15}五個。

● (四)標準化變數 & 設定初始集群中心點

表1-45　初始集群中心點

	集群		
	1	2	3
Z教師投入	1.15499	−1.14372	−.01127
Z學校氣氛	1.10079	−1.16281	.06202
Z活動競賽	1.12996	−1.15493	.02497
自FILE副命令輸入。			

　　初始集群中心點為三個集群之觀察值標準化變數的平均數，因將原始變數轉換為標準化分數，因而中心點會出現負值。集群[1]的初始形心值為（1.15, 1.10, 1.13）；集群[2]的初始形心值為（−1.14, −1.16, −1.15）；集群[3]的初始形心值為（−0.01, 0.06, 0.02）。

表1-46　集群成員

觀察值號碼	學校	集群	距離
1	S1	1	.492
2	S7	1	.185
3	S8	1	.555
4	S11	1	.264
5	S13	1	.214
6	S18	1	.217
7	S2	2	.486
8	S3	2	.421
9	S4	2	.640
10	S6	2	.354
11	S12	2	.253
12	S16	2	.255
13	S5	3	.723
14	S9	3	.532
15	S10	3	.160
16	S14	3	.391
17	S15	3	.598
18	S17	1	.860

　　採用K平均數集群分類結果：集群1的觀察值為{S1、S7、S8、S11、S13、S18、S17}七個；集群2的觀察值為{S2、S3、S4、S6、S12、S16}六個；集群3的觀察值為{S5、S9、S10、S14、S15}五個。

四、K平均數集群分類結果

　　以變數的標準化及未標準化及集群初始中心點的設定與否，進行K平均數集群分類，四種集群分類結果中，各集群所包括的成員／觀察值均相同：集群1的觀察值為{S1、S7、S8、S11、S13、S18、S17}七個；集群2的觀察值為{S2、S3、S4、S6、S12、S16}六個；集群3的觀察值為{S5、S9、S10、S14、S15}五個。

表1-47

學校	教師投入	學校氣氛	活動競賽	Z教師投入	Z學校氣氛	Z活動競賽	QC-L_1	QC-L_2	QC-L_3	QC-L_4	QC-L_5	QC-L_6	QC-L_7	QC-L_8
S1	81	80	40	1.223	1.039	1.505	3	4.431	1	0.492	1	4.431	1	0.492
S7	81	79	36	1.223	0.946	1.055	3	1.868	1	0.185	1	1.868	1	0.185
S8	84	82	38	1.527	1.225	1.280	3	5.430	1	0.555	1	5.430	1	0.555
S11	77	79	36	0.817	0.946	1.055	3	2.630	1	0.264	1	2.630	1	0.264
S13	79	82	35	1.020	1.225	0.943	3	2.218	1	0.214	1	2.218	1	0.214
S18	80	82	35	1.121	1.225	0.943	3	2.250	1	0.217	1	2.250	1	0.217
S2	57	52	14	−1.211	−1.566	−1.417	1	4.967	2	0.486	2	4.967	2	0.486
S3	61	59	16	−0.806	−0.915	−1.192	1	4.282	2	0.421	2	4.282	2	0.421
S4	55	51	19	−1.414	−1.659	−0.855	1	6.532	2	0.640	2	6.532	2	0.640
S6	56	59	18	−1.313	−0.915	−0.968	1	3.559	2	0.354	2	3.559	2	0.354
S12	58	59	16	−1.110	−0.915	−1.192	1	2.708	2	0.253	2	2.708	2	0.253
S16	59	58	15	−1.008	−1.008	−1.305	1	2.517	2	0.255	2	2.517	2	0.255
S5	72	74	24	0.310	0.481	−0.293	2	7.435	3	0.723	3	7.435	3	0.723
S9	65	65	29	−0.400	−0.357	0.268	2	5.204	3	0.532	3	5.204	3	0.532
S10	68	67	27	−0.096	−0.171	0.044	2	1.575	3	0.160	3	1.575	3	0.160
S14	66	69	29	−0.299	0.016	0.268	2	3.589	3	0.391	3	3.589	3	0.391
S15	68	66	21	−0.096	−0.264	−0.631	2	5.466	3	0.598	3	5.466	3	0.598
S17	74	76	31	0.513	0.667	0.493	3	8.310	1	0.860	1	8.310	1	0.860

肆、二階集群分析法

二階集群分析法（Two-Step Cluster）也是一種用來顯示資料集中自然分類（或集群）的一種探索性方法，SPSS系統中的二階集群分析法可同時處理類別變項及連續變項、可自動選擇集群數目，藉由比較不同集群解之間的模型及選項準則的值，以自動決定最適的集群數目。此外，藉由擴展性的特性，以建構可摘要記錄的集群功能（CF）之樹狀結構，以快速有效分析大型資料檔。二階集群分析法是階層集群分析與K平均數集群分析的統合應用。

在範例中，除原先三個計量變數「教師投入」、「學校氣氛」、「活動競賽」外，再增列校長性別類別變項，校長性別變項中水準數值1為男生、2為女生。

表1-48

學校	校長性別	教師投入	學校氣氛	活動競賽	Z教師投入	Z學校氣氛	Z活動競賽
S1	2	81	80	40	1.2226	1.0388	1.5045
S2	1	57	52	14	−1.2113	−1.5659	−1.4171
S3	1	61	59	16	−0.8057	−0.9147	−1.1924
S4	1	55	51	19	−1.4142	−1.6589	−0.8553
S5	1	72	74	24	0.3099	0.4806	−0.2934
S6	2	56	59	18	−1.3127	−0.9147	−0.9676
S7	2	81	79	36	1.2226	0.9458	1.0550
S8	2	84	82	38	1.5268	1.2248	1.2798
S9	2	65	65	29	−0.4000	−0.3566	0.2684
S10	2	68	67	27	−0.0958	−0.1705	0.0437
S11	2	77	79	36	0.8169	0.9458	1.0550
S12	1	58	59	16	−1.1099	−0.9147	−1.1924
S13	2	79	82	35	1.0198	1.2248	0.9427
S14	2	66	69	29	−0.2986	0.0155	0.2684
S15	2	68	66	21	−0.0958	−0.2636	−0.6305
S16	1	59	58	15	−1.0085	−1.0078	−1.3048
S17	1	74	76	31	0.5127	0.6667	0.4932
S18	2	80	82	35	1.1212	1.2248	0.9427

一、操作程序

🔵 步驟（一）

執行功能列「分析（A）」／「分類（Y）」／「TwoStep集群（T）」程序，開啟「TwoStep集群分析」對話視窗。

🔵 步驟（二）

在「TwoStep集群分析」對話視窗中，於左邊方盒中將分群變數之類別變數「校長性別」選入右邊「類別變數（V）」下的方格中，將連續變數「Z教師投入」、「Z學校氣氛」、「Z活動競賽」選入右邊「連續變數（C）」下的方格中，「集群數目」方盒中選取「⊙自動決定（D）」選項，「最大（X）」選項右邊方格的數字內定為15，在「集群條件」選項中選取內定選項「⊙Schwarz Bayesian準則（BIC）（B）」→按『選項（N）』鈕，開啟「TwoStep集群分析：選項」次對話視窗。

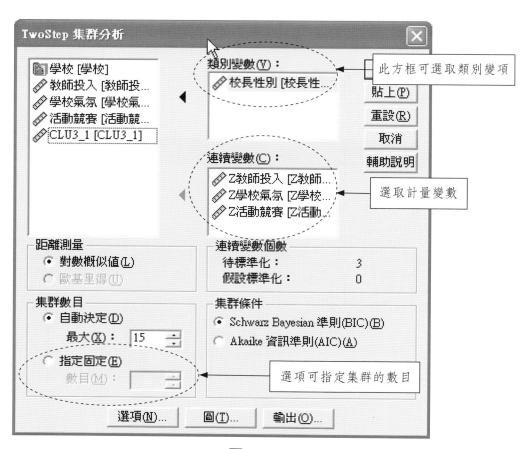

圖1-37

【備註】：在「集群數目」方盒中，如果研究者要指定集群數目，可以選取「⊙指定固定」選項，在「數目（M）」的後面輸入集群數（正整數）。在「距離測量」方盒中，有二個選項，二個選項均可以計算集群間的相似程度，如果所有的變數均為連續變數，才可以選取「☑歐基里得（U）」選項，此選項量數可以估算二個集群間的直線距離；若是變數中只有類別變項或同時有連續變數及類別變數，則只能選定「☑對數概似值（L）」內定選項，此選項可求出變數的機率分配，連續變數假定變項為常態分配、類別變數假定變項為多項式分配。集群條件的準則可使用相對的演算法以決定集群數目，二個選項分別為「Bayesian資訊準則」（Bayesian Information Criterion, BIC）、「Akaike資訊準則」（Akaike Information Criterion, AIC）

步驟（三）

在「TwoStep集群分析：選項」次對話視窗中，在「待標準化（T）」方格中的變數「Z教師投入」、「Z學校氣氛」、「Z活動競賽」選入左邊「假設標準化（A）」方格中，「記憶體配置」方盒中，「最大值（MB）」選用內定數值「64」→按『繼續』鈕，回到在「TwoStep集群分析：選項」對話視窗。

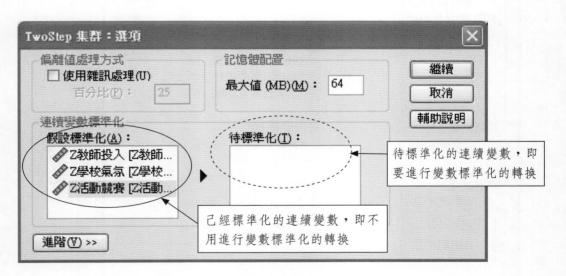

圖1-38

【備註】：在「偏離值處理方式」方盒中，若是研究者勾選「☑使用雜訊處理（U）」（Use noise handing）選項，集群分析程序會以樹狀結構是否為填滿狀態來處理偏離值。於集群分析中，偏離值常造成集群功能（CF）處於一種填滿狀態，所謂填滿狀態是指樹狀結構的分葉節點無法再接受任何觀察值，且沒有可分割的分葉節點。若是研究者勾選「使用雜訊處理」選項，當集群功能樹狀結構為填滿狀態，分葉中的觀察值在分派到「噪音」分葉後會重新成長，當樹狀結構重新成長之後，偏離值將會被分派於CF樹狀結構中，若是沒有適當位置可分派，則偏離值會被捨棄（SPSS手冊）。

「記憶體配置」方盒中，可以讓研究者指定記憶體的最大容量，其數值必須4（MB）以上。如果連續變數尚未標準化，在集群分析時需要轉化為標準分數，則這些未標準化的變項應保留於「待標準化（T）」下的方格中；相對的，若是變數已經轉為標準分數或變數的尺度類似，不需要轉為標準化變項，這些變項要保留於「假設標準化（A）」的方框中。按視窗下方『進階（V）』鈕，可以展開「進階」次對話方盒，此對話方盒可對集群功能之樹狀結構的調整，包括「初始距離變更起始值（N）」（內定值為0）、「最大分支（各分葉節點）（B）」（內定值為8，此選項在於界定分葉節點所能擁有的子節點最大數目）、「最大樹狀結構深度（D）」（內定值為3，此選項在於界定CF樹狀結構所能擁有的階層最大數目）等，研究者可直接採用內定的選項數值即可。

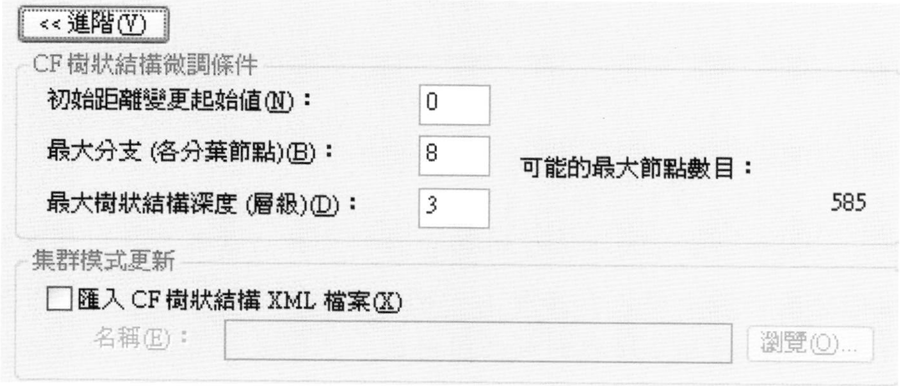

圖1-39

● **步驟（四）**

　　按『圖（T）』鈕，開啟「TwoStep集群分析：圖形」次對話視窗中，勾選「☑在集群百分比圖表（U）」、「☑集群圓餅圖（S）」二個選項；在「變數重要性圖形」方盒中勾選「☑變數重要性等級（R）」選項，「等級變數」次方盒選取「（依集群（C）」選項、「重要性測量」次方盒中選取「⊙顯著的卡方或t檢定（H）」選項→按『繼續』鈕，回到在「TwoStep集群分析項」對話視窗。

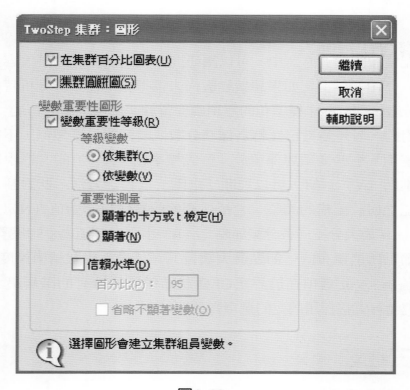

圖1-40

【備註】：「☑在集群百分比圖表（U）」選項可顯示每個變數之集群內的圖表，類別變數會依據個別集群輸出類別次數的集群長條圖、連續變項會依據個別集群輸出誤差長條圖；「☑集群圓餅圖（S）」選項可顯示每個集群內觀察值的百分比與個數之圓餅圖。「變數重要性圖形」方盒可顯示每個集群內各變數之重要性的不同圖表，輸出時是依照各變數重要性等級排序：(1)「等級變數」（Rank Variables）：選項可決定是否要針對每

個集群「依變數」或每個變數「依集群」來建立圖形；(2)「重要性測量」（Importance Measure）：此選項可讓研究者選擇要繪製哪個變數重要性量測的圖形，類別變數重要性量測統計量為卡方統計量，連續變數重要性量測統計量為 t 統計量。「顯著（N）」選項輸出變項的顯著性，連續變數輸出平均數相等檢定之p值減1，類別變數為整體資料的期望次數。「信賴水準（D）」選項在於界定集群與變數的整體分配中，變項分配相等時的信賴水準，其數值要大於等於50且小於100。「省略不顯著變數（O）」選項在於界定圖形不要輸出指定之信賴水準內不重要的變數。

步驟（五）

按『輸出（O）』鈕，開啟「TwoStep集群分析：輸出」次對話視窗中，在「統計量」方盒中勾選「☑依集群的描述性（D）」、「☑集群次數（U）」、「☑資訊條件（AIC或BIC）（M）」三個選項；在「使用中資料檔」方盒中勾選「☑建立集群組員變數（C）」選項→按『繼續』鈕，回到在「TwoStep集群分析項」對話視窗→按『確定』鈕。

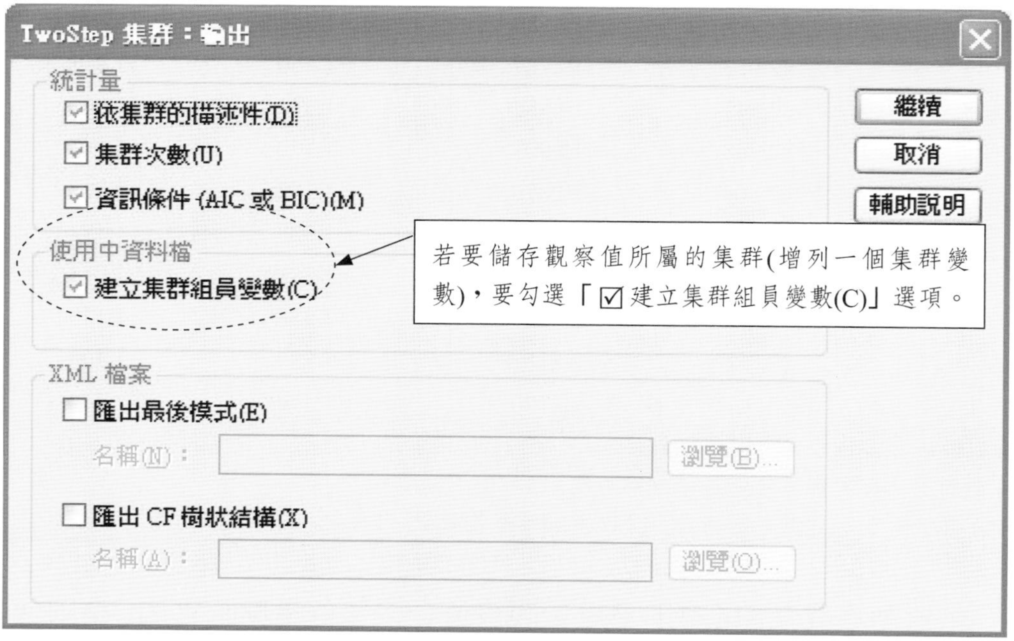

圖1-41

【備註】：「☑依集群的描述性（D）」選項可輸出二個描述各集群之變數的表格：一個表格會依集群而顯示連續變數的平均數與標準差，一個表格會依依集群而顯示類別變數的次數。「☑集群次數（U）」選項可輸出各集群所包括的觀察值數目。「☑資訊條件（AIC或BIC）（M）」選項可以輸出AIC或BIC資訊準則的數據，此選項只有於集群數目方盒中選取「⊙自動決定（D）」選項時，才有呈現。

二、報表說明─TwoStep叢集

表1-49　自動叢集

叢集數目	Schwarz的貝葉斯準則(BIC)	BIC變動(a)	BIC變動比率(b)	距離測量比率(c)
1	80.198			
2	65.688	−14.510	1.000	2.678
3	72.948	7.260	−.500	1.644
4	85.290	12.342	−.851	4.201
5	103.644	18.354	−1.265	2.878
6	123.224	19.580	−1.349	1.296
7	142.953	19.729	−1.360	1.461
8	162.841	19.888	−1.371	1.059
9	182.748	19.907	−1.372	1.841
10	202.804	20.056	−1.382	1.797
11	222.938	20.134	−1.388	1.117
12	243.083	20.145	−1.388	1.015
13	263.229	20.146	−1.388	1.153
14	283.386	20.157	−1.389	1.198
15	303.556	20.170	−1.390	1.364

(a) 變動來自表格的上一個叢集數目。
(b) 變動比率與兩個叢集解答的變動相關。
(c) 距離測量比率是現有叢集數目除以上一個叢集數目。

依自動集群之BIC準則來看，觀察值分成二個集群時之BIC準則值最小，其數值為65.688，因而二階集群分析結果會自動將所有觀察值分成二個集群。從BIC準則來判別，分成二個集群時，BIC數值為65.688，若分成

三個集群時BIC數值為72.948，二者差距值不會很大，因而研究者若是因實際所需要分為三個集群也可以。由於分成三個集群時BIC數值72.948並不是最小值，因而研究者必須指定集群數，開啟「TwoStep集群分析」對話視窗時，於「集群數目」方盒中改選「⊙指定固定(E)」選項，「數目(M)」右邊的數字調整鈕改為「3」。

表1-50　自動叢集

叢集數目	Akaike的資訊準則（AIC）	AIC變動(a)	AIC變動比率(b)	距離測量比率(c)
1	73.966			
2	53.223	−20.743	1.000	2.678
3	54.250	1.027	−.050	1.644
4	60.359	6.109	−.295	4.201
5	72.481	12.122	−.584	2.878
6	85.828	13.347	−.643	1.296
7	99.325	13.497	−.651	1.461
8	112.980	13.656	−.658	1.059
9	126.655	13.675	−.659	1.841
10	140.478	13.823	−.666	1.797
11	154.380	13.902	−.670	1.117
12	168.292	13.912	−.671	1.015
13	182.205	13.913	−.671	1.153
14	196.130	13.925	−.671	1.198
15	210.067	13.937	−.672	1.364

(a) 變動來自表格的上一個叢集數目。
(b) 變動比率與兩個叢集解答的變動相關。
(c) 距離測量比率是現有叢集數目除以上一個叢集數目。

依自動集群之AIC準則來看，觀察值分成二個集群時之AIC準則值最小，其數值為53.223，因而二階集群分析結果會自動將所有觀察值分成二個集群組。AIC準則值次大者為將觀察值分為三個集群，其AIC準則值為54.250，其數值與分為二個集群相差不大，因而研究者也可以將所有觀察值分為三個集群。上述採用BIC準則與AIC準則要分成的最佳集群數目判斷大致相同。

表1-51 叢集分配

叢集	N	組合的 %	總計的 %
1	7	38.9%	38.9%
2	11	61.1%	61.1%
組合	18	100.0%	100.0%
總計	18		100.0%

　　二個集群中，集群1包括七個觀察值，占全部觀察值的38.9%、集群2包括十一個觀察值，占全部觀察值的61.1%，全部有效觀察值有十八個。

表1-52 叢集設定檔：重心

叢集	Z教師投入		Z學校氣氛		Z活動競賽	
	平均數	標準 Deviation 離差	平均數	標準 Deviation 離差	平均數	標準 Deviation 離差
1	−.6752844	.76725180	−.7021153	.92357883	−.8231676	.69183736
2	.4297265	.90799621	.4468006	.78963999	.5238339	.79790413
組合	.0000000	1.00000000	.0000000	1.00000000	.0000000	1.00000000

　　「重心」或形心表示二個集群在三個連續變數「Z教師投入」、「Z學校氣氛」、「Z活動競賽」的個別平均數與標準差，第一個集群在三個變數的平均數分別為−.675、−.702、−.823；第二個集群在三個變數的平均數分別為.430、.447、.524，集群2在三個分群連續變數的平均數均高於集群1在三個分群連續變數的平均數。

表1-53 次數分配表：校長性別

叢集	男生		女生	
	次數	百分比	次數	百分比
1	7	100.0%	0	.0%
2	0	.0%	11	100.0%
組合	7	100.0%	11	100.0%

　　「次數分配表」顯示類別變項校長性別在二個集群的次數及百分比，

集群1包括七位男生、零位女生；集群2包括十一位女生、零位男生。

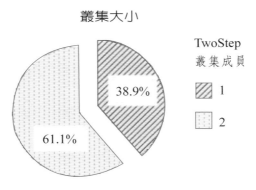

圖1-42　屬性重要性

上圖為二個集群觀察值的百分比，集群1占全部38.9%、集群2占全部的61.1%。

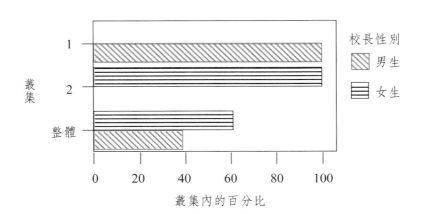

圖1-43　在校長性別的叢集百分比內

就屬性重要性之長條圖而言，集群1主要為男生、集群2主要為女生，因而性別的的分類中，校長性別為男性者全部歸於集群1、校長性別為女性者全部被分派於集群2。

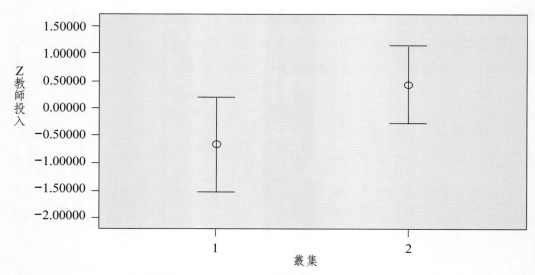

圖1-44　平均數的同步95%信賴區間

　　「Z教師投入」變項在二個集群在之平均數95%信賴區間，集群2的平均數顯著的高於集群1的平均數。

三、二階集群分析結果

　　加入校長性別類別變項，使用二階集群分析結果，第一個集群成員為觀察值{S2、S3、S4、S5、S12、S16、S17}等七個；第二個集群成員為觀察值{S1、S6、S7、S8、S9、S10、S11、S13、S14、S15、S18}等十一個。若指定為三個集群數，則第一個集群成員為觀察值{S2、S3、S4、S5、S12、S16、S17}等七個、第二個集群成員為觀察值{S6、S9、S10、S14、S15}等五個；第三個集群成員為觀察值{S1、S7、S8、S11、S13、S18}等六個。以校長性別變項之分類次數分配表來看（見下表），七個男性校長均被分類於第一個集群；五位女性校長被分類於第二個集群；六位女性校長被分類於第三個集群。

表1-54　校長性別

叢集	男生		女生	
	次數	百分比	次數	百分比
1	7	100.0%	0	.0%
2	0	.0%	5	45.5%
3	0	.0%	6	54.5%
組合	7	100.0%	11	100.0%

表1-55　資料檔中各觀察值與其所屬集群分類摘要表

學校	校長性別	教師投入	學校氣氛	活動競賽	Z教師投入	Z學校氣氛	Z活動競賽	TwoStep（二個集群）	TwoStep（限定三個集群）
S1	2	81	80	40	1.2226	1.0388	1.5045	2	3
S2	1	57	52	14	−1.2113	−1.5659	−1.4171	1	1
S3	1	61	59	16	−0.8057	−0.9147	−1.1924	1	1
S4	1	55	51	19	−1.4142	−1.6589	−0.8553	1	1
S5	1	72	74	24	0.3099	0.4806	−0.2934	1	1
S6	2	56	59	18	−1.3127	−0.9147	−0.9676	2	2
S7	2	81	79	36	1.2226	0.9458	1.0550	2	3
S8	2	84	82	38	1.5268	1.2248	1.2798	2	3
S9	2	65	65	29	−0.4000	−0.3566	0.2684	2	2
S10	2	68	67	27	−0.0958	−0.1705	0.0437	2	2
S11	2	77	79	36	0.8169	0.9458	1.0550	2	3
S12	1	58	59	16	−1.1099	−0.9147	−1.1924	1	1
S13	2	79	82	35	1.0198	1.2248	0.9427	2	3
S14	2	66	69	29	−0.2986	0.0155	0.2684	2	2
S15	2	68	66	21	−0.0958	−0.2636	−0.6305	2	2
S16	1	59	58	15	−1.0085	−1.0078	−1.3048	1	1
S17	1	74	76	31	0.5127	0.6667	0.4932	1	1
S18	2	80	82	35	1.1212	1.2248	0.9427	2	3

伍、集群分析與區別分析

　　集群分析程序有時會與區別分析方法交互驗證。就效度（validation）觀點而言，如果研究者從相同母群體中的二個不同樣本，應用相同的集群

方法是否可以獲得相同的集群形心，或不同組形心是否可得到相似的集群分類結果（觀察值被安排至相同的集群），集群解的效度考驗與重測信度檢驗方法不同。集群分析之效度檢驗可採用交叉驗證方法，開始時從相同母群體中抽取二組樣本，或抽取一組樣本以隨機方式將其分割為二組，其中一組樣本為「測定樣本」（calibration sample），另一組樣本為「效度樣本」（validation sample）。之後研究者選取集群方法，對於測定樣本進行集群分析，決定其集群數目與計算集群形心，如果集群解是有效的，則集群形心可反映至有母群體集群數的集中量數，因此，若是抽取相同母群體的其他樣本，則研究者也可藉由每位觀察體與其最接近的形心值，判定集群的成員，從測定樣本得到的集群解可以安排效度樣本中的觀察值到最接近的形心，二者分類結果之集群屬性十分相似。集群分析的效度可以分為以下幾個步驟（*Lattin et al., 2003, pp. 298-299*）：

步驟1：將資料檔隨機分割成二個次資料檔：測定樣本與效度樣本。

步驟2：對於測定樣本使用集群方法進行集群分析，決定集群所包含的成員（觀察值）及估算各集群的形心。

步驟3：使用從測定樣本獲得的集群形心，從效度樣本中分派每位觀察值至其最接近的形心處，集群解以符號S1表示。

步驟4：使用步驟2之相同的集群方法對效度樣本進行集群分析，並設定相同的集群數目解，集群解以符號S2表示。

步驟5：集群解S1與S2表示相同觀察值到所屬集群組二種不同的分派方式，評估二種解值間的差異，交叉列表比較集群解S1與S2的異同。

由於採用測定樣本與效度樣本比對程序較為複雜，一般較為多數研究者使用的是使用集群程序之後，立即進行區別分析，檢驗區別函數是否顯著及分類結果的正確百分比為何？

【研究問題】

某國中輔導教師想探究學生的「學習動機」、「學習態度」、「學習投入」與「學業成就」四個變項是否可有效將學生的學習分成有意義的群

組，從國三學生中隨機抽取二十名學生，施予「學習感受問卷」，相關數
據如下：

表1-56

編號	學習動機	學習態度	學習投入	學業成就	Z學習動機	Z學習態度	Z學習投入	Z學業成就	AV_Link	WarD_M	TwoStep	Dis_1
S1	15	18	20	93	0.65	1.11	1.27	1.17	1	1	1	1
S2	20	20	19	92	1.39	1.41	1.13	1.12	1	1	1	1
S3	14	11	14	72	0.50	0.07	0.42	0.04	2	2	2	2
S4	12	13	8	60	0.21	0.37	−0.42	−0.60	2	2	2	2
S5	15	11	14	68	0.65	0.07	0.42	−0.17	2	2	2	2
S6	18	19	16	88	1.09	1.26	0.71	0.90	1	1	1	1
S7	19	16	20	94	1.24	0.82	1.27	1.23	1	1	1	1
S8	7	11	13	80	−0.53	0.07	0.28	0.47	2	2	2	2
S9	6	6	5	72	−0.68	−0.67	−0.85	0.04	3	3	3	3
S10	2	2	3	55	−1.27	−1.26	−1.13	−0.87	3	3	3	3
S11	17	19	16	87	0.94	1.26	0.71	0.85	1	1	1	1
S12	16	18	20	92	0.80	1.11	1.27	1.12	1	1	1	1
S13	2	2	1	47	−1.27	−1.26	−1.41	−1.30	3	3	3	3
S14	3	3	4	42	−1.12	−1.11	−0.99	−1.57	3	3	3	3
S15	12	11	13	60	0.21	0.07	0.28	−0.60	2	2	2	2
S16	2	1	3	72	−1.27	−1.41	−1.13	0.04	3	3	3	3
S17	18	15	19	89	1.09	0.67	1.13	0.96	1	1	1	1
S18	1	1	2	30	−1.42	−1.41	−1.27	−2.22	3	3	3	3
S19	2	3	1	60	−1.27	−1.11	−1.41	−0.60	3	3	3	3
S20	11	10	9	71	0.06	−0.07	−0.28	−0.01	2	2	2	2

　　「學習動機」、「學習態度」、「學習投入」與「學業成就」四個變
項的測量尺度不同，因而將之轉換為標準化分數（Z分數），四個計量變
數的標準化變項名稱分別為「Z學習動機」、「Z學習態度」、「Z學習投
入」、「Z學業成就」。

一、採用階層集群分析法─群間連結法
　　在「階層集群分析法：方法」次對話視窗中，「集群方法（M）」為
「群間連結法」，「區間（N）」的下拉式選單選取「歐基里得直線距離

平方」。

　　如果研究者選取的變項為原始測量值變項「學習動機」、「學習態度」、「學習投入」與「學業成就」，在轉換值的方盒中，「標準化（S）」右邊的下拉式選單要選取「Z分數」；若是研究者選取的變項為已標準化的變項：「Z學習動機」、「Z學習態度」、「Z學習投入」與「Z學業成就」，在「標準化（S）」右邊的下拉式選單直接選取內定選項「無」。

表1-57　均連法（組間）：群數凝聚過程

階段	組合集群		係數	先出現的階段集群		下一階段
	集群1	集群2		集群1	集群2	
1	1	12	.025	0	0	7
2	6	11	.025	0	0	8
3	3	5	.068	0	0	9
4	7	17	.136	0	0	7
5	10	19	.174	0	0	12
6	13	14	.295	0	0	12
7	1	7	.382	1	4	10
8	2	6	.402	0	2	10
9	3	15	.462	3	0	13
10	1	2	.560	7	8	18
11	4	20	.590	0	0	13
12	10	13	.616	5	6	15
13	3	4	.901	9	11	16
14	9	16	.978	0	0	17
15	10	18	1.543	12	0	17
16	3	8	1.602	13	0	18
17	9	10	2.633	14	15	19
18	1	3	4.638	10	16	19
19	1	9	13.896	18	17	0

　　從「群數凝聚過程」摘要表中得知：第18個階段群組{1}與群組{3}合併後的係數為4.638，第19個階段群組{1}與群組{9}合併後的係數為13.896，因而20個樣本以分為三個集群較為適宜。

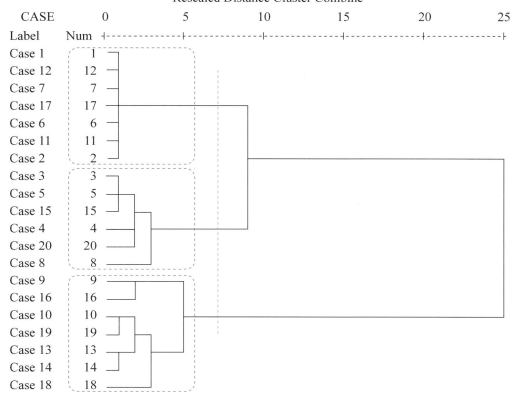

圖1-45　樹狀圖

　　從樹狀圖中可以看出，第一個集群包含的觀察值為{S1、S12、S7、S17、S6、S11、S2}等七個；第二個集群包含的觀察值為{S3、S5、S15、S4、S20、S8}等六個；第三個集群包含的觀察值為{S9、S16、S10、S19、S13、S18、S14}等七個。

二、採用階層集群分析法—Ward連結法

　　在「階層集群分析法：方法」次對話視窗中，「集群方法（M）」為「Ward's法」，「區間（N）」的下拉式選單選取「歐基里得直線距離平方」。

表1-58　Ward連法：群數凝聚過程

階段	組合集群		係數	先出現的階段集群		下一階段
	集群1	集群2		集群1	集群2	
1	6	11	.012	0	0	7
2	1	12	.025	0	0	10
3	3	5	.059	0	0	14
4	7	17	.127	0	0	10
5	10	19	.214	0	0	11
6	13	14	.361	0	0	12
7	2	6	.625	0	1	13
8	4	15	.918	0	0	9
9	4	20	1.254	8	0	14
10	1	7	1.596	2	4	13
11	10	16	2.047	5	0	15
12	13	18	2.521	6	0	17
13	1	2	3.142	10	7	18
14	3	4	3.877	3	9	16
15	9	10	4.711	0	11	17
16	3	8	5.813	14	0	18
17	9	13	9.021	15	12	19
18	1	3	22.050	13	16	19
19	1	9	76.000	18	17	0

　　從「群數凝聚過程」摘要表中得知：第18個階段群組{1}與群組{3}合併後的係數為22.050，第19個階段群組{1}與群組{9}合併後的係數為76.000，二個配對群組合併的係數變得較大，因而20個樣本以分為三個集群較為適宜。其結果與採用組間連結法的結果相同。

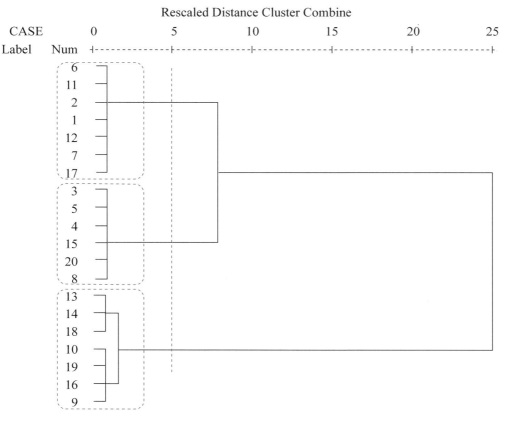

圖1-46　樹狀圖

　　從樹狀圖中可得知，第一個集群包含的觀察值為{S6、S11、S2、S1、S12、S7、S17}等七個；第二個集群包含的觀察值為{S3、S5、S4、S15、S20、S8}等六個；第三個集群包含的觀察值為{S13、S14、S18、S10、S19、S16、S9}等七個。

三、採用二階集群分析法

　　在「TwoStep集群分析」對話視窗中，直接選取「Z學習動機」、「Z學習態度」、「Z學習投入」與「Z學業成就」四個標準化分數變項至右邊「連續變數（C）」下的方格中，在「距離測量」方盒中選取「歐基里得（U）」，「集群數目」方盒中選取「指定固定（E）」選項，「數目（M）」右邊的下拉式選項調整為3（指定為三個集群組）。

　　在「TwoStep集群分析：選項」次對話視窗，在「待標準化（T）」方

盒中的四個連續變項選入左邊「假設標準化（A）」下的方格中（因四個變項均為標準化變數，不用再進行標準化轉換）。

在「TwoStep集群分析：輸出」次對話視窗，「使用中資料檔」方盒中勾選「建立集群組員變數」選項，可以於資料檔中新增一個群組分組的變數。

表1-59　TwoStep叢集：叢集分配

		N	組合的%	總計的%
叢集	1	7	35.0%	35.0%
	2	6	30.0%	30.0%
	3	7	35.0%	35.0%
	組合	20	100.0%	100.0%
總計		20		100.0%

在「叢集分配」摘要表中，呈現三個群組的個數，第一個群組包含的樣本數有7個、第二個群組包含的樣本數有6個、第三個群組包含的樣本數有7個。樣本及所屬集群的變項為資料檔中的「TwoStep」欄的資料。採用平均連結法、Ward法、TwoStep集群分析（指定集群數為3），三個集群所包含的樣本數均相同：

集群{1}：包含{S1、S2、S6、S7、S11、S12、S17}七個。

集群{2}：包含{S3、S4、S5、S8、S15、S20}六個。

集群{3}：包含{S9、S10、S13、S14、S16、S18、S19}七個。

表1-60　叢集設定檔：重心

		Z學習動機		Z學習態度		Z學習投入		Z學業成就	
		平均數	標準Deviation離差	平均數	標準Deviation離差	平均數	標準Deviation離差	平均數	標準Deviation離差
叢集	1	1.0286	.25352	1.0916	.26305	1.0685	.25581	1.0492	.14464
	2	.1820	.41118	.0989	.14588	.1176	.37249	−.1452	.41332

（續上頁表）

3	−1.1846	.23878	−1.1764	.25495	−1.1693	.21113	−.9247	.83694
組合	.0000	1.00000	.0000	1.00000	.0000	1.00000	.0000	1.00000

「重心」是以各群組包含的樣本在四個連續變項的描述性統計量，以學習動機而言，群組{1}、群組{2}、群組{3}的平均數分別為1.03、.18、−1.18，從平均數的高低來看，群組{1}在四個變項的測量值均最高、群組{2}次之、群組{3}均為最低，因而群組{1}的樣本可以命名為「積極進取型」、群組{3}的樣本可以命名為「消極放任型」、群組{2}的樣本可以命名為「中庸普通型」。

從下列四個變項在三個集群之平均數95%信賴區間圖可以明顯看出：三個集群的平均數有明顯不同，第一個集群的平均數最高、第三個集群的平均數最低、第二個集群的平均數介於二者之間。

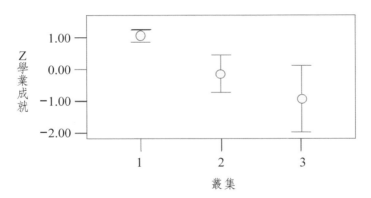

圖1-47　平均數的同步95%信賴區間

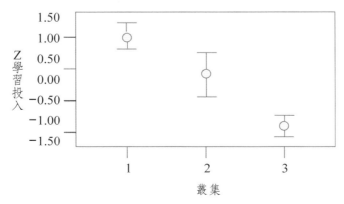

圖1-48　平均數的同步95%信賴區間

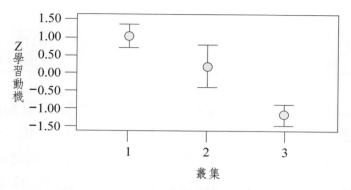

圖1-49   平均數的同步95%信賴區間

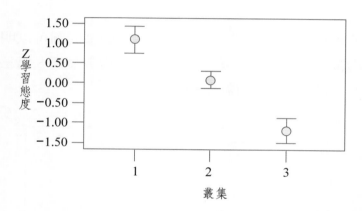

圖1-50   平均數的同步95%信賴區間

四、採用區別分析

　　集群分析通常會和區別分析合併使用，當研究者根據相關變數對樣本分成數個群組後，可改採區別分析程序，驗證集群分析結果的正確性。

　　在區別分析中預測變項為「Z學習動機」、「Z學習態度」、「Z學習投入」與「Z學業成就」等四個，分組變項為「TwoStep」欄群組變數，「TwoStep」變項為三分名義變數，其水準數值為1、2、3。

表1-61   典型區別函數的摘要：特徵值

函數	特徵值	變異數的%	累積%	典型相關
1	36.692(a)	99.6	99.6	.987

（續上頁表）

2	.141(a)	.4	100.0	.352
(a) 分析時會使用前2個典型區別函數。				

二個區別函數的特徵值分別為36.692、.141，第一個區別函數可以解釋全體區別變項99.6%的變異量。

表1-62　Wilks' Lambda值

函數檢定	Wilks' Lambda值	卡方	自由度	顯著性
1到2	.023	58.307	8	.000
2	.876	2.050	3	.562

「1到2」列區別函數顯著性檢定的Wilks Λ值為.023、轉換的卡方值為自由度等於8、近似卡方值等於58.307，顯著性p=.000<.05，達到顯著水準，表示第一個區別函數顯著。「2」列區別函數顯著性檢定的Wilks Λ值為.876、轉換為自由度等於3、近似卡方值等於2.050，顯著性p =.562>.05，未達到顯著水準，表示第二個區別函數不顯著

表1-63　結構矩陣

	函數	
	1	2
Z學習態度	.735(*)	.176
Z學習投入	.596(*)	.009
Z學習動機	.549(*)	−.398
Z學業成就	.264	.852(*)
區別變數和標準化典型區別函數之間的 合併後組內相關。變數係依函數內相關的絕對大小加以排序。		
*在每個變數和任一區別函數 之間的最大絕對相關。		

區別函數與區別變項的關係中，第一個區別函數與「Z學習動機」、「Z學習態度」、「Z學習投入」三個預測變項關係較為密切，其結構係數分別為.549、.735、.596；第二個區別函數與「Z學業成就」預測變項則較為密切，其結構係數為.852。

表1-64　各組重心的函數

TwoStep	函數	
	1	2
1	6.349	.261
2	.707	−.528
3	−6.955	.192
未標準化的典型區別函數以組別平均數加以評估。		

第一個區別函數在三個組別的形心分別為6.349、7.07、−6.955，其差異十分明顯，表示第一個區別分數可以有效區別三個群組。

表1-65　分類結果(a)

TwoStep		預測的各組成員			總和
		1	2	3	
原始的	個數　1	7	0	0	7
	2	0	6	0	6
	3	0	0	7	7
	％　1	100.0	.0	.0	100.0
	2	.0	100.0	.0	100.0
	3	.0	.0	100.0	100.0
(a) 100.0%個原始組別觀察值已正確分類。					

從分類結果摘要表得知：整體分類正確的百分比為100.0%。表示以「Z學習動機」、「Z學習態度」、「Z學習投入」與「Z學業成就」四個變項為預測變項，而以集群分析程序所建立的群組為分組變項，進行區別分析時，四個預測變項對分組變項的正確分類完全正確。

進一步的統計分析，研究者可根據集群分析的結果，將所有樣本劃分為三個群組：「積極進取型」、「中庸普通型」、「消極放任型」，探討三個類型的學生在其他檢定變項的差異。

陸、多元尺度法

多元尺度法（multidimensional scaling；簡稱MDS）是一種探討樣本對一組客體距離（或相似性）的評估中所含括訊息的統計方法，將客體間

之距離轉換成幾何向度之空間表徵（spatial representation），進而對向度表徵作進一步的解釋，同時達到將客體分類的目的，MDS有時又稱為「知覺構圖技術」（perceptual mapping technique）。MDS的主要目的在於探討樣本對客體之評估行為背後之潛在向度結構；另一方面達成對客體分類之功能，MDS程序不僅可將觀察體加以分類，還可以找出分類後資料結構的潛在結構（王保進，2004）。MDS是一種非屬性基礎的方法（nonattribute-base approaches），非屬性基礎法不要求觀察體在指定的屬性上去對各事物進行評點，只要求觀察體根據他們自己選定的特徵去對各事物進行整體的判斷，然後試圖在多個維度的空間中找出各事物的位置，多元空間的構面數目與觀察體用來判斷時所用的特徵值數目相同，MDS不需要找出相關的屬性，而能推估出知覺的構面，此外，對於資料的類型與變數間的關係型態也沒有嚴格的假定（黃俊英，2004）。MDS法不僅可以如集群分析一樣對觀察體加以分類，也可以達到因素分析之變數簡化的目標。MDS中的構形圖有時也稱為空間表徵圖，空間表徵圖可呈現項目、物體（如品牌、產品）或個體（如消費者）間的相似或接近程度（*Lattin et al., 2003*）。

MDS是一種將多變量資料轉換為少數向度（維度）空間的方法，以有二個主成分或分數組成的二個區別函數為例，MDS的方法在於以較少向度的對等系統，讓主要物體適配原始資料，而由向度縮減所導致的差異值為最小。差異值表示原始資料點之相似或不相似（相異）距離，最後向度構圖／組態圖（configuration）中樣本點的接近性可以從其歐基里得距離量測值來估算，此種較低向度的樣本點可作為資料的命名根據。MDS處理技巧是從一組觀察體在N個項目中，從少數向度空間，發現每個配對組之相似性或其距離中的表徵（representation），項目的表徵如內在項目最佳配對原始相似性／距離。完全正確配對排序之原始相似性／距離是不可能的，尺度化技巧在於盡可能發現 q < N−1向度的構圖，使配對最為接近，接近性計量量測值稱為「壓力」（stress）係數。如果安排N個項目在少數向度上，則相對應原始相似性（距離）的等級次序共有N(N−1)/2個。如果是使用名義資訊來獲得幾何表徵，其程序稱為「非計量多元尺度法」（nonmetric multidimensional scaling）；如果原始相似性（距離）是使用等距或比率變數來實際估算距離大小，以獲得q向度的幾何表徵稱為「計量

多元尺度法」（metric multidimensional scaling），計量多元尺度法又稱為「主成分對等分析法」（principal coordinate analysis），不論是計量或非計量的多元尺度法，均能導出計量的數據結果（*Johnson & Wichern, 2007, p. 707*）。

在實務應用上，非計量MDS應用較廣，因為要獲得一個完全符合原來給定的距離矩陣之構形圖甚為困難，應用上一般只能找出構形圖中點間距離排序與原來資料的距離排序一致即可。非計量MDS的程序是對給某一組N個個體配對間的距離（距離數值愈大，表示兩個體間愈不相似性，因而距離又稱為相異性量數），試圖在較少維度空間上畫出構形圖／表徵圖，在圖上標記這N個個體的座標點，這些座標點間的距離可能很適配原來資料檔中個體間的距離（或不相似性）。非計量的MDS就是嘗試從較少向度（q度空間）上畫出構形圖／表徵圖，使圖上點間距離排序與原來資料檔間距離排序一致或符合的程度，若是二者一致性愈高，其準則判定指標壓力係數值會愈接近0；二者的差異性愈大，其準則判定指標壓力係數值會愈大，表示構形圖／表徵圖與原距離資料檔的適配度愈差，構形圖／表徵圖愈無法有效代表原來資料的組態（陳順宇，2004）。

MDS的基本運算可以歸納為以下幾個步驟（*Johnson & Wichern, 2007, pp. 708-709*；黃俊英，2004）

1. 求個別配對項目間相似性（距離），作為初始分析的資料結構。若有N個項目，不同配對項目間可得M=N(N−1)/2個相似程度，將距離由最大至最小排列，如果相似程度（距離）無法計算，則可採用等級排列。假定沒有相同距離數值（沒有相似度的情事），將成對事物的相似程度由最大至最小排列，以符號表示為：$S_{ik(1)} < S_{ik(2)} < ...... < S_{ik(m)}$，其中$S_{ik(1)}$為配對項目中M相似度最小那組、ik(1)註標表示配對的項目是最不相似的，在相似性排序等級中為1，而$S_{ik(m)} S_{ik(1)}$為配對項目中M相似度最大者。

2. 找出N個項目之q個向度的構形圖（表徵圖），使得d_{ik}的距離（成對項目在構形圖中的距離）與S_{ik}的數目一致，如果d_{ik}的距離與S_{ik}完全配合，各成對項目的距離關係為：$d_{ik(1)} > d_{ik(2)} > ...... > d_{ik(m)}$，$d_{ik(1)}$表示

距離最小者、$d_{ik(m)}$表示距離最大者。若是上述關係符合，則會有最小的壓力係數或最小的SStress係數。q向度中距離是遞減排列與最初相似性遞增排列相配對。

3. 計算壓力係數（stress）值，判別d_{ik}與S_{ik}相配合的程度。如果q是個固定值，構形圖的改善受應用壓力係數程序一般函數最小化的影響，壓力係數被認為是N個項目相對之N×q之函數，一個新的構形圖會有新的d_{ik}及$\hat{d}_{ik}$與較小的壓力係數，重複此程序可以獲得最佳的表徵圖（最小的壓力係數）。壓力係數由J. Kruskal（1964）提出，其定義公式為：

$$Stress(q) = \left(\frac{\sum\sum(d_{ik} - \hat{d}_{ik})^2}{\sum\sum(d_{ik})^2} \right)^{1/2}$$，公式中$\hat{d}_{ik}$為能夠滿足原先投入之相似（距離）次序關係，而又使壓力係數Stress(q)的數值為最小的參考數字，通常可用單調迴歸（monotone regression）的方法求得$\hat{d}_{ik}$。壓力係數代表的是那個幾何表徵有最佳的配對。$\hat{d}_{ik}$是在q度空間構形圖上i、k兩點間距離d_{ik}的單調函數（monotonic function），其計算是當$\hat{d}_{ik}$與d_{ik}排序有一致時，$\hat{d}_{ik}$值就等於d_{ik}；如果二者排序不一致時，則以平均值代替。

4. 在q向度時找出項目表徵圖的壓力係數值，以選取最佳的構形圖模式。

根據Kruskal（1964）的觀點，壓力係數值與適配度關係的對照表如下：

表1-66

壓力係數	適配度
.200	不好（poor）
.100	還可以／普通（fair）
.005	好（good）
.025	非常好（excellent）
.000	完全適配（perfect）

適配度（goodness of fit）指的是相似性與最後距離的單一性（配合程度），依據各向度表徵圖的壓力係數，可以選取最佳的維度數目。壓力係

數是構形圖維度q的函數，對每一給定的維度q，在q維度空間上可找到最佳的個體座標點使得壓力係數值為最小，此種圖形就稱為q維度空間的MDS構形圖，維度q增大，壓力係數會變小，當維度q等於N−1時，壓力係數會變為0（陳順宇，2004）。

第二種差異性量測判斷值由Takane等人（1977）提出，稱為SStress係數，一個有q個向度構形圖的SStress係數定義公式為：

$$SStress = \left(\frac{\sum \sum (d^2_{ik} - \hat{d}^2_{ik})^2}{\sum \sum (d^4_{ik})} \right)^{1/2}$$

SStress係數值介於0至1間，數值小於0.100，表示構形圖點所構成的個體表徵適配度良好。

關於構面數的決定，壓力係數是個重要的參考指標，但並不是唯一的判斷準則，在決定構面數時，當表考量到解釋性（interpretability）、易用性（easy to use）與模式穩定性（stability）。在SPSS之MDS輸出報表中會增列一個RSQ量數，此量數類似迴歸分析中的R平方，表示構形圖可以解釋最佳尺度化資料的變異部分；換言之，它也是衡量原始資料與MDS模式適配度的指標，其數值愈接近1，表示原始資料與MDS模式適配度愈佳，一般判別的準則為RSQ的數值在0.600以上，即可接受MDS模式（黃俊英，2004）。採用非計量MDS分析程序中，如有q個向度解，則每個變數需要的取小個體數如下：當q=1時，最小個體為5個；當q=2時，最小個體為9個；當q=3時，最小個體為13個。至於向度空間最佳解的選擇要根據適配度主觀的判定與分析的目標而定，一般而言，在構形圖（configuration）中向度的個數愈少，所需的個體數就愈少（Lattin et al., 2003, p. 221）。

【研究問題】

20位高中學生在學習動機、學習態度、英文成就、國文成就、數學成就的數據如下，以MDS進行資料分析的結果為何？

表1-67

編號	學習動機	學習態度	英文成就	國文成就	數學成就
S1	16	18	89	90	93
S2	20	20	92	91	92
S3	4	2	48	62	25
S4	8	6	81	87	91
S5	17	14	60	68	71
S6	18	19	91	89	92
S7	19	20	85	93	90
S8	15	17	64	57	54
S9	9	5	76	81	80
S10	2	2	32	47	27
S11	15	19	65	73	68
S12	18	16	64	64	67
S13	2	4	43	41	31
S14	3	3	29	21	32
S15	9	10	84	81	87
S16	6	7	87	88	91
S17	19	18	91	90	92
S18	1	3	35	29	30
S19	2	3	32	40	29
S20	15	19	67	57	59

一、操作程序

● 步驟（一）──將資料轉置

資料轉置（transpose）的目的在於使輸出圖示更為清楚，轉置後的資料檔行與列與原先資料檔會對調。執行功能列「資料（D）」／「轉置（N）」程序，開啟「矩陣轉置」對話視窗，將五個計量變數「學習動機」、「學習態度」、「英文成就」、「國文成就」、「數學成就」選入右邊「變數（V）」下的方框中，將觀察值名稱變項選入右邊「命名變數（N）」下的方格中，按『確定』鈕。

矩陣轉置
變數(V)：
學習動機
學習態度
英文成就
國文成就
命名變數(N)：
編號
確定
貼上語法(P)
重設(R)
取消
輔助說明

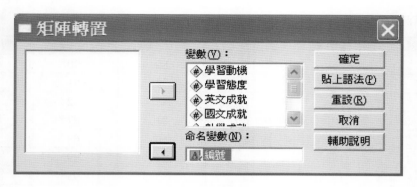

圖1-51

轉置後的資料檔如下：其中變數名稱S1、S2、S3、……、S20為原先觀察值個體。

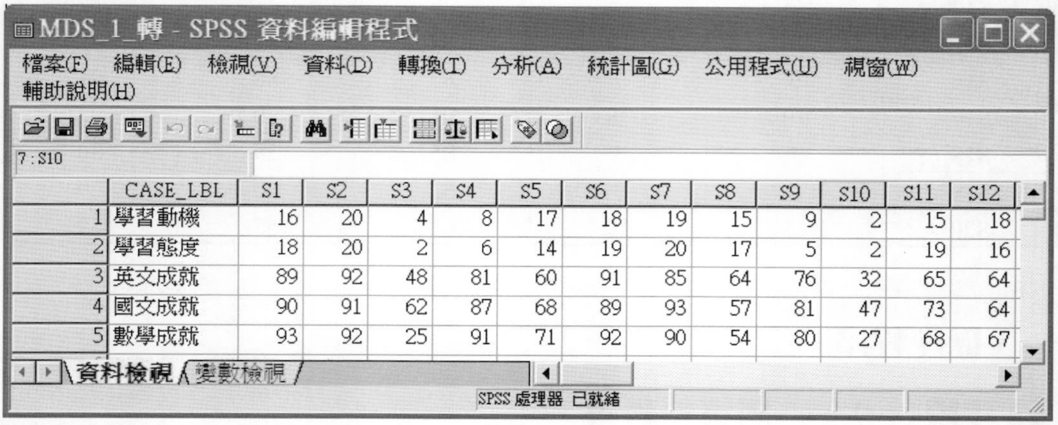

MDS_1_轉 - SPSS 資料編輯程式
檔案(F) 編輯(E) 檢視(V) 資料(D) 轉換(T) 分析(A) 統計圖(G) 公用程式(U) 視窗(W)
輔助說明(H)
7 : S10
CASE_LBL S1 S2 S3 S4 S5 S6 S7 S8 S9 S10 S11 S12
1 學習動機 16 20 4 8 17 18 19 15 9 2 15 18
2 學習態度 18 20 2 6 14 19 20 17 5 2 19 16
3 英文成就 89 92 48 81 60 91 85 64 76 32 65 64
4 國文成就 90 91 62 87 68 89 93 57 81 47 73 64
5 數學成就 93 92 25 91 71 92 90 54 80 27 68 67
資料檢視 變數檢視
SPSS 處理器 已就緒

圖1-52

步驟(二)

執行功能列「分析（A）」／「量尺（A）」／「多元尺度方法（ALSCAL）」（Multidimensional Scaling）程序，開啟「多元尺度方法」對話視窗。

步驟(三)

將20個目標變項名稱S1、S2、S3、……、S20選入右邊「變數（V）」下的方框中，「距離」方盒中有二個選項：一為內定之「（資料為歐基

里得直線距離（A）」選項、下有『形狀（S）』按鈕；二為「將資料轉換為成歐基里得直線距離（C）」選項，『測量（M）』按鈕。按『形狀（S）』鈕可開啟「多元尺度方法：資料的類型」次對話視窗，內有三個選項：「⊙正方形對稱性量數（S）」（表示資料結構為正方形矩陣，且上三角線矩陣元素與下三角線矩陣元素相同，矩陣中對角線元素可寫也可不寫）、「正方形非對稱性量數（A）」（表示資料結構正方形矩陣，但上三角矩陣元素與下三角矩陣角線元素不相同，矩陣中對角線元素數值可省略）、「矩形（R）」（矩陣為長方形矩陣，行的元素與列的元素所代表的物件不相同，若選取此選項，必須界定橫列個數，而橫列個數數值必須大於4）。

「⊙正方形對稱性量數（S）」矩陣的數據如十種不同車子相似性的調查中，由消費者將十種車子45種組合：45=N×(N-1)÷2，分別作相似性排序，等級1表最相似，等級45表最不相似，因為最大的相似性配對最小等級數字，因而此種資料矩陣又稱為不相似（dissimilarities）矩陣（*Lattin et al., 2003, p. 219*）。

表1-68

車種A	車種B	車種C	車種D	車種E	車種F	車種G	車種H	車種I	車種J
0	.	.	.	.	.	.	.	.	.
34	0	.	.	.	.	.	.	.	.
8	24	0	.	.	.	.	.	.	.
31	2	25	0	.	.	.	.	.	.
7	26	1	27	0	.	.	.	.	.
43	14	35	15	37	0	.	.	.	.
3	28	5	29	4	42	0	.	.	.
10	18	20	17	13	36	19	0	.	.
6	39	41	38	40	45	32	21	0	.
33	11	22	12	23	9	30	16	44	0

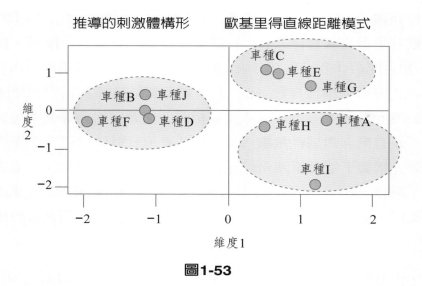

圖1-53

上圖為經由MDS求出之二維空間的構形圖，由構形圖中可以看出：
{車種A、車種H、車種I}的屬性大致相同；{車種B、車種J、車種F、車種D}的屬性大致相同；{車種C、車種E、車種G}的屬性大致相同。

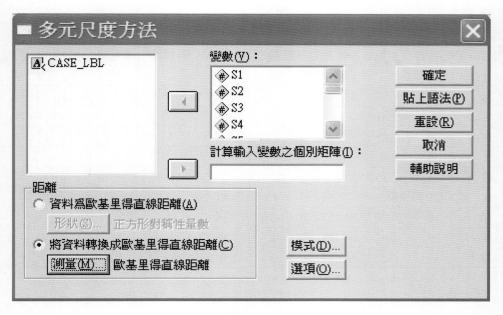

圖1-54

範例選取「⊙將資料轉換為成歐基里得直線距離（C）」選項，按

『測量（M）』按鈕，開啟「多元尺度方法：從資料建立測量法」次對話視窗，「測量」方盒中包括三種變數性質選項：「⊙區間（N）」（共有歐基里得直線距離、歐基里得直線距離平方、Chebychev、區塊、Minkowski或自訂式等次選項）、「個數（T）」（共有卡方量數或Phi-square量數）、「二進位（B）」（共有歐基里得直線距離、歐基里得直線距離平方、大小差異、變異數或Lance與Williams等）。「轉換值」方盒選單與集群分析操作相同；「距離矩陣的計算法」方盒中有二個選項：「⊙變數之間（L）」、「觀察值之間（E）」，通常SPSS原始資料未進行轉置時，縱行為原先依變數名稱，橫列為觀察值個體，此時的距離量測須選取「⊙觀察值之間（E）」選項，沒有轉置的資料，因為沒有個體編號的變數，輸出結果中會以Var1、Var2、……等來代替觀察值；如果資料檔已經進行轉置程序，則縱行為觀察值個體變數，此時距離量測的選項要選取「⊙變數之間（L）」，範例資料檔中已進行資料轉置程序，因而距離量測選取「⊙變數之間（L）」選項；「⊙區間（N）」右下拉式選單選取「歐基里得直線距離」→按『繼續』鈕，回到「多元尺度方法」對話視窗。

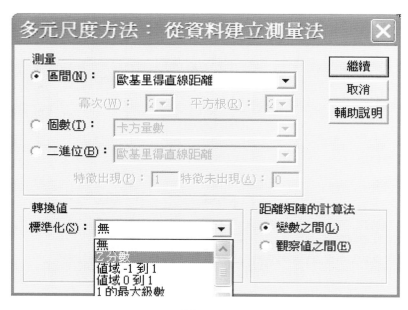

圖1-55

● 步驟（四）

按『模式（D）』鈕，開啟「多元尺度方法：模式」次對話視窗，「測量水準」方盒中有三個選項：「次序（O）」（非計量MDS分析）、「⊙等距量數（I）」（計量MDS分析）、「比例量數（R）」（計量MDS分析）；在「條件性」方盒中有三個選項：「⊙矩陣（M）」（矩陣內資料全部進行比較）、「橫列（W）」（只比較矩陣內橫列資料）、「無條件性限制（C）」（矩陣內某一元素與其他元素互相比較，不受任何限制）；「維度」方盒可讓研究者指定尺度法解答的維度範圍，SPSS會對維度範圍內的每項數字，計算最佳的估計值，維度最小值數值為1、最大值數值為6，只有選定「⊙歐基里得直線距離（E）」選項為量尺模式時，才能指定維度的最小值為1，對單一解答，可將最小值及最大值均指定為相同數字，內定的維度為2。

範例於「多元尺度方法：模式」次對話視窗中，勾選「⊙等距量數（I）」、「⊙矩陣（M）」選項，維度的範圍為2至3，量尺模式為「⊙歐基里得直線距離（E）」選項→按『繼續』鈕，回到「多元尺度方法」對話視窗。

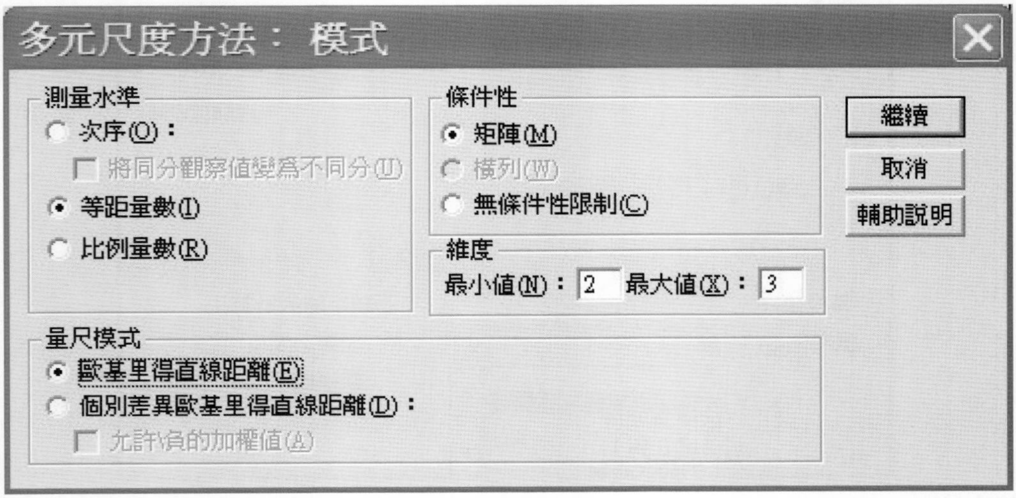

圖1-56

【備註】：在「量尺模式」方盒中有二個選項：一為「⊙歐基里得直線距

離（E）」、一為「個別差異歐基里得直線距離（D）」，第一個選項為觀察點所構成的q向度空間，空間中的點的距離是事件或物件在空間的相似性程度高低。愈相似的物件，二點的距離愈近；愈不相似的物件（相異性愈大的物件），物件二點間的距離愈遠。第二個選項是以個別觀察體在歐基里得空間向度上進行加權，以加權後的數值來判定事件或物件在空間的相似性程度高低。

● 步驟（五）

按『選項』鈕，開啟「多元尺度方法：選項」次對話視窗，在「顯示」方盒中勾選「☑組別圖形（G）」、「☑各個觀察值散布圖（I）」、「☑資料矩陣（D）」、「☑模式與選項摘要（M）」四個選項→按『繼續』鈕，回到「多元尺度方法」對話視窗→按『確定』鈕

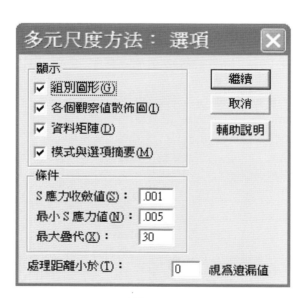

圖1-57

【備註】：在「條件」方盒中可設定停止疊代運算的設定，其中「S應力收斂值（S）」（S-stress convergence）的預設值為.001、「最小S應力值（N）」（Minimum s-stress）的預設值為.005、「最大疊代（X）」次數限制的預設值為30，在MDS分析程序中，「條件」方盒內的設定可以不用更改。

二、輸出結果

表1-69 相似量：觀察值處理摘要（a）

觀察值					
有效		遺漏		總和	
個數	百分比	個數	百分比	個數	百分比
5	100.0%	0	.0%	5	100.0%

(a) 歐基里得直線距離使用的。

觀察值處理摘要表為資料檔中觀察值的個數，由於資料檔已經經過轉置的程序，此時的觀察值為變項個數，原先資料檔有五個分類計量變項，因而觀察值個數為5。

表1-70

ALSCAL
Alscal Procedure Options
Data Options-
Number of Rows (Observations/Matrix)............ 20
Number of Columns (Variables) 20
Number of Matrices 1
Measurement Level .... Interval
Data Matrix Shape .... Symmetric
Type.. Dissimilarity
Approach to Ties... Leave Tied
Conditionality .... Matrix
Data Cutoff at .... .000000

MDS資料選項（Data Options）訊息輸出結果，提供資料矩陣的資訊，資料矩陣的型態是一個20×20（共有20個個體）的對稱但不相似矩陣（距離愈近愈相似），量測的尺度為等距尺度，處理分割點的數值為.00（歐基里得直線距離小於.00則視為遺漏值）。

表1-71

Model Options-	
Model	Euclid
Maximum Dimensionality	3
Minimum Dimensionality	2
Negative Weights..	Not Permitted

　　MDS模式選項（Model Options）訊息輸出結果，包括是採何種方法進行分析，範例中為Euclid（歐基里得）模式；界定維度的範圍，範例中界定二個維度至三個維度，數據資料不能是負的加權值，否則無法計算距離。

表1-72

Output Options-	
Job Option Header	Printed
Data Matrices	Plotted
Configurations and Transformations.	Plotted
Output Dataset...	Not Created
Initial Stimulus Coordinates.............................	Computed

　　輸出選項（Output Options）提供有關報表輸出的訊息，範例中會出現選項標題、原始資料矩陣、組態圖、再製距離矩陣及最初的座標值。

表1-73

Algorithmic Options-	
Maximum Iterations...	30
Convergence Criterion..	.00100
Minimum S-stress.	.00500
Missing Data Estimated by.................................	Ulbounds

　　凝聚選項（Algorithmic Options）輸出結果為進行MDS分析時，疊代及收斂的條件準則，最大疊代數為30、收斂準則數值為.001、最小的S壓力係數為.005。

表1-74

		Raw (unscaled) Data for Subject 1			
	1	2	3	4	5
1	.000				
2	5.568	.000			
3	86.539	88.578	.000		
4	16.882	21.863	78.115	.000	
5	42.732	45.155	51.078	36.701	.000
6	3.317	3.162	86.902	19.339	43.232
7	6.856	7.616	84.285	19.235	40.632
8	56.895	58.464	38.314	52.230	20.952
9	25.239	29.086	64.838	13.565	25.515
10	99.529	102.025	22.113	90.272	59.414
11	38.626	40.682	51.662	34.627	9.381
12	44.553	46.454	49.153	39.925	7.280
13	93.557	95.927	22.583	84.853	54.249
14	111.696	114.223	45.749	102.835	70.767
15	15.969	20.248	74.766	8.832	32.879
16	15.264	20.000	81.130	6.481	41.219
17	3.742	2.646	87.195	19.365	43.658
18	105.148	107.643	35.958	96.224	64.838
19	101.321	103.841	27.586	92.190	60.647
20	52.259	53.814	44.181	48.353	18.520
	6	7	8	9	10
6	.000				
7	7.616	.000			
8	56.657	55.299	.000		
9	26.646	25.495	39.699	.000	
10	100.075	97.504	47.403	77.195	.000

〈以下資料省略〉

上表為20個觀察體彼此間之歐基里得直線距離，距離數值愈小表示二個觀察體相似度愈高。

表1-75

Iteration history for the 3 dimensional solution (in squared distances)		
Young's S−stress formula 1 is used.		
Iteration	S−stress	Improvement
1	.00708	
2	.00653	.00055
Iterations stopped because		
S−stress improvement is less than .001000		

　　表中為三個向度解之疊代過程，進行三度空間之組態圖運算時，經過二次疊代過程即達到收斂準則的標準，當S壓力係數小於.001時，就停止疊代運算程序。

表1-76

Stress and squared correlation (RSQ) in distances
RSQ values are the proportion of variance of the scaled data (disparities) in the partition (row, matrix, or entire data) which is accounted for by their corresponding distances. Stress values are Kruskal's stress formula 1.
Formatrix
Stress =　.01430　　　　　RSQ =　.99936

　　上表為三向度組態圖／構形圖模型適配度檢定統計量，SPSS提供二種模型適配度檢定的統計量：壓力係數（S）與決定係數（RSQ），表中的壓力係數值為.01430<.025，判斷準則為「非常好」（excellent），表示以三度空間組態來描述與解釋二十個觀察體在學習表現之空間關係非常合適，壓力係數之適配度量測值表示的適配距離與觀察不相似性間配合程度的差異，數值愈小表示在q個維度空間所畫出的構形圖與原距離資料契合度愈好；決定係數RSQ值等於.99936，非常接近1，表示以三度空間之組態可以解釋20個觀察體學習表現間差異的變異為99.936，三度空間模型的適配度佳。

表1-77

Configuration derived in 3 dimensions			
Stimulus Coordinates			
		Dimension	
Stimulus Number	Stimulus Name	1	2	3
1	S1	1.8203	−.0368	−.0146
2	S2	1.9150	−.1296	−.1669
3	S3	−1.6660	.6966	−.5835
4	S4	1.4221	.3607	.3715
5	S5	.0903	−.3004	.0593

　　上表為MDS分析結果輸出之個體在三個向度的座標係數值，根據這些座標係數值，可以繪出三度空間的組態圖。

表1-78

	Optimally scaled data (disparities) for subject 1				
	1	2	3	4	5
1	.000				
2	.194	.000			
3	3.609	3.695	.000		
4	.671	.881	3.253	.000	
5	1.761	1.864	2.113	1.507	.000
6	.099	.093	3.624	.775	1.782
7	.249	.281	3.514	.771	1.673
8	2.359	2.425	1.575	2.162	.843
9	1.024	1.186	2.694	.532	1.035
10	4.156	4.262	.892	3.766	2.465
11	1.588	1.675	2.138	1.420	.355
12	1.838	1.918	2.032	1.643	.267
13	3.904	4.004	.912	3.537	2.247
14	4.669	4.776	1.889	4.296	2.944
15	.633	.813	3.112	.332	1.346
16	.603	.803	3.380	.233	1.698
17	.117	.071	3.636	.776	1.800
18	4.393	4.498	1.476	4.017	2.694
19	4.232	4.338	1.123	3.847	2.517
20	2.163	2.229	1.823	1.998	.741
	6	7	8	9	10
6	.000				
7	.281	.000			
8	2.349	2.291	.000		
9	1.083	1.035	1.634	.000	
10	4.179	4.071	1.958	3.215	.000

　　上表為最佳尺度資料矩陣，此矩陣根據原先資料矩陣加以線性轉換，也可稱為再製資料矩陣，最佳尺度資料又稱為「DISPARITIES」，即將原來的資料矩陣轉換成比率尺度的形式，資料矩陣為轉換後的相異性資料矩陣。

表1-79

Iteration history for the 2 dimensional solution (in squared distances) Young's S-stress formula 1 is used.		
Iteration	S-stress	Improvement
1	.02126	
2	.01748	.00378
3	.01740	.00008
Iterations stopped because		
S-stress improvement is less than .001000		

　　表中為二維向度解之疊代過程，進行二度空間之組態圖／構形圖運算時，經過三次疊代過程即達到收斂準則的標準，當S壓力係數小於.001時，就停止疊代運算程序。

表1-80

Stress and squared correlation (RSQ) in distances

RSQ values are the proportion of variance of the scaled data (disparities) in the partition (row, matrix, or entire data) which is accounted for by their corresponding distances.

Stress values are Kruskal's stress formula 1.

Formatrix

Stress =　.02534　　RSQ =　.99845

　　上表為三向度組態圖／構形圖模型適配度檢定統計量，SPSS提供二種模型適配度檢定的統計量：壓力係數（S）與決定係數（RSQ），表中的壓力係數值為.02534<.050，判斷準則為「好」（good），表示以二個維度空間組態來描述與解釋二十個觀察體在學習表現之空間關係非常合適；決定係數RSQ值等於.99845，非常接近1，表示以二個維度空間之組態／構形可以解釋二十個觀察體學習表現間差異的變異為99.845，二維向度空間模型的適配度佳。

表1-81

		Configuration derived in 2 dimensions Stimulus Coordinates	
		Dimension	
Stimulus Number	Stimulus Name	1	2
1	S1	1.4935	−.0634
2	S2	1.5743	−.1319
3	S3	−1.3739	.7024
4	S4	1.1793	.3254
5	S5	.0722	−.2206
6	S6	1.5034	−.1173
7	S7	1.4387	−.0503
8	S8	−.4235	−.2862
9	S9	.7277	.2690
10	S10	−1.8999	.2997
11	S11	.2013	−.1364
12	S12	−.0027	−.2530
13	S13	−1.7068	.0778
14	S14	−2.3262	−.3687
15	S15	1.0539	.0884
16	S16	1.3034	.3414
17	S17	1.5221	−.0939
18	S18	−2.1111	−.1187
19	S19	−1.9751	.1032
20	S20	−.2505	−.3670

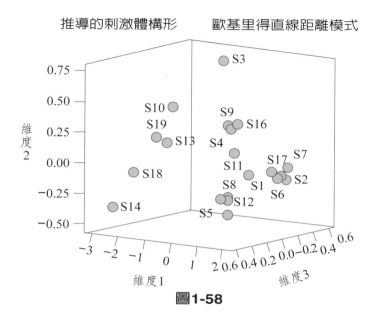

圖1-58

採用歐基里得直線距離模式所推導出的觀察體之三度空間構形圖（表徵圖）。三個維度之空間構形圖乃根據之前二十個觀察體在三個維度之座標係數值繪製而來。

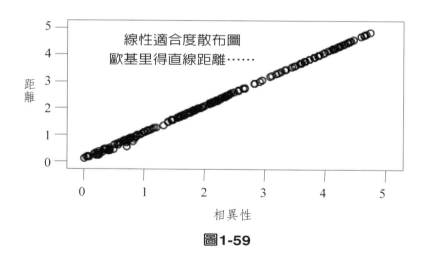

圖1-59

上圖為線性適配度散布圖，散布圖的水平軸為相異性（不相似性）程度，垂直軸為再製矩陣之歐基里得距離，當所有的再製距離資料點落在左下到右上的一條直線附近，表示偏離或分散的程度，即所建構的模式與樣本資料的適配度良好。範例中所有的點均落在左下到右上之直線附近，表

示三向度的表徵圖模式與資料的契合度非常高。

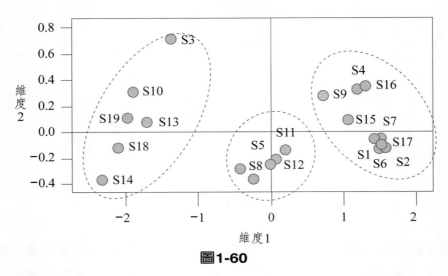

圖1-60

採用歐基里得直線距離模式所推導出的觀察體之二度空間構形圖（表徵圖）。二個維度之空間構形圖乃根據之前20個觀察體在二個維度之座標係數值繪製而來。由於二向度與三向度MDS構形圖與資料的適配均達到「好」的標準以上，且決定係數都超過99.0%，二種構形圖模式均能有效表現20個觀察值學習表現的變異，表示二個都是適配度良好的模式。但由於二個維度的空間構形圖更能達到維度精簡的目標，因而可採用二個向度的構形圖／表徵圖模式。

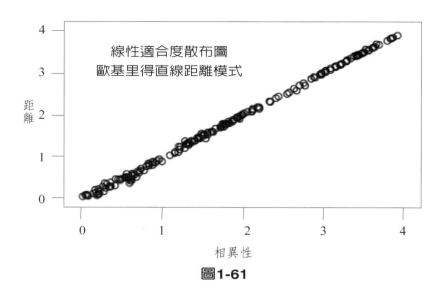

圖1-61

　　上圖為線性適配度散布圖，散布圖的水平軸為相異性（不相似性）程度，垂直軸為再製矩陣之歐基里得距離，當所有的再製距離資料點落在左下到右上的一條直線附近，表示偏離或分散的程度，即所建構的模式與樣本資料的適配度良好。

　　若研究者根據MDS分析結果之二個維度的座標係數值作為集群分析的依變項，採用階層集群分析結果，可以看出20個觀察體大致可分為三個集群組：集群[1]的成員為：{MS6、MS17、MS1、MS2、MS7、MS4、MS16、MS15、MS19}；集群[2]的成員為：{MS8、MS20、MS5、MS12、MS11}；集群[3]的成員為：{MS14、MS18、MS10、MS19、MS13、MS3}。以MDS二個向度構形圖中的刺激座標值（stimulus coordinates）對20個觀察體所進行的分類與採用原始五個計量變數之資料的分組結果相同，可見MDS法不僅可以對觀察體加以分類，也可以達到因素分析之變數簡化的目標（觀察體的編號由原先資料之S1、S2、……、S20，改為MS1、MS2、……、MS20只是便於研究者對集群分析樹狀圖加以區隔而已）。

表1-82

觀察體	向度1	向度2	集群
MS1	1.494	−.063	1
MS2	1.574	−.132	1

（續上頁表）

MS3	−1.374	.702	2
MS4	1.179	.325	1
MS5	.0720	−.221	3
MS6	1.503	−.117	1
MS7	1.439	−.050	1
MS8	−.424	−.286	3
MS9	.728	.269	1
MS10	−1.900	.300	2
MS11	.201	−.136	3
MS12	−.003	−.253	3
MS13	−1.707	.078	2
MS14	−2.326	−.369	2
MS15	1.054	.088	1
MS16	1.303	.341	1
MS17	1.522	−.094	1
MS18	−2.111	−.119	2
MS19	−1.975	.103	2
MS20	−.251	−.367	3

表1-83　三個群組在二個向度之敘述統計性統計量摘要表

組別	變數	個數	範圍	最小值	最大值	平均數	標準差
集群[1]	D_1	9	.847	.728	1.574	1.31070	.279344
	D_2	9	.473	−.132	.341	.06304	.197916
集群[2]	D_1	6	.952	−2.326	−1.374	−1.89883	.330439
	D_2	6	1.071	−.369	.702	.11595	.365856
集群[3]	D_1	5	.625	−.424	.201	−.08064	.252651
	D_2	5	.231	−.367	−.136	−.25264	.084769

　　三個群組在二個向度的描述性統計量如上表，從上表中可以發現：集群[1]九個成員在向度一的平均量測值大、集群[2]六個成員在向度一的平均量測值最小、在向度二平均的量測值最大，集群[3]五個成員在向度二的平均量測值最小。可見二個維度的構形圖可以將20個觀察值的屬性與差異呈現出來。

【研究問題】

　　十部新的汽車品牌在「豪華性」、「安全性」、「跑車型」、「家族型」、「實用性」、「外觀性」等六個不同屬性的調查研究中，研究者根據其主觀感受分別給予1至5分的量測值，數值愈高表示該汽車品牌愈具有那項的屬性特徵。研究者採用MDS進行資料分析，這十種不同品牌的新車可以分為幾種型態？（*Lattin et al., 2003, p. 229*）

表1-84

車種品牌	豪華性	安全性	跑車型	家族型	實用性	外觀性
品牌A	4	3	5	2	2	4
品牌B	2	3	2	4	5	2
品牌C	4	3	3	3	3	2
品牌D	3	3	2	4	4	3
品牌E	5	4	3	3	3	3
品牌F	1	3	1	5	5	1
品牌G	5	4	3	3	2	2
品牌H	3	4	4	3	3	4
品牌I	4	2	5	1	1	5
品牌J	2	5	1	5	4	1

　　上面數據為原先建檔格式，為方便刺激構形圖中能呈現各汽車品牌名稱，將數據資料檔轉置為以下的格式：

表1-85

CASE_LBL	品牌A	品牌B	品牌C	品牌D	品牌E	品牌F	品牌G	品牌H	品牌I	品牌J
豪華性	4	2	4	3	5	1	5	3	4	2
安全性	3	3	3	3	4	3	4	4	2	5
跑車型	5	2	3	2	3	1	3	4	5	1
家族型	2	4	3	4	3	5	3	3	1	5
實用性	2	5	3	4	3	5	2	3	1	4
外觀性	4	2	2	3	3	1	2	4	5	1

三、MDS操作程序

● 步驟（一）

執行功能列「分析（A）」／「量尺（A）」／「多元尺度方法（ALSCAL）」（Multidimensional Scaling）程序，開啟「多元尺度方法」對話視窗。

● 步驟（二）

將10種目標變項名稱品牌A、品牌B、⋯⋯、品牌J選入右邊「變數（V）」下的方框中，在「距離」方盒中選取「⊙將資料轉換為成歐基里得直線距離（C）」選項，按『測量（M）』鈕，開啟「多元尺度方法：從資料建立測量法」次對話視窗，「測量」方盒中選取內定選項「⊙區間（N）」，右邊的下拉式選單選取「歐基里得直線距離」，「距離矩陣的計算法」方盒選取「⊙變數之間」（如果研究者直接使用第一種未轉置的資料檔格式，要選取『⊙觀察值之間』選項）→按『繼續』鈕，回到「多元尺度方法」對話視窗。

● 步驟（三）

按『模式（D）』鈕，開啟「多元尺度方法：模式」次對話視窗，「測量水準」方盒中選取「⊙等距量數（I）」；「維度」方盒中的「最小值（N）」與「最大值（X）」分別輸入1、3，「量尺模式」方盒選項選取「⊙歐基里得直線距離（E）」→按『繼續』鈕，回到「多元尺度方法」對話視窗。

● 步驟（四）

按『選項』鈕，開啟「多元尺度方法：選項」次對話視窗，在「顯示」方盒中勾選「☑組別圖形（G）」、「☑各個觀察值散布圖（I）」、「☑資料矩陣（D）」、「☑模式與選項摘要（M）」四個選項→按『繼續』鈕，回到「多元尺度方法」對話視窗→按『確定』鈕。

四、主要輸出結果

表1-86

Iteration history for the 3 dimensional solution (in squared distances)

Young's S—stress formula 1 is used.

Iteration	S—stress	Improvement
1	.02129	
2	.01864	.00264
3	.01851	.00014

Iterations stopped because

S—stress improvement is less than   .001000

Stress and squared correlation (RSQ) in distances

RSQ values are the proportion of variance of the scaled data (disparities) in the partition (row, matrix, or entire data) which is accounted for by their corresponding distances.

Stress values are Kruskal's stress formula 1.

For matrix

Stress=   .02438   RSQ=   .99687

　　　　三個向度空間解法的疊代程序、壓力係數與RSQ統計量。三個向度解之構形圖的壓力係數為.02438<.025，表示三向度解模型適配度達到非常好的準則，RSQ值為.99687，數值在.900以上，顯示三維空間之MDS解適配度佳。

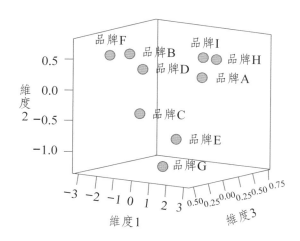

圖1-62　推導的刺激體構形

上圖為三維空間推導的刺激體構形圖。

表1-87

Iteration history for the 2 dimensional solution (in squared distances)
Young's S−stress formula 1 is used.

Iteration	S−stress	Improvement
1	.03812	
2	.03394	.00418
3	.03363	.00031

Iterations stopped because
S−stress improvement is less than　.001000

Stress and squared correlation (RSQ) in distances

RSQ values are the proportion of variance of the scaled data (disparities) in the partition (row, matrix, or entire data) which is accounted for by their corresponding distances.

Stress values are Kruskal's stress formula 1.

　　For　matrix

Stress=　.03854　　RSQ=　.99287

二個向度空間解法的疊代程序、壓力係數與RSQ統計量。二個向度解之構形圖的壓力係數為.03854<.050，表示二向度解模型適配度達到「好」的準則，RSQ值為.99287，數值在.900以上，顯示二維空間之MDS解適配度佳。

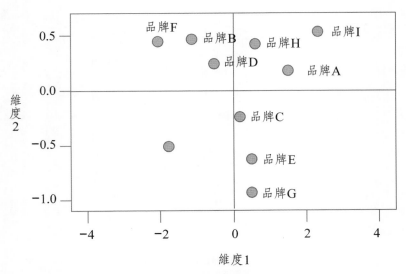

圖1-63　推導的刺激體構形

　　上圖為二維空間推導的刺激體構形圖。品牌A與品牌I、品牌H的屬性最為接近，三種汽車品牌可歸為同一種型態；從六個屬性特徵來分類，品牌C、品牌E、品牌G的汽車可以歸為同一種型態；品牌B、品牌D、品牌F、品牌J的汽車可以歸為同一種型態。二個維度大致可從「跑車型與外觀造型的汽車」及「家族型與實用型」來加以分類。

　　十種品牌汽車的集群分析結果中，二個集群組與三個集群組所包含的個體如下：

表1-88

車種品牌	豪華性	安全性	跑車型	家族型	實用性	外觀性	CLU3_1	CLU2_1
品牌A	4	3	5	2	2	4	1	1
品牌B	2	3	2	4	5	2	2	2
品牌C	4	3	3	3	3	2	3	1
品牌D	3	3	2	4	4	3	2	2
品牌E	5	4	3	3	3	3	3	1
品牌F	1	3	1	5	5	1	2	2
品牌G	5	4	3	3	2	2	3	1
品牌H	3	4	4	3	3	4	3	1
品牌I	4	2	5	1	1	5	1	1
品牌J	2	5	1	5	4	1	2	2

表1-89

Iteration history for the 1 dimensional solution (in squared distances)
Young's S-stress formula 1 is used.

Iteration	S-stress	Improvement
1	.10709	
2	.10176	.00532
3	.10154	.00022

Iterations stopped because
S-stress improvement is less than　.001000
Stress and squared correlation (RSQ) in distances

RSQ values are the proportion of variance of the scaled data (disparities) in the partition (row, matrix, or entire data) which is accounted for by their corresponding distances.
Stress values are Kruskal's stress formula 1.
　For matrix
Stress=　.14668　　RSQ=　.92799

　　一個向度空間解法的疊代程序、壓力係數與RSQ統計量。一個向度解之構形圖的壓力係數為.14668<.200，表示一維向度解模型適配度普通，RSQ值為.92799，數值在.900以上，顯示一維空間之MDS解適配度尚佳。

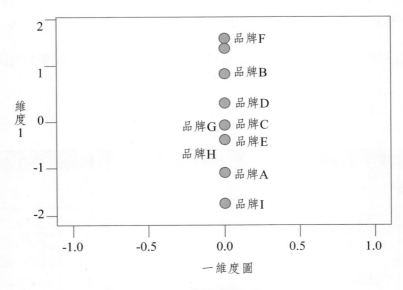

圖1-64　推導的刺激體構形

　　上圖為一維空間推導的刺激體構形圖。

　　在MDS的分析中，三個維度之構形圖不易解釋、一個維度的構形圖無法將個體在屬性的差異顯示出來，因而一般皆以二個維度的構形圖來解釋。

表1-90

	成分	
	1	2
豪華性	.754	.526
安全性	−.462	.829
跑車型	.967	−.034
家族型	−.992	.048
實用性	−.919	−.265
外觀性	.892	−.199
萃取方法：主成分分析。		
(a) 萃取了2個成分。		

CHAPTER

2

區別分析

　　區別分析（discriminant analysis；簡稱DA或DISCRIM）與Logistic迴歸分析常用來進行對觀察體的預測與分類。其自變項為連續變項（計量變項），依變項為間斷變項（名義變項），如果依變項是二分名義變項則使用區別分析或Logistic迴歸分析均可以。

壹、區別分析的相關理論

【研究問題】

　　高職學生經濟壓力、課業壓力、同儕壓力、期望壓力等四個，是否對其不同生活困擾程度有顯著的區別作用？研究問題中區別變項有四個，四個區別變項均為等距變項，變項測量值的分數愈高，表示其感受的壓力愈大；「生活困擾」為分組變項，為名義量尺，水準數值1為「高生活困擾」組、水準數值2為「中生活困擾」組、水準數值3為「低生活困擾」組。四個區別變項、三個分組變項之區別分析架構圖如下：

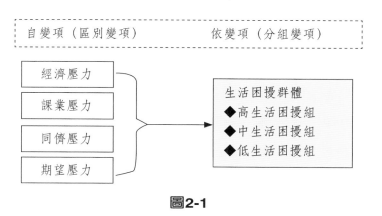

圖2-1

　　預測變項有三個、群組個數有三個的區別分析架構圖為：

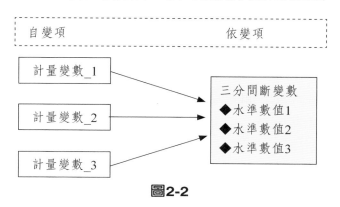

圖2-2

預測變項有五個、組別變數有四組之區別分析架構圖為：

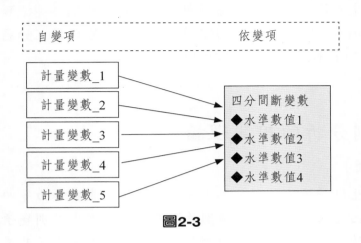

圖2-3

在多變量統計程序中，使用區別分析統計法的目的有二：在MANOVA中描述群組間的差異；二為根據測量值將觀察值加以分類。一般而言，區別分析的目標在於從一組預測變項（predictors）來預測群組成員，此種預測也包括分類正確度的評估。預測程序在於計算一組「預測變項」（自變項）的線性組合，對依變項（間斷變項）加以分類，並檢查其再分組的正確率，自變項間的線性組合，即為區別函數。區別分析的問題型態主要有二種：一為DA能夠根據預測變項來預測群組成員是屬於結果變項中的那個群組，如根據相關預測變因來預測樣本是否為心臟病高風險的成員；二為DA可以使用於描述群組間差異的本質，如研究者能夠確認病患是屬於有心臟病群組，則研究者可以將此群組的病患與沒有心臟病的群組加以比較，以比較二者生活、人格、生理特質等差異，如是否抽菸？是否運動？膽固醇的高低？年齡、焦慮等。DA研究中，研究者關注的通常是群組成員正確的預測率或群組間差異本質的描述（*Warner, 2008, p. 652*）。區別分析可處理下列相關的研究問題（黃俊英，*2004*）：

1. 確定在二個或二個以上事先分類的群體於某一組變數上的平均分數間是否有統計上的顯著差異存在。
2. 確定哪些預測變數（計量變項）最能解釋二個或二個以上群組之平均分數的差異。
3. 建立可將事物（個人、廠商、產品等）分類的程序，使得能依據他

們在一組預測變數上的分數，進而將之歸類不同的群體。

4. 建立由一組預測變項所構成的群體間之區別構面的數目和組合。

在多元迴歸（multiple regression；簡稱MR）分析中，預測變項（predictor variable）與效標變項（criterion variable）通常是連續變項，自變項（預測變項）如果是間斷變項，要投入迴歸模式要轉化為虛擬變項。如果依變項是間斷變項且為二分名義變項，則可使用「邏輯斯迴歸」（Logistic regression）分析法，Logistic迴歸分析法，自變項仍是等距或比率變項，而依變項則是二分之類別變項。如果依變項為間斷變項且為三分以上名義變項，則可使用區別分析法（discriminant analysis，或譯為判別分析）。區別分析之自變項（預測變項）為連續變項（等距或比率變項）；而依變項（一般稱為分組變項）則是間斷變項（名義變項或次序變項）。區別分析有二個主要特點：一為簡化描述工作、二為解釋的明確性，以有5個群組10個變項的資料檔而言，使用區別分析可以發現5個群組主要的差異在於二個層面（區別函數），根據區別函數可以明確了解群組間的差異所在，若是樣本數適切，根據群組的差異性，研究者進一步可對區別函數進行有意義的命名。區別分析中較佳的樣本數與原始變項的比最好為20：1，如有10個分類變項，則最少的樣本數應在200位以上，如果樣本數與變項數的比值小於5，則區別函數顯著性檢定統計量Wilks Λ值可能會有偏誤，因而若無法滿足上述條件，則在進行區別分析之解釋時要格外謹慎（*Stevens, 2002, p. 289*）。

MR和DA程序的目標相同，均是從一組X預測變項中，找出分數的「最佳加權線性組合」（optimal weighted linear combination），線性組合可能是X組變項原始分數或標準分數的組合，加權後的線性組合對結果變項（outcome variable）的分數有最大可能的預測力，X組變項分數的加權線性組合是X組變項測量值的加總。在MR分析程序中，分析的目的在於找出迴歸斜率或迴歸加權值，以導出X組預測變項分數的最佳加權線性結合，最佳組合表示其與計量結果變項Y有最大可能的相關，有最小可能平方和誤差值（$SS_{residual}$）；在DA分析程序中，分析的目的在於找出DA函數係數（function coefficients），以導出X組預測變項分數的最佳加權線性結合，此最佳線性組合稱為「區別函數」（discriminant functions），最佳化

表示其在類別結果變項Y所定義的群組間有最大可能的組間平方和$SS_{組間}$，最小的組內平方和$SS_{組內}$。DA通常應用於類別結果變項中，根據預測變項來預測群組成員；此外，對於群組差異的本質也可提供有用的資訊。DA的研究問題如：研究者可否根據觀察值在區別變項的分數來有效預測群組成員，此預測並非是機遇（chance）造成的；每個群體中根據預測變項來預測成員的分數組型是什麼？控制和預測變項有統計相關的其他預測變項後，哪一個預測變項對於群組成員可以提供唯一的資訊？由於DA是一種預測與分類，因而會產生所謂「分類錯誤」（classification errors）的可能，如一位有心臟病的高風險患者被錯誤預測成為低風險患者，因而無法接受有效的處理；或是一位健康的患者被不正確預測成高風險患者，而浪費不需要的診斷或處理（*Warner, 2008, pp. 650-653*）。

在行為科學領域中，區別分析應用的實例很多，如某教育學者根據高中畢業生的在學成績、社經地位、投入動機、家長支持度等變項作為自變項，以探究學生是否考上大學的預測變項，此時的依變項分為「考取國立大學」、「考取私立大學」、「未錄取」等三類，此三類為三分類別變項；如果依變項只分為二個水準：「錄取」與「未錄取」，則除了採用區別分析方法外，也可用Logistic迴歸分析法；此外，再如以員工的工作承諾、工作滿意、組織氣氛等變項來預測組織的績效表現，此時的依變項為組織的績效表現，分為「高績效」、「中績效」、「低績效」等三類。依變項如果是間斷變項，研究者若再以迴歸分析進行預測，以探究自變項對依變項的解釋變異量，則會出現嚴重的錯誤。如果預測變項與結果變項均為類別變項，對於群組成員的預測方法改採用「對數線性方法」（log-linear analysis）更為適當。

區別分析和複迴歸分析的異同點方面，二者在相似之處為預測變項均為計量變項，根據預測之計量變項求出變項間的線性組合來預測或描述效標變項；二者相異之處在於區別分析的效標變項（依變項）為非計量變數（類別或名義變項），而複迴歸分析程序之效標變項（依變項）為計量變數（等距或比率變數）。區別分析中如果自變項只有一個，則區別分析與變異數分析（ANOVA）的變項屬性正好相反，在變異數分析中，自變項為非計量變項（間斷變數），而效標變項（依變項）為計量變數。

區別分析和主成分分析（principal components analysis）異同點方面，
二者均在於確認新軸線（新變數），根據原始變項的線性組合形成新變
數，使變數能投影於新軸線上；二者相異之處在於確認新軸線準則的不
同。於主成分分析中，新軸線在於辨認觀察點在新軸的投影有最大的變異
量（maximum variance），此變異量即為最大的SS_T，因為沒有準則可以分
割樣本點為群組，因而不進行組別間區辨；在區別分析，並不是在解釋資
料之最大變異量，而是試圖找出新軸線，使觀察點在新軸上的投影長為最
大，最大投影長即在於使組間平方和與組內平方和的比值達到（$\lambda = \dfrac{SS_B}{SS_W}$）
最大，進而可有效區別組別，此新軸線（原變數間線性組合）稱為「線性
區別函數」（linear discriminant function）或「區別函數」（discriminant
function），觀察點在區別函數／新軸線（新變數的值）的投影稱為「區別
分數」（discriminant score）（或稱判別分數）（*Sharma, 1996, pp. 241-242*；
呂金河，*2005*）。

　　區別分析與多變項變異數分析及多元迴歸分析有密切關係，開始之初
依研究者根據的分類標準，將觀察體或受試者劃分成二個以上的群組，接
著使用區別分析程序，來辨認計量性預測變項的一個線性組合，以能最適
切展現群體間差異的特徵。預測變項的線性組合類似多元迴歸方程式右邊
乘積和，區別分析中它是變項與區別函數係數的乘積總和（加權總和）。
區別分析與MANOVA的基本原理相近，二者的計算過程也相當類似，都是
在使組間的變異量與組內變異量的比值最大化，但MANOVA目的在了解
各組樣本究竟在哪幾個依變項之平均數差異值達到顯著水準；而區別分析
則是透過得到觀察值在自變項（此自變項在MANOVA中為依變項）之線
性組合方程函數，以能了解觀察值在依變項上分類之正確性，進而知悉究
竟是哪幾個預測變項可以有效區分（differentiation）觀察值在依變項上之
分類（王保進，*2004*）。區別分析（有學者將區別分析簡稱為DISCRIM）
為MANOVA分析程序的反程序。在MANOVA中要探究的是群組成員於依
變項線性組合之平均差異是否達到統計顯著水準，若是平均向量間差異達
到統計顯著水準，依變項間的線性組合才能被使用來預測群組成員（此為
區別分析論點），就單變量統計分析而言，群組間的顯著差異，表示給研
究者一個測量值或分數，研究者較能正確的預測此分數樣本來自哪個群組
（*Tabachnick & Fidell, 2007, p. 375*）。

SPSS

　　然而MANOVA和DISCRIM二者之分析內涵是有差異的。MANOVA分析程序之自變項（IVs）為群組變項（名義或次序量尺），依變項（DVs）是預測變項（等距或比率量尺）；DISCRIM程序之自變項為預測變項（等距或比率量尺），依變項為群組變項（名義或次序量尺）或分組變項（grouping variables）。在相關文獻中，學者將DISCRIM分析之自變項或預測變項又稱為「區別變項」（discriminating variables），將依變項或組別變數又稱為「分類變項」（classification variables），但此種分類可能會與DISCRIM分析結果中之區別函數（discriminant functions）與分類函數（classification functions）混淆，較為簡便的變項術語可採用預測變項（IVs）及組別（DVs）。雖然MANOVA和DISCRIM二者強調的重點不同，但從數學觀點而言，MANOVA和DISCRIM二者是相同的。MANOVA強調的問題是結合依變項分數後，群組成員的平均差異是否達到統計顯著水準；而DISCRIM重視的問題是結合預測變項後能否可靠的預測組別，在多數案例中，DISCRIM應用於將個案歸類於某一群組之中，此種方法稱為「分類」，分類是DISCRIM的擴大應用，多數區別分析之統計軟體均能評估分類的適當性；此外，對於預測變項間差異解釋二種方法也不相同，MANOVA經常用於決定哪個依變項在群組間的差異顯著，但較少解釋將依變項視為一個整體後的差異組型（pattern of differences）；在DISCRIM程序中，則經常解釋將依變項視為一個整體後的差異組型，以了解層面是依據哪個群體而有差異（*Tabachnick & Fidell, 2007, pp. 375-376*）。

　　在統計研究中，使用區別分析的原因，在於區別分析程序的使用，不僅可以建立函數將新個體予以分類、考驗群體間多變量的差異，而且可以探究或描述下列情形（吳明隆、涂金堂，*2007*）：

1. 在許多不同的變項中，看何種變項最能有效的區別不同群體。
2. 如果一組變項要與其他一組變項有同樣的功能表現。
3. 哪些群體最為相似。
4. 群體中哪些個體不同質。

　　在大學教育應用上，如某一大學將申請就讀該大學的學生分為二大類，一為順利完成大學學業者；二為第一年中途輟學的學生，學校根據學

生入學時之數學、語文標準化入學測驗成績、高中畢業平均成績、推薦信等級歸類成績、高中階段課外活動成績（音樂、美勞、運動等）等變項，藉由區別分析方法，將新進學生加以預測分類，四年後根據學生在校表現，驗證區別分析分類的正確性如何。如果區別分析的正確率很高，表示學校可由以上所列幾個變項，將入學的新生加以分類或進行預測；藉由區別分析應用，可以大大提高學校對新生學生分類的正確率。

就預測的效用而言，區別分析有二種取向：一是預測取向的區別分析（predictive discriminant analysis; PDA）；一是描述區向的區別分析（descriptive discriminant analysis; DDA）。預測取向的區別分析其功用與迴歸分析類似，主要在於解釋與預測。其概念基礎與迴歸分析有許多相同的地方，它的主要目的在計算一組預測變項（或稱區別變項）的線性組合，以對另一個分組變項重新加以分類，並檢查其分組的正確性。預測取向的區別分析與迴歸分析概念相似之處在於：兩者都是在求得一組自變項（預測變項）的線性組合，其加權值在迴歸分析中稱為迴歸係數，在區別分析中則稱為「區別函數係數」，兩者都有原始的係數（未標準化的係數）與標準化的係數。不過，區別分析通常會計算單一預測變項與線性組合分數（實際上就是效標變數的預測值）的相關係數。不過，許多學者建議在進行迴歸分析時，仍應留意結構係數（傅粹馨，1996）。描述取向的區別分析主要使用分組變項，或稱為解釋變項（explanatory variable）以了解它與預測變項，或稱為反應變項（response variable）的關係，學者Huberty（1994）也將區別分析分為預測性與描述性的區別分析二種，預測性區別分析關注的是將樣本分類到數個群組中的一個；描述性區別分析強調的是群組間主要的差異，此種差異須藉由區別函數（discriminant functions）來判別（Stevens, 2002, p. 285）。

區別分析的基本原理與單因子多變量變異數分析十分類似，二者計算的過程也相似，都是在使組間的變異量與組內變異量的比值極大化，因而在單因子多變量變異數分析的檢定顯著後，進一步可以採用區別分析法（林清山，1988）。但二者間也有差異存在，MANOVA檢定的目的在了解各組樣本究竟在哪幾個依變項上之平均數差異達到顯著水準；而區別分析則是在透過得到觀察值在自變項（這些自變項在MANOVA檢定中為依變

項一計量資料）之線性組合函數，以了解觀察值在依變項（MANOVA檢定中為自變項一分組變項）上分類之正確性，進而了解究竟是哪幾個自變項可以有效區分觀察值在依變項之分類（王保進，2004）。區別分析程序與MANOVA息息相關，但也可以說明MANOVA統計分析中增列的程序，程序的運作乃透過彼此間沒有相關的線性組合（原始變項的線性組合一區別函數）來判別群組間的差異。

在進行區別分析之前，首先必須決定要選擇哪些變數作為區別變數，因為在所調查的資料檔中，未必所有的變數都適合用來對目標群體進行區別。分類變數的選擇方法有二：一為利用已被驗證的理論或文獻來選擇區別變項；二為利用變異數分析檢定，檢核哪些變項與依變項的關係較密切。在選擇變數時，基本原理在找出在各體間使變異性差異較大的變項，因為這些變項的區別正確率較高。變數篩選的常用方法有以下三種：一為向前選擇程序（forward selection procedure）、二為向後消去程序（backward elimination procedure）、三為逐步選擇程序（stepwise selection procedure）（林師模、陳苑欽，2006）。三種選擇程序及統計原理與迴歸分析的方法類似（Sharma, 1996, p. 265；林師模、陳苑欽，2006）：

● (一)前進選擇法

首先進入區別函數的變項為依據某種統計準則時，對群體最有區別力者，其次進入的變項為根據統計準則而對區別函數能提供最大加總區別力的變項，依此步驟挑選變數，直到沒有其他變數進入區別函數為止（進行共變異數分析時，F值未達顯著水準）。

● (二)向後移除法

開始時，所有變數均進入區別函數中，每一次再根據統計準則，逐步移除一個對總體區別力減少量最小的變數，直到沒有變數被排除為止。移除的統計準則為每一個變數以其餘所有變數為共變數，進行ANOVA程序，若有部分變項的F值未達顯著，則選擇其中F值最小者，進而將之從區別函數中移除。

● （三）逐步選擇法

逐步選擇法程序是前進選擇法與向後移除法的統合使用。剛開始時，沒有任何變數進入區別函數中，之後每一個步驟再根據統計準則增加或移除變項，原先已進入區別函數的變項，若將此變項移除後，不會顯著的減低區別力（discriminant power），則將此變項從原先區別函數中移除。步驟中若無變數被移除，根據統計準則，某一變數對區別函數能顯著地增加最大的區別力，則變項會被挑選進入區別函數中，程序反覆進行，直到沒有變數被選入區別函數或從區別函數中移除為止。此時，從向前選擇法而言，沒有變數的F值達到顯著水準；而從向後移除法而言，所有進入變數的F值均達到顯著水準。

在區別分析中，常用以決定被選入區別函數或從區別函數中移除的統計準則（criteria）有以下幾種（*Sharma, 1996, pp. 265-267*；*Warner, 2008, p.658*；*呂金河，2005*）：

● （一）Wilks' Λ 值

Wilks' Λ 值是組內平方和（誤差值）與總平方和的比值，此數值是整體模型多變量適配度（goodness-of-fit）統計量，即整體模型顯著性檢定，模型的全面檢定在於評估當考量到所有區別變項與區別函數時，模型預測群體成員是否達到顯著水準，此預測並非是由於機遇，Wilks' Λ 值可以解釋為一個或數個區別函數與群組成員沒有關聯之變異比值，Wilks' Λ 值也可視為是一個「不良適配度」（badness-of-fit）量測值，因為它是無法解釋變異部分的估計值，其數值類似ANOVA分析中的$1-\eta^2$或MR分析中的$1-R^2$。Wilks' Λ 值與三個不同的自由度有關，一為全部觀察值個數N、二為群組的數目k、三為預測變項／區別變項的個數p。在SPSS之DA分析中，Wilks' Λ 值可以轉換為χ^2，也可轉換為近似F比值。

在每一個步驟中，選擇將之前已被選入區別函數的變項移除後，能使得Wilks' Λ 值成為最小數值的變項。由於Wilks' Λ 值近似於F比值，所以此統計準則即是於每一個步驟中，選擇最大的「淨F比值」（partial F-ratio）之變項進入區別函數中。由Wilks' Λ 值的定義公式中，可以看出最小的化Wilk's Λ 值表示組內平方和最小、組間平方和最大，選擇的準則隱含著考

量到組間差異性與組內的同質性。

$$\Lambda = \frac{SS_W}{SS_T} = \frac{SS_W}{SS_B + SS_W}$$

Wilks' Λ 值介於0至1間，其數值愈接近0，表示新變數於各群組間平均數的差異愈大；相反的，其數值愈接近1，表示新變數於各群組間平均數的差異愈小，該變數的區辨力愈差。Wilks' Λ 值可以轉換成F比值（F統計量）：

$$F = \left(\frac{1 - \Lambda}{\Lambda}\right)\left(\frac{n_1 + n_2 - p - 1}{p}\right)$$

公式F統計量的自由度為（$p, n_1 + n_2 - p-1$），p為變數的個數。如果分組變數只有二組時，由於 $F = t^2$，採用F檢定與 t 檢定之結果相同，均屬於單變數檢定；若是分組變數有二個群組以上，則只能採用F檢定。

(二)Rao's V

Rao's V值是根據馬氏距離（Mahalanobis distance）計算而得。此量數根據各組形心到總樣本形心馬氏距離，考量到組群間的差異，增加或移除變項時，Rao's V量數的改變近似於χ^2分配的χ^2統計量（即包含p個變數Rao's V與包含p+1個變項的Rao's V，二者差異值亦呈χ^2分配）。採用Rao'sV量數準則可使群組間差異性達到最大，但卻無法保證可使群組內有最大的同質性。因而Rao's V值準則也可導出區別函數，但此區別函數無法確保組內有最大的同質性。

(三)馬氏平方距離

Wilks' Λ 與Rao's V統計準則，均可使所有群體間的總差異性達到最大。但如果分類群組有二個以上時，採用Wilks' Λ 與Rao's V統計準則，可能無法所有配對群體達到最大差異度，此時如改用馬氏平方距離（Mahalanobis Squared Distance）準則，可以確保所有配對群組間有最大區別力。在區別分析的每個步驟中，使用馬氏平方距離，選入或移除變數

時，可以使彼此最接近的二個群體間，有最大的區別增加量（或最小的區別減低量），因而可使所有配對群組間有最大差異性。

一般分類樣本為多個群組之一是依據一組測量將樣本分派於與其最相似的成員中，樣本最接近相似的群體是指樣本的分數向量（vector of scores）最接近於群體i的平均數向量（形心）。從幾何觀點而言，最接近的距離是樣本與群體形心的馬氏距離（Mahalanobis distance），樣本i與群體間馬氏距離為：

$D_i^2 = (X_i - \overline{X})'S^{-1}(X_i - \overline{X})$，其中$X_i$是樣本i的分數向量、$\overline{X}$平均數向量（vector of means）、S是共變數矩陣。馬氏距離是由多個相變數所定義出的測量空間上兩點間距離的量測值，當變數間沒有相關，且變數間均是單位變數時，馬氏距離就等於一般常用的歐氏距離。每一群體以群體平均數向量來代表此群體在空間中的位置，平均數向量又稱為群體的形心，對每個樣本／個體而言，可以算出它到各群體形心點的馬氏距離，然後依據馬氏距離數值的大小，將樣本／個體歸類或區分到最接近的群體中，最接近的群體表示與其他群體相較之下，此群體與樣本相似性最高（*Stevens, 2002, p. 301*；陳順宇，*2005*）。

● (四) 群組間F比值

計算馬氏距離時，假定所有群組有相同的權重。但在實務應用，各群組的大小未必相同，此時可將馬氏距離轉換為F比值（F-ratio）。F比值會根據群組不同而採用不同的權重，較大群組比較小群組有較多的權重，計算出之組間F比值量測可以區辨配對二個群組間的差異。

以上的統計準則於區別分析中均可獲得區別函數，但由於統計準則的估算方法不同，因而所得到的結果未必完全相同。至於哪個才是最佳的統計準則並沒有絕對的標準，其中使用最普遍的是Wilks' Λ值，研究者採用逐步區別分析時，應同時考量到不同準則的目標與研究目的來選擇合適的統計準則。

進行區別分析時有以下的假定（吳明隆，*2007*；陳正昌等，*2005*；*SPSS 2000*）：

1. 有k個分組群體、p個變項、相等的共變數矩陣，而樣本來自一個多變量常態分配的母群。亦即每一組內共變異數矩陣應大致相等，否則區別函數就不能使各組的差異達到最大，如果樣本數不多，而各組內共變異數矩陣差異性也不大，使用區別分析亦是適切的。此外，樣本的每一組是從多變量常態分配的母群中抽選出來的，不過，隨著樣本數增加，此基本假設通常無法符合，如果資料嚴重違反多變量常態分配的假設，可以改用Logistic迴歸分析法。

2. 預測變項是計量性變項（連續變項），所屬母群是一個常態分配母群，如果預測變項是間斷變項，與進行迴歸分析一樣，應先轉化為虛擬變項。分組變項有二個或二個以上的水準；每個組至少要有二個觀察值。

3. 預測變項數目應少於總觀察值數減2，許多研究者建議：全部的觀察值最好是預測變項數的10至20倍，為了更精確分類，最小組的觀察值最好是預測變項的5倍。

4. 任何預測變項都不是其他預測變項的線性組合（亦即是線性重合）。

在區別分析中，以變異數分析進行組別平均數顯著的差異考驗，此外，也呈現了Wilks' lambda值。Wilks' lambda是組內離均差平方和與總離均差平方和的比，Λ值大小介於0至1之間，如果Λ值愈小，表示組內離均差平方和愈小，相對的組間離均差平方和愈大，表示各組平均數間的差異也就愈大；如果Λ值愈大，表示各組平均數間愈沒有差異。

區別分析在各分析階段時，應把握以下原則（*Tacq, 1997, p. 231*）：

1. 事前組別分類標準要盡可能有可靠性，即作為結果變項之群組類別的分類要完整且互斥。

2. 自變項是重要屬性，初始分析之數目不能太少，亦即研究者要從許多不同的特性中蒐集統計資料，統計分析的平均數與加權總和會決定它們的區別能力。加權總和即是預測變項（通常以變數組X表示）間的線性組合，此線性組合就是所謂的「區別函數」（discriminant function），由於區別分析是典型相關分析的一種特

例，因而區別函數又稱為「典型區別函數」或「典型判別函數」（canonical discriminant function）。作為結果變項的預測變項要與結果變項有某種程度的關聯，若是預測變項與結果變項的關係愈密切，愈能有效對結果變項進行分類（classification）與正確預測。區別函數的普通表示法為：

$$Y = w_1X_1 + w_2X_2 + w_3X_3 + \cdots + w_pX_p$$

其中Y是「區別函數值」（discriminant function value），此數值又稱「區別分數」（discriminant score），為「區別係數」（discriminant coefficient）或加權係數，此係數為區別變項對於區別函數的影響。

3. 如果個別變項與加權總和有顯著的區別能力，則可以有效的將觀察值歸類為組別中的一組，此歸類的正確率愈高愈好。

4. 挑選具重要特性而又有區別能力的變項，達到以最少變數而有高區別力的目標。

區別分析配合SPSS報表，在分析時，有以下幾個步驟（吳明隆、涂金堂，2007）。

● （一）整體模型的適配度檢定或顯著性檢定

如果要以一組分數來預測組別，則每一個組別間的分數應有顯著的不同，自變項間整體分析結果可參考Wilks' Λ值，而每個自變項考驗結果可參考F值。

這個考驗，即是將原先劃分之組別變項當作自變數，而將數個預測變項當作依變項，進行多變量與單變量變異數分析，在SPSS報表中，可參考Wilks' Λ值及單變量F值。區別函數的顯著性檢定採用的是「層面縮減分析」（dimension reduction analysis）法，此法可以評估多少個區別函數可以有效預測群組成員，SPSS之DA程序中是對一組區別函數進行顯著性檢定，而不是針對每個個別區別函數進行顯著性考驗，以有四個區別函數為例，SPSS進行組區別函數檢定的流程如下：

第一組：D_1, D_2, D_3, D_4；第二組：D_2, D_3, D_4；第三組：D_3, D_4；第四組：D_4。每一組區別函數如果縮減前面的區別函數後，組間變異的比例是否顯著降低，如果後一組區別函數顯著，則之前的組區別函數也會顯著，如組二區別函數顯著，表示組一區別函數也顯著，組二是組一區別函數的縮減，因而組一四個區別函數顯著，表示第一個區別函數D_1可以有效預測群組成員，至於D_2、D_3、D_4區別函數是否顯著，則必須再由組二區別函數判別，如果此時組二區別函數也顯著，表示D_2、D_3、D_4三個區別函數中至少有一個顯著，由於D_2對群組間的解釋變異最大，因而第二個區別函數D_2一定顯著；若是組三區別函數不顯著，則表示D_3、D_4均無法有效預測群組成員，此時組四區別函數D_4也不會顯著（*Warner, 2008, p. 659*）。

（二）根據自變項獲取線性方程式，並從中發掘自變項對組別預測的重要程度

1.線性方程式即是區別函數

區別分析研究第二個要考量的是會有多少個區別函數可以有效區別不同群組成員，區別函數的個數 = 最小值（k-1, p）。區別函數的數目的最大值是組別數減一（k-1）或預測變項數（p）中的最小值，（以k-1、p之中較小者為準，k為分群的群組數、p為預測變數個數），若是分組群數有二組，則只需要一個區別函數；如果組別數為三組（3-1 = 2），而預測變項數有四個，則區別函數最多有二個；如果組別數為五組（5-1），而預測變項數有四個，則區別函數最多有四個。在SPSS的報表中，會有一個「最小累積變異百分比」（minimum cumulative percent of variance）數據，此數據主要是指分群的個數大於二組以上時，所有區別函數解釋的總變異量。Wilks'Λ最大顯著水準（maximum level of significance for Wilks'Λ）只有使用逐步區別分析時，才有意義。區別變數若是大於二個，則單變量Wilks'Λ值檢定的是所有區別變數在群組間的差異，此時Wilks'Λ值公式變為：

$$\Lambda = \frac{|SSCP_W|}{|SSCP_T|} = \frac{|聯合組合\ SSCP|}{|總樣本的\ SSCP|}$$

此時Wilks' Λ 值統計量表示的「多變量顯著性檢定」（multivariate test of significant），符號$|\cdot|$為矩陣的行列式，「多變量顯著性檢定」的Wilks' Λ 值也可以轉換為χ^2統計，其公式為：

$$\chi^2 = -[N-1-\frac{(p+G)}{2}]\ln(\Lambda)$$；N為總樣本數、G為群體的數目、p為預測的變項數。在虛無假設為真時，其機率分配接近於自由度為p(G-1)的χ^2分配，根據Wilks' Λ 值可以求出χ^2統計量。至於區別分析的整體效果值指標通常以η^2，$\eta^2 = 1-\Lambda$，至於每個區別函數個別效果值指標為典型相關係數的平方值，典型相關係數可以根據其特徵值求得：$r_{ci} = \sqrt{\frac{\lambda_i}{1+\lambda_i}}$。此外，個別預測變項與區別函數共同分享的變異部分為結構係數的平方值，此數值為個別預測變項的效果值。

在SPSS報表中，可參考「未標準化的典型區別函數係數」及「標準化的典型區別函數係數」（standardized canonical discriminant function coefficients）。

所選擇的區別函數係數要能使函數組間變異數有最大值，若有二個區別函數，則第一個區別函數D_1的分數有最大可能的組間差異；第二個區別函數D_2的分數與第一個區別函數D_1分數間沒有相關，第二個區別函數D_2可以預測第一個區別函數D_1無法解釋之最大可能的組間變異。DA程序中之區別函數會以數字1、2、3表示，數字的排序是根據對群組成員最有預測力到最沒有預測力的順序呈現。SPSS之DA程序不像MR分析程序會直接提供個別預測變項對依變項貢獻的統計顯著性檢定（如R平方改變量），在DA程序中，要評估個別預測變項或區別變項（discriminanting variables）的貢獻度可以從三個指標來判別：一為從保留要解釋的區別函數中判別個別預測變項與區別函數的相關情形，若是個別預測變項與區別函數相關的絕對值愈大，表示預測變項對結果變項的貢獻度愈大；二為從標準化區別函數係數來判斷，類似於MR中的Beta加權值或係數，若是預測變項之標準化區別函數係數絕對值愈大，表示預測變項對結果變項的貢獻度愈大；三為進行每個個別區別變項分數在群組間差異的ANOVA分析，若預測變項分數在群組間的F值愈大，表示預測變項對結果變項的貢獻度愈大，採用ANOVA分析程序為避免研究者第一類型的膨脹，研究者最好採用族系錯誤

率（*Warner, 2008, pp. 660-661*）。

2.估計每個區別函數的重要性與顯著性

區別函數的顯著性考驗有卡方值（Chi-square）、估計變異數百分比與特徵值等統計量數。在SPSS報表中，可參考「典型區別函數」（canonical discriminant functions）。

3.決定每個自變項或預測變項的重要性

此方面的數據，可參考下列二個指標：「標準化的典型區別函數係數」與「結構矩陣」（structure matrix）。所謂結構矩陣是區別變項與典型區別函數間之組內聯合相關矩陣，相關係數的絕對值愈大，表示區別變項對區別函數的影響力愈大。

4.決定每個區別函數對分類組別成員的重要性

此判別可以檢驗每個函數中每個組別之形心大小，如果有差異，表示區別函數可以區別不同組別。在SPSS報表中，可參考「在組別形心的典型區別函數」。

⬤ (三)根據自變項所建立的方程式來預測組別成員，並估算預測正確率多少

觀察值的分類結果，在SPSS報表中，可參考「分類函數係數」（Fisher線性區別函數）（classification function coefficients/Fisher's linear discriminant functions）。分類結果的正確率可參考「分類結果」（classification results）。

區別分析的自變項（預測變項）必須是連續變項（等距／比率變項），而依變項則屬間斷變項，如果預測變項為非連續變項，也應轉化為虛擬變項。部分學者主張為探討集群分析（cluster）後之群組劃分的正確性，認為研究者在使用集群分析法後，可進一步以區別分析法加以考驗。由於區別分析與多變量變異數分析中的變項屬性剛好相反，多變量變異數分析中，自變項是名義或次序變項，而依變項則為連續變項，因而也有學

者提出：在多變量變異數分析中，如果整體考驗顯著，也可以以區別分析作為其追蹤考驗，以找出最能區辨依變項的自變項。

區別分析程序中要考量的主要問題有以下六大項（*Warner, 2008*），以圖示表示如下：

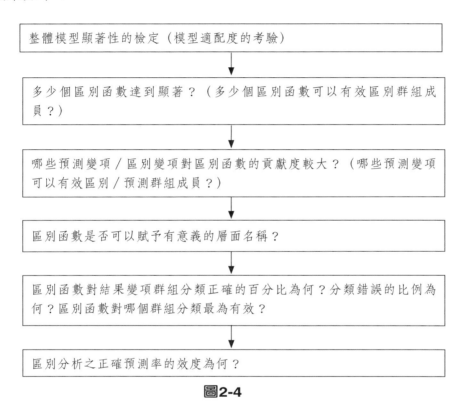

整體模型顯著性的檢定（模型適配度的考驗）

↓

多少個區別函數達到顯著？（多少個區別函數可以有效區別群組成員？）

↓

哪些預測變項／區別變項對區別函數的貢獻度較大？（哪些預測變項可以有效區別／預測群組成員？）

↓

區別函數是否可以賦予有意義的層面名稱？

↓

區別函數對結果變項群組分類正確的百分比為何？分類錯誤的比例為何？區別函數對哪個群組分類最為有效？

↓

區別分析之正確預測率的效度為何？

圖2-4

區別分析資料分析的流程，可以簡要分成以下幾個步驟（*Tabachnick & Fidell, 2007; Warner, 2008*）：

一、區別分析之基本假設

DA資料結構的假定與ANOVA與MR相似，在MR程序中，計量的預測變項須呈近似常態分配，且沒有極端偏離值（outliers），所有配對X計量預測變項必須呈線性關係，且沒有極端偏離值（偏離值的評估可根據樣本點的散布圖來判斷）；在ANOVA程序中，群組成員的個數有一定的最小值（如觀察值須在15個以上），較多的樣本值統計分析結果會有較佳的統計考驗力。DA的另一個重要假定與多變量分析相似，為變異數／共變數矩陣

的同質性，一個有p個預測變項的樣本共變異數矩陣為SSCP（sum of cross products matrix）矩陣除以n或自由度df：

$$S = \begin{bmatrix} V(X_1) & C(X_1, X_2) & . & C(X_1, X_p) \\ C(X_2, X_1) & V(X_2) & . & C(X_2, X_p) \\ . & . & . & . \\ C(X_p, X_1) & C(X_p, X_2) & . & V(X_p) \end{bmatrix}$$

　　以S表示樣本變異數／共變數矩陣，則樣本相對應母群體的變異數／共變數矩陣通常以符號Σ表示，Σ矩陣中對角線元素為預測變項母群的變異數，而非對角線元素為配對預測變項的共變數。DA程序的假定為不同群組間之母群變異數／共變數矩陣Σ_i必須同質，此假定包括計量預測變項X_1, X_2,......, X_p變異數在不同群組的同質性假定，也包括不同群組間計量預測變項配對組之共變數的同質性，「變異數／共變數矩陣同質性」（homogeneity of the variance/covariance matrices）假定之虛無假設，可以以下列式子表示：$H_0 : \Sigma_1 = \Sigma_2 = ... = \Sigma_k$，此假定為不同群組間Σ矩陣的元素均相等。對於變異數／共變數矩陣同質性的檢定，在SPSS分析程序中是採用Box's M檢定法，但使用Box's M檢定會遭遇到二個問題：一為此法對於分數分配之非常態性非常敏感；二為如果樣本的個數非常大，Box's M檢定很容易達到統計顯著水準而作出拒絕虛無假的決策；相對的，若是樣本個數很小，即使資料已嚴重違反假定，Box's M檢定統計量反而無法反應出正確結果，即顯著性p不易小於顯著水準（$\alpha = 05$）。為避免上述問題，研究者在採用Box's M檢定法時，如果整體樣本數很大，可以將α顯著水準設定為嚴格一點，如$\alpha = .01$或$\alpha = .001$；相對的，若是整體樣本數很小，可以將α顯著水準值設定為大一點，如$\alpha = .10$。在DA分析中，如果Box's M檢定反應出資料結構嚴重違反變異數／共變數矩陣同質性的假定，可以將非常態分配的變項進行對數轉換，或採用二元邏輯斯迴歸分析法。

　　進行區別分析時必須符合二個最基本的假設：一是觀察值在自變項的測量值必須呈現多變量常態分配；二是依變項各組樣本在自變項上之變異數與共變數必須具有同質性（homogeneity）。如果是違反多變量常態性分配的假定，統計分析時，最好改用二元Logistic迴歸分析。統計推論中

採用DISCRIM，必須符合多變量常態性（multivariate normality）假定，多變量常態性指的是預測變項的分數或測量是獨立的，且是從母群中隨機抽樣而來的，預測變項的任一線性組合的抽樣分配是常態分配（normally distributed）。DISCRIM與MANOVA一樣，若是因為偏態導致無法符合常態性假定時，與樣本偏離值（outliers）相較之下，前者還是有較好的統計強韌性。為了確保統計結果有較佳的強韌性，若是預測變項數少於5，則樣本數最好有20位以上，如果樣本數很小且群組間人數又不相等，則DISCRIM統計分析結果會較不可靠。此外，若是樣本數很大或群組間人數相等，DISCRIM也與MANOVA一樣，違反組內變異數—共變數矩陣相等的假定時，統計分析結果也會有強韌性；相對的，當樣本數很小且群組間人數不相等時，且組內變異數—共變數異質而非同質時，顯著檢定的結果可能不正確。DISCRIM程序中。如果研究者發現變異數—共變數矩陣異質，一個解決方法是將轉換預測變項，在分類判別中使用個別共變數矩陣，或使用二次方區別分析（quadratic discriminant analysis），或使用無母數分類法。DISCRIM模式另一個假定是線性關係（linearity），所謂線性是群組內所有配對的預測變項間均為直線關係，與其他假定相較之下，線性關係假定較不重要，但如果預測變項違反此項假定，會減低統計考驗力（power）。

二、建立區別函數並進行顯著性檢定

在區別函數的數目中，如果有p個自變項，依變項有g個分組變項，共可得到min(p, g-1)條線性區別方程。即最大區別函數個數等於「最小值（預測變項數，群組自由度）」，群組的自由度為群組數減一。如有三個群組、五個預測變項，則區別函數最多有「最小值（5, 3-1）=2」，若是整體統計檢定的Λ值達到顯著，表示至少第一個區別函數是顯著的，或是二個區別函數均達顯者；至於第二個區別函數是否達到顯著也必須加以檢定。以有三個群組、四個預測變項的資料為例（*原始資料來源：Tabachnick & Fidell, 2007, p. 384*），因有三個群組、四個預測變項，所以區別函數最多有二個。

表2-1

X1	X2	X3	X4	Y	預測組群	第一區別分數	第二區別分數	預測為組別[1]機率	預測為組別[2]機率	預測為組別[3]機率	D1	D2
87	5	31	6.4	1	1	−3.71	−0.06	1.00	0.00	0.00	1	0
97	7	36	8.3	1	1	−3.20	0.99	1.00	0.00	0.00	1	0
112	9	42	7.2	1	1	−5.40	1.14	1.00	0.00	0.00	1	0
102	16	45	7.0	2	2	4.30	2.45	0.00	1.00	0.00	0	1
85	10	38	7.6	2	2	1.76	2.43	0.00	1.00	0.00	0	1
76	9	32	6.2	2	2	2.88	0.94	0.00	1.00	0.00	0	1
120	12	30	8.4	3	3	0.85	−3.97	0.00	0.00	1.00	0	0
85	8	28	6.3	3	3	1.19	−1.26	0.00	0.00	1.00	0	0
99	9	27	8.2	3	3	1.33	−2.67	0.00	0.00	1.00	0	0

上述資料利用SPSS軟體執行「分類（Y）」／「判別（D）」程序後，輸出結果會呈現二個區別函數（參閱*Tabachnick & Fidell, 2007, pp. 385-389*）。

表2-2　執行SPSS之判別分析輸出之特徵值摘要表

函數	特徵值	變異數的%	累積%	典型相關
1	13.486(a)	70.7	70.7	.965
2	5.589(a)	29.3	100.0	.921
(a) 分析時會使用前2個典型區別函數。				

表2-3　執行SPSS之判別分析輸出之Wilks' Lambda值摘要表

函數檢定	Wilks' Lambda值	卡方	自由度	顯著性
1到2	.010	20.514	8	.009
2	.152	8.484	3	.037

「Wilks' Lambda值」欄為區別函數顯著性檢定，Wilks' Λ 值代表的是連續性區別函數的分離（peel off）顯著性檢定。第一列「1到2」，為所有區別函數（範例中有二個）的顯著性檢定，Wilks' Λ 值為.010、轉換為卡方值等於20.154，達到.05顯著水準（p=.009<.05），表示二個區別函數中至少有一個達到顯著，由於第一個區別函數的特徵值（=13.486）與解釋變異最大（=70.7%），因而第一個區別函數一定達到顯著，至於第二個區別函

數是否達到顯著，還須進一步加以檢定。第二列中的「2」為排除第一個區別函數的影響後，剩下之區別函數的顯著性檢定，因只有二個區別函數，因而第二列可視為第二個區別函數的顯著性考驗，顯著性考驗Wilks Λ值為.152、轉換為卡方值等於8.484，達到.05顯著水準（p=.037<.05），表示第二個區別函數也達到顯著水準。區別分數（四個預測變項的線性組合）達到顯著，表示區別函數對樣本可以有效預測其屬於三個群組中的哪一個群組。

區別函數與迴歸方程式類似，每個樣本區別函數分數可以根據一系列預測變項的組合來估算，從第一個區別函數可以估算第一組區別函數係數，從第二個區別函數可以估算第二組區別函數係數，樣本從每個區別函數獲得的區別函數係數是獨立的。區別函數係數的標準化稱為標準化區別函數係數。第j個函數之標準化區別方程的線性模性如下：

$$D_j = d_{j1}Z_1 + d_{j2}Z_2 + d_{j3}Z_3 + \ldots\ldots + d_{jp}Z_p$$

其中Z_p為標準化的自變項、D_j為標準化區別函數（standardized discriminant function），d_{jp}為標準化區別函數係數。前二個標準化區別函數的線性組合為：

$$D_1 = d_{11}Z_1 + d_{12}Z_2 + d_{13}Z_3 + \ldots\ldots + d_{1p}Z_p$$
$$D_2 = d_{21}Z_1 + d_{22}Z_2 + d_{23}Z_3 + \ldots\ldots + d_{2p}Z_p$$

如果只有二個群組，則區別函數係數可以使用來將觀察值加以分類，若是D_j分數大於0，則分類於一個群組；相對的，若是D_j分數< 0，則分類於另一個群組。

三、解釋自變項在各區別函數之意義

標準化區別函數中各自變項之標準化區別係數，代表各自變項於計算觀察值在該區別函數上，區別分數之相對重要性，係數愈大，表示該自變項之重要性愈高。在區別分析中，標準化區別函數係數與結構係數的意義不盡相同，結構係數是預測變項與區別函數的簡單相關，是聯合組內相關

矩陣右乘標準化區別函數係數矩陣而得。標準化區別函數係數考慮到預測變項對區別函數的整體貢獻，某個預測變項的標準化係數，是排除其他自變項後，與區別函數的部分相關（part correlation）。當所有預測變項之間的相關為0或很低時，標準化區別函數係數與結構係數值會一樣或很接近。如果標準化區別函數係數與結構係數值差異過大，或是方向有所不同時，可能就有多元共線性問題（Klecka, 1980）。部分學者認為在解釋區別函數時，應以結構係數為主，因為結構係數比較穩定，不過，也有其他學者提出不同看法，如Johnson（1998）、Stevens（2002）認為：當樣本數與預測變數的比值小於5時，標準化區別函數係數與結構係數值都不是很穩定，若要進行區別分析，則樣本數與變項數的比值最好≧20，如此，區別分析所獲得的區別分析參數較為可靠。

根據「理論導向研究」（theory-driven studies）研究者也可根據每個區別函數的意義，賦予區別函數一個有意義的名稱或註記，區別函數的命名必須考量與其相關較高的預測變項屬性與那個群組在此區別函數有最大的差異等變因，區別函數的命名與因素分析結果中，對因素命名的性質相近，如區別函數一D和預測變項焦慮、沮喪間有高度相關，則此區別函數可稱為「心理悲痛」面向；結果變項的群組神經質成員在此區別函數上有較高分數，這些成員在焦慮變項與沮喪變項上的分數也較高；如區別函數二和失序行為變項及妄想行為或有較高相關，則此區別函數可以命名為「失序妄想」面向，在失序妄想面向得分較高的成員，可能須進一步接受診斷處理（Warner, 2008, p. 661）。根據區別變項對各區別函數的相關或貢獻程度，對各區別函數賦予有意義的名稱，此種界定較偏向於「理論導向研究」。

四、分類與預測

區別分析的目的在於能夠區分觀察值在依變項上之差異（分類），進而對新觀察值進行預測工作，因此，分類與預測正確性的高低，是決定區別分析之效度最重要的關鍵因素。區別分析常用的方法有以下四種（Johnson, 1998; SPSS, 2000）：截斷值法（cutoff-value）、線性分類函數（linear classification）、距離函數（distance function）、最大概似法（maximum likelihood）。線性分類函數法是將觀察值依線性組合的函數分

類，將其分類到分數最高的一組，這種方法最先由Fisher建議使用，因而又稱Fisher分類函數（Fisher classification function）。一般而言，當樣本的測量值符合多變量常態分配及共變數同質的假設時，上述四種分類方法應會相同。在SPSS輸出報表中，分類結果會呈現於分類矩陣（classification matrix）／混淆矩陣（confusion matrix）中。DA分析研究中，除關注分類正確率外，也會重視分類錯誤的比例，在生物醫學或實務研究中，有時會因分類錯誤而造成嚴重的結果。

DISCRIM分析程序中，區別函數目為群組自由度（群組數-1）與預測變項數中的最小值，以有二個群組之DISCRIM而言，群組的自由度為$1(=G-1=2-1=1)$，因而不論有多少個預測變項，均只有一組預測變項的線性組合，如果二個群組的形心（為多變量分析中的平均數）分別為$\overline{X}_1$與$\overline{X}_2$，線性軸X表示預測變項最佳的線性組合，此軸如能區分群組[1]、群組[2]，則表示預測變項結合的區別函數，可以有效區辨二個群組，其圖示如下：

預測變項的線性組合

圖2-5

如果群組變項有三個群組，則二個個別區別函數並非可以全部區辨三個群組，以下圖為例，第一個區別函數可以區分群組[1]與群組[2]的形心，但是無法區分群組[2]與群組[3]的形心，因就第一個預測變項的線性組合軸來看，群組[2]與群組[3]的形心位於同一縱軸上；相對的，第二個區別函數可以區分群組[2]與群組[3]的形心，但是無法區分群組[1]與群組[2]的形心，因就第二個預測變項的線性組合軸來看，群組[1]與群組[2]的形心位於同一橫軸上（*Tabachnick & Fidell, 2007, p. 376*）。在DISCRIM分析中，第一個區別函數對區分群組提供最佳的區辨力，其次是第二個區別函數，每個區別函數沒有相關，因而區別函數間，彼此是呈正交關係。

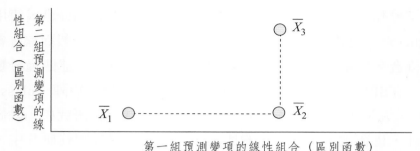

第一組預測變項的線性組合（區別函數）

圖2-6

為了有效將每個樣本歸類於某一個群組中，必須找出每個群組的分類方程式，就j個群組而言（j=1, 2,......, k），其基本的分類方程式為：

$$C_j = c_{j0} + c_{j1}X_1 + c_{j2}X_2 + ... + c_{jp}X_p$$

群組j之分類函數分數C_j等於每個預測變項的原始分數乘以分類函數係數c_j之總和，再加一個常數項c_{j0}。

分類函數係數c_j可以由p個預測變項的平均數與合併組內變異數─共變數矩陣W求得，組內共變數矩陣為交乘積矩陣W除以組內自由度（=N－k）。分類函數分數矩陣形式為：$C_j = W^{-1}M_j$，群組j（$C_j = c_{j1}, c_{j2}, ..., c_{jp}$）分類係數的行矩陣，等於組內變異數─共變數矩陣的反矩陣W^{-1}乘於群組j在p個預測變項之平均數的行矩陣（$M_j = X_{j1}, X_{j2}, ..., X_{jp}$）。群組j常數項$c_{j0}$的求法為：$c_{j0} = \left(-\frac{1}{2}\right)C_j'M_j$，群組j分類函數之常數項$c_{j0}$為群組分類係數之轉換矩陣乘以群組j平均數的行矩陣$M_j$，再乘以－0.5。

組內共變異數矩陣為W矩陣除以誤項的自由度6。

在SPSS執行判別分析程序時，於「判別分析：統計量」次對話視窗中，「矩陣」方盒內有一個「☑組內共變異數矩陣」選項，研究者若勾選此一選項，會輸出「合併組內矩陣」之摘要表，此摘要表即為組內共變異數矩陣W_{BG}。

表2-4　執行SPSS之判別分析輸出之「合併組內矩陣（a）」

		X1	X2	X3	X4
相關	X1	214.333	36.667	58.056	8.333
	X2	36.667	7.556	12.278	1.061
	X3	58.056	12.278	25.000	1.622
	X4	8.333	1.061	1.622	.916
相關	X1	1.000	.911	.793	.595
	X2	.911	1.000	.893	.403
	X3	.793	.893	1.000	.339
	X4	.595	.403	.339	1.000
(a) 共變數矩陣有6個自由度。					

【備註】：合併組內矩陣上半部勾選「☑組內共變異數矩陣（V）」選項所呈現之組內共變異數矩陣數據、下半部為勾選「☑組內相關矩陣（R）」所出現之預測變間的相關矩陣。矩陣之反矩陣求法的試算表函數為「=MINVERSE（原陣列範例4）」，最後按『Ctrl』＋『Shift』＋『Enter』三個組合鍵。

表2-5　執行SPSS之判別分析輸出「分類函數係數」表

	Y		
	1	2	3
X1	1.924	.587	1.366
X2	−17.562	−8.699	−10.587
X3	5.546	4.117	2.973
X4	.987	5.017	2.911
（常數）	−138.911	−72.384	−72.340
Fisher's線性區別函數。			

三組完整的分類方程式分別為：

$$C_1 = -137.83 + (1.92)X_1 + (-17.56)X_2 + (5.55)X_3 + (0.99)X_4$$
$$C_2 = -71.29 + (0.59)X_1 + (-8.70)X_2 + (4.12)X_3 + (5.02)X_4$$
$$C_3 = -71.24 + (1.37)X_1 + (-10.59)X_2 + (2.97)X_3 + (2.91)X_4$$

根據分類方程式，可以計算每位樣本在三組分類方程式中之分類分數，分類分數最高者，即樣本被分類／預測的群組。以第一個樣本為例，其在四個預測變項的測量值分別為87、5、31、6.4，將四個數值代入三個分類方程式中：

$$C_1 = -137.83 + (1.92)87 + (-17.56)5 + (5.55)31 + (0.99)6.4 = 119.80$$
$$C_2 = -71.29 + (0.59)87 + (-8.70)5 + (4.12)31 + (5.02)6.4 = 96.39$$
$$C_3 = -71.24 + (1.37)87 + (-10.59)5 + (2.97)31 + (2.91)6.4 = 105.69$$

因為第一位樣本在群組[1]有最高的分類分數，因而此樣本會被分類於群組[1]之中。根據區別變項之區別函數及分類方程式，樣本[1]被預測或歸類於群組[1]，而實際在組別變數中，樣本[1]所隸屬的群組，的確也為群組[1]，因而根據四個區別變項，可以正確地將樣本[1]分類。上述分類程序較適用於各群組人數相等的情況，若各群組的人數不相等，群組j的分類方程式要修改為：

$$C_j = c_{j0} + \sum_{i=1}^{p} c_{ji}X + \ln(n_j / N)，n_j為群組j的樣本數、N為全部的樣本數$$

執行SPSS「判別」分析程序之輸出結果中，有一個「各組重心的函數」摘要表，此表是三個群組於二個不同區別函數之形心（或重心），形心是每個群組在區別函數之平均數區別分數，若將二個區別函數作為主軸，可將群組的形心點繪於二維空間中。如果沿著區別函數軸一個群組的形心與另一個群組的形心有很大的差異，表示此區別函數可以有效區分這二個群組；相對的，若是二個群組間的距離很小，表示區別函數無法有效區分這二個群組，區別分析中，許多群組可能沿單一軸即可以繪出。

表2-6　典型區別函數係數

	函數	
	1	2
X1	−.171	−.101
X2	1.270	−.103

（續上頁表）

X3	−.265	.358
X4	.525	.247
（常數）	9.674	−3.453
未標準化係數。		

在SPSS判別分析輸出結果數據中，「典型區別函數係數」（canonical discriminant function coefficients）表為區別函數的權重係數值，根據權重係數值可以導出二個區別方程式並求出樣本在二個區別方程式的區別函數分數。

第一個區別函數=9.674 + (−.171)×X1 + (1.270)×X2 + (−.265)×X3 + (.525)×X4
第二個區別函數=−3.453 + (−.101)×X1 + (−.103)×X2 + (.358)×X3 + (.247)×X4

將每位樣本在四個預測變項的測量值代入二個區別方程式中，可以求出每位樣本之區別函數分數，變項「Dis_1」、「Dis2_1」二縱行的數據。

表2-7

X1	X2	X3	X4	Y（實際組別）	Dis_1（預測組別）	Dis1_1	Dis2_1
87	5	31	6.4	1	1	−3.71	−0.06
97	7	36	8.3	1	1	−3.20	0.99
112	9	42	7.2	1	1	−5.40	1.14
102	16	45	7.0	2	2	4.30	2.45
85	10	38	7.6	2	2	1.76	2.43
76	9	32	6.2	2	2	2.88	0.94
120	12	30	8.4	3	3	0.85	−3.97
85	8	28	6.3	3	3	1.19	−1.26
99	9	27	8.2	3	3	1.33	−2.67

三個群組在區別函數分數之敘述統計量如下表，表中的「平均數」直欄的數據為三個群組的形心／重心。

表2-8

Y		個數	最小值	最大值	總和	平均數	標準差	變異數
1	Dis1_1	3	−5.40	−3.20	−12.31	−4.1023	1.14916	1.321
	Dis2_1	3	−.06	1.14	2.07	.6910	.65354	.427
2	Dis1_1	3	1.76	4.30	8.94	2.9807	1.27300	1.621
	Dis2_1	3	.94	2.45	5.83	1.9417	.86341	.745
3	Dis1_1	3	.85	1.33	3.36	1.1217	.24271	.059
	Dis2_1	3	−3.97	−1.26	−7.90	−2.6327	1.35181	1.827

表2-9　各組重心的函數摘要表

Y	函數	
	1	2
1	−4.102	.691
2	2.981	1.942
3	1.122	−2.633

未標準化的典型區別函數以組別平均數加以評估

　　三個群組重心向量可從判別分析結果之「各組重心的函數」摘要表中得知，三個群組的形心向量分別為：群組[1]=[−4.102, 691]；群組[2]=[2.981, 1.942]；群組[3]=[1.122, −2.633]。

表2-10　標準化的典型區別函數係數

	函數	
	1	2
X1	−2.504	−1.474
X2	3.490	−.284
X3	−1.325	1.789
X4	.503	.236

SPSS輸出之標準化區別函數係數，二條標準化區別函數為：

$$D_{Z1} = -2.504Z_{X1} + 3.490Z_{X2} - 1.325Z_{X3} + .503Z_{X4}$$
$$D_{Z2} = -1.474Z_{X1} - .284Z_{X2} + 1.789Z_{X3} + .236Z_{X4}$$

如果以分割點.500作為大的區別函數係數值，就第一個區別函數而言，X1的係數為−2.504、X2的係數為3.490、X3的係數為−1.325，表示第一個標準化區別函數D_{Z1}的高分數群中，X1、X3的Z分數較低、而X2的Z分數較高。再從三個群組的形心值來看，群組[1]、群組[2]、群組[3]在第一個區別函數的重心值分別為−4.102、2.981、1.122，群組[2]的形心值的量測值最高，表示群組[2]在X1的測量值較其餘二組為低（X1[1]=98.67、X1[2]=86.67、X1[3]=101.33）、在X2的測量值較其餘二組為高（X2[1]=7.00、X2[2]=11.67、X2[3]=9.67）；就第二個標準化區別函數D_{Z2}而，其高分群的觀察值中，X3的Z分數較高、X1的Z分數較低；低分群的觀察值中，X3的Z分數較低、X1的Z分數較高，第二個區別函數的形心值中以群組[3]的量測值最低（=−2.633），表示群組[3]在X3的測量值最低（X3[1]=36.33、X3[2]=38.33、X3[3]=28.33）、在X1的測量值最高（X1[1]=98.67、X1[2]=86.67、X1[3]=101.33）。根據區別分析結果之標準化區別函數及各群組形心數值，也可以對各群組在個別區別變項進行平均數差異的顯著性檢定，此乃區別分析為何可以作為MANOVA追蹤考驗方法的緣由。

表2-11 四個區別變項在三個群組之敘述統計量摘要表

Y		個數	最小值	最大值	平均數	標準差
群組[1]	X1	3	87	112	98.67	12.583
	X2	3	5	9	7.00	2.000
	X3	3	31	42	36.33	5.508
	X4	3	6.4	8.3	7.300	.9539
群組[2]	X1	3	76	102	87.67	13.204
	X2	3	9	16	11.67	3.786
	X3	3	32	45	38.33	6.506
	X4	3	6.2	7.6	6.933	.7024
群組[3]	X1	3	85	120	101.33	17.616
	X2	3	8	12	9.67	2.082
	X3	3	27	30	28.33	1.528
	X4	3	6.3	8.4	7.633	1.1590

二個區別函數一視為X軸、一視為Y軸，依照三個群組形心座標，可繪製出二維的平面圖：

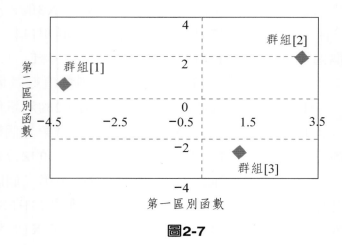

圖2-7

從上圖中可以發現：從第一區別函數（X軸）來看，群組[1]與群組[2]、群組[3]有一些距離（水平距離），但群組[2]、群組[3]間的距離較近（水平距離，其形心分別為2.981、1.122）；從第二區別函數（Y軸）來看，群組[3]與群組[1]、群組[2]的距離較遠（垂直距離），但群組[1]、群組[2]間的距離較近（垂直距離，其形心分別為.691、1.942）。可見二個區別函數可以有效區別三個群組。

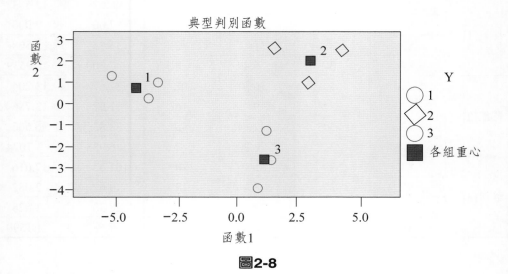

圖2-8

上圖為合併組內散布圖，從散布圖中可以看出三組樣本均在各組區別函數所推估而得的形心附近，表示以區別函數對三組樣本的預測力甚為正確。

如果區別分析結果有二個以上的區別函數，預測群組邊界決定規則可以根據區別函數聯合的分數數值決定，如果區別函數剛好有二個，則預測群組決定的規則可以使用「地域圖」（territorial map）來判別，地域圖中的X軸為第一個區別函數D_1分數、Y軸為第二個區別函數D_2分數，每個觀察值會根據它在D_1分數（沿著水平軸）、D_2分數（沿著垂直軸）所形成的二維平面空間呈現。如果區別分析導出之區別函數的分數在群組間有顯著差異存在，則屬於同一群組的觀察值在地域圖中會出現在同一區域，不同群組的觀察值會出現在地域圖中不同的空間區域。若是區別函數可以有效對群組加以分類，則於地域圖中可以描繪出邊界線以有效區隔不同空間的群組（*Warner, 2008, p. 655*）。地域圖中有標示星號（*）的位置，即為各組的形心／重心位置，形心值的距離愈遠，表示各組間的差異愈明顯；相對地，形心值的距離愈近，表示各組間的差異愈小。

表2-12　執行SPSS判別分析出現「依觀察值計算統計量」摘要表

	觀察值個數	實際組別	最高組別				第二高組別			區別分數	
			預測組別	P(D>d|G=g)		P(G=g|D=d)	到重心的 Mahalanobis 距離平方	組別	P(G=g|D=d)	到重心的 Mahalanobis 距離平方	函數1	函數2
				p	自由度							
原始的	1	1	1	.698	2	1.000	.718	3	.000	29.937	−3.706	−.058
	2	1	1	.639	2	1.000	.895	3	.000	31.806	−3.204	.986
	3	1	1	.390	2	1.000	1.882	3	.000	56.763	−5.397	1.145
	4	2	2	.368	2	1.000	2.001	3	.000	35.960	4.300	2.453
	5	2	2	.422	2	1.000	1.728	3	.000	26.013	1.759	2.428
	6	2	2	.606	2	.999	1.003	3	.001	15.900	2.883	.945
	7	3	3	.396	2	1.000	1.854	2	.000	39.445	.853	−3.967
	8	3	3	.391	2	.997	1.876	2	.003	13.498	1.187	−1.264
	9	3	3	.979	2	1.000	.043	2	.000	23.971	1.325	−2.666

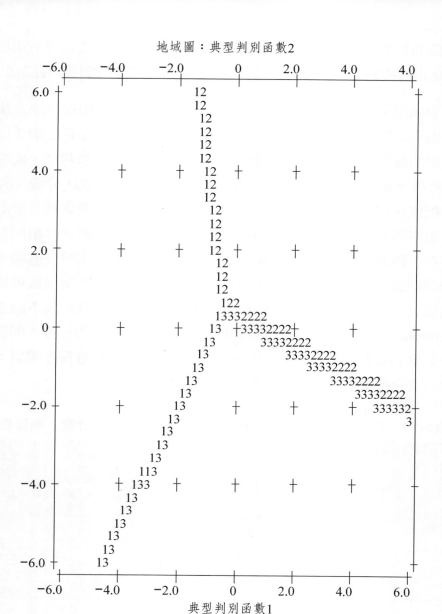

圖2-9

二個區別函數所繪製而成之地域圖（territorial map），X軸為第一個區別函數的分數、Y軸為第二個區別函數的分數，星號（*）的位置為各群組的形心處。各觀察值數據在二個區別函數的分數出現於相對的位置，如果區別函數的分數可以有效區別不同群組成員，則屬於同一群組的成員會出現於地域圖的同一區域，不同群組的成員會出現於地域圖中的不同區域。

形心值的距離愈遠，表示各組的差異愈大。

學者Sharma（*1996, pp. 255-258*；*呂金河，2005*），對於區別分析之分類方法，提出四種分類法：

(一)截斷值法

觀察值的分類基本上是將區別空間（discriminant space）劃分為二個區域，然後根據區別分數數值的大小，將之歸於其中的一個區域（群組）。採用此法必須先計算分割點，區別分數值大於分割點者歸於一組、區別分數值小於分割點者歸於另一組。如果只有二個群組、且二個群體的樣本大小相等（觀察值相同），則分割點為：

分割值$= \dfrac{\overline{Z}_1 + \overline{Z}_2}{2}$，其中$\overline{Z}_j$為第j群的平均區別分數

若是二組樣本大小不相等（觀察值不相同），則分割點為：

分割值$= \dfrac{n_1\overline{Z}_1 + n_2\overline{Z}_2}{n_1 + n_2}$，其中$n_j$為群組g中的觀察值個數。

(二)統計決策理論法

SPSS統計程序中，使用「統計決策理論法」（statistical decision theory method）將樣本觀察值分成不同的群組，此方法同時考量到事前機率（prior probability）及錯誤分類成本，進而使「錯誤分類誤差值」（misclassification error）能減低到最小值，如母群體中，組織績效良好者占70%、組織績效欠佳者占30%，則事前機率值可設為$p_1=.70$、$p_2=.30$；此外，二種錯誤分類的成本也可能不相等。一般考量到事前機率及錯誤分類成本的分類規則通常是根據「貝氏理論」（Bayesian theory）而來，「貝氏理論」也會參酌可用的資訊資料進行事前機率（p_1）的修正，進而導出事後機率（posterior probability）（q_1）。只考量到事前機率，貝氏理論的分類規則：

若$Z \geq \dfrac{\overline{Z}_1 + \overline{Z}_2}{2} + \ln\left[\dfrac{p_2}{p_1}\right]$，則觀察值被分類到第一個群組

若$Z < \dfrac{\overline{Z}_1 + \overline{Z}_2}{2} + \ln\left[\dfrac{p_2}{p_1}\right]$，則觀察值被分類到第二個群組

上述公式中，Z為指定觀察值的區別分數、$\bar{Z}_j$為第j群的平均區別分數、p_j為第j群的事前機率。

(三)分類函數法

分類函數法（classification function method）乃是計算出每個群體的分類函數，之後將觀察值歸類於最大分類分數的群組。其中有點要注意的是事前機率與錯誤分類成本，只影響分類函數的常數項，對於分類函數的係數則不受其影響。

(四)馬氏距離法

馬氏距離法（Mahalanobis distance method）乃使用各觀察值之原始變項計算各觀察值與各群組形心間的馬氏距離或統計距離，之後，將觀察值歸類於馬氏距離最近的一個群組。

五、解釋結果

區別函數經過顯著性檢定之後，發現具有統計上的顯著性，其區別力佳（分類正確的百分比高），研究人員可根據區別數的係數或區別權重（discriminant weights）的數值大小來詮釋區別分析的結果。各預測變數的相對重要性或相別區辨能力的高低，可以檢視其「結構相關」（structure correlations）係數，此係數又稱「典型負荷量」（canonical loading）或「區別負荷量」（discriminant loading）（黃俊英，2004）。

至於分類正確率統計性檢定與實務統計性檢定，學者Huberty（1984）提出下面的檢定方法（*Sharma, 1996, pp. 258-260*），作為分類結果統計考驗與實務顯著性檢定：

(一)統計檢定 (statistical tests)

$$Z_g = \frac{(o_g - e_g)\sqrt{n_g}}{\sqrt{e_g(n_g - e_g)}} \text{、} e_g = \frac{n^2 g}{n}$$

$$Z = \frac{(o - e)\sqrt{n}}{\sqrt{e(n - e)}} \text{、} e = \frac{1}{n}\sum_{g=1}^{G} n^2 g$$

其中n為觀察值總數、o_g為第g群正確分類的個數、n_g為第g群觀察點的個數、e_g為在隨機分類下，第g群正確分類的期望個數、o為分類正確的觀察值總數、e為於隨機分類情況下，全體樣本正確分類的期望總次數。於大樣本之下，Z統計量近似常態機率分配，若將顯著水準定為.05，Z統計量數值若大於1.96（顯著水準定為.01，則Z統計量數值大於2.58），則達到統計上顯著水準，表示正確分類的個數顯著地大於機遇（chance）分類結果，也就是區別分析的結果與隨意猜測的結果（或隨機分類）有顯著的不同。

表2-13　分類結果（a）

		G	預測的各組成員		總和
			1	2	
實際組別	個數	1	12	0	12
		2	1	11	12
	%	1	100.0	.0	100.0
		2	8.3	91.7	100.0
(a) 95.8%個原始組別觀察值已正確分類。					

　以上述區別分析摘要表為例，實際組別中，績效良好與績效欠佳的組織群個數各為12、全體樣本觀察值個數為24。

$$n_1 = 12 \text{、} n_2 = 12 \text{、} n_{(1+2)} = n = 24 = N$$

$$e_1 = \frac{n_1{}^2}{n} = \frac{(12)^2}{24} = 6 \text{、} e_2 = \frac{n_2{}^2}{n} = \frac{(12)^2}{24} = 6 \text{、} o_1 = 12 \text{、} o_2 = 11 \text{、} o_{(1+2)} = o = 23$$

$$e = \frac{1}{n} \sum_{g=1}^{G} n^2{}_g = \frac{1}{24}[(12)^2 + (12)^2] = \frac{1}{24} \times (12)^2 \times 2 = 12$$

$$Z_1 = \frac{(o_1 - e_1)\sqrt{n_1}}{\sqrt{e_1(n_1 - e_1)}} = \frac{(12 - 6)\sqrt{12}}{\sqrt{6(12 - 6)}} = 3.464 > 1.96$$

$$Z_2 = \frac{(o_2 - e_2)\sqrt{n_2}}{\sqrt{e_2(n_2 - e_2)}} = \frac{(11 - 6)\sqrt{12}}{\sqrt{6(12 - 6)}} = 2.887 > 1.96$$

$$Z = \frac{(o - e)\sqrt{n}}{\sqrt{e(n - e)}} = \frac{(23 - 12)\sqrt{24}}{\sqrt{12(24 - 12)}} \quad 4.491 > 1.96$$

由於Z統計量大於1.96，表示區別分析之正確分個數顯著的高於隨機分類結果，此分類結果達到統計上的顯著水準。

在分類結果統計顯著性的檢定方面，也可以計算分類結果之Press'Q值，因為其分配約為自由度等於1的卡方分配，Press'Q公式為：

$\chi_{(1)}^2 \cong \text{Press'}Q = \dfrac{[N-(o \times k)]^2}{N(k-1)}$，其中N為觀察值總數、k為分群之群組數、o為分類正確的觀察值總數。採用Press'Q方法所計算出的統計量數若大於3.84（顯著水準為.05），則分類正確度表示達到統計上的顯著水準。以上述範例而言，Press'Q為：

$$\chi_{(1)}^2 \cong \text{Press'}Q = \frac{[N-(o \times k)]^2}{N(k-1)} = \frac{[24-(23 \times 2)]^2}{24(2-1)} = 20.16 > 3.84$$

如果群組只有二組時，區別分析分類結果之統計檢定方面比較簡便的方法還有「比例機率」（proportional chance）法與「最大機率法」（maximum chance）：

「比例機率」法的定義為：

$$PC = p^2 + (1-p)^2 = \left(\frac{n_1}{n_1+n_2}\right)^2 + \left(\frac{n_2}{n_1+n_2}\right)^2$$

當分類正確總比例>PC的1.25倍時（PC×5/4），表示區別分析是有效的。

最大機率法的定義為$MC = $ 最大值$\left(\dfrac{n_1}{n_1+n_2}, \dfrac{n_2}{n_1+n_2}\right)$，當分類正確總比例>MC的1.25倍時（MC×5/4），表示區別分析是有效的。

●（二）實務顯著性

實務顯著性（practice significance）指的是使用不同分類技巧之區別分析所得的分類結果比單獨採用隨機分類結果較佳的程度為何，其指標量測值為：

$I = \left(\frac{o/n - e/n}{1 - e/n}\right) \times 100$，I表示採用某區別分析分類法比使用隨機分類法減少的錯誤百分比。

上述分類結果之實務顯著性量數為：

$$I = \left(\frac{o/n - e/n}{1 - e/n}\right) \times 100 = \left(\frac{23/24 - 12/24}{1 - 12/24}\right) \times 100 = 91.667$$

I值為91.667表示於區別分析程序中使用區別方法比隨機分類法可以減少91.667%的錯誤率，亦即於區別分析程序中使用區別分析法比隨機分類法可以減少11個（12×.91667=11.00004）以上觀察值之錯誤分類。

貳、三個群組之SPSS區別分析程序

【研究問題】

國中學生的學業成就、同儕關係、考試焦慮是否可以有效區別學生不同的學習壓力程度。

在上述研究問題中，研究者根據抽樣樣本在「學習壓力量表」的測量值高低，將學生的學習壓力感受分為「高學習壓力組」、「中學習壓力組」、「低學習壓力組」，其水準數值編碼分別為1、2、3，變數名稱為「學習壓力」，此變數為三分類別變數。「學業成就」、「同儕關係」、「考試焦慮」三個自變項均為計量變數（連續變數），研究問題中的自變項為計量變數，而依變項為分組變數，採用的統計分析方法為區別分析。三個自變項的操作型測量值定義如下：「學業成就」變數，其測量值的數值愈高，表示觀察值的學業表現愈佳；「同儕關係」變數，其測量值的數值愈高，表示觀察值的同儕關係愈好；「考試焦慮」變數，其測量值的數值愈大，表示觀察值的考試焦慮程度愈高；相反的，其數值愈小，表示觀察體知覺的考試焦慮愈低。

一、操作程序

步驟(一)

執行功能列「分析(A)」(Analyze)/「分類(Y)」(Classify)/「判別(D)」(Discriminant)程序,開啟「判別分析」對話視窗。

【備註】:在SPSS中文版的軟體中,將「Discriminant」一字譯為「判別」,國內有些多變量統計書籍也將此字譯為「判別」,多變量統計書籍中,「判別分析」也就是「區別分析」。

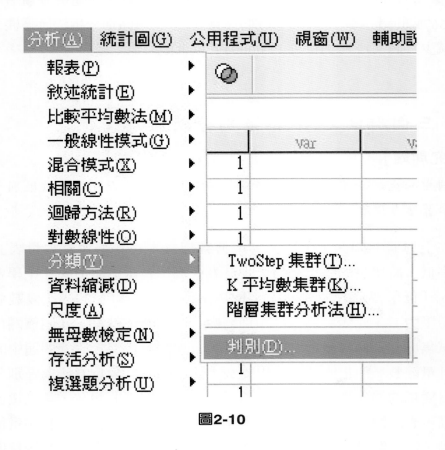

圖2-10

步驟(二)

在左邊變數清單中將依變項(分組變項)「學習壓力」選入右邊「分組變數(G)」下方格中,將三個預測變項:「學業成就」、「同儕關係」、「考試焦慮」選入右邊「自變數(I)」下的方盒中,勾選內定「⊙一同輸入自變數」選項。

圖2-11

步驟（三）

選取「分組變數（G）」下方格之「學習壓力（??）」選項，按『定義範圍（D）......』鈕，開啟「判別分析：定義範圍」（Discriminant Analysis: Define Range）次對話視窗，在「最小值（I）」的右邊方格中，輸入依變數最小的水準數值編碼1，在「最大值（A）」的右邊方格中，輸入依變數最大的水準數值編碼3→按『繼續』鈕，回到「判別分析」對話視窗。

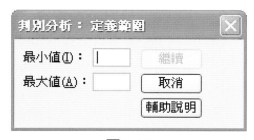

圖2-12   **圖2-13**

【備註】：若是三個水準數值編碼為0、1、2，則「判別分析：定義範圍」次視窗中的最小值與最大值分別為0、2。

步驟（四）

按『統計量（S）』鈕，開啟「判別分析：統計量」（Discriminant Analysis: Statistics）次對話視窗，在「描述性統計量」方盒中勾選「☑平均數（M）」、「單變量ANOVA（A）」（比較每一變數中各分組的平均數差異是否達到顯著，此即為進行單因子變異數分析）「☑Box's M共變異數相等性檢定（B）」（進行變異數－共變數矩陣的同質性檢定）選項。在「判別函數係數」方盒中勾選「☑Fisher's 線性判別函數係數（F）」及「☑未標準化（U）」（使用區別變數的原始數值來計算非標準化區別係數）選項。在「矩陣」方盒中勾選「☑組內相關矩陣（R）」、「☑組內共變異數矩陣（V）」、「☑各組共變異數矩陣（E）」選項→按『繼續』鈕，回到「判別分析」對話視窗。

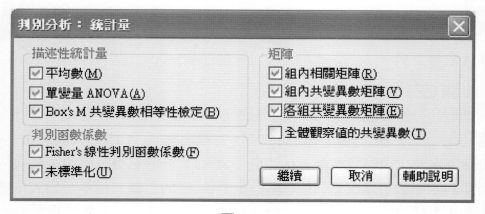

圖2-14

步驟（五）

按『分類（C）……』鈕，開啟「判別分析：分類結果摘要」（Discriminant Analysis: Classification）次對話視窗。在「事前機率」方盒中選取「⊙所有組別大小均等（A）」選項，在「使用共變異數矩陣」方盒中選取「⊙組內變數（W）」選項，在「顯示」方盒中勾選「☑逐觀察值的結果（E）」（呈現每筆觀察值實際編碼、預測組別編碼、機率及區別分數）、「☑摘要表（U）」（呈現分類結果交叉表），勾選最下方「☑用平均數置換遺漏值（R）」選項；在「圖形」方盒勾選「☑合併組散布圖（O）」選項→按『繼續』鈕，回到「判別分析」對話視窗。

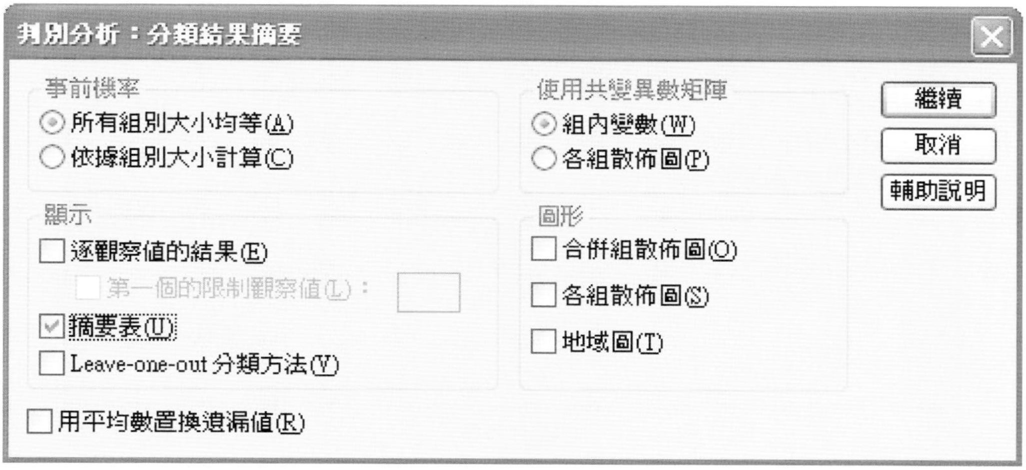

圖2-15

【備註】：在「事前機率」方盒中有二個選項「（所有組別大小均等（A）」（內定選項）、「⊙依據組別大小計算（C）」，選項的功能在於觀察值的分類，如果各群組觀察值的個數差距較大，區別分析程序中要考量到各群組的大小，研究者可以選取「⊙依據組別大小計算（C）」（Compute from group equal）選項。在「圖形」方盒中有三個選項：「□合併組散布圖（O）」、「□各組散布圖（S）」、「□地域圖（T）」，「地域圖（T）」選項只能用於三個群組以上的區別分析。「□用平均數置換遺漏值（R）」（Replace missing value with mean）選項，其功能在於變數中某些有遺漏值的觀察值，會以變數有效數值之總平均數作為觀察值在變數中的測量值。

● 步驟(六)

按『儲存（A）』鈕，開啟「判別分析：儲存」（Discriminant Analysis: Save）次對話視窗，此視窗的選項功能可將每筆觀察值區別分析的結果數據以相對應的變數存於原先資料檔中，以便之後進一步的分析。對話視窗內包含「□預測的組群（P）」、「□區別分數（D）」、「□各組別成員的事後機率（R）」三個選項，在範例中勾選「☑預測的組群（P）」、「☑區別分數（D）」、「☑各組別成員的事後機率（R）」→按『繼續』鈕，回到「判別分析」對話視窗→按『確定』鈕。

圖2-16

【備註】：如果要將區別分析分類結果另外存檔，可按「將模式資訊輸出至XML檔案」方盒中的『瀏覽』鈕，開啟「判別分析：儲存至檔案」次對話視窗，輸入檔名即可。內定「預測的組群」會以變數「Dis_1」表示；第一區別函數的判別分數以變數「Dis1_1」表示、第二區別函數的判別分數以變數「Dis2_1」表示、第三區別函數的判別分數以變數「Dis3_1」表示；第一組別的成員機率以變數「Dis1_2」表示、第二組別的成員機率以變數「Dis2_2」表示、第三組別的成員機率以變數Dis3_2」表示。

二、輸出結果

表2-14　判別：觀察值處理摘要分析

未加權的觀察值		個數	百分比
有效的		42	100.0
排除	遺漏值或超出範圍的組別碼	0	.0
	至少一個遺漏值區別變數	0	.0
	遺漏值或超出範圍的組別碼，以及至少一個遺漏值區別變數	0	.0
	總和	0	.0
總和		42	100.0

「觀察值處理摘要表」為樣本的相關訊息，包括有效樣本數（42）、依變項的遺漏值或超出範圍的組別碼（0）、至少一個遺漏值區別變數（自變項）等。若樣本於自變項上的遺漏值太多，則於「判別分析：分類結果摘要」次對話視窗，提供一個「☑用平均數置換遺漏值（R）」選項。如果

許多觀察值在某一個變數均為遺漏值（missing），將遺漏值以變數在有效觀察值之總平均值取代，雖可將遺漏值置換為有效觀察值，但可能會造成資料檔的偏誤，因而研究者在使用時，要格外謹慎。

表2-15　組別統計量

學習壓力		平均數	標準差	有效的N（列出）	
				未加權	加權
高學習壓力組	學業成就	64.21	11.301	14	14.000
	同儕關係	26.93	10.469	14	14.000
	考試焦慮	55.57	4.603	14	14.000
中學習壓力組	學業成就	70.21	8.154	14	14.000
	同儕關係	42.36	6.033	14	14.000
	考試焦慮	41.57	6.272	14	14.000
低學習壓力組	學業成就	84.71	9.068	14	14.000
	同儕關係	53.50	14.790	14	14.000
	考試焦慮	28.71	5.355	14	14.000
總和	學業成就	73.05	12.787	42	42.000
	同儕關係	40.93	15.403	42	42.000
	考試焦慮	41.95	12.309	42	42.000

「組別統計量」為自變項的描述性統計量，描述性統計量乃以原分組變數（依變項）作為自變項，而以原先區別變數作為檢定變項所輸出的描述性統計量。範例中為高學習壓力組、中學習壓力組、低學習壓力組的高職學生在學業成就、同儕關係、考試焦慮等三個計量變項的平均數、標準差及其原先實際被劃分的組別人數，其中高學習壓力組、中學習壓力組、低學習壓力組的觀察值各有14位，總樣本觀察值有42位。

表2-16　各組平均數的相等性檢定

	Wilks' Lambda值	F檢定	分子自由度	分母自由度	顯著性
學業成就	.536	16.878	2	39	.000
同儕關係	.487	20.501	2	39	.000
考試焦慮	.187	84.950	2	39	.000

　　「各組平均數的相等性檢定」，即三個群組在三個預測變項個別的平均數差異考驗，以高、中、低學習壓力三組為自變項，而以「學業成就」、「同儕關係」、「考試焦慮」三個計量變數為依變項所執行單變量變異數分析（One-Way ANOVA），F值愈大（Wilks' Λ值愈小），平均數的差異值就愈大。由表中可知，不同學習壓力組樣本在「學業成就」、「同儕關係」、「考試焦慮」整體差異檢定的F值均達顯著水準，其F值分別為16.878 (p=.000<.05)、20.501 (p=.000<.05)、84.950 (p=.002<.05)，表示不同學習壓力組的樣本在「學業成就」上有顯著的不同、不同學習壓力組的樣本在「同儕關係」知覺上有顯著的不同、不同學習壓力組的樣本在「考試焦慮」感受上有顯著的不同。

【備註】：以學習壓力變數為自變項，學業成就、同儕關係、考試焦慮三個計量變數為依變項，執行獨立樣本單因子變異數分析，結果如下。根據變異數分析摘表要可求出Wilks' Lambda值，Wilks' Lambda值又稱U統計量，其求法為：$Lambda = \dfrac{SS_W}{SS_T}$，Wilks' Lambda值表示的組內變異數占總變異數多少的百分比，其數值愈小，表示組內的變異數愈小，相對的，組間平均數的差異愈大；其數值愈大，表示組內的變異數愈大，組間平均數的差異愈小（組間變異數愈小），其數值為1，表示組間的平均數均相等，因而Wilks' Lambda值愈接近0，表示總異量中大多是組間平均差異所造成的。不同學習壓力組在「學業成就」差異的Wilks' Lambda值=3593.571÷6703.905=.536、不同學習壓力組在「同儕關係」差異的Wilks' Lambda值=4741.643÷9726.786=.487、不同學習壓力組在「考試焦慮」差異的Wilks' Lambda值=1159.714÷6211.905=.187。

表2-17　ANOVA

		平方和	自由度	平均平方和	F 檢定	顯著性
學業成就	組間	3110.333	2	1555.167	16.878	.000
	組內	3593.571	39	92.143		
	總和	6703.905	41			
同儕關係	組間	4985.143	2	2492.571	20.501	.000
	組內	4741.643	39	121.581		
	總和	9726.786	41			

（續上頁表）

考試焦慮	組間	5052.190	2	2526.095	84.950	.000
	組內	1159.714	39	29.736		
	總和	6211.905	41			

表2-18　合併組內矩陣（a）

		學業成就	同儕關係	考試焦慮
相關	學業成就	92.143	72.004	−12.553
	同儕關係	72.004	121.581	−22.725
	考試焦慮	−12.553	−22.725	29.736
相關	學業成就	1.000	.680	−.240
	同儕關係	.680	1.000	−.378
	考試焦慮	−.240	−.378	1.000
(a) 共變數矩陣有39個自由度。				

　　上表為「合併組內矩陣」（pooled within-groups matrices）（共變數矩陣共有39個自由度）摘要表。「合併組內矩陣」上半部為合併組內變異數－共變數矩陣（簡稱合併組內共變異數矩陣），此矩陣是由3個群組的組內共變異數矩陣相加而成。而下半部的聯合組內相關矩陣，是由聯合組內共變數轉換而得。如「學業成就」與「同儕關係」變數的相關為 $0.680 = \dfrac{72.004}{\sqrt{92.143}\sqrt{121.581}} = \dfrac{72.004}{105.844}$，此計算式和積差相關（全體相關矩陣）不同，積差相關的求法雖然也與上述類似，不同的是積差相關是由全體共變異數矩陣求得。合併組內共變數矩陣及相關矩陣可導出標準化區別係數與結構負荷量數值。

　　合併組內共變異數矩陣 $C_W = W/df$，因而若以自由度39乘上合併組內共變異數矩陣即為SSCP矩陣W，W矩陣為：

$$Q_E = 39 \begin{bmatrix} 92.143 & 72.004 & -12.553 \\ 72.004 & 121.581 & -22.725 \\ -12.553 & -22.725 & 29.736 \end{bmatrix} = \begin{bmatrix} 3593.58 & 2808.16 & -489.57 \\ 2808.16 & 4741.66 & -886.28 \\ -489.57 & -886.28 & 1159.70 \end{bmatrix}$$

表2-19　共變數矩陣

學習壓力		學業成就	同儕關係	考試焦慮
高學習壓力組	學業成就	127.720	103.555	−2.670
	同儕關係	103.555	109.610	−.648
	考試焦慮	−2.670	−.648	21.187
中學習壓力組	學業成就	66.489	4.379	−3.286
	同儕關係	4.379	36.401	−21.681
	考試焦慮	−3.286	−21.681	39.341
低學習壓力組	學業成就	82.220	108.077	−31.703
	同儕關係	108.077	218.731	−45.846
	考試焦慮	−31.703	−45.846	28.681
總和	學業成就	163.510	159.418	−105.388
	同儕關係	159.418	237.239	−143.735
	考試焦慮	−105.388	−143.735	151.510

(a) 總共變數矩陣有 41 個自由度。

　　上表為各組內及全體的共變異數矩陣。如果將全體的共變異數矩陣乘於其自由度，即是全體的SSCP矩陣。要出現全體的共數數矩陣及其自由度，於「判別分析：統計量」次對話視窗勾選「☑全體觀察值的共變異數（T）」選項即可。各矩陣中對角線的數字為變異數，餘為二個變數間的共變數，以高學習壓力組為例，觀察值在學業成就、同儕關係、考試焦慮變項的變異數分別為127.720、109.610、21.187，學業成就與同儕關係的共變異數為103.535。將最後一大列之總和變異數共變數矩陣的每一細格數值減去上述合併後，組內變異數共變數矩陣相對應的細格數值，可得到組間變異數共變數矩陣，根據組間變異數共變數矩陣與組內變異數共變數矩陣，可以求出區別分析中的區別方程式。

　　「共變數矩陣」的第一部分為群組[1]、群組[2]、群組[3]三個群組之共變異數矩陣。第二部分為全體樣本的共變異數矩陣，此矩陣乘以自由度41，即等於全體之SSCP矩陣T。SSCP矩陣T為：

$$Q_T = 41 \begin{bmatrix} 163.510 & 159.418 & -105.388 \\ 159.418 & 237.239 & -143.735 \\ -105.388 & -143.735 & 151.510 \end{bmatrix} = \begin{bmatrix} 6703.91 & 6536.14 & -4320.91 \\ 6536.14 & 9726.80 & -5893.14 \\ -4320.91 & -5893.14 & 6211.91 \end{bmatrix}$$

表2-20　對數行列式

學習壓力	等級	對數行列式
高學習壓力組	3	11.141
中學習壓力組	3	11.058
低學習壓力組	3	11.536
合併組內	3	11.940
列印出的行列式之等級與自然對數屬於組別共變數矩陣。		

　　SPSS所輸出的分組變數（依變項）各組組內變異數共變數矩陣與組內變異數共變數矩陣之對數行列式值（Log Determinants）與等級階數（rank）。在區別分析中若是計量變數（自變項）間有高度的多元共線性問題，對數行列式值會接近0，且等級欄的數值不會等於自變項的個數。表中之「高學習壓力」組、「中學習壓力」組、「低學習壓力」組的對數行列式值分別為11.141、11.058、11.536，其數值均遠大於0，此外，等級欄數值為3與自變項的數目（三個計量變項）相同，是故範例之區別分析中自變項之間沒有高度多元共線性問題。

表2-21　Box 共變數矩陣相等性檢定：檢定結果

Box's M 共變數相等性檢定		27.120
F檢定	近似值	2.005
	分子自由度	12
	分母自由度	7371.000
	顯著性	.020
相等母群共變數矩陣的虛無假設檢定。		

　　上表為各組內共變異數矩陣相等性的假設考驗，Box's M值=27.120，轉換成F值為2.005，p=.020<.05，達到顯著水準，拒絕虛無假設，接受對立假設，表示各組的組內共變異數矩陣不相等，此時應使用個別組內共變異矩陣進行分析，此稱為二次區別函數（quadratic discriminant function），然而如果樣本數太少時，使用二次區別函數的效益，反而不如線性區別函數，其原因在於二次區別函數程序中，待估計的參數遠多於線性區別函數中待估計的參數；相對的，若是Box's M值統計量未達.0.5顯著水準，表示符合區別分析的假定，可以使用聯合組內共變異矩陣為分析的基礎。區別

分析是個富有相當「強韌性」（robust）的統計方法，因此違反同質性假定仍可進行統計分析，不過在解釋時要謹慎些（*Sharma, 1996, p. 264*）。

　　區別分析中資料檔的基本假定為符合「多變量常態性假定」與「群組共變數矩陣相等性」。群組共變數矩陣相等性（equality of covariance matrices）檢定的對立與虛無假設為：$H_0 : \Sigma_1 = \Sigma_2$、$H_1 : \Sigma_1 \neq \Sigma_2$，其中$\Sigma_g$是第$g$群的共變數矩陣。範例中有三個群組，變異數／共變數矩陣同質性檢定的虛無假設為：$H_0 : \Sigma_1 = \Sigma_2 = \Sigma_3$。

　　其檢定方法最常用者為Box's M統計量，此統計量可轉換為F統計量，SPSS輸出的結果，即採用此種方法考驗群組共變數矩陣是否相等，但此方法對於樣本大小非常敏感，即樣本數變大，即使群組共變數矩陣差距非常小，也很容易達到顯著水準，使$H_0 : \Sigma_1 = \Sigma_2$容易被拒絕（*Sharma, 1996, p.264*）。由於Box M統計量對樣本數十分敏感，因而當樣本數較大時，研究者宜將α顯著水準定為較嚴格些，如將α顯著水準由傳統的.05改為.01或.001。範例中，將α顯著水準改為.01，則Box M統計量未達統計顯著水準（p=.02>.01），接受虛無假設，表示資料結構沒有違反變異數／共變數同質性假定，即各群組之變異數／共變數矩陣相等。

表2-22　　典型區別函數的摘要：特徵值

函數	特徵值	變異數的%	累積%	典型相關
1	4.528(a)	96.7	96.7	.905
2	.156(a)	3.3	100.0	.368
(a) 分析時會使用前 2 個 典型區別函數。				

　　上表為典型區別函數摘要表，第一欄為區別方程（區別函數）的編號、第二欄為特徵值（eigenvalue）、第三欄為解釋變異量（% of variance）、第四欄為累積解釋變異量（cumulative）、第五欄為典型相關係數值（canonical correlation），此值是把分類變項化為一組虛擬變項，而把預測變項當成另一組變項而求得的線性組合。區別函數數目q=最小值（G-1, p），本例中有三個自變項（p）、三個組別（G），因此q=最小值（3, 3-1）=2，可以得到二個區別函數，其中第一個區別函數的特徵值

=4.528、可解釋三個預測變項96.7%的變異量；第二個區別函數的特徵值
=.156、可解釋三個預測變項3.3%的變異量，二個區別函數累積解釋變異量
為96.7%+3.3%=100%。第三直欄的解釋變異量為每個區別函數的特徵值與
總特徵值的比值，如：

$$0.967=4.528÷(4.528+.156)=4.528÷4.684=96.7\%$$
$$0.033=.156÷(4.528+.156)=.156÷4.684=3.3\%$$

每個區別函數的特徵值，乃由其典型相關求得：$\lambda = \dfrac{\rho^2}{1-\rho^2}$

第一條區別方程式之特徵值求法為：$\lambda = \dfrac{(.905)^2}{1-(.905)^2} = \dfrac{0.8190}{0.1809} = 4.528$

第二條區別方程式之特徵值求法為：$\lambda = \dfrac{(.368)^2}{1-(.368)^2} = \dfrac{0.1354}{0.8646} = 0.156$

此摘要表中有二個典型區別函數，特徵值愈大，表示此區別函數愈有
區別力。典型相關係數表示區別分數與組別間關聯的程度，典型相關係數
的平方相當於變異數分析中的「eta值平方」（效果值）（以組別為自變
數，以區別函數分數為依變數）。典型相關係數的平方為個別區別函數的
效果值（effect sizes），二個區別函數的效果值分別為：$(.905)^2 = .819$、
$(.368)^2 = .135$。

表2-23　Wilks' Lambda值

函數檢定	Wilks' Lambda值	卡方	自由度	顯著性
1 到 2	.156	70.495	6	.000
2	**.865**	**5.520**	**2**	**.063**

上表為向度縮減分析，亦即在考驗區別函數的顯著性。區別分析對
區別函數顯著性的檢定是採用逐一剔除法。首先，先考驗所有的區別函
數，如表中Wilks' Lambda值=.156、卡方值=70.495，自由度等於6，顯著
性p=.000<.05，達到.05顯著水準，表示二個區別函數中至少有一個區別函
數的解釋力達到顯著，由於第一個區別函數的解釋變異最大，因而此列也

就是第一個區別函數的顯著性檢定，至於第二個區別函數是否達到顯著，還需要進一步加以考驗。剔除第一區別函數的影響後，剩下第二區別函數對依變項的解釋力檢定，看第二列「2」的數據，第二區別函數的Wilks' Lambda值=.865、卡方值=5.520，自由度等於2，p=.063>.05，未達到統計上顯著水準，表示第二個區別函數對依變項的解釋力未達顯著。區別分析中由於第二個區別函數無法有效區別／預測結果變項之群組成員，因而之後的解釋沒有實質意義，研究者主要就第一個區別函數加以解釋即可，範例中為讓研究者更加了解各參數的意義，因而增列第二個區別函數的解釋。

二個典型區別函數值的顯著性考驗，第一個區別函數達到.05顯著水準、第二個區別函數則未達.05的顯著水準。輸出結果中的第一欄中「1到2」表示二個區別函數（函數1、函數2）的平均數（形心）在三個組別的差異情形，卡方值為Wilks' Λ值的轉換，藉以考驗其差異是否達到顯著，這裡χ^2值為70.495，p=.000<.001，達到顯著水準。「2」表示在排除第一個函數（典型變項）後，函數2在三個組別間形心之差異考驗，由於p=.063>.05，因而區別函數未達到顯著。區別分析中雖有二個區別函數，但只有一條區別方程能有效解釋樣本在依變項上之變異量。

第一個典型區別函數的Wilks Λ值可利用特徵值求出：

$$\Lambda = \left(\frac{1}{1+\lambda_1}\right)\left(\frac{1}{1+\lambda_2}\right) = \left(\frac{1}{1+4.258}\right)\left(\frac{1}{1+.156}\right) = .156$$

第一個區別函數的顯著性檢定的Wilks Λ值也可以由下列SSCP矩陣求出：

$$\Lambda = \frac{|W|}{|T|} = \frac{|Q_E|}{|Q_T|} = \frac{9093382401.06}{58130370974.72} = .156$$

第二個典型區別函數Wilks：

$$\Lambda \text{值} = 1/(1+\lambda_2) = 1/(1+.156) = 0.865$$

第一個典型區別函數的自由度＝p×(G−1)＝自變項×(組別數−1)＝3×2=6。

第二個典型區別函數的自由度＝(p−1)×(G−2)＝(自變項−1)×(組別數−2)＝2×1=2。

第三欄的卡方值可由下列公式求得：

$$\chi^2 = -\left[n - 1 - \frac{(p+G)}{2}\right]\ln\Lambda$$

第一個區別函數顯著性檢定的卡方值為：

$$-\left[n - 1 - \frac{(p+G)}{2}\right]\ln\Lambda_1 = -\left[42 - 1 - \frac{(3+3)}{2}\right]\ln(.156) = 30.562$$

第二個區別函數顯著性檢定的卡方值為：

$$-\left[n - 1 - \frac{(p+G)}{2}\right]\ln\Lambda_2 = -\left[42 - 1 - \frac{(3+3)}{2}\right]\ln(.856) = 5.520$$

表2-24　標準化的典型區別函數係數

	函數	
	1	2
學業成就	−.214	1.323
同儕關係	.020	−1.134
考試焦慮	.937	.019

上表為二個區別函數的標準化係數（稱為標準化典型區別函數係數－standardized canonical discriminant function coefficients或標準化區別係數），標準化區別係數代表各自變項在各區別函數上之相對重要性，係數絕對值愈大，代表該自變項在區別函數的重要性愈大，即個別預測變項對區別函數的貢獻愈多。從標準化典型區別函數（standardized canonical discriminant function）值中，可以看出預測變項在組別區別函數時之相對的貢獻度。二個標準化典型區別函數分別為：

$$第一個典型區別函數 D_{Z1} = -.214Z_{學業成就} + .020Z_{同儕關係} + .937Z_{考試焦慮}$$
$$第二個典型區別函數 D_{Z2} = 1.323Z_{學業成就} - 1.134Z_{同儕關係} + .019Z_{考試焦慮}$$

從標準化典型區別函數值大小，可以看出，「考試焦慮」變項與第一個典型區別函數關係較密切；「學業成就」與「同儕關係」變項與第二個典型區別函數關係較密切。就第一個標準化典型區函數而言，在D_{Z1}分數較高的個體，其在考試焦慮變項的測量值也較高，再從下面各組重心的函數摘要表中得知，三個群組在第一個區別函數的形心值分別為2.511、.000、-2.512，以「高學習壓力組」的形心值最高，表示「高學習壓力組」在考試焦慮的平均數（M=52.91）顯著地高於其餘二組（M=37.95、M=25.62）；「中學習壓力組」的形心值為.000也高於「低學習壓力組很多」，表示「中學習壓力組」在考試焦慮的平均數（M=37.95）也顯著的高於「低學習壓力組」（M=25.62）。由於第二個區別函數的顯著性考驗未達.05的顯著水準，因而可不用加以解釋。

標準化典型區別函數係數計算是由未標準化區別函數係數乘以聯合組內共變異矩陣主對角線的平方根而得，如第一區別函數上考試焦慮變項的原始加權係數為.172（看下面典型區別函數係數報表），而聯合組內共變異矩陣對角線考試焦慮之數值為29.736（看合併組內矩陣表格），就第一個區別函數而言，其標準化典型區別函數係數=$.172 \times \sqrt{29.736}$=.937、學業成就之標準化典型區別函數係數=$-.0.22 \times \sqrt{92.143}$=-.214；就第二個區別函數而言，學業成就之標準化典型區別函數係數=$.138 \times \sqrt{92.143}$=1.323，標準化典型區別函數係數的絕對值有可能大於1，數值的正負號表示影響的方向。

合併組內共變異數矩陣為：$\begin{bmatrix} 92.143 & 72.004 & -12.553 \\ 72.004 & 121.581 & -22.725 \\ -12.553 & -22.725 & 29.736 \end{bmatrix}$，主對主線元素（變異數）為：[92.143, 121.581, 29.736]，其平方根為標準差：[9.599, 11.026, 5.453]，以向量表示：$\begin{bmatrix} 9.599 \\ 11.026 \\ 5.453 \end{bmatrix}$，未標準化區別函數的係數矩陣

為：$\begin{bmatrix} -.002 & .138 \\ .002 & -.103 \\ .172 & .004 \end{bmatrix}$，標準差向量與相對應區別函數係數矩陣中的元素相乘

即為標準化典型區別函數。

表2-25　結構矩陣

	函數	
	1	2
考試焦慮	.981(*)	.130
同儕關係	−.480(*)	−.241
學業成就	−.425	.548(*)
區別變數和標準化典型區別函數之間的合併後組內相關。變數係依函數內相關的絕對大小加以排序。		
*在每個變數和任一區別函數之間的最大絕對相關。		

　　上表為「結構矩陣」（structure matrix）。「結構矩陣」中的係數稱為「結構係數」（structure coefficient），結構係數又稱「區別負荷量」（discriminant loading）或「結構負荷量」，區別分析中之區別負荷量的意義如同因素分析程序中的因素負荷量（factor loadings），其功能在於判斷每個預測變項與區別函數的簡單線性相關。結構矩陣係數為預測變項與典型區別函數的聯合組內相關係數，此係數為聯合組內相關係數矩陣乘上標準化區別函數係數矩陣而得。「*」號表示區別變項與標準化典型區別函數的相關值（含正／負相關）較大者。相關係數的絕對值愈大者，表示此變數與區別函數的相關愈高，對區別函數的影響力愈大。從此結構矩陣中可以看出，「考試焦慮」變項、「同儕關係」變數對第一個區別函數的影響力較大；而「學業成就」變項對第二個區別函數的影響較大。其結果與上述用標準化典型區別函數呈現的結果大致相同，根據結構係數負荷量的值，進一步可為每個區別函數命名。運用結構係數的優點有二：一為可以避免共線性問題，二是在小樣本的分析時會比較穩定（SPSS, 2000）。第一個區別函數與「考試焦慮」及「同儕關係」關係較密切，可以命名為「課堂學習」、第二個區別函數與「學業成就」關係較密切，可以命名為「學習表現」。

結構係數的求法以矩陣表示為：

$$\begin{bmatrix} 1.00 & 0.68 & -0.24 \\ 0.68 & 1.00 & -0.38 \\ -2.40 & -0.38 & 1.00 \end{bmatrix} \times \begin{bmatrix} -0.214 & 1.323 \\ 0.020 & -1.134 \\ 0.937 & 0.019 \end{bmatrix} = \begin{bmatrix} -0.425 & 0.547 \\ -0.480 & -0.242 \\ 0.981 & 0.130 \end{bmatrix}$$

結構矩陣中係數值的平方也是區別分析中效果值指標之一，結構負荷量平方值表示個別預測變項與其區別函數共有的變異部分，此數值愈大，表示個別預測變項對區別函數的貢獻度愈大。以第一個區別函數而言，考試焦慮、同儕關係、學業成就三個預測變項的結構負荷量平方分別為：$(.981)^2 = .962$、$(-.480)^2 = .230$、$(-.425)^2 = .181$。結構矩陣中的負荷量絕對值要多少以上，個別預測變項才可解釋為對結果變項群組成員有顯著分類／預測作用，學者間並未提出一致的看法，但一般最低的取捨標準之臨界點是絕對值大於.400以上，最佳的取捨標準之臨界點是絕對值大於.500以上。

表2-26　典型區別函數係數

	函數	
	1	2
學業成就	− .022	.138
同儕關係	.002	− .103
考試焦慮	.172	.004
（常數）	−5.651	−6.009
未標準化係數。		

「典型區別函數係數」為未標準化區別函數係數（unstandardized canonical discriminant function coefficients）。SPSS內定選項中不列出未標準化的區別函數係數，因為在實際報表分析時，這個係數的實用性不大，尤其是區別函數不只一組時（*SPSS, 2000*）。若研究者要解讀驗證各矩陣的關係，最好呈現典型區別函數係數矩陣（canonical discriminant functions coefficients），否則無法了解某些報表的由來。根據典型區別函數係數表可以求出二條區別方程式（區別函數）：

$$D1 = -5.651 - .022 \times 學業成就 + .002 \times 同儕關係 + .172 \times 考試焦慮$$
$$D2 = -6.009 + .138 \times 學業成就 - .103 \times 同儕關係 + .004 \times 考試焦慮$$

將每位樣本在預測變項中的測量值代入上述二條區別方程中,可以求出每位樣本在二個區別函數之「區別函數分數」。

表2-27　各組重心的函數

學習壓力	函數	
	1	2
高學習壓力組	2.511	.269
中學習壓力組	.000	−.539
低學習壓力組	−2.512	.269
未標準化的典型區別函數以組別平均數加以評估。		

上表為三個群組在預測變項(依變項)組合之區別方程式之區別函數分數之形心/重心(centroid)。形心的意涵與平均數相同,若二組的平均數差異愈大,表示二組在該依變項的差異愈明顯,區別函數的形心是根據各樣本之區別函數分數,以群組為單位,分別求出各群組在區別函數分數的平均值。當二組樣本之形心差異值愈大,表示二組間在該區別函數上的差異愈大。由上表可知,三組的第一區別函數平均明顯不同(2.511、.000、−2.512),因此第一區別函數可以明顯區分三組;而第二區別函數平均差異則較不明顯(.269、−.539、.269),第二區別函數雖可區分學習壓力高中低三組,但其區別差異性明顯不如第一區別函數。

表2-28　三個群組在二個區別函數分數之描述性統計量摘要表

學習壓力		個數	最小值	最大值	總和	平均數	標準差
高學習壓力組	Dis1_1	14	.61	3.49	35.16	2.5112	.83714
	Dis2_1	14	−1.14	1.43	3.77	.2695	.80537
中學習壓力組	Dis1_1	14	−1.47	2.97	.00	.0003	1.09793
	Dis2_1	14	−3.48	1.02	−7.54	− .5389	1.23993
低學習壓力組	Dis1_1	14	−4.01	−.19	−35.16	−2.5116	1.04582
	Dis2_1	14	− .78	2.16	3.77	.2694	.90220

表2-29　分類統計：分類處理摘要

處理過		42
排除	遺漏值或超過範圍的組別碼	0
	至少一個遺漏區別變數	0
用於輸出中。		42

上表為分類統計摘要表，有效分類的樣本數為42、遺漏值為0。

表2-30　組別的事前機率

學習壓力	事前	分析中使用的觀察值	
		未加權	加權
高學習壓力組	.333	14	14.000
中學習壓力組	.333	14	14.000
低學習壓力組	.333	14	14.000
總和	1.000	42	42.000

　　上表為區別分析之組別的事前機率值，如果沒有理論基礎為根據，通常會假設分發到各組的機率均相等。事前機率的界定方式會影響常數項及事後機率的計算，也會影響分類結果的正確性，但對於其他係數則無顯著影響。由於在「判別分析：分類結果摘要」次對話視窗中，「事前機率」方盒選取「⊙所有組別大小均等（A）」選項，因而三組事前的機率都是.333。如果各群組樣本大小差距較大，在事前機率方盒中可勾選「依據組別大小計算（C）」選項，此時區別分析程序可界定不同的事前機率，但結果會影響區別分析分類結果的正確性及誤判率。

表2-31　分類函數係數

	學習壓力		
	高學習壓力組	中學習壓力組	低學習壓力組
學業成就	.932	.877	1.044
同儕關係	.108	.186	.099
考試焦慮	2.345	1.910	1.482
（常數）	−97.625	−75.533	−69.240
Fisher's線性區別函數。			

分類函數係數可將觀察值分類，分類時採用Fisher方法，因而又稱為「Fisher's線性區別函數」，每一群組均有一組係數，如：

1. 第一群組分類函數

C1＝.932×學業成就＋.108×同儕關係＋2.345×考試焦慮－97.625

2. 第二群組分類函數

C2＝877×學業成就＋.186×同儕關係＋1.910×考試焦慮－75.533

3. 第三群組分類函數

C3＝1.044×學業成就＋.099×同儕關係＋1.482×考試焦慮－69.240

　　觀察值分類時，將每一個觀察值代入三個群組的分類函數，以其分類函數分數大小來比較，分類函數分數值最大者，代表是觀察值所屬的群組。

　　利用「SPSS語法編輯程式」視窗執行以下語法程式或在「SPSS資料編輯程式」視窗執行功能列「轉換（T）」／「計算（C）」程序，可以求出三組「Fisher's線性區別函數」數值。

表2-32

```
COMPUTE C1 = .932*學業成就＋.108*同儕關係＋2.345*考試焦慮－97.625.
COMPUTE C2 = .877*學業成就＋.186*同儕關係＋1.910*考試焦慮－75.533.
COMPUTE C3 = 1.044*學業成就＋.099*同儕關係＋1.482*考試焦慮－69.240.
EXECUTE.
```

　　執行結果如下，以觀察值01而言，變數C1測量值最高（＝95.56），因而會被歸於組別1、觀察值11而言，變數C2測量值最高（＝74.89），因而會

被歸於組別2。

表2-33

觀察值	學業成就	同儕關係	考試焦慮	學習壓力	預測組別	C1	C2	C3	備註
01	54	20	60	1	1	95.56	90.15	78.04	
02	51	23	58	1	1	88.4	84.25	72.24	
03	87	54	58	1	1	125.3	121.59	112.89	
04	86	45	59	1	1	125.74	120.95	112.44	
05	54	22	57	1	1	88.74	84.79	73.79	
06	62	23	57	1	1	96.31	91.99	82.24	
07	65	24	54	1	1	92.18	89.08	81.02	
08	64	21	53	1	1	88.58	85.73	78.2	
09	65	20	58	1	1	101.13	95.97	86.56	
10	67	24	58	1	1	103.42	98.47	89.04	
11	68	26	45	1	2	74.08	74.89	71.02	誤判
12	58	20	60	1	1	99.29	93.65	82.21	
13	68	35	47	1	2	79.75	80.38	74.87	誤判
14	50	20	54	1	1	77.77	75.18	64.97	
15	62	36	46	2	2	71.92	73.4	67.22	
16	72	37	44	2	2	76.66	78.53	74.8	
17	74	38	43	2	2	76.28	78.56	75.5	
18	75	38	45	2	2	81.9	83.26	79.51	
19	70	39	41	2	2	67.97	71.42	68.46	
20	76	35	42	2	2	75.48	77.85	75.81	
21	63	36	58	2	1	100.99	97.19	86.05	誤判
22	78	54	41	2	2	77.05	81.23	78.3	
23	61	49	34	2	2	44.25	52.02	49.68	
24	51	45	35	2	2	36.84	44.41	40.33	
25	78	45	34	2	3	59.66	66.18	67.04	誤判
26	78	46	35	2	3	62.11	68.28	68.62	誤判
27	76	47	42	2	2	76.77	80.08	77	
28	69	48	42	2	2	70.36	74.13	69.79	
29	85	50	36	3	3	71.42	77.07	77.8	
30	86	55	34	3	3	68.2	75.06	76.38	
31	87	54	32	3	3	64.33	71.93	74.36	
32	65	24	40	3	2	59.35	62.34	60.28	誤判

（續上頁表）

33	64	26	30	3	3	35.18	42.73	44.61	
34	87	62	29	3	3	58.16	67.69	70.7	
35	83	61	28	3	3	51.98	62.08	64.95	
36	85	60	27	3	3	51.39	61.74	65.45	
37	88	68	26	3	3	52.71	63.95	67.9	
38	89	62	28	3	3	57.68	67.53	71.31	
39	90	42	24	3	3	47.07	57.05	64.45	
40	91	45	25	3	3	50.67	60.39	67.27	
41	92	70	22	3	3	47.27	60.19	66.34	
42	94	70	21	3	3	46.79	60.03	66.95	

備註欄中的「誤判」表示區別函數與分類函數對結果變項成員錯誤分類的觀察值。

表2-34 依觀察值計算統計量

觀察值個數	實際組別	最高組別				第二高組別			區別分數	
		預測組別	$P(D>d \mid G=g)$		$P(G=g \mid D=d)$	到重心的 Mahalanobis 距離平方	組別	$P(G=g \mid D=d)$	到重心的 Mahalanobis 距離平方	函數 1	函數 2
			p	自由度							
1	1	1	.493	2	.995	1.415	2	.005	12.175	3.487	−.411
2	1	1	.289	2	.984	2.483	2	.016	10.702	3.216	−1.140
3	1	1	.934	2	.975	.136	2	.025	7.474	2.469	.636
4	1	1	.507	2	.991	1.358	2	.009	10.868	2.647	1.427
5	1	1	.601	2	.981	1.019	2	.019	8.860	2.976	-.627
6	1	1	.954	2	.986	.094	2	.014	8.664	2.799	.373
7	1	1	.883	2	.956	.249	2	.044	6.390	2.218	.673
8	1	1	.769	2	.944	.527	2	.056	6.160	2.064	.841
9	1	1	.658	2	.994	.838	2	.006	11.080	2.898	1.099
10	1	1	.740	2	.993	.604	2	.007	10.439	2.861	.963
11	1	2(**)	.317	2	.686	2.299	1	.300	3.955	.609	.850
12	1	1	.669	2	.996	.803	2	.004	12.006	3.398	.141
13	1	2(**)	.560	2	.659	1.159	1	.338	2.493	.969	−.069

（原始的）

（續上頁表）

14	1	1	.456	2	.928	1.571	2	.072	6.677	2.546	−.983
15	2	2	.582	2	.818	1.084	1	.180	4.108	.933	−1.002
16	2	2	.676	2	.853	.784	1	.127	4.593	.368	.267
17	2	2	.614	2	.873	.974	1	.087	5.587	.153	.436
18	2	2	.477	2	.785	1.479	1	.197	4.245	.475	.581
19	2	2	.947	2	.924	.108	3	.047	6.065	−.099	−.225
20	2	2	.297	2	.820	2.425	3	.105	6.528	−.068	1.017
21	2	1(**)	.496	2	.977	1.404	2	.023	8.910	2.972	−.822
22	2	2	.961	2	.937	.079	3	.049	5.985	−.250	−.665
23	2	2	.078	2	.913	5.093	3	.086	9.815	−1.083	−2.519
24	2	2	.010	2	.983	9.150	3	.016	17.377	−.695	−3.483
25	2	3(**)	.581	2	.697	1.088	2	.302	2.760	−1.469	.236
26	2	3(**)	.473	2	.579	1.496	2	.420	2.136	−1.296	.137
27	2	2	.949	2	.926	.106	3	.042	6.312	−.047	−.217
28	2	2	.752	2	.966	.569	1	.022	8.176	.111	−1.285
29	3	3	.424	2	.670	1.715	2	.329	3.141	−1.273	.694
30	3	3	.677	2	.786	.780	2	.214	3.379	−1.630	.311
31	3	3	.844	2	.918	.340	2	.082	5.164	−1.997	.545
32	3	2(**)	.500	2	.851	1.388	3	.107	5.532	−.186	.624
33	3	3	.818	2	.867	.402	2	.133	4.145	−1.878	.246
34	3	3	.856	2	.952	.311	2	.048	6.305	−2.498	−.289
35	3	3	.599	2	.945	1.025	2	.055	6.712	−2.582	−.741
36	3	3	.784	2	.976	.487	2	.024	7.876	−2.801	−.366
37	3	3	.506	2	.981	1.361	2	.019	9.209	−3.025	−.778
38	3	3	.940	2	.977	.123	2	.023	7.643	−2.714	−.016
39	3	3	.106	2	.999	4.490	2	.001	19.280	−3.460	2.164
40	3	3	.164	2	.999	3.614	2	.001	17.357	−3.305	1.997
41	3	3	.339	2	.998	2.166	2	.002	14.433	−3.798	−.446
42	3	3	.293	2	.999	2.454	2	.001	16.248	−4.014	−.174

**分類錯誤的觀察值。

　　上表為每一觀察值的實際分組摘要表（casewise statistics），包括觀察值編號（case number）、實際組別（actual group）、預測組別（predicted group）、條件機率（condition probability），條件機率表示已知觀察值組別G時，此觀察值與群組形心的距離（D值），機率愈低，表示觀察值離群組形心愈遠，根據條件機率值可以估算事後機率。實際組別為研究者依

學習壓力量表高低標準實際劃分的組別（原分組變數的水準數值編碼），而預測組別為根據樣本學業成就、同儕關係與考試焦慮三個計量變項所導出的區別函數分數與分類函數分數，所預測區分的學習壓力組別，「**」符號表示實際劃分組別與預測區分的組別不符合。根據此表，研究者可以發現，編號為11的學生樣本，依區別分析結果，最有可能分類為第二組（中學習壓力組），但在實際測量劃分上，卻分類為第一組（高學習壓力組），因而在其列上預測組別2的旁邊出現二個「**」號，表示根據預測變項預測樣本組別與實際樣本群組不符合。從上述樣本觀察值的計算統計量摘要表可以得知以學業成就、同儕關係與考試焦慮三個計量變數來區別樣本學生學習壓力組別時，區別預測錯誤的樣本數有6位，實際值組別與預測值組別符合者有36位。

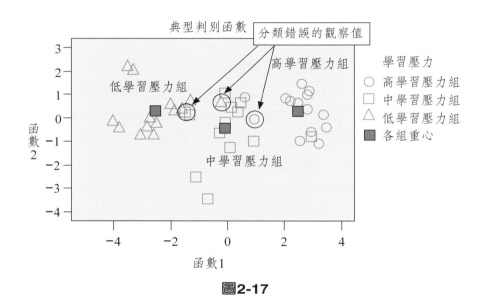

圖2-17

　　上圖為「合併群組散布圖」（combined-groups plot）、■為各群組的形心或重心，三個群組的形心位置有明顯的不同。□表示中學習壓力組觀察值、△為表示低學習壓力組觀察值、○表示高學習壓力組觀察值，在低學習壓力組群（符號為△成員）體中出現二個□號，表示有二個中學習壓力組觀察值經區別分析結果被歸於低學習壓力組。在合併組散布圖中，若是該組樣本點離該組重心■距離愈近，表示樣本點的分類正確結果；相反的，如果某群組樣本點離該組重心■距離愈遠，反而離別組重心■距離愈

近，則此樣本點的分類可能錯誤。

表2-35　分類結果（a）

	學習壓力		預測的各組成員			總和
			高學習壓力組	中學習壓力組	低學習壓力組	
原始的	個數	高學習壓力組	12	2	0	14
		中學習壓力組	1	11	2	14
		低學習壓力組	0	1	13	14
	%	高學習壓力組	85.7	14.3	.0	100.0
		中學習壓力組	7.1	78.6	14.3	100.0
		低學習壓力組	.0	7.1	92.9	100.0
(a) 85.7% 個原始組別觀察值已正確分類。						

　　上表為分類結果摘要表，分類結果摘要表之對角線為正確分類的個數，其餘為錯誤分類的個數。左邊的項目為原始的分類結果（實際學習壓力量表測得的結果），高學習壓力組樣本有14位、中學習壓力組樣本有14位、低學習壓力組樣本有14位。直行為重新分類之組別及百分比，即以學業成就、同儕關係、考試焦慮三個自變項來區別預測樣本學習壓力高低組別的情形。以14位中學習壓力組樣本而言，經區別函數區別預測結果，1位被歸於高學習壓力組（分類錯誤）、11位被歸於中學習壓力組（分類正確）、2位被歸於低學習壓力組（分類錯誤），因而分類正確的樣本數有11位，分類錯誤的樣本數有3位。全部正確分類的百分比為85.7%。整體分類正確性的求法如下：(12+11+13)÷42=0.857=85.7%。

　　分類結果顯著性檢定：全部樣本數有42位、分類結果正確的樣本數有36位、區別變項有三個，Press'Q統計量為：

$$\chi_{(1)}^2 \cong \mathrm{Press'}Q = \frac{[N - (o \times k)]^2}{N(k-1)} = \frac{[42 - (36 \times 3)]^2}{42(3-1)} = 51.86 > 3.84$$

　　由於卡方值達到.05顯著水準，表示區別分析正確區分結果顯著的高於隨機分類結果。

　　區別分析結果之相關數據如下：

表2-36

觀察值	學業成就	同儕關係	考試焦慮	學習壓力	Dis_1	Dis1_1	Dis2_1	Dis1_2	Dis2_2	Dis3_2
01	54	20	60	1	1	3.49	−0.41	1.00	0.00	0.00
02	51	23	58	1	1	3.22	−1.14	0.98	0.02	0.00
03	87	54	58	1	1	2.47	0.64	0.98	0.02	0.00
04	86	45	59	1	1	2.65	1.43	0.99	0.01	0.00
05	54	22	57	1	1	2.98	−0.63	0.98	0.02	0.00
06	62	23	57	1	1	2.80	0.37	0.99	0.01	0.00
07	65	24	54	1	1	2.22	0.67	0.96	0.04	0.00
08	64	21	53	1	1	2.06	0.84	0.94	0.06	0.00
09	65	20	58	1	1	2.90	1.10	0.99	0.01	0.00
10	67	24	58	1	1	2.86	0.96	0.99	0.01	0.00
11	68	26	45	1	2	0.61	0.85	0.30	0.69	0.01
12	58	20	60	1	1	3.40	0.14	1.00	0.00	0.00
13	68	35	47	1	2	0.97	−0.07	0.34	0.66	0.00
14	50	20	54	1	1	2.55	−0.98	0.93	0.07	0.00
15	62	36	46	2	2	0.93	−1.00	0.18	0.82	0.00
16	72	37	44	2	2	0.37	0.27	0.13	0.85	0.02
17	74	38	43	2	2	0.15	0.44	0.09	0.87	0.04
18	75	38	45	2	2	0.47	0.58	0.20	0.78	0.02
19	70	39	41	2	2	−0.10	−0.23	0.03	0.92	0.05
20	76	35	42	2	2	−0.07	1.02	0.07	0.82	0.11
21	63	36	58	2	1	2.97	−0.82	0.98	0.02	0.00
22	78	54	41	2	2	−0.25	−0.66	0.01	0.94	0.05
23	61	49	34	2	2	−1.08	−2.52	0.00	0.91	0.09
24	51	45	35	2	2	−0.70	−3.48	0.00	0.98	0.02
25	78	45	34	2	3	−1.47	0.24	0.00	0.30	0.70
26	78	46	35	2	3	−1.30	0.14	0.00	0.42	0.58
27	76	47	42	2	2	−0.05	−0.22	0.03	0.93	0.04
28	69	48	42	2	2	0.11	−1.28	0.02	0.97	0.01
29	85	50	36	3	3	−1.27	0.69	0.00	0.33	0.67
30	86	55	34	3	3	−1.63	0.31	0.00	0.21	0.79
31	87	54	32	3	3	−2.00	0.54	0.00	0.08	0.92
32	65	24	40	3	2	−0.19	0.62	0.04	0.85	0.11
33	64	26	30	3	3	−1.88	0.25	0.00	0.13	0.87
34	87	62	29	3	3	−2.50	−0.29	0.00	0.05	0.95
35	83	61	28	3	3	−2.58	−0.74	0.00	0.06	0.94

（續上頁表）

36	85	60	27	3	3	−2.80	−0.37	0.00	0.02	0.98
37	88	68	26	3	3	−3.02	−0.78	0.00	0.02	0.98
38	89	62	28	3	3	−2.71	−0.02	0.00	0.02	0.98
39	90	42	24	3	3	−3.46	2.16	0.00	0.00	1.00
40	91	45	25	3	3	−3.31	2.00	0.00	0.00	1.00
41	92	70	22	3	3	−3.80	−0.45	0.00	0.00	1.00
42	94	70	21	3	3	−4.01	−0.17	0.00	0.00	1.00

「Dis_1」為「預測的組群」、「Dis1_1」、「Dis2_1」分別為第一、第區別函數的判別分數、「Dis1_2」、「Dis2_2」、「Dis3_2」為各群組觀察值機率。

【表格範例】

由以上報表解析，可以將區別分析結果整理成以下二個表格：

表2-37 學生學業成就、同儕關係、考試焦慮對不同學習壓力程度組之區別分析摘要表

自變項	標準化典型區別係數		結構係數		未標準化區別係數	
	第一函數	第二函數	第一函數	第二函數	第一函數	第二函數
考試焦慮	.937	.019	.981#	.130	.172	.004
同儕關係	.020	−1.134	−.480#	−.241	.002	−.103
學業成就	−.214	1.323	−.425	.548#	−.022	.138
截距					−5.651	−6.009
第一個區別函數：$\lambda = 4.528$　　Wilks' $\Lambda = .156$　　卡方值 = 70.495***						
第二個區別函數：$\lambda = .156$　　Wilks' $\Lambda = .865$　　卡方值 = 5.520n.s.						
n.s.$p > .05$　　　***$p < .001$　　#絕對值大於.400						

表2-38 分類正確率交叉表

學習壓力	實際分類樣本	區別預測結果分類		
		高學習壓力	中學習壓力	低學習壓力
高學習壓力	14	12 85.7%	2 14.3%	0 0.0%
中學習壓力	14	1 7.1%	11 78.6%	2 14.3%
低學習壓力	14	0 0.0%	1 7.1%	1385.7 92.9%
總預測正確率=85.7%		Press'Q = 51.86*		

從上表中可以發現學生學業成就、同儕關係與考試焦慮三個自變項可以有效區別國中學生學習壓力高、中、低三個組別,有一個區別函數達到顯著,第一個區別函數的Wilks'值為.156(p<.001)、第二個區別函數的Wilks'值為.865(p>.05)。從標準化典型區別係數值而言,與第一區別函數相關較密切者為考試焦慮變項;與第二個區別函數相關較密切者為學業成就變項,因而第一區別函數主要藉由考試焦慮而有效區別不同學習壓力程度的學生樣本;由於第二區別函數並未達到顯著,因而其對不同學習壓力程度組的區別分析預測不明顯。

此外,從分類正確率交叉表來看,在14位高學習壓力組樣本中被三個自變項區別分類正確的樣本有12位,分類正確預測率為85.7%;在14位度學習壓力組樣本中被三個自變項區別分類正確的樣本有11位,分類正確預測率為78.6%;在14位低度學習壓力組樣本中被三個自變項區別分類正確的樣本有13位,分類正確預測率為92.9%。就全體總預測率而言,三個自變項區別不同學習壓力組樣本的百分比為85.7%,其區別力甚佳。就分類結果的顯著性檢定而言,Press'Q統計量數值為51.86>3.84,達到.05顯著水準,可見以三個預測變項來區分樣本顯著地高於隨機分類結果。

參、MANOVA與DISCRIM關係

在MANOVA的分析程序中,若是整體考驗的Wilks Λ值達到顯著,其進一步的追蹤檢定可採用單變量F檢定(必須採用族系錯誤率,將整體型I錯誤率控制在.05以下)、Roy-Bargmann遞降分析法(stepdown analysis)(依變項遞降分析與複迴歸中藉由序列分析檢定自變項重要性的方法類同)、區別分析(藉由可解釋最大處理效果之依變項的線性組合與依變項間相關的結構矩陣或結構負荷量,來判別依變項的影響效果)。若研究者採用DISCRIM方法,必須是先前MANOVA分析程序中,整體差異的檢定達到顯著,如此採用DISCRIM法才有意義,如果MANOVA分析程序結果,四種多變量檢定統計量均未達.05顯著水準,則表示沒有一個依變項間的組別差異達到顯著,研究者使用區別分析結果,便會發現沒有一個區別函數會達到顯著。

　　若是計量預測變項在結果變項的差異比較是採用ANOVA分析，即個別計量預測變項在群組成員間的差異均未達統計顯著水準，則X組預測變項所構成的最大線性組合之區別函數通常也無法有效區別群組成員（區別函數均未達統計上的顯著水準），但是有時也會發生個別預測變項在群組差異之ANOVA分析均未達顯著水準（$\alpha=.05$），而使用二個或多個預測變項分數的線性組合對群組的分類卻達到統計上的顯著水準；相反的，如果DA分析結果中沒有任何區別函數達到顯著，一般而言，個別預測變項在群組差異的ANOVA分析也不能達到顯著，然而也有可能的情況是一個或二個個別預測變項在群組間差異的ANOVA分析結果顯著，但整體DA分析結果卻不顯著，此種結果成因可能是將無關的「垃圾」（garbage）變項增列到模式中，使誤差自由度變小，而降低DA分析結果的統計考驗力（*Warner, 2008, p.676*）。

一、ANOVA結果顯著 & DISCRIM分析不顯著

　　以下列20位樣本數據為例，分別進行ANOVA分析及DISCRIM分析，其中結果變項Y為二分類別變項、X1、X2、X3為三個計量預測變項或計量區別變項。

表2-39

Y	X1	X2	X3	Y	X1	X2	X3
1	8	10	9	2	8	8	3
1	13	7	9	2	10	5	8
1	12	3	7	2	10	2	4
1	10	7	3	2	8	8	7
1	10	5	9	2	4	3	2
1	5	9	4	2	2	6	5
1	12	7	9	2	4	4	4
1	11	6	4	2	5	1	3
1	12	7	7	2	7	2	4
1	7	3	3	2	13	3	2

●（一）ANOVA分析結果

執行功能列「分析（A）」／「比較平均數法（M）」／「單因子變異數分析（O）」程序，開啟「單因子變異數分析」對話視窗，將結果變項Y（群組類別變項）選入右邊「因子（F）」下的方格中，將三個計量區別變項X1、X2、X3選入右邊「依變數清單（E）」下的方格，勾選相關統計量量數→按『確定』鈕。

表2-40　描述性統計量摘要表

		個數	平均數	標準差	標準誤	平均數的95%信賴區間		最小值	最大值
						下界	上界		
X1	群組[1]	10	10.00	2.582	.816	8.15	11.85	5	13
	群組[2]	10	7.10	3.381	1.069	4.68	9.52	2	13
	總和	20	8.55	3.284	.734	7.01	10.09	2	13
X2	群組[1]	10	6.40	2.271	.718	4.78	8.02	3	10
	群組[2]	10	4.20	2.486	.786	2.42	5.98	1	8
	總和	20	5.30	2.577	.576	4.09	6.51	1	10
X3	群組[1]	10	6.40	2.633	.833	4.52	8.28	3	9
	群組[2]	10	4.20	1.989	.629	2.78	5.62	2	8
	總和	20	5.30	2.536	.567	4.11	6.49	2	9

就X1計量變數而言，群組[1]、群組[2]二個群體樣本的平均數分別為10.00、7.10；就X2計量變數而言，群組[1]、群組[2]二個群體樣本的平均數分別為6.40、4.20；就X3計量變數而言，群組[1]、群組[2]二個群體樣本的平均數分別為6.40、4.20。

表2-41　ANOVA

		平方和	自由度	平均平方和	F檢定	顯著性
X1	組間	42.050	1	42.050	4.646	.045
	組內	162.900	18	9.050		
	總和	204.950	19			
X2	組間	24.200	1	24.200	4.271	.053
	組內	102.000	18	5.667		
	總和	126.200	19			

（續上頁表）

X3	組間	24.200	1	24.200	4.445	.049
	組內	98.000	18	5.444		
	總和	122.200	19			

從單因子變異數分析摘要表可以發現：

計量變項X1在二個群組的平均數差異達到顯著，F值為4.646、顯著性p=.045<.05，群組[1]樣本在計量變項X1的平均數（M=10.00）顯著地高於群組[2]樣本（M=7.10）。計量變項X3在二個群組的平均數差異也達到顯著，F值為4.445、顯著性p=.049<.05，群組[1]樣本在計量變項X3的平均數（M=6.40）顯著的高於群組[2]樣本（M=4.20）。至於計量變項X2在二個群組的平均數差異則未達到統計顯著水準，F值為4.271、顯著性p=.053>.05。

（二）區別分析結果

表2-42　Box共變數矩陣相等性檢定：檢定結果

Box's M共變數相等性檢定		3.942
F檢定	近似值	.537
	分子自由度	6
	分母自由度	2347.472
	顯著性	.781

二個群組之變異數／共變數矩陣同質性檢定之Box M統計量為3.942，轉換為近似F值為.537，顯著性p=.781>.05，接受虛無假設：$H_0：\Sigma_1=\Sigma_2$，表示資料結構沒有違反群組變異數／共變數矩陣同質性的假定。

表2-43　特徵值

函數	特徵值	變異數的%	累積%	典型相關
1	.594(a)	100.0	100.0	.611
(a) 分析時會使用前 1 個 典型區別函數。				

區別函數[1]的特徵值為.594、其效果值為$(.611)^2=.373$。

表2-44　Wilks' Lambda值

函數檢定	Wilks' Lambda值	卡方	自由度	顯著性
1	.627	7.695	3	.053

　　區別分析整體模型的顯著性檢定，因只有一個區別函數，模型顯著性檢定即區別函數[1]的顯著性考驗。Wilks Λ值等於.627，轉換為近似卡方值等於7.695（自由度=3），顯著性p=.053>.05，表示區別函數無法有效對結果變項中的群組成員進行分類及預測。

表2-45　結構矩陣

	函數
	1
X1	.659
X3	.645
X2	.632

　　結果矩陣可以看出三個區別變項與區別函數[1]的負荷量分別為.659、.645、.632，若以負荷量0.50為分割點，三個個別預測變項與區別函數[1]的關係十分密切。

　　上面的數據範例說明了：「有時一個或二個個別預測變項在群組間差異的ANOVA分析結果顯著，但整體DA分析結果卻不會達到顯著」，因為DA分析的區別函數是個別區別變項的最佳加權線性組合，此組合也會考量到區別變項間的相關，最佳加權線性組合分數與原先個別區別變項原始分數並不相同。

二、ANOVA分析不顯著 & DISCRIM分析顯著

　　下面的範例中共有10位樣本，其中結果變項Y為二分類別變項、X1、X2為二個計量預測變項或計量區別變項。

表2-46

Y	X1	X2	Y	X1	X2
1	2	2	2	5	4
1	3	4	2	6	4
1	5	6	2	6	5
1	7	10	2	9	6
1	7	11	2	9	8

（一）ANOVA分析結果

表2-47　描述性統計量

		個數	平均數	標準差	標準誤	平均數的 95% 信賴區間		最小值	最大值
						下界	上界		
X1	群組[1]	5	4.80	2.280	1.020	1.97	7.63	2	7
	群組[2]	5	7.00	1.871	.837	4.68	9.32	5	9
	總和	10	5.90	2.283	.722	4.27	7.53	2	9
X2	群組[1]	5	6.60	3.847	1.720	1.82	11.38	2	11
	群組[2]	5	5.40	1.673	.748	3.32	7.48	4	8
	總和	10	6.00	2.867	.907	3.95	8.05	2	11

　　就X1計量變數而言，群組[1]、群組[2]二個群體樣本的平均數分別為4.80、7.00，標準差分別為2.280、1.871；就X2計量變數而言，群組[1]、群組[2]二個群體樣本的平均數分別為6.60、5.40，標準差分別為3.847、1.673。

表2-48　ANOVA

		平方和	自由度	平均平方和	F 檢定	顯著性
X1	組間	12.100	1	12.100	2.782	.134
	組內	34.800	8	4.350		
	總和	46.900	9			
X2	組間	3.600	1	3.600	.409	.540
	組內	70.400	8	8.800		
	總和	74.000	9			

計量變項X1在二個群組的平均數差異未達統計顯著水準，F值為2.782、顯著性p=.134>.05；至於計量變項X2在二個群組的平均數差異也未達統計顯著水準，F值為.409、顯著性p=.540>.05，二個個別計量區別變項在群組[1]、群組[2]之個別ANOVA分析結果均未達顯著。

● (二)區別分析結果

表2-49　Box共變數矩陣相等性檢定：檢定結果

Box's M 共變數相等性檢定		7.789
F檢定	近似值	1.895
	分子自由度	3
	分母自由度	11520.000
	顯著性	.128

二個群組之變異數／共變數矩陣同質性檢定之Box M統計量為7.789，轉換為近似F值為1.895，顯著性p=.128>.05，接受虛無假設：$H_0：\Sigma_1=\Sigma_2$，表示資料結構沒有違反群組變異數／共變數矩陣同質性的假定，資料結構適合進行區別分析。

表2-50　特徵值

函數	特徵值	變異數的%	累積%	典型相關
1	4.261(a)	100.0	100.0	.900
(a) 分析時會使用前1個典型區別函數。				

區別函數[1]的特徵值為4.261、效果值為$\eta^2 = (.900)^2 = .810 = 1-\Lambda = 1-.190$。

表2-51　Wilks' Lambda值

函數檢定	Wilks' Lambda值	卡方	自由度	顯著性
1	.190	11.623	2	.003

區別分析整體模型的顯著性檢定，因只有一個區別函數，模型顯著性檢定即區別函數[1]的顯著性考驗。Wilks Λ 值等於.190，轉換為近似卡方值

等於11.623（自由度=2），顯著性p=.003<.05，整體模型達到顯著，表示區別函數可以有效對結果變項中的群組成員進行分類及預測。

上述範例結果說明了：「在資料結構中，有時會發生個別預測變項在群組差異之ANOVA分析均未達顯著水準（α=.05），但使用二個或多個預測變項分數的線性組合對群組的分類卻達到統計上的顯著水準」，因為最佳加權線性組合分數與原先個別區別變項原始分數並不相同。以二個計量區別變項為橫軸、縱軸，繪出十位樣本的散布圖如下：其中群組[1]的樣本代碼為A，符號為○；群組[2]的樣本為B，符號為□。二個區別變項原始分數組成的最佳加權線性組合可以有效區別二個群組。範例中，單就X1軸或X2軸均無法有效區別二個群組的成員，但以二個變數之最佳線性組合之區別函數，就可以有效區別二個群組成員。

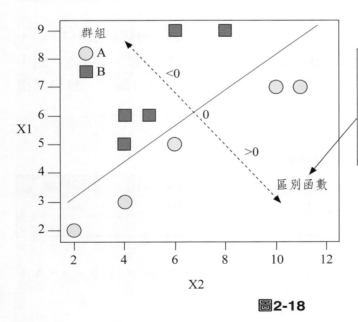

圖2-18

二個區別變項組合分數對樣本的分類會比個別區別變項對樣本的分類較佳的圖示可以再以下圖說明。在下圖個別區別變項X1、X2均無法對二個群組進行有效分類，但採用二者之線性組合分數（區別函數分數）很明顯可以將二個群組加以區分（圖中的D1線為區別函數，即為X1分數與X2分數的加權分數組合），區別函數對觀察值分類的決定準則是樣本在區別函

數的分數。如果樣本在D1區別函數的分數大於0，則預測樣本為H群組；若是樣本在D1區別函數的分數小於0，則預測／分類樣本為A群組，此決定規則對於二個群組成員提供最為正確的分類（*Warner, 2008, p. 659*）。

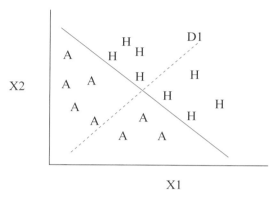

圖2-19

三、三個區別變項 & 二個群組的區別分析

【研究問題】

　　研究者想探究國中學生的「學習動機」、「學習態度」與「學習投入」是否可有效預測高低學業成就組別的學生？研究者所擬的研究假設為：「國中學生的『學習動機』、『學習態度』與『學習投入』三個變因可有效預測高低學業成就組別的學生。」

　　在上述研究問題中，三個預測變項為「學習動機」、「學習態度」與「學習投入」，此三個變項均為計量變數；分組變項為「高學業組學生」、「低學業組學生」，變項量尺為二分名義變項。相關數據與採用區別分析所得的參數如下面摘要表：

表2-52

學習動機	學習態度	學習投入	組別實際組別	Dis_1 預測組別	Dis1_1 區別分數	Dis1_2 群組[1]機率	Dis2_2 群組[1]機率
1	2	4	1	1	0.03	0.51	0.49
10	6	7	1	1	1.17	0.74	0.26
9	10	9	1	1	0.29	0.57	0.43

（續上頁表）

8	5	10	1	1	2.16	0.87	0.13
5	7	8	1	1	0.31	0.57	0.43
4	9	5	1	2	−1.53	0.21	0.79
7	5	8	1	1	1.33	0.77	0.23
6	6	4	1	2	−0.49	0.40	0.60
4	10	5	2	2	−1.87	0.17	0.83
5	4	2	2	2	−0.63	0.37	0.63
3	8	8	2	2	−0.37	0.43	0.57
2	5	9	2	1	0.82	0.68	0.32
9	8	5	2	2	−0.34	0.43	0.57
10	8	5	2	2	−0.17	0.47	0.53
5	7	5	2	2	−0.68	0.36	0.64

（一）MANOVA輸出結果

表2-53　多變量檢定（b）

效應項		數值	F 檢定	假設自由度	誤差自由度	顯著性
組別	Pillai's Trace	.179	.800(a)	3.000	11.000	.519
	Wilks' Lambda 變數選擇法	.821	.800(a)	3.000	11.000	.519
	多變量顯著性檢定	.218	.800(a)	3.000	11.000	.519
	Roy 的最大平方根	.218	.800(a)	3.000	11.000	.519

　　四種多變量檢定統計量分別為：$V=.179(p=.519>.05)$、$\Lambda=.821(p=.519>.05)$、$T=.218(p=.519>.05)$、$\theta=.218(p=.519>.05)$，多變量檢定結果均未達.05顯著水準。表示三個依變項在群組間的差異均未達顯著。

表2-54　受試者間效應項的檢定

來源	依變數	型 III 平方和	自由度	平均平方和	F 檢定	顯著性
組別	學習動機	2.519	1	2.519	.289	.600
	學習態度	2.976	1	2.976	.566	.465
	學習投入	6.344	1	6.344	1.202	.293
誤差	學習動機	113.214	13	8.709		
	學習態度	68.357	13	5.258		
	學習投入	68.589	13	5.276		

從單變量檢定結果來看，三個依變項單變量檢定的F值分別.289(p=.600>.05)、.566(p=.465>.05)、1.202(p=.293>.05)，均未達.05顯著水準。若採族系錯誤率，則$\alpha_j = \alpha_{fw} \div p = .05 + 3 = .017$，三個單變量F值的顯著性p也均大於.017，因而三個依變項平均數在群組間的差異均未達顯著。

● (二)DISCRIM輸出結果

表2-55 典型區別函數的摘要：特徵值

函數	特徵值	變異數的%	累積%	典型相關
1	.218(a)	100.0	100.0	.423
(a) 分析時會使用前1個典型區別函數。				

第一個區別函數的特徵值為.218，區別變項與分組變項二組變數間的典型相關為.423

表2-56 Wilks' Lambda值

函數檢定	Wilks' Lambda值	卡方	自由度	顯著性
1	.821	2.270	3	.518

第一個區別函數顯著性檢定的Wilks Λ 值為.821、轉換為自由度等於3的卡方值為2.270，顯著性p=.518>.05，未達.05顯著水準，表示第一個區別函數無法有效解釋區別變項的變異比例。

表2-57 分類結果（a）

		組別	預測的各組成員		總和
			高學業組	低學業組	
原始的	個數	高學業組	6	2	8
		低學業組	1	6	7
	%	高學業組	75.0	25.0	100.0
		低學業組	14.3	85.7	100.0
(a) 80.0% 個原始組別觀察值已正確分類。					

在區別分析中，若所有區別函數均未達.05顯著水準，表示區別函數無

法有效解釋預測變項變異，此時根據區別函數係數（權重）導出的參數均沒有統計上的意義，而分類結果只能參考，研究者也不能根據正確分類結果的百分比下結論。由於區別函數未達.05顯著水準，因而國中學生的「學習動機」、「學習態度」與「學習投入」三個變因無法有效預測高低學業成就組別的學生，研究假設無法獲得支持。

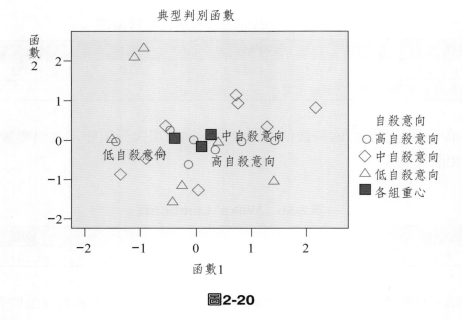

圖2-20

　　從合併組散布圖可以看出，許多樣本點並未環繞在所屬群組的重心 ■ 附近，表示以區別函數分數導出的形心無法有效預測這些樣本點。

表2-58　分類結果（a）

		自殺意向	預測的各組成員			總和
			高自殺意向	中自殺意向	低自殺意向	
原始的	個數	高自殺意向	4	2	2	8
		中自殺意向	1	4	3	8
		低自殺意向	3	1	4	8
	%	高自殺意向	50.0	25.0	25.0	100.0
		中自殺意向	12.5	50.0	37.5	100.0
		低自殺意向	37.5	12.5	50.0	100.0
(a) 50.0%個原始組別觀察值已正確分類。						

在區別分析中，若所有區別函數均未達.05顯著水準，表示區別函數無法有效解釋預測變項變異，此時根據區別函數係數（權重）導出的參數均沒有統計上的意義，而分類結果只能參考，研究者也不能根據正確分類結果的百分比下結論。一般而言，當所有區別函數均未達.05顯著水準時，其分類結果正確的比例，通常不會太高。

由於二個區別函數均未達.05顯著水準，因而研究假設無法獲得支持，即「高職學生的「經濟壓力」、「學習壓力」與「情感壓力」、「期望壓力」無法有效預測其「自殺意向組別」。

3

多變量變異數分析

多變量變異數分析，可同時進行數個平均向量的比較。

壹、相關理論

　　要比較各組平均數的差異是否顯著時，若依變項只有一個的情況，則採用的是單因子變異數分析；如果同時考驗二個以上的依變項，則可採用多變量變異數分析（multivariate analysis of variance；簡稱MANOVA）。如果自變項有一個，則分析的方法稱為單因子多變量變異數分析（one-way multivariate analysis of variance），如果自變項有二個以上，則稱為多因子多變量變異數分析，自變項若是二個（二個固定因子），同時檢定的依變項也有二個以上，則稱為二因子多變量變異數分析（two-way multivariate analysis of variance）。MANOVA中的「M」表示多個依變項（Multiple dependent variables），這些依變項均是等距或比率量尺。

　　下面為單因子多變量變異數分析的圖示說明，第一個有二個群組（二個水準）、第二個有三個群組（三個水準），檢定的依變項個數有三個。

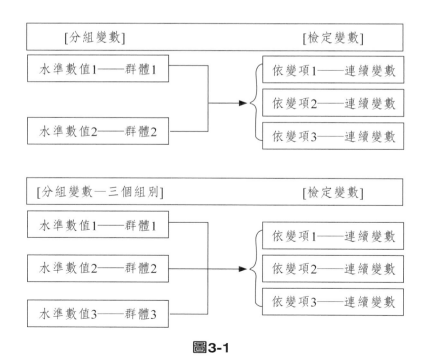

圖3-1

以二個群體而言，單變量t檢定時有三個假定：⑴觀察值獨立；⑵資料符合常態化；⑶母群體變異數相等－變異數同質性（homogeneity of variance）。在考驗多變量之虛無假設時，也須符合以下三個假定：⑴觀察值獨立；⑵依變項在每個母群之資料要符合多變量常態性；⑶共變數矩陣（covariance matrices；又稱變異數－共變數矩陣，variance-covariance matrix）相等，在多變量檢定中後面二個假定較為重要。以二個群體比較之MANOVA分析而言，其資料結構的假定為（*Johnson & Wichern, 2007, pp. 284-285*）：

1. 樣本X_{11}, X_{12}, ..., X_{1n_1}是一個大小為n_1的隨機樣本，這些樣本是從p個變量母群體中抽取而來，樣本平均向量（mean vector）為μ_1、共變數矩陣為$\sum_1$。
2. 樣本X_{21}, X_{22}, ..., X_{2n_2}是一個大小為n_2的隨機樣本，這些樣本是從p個變量母群體中抽取而來，樣本平均向量為μ_2、共變數矩陣為$\sum_2$。
3. 第一組樣本成員X_{11}, X_{12}, ..., X_{1n_1}是獨立的觀察值，第二組樣本成員X_{21}, X_{22}, ..., X_{2n_2}也是獨立的觀察值。
4. 多變量分析在檢定$p \times 1$個向量 $\mu_1 - \mu_2$ 間（母群1的平均向量與母群2的平均向量間的差異）是否有顯著差異，二個母群體均是均呈多變量常態性（multivariate normal）分配。
5. 共變數矩陣相等：$\sum_1 = \sum_2 = \sum$

以四個依變數而言，共變數矩陣相等除表示每個變項的變異數相等外，群組間六個共變數也相等。共變異數矩陣相等的檢定可採用Box M考驗，Box M考驗對於資料檔非常態性十分敏感，其檢定可能由於資料未符合多變量常態性而拒絕Box M考驗，而非是共變數矩陣不相等，因而採用Box M考驗法前最好先檢核資料是否符合多變量常態性假定。Box M考驗也可以採用卡方近似值或F考驗近似值，這二種統計量SPSS報表均有提供。當每個群體的個數在20以上，依變項的個數是六個以上，採用卡方近似值較佳；在其餘狀況下，採用F統計量近似值會得到較為正確結果（*Stevens, 2002, pp. 271-272*）。

　　多變量分析奠基在多變量常態性分配（multivariate normal distribution）之上，多變量常態性隱含著細格中不同依變項平均數的抽樣分配及依變項所有線性組合是常態化分配，多變量常態性假定指的是每個計量自變項及自變項的所有線性組合資料結構均是常態分配，如果資料符合此假定，則分析之殘差也會呈常態分配及符合獨立性假定。在單變量F值與大樣本狀況下，即使原始資料不是常態分配，根據中央極限理論導出平均數的抽樣分配接近於常態，若沒有極端值（outliers）且自由度大於20，適度違反常態性假定，單變量F檢定仍具有強韌性（robust），即使各群組樣本數不等、只有少數依變項、最少細格人數約20個，多變量分析仍可確保結果的強韌性，學者Seo等人（1995）認為在非常態的MANOVA分析中，總樣本數大於40或各群組樣本數大於10，分析結果仍有強韌性。就極端值而言，MANOVA分析結果受到極端值的影響很大，極端值資料不僅導致型I或型II錯誤率的增加，也會影響分析結果的正確性，因而在進行MANOVA分析程序前，最好進行資料檔極端值的檢核。就變異數－共變數矩陣同質性而言，此假定是每個設計細格內變異數－共變數矩陣是從相同母群變異數－共變數矩陣中抽取而來，如此才能將細格合併增列單一誤差項估計值，如果細格內誤差矩陣異質，則聯合矩陣會導出錯誤的誤差變異估計值，若是各群組樣本數相等或差異不大，則Box's M考驗是否達到顯著，在MANOVA分析中也會具有強韌性；但如果各群組樣本數不相等且Box's M考驗達到.001顯著水準，則無法確保分析結果之強韌性。愈多的依變項個數、各細格樣本數差異愈大，對α水準愈會有影響。在MANOVA或MANCOVA分析中也假定所有配對依變項間是一種線性關係，此外，每個細格之所有配對共變數、所有配對依變項－共變量也要呈線性關係，若是未符合線性關係假定，會降低分析結果的統計考驗力（*Tabachnick & Fidell, 2007, pp. 251-252*）。

　　多變量變異數分析在概念上是單變量變異數分析（univariate analysis of variance; UNIANOVA）的擴展，在單變量變異數分析中是考驗不同處理水準在單一依變項得分平均數的差異；多變量變異數分析則同時在考驗不同處理水準在二個以上依變項的形心（centroid）是否有顯著的不同。多變量變異數分析之重要性有三：一為可控制實驗的第一類型錯誤率；二

為研究結果之類推更為可靠；三為可深入了解依變項間之關係（*Thompson, 1994*）。Thompson（*1984*）指出：社會科學研究者之興趣在於探究問題的多種原因（multiple causes）和多種結果（multiple outcomes），而非單一之因果關係的探討，若採單變量之分析方法，有時會扭曲問題的真實性；而有研究者在研究計畫中提出了多變量的研究問題，卻只採用單變量的分析方法考驗假設問題，同樣地也會扭曲事實的原委。社會科學情境中，採用多變量變異數分析的方法較能反映社會的真實面。此外，多變量變異數分析可同時考量數個依變項的關係，此為多個單變量分析所無法達到的，因單變量分析的假設是依變項間的相關為零；再者，單變量分析是將各依變項作逐一的分析，這與多變量以所有依變項之最大線性組合（optimal linear combination）來進行統計考驗，意義上是不同的（傅粹馨，*1997*）。

學者Warner（*2008, p. 705*）提出：當數個計量變數Y（依變項）彼此間有相關時，執行一系列的單變量ANOVAs分析，統計結果可能會遭遇到以下幾個問題：一為進行多個顯著性檢定時，會增加第一類型錯誤率膨脹的風險，計量變數的個數愈多，第一類型的錯誤率會愈高，但研究者如採用MANOVA分析，可將整體型 I 錯誤率控制在傳統.05以下（.05即傳統界定的顯著水準）；二為Y計量變項內部相關的線性議題，執行一系列個別單變量檢定並沒有考量到Y組變項間內部的相關，單變量ANOVAs分析並無法明確指出計量變項間是彼此分離獨立或互有關聯，如果計量變項的測量值均在評估相同的潛在構念，分開進行的單變量ANOVA分析結果可以誤導對資料的解釋；三為有時採用個別計量變項進行群組間的差異比較時沒有一個計量變項有顯著差異，但同時考量到二個以上計量變項（依變項）時，則群組的差異會達到統計上的顯著水準，此時採用MANOVA程序會有較高的統計考驗力。MANOVA之群體差異比較，可以同時考量到依變項（結果變項）間的相關情形資訊，此外，對於群體差異的本質也會提供較為清晰的訊息。

MANOVA是ANOVA的擴大應用，它同時檢定二個以上的依變項，由於ANOVA是個別分開檢定每一個依變項，而非是對所有依變項進行整體考驗，無法考量到依變間彼此間的相關情形，是故會影響統計結果的考驗力，若是依變項間有高度的相關或有多元共線性問題，採用ANOVA程序無

法得知各依變項線性組合的影響,此時,改採MANOVA會具有較高的統計考驗力,不過,使用MANOVA程序,必須有較多的樣本,相關學者建議每個群體至少要有20個以上的觀察值,同時每一個群體中的樣本數至少要多於依變項的總數(*Hair, Jr. et al., 1998, p.342*;黃俊英,*2004*)。MANOVA與ANOVA二者的數學式分別為:

$$ANOVA:Y[連續變項] = X_1 + X_2 + X_3 + \ldots\ldots + X_m[間斷變數]$$

ANOVA所要考驗的虛無假設為「所有水準群體的平均數是相等的,它們皆是來自同一母群」。$H_0 : \mu_1 = \mu_2 = \mu_3 = \ldots\ldots = \mu_g$

$$MANOVA:Y_1 + Y_2 + \ldots\ldots + Y_n[連續變項]$$
$$= X_1 + X_2 + X_3 + \ldots\ldots + X_m[間斷變數]$$

MANOVA所要考驗的虛無假設為「水準群體的平均向量都相等,它們都來自同一母群體。」

$$
\begin{bmatrix} \mu_{11} \\ \mu_{21} \\ \mu_{31} \\ \cdot \\ \mu_{p1} \end{bmatrix} = \begin{bmatrix} \mu_{12} \\ \mu_{22} \\ \mu_{32} \\ \cdot \\ \mu_{p2} \end{bmatrix} = \ldots\ldots = \begin{bmatrix} \mu_{1g} \\ \mu_{2g} \\ \mu_{3g} \\ \cdot \\ \mu_{pg} \end{bmatrix}
$$

以一個有二個水準的自變項及一個依變項範例而言,其研究假設如「男女生的工作壓力有顯著不同」。假設男、女生二個群體的形心或平均數分別為 $\overline{Y_1}$、$\overline{Y_2}$,若自變項對依變項有顯著影響,表示二個群體的平均數是有差異的,將二個群體的平均值繪於一維空間上時,形心點 $\overline{Y_1}$ 與 $\overline{Y_2}$ 間的馬氏距離(Mahalanobis distance; MD)愈大,表示二個群體平均值的差異愈大,統計考驗可以檢定二個形心之MD是否達到統計上的顯著水準。MANOVA的幾何意義關注的是判別二個群體形心/中心點的馬氏距離MD是否顯著的大於0,因為只有二個群體及一個依變項,問題可以簡化採

用 t 檢定來比較二個群體的平均數,因而二個群體之獨立樣本 t 檢定也是MANOVA最為簡易的案例。若是將依變項個數由一個擴大為二個,二個依變項變數分別為Y、Z,二維座標點($\overline{Y_1}$, $\overline{Z_1}$)、($\overline{Y_2}$, $\overline{Z_2}$)表示二個群體在二個依變項的形心(centroids),其中每個群體的形心代表在二維空間中的點或向量,二個群體形心間的距離即二個座標點的MD距離,MD距離愈大表示二個群體的差異愈大。MANOVA的幾何意義在於計算二個群體形心間的距離,並判別此距離是否達到統計顯著水準。若是有 p 個依變數,則二個群體形心代表於 p 維空間中二個中心點的MD距離,MANOVA的幾何意義在於檢定於 p 維空間中二個形心點的MD距離是否顯著不等於(*Sharma, 1996, p. 344*)。

在單變量 t 檢定中,虛無假設為母群體平均數相等:H_0:$\mu_1 = \mu_2$,在多變量中,因為依變項有二個以上,因而不是檢定平均數,而是依變項間的「平均向量」(mean vectors),虛無假設改為母群體的平均向量相等。二個群體之MANOVA顯著性考驗,其虛無假設與對立假設分別為:

$$H_0 : \begin{pmatrix} \mu_{11} \\ \mu_{21} \end{pmatrix} = \begin{pmatrix} \mu_{12} \\ \mu_{22} \end{pmatrix} 、 H_0 : \begin{pmatrix} \mu_{11} \\ \mu_{21} \end{pmatrix} \neq \begin{pmatrix} \mu_{12} \\ \mu_{22} \end{pmatrix}$$

上述平均向量相等包括分類群組在所有依變項是相等的,註標中第一個數字表示為依變項的順序,第二個數字為群組順序,如 μ_{21} 代表的是第一個群組在第二個依變項之母群體平均數。

三個群體之MANOVA顯著性考驗,其虛無假設:

$$H_0 : \begin{pmatrix} \mu_{11} \\ \mu_{21} \\ \mu_{31} \end{pmatrix} = \begin{pmatrix} \mu_{12} \\ \mu_{22} \\ \mu_{32} \end{pmatrix} = \begin{pmatrix} \mu_{13} \\ \mu_{23} \\ \mu_{33} \end{pmatrix}$$

對立假設為三個平均向量中,有一組平均向量不相等,即三組形心中有二組的形心不相等。

使用多變量變異數分析時,資料也須符合以下基本條件:(1)觀察值必

須獨立，也就是觀察值無自我相關，為達此目的，取樣必須隨機化，獨立性也就是指母群體中各樣本在依變項上之測量值應該要彼此獨立，沒有相關存在；(2)各組母群體變異數要均勻，也就是各組要有共同的共變異數矩陣，於多變量分析中若是各群體的大小差距不大（如最大群體的樣本數不超過最小群體樣本數的1.5倍），則各組未符合變異數－共變數矩陣相等假定的影響不太，但各群體樣本數若差異較大，共變異數矩陣顯著不相等，則應將變異數加以轉換。如果研究者未進行變異數轉換修正，且群體樣本數差異很大，應調整顯著水準α值，若是較大的變異數出現於樣本數最多的群體中，則須採用較為嚴格的顯著水準α值，如將顯著水準α值由原先.05調整為.03；相反的，若是較大的變異數出現於樣本數最少的群體中，則須採用較為寬鬆的顯著水準α值，如將顯著水準α值由原先.05調整為.08；(3)各母群體要成多變量常態分配，一般樣本愈大時，愈能滿足此項要求。因基於中央極限定理（central limited theorem），如果 $X_1, X_2, ..., X_n$ 是從一個母群體抽取來的觀察值，而此母群體之平均值為M，其有限共變異數矩陣為Σ，則在大樣本時 $\sqrt{n}(\overline{X} - \mu)$ 會接近常態分配：$N_p(0, \Sigma)$，其中p為變項數、N為樣本數，N-p要夠大。MANOVA的常態性假設，即是指樣本所來自的母群體在多個依變項上的機率分配呈多變量常態分配（multivariate normal distribution）。原則上，多變量變異數分析是單變量變異數分析的延伸，它分析的程序會對所有依變項一起考慮，以判斷實驗處理有無顯著差異效果，然後分析對個別依變項有無顯著影響（馬信行，*1999*；黃俊英，*2004*）。

　　獨立樣本MANOVA資料結構的基本假定與區別分析相同，若依變項（又稱結果變項-outcome variables）為p個計量變數，以符號$Y_1, Y_2, ..., Y_p$（*Warner, 2008, pp.708-710*）：

1. Y結果變項的觀察值是獨立的，即在任何一個Y結果變項的測量值表示的是不同觀察值的分數，分數彼此間獨立（如果是重複量測設計模式，會從每個觀察值間蒐集p個Y結果變項的分數）。

2. 每個Y結果變項皆為計量變數（quantitative variable），且其資料結構均呈常態分配。個別計量變項是否呈常態分配可從單變量直方圖

的分配情形加以評估，此外，從單變量直方圖中也可判別是否有極端偏離值，對於資料中出現單變量或多變量偏離值，研究者可採用對數（logs）轉換方式，將資料轉換。

3. 配對組Y結果變項間呈線性關係，配對組Y計量變項是否呈線性關係，可從所有可能配對組別的散布圖（scatter plots）矩陣來判別，更嚴謹的假定為每個群組內Y變項組的聯合分配應呈多變量常配分配。對MANOVA而言，資料結構違反多變量常態性假定對第一類型錯誤的影響較小，但若是資料結構有偏離值，對統計分析的強韌性卻有顯著影響。

4. 群組間相對應的母群體之Y結果變項的變異數／共變數矩陣（variance/covariance matrices）必須同質，母群變異數／共變數矩陣的元素為：

$$\Sigma = \begin{bmatrix} V(Y_1) & C(Y_1,Y_2) & \cdot & C(Y_1,Y_p) \\ C(Y_2,Y_1) & V(Y_2) & \cdot & C(Y_2,Y_p) \\ \cdot & \cdot & \cdot & \cdot \\ C(Y_p,Y_1) & C(Y_p,Y_2) & \cdot & V(Y_2) \end{bmatrix}$$

不同群組之變異數／共變數矩陣同質性檢定的虛無假設為：

$H_0 : \Sigma_1 = \Sigma_2 = \Sigma_3 = \ldots\ldots = \Sigma_k$，群組個數為1, 2, ..., k。變異數／共變數矩陣同質性之假定包含二個部分：一為不同群組間之所有結果變項Y_1, Y_2, ..., Y_p 之變異數均相等；二為不同群組間所有配對之Y組結果變項之共變數均相等。SPSS對於變異數／共變數矩陣同質性檢定的統計量為Box M。如果Box M統計量或Levene檢定量結果顯示資料結構嚴重違反群組間變異數／共變數同質性假定（Box M統計量小於設定的顯著水準α），MANOVA分析結果可能會產生二個問題：一為實際第一類型錯誤率並不可靠（第一類型錯誤的風險可能增加或減少），二為統計考驗力會降低，此時除將資料轉換後，研究者也可改用資料結構假定不會那樣嚴格的邏輯斯迴歸分析法。

在變異數分析中，如果研究者要同時考驗數個依變項，或依變項間如

果有顯著的相關存在，則使用多變量變異數分析法（multivariate analysis of variance; MANOVA）會比單變量變異數分析法更為適宜。多變量變異數分析可以同時考驗k組自變項在二個以上依變項上的「形心」（centroid）是否有所差異。在概念上，多變量變異數分析是單變量變異數分析的擴展，如果依變項有二個以上，採用多變量變異數分析的優點：（*Bryman & Cramer, 1997; Stevens, 2002*）

● (一)減少犯第一類型的錯誤

比較群體間在一個依變項的差異時，顯著水準 α 值通常定為.05，如果有二個依變項，分開進行群體間的差異比較時，則顯著水準 α 值會增加到.10（.05的2倍）。如果比較間不獨立，依變項間有相關，採用單變量變異數分析，第一類型（type I）的錯誤率會提高，如果使用多變量變異數分析則可以控制整體的顯著水準 α 值，減少第一類型的錯誤率。再以二個群體、十個依變項的檢定而言，若是進行單變量檢定，不會犯型 I 的錯誤率為：$(.95) \times (.95) \times \ldots\ldots \times (.95) \doteqdot .60$，整體犯第一類型的錯誤率至少為 $1-.60=.40$，因而採用單變量檢定不僅會讓整體的顯著水準 α 提高，而且更無法正確估計出研究結果。

● (二)可以了解更多資訊

同時考驗數個依變項對自變項的效果，會有較多敏感性測量，採用MANOVA，就可以同時了解群組間平均數在所有依變項的差異結果。考驗數個依變項時，如果分開採用ANOVA，沒有辦法解釋或提供任何依變項間相關的資訊。當依變項間有某種程度關聯時，採用單變量考驗會忽視重要資訊，多變量檢定會同時考量到依變項間的相關情形（共變數矩陣），因而所提供的訊息較多。

● (三)較高的統計考驗力

進行單變量檢定時，可能群組在個別依變項上沒有顯著差異存在，但若進行多變量檢定，由於同時關注到全部的依變項，因而多變量檢定可能會達到顯著，數個個別變項的小小差異可能組合成一個可靠而有顯著的差異值，因而採用多變量檢定會使考驗有較高的統計考驗力。

MANOVA中的「M」表示的是「多個」（multiple）依變項，而這些多個依變項均是等距／比率變項。在單變量變異數分析中，F統計考驗的是數個組別間得分平均數（mean）的差異情形，在多變量變異數分析，所要考驗的是組別間「形心」的差異情形，所謂「形心」是多個依變項平均數的向量組合。此外，單變量ANOVA的F考驗，在MANOVA中則以「Wilks' lambda」考驗代替，「Wilks' lambda」可考驗不同群體間「形心」（依變項平均數的向量和）是否有顯著差異存在，「Wilks' lambda」的求法中，要算出三個統計量數：

1. W矩陣：組內變異數與共變量矩陣（組內平方和與交乘積和矩陣）。
2. B矩陣：組間變異數與共變量矩陣（組間平方和與交乘積和矩陣）。
3. T矩陣：全體變異數與共變量矩陣（整體平方和與交乘積和矩陣）。

變異數與共變量矩陣也稱「SS平方和與交乘積矩陣」（Sum of Square and Cross Products matrices），簡稱「SSCP矩陣」，Wilks' Λ值是誤差項平方和與交乘積矩陣之行列式（determinants）與全體平方和與交乘積矩陣之行列式的比值，全體平方和與交乘積矩陣之行列式等於誤差項平方和與交乘積矩陣加上效果項平方和與交乘積矩陣之行列式值。$\Lambda = \dfrac{|W|}{|T|} = \dfrac{|W|}{|W+B|} = \dfrac{|S_{error}|}{|S_{error} + S_{effect}|}$。Wilks' Λ值是以組內SSCP矩陣為分子，而非以組間SSCP矩陣為分子。在單變量變異數分析（ANOVA）中，主要效果或交互作用之顯著性考驗，所使用的公式為 $F_A = \dfrac{MS_A}{MS_W}$ 或 $F_{AB} = \dfrac{MS_{AB}}{MS_W}$，F值愈大，則檢定愈容易達到統計上的顯著水準；但在多變量變異數分析，如果整體考驗要達到統計水準，則Wilks' Λ值要愈接近0。多變量變異數分析之Λ值為誤差項占全體變異的部分，此即為自變項無法解釋依變項線性組合的變異，因而其效果值$\eta^2 = 1 - \Lambda$，表示自變項可以解釋所有依變項線性組合的變異。

多變量分析中，常用的整體考驗（overall test）法有：Hotelling Trace、Wilks' Lambda、Pillai's Trace、Roy's最大根準則等四種。四種整

體效果之統計量各有其不同特性。在多數多變量分析研究中,出現最多者為Wilks' Lambda值,Wilks'(較有強韌性,其使用歷史也較久(*Olson, 1976*)。如果樣本數較少,組別間人數不相等與含有程序性假定問題存在,則使用Pillai's Trace整體考驗法,反而有較高的強韌性。

● (一)Wilks Λ統計量

Λ值在0到1之間,此值愈趨近0,表示誤差變異項的變異量愈小,自變項的效果愈會達到顯著;相反的Λ值愈接近1,表示誤差變異項的變異量愈大,自變項的效果愈不會達到顯著。此值與F檢定結果相反,在ANOVA分析中,F值愈大,表示組內誤差變異項愈小,組間的差異愈會達到顯著。如果組別只有二群,二個群體多變量顯著性考驗統計量也可直接使用Hotelling T^2(使用Wilks Λ亦可)。

馬氏距離的平方(MD^2)可以轉換成不同檢定統計量以決定二群的差異是否達到統計顯著水準,如MD^2和Hotelling T^2間的關係為:

$$T^2 = \left(\frac{n_1 \times n_2}{n_1 + n_2}\right) \times MD^2$$

此外,Hotelling T^2也可轉換F統計量,其公式為:

$$F = \frac{(n_1 + n_2 - p - 1)}{(n_1 + n_2 - 2)p} \times T^2 = \frac{(N - p - 1)}{(N - 2)p} \times T^2 \text{ , Hotelling } T^2 = \frac{(N - 2)p}{(N - p - 1)} \times F$$

其中F統計量呈現F分配,分子的自由度為p(依變項個數)、分母的自由度為(N-p-1),N為總樣本人數。此外,若自變項只有二個群組時,Wilks Λ值也可以轉換為F比值,二者關係為:

$$F = \left(\frac{1 - \Lambda}{\Lambda}\right) \times \left(\frac{n_1 + n_2 - p - 1}{p}\right)$$

而Wilks Λ值與Hotelling T²的關係如下:

$$\text{Hotelling } T^2 = (N - 2) \times \left(\frac{1 - \Lambda}{\Lambda}\right)(n_1 + n_2 - 2) \times \left(\frac{1 - \Lambda}{\Lambda}\right)$$

Wilks Λ分配與轉換為近似F統計量的對照表如下：

表3-1

依變項個數	群組個數	多變量常態資料抽樣分配	F分配的自由度
p=1	k≧2	$\left(\frac{1 - \Lambda}{\Lambda}\right)\left(\frac{N - k}{k - 1}\right)$	(k-1), $\sum$N-k
p=2	k≧2	$\left(\frac{1 - \sqrt{\Lambda}}{\sqrt{\Lambda}}\right)\left(\frac{N - k - 1}{k - 1}\right)$	2(k-1), 2($\sum$N-k-1)
p≧1	k=2	$\left(\frac{1 - \Lambda}{\Lambda}\right)\left(\frac{N - p - 1}{p}\right)$	p, $\sum$N-p-1
p≧1	k=3	$\left(\frac{1 - \sqrt{\Lambda}}{\sqrt{\Lambda}}\right)\left(\frac{N - p - 2}{p}\right)$	2p, 2($\sum$N-p-2)

資料來源：Johnson & Wichern, 2007, p. 303

●(二)Pillai V統計量

V值之計算係根據誤差項與自變項變異來源之SSCP矩陣相除後所得到矩陣之特徵值（eigenvalue），V值愈大表示自變項之效果愈容易達到顯著。V值之計算公式如下：$V = \sum_{i=1}^{p} \frac{\lambda_i}{1 + \lambda_i}$，特徵值為由$BW^{-1}$特徵結構所估算出的矩陣，再以方程式$|BW^{-1} - \lambda I| = 0$求出（方程式中I為單元矩陣，所謂單元矩陣是方形矩陣中的主對角線的數值均為1，其餘元素數值均為0）。Pillai跡統計量可採用下列公式轉換為近似F值：

$F = \left(\frac{2N + s + 1}{2m}\right)\left(\frac{V}{s - V}\right)$，其中s = 最小值(p, k-1)、m=[(p-k+1)-1]÷2，p為依變項個數、k為群組個數。

●(三)Hotelling Trace（T值）

T值的求法如下$= \sum_{i=1}^{s} \lambda_i$，即不同區別函數之特徵值的總和，Hotelling Trace統計量的數值愈大，表示組間變異愈大或可以解釋的變異較大。T

值愈大，表示自變項效果所造成之變異量愈大，愈容易達到顯著水準，Hotelling Trace值為由BW^{-1}特徵結構所估算出的矩陣，再以方程式$|BW^{-1}-\lambda I|=0$求出特徵值（方程式中I為單元矩陣），各特徵值的總和為其統計量數。Hotelling跡統計量以λ_i的特徵值的總和為準則，此值與BW^{-1}主對角線數值的總和相等，因而也可以用下列式子表示：$T = trace(W^{-1}B)$。Hotelling跡統計量可採用下列公式轉換為近似F值：$F = \dfrac{2(sN+1)}{s^2(2m+s+1)}$。在多變量顯著性檢定中，若組間的差異愈大，則WilksΛ統計量相對地會較小，但Hotelling跡統計量相對的會較大。上述三種多變量檢定統計量均是不同多個區別函數組間與組內差異的組合資訊，如果多變量檢定統計量達到顯著，表示至少有一個區別函數是顯著的。

(四)Roy最大根統計量（GCR）（θ值）

Roy最大根統計量為SPSS「GLM」輸出的第四種多變量檢定統計量，此檢定統計量又稱為「Roy最大特質根值」（Roy's greatest characteristic root）。Roy最大根統計量與前三個多變量檢定統計量不同，它並沒有解釋所有區別函數的變異，只解釋第一個區別函數的資訊。此統計量以BW^{-1}特徵結構所估算出的矩陣，再以方程式$|BW^{-1}-\lambda I| = 0$求出特徵值（方程式中I為單元矩陣），其中最大特徵值數值為Roy最大特徵值統計量。一般而言，第一個特徵值最大，因而θ值統計量等於λ_1。最大特徵值愈大，表示自變項效果所造成的變異量愈大，愈容易達到顯著。Roy最大根θ統計量可採用下列公式轉換為近似F值：$F = \theta \times \dfrac{v-d+k-1}{d}$，其中d=最大值(p, k−1)，v=N−k。

有些研究者會有這樣的疑惑：「四種多變量檢定統計量中的哪一個在實務應用上使用較多？」就Λ、T、V、θ四種多變量分析之整體考驗的統計量數而言，何者是最佳的判斷值或最佳的選擇，是一個複雜的問題，沒有任何一種方法是普遍地優於或劣於其他方法。學者Stevens（2002, p. 244）認為決定採用哪種檢定統計量，下列準則可提供研究者參考：因為多變量分析結果強韌性與共變數矩陣同質性假定有關，此假定也會影響型I錯誤率，若是次群體（各組）變異數不相等，或各群體樣本數相等，或最大群

體樣本數與最小群體樣本數的比值小於1.5 $\left(\left(\frac{最大群體數}{最小群體數}\right)<1.5\right)$，$\Lambda$、$T$、$V$ 檢定統計量均可以使用，此三種多變量檢定分析結果強韌性差不多。就統計考驗力而言，四種檢定統計量中沒有一個的統計考驗力會是最大的。Olson（*1973*）發現：四種多變量檢定統計量統計考驗力間的差異一般是相當小的（<.06）。若是群組間的差異關注的是第一個區別函數的實務應用，則採用Roy最大根統計量較佳，因為其會有最高的統計考驗力，但Roy最大根統計量的使用要在資料符合變異數－共變數矩陣同質性假定的前提下才可以。如果群體間的差異是包含二個或更多區別函數的實務應用，則Pillai V統計量反而有較高的統計考驗力。若是四種多變量統計量檢定結果不一樣，研究者最好採用Pillai跡統計量V，Olson（*1974*）發現MANOVA分析程序中，採用Pillai跡統計量V，於不同情境下偵測真實差異的結果最具強韌性，且其統計考驗力也最大。在四種多變量檢定統計量程序中，若是資料結構符合多變量常態性假定，則四種統計量對於是拒絕虛無假設會呈現相同結果，但如果資料結構嚴重違反多變量常態性假定，對四種統計量對於是否拒絕虛無假設可能會出現不同的結果，此時，研究者最好以Pillai跡統計量V作為判斷準則，因為在資料結構嚴重違反多變量常態性假定時，Pillai跡統計量仍具有較佳的統計「強韌性」（robust）（*Warner, 2008, p. 716*）。

以下為就「統計考驗力」（power）及「強韌性」（robust）二個觀點來詮釋四種多變量檢定統計量的差異情形（*傅粹馨，1997*）：

● （一）統計考驗力

Λ、T、V、θ 四種方法之相對的考驗力，須視特徵值之結構而定。當只有唯一的特徵值（eigenvalue或characteristic root）或多個特徵值，而第一個特徵值占絕大的比重，學者Olson（*1976*）稱此種情形為「集中結構」（concentrated noncentrality structure），此情況下考驗力依θ、T、Λ、V 之次序，依次遞減；換言之，以Roy最大根統計量θ最具考驗力；相反的，若在「分散結構」（diffuse noncentrality structure）下，各個特徵值之大小差不多，則以V統計量最具考驗力，Λ、T、θ 次之，後三者之考驗力差異不大。

● (二)強韌性

F檢定時，須符合以下之假設：一為樣本須源自欲研究之母群；二為資料呈多變量常配分配（multivariate normal distribution）；三為依變項之組內變異數同質與各組之依變項間相關係數相等。統計檢定具強韌性是指在違反上述假設的情境下，其犯第一類型錯誤率仍與原訂之α十分接近，亦即不因違反基本假定，而影響檢定分析之正確結果。學者Olson（1976）與Stevens（1979）指出：於違反假設時，Pillai V統計量是較佳的選擇，而不應選擇Roy θ統計量，因在此情境下，其犯第一類型錯誤率會增加。如果就統計考驗力與強韌性二者同時考量的話，多數研究者喜愛採用Wilks Λ作為多變量分析整體考驗的統計量。

在單因子變異數分析中（one-way ANOVA），F值是組間均方與組內均方的比率，如果F值愈大，表示組間差別愈明顯；在獨立樣本的t檢定中，t值是二組平均數的差值與平均數差異值標準誤的比例，如果t值愈大，表示二組愈有差異。然而，在多變量變異數分析中，Wilks' Λ值是組內的SSCP矩陣與全體SSCP矩陣（組間SSCP矩陣＋組內的SSCP矩陣）的比，如果Wilks' Λ值愈小，表示組內的SSCP矩陣愈小，而組間的SSCP矩陣愈大，亦即組間變異數愈大，這表示組間之形心的差異值愈明顯。Wilks' Λ大小介於0至1間，愈接近1，整體效果考驗愈不顯著，因而Wilks Λ值不像t值或F值一樣，如要拒絕虛無假設，t值或F值應該要愈大愈好，表示組間差異愈顯著，Wilks Λ判斷像是F值的倒數一樣。在多變量統計分析中，想要拒絕虛無假設，Wilks Λ值應該愈小愈好。

以下為單變量與多變量變異數考驗之分類圖示摘要表：

表3-2

組別 ＼ 變項	變項	變項數	
		一個	多個
組別數	二個	Student's t	Hotelling's T^2
	多個	Fisher's F	Wilks's lambda

當依變項變項數只有一個且組別變項為二個群組（二分名義變項），採用的方法為獨立樣本t檢定。其中組別為二個，而依變項數為一個時，亦

可使用F考驗，此時F檢定之統計量值等於原t值的平方；當組別數為二，依變項數為多個（二個以上）時，所採用的方法即是「雙組別區別分析法」（two-group Discriminant Analysis），顯著性以（T^2）（或D^2）值加以考驗；當組別數為多個，依變項數為一個時，採用的方法為變異數分析，顯著性以F值加以考驗；如果組別數為多個，而依變項數也為多個時，顯著性就要採用Λ值加以考驗，其中t、T^2、F等考驗法，皆是Λ值在特殊情境中所使用的方法（*Tacq, 1997, p.348*）。在單變量變異數分析中，考驗二個群體平均數的差異，可以採用t檢定，也可以使用變異數分析之F考驗；在多變量變異數分析中，考驗二個群體平均向量的差異，可以採用Hotelling's T^2檢定，也可以使用Wilks Λ考驗。

MANOVA分析的步驟分為二個階段，第一個階段進行「整體效果考驗」（overall test或omnibus test），以考驗k組平均數向量沒有差異的虛無假設。若整體效果考驗達到顯著水準，則拒絕虛無假設，表示各組樣本至少在一個依變項上之平均數差異達到顯著水準，至於樣本是在哪幾個依變項的平均數差異達到顯著水準，則進一步接著進行「追蹤考驗」（follow-up），以解釋組間的差異情形（*Bray & Maxwell, 1985; Hair et al., 1998*）。追蹤考驗包含單變量ANOVA分析及區別分析。

MANOVA的追蹤考驗檢在於確認哪一個區別變項是最有區別力（即哪個區別變項在群組間的差異最大），哪個特別群組的差異最明顯及可區別某些群組的加權線性組合與最佳區別群組的加權線性組合間是否有顯著不同。MANOVA的追蹤考驗中，一般常用的方法有以下二種（*Bray & Maxwell, 1985*；*Tabachnick & Fidell, 2007*；陳正昌等，*2005*）：

● (一) 單變量F考驗

單變量F考驗即以ANOVA分析的方法分別對p個依變項進行顯著性檢定。採用此種方法時，部分學者（如*Bird, 1975; Harris, 1975*）建議應採Bonferroni程序將顯著水準α加以分割，即單變量F考驗的顯著水準是α÷p（p是依變項的數目），此處的α為族系錯誤率（family-wise error rate，如.05），因為不採用族系錯誤率，進行數個獨立的單變量會膨脹型I的錯誤率，為和一般顯著水準α區隔，單變量顯著水準型I錯誤率α_i與族系錯誤

率α_{fw}間關係表示為$\alpha_i = \alpha_{fw} \div p$。在SPSS視窗版的「分析→一般線性模式→多變量」的程序中，可以在多變量MANOVA整體效果檢定達到顯著之後，接著進行單變量F考驗。有部分學者不同意在MANOVA整體效果達顯著之後，接著進行單變量ANOVA方析，其理由如下：(1)採用單變量ANOVA方析法所用的誤差項並非用MANOVA分析時所導出的誤差項；(2)採用單變量ANOVA方析法，與原先決定使用MANOVA分析的理由相衝突；(3)採用單變量ANOVA方析法會忽略p個依變項之間的關係，可能失去許多有用的訊息。不過，學者Bray與Maxwell（*1985*）認為，如果研究者的目的是要控制p個單變量ANOVA第一類型錯誤概率，此方法仍然是適當的。

SPSS追蹤檢定中，若採用單變量ANOVAs檢定，但沒有採用族系錯誤率，可能會發生多變量檢定統計量均未達顯著水準，但單變量ANOVAs檢定達到.05顯著水準的矛盾現象。以下列數據資料為例：自變項為X（為二分類別變項），依變項為Y1、Y2、Y3三個計量變數。

表3-3

X	Y1	Y2	Y3	X	Y1	Y2	Y3
1	8	10	9	2	8	8	3
1	13	7	9	2	10	5	8
1	12	3	7	2	10	2	4
1	10	7	3	2	8	8	7
1	10	5	9	2	4	3	2
1	5	9	4	2	2	6	5
1	12	7	9	2	4	4	4
1	11	6	4	2	5	1	3
1	12	7	7	2	7	2	4
1	7	3	3	2	13	3	2

● (二)執行單變量ANOVAs結果

表3-4　ANOVA分析摘要表

		平方和	自由度	平均平方和	F檢定	顯著性
Y1	組 間	42.050	1	42.050	4.646	.045
	組 內	162.900	18	9.050		
	總 和	204.950	19			
Y2	組 間	24.200	1	24.200	4.271	.053
	組 內	102.000	18	5.667		
	總 和	126.200	19			
Y3	組 間	24.200	1	24.200	4.445	.049
	組 內	98.000	18	5.444		
	總 和	122.200	19			

　　從一系列ANOVAs分析輸出結果中可以發現：X變項二個群組在依變項Y1、Y3的平均數差異均達到統計顯著水準，其F值分別為4.646（p=.045<.05）、4.445（p=.049<.05）。至於依變項Y2在二個群組之差異則未達.05顯著水準。

● (三)執行MANOVA輸出結果

表3-5　多變量檢定(b)

效應項		數值	F檢定	假設自由度	誤差自由度	顯著性
X	Pillai's Trace	.373	3.169(a)	3.000	16.000	.053
	Wilks' Lambda變數選擇法	.627	3.169(a)	3.000	16.000	.053
	多變量顯著性檢定	.594	3.169(a)	3.000	16.000	.053
	Roy的最大平方根	.594	3.169(a)	3.000	16.000	.053
a精確的統計量。b設計：截距+X						

　　執行MANOVA輸出之多變量檢定摘要表中，四種多變量檢定：Pillai跡統計量=.373(p=.053<.05)、Wilks Λ=.627(p=.053<.05)、Hotelling跡統計量=.594(p=.053<.05)、Roy最大平方根統計量=.594(p=.053<.05)，均未達顯著水準，表示二個群組在個別結果變項或結果變項的線性組合間均沒有差異。

表3-6　受試者間效應項的檢定

來源	依變數	型III平方和	自由度	平均平方和	F檢定	顯著性
	Y1	42.050	1	42.050	4.646	.045
X	Y2	24.200	1	24.200	4.271	.053
	Y3	24.200	1	24.200	4.445	.049
	Y1	162.900	18	9.050		
誤差	Y2	102.000	18	5.667		
	Y3	98.000	18	5.444		
(a) R平方=.205（調過後的R平方=.161）。						
(b) R平方=.192（調過後的R平方=.147）。						
(c) R平方=.198（調過後的R平方=.153）。						

　　MANOVA輸出之受試者間效應項的檢定摘要表為追蹤考驗之單變量ANOVAs之輸出結果，此輸出結果與進行一系列的ANOVA分析結果相同。若將顯著水準α設為.05，則個別依變項Y1、Y3在群組間的差異是達到顯著的。此種結論與上述執行MANOVA前後無法呼應，因為採用單變量ANOVAs追　考驗會膨脹第一類型錯誤率的風險，此時，若研究者要控制整體的型I錯誤率在.05以下，個別F值的顯著水準要改設為.05÷3=.017，將顯著水準α設為.017，則三個追蹤考驗之單變量ANOVAs結果均未達統計顯著水準，表示三個依變項在群組間的差異均不顯著，此結果才能與上述MANOVA之多變量統計量檢定結果相呼應。

● (四) 區別分析或趨勢分析

　　區別分析的原理與MANOVA基本原理相似，區別分析的目的在找出依變項的線性組合，使得組間變異量與組內變異量的比值最大化。MANOVA分析時，自變項是間斷變項（名義變項或次序變項），依變項是連續變項（等距變項或比率變項）；區別分析程序剛好與MANOVA相反，區別分析之自變項為連續變項（等距變項或比率變項），依變項是間斷變項（名義變項或次序變項），因而在MANOVA分析整體效果達顯著後，繼續進行區別分析，以找出最能區辨的自變項，檢定樣本究竟是在哪幾個依變項上之平均數有顯著差異（*Borgen & Seling, 1978; Hair et al., 1998; Pedhazur, 1997*）。此外，在追蹤考驗程序中，研究者也可採用特別比較方式或趨勢分析（trend analysis），以探究多變量顯著差異的來源，特別比較程序的事

後比較，其方法類似為Scheffe程序的擴展，它必須可以控制型I錯誤率因多次檢定而膨脹。學者Warner（2008）認為多變量的追蹤考驗檢定採用區別分析，更能發現群組間差異的本質。

以二個群體而言，多變量考驗在於決定二個群組的形心或平均向量是否有顯著的不同，進而再採用單變量檢定以探究是哪個依變項對二個群組差異的貢獻較大，一個令人質疑的是為何實施多變量統計程序後，還要繼續進行單變量檢定？其重要原因有二個，一為若所有單變量檢定均獨立，則整體考驗之第一類型錯誤的機率將比原先設定的顯著水準α值高出許多，例如：有五個獨立單變量檢定，每個單變量考驗均設定第一類型錯誤為.05顯著水準，則整體統計顯著性檢定中犯第一類型錯誤的機率提高為.226(=1-(1-0.5)^5=.226)，整體第一類型的錯誤率為.226而非.05，如果5個單變量檢定並非是獨立的，則整體第一類型的錯誤率會更高；第二是可能採用多變量檢定時達到顯著，但單變量考驗卻都不顯著。之所以會有如此結果，乃是依變項之間有某種程度的關聯；如果二個依變項間獨立，則其SSCP矩陣與二個依變項間有相關之SSCP矩陣是不同的，單變量檢定沒有考量到依變數間的相關，而多變量考驗則同時考量到變數的關聯程度，因而二者之檢定結果可能有所差異（*Sharma, 1996, pp. 353-354*）。以下面二個群組、每個群組各有五位受試者為例，依變項有二個（X1、X2），二個群組在二個依變項的測量值數據如下表：

表3-7

受試者	群組1		群組2	
	X1	X2	X1	X2
A	1	3	4	5
B	2	5	5	5
C	4	7	5	6
D	6	11	8	7
E	6	12	8	9
總和	19.00	38.00	30.00	32.00
平均	3.80	7.60	6.00	6.40
平方和	93	348	194	216
交乘積和	179		203	

$$q_{11} = 93 - \frac{(19)^2}{5} = 20.8 \text{、} q_{11} = 194 - \frac{(30)^2}{5} = 14$$

$$q_{22} = 348 - \frac{(38)^2}{5} = 59.2 \text{、} q_{22} = 216 - \frac{(32)^2}{5} = 11.2$$

$$q_{12} = 179 - \frac{19 \times 18}{5} = 34.6 \text{、} q_{12} = 203 - \frac{30 \times 32}{5} = 11$$

$$Q_1 = \begin{bmatrix} 20.8 & 34.6 \\ 34.6 & 59.2 \end{bmatrix}$$

$$Q_2 = \begin{bmatrix} 14.0 & 11.0 \\ 11.0 & 11.2 \end{bmatrix}$$

$$Q_E = Q_1 + Q_2 = \begin{bmatrix} 20.8 & 34.6 \\ 34.6 & 59.2 \end{bmatrix} + \begin{bmatrix} 14.0 & 11.0 \\ 11.0 & 11.2 \end{bmatrix} = \begin{bmatrix} 34.8 & 45.6 \\ 45.6 & 70.4 \end{bmatrix}$$

變異數共變數矩陣 $S = \dfrac{Q_E}{n_1 + n_2 - 2} = \dfrac{Q_E}{5 + 5 - 2} = \dfrac{1}{8} \times \begin{bmatrix} 34.8 & 45.6 \\ 45.6 & 70.4 \end{bmatrix}$

$$= \begin{bmatrix} 4.35 & 5.70 \\ 5.70 & 8.80 \end{bmatrix}$$

表3-8

組別	X_1	X_1^2	$X_1 \times X_2$	X_2	X_2^2
1	1	1.00	3.00	3	9.00
1	2	4.00	10.00	5	25.00
1	4	16.00	28.00	7	49.00
1	6	36.00	66.00	11	121.00
1	6	36.00	72.00	12	144.00
2	4	16.00	20.00	5	25.00
2	5	25.00	25.00	5	25.00
2	5	25.00	30.00	6	36.00
2	8	64.00	56.00	7	49.00
2	8	64.00	72.00	9	81.00
總平均	4.90			7.00	
總和	49	287	382	70	564

$$q_{11} = 287 - \frac{(49)^2}{10} = 46.90 \text{、} q_{22} = 564 - \frac{(70)^2}{10} = 74.00$$

$$q_{12} = 382 - \frac{49 \times 70}{10} = 39 \text{、} Q_T = \begin{bmatrix} 46.90 & 39.00 \\ 39.00 & 74.00 \end{bmatrix}$$

$$Q_B = Q_T - Q_E = \begin{bmatrix} 46.90 & 39.00 \\ 39.00 & 74.00 \end{bmatrix} - \begin{bmatrix} 34.8 & 45.6 \\ 45.6 & 70.4 \end{bmatrix} = \begin{bmatrix} 12.0 & -6.60 \\ -6.60 & 3.60 \end{bmatrix}$$

表3-9　受試者間SSCP矩陣（SPSS輸出之表格）

			X1	X2
假設	截距	X1	240.100	343.000
		X2	343.000	490.000
	組別	X1	12.100	−6.600
		X2	−6.600	3.600
誤差		X1	34.800	45.600
		X2	45.600	70.400

在矩陣行列式的表示方面，若是矩陣Q為一個n×n階方陣，則其行列式以|Q|表示，行列式代表一個方陣的行向量所構成的平面多面體的「容積」，在平面的情況下，行列式代表兩個向量所構成的平行四邊形的「面積」（林清山，2003）。Q_E矩陣的行列式以$|Q_E|$表示，其數值=(34.8×70.4)−(45.6×45.6)=370.56，Q_T矩陣的行列式以$|Q_T|$表示，其數值=(46.9×74.0)−(39.0×39.0)=1,949.60。

【備註】：矩陣A行列式（determinant）通常以符號「det A」或|A|表示，EXCEL試算表求矩陣行列式的函數為「MDETERN」，其語法為「=MDETERN（陣列範圍）」。

表3-10　殘差SSCP矩陣（SPSS輸出之表格）

		X1	X2
叉積平方和	X1	34.800	45.600
	X2	45.600	70.400
共變數	X1	4.350	5.700
	X2	5.700	8.800

（續上頁表）

相關	X1	1.000	.921
	X2	.921	1.000

$$F = \left(\frac{5+5-2-1}{2}\right) \times \left(\frac{1-.190}{.190}\right) = 14.914 \text{、}$$

$$\Lambda = \frac{|Q_E|}{|Q_B+Q_E|} = \frac{|Q_E|}{|Q_T|} = \frac{370.56}{1949.6} = .190$$

$$T^2 = (5+5-2) \times \left(\frac{1-.190}{.190}\right) = 34.105$$

表3-11　執行SPSS多變量程序輸出之四種多變量檢定統計量

效應項		數值	F檢定	假設自由度	誤差自由度	顯著性
組別	Pillai's Trace	.810	14.914(a)	2.000	7.000	.003
	Wilks' Lambda變數選擇法	.190	14.914(a)	2.000	7.000	.003
	多變量顯著性檢定	4.261	14.914(a)	2.000	7.000	.003
	Roy的最大平方根	4.261	14.914(a)	2.000	7.000	.003

　　上表中，Pillai跡統計量值為.810（顯著性p=.003<.05）、WilksΛ值為.190（顯著性p=.003<.05）、Hotelling跡統計量值為4.261（顯著性p=.003<.05）、Roy最大平方根值為4.261（顯著性p=.003<.05）。四種多變量檢定統計量均達到顯著水準，表示二個群組在二個依變項的差異達到顯著或二個群組在依變項線性組合的差異達到顯著。

表3-12　執行SPSS多變量程序輸出之單變量統計考驗

來源	依變數	型III平方和	自由度	平均平方和	F檢定	顯著性
組別	X1	12.100	1	12.100	2.782	.134
	X2	3.600	1	3.600	.409	.540
受試者間效應項的檢定。						

　　從個別變項的單變量ANOVAs摘要表中得知：二個群組在個別變項X1、X2的差異均未達顯著，其F值分別為2.782(p=.134>.025)、.409(p=.5

40>.025)。由此範例可以得知：MANOVA分析結果達到顯著，一系列的ANOVAs分析不一定會達到統計顯著水準。

多變量考驗顯著而單變量ANOVAs個別檢定均不顯著，學者Kerlinger與Pedhazur（*1973*）也提供以下案例，案例中有三個群組、二個依變項，其原始數據如下：

表3-13

群組	群組1		群組2		群組3	
變項	Y1	Y2	Y1	Y2	Y1	Y2
A	3	7	4	5	5	5
B	4	7	4	6	6	5
C	5	8	5	7	6	6
D	5	9	6	7	7	7
E	6	10	6	8	7	8

進行多變量檢定時，Wilks Λ值為.097、轉換為F值約為12.201，顯著性p=.000<.05，達到顯著水準；但進行個別單變量檢定考驗時，型III平方和的F值分別為3.467(p=.065>.05)、3.574(p=.061>.05)，均未達.05顯著水準。單變量個別檢定之SPSS報表如下：

表3-14 受試者間效應項的檢定─單變量檢定

來源	依變數	型III平方和	自由度	平均平方和	F檢定	顯著性
組別	Y1	6.933	2	3.467	3.467	.065
	Y2	11.200	2	5.600	3.574	.061

$$Q_E = \begin{bmatrix} 12.0 & 13.2 \\ 13.2 & 18.8 \end{bmatrix} \text{、} Q_B = \begin{bmatrix} 6.93 & -7.20 \\ -7.20 & 11.20 \end{bmatrix}$$

一般而言，如果多變量虛無假設被拒絕，則至少在單變量檢定中會有一個考驗會達顯著，但拒絕多變量虛無假設時，單變量檢定中卻沒有一個達到顯著水準是可能的，如Timm（*1975, p. 166*）所指出：「……再者，拒絕虛多變量虛無假設並不一定確保至少存在一個顯著的單變量F比值，就一

組資料而言，顯著性比較並沒有考量到某種變項間線性組合關係。」此種關係有點類似單變量變異數分析中，整體考驗F值達到顯著，但採用Tukey事後比較程序時卻沒有發現有任何二組平均數達到顯著差異。之所以發生以上情形，乃是多變量分析中，同時考量到依變項間的關係，而單變量顯著檢定則無；即多變量檢定同時關注到所有變數的連帶關係，而單變量檢定只考慮到獨立個別變項間的差異而已。多變量檢定中變數間相關係數的大小會影響到多變量誤差項的數值高低，進而影響到多變量統計量的數值（*Stevens, 2002*）。

　　獨立樣本單因子多變量變異數分析的統計分析的流程，可以圖示如下，若是整體考驗之Wilks Λ值達到顯著，研究者可進行追蹤檢定，如果追蹤檢定採用的是單變量變異數考驗，則顯著水準為「$\alpha(0.05) \div$ 依變項個數」，如此才能將整體型I的錯誤率控制為.05。

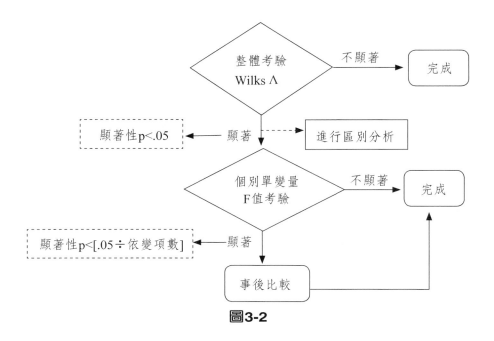

圖3-2

　　獨立樣本單因子MANOVA整體考驗摘要表可以簡化整理如下，其中Q_H（或Q_B）為組間的SSCP（sum of square and cross product；平方和與交乘積）矩陣、Q_E為組內的SSCP矩陣（誤差項的SSCP矩陣），k為自變項的水準數，N為有效樣本總數。

表3-15

變異來源	df（自由度）	SSCP矩陣	Λ
組間	k-1	Q_H（或Q_B）	$\dfrac{|Q_E|}{|Q_H+Q_E|}$ 或 $\dfrac{|Q_E|}{|Q_T|}$
組內	N-k	Q_E	
總和	N-1	$Q_T = Q_H + Q_E$	

上表中Wilks Λ值為組內SSCP矩陣÷整體的SSCP矩陣，如果Λ值愈小表示組內誤差項值愈小，自變項效果值愈大（組間的差異愈大）。

二因子MANOVA變異數分析，與二因子單變量變異數分析一樣，研究者同時操弄二個自變項（A因子與B因子）。二因子MANOVA變異數分析除了可以檢定每個自變項（A因子或B因子）的「主要效果」（main effect）外，也可以同時考驗兩個因子間的「交互作用效果」（interaction effect），以確定二個自變項間是否彼此獨立。如果A因子與B因子二個自變項間的交互作用達到顯著水準，則必須進一步考驗其「多變項單純主要效果」（multivariate test of simple main effect）。二因子MANOVA分析的步驟如下：

1. 當二因子MANOVA交互作用項達到顯著水準時，進一步進行多變項單純主要效果考驗。假定A因子有二個水準、B因子有三個水準，單純主要效果考驗則是在檢定下列幾項：A在b1、A在b2、A在 b3、B在a1、B在a2之MANOVA分析。如果單純主要效果考驗達到顯著，則進一步進行單因子ANOVA分析及事後比較。

2. 如果二因子MANOVA交互作用項未達到顯著水準，則進一步考驗二個自變項的主要效果，此時即分別進行以下的二個分析：(1)A因子的MANOVA分析；(2)B因子的MANOVA分析。

獨立樣本二因子MANOVA分析摘要表可整理如下，其中a是A因子水準數、b是B因子的水準數，n為細格人數。

表3-16

變異來源	df（自由度）	SSCP矩陣	Λ
A	a−1	Q_A	$\dfrac{|Q_E|}{|Q_A+Q_E|}$
B	b−1	Q_B	
A×B	(a−1)×(b−1)	Q_{AB}	$\dfrac{|Q_E|}{|Q_B+Q_E|}$
誤差	ab(n−1)	Q_E	$\dfrac{|Q_E|}{|Q_{AB}+Q_E|}$
全體	N−1	$Q_T = Q_A + Q_B + Q_{AB} + Q_E$	

獨立樣本二因子MANOVA單純主要效果考驗摘要表如下：

表3-17

變異來源	df	SSCP	Λ
Aat			
b1	a−1	$Q_{A-at-b1}$	$\dfrac{|Q_e|}{|Q_{A-at-b1}+Q_e|}$
b2	a−1	$Q_{A-at-b2}$	$\dfrac{|Q_e|}{|Q_{A-at-b2}+Q_e|}$
b3	a−1	$Q_{A-at-b3}$	$\dfrac{|Q_e|}{|Q_{A-at-b3}+Q_e|}$
Bat			
a1	b−1	$Q_{B-at-a1}$	$\dfrac{|Q_e|}{|Q_{B-at-a1}+Q_e|}$
a2	b−1	$Q_{B-at-a2}$	$\dfrac{|Q_e|}{|Q_{B-at-a2}+Q_e|}$
誤差	ab(n−1)	Q_e	

n為細格人數，a 為A因子的水準數（範例為2），b 為B因子的水準數（範例為3）

　　若是自變項間個數較多，進行MANOVA程序後發現多變量統計量Λ值未達顯著，表示所有依變項固定因子的差異均未達顯著，如此，就不用進行單變量檢定。以下列三個群組為例，研究者想探究三個不同群組樣本在Y1、Y2、Y3、Y4四個依變項的差異，採用MANOVA與ANOVA輸出結果如下：

表3-18

組別1	Y1	Y2	Y3	Y4	組別2	Y1	Y2	Y3	Y4	組別3	Y1	Y2	Y3	Y4
1	3	7	10	2	2	4	3	9	5	3	5	9	8	8
1	4	6	7	3	2	5	4	10	4	3	4	9	9	7
1	1	6	9	4	2	7	5	10	5	3	3	3	7	2
1	8	5	7	3	2	8	8	5	1	3	10	3	8	1
1	10	5	8	2	2	3	9	5	2	3	2	6	9	2
1	5	4	6	4	2	2	10	6	1	3	3	7	7	1
1	6	5	7	3	2	9	6	8	2	3	5	4	9	7
1	8	4	10	2	2	8	2	9	3	3	6	3	10	2

一、MANOVA分析結果

表3-19　多變量檢定(c)

效應項		數值	F檢定	假設自由度	誤差自由度	顯著性
組別	Pillai's Trace	.097	.242	8.000	38.000	.980
	Wilks' Lambda變數選擇法	.904	.232(a)	8.000	36.000	.982
	多變量顯著性檢定	.104	.222	8.000	34.000	.985
	Roy的最大平方根	.089	.424(b)	4.000	19.000	.789

　　四種MANOVA統計量 v、Λ、T、θ 分別為.097、.904、.104、.089，顯著性p分別為.980、.982、.985、.789，均未達.05顯著水準，表示四個依變項在三個群組的差異均未達顯著水準。

表3-20　受試者間效應項的檢定

來源	依變數	型III平方和	自由度	平均平方和	F檢定	顯著性
組別	Y1	4.750	2	2.375	.326	.725
	Y2	1.583	2	.792	.145	.866
	Y3	1.583	2	.792	.300	.744
	Y4	4.083	2	2.042	.491	.619
誤差	Y1	152.875	21	7.280		
	Y2	114.375	21	5.446		
	Y3	55.375	21	2.637		
	Y4	87.250	21	4.155		

　　「受試者間效應項的檢定」為執行MANOVA程序中所輸出的單變量檢定結果。因為在MANOVA程序中，若是上述四種多變量統計量 ν 、 Λ 、T、 θ 達到.05顯著水準，表示至少有一個依變項在固定因子的差異是有顯著差異的，至於是哪幾個依變項在固定因子（自變項）間的差異達到顯著，必須查看MANOVA所提供的「受試者間效應項的檢定」報表。此報表中個別依變項的顯著水準 α 設定為.05，研究者應根據依變項個數，調整型I整體錯誤率（族系錯誤率）為.05。範例中有四個依變項，若將族系錯誤率設定為.05，則四個單變量檢定之顯著水準數值為： $\alpha_i = \alpha_{fw} \div 4 = .05 \div 4 = .0125$ ，若是單變量檢定F值的顯著性p小於 $\alpha_i = .0125$ ，則表示依變項在固定因子的差異達到顯著水準。表中Y1、Y2、Y3、Y4四個依變項在單變量檢定的F值分別為.326、.145、.300、491，顯著性p值分別為.725、.866、.744、.619均大於 $\alpha_i = .0125$ ，表示三個不同群體在四個依變項均沒有顯著差異存在。

二、ANOVA分析結果

　　研究者若是採用單因子變異數分析，進行三個組別在四個依變項的差異比較，即為ANOVA分析程序，變異數分析摘要表如下：

表3-21　ANOVA

		平方和	自由度	平均平方和	F檢定	顯著性
Y1	組間	4.750	2	2.375	.326	.725
	組內	152.875	21	7.280		
	總和	157.625	23			
Y2	組間	1.583	2	.792	.145	.866
	組內	114.375	21	5.446		
	總和	115.958	23			
Y3	組間	1.583	2	.792	.300	.744
	組內	55.375	21	2.637		
	總和	56.958	23			
Y4	組間	4.083	2	2.042	.491	.619
	組內	87.250	21	4.155		
	總和	91.333	23			

從ANOVA分析摘要中可以發現，變異數分析的數值與採用MANOVA「受試者間效應項的檢定」摘要表中的數值相同，只是二者排列形式不同。ANOVA分析摘要中Y1、Y2、Y3、Y4四個依變項在單變量檢定的F值分別為.326、.145、.300、491，顯著性p值分別為.725、.866、.744、.619均大於.05，表示三個群組樣本在Y1、Y2、Y3、Y4四個依變項的差異均未達.05顯著水準，此結果與上述採用MANOVA分析之結果可相互呼應。其中唯一的差別，在於族系錯誤率的設定，MANOVA分析中，若將族系錯誤率定為2，則個別變項顯著水準$\alpha_i = \alpha_{fw} \div 4 = 2 \div 4 = .05$，但若將族系錯誤率定為.05，則個別變項顯著水準$\alpha_i = \alpha_{fw} \div 4 = 2 \div 4 = .0125$，如此單變量顯著性檢定將較為保守，此種保守設定乃假定依變項間非彼此獨立，而是彼此間有某種程度關係。

學者Tabachnick與Fidell（*2007, p. 270*）認為在追蹤考驗中，如果採用單變量檢定，各單變量檢定的顯著水準數值可以設為相同數值，也可以設定為不同數值，以有四個依變項的MANOVA分析程序而言，若每個依變項顯著水準均定為.01，則整體的顯著水準為：

$\alpha = 1 - (1-\alpha_1)((1-\alpha_2)(1-\alpha_3)(1-\alpha_4) = 1 - (.99)(.99)(.99)(.99) = 0.39$，整體顯著水準低於.05；此外，研究者可以將二個依變項的顯著水準設定為.02、將其餘二個依變項的顯著水準設定為.001，則整體顯著水準α為.042，此種設定也可以。

貳、二組樣本單因子多變量變異數分析

【研究問題】

在一項國中學生學習活壓力的研究中，研究者編製一份「國中學生學習壓力量表」，量表經預試結果，以探索性因素分析求其建構效度，量表共包含三個向度：「課堂壓力」、「考試壓力」、「期望壓力」，研究者想探究的研究問題如下：

1. 不同性別（男生、女生）的學生其學習壓力是否有顯著差異存在？

2. 不同年級（一年級、二年級、三年級）的學生其學習壓力是否有顯著差異存在？

3. 不同社經地位（高社經地位、中社經地位、低社經地位）的學生其學習壓力是否有顯著差異存在？

在檢定變數中由於有三個依變項：「課堂壓力」、「考試壓力」、「期望壓力」，因而研究者擬採用單因子多變量分析，來考驗不同性別或不同年級變項在三個學習壓力向度的差異情形。

範例分析的數據如下：其中性別為二分名義變項、年級為三分名義變項、社經地位為三分名義變項，「課堂壓力」、「考試壓力」、「期望壓力」三個向度為等距量尺，學習壓力向度之測量值愈大，表示學生所知覺的壓力愈大。

表3-22

性別	年級	社經地位	課堂壓力	考試壓力	期望壓力	性別	年級	社經地位	課堂壓力	考試壓力	期望壓力
1	1	1	24	32	32	2	1	1	34	31	28
1	1	2	39	30	36	2	1	2	32	27	29
1	1	3	29	28	37	2	1	3	26	28	31
1	1	1	25	26	40	2	1	1	40	26	34
1	1	2	30	40	49	2	1	2	21	29	41
1	2	3	45	45	36	2	2	3	38	35	25
1	2	1	32	31	41	2	2	1	37	40	27
1	2	2	47	31	41	2	2	2	39	39	29
1	2	3	43	29	41	2	2	3	36	34	32
1	2	1	50	32	50	2	2	1	41	36	36
1	3	2	36	49	35	2	3	2	21	47	32
1	3	3	24	50	36	2	3	3	21	47	32
1	3	1	24	42	44	2	3	1	26	49	34
1	3	2	40	48	49	2	3	2	29	48	36
1	3	3	32	45	50	2	3	3	36	50	37

一、SPSS操作程序

步驟(一)

執行功能表「分析(A)」/「一般線性模式(G)」/「多變量(M)」程序，開啟「多變量」對話視窗。

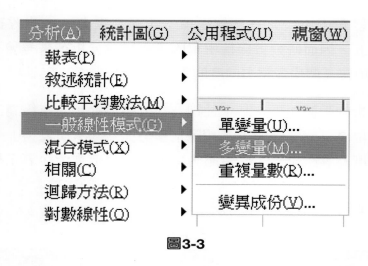

圖3-3

步驟(二)

在「多變量」對話視窗中，在左邊變數清單中選取二個以上的依變數至右邊「依變數(D)」下的方格中；其次在左邊變數清單中，將自變項（必須為非計量變數）（如性別變數、年級變數）選入右邊「固定因子(F)」下的方格中。

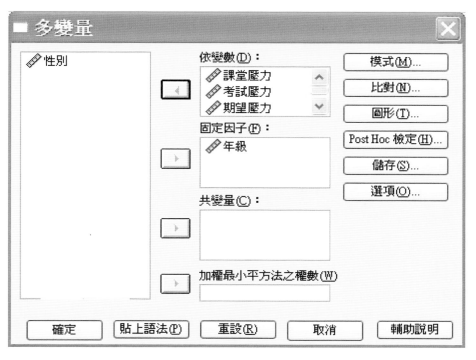

圖3-4

【備註】：「依變數(D)」下的方格之變數必須為連續變數（等距尺度以上變項），且依變項的個數必須要二個以上，若研究者採用的是「多變量共變數變異數分析」，必須選取「共變項」至右邊「共變量(C)」下的方格中，「固定因子(F)」（fixed factor）方格下的變項必項為名義變數或次序變數。

● 步驟（三）

按『模式(M)』鈕，可開啟「多變量：模式」（multivariate: model）次對話視窗，內定的模式為「⊙完全因子設計(A)」模式，完全因子設計模式包括所有因子主效果、所有共變數主效果及所有因子對因子交互作用（但不包含共變量的交互作用），此模式即飽和模式（full model），在一般實驗設計程序中，多因子完全隨機化實驗設計均屬於飽和模式，因而進行多變量分析時，此視窗界面不用進行變更。在下方平方和的估計中，SPSS提供四種SS的估計方法（SPSS手冊）：

1.型I

又稱為平方和方法的階層式分解，模式中的每一項都只針對它的前一項來調整。型I方法平方和通常用於平衡的ANOVA模式、多項式階層模式、純巢狀模式。

2.型II

此方法會計算模式中的效應項平方和，且模式會針對所有其他適當的效應項進行調整。型II方法平方和常用於平衡的ANOVA模式、任何只有主要因子效應項的模式、任何迴歸模式及透過語法指定的純巢狀設計模式。

3.型III

型III是SPSS預設方法，對不含遺漏值細格的平衡或不平衡模式而言，型III平方和是最常用的估算方法。此方法可用於計算設計中，某個效應的平方和，此乃其他效應（不包含該效應）和與任何包含它的效應（如果有的話）正交調整後的平方和。型III平方和的優點在於：只要估計的一般形式保持不變，它們在細格次數方面就是不變，因而，一般認為此類型對於沒有遺漏細格的不平衡模式相當有用，在沒有遺漏細格的因子設計中，型III方法等於「Yates平均數加權平方」技術。

4.型IV

此方法是適用於有遺漏細格的情況。對於設計中的任何效應項F值而言，若是F不包含在任何其他效應項中的話，則類型IV＝類型III＝類型II，但當F包含在任何其他效應項中時，類型IV會把F對參數所做之對比，平分給所有較高階的效應項。類型IV較常用於型I與型II所列出的任何模式、任何有空白細格的平衡／不平衡模式。

此外，在截距（intercept）設定方面，內定選項為「☑模式中包括截距(I)」，但若是假定資料會經過原點的話，則應將截距排除於模式之外。

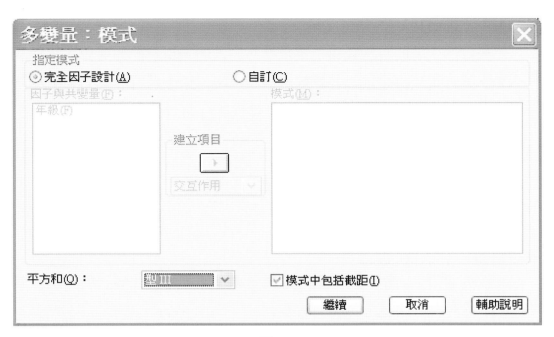

圖3-5

● **步驟（四）**

按『比對(N)』鈕，可開啟「多變量：比對」（multivariate: contrasts）次對話視窗。比對視窗為「事前多重比較」的方法，用於界定檢定因子水準間平均數差異顯著性的比較方法，研究者可以替模式中每個因子都指定對比，對比代表參數的線性組合，假設檢定是以虛無假設LBM為依據，當指定了對比後，SPSS會建立一個L矩陣，使矩陣中的行對應對比的因子，而其他的行會被調整，以便順利估計出L矩陣。上述符號中，L表示對比係數矩陣、M表示單位矩陣，其維度等於依變項的總個數、B代表參數向量。在「比對(N)」下拉式選單中，包括六種對比類型：

1.離差（Deviation）

比較每個水準（群組）的平均數（除了參考類型）跟所有水準之總平均數的差異，其中，因子水準以任何一種方式排列，皆可以。

2.簡單（Simple）

比較每個水準的平均數與指定水準平均數的差異，此類對比在有控制組或參照組時相當有用，研究者也可以選擇第一個水準或最後一個水準當做參照組。

3.差分（Difference）

比較每個水準的平均數（第一個水準不進行比較）與前面一個水準平均數之差異，此種對比有時又稱反Helmert對比。

4.Helmert

比較每個因子水準的平均數（最後一個水準不進行比較）與隨後一個水準平均數之差異。

5.重複（Repeated）

比較每個水準的平均數（最後一個水準不進行比較）與隨後一個水準平均數之差異。

6.多項式（Polynomial）

比較線性效應、二次效應、三次效應、……，依此類推。第一自由度包含所有類別的線性效應、第二自由度包含二次效應，依此類推，這些對比常用來估計多項式趨勢。

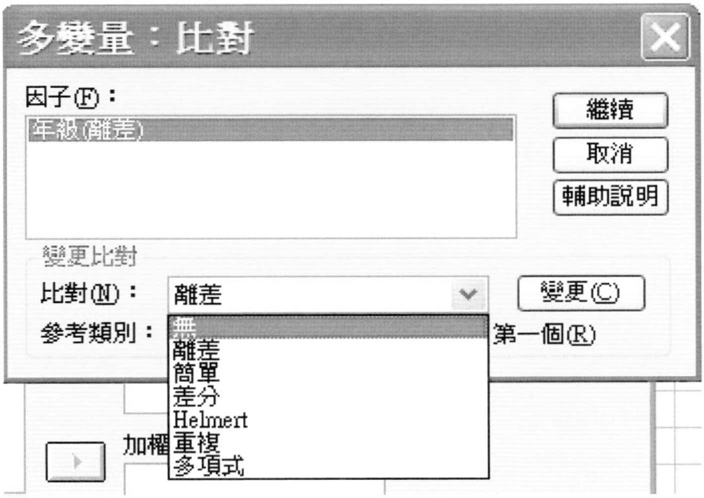

圖3-6

　　在比對下拉式選單的操作中，如研究者選取「離差」選項，之後按『變更(C)』鈕，則於上方「因子(F)」下的方框中會出現「年級（離差）」訊息，此外，參照組之參考類別選項內定為「⊙最後一個(L)」，研究者也可改為「⊙第一個(R)」。如果研究者不進行事前多重比較，則不用按『比對(N)』鈕開啟「多變量：比對」次對話視窗。

圖3-7

● 步驟（五）

　　按『Post Hoc檢定(H)』鈕，開啟「多變量：觀察值平均數的Post Hoc

多重比較」次對話視窗。此視窗為獨立樣本單變量變異數分析之事後比較，因而會根據個別依變數進行事後比較考驗。其中包含變異數同質與變異數不同質的事後比較方法，在未違反變異數同質假定的條件下，較常用的多重比較方法為Bonferroni法、Tukey最誠實顯著性檢定法與Scheffe法，其中Scheffe檢定法較為保守，平均數間顯著性差異要比較大；若是資料違反變異數同質性假定，則在進行單變量事後比較時，可以就以下四種比較方法中勾選一個：Tamhane T2檢定（根據t檢定導出的保守成對比較檢定法）、Dunnett T3檢定（以Studentized最大模組為基礎的成對比較檢定法）、Games-Howell檢定、Dunnett C檢定（以Studentized範圍為基礎的成對比較檢定法）。視窗界面操作時，將固定因子「性別」或「年級」點選至右邊「Post Hoc檢定(P)」下的方框中，並勾選一個多重比較方法即可。

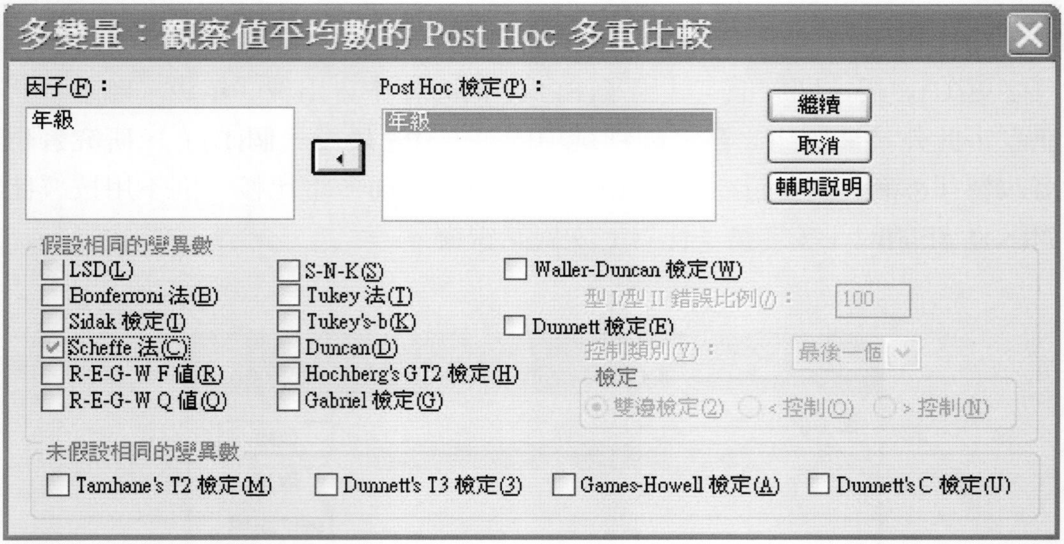

圖3-8

● 步驟（六）

按『儲存(S)』鈕，可開啟「多變量：儲存」次對話視窗，將相關的檢定統計量以新變數名稱增列於「資料編輯視窗」中，也可以將這些由模式、殘差或相關量數所預測出來的數值單獨存成一個資料檔，以供後續研究之用。其中包括下面幾個方盒：

1.預測值 (Predicated Values)

　　模式為每個觀察值所預測估算出來的數值，這些數值包括未標準化的預測值、預測值的標準誤及已加權的未標準化預測值（此選項必須配合選用WLS變數）。

2.診斷 (Diagnostics)

　　此量數可以找出包含自變項異常組合值的觀察值，還有可能對模式產生重大影響的觀察值。「Cook 距離(K)」量數表示計算迴歸係數時排除特定觀察值後，所有觀察值的殘差變化情形，若是Cook距離量數太大，代表從迴歸統計量的估算中排除某特定觀察值後，會顯著地影響係數改變量；「影響量數(V)」（leverage values）代表觀察值對模式適合度所造成的相對影響。

3.殘差 (Residuals)

　　未標準化的殘差值為依變項與模式預測值相減後，所估算出來的數值；加權殘差為已加權的未標準化殘差值、標準化殘差值（又稱Pearson殘差）為殘差值除以標準誤估計值、Studentized殘差為殘差值除以標準差估計值，標準差估計值會因觀察值測量量數不同而呈現不同數值、已刪除後殘差為將特定觀察值排除於迴歸係數計算時得的殘差值。

　　如果研究者要將以上勾選的相關量數儲存於新檔案中，可以選取「⊙寫入新資料檔(W)」選項，SPSS會以一個新資料檔儲存相關參數，資料檔內含模式中參數估計值的變異數共變數矩陣。對於每個依變項而言，資料檔中會有一列參數估計值、一列t統計量的顯著性量數及一列的殘差自由度。若是研究者不想將相關參數儲存，則不用按『儲存(S)』鈕開啟「多變量：儲存」次對話視窗，此步驟可以略過。

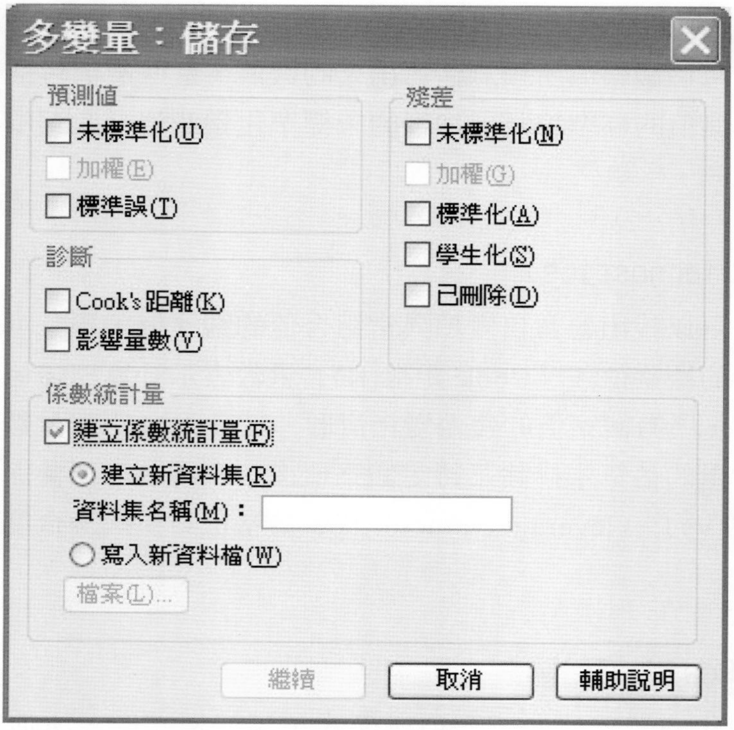

圖3-9

步驟(七)

按『選項(O)』（Options）鈕，可開啟「多變量：選項」次對話視窗，此選項可進行共變數分析的事後比較及呈現相關多變量分析的參數。其中「☑比較主效果(O)」選項，提供模式中所有主效果之邊緣平均數間未修正的成對比較、「信賴區間調整(N)」下拉式選單提供三種比較方法：最小顯著差異法（LSD法，此為內定選項）、Bonferroni法及Sidak調整法。在「顯示」方盒中提供以下選項：敘述統計、效果項大小估計值、觀察的檢定能力、參數估計值、SSCP矩陣、殘差SSCP矩陣、轉換矩陣、同質性檢定、離散對水準之圖形、殘差圖、缺適性檢定、一般可估函數等。研究者可依實際需要勾選相關選項，其中「☑敘述統計(D)」、「☑參數估計值(T)」、「☑ SSCP矩陣(S)」、「☑殘差SSCP矩陣(C)」、「☑同質性檢定(H)」五個選項在多變量分析程序較常用到，研究者最好勾選。

「敘述統計」選項會輸出細格平均數、標準差與觀察值個數，「效果

項大小估計值」選項會輸出所有效應項與所有參數估計值的淨相關Eta平方值，「觀察的檢定能力」選項可以輸出統計考驗力，「參數估計值」選項可以顯示參數估計值、標準誤、t檢定統計量及信賴區間，「同質性檢定」選項可以輸出受試者因子的所有水準組合之間，產生每個依變項的變異數同質性Levene檢定；此外，也會呈現受試者間因子的有水準組合下，所有依變項共變異數矩陣同質性Box M檢定統計量。「缺適性檢定」選項可以檢查模式是否已經適當地說明出依變數與自變數間的關係，「一般可估函數」選項可以根據一般可估計的函數，建立出自訂的假設檢定，所有對比係數矩陣中的列，皆一般可估計函數的線性組合。

圖3-10

二、二個群組之單因子多變量檢定輸出報表

以學生「性別」（二分名義變項）為自變項、學習壓力量表三個向度為依變項，進行單因子MANOVA分析，其分析的架構圖為：

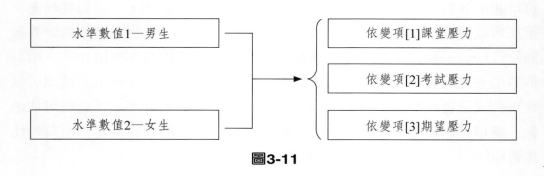

圖3-11

虛無假設為：

$$H_0: \begin{pmatrix} \mu_{11} \\ \mu_{21} \end{pmatrix} = \begin{pmatrix} \mu_{12} \\ \mu_{22} \end{pmatrix} = \begin{pmatrix} \mu_{13} \\ \mu_{23} \end{pmatrix} \quad （二個母群體的平均向量相等）$$

執行多變量程序輸出報表如下：

表3-23　受試者間因子

		數值註解	個數
性別	1	男生	15
	2	女生	15

上表為自變項（固定因子）的水準編碼、水準數值註解及各群組觀察值個數。自變項性別的二個水準編碼分別為1、2，其水準數值註解1為男生、2為女生，二個群組的觀察值各有15位。

表3-24　敘述統計

	性別	平均數	標準差	個數
課堂壓力	男生	34.67	8.926	15
	女生	31.80	7.243	15
	總和	33.23	8.118	30

（續上頁表）

考試壓力	男生	37.20	8.587	15
	女生	37.73	8.681	15
	總和	37.47	8.488	30
期望壓力	男生	41.13	6.022	15
	女生	32.20	4.263	15
	總和	36.67	6.850	30

　　上表為不同性別學生在三個學習壓力向度之描述性統計量。男生群體在課堂壓力、考試壓力、期望壓力三個向度的平均數34.67、37.20、41.13，女生群體在課堂壓力、考試壓力、期望壓力三個向度的平均數31.80、37.73、32.20。Hotelling's T^2 考驗即在檢定不同性別之觀察值在三個依變項的平均數，是否與全部樣本在依變項的總平均數間有顯著差異存在。

表3-25　共變量矩陣等式的Box檢定(a)

Box's M	4.804
F檢定	.707
分子自由度	6
分母自由度	5680.302
顯著性	.644
檢定依變數的觀察共變量矩陣之虛無假設，等於交叉組別。	
(a) 設計：Intercept+性別。	

　　上表為Box多變量變異數共變數矩陣同質性檢定結果統計量，由表中可知Box's M值等於4.804，轉換成的F統計量為.707，顯著性考驗的p值等於.644>.05，未達到顯著水準，表示自變項二個組別在三個依變項之多變量變異數共變數矩陣未違反同質性之假定。在多變量變異數同質性檢定中，如果Box's M值達到顯著（p<.05），表示未符合變異數同質性假定，此時，若是各組樣本人數差異很大，必須進行校正工作或資料轉換，如採用對數轉換。在MANOVA的分析程序中，若是資料結構違反MANOVA基本假定，在進行資料轉換時必須考量到二方面：一為理論架構、二為資料本身。根據資料原始尺度，資料常態性的適當轉換方法如下（*Johnson &*

Wichern, 2007, p. 192）：

表3-26

原始尺度	轉換尺度
計次變項Y	$\sqrt{Y}$
比例p	$\log it(p) = \dfrac{1}{2}\log\left(\dfrac{p}{1-p}\right)$
相關r	Fisher's $z(r) = \dfrac{1}{2}\log\left(\dfrac{1+r}{1-r}\right)$

表3-27　多變量檢定(b)

效應項		數值	F檢定	假設自由度	誤差自由度	顯著性	淨相關Eta平方
截距	Pillai's Trace	.988	744.123(a)	3.000	26.000	.000	.988
	Wilks' Lambda變數選擇法	.012	744.123(a)	3.000	26.000	.000	.988
	多變量顯著性檢定	85.860	744.123(a)	3.000	26.000	.000	.988
	Roy的最大平方根	85.860	744.123(a)	3.000	26.000	.000	.988
性別	Pillai's Trace	.453	7.179(a)	3.000	26.000	.001	.453
	Wilks' Lambda變數選擇法	.547	7.179(a)	3.000	26.000	.001	.453
	多變量顯著性檢定	.828	7.179(a)	3.000	26.000	.001	.453
	Roy的最大平方根	.828	7.179(a)	3.000	26.000	.001	.453

(a) 精確的統計量。
(b) 設計：Intercept+性別。

　　上表為單因子多變量顯著性考驗，表的上半部為截距項（Intercept）資料，此部分研究者可以省略不看。截距項效果的檢定在於考驗在所有p個結果變項（依變項）的平均數向量是否全部等於0，此部分因為不是多變量分析關注的重點，因而研究者不用加以解釋其輸出的報表結果。四種多變量統計量Pillai V值等於.453、Wilks Λ值等於.547、多變量顯著性檢定量（Hotelling Trace值）等於.828、Roy最大根統計量等於.828，其顯著性差異考驗之p值（=001）均小於.05，達到.05顯著水準。表中最後一欄「淨相關Eta平方」為效果值，表示自變項可以解釋所有依變項線性組合的變異。範例中之效果值$\eta^2 = 1-\Lambda = 1-.547 = .453$，表示性別變項可以解釋學習壓力量表三

個向度線性組合45.3%的變異量。

多變量顯著性考驗達到顯著，表示不同性別在三個依變項上的差異比較中，至少有一個依變項的平均數有顯著差異，至於是哪一個依變項造成的，進一步則進行單因子單變量變異數分析或區別分別，以找出三組樣本在依變項上平均數的差異情形。進行單因子單變量變異數分析，因為有三個依變項，總共要進行三次的ANOVA程序，在每個依變項進行ANOVA分析時，如果變異數分析的F值達到顯著水準，則進一步要進行事後多重比較。在MANOVA多變量變異數分析程序中同時提供ANOVA及其事後比較結果。

【備註】：若將性別變項作為分組變項、三個壓力向度變項作為自變項進行區別分析，可以求出特徵值與Wilks' Lambda值，其中「Wilks' Lambda值」欄中的數值.547為MANOVA分析輸出報表「Wilks' Lambda變數選擇法」列中的數值，顯著性p值也相同。利用數據中的特徵值可以求三個多變量檢定統計量，「Roy的最大平方根」為由 $W^{-1}B$ 的特徵結構求出的最大特徵值 λ_1，表中 $\lambda_1=.828$（第二個特徵值為0），因而「Roy的最大平方根」列的數據為.828，「Pillai's Trace」列的數據為Pillai跡統計量，其求法為 $\sum_{i=1}^{2}\frac{\lambda_i}{1+\lambda_i}=\frac{.828}{1+.828}+\frac{0}{1+0}=.453$。「多變量顯著性檢定」列為Hotelling的跡統計量，此統計量為特徵值的和 $\sum_{i=1}^{2}\lambda_i=.828+0=.828$。

表3-28 區別分析程序求出之特徵值

函數	特徵值	變異數的%	累積%	典型相關
1	.828(a)	100.0	100.0	.673
(a) 分析時會使用前1個典型區別函數。				

表3-29 區別分析程序求出Wilks' Lambda值

函數檢定	Wilks' Lambda值	卡方	自由度	顯著性
1	.547	15.990	3	.001

區別分析的程序也可作為MANOVA的追蹤考驗，區別分析結果之特徵值為.828、WilksΛ值為.547，轉換為卡方值為15.990（自由度為3），顯著

性p=.001<.05，達到顯著，表示第一個區別函數可以有效區別或預測群組成員。

表3-30　誤差變異量的Levene檢定等式(a)

	F檢定	分子自由度	分母自由度	顯著性
課堂壓力	1.065	1	28	.311
考試壓力	.082	1	28	.776
期望壓力	2.018	1	28	.166

檢定各組別中依變數誤差變異量的虛無假設是相等的。
(a) 設計：Intercept+性別。

　　上表為單變項個別變異數同質性檢定統計量，「課堂壓力」、「考試壓力」、「期望壓力」三個依變項同質性檢定的F值分別為1.065、.082、2.018，顯著性p值分別為.311、.776、.166，均未達.05顯著水準，表示三依變項均符合變異數同質性假定，此結果與上述採用BOX多變量變異數─共變數同質性檢定結果可相互呼應。

表3-31　受試者間效應項的檢定

來源	依變數	型III平方和	自由度	平均平方和	F檢定	顯著性	淨相關Eta平方
校正後的模式	課堂壓力	61.633(a)	1	61.633	.933	.342	.032
	考試壓力	2.133(b)	1	2.133	.029	.867	.001
	期望壓力	598.533(c)	1	598.533	21.990	.000	.440
截距	課堂壓力	33133.633	1	33133.633	501.554	.000	.947
	考試壓力	42112.533	1	42112.533	564.908	.000	.953
	期望壓力	40333.333	1	40333.333	1481.805	.000	.981
性別	課堂壓力	61.633	1	61.633	.933	.342	.032
	考試壓力	2.133	1	2.133	.029	.867	.001
	期望壓力	598.533	1	598.533	21.990	.000	.440
誤差	課堂壓力	1849.733	28	66.062			
	考試壓力	2087.333	28	74.548			
	期望壓力	762.133	28	27.219			
總和	課堂壓力	35045.000	30				
	考試壓力	44202.000	30				
	期望壓力	41694.000	30				

（續上頁表）

校正後的總數	課堂壓力	1911.367	29				
	考試壓力	2089.467	29				
	期望壓力	1360.667	29				
(a) R平方=.032（調過後的R平方=-.002）。							
(b) R平方=.001（調過後的R平方=-.035）。							
(c) R平方=.440（調過後的R平方=.420）。							

　　上表為「受試者間效應項的檢定」，也就是不同性別變項在三個依變項之單因子變異數分析結果，二組受試者在三個依變項上單變量變異數分析考驗之F值分別為.933(p=.342>.05)、.0299(p=.867>.05)、21.990(p=.000<.05)，表示不同性組學生在「課堂壓力」向度與「考試壓力」向度的知覺均沒有顯著差異，而在「期望壓力」向度的感受則有顯著的不同。多變量顯著性考驗達到顯著，主要是由「期望壓力」依變項所造成，性別變項在此依變項的關聯強度係數值為.440，性別變項與「期望壓力」依變項間的關係屬強度關聯。至於不同性別之樣本在「課堂壓力」向度與「考試壓力」向度的感受則沒有顯著差異。

　　就二個群組之多變量變異數分析之事後檢定程序而言，學者Stevens（*2002, pp. 181-182*）提供三種方法：一為Roy-Bose同時信賴區間估計法，此方法可以決定配對組平均數間是否達到顯著差異，但此方法極端保守，對於偵察平均數差異值非常敏感，因而會影響統計考驗力；二為進行單變量t檢定，但必須將顯著水準改訂為$\alpha \div p$（p為依變項個數），以控制整體型I錯誤率小於α，此 α 值由研究者自訂，此方法特別適用於依變項個數少於7個的情況；三為將整體型 I 顯著水準訂為.05，如果多變量虛無假設是真的，則此設定可以控制一系列t檢定的整體型I錯誤率小於.05，此種方法對於依變項的個數相當多的情況下，會影響統計考驗力的大小，以有15個依變項的多變量檢定而言，進行單變量檢定時，顯著水準為.05÷15=.0033。在上述多變量檢定中，依變項個數有三個，因而進行單變量檢定時，顯著水準型I錯誤率為0.05÷3=0.017，依照新的 α 值，不同性別組學生在「期望壓力」向度檢定的單變量顯著性p=.000<.017，達到顯著水準，因而多變量差異檢定的顯著性主要是由「期望壓力」向度依變項所造成的，從效果值來看，性別變項可以解釋「期望壓力」變項44.0%的變異量。

表3-32　參數估計值

依變數	參數	迴歸係數B	標準誤	t	顯著性	95%信賴區間		淨相關 Eta平方
						下限	上限	
課堂壓力	截距	31.800	2.099	15.153	.000	27.501	36.099	.891
	[性別=1]	**2.867**	**2.968**	**.966**	**.342**	**−3.213**	**8.946**	**.032**
	[性別=2]	0(a)	.	.	.	.	.	.
考試壓力	截距	37.733	2.229	16.926	.000	33.167	42.300	.911
	[性別=1]	**−.533**	**3.153**	**−.169**	**.867**	**−6.991**	**5.925**	**.001**
	[性別=2]	0(a)	.	.	.	.	.	.
期望壓力	截距	32.200	1.347	23.904	.000	29.441	34.959	.953
	[性別=1]	**8.933**	**1.905**	**4.689**	**.000**	**5.031**	**12.836**	**.440**
	[性別=2]	0(a)	.	.	.	.	.	.
(a) 此參數因重疊而設定為零。								

　　參數估計值（Parameter estimates）中「迴歸係數B」欄之[性別=1]的數值，為固定因子中的水準數值1群體（男生）的平均數減水準數值2群體（女生）的平均數，其參照組為最後一個水準。在「期望壓力」向度上，性別水準數值1群體（男生）的平均數為41.13、水準數值2群體（女生）的平均數為32.20，二個群體平均數的差異值=41.13−32.20=8.93，平均數差異值除以標準誤就等於t值（8.933÷1.905=4.689），t值為正數且達顯著時，表示群體1平均數顯著大於群體2平均數。在「課堂壓力」與「考試壓力」向度，二個群體平均數差異檢定的t值分別為.966、−.169，其顯著性p分別為.342、.867，均未達.05顯著水準，這和之前進行的單變量檢定結果相同。

表3-33　受試者間SSCP矩陣

			課堂壓力	考試壓力	期望壓力
假設	截距	課堂壓力	33133.633	37354.267	36556.667
		考試壓力	37354.267	42112.533	41213.333
		期望壓力	36556.667	41213.333	40333.333
	性別	課堂壓力	**61.633**	**−11.467**	**192.067**
		考試壓力	**−11.467**	**2.133**	**−35.733**
誤差		期望壓力	**192.067**	**−35.733**	**598.533**

（續上頁表）

		課堂壓力	考試壓力	期望壓力
	課堂壓力	1849.733	−323.800	47.267
	考試壓力	−323.800	2087.333	192.400
	期望壓力	47.267	192.400	762.133
以型III的平方和為基礎。				

上表為「受試者間SSCP矩陣」（Between-Subjects SSCP Matrix）統計量，「截距」欄三列資料為截距之SSCP矩陣，「性別」欄三列資料為組間SSCP矩陣或實驗處理矩陣（Q_B 矩陣或稱Q_H 矩陣）、誤差（Error）欄三列為組內SSCP矩陣（組內誤差矩陣），也就是SSCP矩陣的誤差值（Q_E 矩陣）。

根據SSCP矩陣可求出矩陣行列式數值及多變量檢定統計量Λ值。

$$\Lambda = \frac{|Q_E|}{|Q_B + Q_E|} = \frac{|Q_E|}{|Q_T|} = \frac{2783669423.604}{5089452194.077} = 0.54695 \cong 0.547$$

【備註】：3×3方形矩陣行列式的求法公式如下：

$$矩陣B的行列式 = |B| = \begin{vmatrix} b_{11} & b_{12} & b_{13} \\ b_{21} & b_{22} & b_{23} \\ b_{31} & b_{32} & b_{33} \end{vmatrix}$$

$$= (b_{11}b_{22}b_{33} + b_{12}b_{23}b_{31} + b_{13}b_{21}b_{32}) - (b_{13}b_{22}b_{31} + b_{12}b_{21}b_{33} + b_{11}b_{23}b_{32})$$

$$F = \left(\frac{1-\Lambda}{\Lambda}\right) \times \left(\frac{n_1 + n_2 - p - 1}{p}\right) = \left(\frac{1-.547}{.547}\right) \times \left(\frac{15+15-3-1}{3}\right) = 7.179$$

$$\text{Hotelling } T^2 = \frac{(N-2)p}{(N-p-1)} \times F = \frac{(30-2) \times 3}{(30-3-1)} \times 7.179 = 23.194$$

表3-34　殘差SSCP矩陣

		課堂壓力	考試壓力	期望壓力
	課堂壓力	1849.733	−323.800	47.267
叉積平方和	考試壓力	−323.800	2087.333	192.400
	期望壓力	47.267	192.400	762.133

（續上頁表）

共變數	課堂壓力	66.062	−11.564	1.688
	考試壓力	−11.564	74.548	6.871
	期望壓力	1.688	6.871	27.219
相關	課堂壓力	1.000	−.165	.040
	考試壓力	−.165	1.000	.153
	期望壓力	.040	.153	1.000

以型III的平方和為基礎。

由誤差項的平方和與交乘積矩陣可以求出「變異數－共變數S」矩陣：

$$S = \frac{Q_E}{n_1 + n_2 - 2} = \frac{1}{15 + 15 - 2} \times \begin{bmatrix} 1849.733 & -323.800 & 47.627 \\ -323.800 & 2087.333 & 192.400 \\ 42.267 & 192.400 & 762.133 \end{bmatrix}$$

$$= \begin{bmatrix} 66.062 & -11.564 & 1.688 \\ -11.564 & 74.548 & 6.871 \\ 1.688 & 6.871 & 27.129 \end{bmatrix}$$

上述單因子MANOVA之輸出結果將之整理成如下二個表格：

【表格範例】

表3-35　不同性別學生在三個學習壓力向度之描述性統計量摘要表

	性別	平均數	標準差	個數
課堂壓力	男生	34.67	8.926	15
	女生	31.80	7.243	15
考試壓力	男生	37.20	8.587	15
	女生	37.73	8.681	15
期望壓力	男生	41.13	6.022	15
	女生	32.20	4.263	15

表3-36　不同性別學生在三個學習壓力向度之多變量變異數分析摘要表

變異來源	df	SSCP			多變量Λ值	單變量F值		
						課堂壓力	考試壓力	期望壓力
組間	1	61.633	−11.467	192.067		.933n.s.		
		−11.467	2.133	−35.733	.547**		.029n.s.	
		192.067	−35.733	598.533				21.990*
組內	28	1849.733	−323.800	47.267				
		−323.800	2087.333	192.400				
		47.267	192.400	762.133				
					T^2=23.194**			

$*p_j = \alpha \div 3 = .017$　**p<.01　n.s. p>.0167　單變量欄中*p<.0167

根據上述多變量分析摘要表可以得知：性別變項在三個學習壓力向度之多變量檢定統計量Hotelling T^2=23.194（Λ值為.547），達到.05顯著水準，拒絕虛無假設，表示二個母群體的平均向量有顯著不同，即性別變項在三個學習壓力向度上的差異中，至少有一個學習壓力向度達到顯著水準。進一步經單變量檢定結果發現：期望壓力之單變量檢定的F值為21.990，顯著水準小於p_j(=.017)，表示男生群體與女生群體在「期望壓力」的感受有顯著不同，男學生在「期望壓力」的知覺（M=41.13）顯著的高於女生在「期望壓力」的感受（M=32.20）。

三、採用區別分析進行追蹤考驗

在多變量追蹤考驗中，若改採區別分析，之前的分析結果第一個區別函數達到顯著，第一個區別函數D_1的標準化區別函數係數（standardized discriminant function coefficients）如下，標準化區別函數係數是根據各計量變量（區別變項）之Z分數計算而得：D_1=(+.134)×Z_{課堂壓力}+(−.165)×Z_{考試壓力}+(+.993)×Z_{期望壓力}

D_1=+.134×Z_{課堂壓力}−.165×Z_{考試壓力}+.993×Z_{期望壓力}。如果標準化區別函數係數值以其數值絕對值.50為分割點，則標準化區別函數係數絕對值大於.50表示是一個「大的」的區別函數係數，以此準則，「期望壓力」區別變項的區別函數為+.993，表示，期望壓力變項測量值的分數愈高，區別函數D_1的分數也愈高。

表3-37　標準化的典型區別函數係數

	函數
	1
課堂壓力	.134
考試壓力	−.165
期望壓力	.993

　　從各組重心／形心的函數（functions at group centroids）摘要表中得知：男生群組的平均分數高於女生群組的平均分數。由於區別函數D_1的分數愈高，「期望壓力」區別變項測量值的分數也愈高，因而男生群體在「期望壓力」的測量值分數（M=41.13）顯著的高於女生群體在「期望壓力」的測量值分數（M=32.20）。此結果與上述採用單變量ANOVAs所獲致的結論相同。在MANOVA的追蹤檢定的比較中，也可能會出現採用區別函數的考驗結果與單變量ANOVAs及Tukey事後比較結果不一致的情況，在範例中，群組差異本質的比較結果是相同的。

表3-38　各組重心的函數

性別	函數
	1
男生	.879
女生	−.879

參、三個群組之單因子多變量檢定輸出報表

　　以學生「年級」（三分名義變項）為自變項、「學習壓力量表」三個向度為依變項，進行單因子MANOVA分析，虛無假設為：

$$H_0: \begin{pmatrix}\mu_{11}\\\mu_{21}\\\mu_{31}\end{pmatrix}=\begin{pmatrix}\mu_{12}\\\mu_{22}\\\mu_{32}\end{pmatrix}=\begin{pmatrix}\mu_{13}\\\mu_{23}\\\mu_{33}\end{pmatrix} \quad （三個母群體的平均向量相等）$$

$$H_0：G_1(centroid)=G_2(centroid)=G_3(centroid)$$

若是單變量變異數分析，其虛無假設為三個群體之隨機樣本來自相同的母群，三個群體的平均數有相似的抽樣分配，虛無假設為：$H_0: \mu_1=\mu_2=\mu_3=\mu$。在MANOVA的分析中，因為每個群組有三個依變項，因而每個群組之平均數有三個，三個平均數構成的平均向量稱為形心（centroid），因而MANOVA分析程序在於檢定三個群組的形心是否相等。若以形心表示，MANOVA分析程的虛無假設為：$H_0: G_1(centroid)=G_2(centroid)=G_3(centroid)$。

一、SPSS操作程序

步驟（一）
執行功能表「分析(A)」／「一般線性模式(G)」／「多變量(M)」程序，開啟「多變量」對話視窗。

步驟（二）
在「多變量」對話視窗中，在左邊變數清單中將三個依變數：「課堂壓力」、「考試壓力」、「期望壓力」選至右邊「依變數(D)」下的方格中；在左邊變數清單中將自變項「年級」選入右邊「固定因子(F)」下的方格中。

步驟（三）
按『Post Hoc檢定(H)』鈕，開啟「多變量：觀察值平均數的Post Hoc多重比較」次對話視窗。在左邊「因子(F)」方格中將固定因子「年級」選至右邊「Post Hoc檢定(P)」下的方格中，在「假設相同的變異數」方盒中勾選「☑Scheffe法(C)」→按『繼續』鈕，回到「多變量」對話視窗。

步驟（四）
按『選項(O)』（Options）鈕，開啟「多變量：選項」次對話視窗，在「顯示」方盒中勾選「☑敘述統計(D)」、「☑效果大小估計值(E)」、「☑參數估計值(T)」、「☑SSCP矩陣(S)」、「☑殘差SSCP矩陣(C)」、「☑同質性檢定(H)」選項→按『繼續』鈕，回到「多變量」對話視窗→按『確定』鈕。

二、輸出結果

輸出報表如下：

表3-39　受試者間因子

		數值註解	個數
年級	1	一年級	10
	2	二年級	10
	3	三年級	10

上表為自變項（固定因子）的水準編碼、水準數值註解及各群組觀察值個數。自變項年級的三個水準編碼分別為1、2、3，其水準數值註解1為一年級、2為二年級、3為三年級，三個群組的觀察值各有10位。

表3-40　敘述統計

	年級	平均數	標準差	個數
課堂壓力	一年級	30.00	6.325	10
	二年級	40.80	5.493	10
	三年級	28.90	6.790	10
	總和	33.23	8.118	30
考試壓力	一年級	29.70	4.138	10
	二年級	35.20	4.940	10
	三年級	47.50	2.461	10
	總和	37.47	8.488	30
期望壓力	一年級	35.70	6.395	10
	二年級	35.80	7.729	10
	三年級	38.50	6.704	10
	總和	36.67	6.850	30

上表為不同年級學生在三個學習壓力向度之描述性統計量。一年級學生群體在課堂壓力、考試壓力、期望壓力三個向度的平均數分別為30.00、40.80、28.90；二年學生群體在課堂壓力、考試壓力、期望壓力三個向度的平均數分別29.70、35.20、47.50；三年學生群體在課堂壓力、考試壓力、期望壓力三個向度的平均數分別35.70、35.80、38.50。多變量考驗即在檢定不同年級之樣本在三個依變項的平均數，是否與全部樣本在依變項的

總平均數間有顯著差異存在。三個群組的形心或平均向量為：G1'=[30.00, 40.80, 28.90]、G2'=[29.70, 35.20, 47.50]、G3'=[35.70, 35.80, 38.50]。

【備註】：所謂向量（vector）即只有一個橫列或只有一個縱行矩陣，一個矩陣如有n個橫列且m個縱行，則此矩陣稱為「n×m」階（order）矩陣。只有一個橫列的矩陣稱為「列向量」（row vector），列向量為為1×m矩陣（m個縱行）；只有一個縱行矩陣稱為「行向量」（column vector），列向量為為n×1矩陣（n個橫列）。矩陣中的數值稱為「元素」（element）。

表3-41   共變量矩陣等式的Box檢定(a)

Box's M	25.534
F檢定	1.779
分子自由度	12
分母自由度	3532.846
顯著性	.046
檢定依變數的觀察共變量矩陣之虛無假設，等於交叉組別。	
(a) 設計：截距+年級。	

上表為Box M多變量變異數共變數矩陣同質性檢定結果統計量，由表中可知Box's M值等於25.534，轉換成F統計量為1.779，顯著性考驗的p值等於.046<.05，達到顯著水準，表示自變項三個組別在三個依變項之多變量變異數共變數矩陣異質。由於Box M統計量數對樣本大小特別敏感，若是樣本數較大，研究須把顯著水準α改設為較小一些，範例中將顯著水準α改設為.01，Box's M統計量的顯著性p=.046>.01，接受虛無假設，表示資料結構沒有違反變異數／共變數矩陣同質性的假定。在多變量變異數共變數同質性檢定中，若是各組樣本數相等，即使Box's M值達到顯著（p<.05），多變量分析結果仍有強韌性（robustness），不會因違反變異數—共變數矩陣同質性假定，而影響到分析結果的正確性，但若是各群組樣本數不相等且Box's M檢定達到.001顯著水準，則無法確保分析結果之強韌性。

表3-42　多變量檢定(d)

效應項		數值	F檢定	假設 自由度	誤差 自由度	顯著性	淨相關 Eta平方
截距	Pillai's Trace	.994	1346.291(b)	3.000	25.000	.000	.994
	Wilks' Lambda變數選擇法	.006	1346.291(b)	3.000	25.000	.000	.994
	多變量顯著性檢定	161.555	1346.291(b)	3.000	25.000	.000	.994
	Roy的最大平方根	161.555	1346.291(b)	3.000	25.000	.000	.994
年級	Pillai's Trace	1.262	14.817	6.000	52.000	.000	.631
	Wilks' Lambda變數選擇法	.101	17.840(b)	6.000	50.000	.000	.682
	多變量顯著性檢定	5.281	21.126	6.000	48.000	.000	.725
	Roy的最大平方根	4.482	38.842(c)	3.000	26.000	.000	.818

(a) 使用alpha=.05計算。
(b) 精確的統計量。
(c) 統計量為在顯著水準上產生下限之F的上限。
(d) 設計：截距+年級。

　　上表為單因子多變量顯著性考驗，表的上半部為截距項（Intercept）資料，表的下半部為群組間的差異結果。

　　四種多變量統計量均達.001顯著水準：Pillai V值等於1.262、Wilks Λ值等於.101、多變量顯著性檢定量（Hotelling Trace值）等於5.281、Roy最大根統計量等於4.482，其顯著性差異考驗之p值（=000）均小於.001，達到.05顯著水準。多變量顯著性考驗達到顯著，表示不同年級樣本在三個依變項上的差異比較中，至少有一個依變項的平均數有顯著差異，至於是哪一個依變項造成的，進一步可進行單變量檢定或多群組區別分別，以找出三組樣本在依變項上平均數的差異情形。進行單因子單變量變異數分析，因為有三個依變項，總共要進行三次的ANOVA，在每個依變項進行ANOVA分析時，如果變異數分析的F值達到顯著水準，則進一步要進行事後多重比較。

　　當自變項有三個水準、有p個依變項時，將Λ統計量轉換成F近似值的計算公式為：

$$F_{(2p,\,n-p-2)} = \left(\frac{1-\sqrt{\Lambda}}{\sqrt{\Lambda}}\right)\left(\frac{N-p-2}{p}\right) = \left(\frac{1-\sqrt{.101}}{\sqrt{.101}}\right)\left(\frac{30-3-2}{3}\right) = 17.840$$

若是自變項有k個群組、依變項的個數只有二個時，Λ統計量轉換成F近似值的計算公式為：

$$F_{[2(k-1),\,2(N-k-1)]} = \left(\frac{1-\sqrt{\Lambda}}{\sqrt{\Lambda}}\right) \times \left(\frac{N-k-1}{k-1}\right)$$

Pillai V值轉換成F近似值的計算公式為：

$$F_{[SB,\,S(N-k-p+S)]} = \frac{(N-k-p+S)}{B(S-v)} \times v$$

公式中k為自變項群組個數、p為依變項個數、參數B=最大值(k-1, p)、參數S=最小值(k-1, p)。在範例中自變項有三個群組（k=3）、依變項個數有三個（p=3），參數B=3、參數S=2。將相關數值代入公式為：

$$F = \frac{(N-k-p+S)}{B(S-v)} \times v = \frac{(30-3-3+2)}{3(2-1.262)} \times 1.262 = \frac{32.812}{2.212} = 14.820$$

【備註】：若將年級變項作爲分組變項、三個壓力向度變項作爲自變項進行區別分析，可以求出特徵值與Wilks' Lambda值，其中「Wilks' Lambda值」欄中的第一個數值.101爲MANOVA分析輸出報表「Wilks' Lambda變數選擇法」列中的數值Λ，顯著性p值均爲.000<.05，達到.05顯著水準。利用數據中的特徵值可以求三個多變量檢定統計量，「Roy的最大平方根」爲由$W^{-1}B$的特徵結構求出的最大特徵值λ_1，表中λ_1=4.482 & λ_2=.800，「Roy的最大平方根」列的數據爲λ_1，其數值等於4.482；「Pillai's Trace」列的數據爲Pillai跡統計量，其求法爲：

$$\sum_{i=1}^{2}\frac{\lambda_i}{1+\lambda_i} = \frac{4.482}{1+4.482} + \frac{.800}{1+.800} = 0.818 + 0.444 = 1.262 \quad (.818、.444爲二個$$
典型相關係數的平方）

「多變量顯著性檢定」列為Hotelling的跡統計量，此統計量為特徵值的和 $\sum_{i=1}^{2} \lambda_i = 4.482+.800=5.282$。

表3-43　區別分析程序求出之特徵值

函數	特徵值	變異數的%	累積%	典型相關	典型相關係數平方
1	4.482(a)	84.9	84.9	.904	.818
2	.800(a)	15.1	100.0	.667	.444
(a) 分析時會使用前2個典型區別函數。					

二個區別函數的特徵值分別為4.482、.800，解釋變異分別為84.9%、15.1%。

表3-44　區別分析程序求出Wilks' Lambda值摘要表

函數檢定	Wilks' Lambda值	卡方	自由度	顯著性
1到2	.101	59.513	6	.000
2	.556	15.276	2	.000

以原先群組變項（自變項）為結果變項、原先三個學習壓力向度計量變項為區別變項（／預測變項）進行區別分析，二個區別函數均達統計顯著水準，表示二個區別函數均能有效區別／預測群組成員。

表3-45　受試者間效應項的檢定

來源	依變數	型III平方和	自由度	平均平方和	F檢定	顯著性	淨相關Eta平方
校正後的模式	課堂壓力	864.867(b)	2	432.433	11.157	.000	.452
	考試壓力	1661.267(c)	2	830.633	52.375	.000	.795
	期望壓力	50.467(d)	2	25.233	.520	.600	.037
截距	課堂壓力	33133.633	1	33133.633	854.857	.000	.969
	考試壓力	42112.533	1	42112.533	2655.391	.000	.990
	期望壓力	40333.333	1	40333.333	831.171	.000	.969
年級	課堂壓力	864.867	2	432.433	11.157	.000	.452
	考試壓力	1661.267	2	830.633	52.375	.000	.795
	期望壓力	50.467	2	25.233	.520	.600	.037

（續上頁表）

誤差	課堂壓力	1046.500	27	38.759			
	考試壓力	428.200	27	15.859			
	期望壓力	1310.200	27	48.526			
總和	課堂壓力	35045.000	30				
	考試壓力	44202.000	30				
	期望壓力	41694.000	30				
校正後的總數	課堂壓力	1911.367	29				
	考試壓力	2089.467	29				
	期望壓力	1360.667	29				

(a) 使用alpha=.05計算。
(b) R平方=.452（調過後的R平方=.412）。
(c) R平方=.795（調過後的R平方=.780）。
(d) R平方=.037（調過後的R平方=-.034）。

　　上表為「受試者間效應項的檢定」，也就是不同年級變項在三個依變項之單因子變異數分析結果，三組受試者在三個依變項上單變量變異數分析考驗之F值分別為11.157(p=.000<.05)、52.375(p=.000<.05)、.520(p=.600>.05)，表示不同年級群體學生在「課堂壓力」向度與「考試壓力」向度的知覺有顯著差異，而在「期望壓力」向度的感受則沒有顯著的不同。多變量顯著性考驗達到顯著，主要是由「課堂壓力」與「考試壓力」二個依變項所造成，年級變項與「課堂壓力」與「考試壓力」二個依變項的關聯強度係數值分別為.452、.795，表示年級變項與「課堂壓力」與「考試壓力」依變項間的關係屬強度關聯。至於不同年級之樣本在「期望壓力」向度的感受則沒有顯著差異。

　　在上述多變量檢定中，依變項個數有三個，進行單變量檢定時，顯著水準型I錯誤率各為 $\alpha_j = 0.05 \div 3 = 0.017$，依照新的 α_j 值，不同年級學生在「課堂壓力」與「考試壓力」向度檢定的單變量顯著性p=.000<.017，達到顯著水準，因而多變量差異檢定的顯著性主要是由「課堂壓力」與「考試壓力」向度依變項所造成的，不同年級的學生在「課堂壓力」與「考試壓力」向度的感受有顯著差異存在，由於年級水準有三個，因而須進行多重事後比較，以得知配對組間的差異。

表3-46　參數估計值

依變數	參數	迴歸係數B	標準誤	t	顯著性	95%信賴區間		淨相關Eta平方
						下限	上限	
課堂壓力	截距	28.900	1.969	14.679	.000	24.860	32.940	.889
	[年級=1]	1.100	2.784	.395	.696	−4.613	6.813	.006
	[年級=2]	11.900	2.784	4.274	.000	6.187	17.613	.404
	[年級=3]	0(b)	.	.	.	.	.	.
考試壓力	截距	47.500	1.259	37.718	.000	44.916	50.084	.981
	[年級=1]	−17.800	1.781	−9.995	.000	−21.454	−14.146	.787
	[年級=2]	−12.300	1.781	−6.906	.000	−15.954	−8.646	.639
	[年級=3]	0(b)	.	.	.	.	.	.
期望壓力	截距	38.500	2.203	17.477	.000	33.980	43.020	.919
	[年級=1]	−2.800	3.115	−.899	.377	−9.192	3.592	.029
	[年級=2]	−2.700	3.115	−.867	.394	−9.092	3.692	.027
	[年級=3]	0(b)	.	.	.	.	.	.
(a) 使用alpha=.05計算。								
(b) 此參數因重疊而設定為零。								

　　參數估計值（Parameter estimates）表中之參照組為最後一個水準（三年級）。在「課堂壓力」向度上，二年級與三年級平均數差異檢定的t統計量為4.274，達到.05顯著水準，t值等於二個群體平均數的差異值11.900(=40.80−28.90)，除以標準誤（2.784），平均數差異95%信賴區間為[6.187, 17.613]，區間值未包含0，差異平均數達到顯著，表示二年級學生在「課堂壓力」的感受顯著的高於三年級學生，至於一年級與三年級學生在「課堂壓力」的感受則沒有顯著的不同，平均數差異檢定之t值為.395，顯著性p值=.696>.05，平均數差異95%信賴區間為[−4.613, 6.813]，區間值包含0，差異平均數未達顯著。至於一年級群體與二年級群體間是否有顯著差異在參數估計值中並未呈現，二者平均數差異值=30.00−40.80=−10.80，−10.80為第二欄的B值，此B值也可以下列式子求得：[年級=1](群組1−群組3)參數B數值減[年級=2](群組2−群組3)參數B數值=[年級1]參數−[年級2]參數=[(群組1−群組3)]−[(群組2−群組3)]=1.100−11.900=−10.800，−10.800除以標準誤2.784，可以計算出顯著性差異的t值。此部分研究者可直接查看下面輸出報表之單因子變異數多重比較結果。

在「考試壓力」向度上，一年級與三年級平均數差異檢定的t值為−9.995、二年級與三年級平均數差異檢定的t值為−6.905，其顯著性p分別均為.000，均達.05顯著水準，由於t值為負數，表示一年級學生的「考試壓力」顯著的低於三年級學生、而二年級學生的「考試壓力」也顯著的低於三年級學生；至於一年級群體與二年級群體間的差異可直接查看下面輸出報表之單因子變異數多重比較結果。

表3-47 受試者間SSCP矩陣

			課堂壓力	考試壓力	期望壓力
假設	截距	課堂壓力	33133.633	37354.267	36556.667
		考試壓力	37354.267	42112.533	41213.333
		期望壓力	36556.667	41213.333	40333.333
	年級	課堂壓力	864.867	−355.167	−113.767
		考試壓力	−355.167	1661.267	278.667
		期望壓力	−113.767	278.667	50.467
誤差		課堂壓力	1046.500	19.900	353.100
		考試壓力	19.900	428.200	−122.000
		期望壓力	353.100	−122.000	1310.200

以型III的平方和為基礎

上表為「受試者間SSCP矩陣」（Between-Subjects SSCP Matrix）統計量，「截距」欄三列資料為截距之SSCP矩陣，「年級」欄三列資料為組間SSCP矩陣或實驗處理矩陣（Q_B 矩陣或稱 Q_H 矩陣）、誤差（error）欄三列為組內SSCP矩陣（組內誤差矩陣），也就是SSCP矩陣的誤差值（Q_E 矩陣）。

$$Q_B = \begin{bmatrix} 864.867 & -355.167 & -113.767 \\ -355.167 & 1661.267 & 278.667 \\ -113.767 & 278.667 & 50.467 \end{bmatrix} \text{、}$$

$$Q_E = \begin{bmatrix} 1046.500 & 19.900 & 353.100 \\ 19.900 & 428.200 & -122.000 \\ 353.100 & -122.000 & 1310.200 \end{bmatrix}$$

$$Q_B + Q_E = Q_T = \begin{bmatrix} 1911.367 & -335.267 & 239.333 \\ -335.267 & 2089.467 & 156.667 \\ 239.333 & 156.667 & 1360.667 \end{bmatrix}$$

$$\Lambda = \frac{|Q_E|}{|Q_B + Q_E|} = \frac{|Q_E|}{|Q_T|} = \frac{5089462542.593}{515918145.596} = 0.10137 \cong 0.101$$

表3-48　殘差SSCP矩陣

		課堂壓力	考試壓力	期望壓力
叉積平方和	課堂壓力	1046.500	19.900	353.100
	考試壓力	19.900	428.200	−122.000
	期望壓力	353.100	−122.000	1310.200
共變數	課堂壓力	38.759	.737	13.078
	考試壓力	.737	15.859	−4.519
	期望壓力	13.078	−4.519	48.526
相關	課堂壓力	1.000	.030	.302
	考試壓力	.030	1.000	−.163
	期望壓力	.302	−.163	1.000

由誤差項的平方和與交乘積矩陣可以求出變異數－共變數S矩陣：

$$S = \frac{Q_E}{n_1 + n_2 + n_3 - 3} = \frac{1}{27} \times \begin{bmatrix} 1046.500 & 19.900 & 353.100 \\ 19.900 & 428.200 & -122.000 \\ 353.100 & -122.000 & 1310.200 \end{bmatrix}$$

$$= \begin{bmatrix} 38.759 & .737 & 13.078 \\ .737 & 15.859 & -4.519 \\ 13.078 & -4.519 & 48.526 \end{bmatrix}$$

表3-49　Post Hoc檢定：年級多重比較：Scheffe法

依變數	(I)年級	(J)年級	平均數差異（I-J）	標準誤	顯著性	95%信賴區間	
						下限	上限
課堂壓力	一年級	二年級	−10.80(*)	2.784	.003	−18.01	−3.59
		三年級	1.10	2.784	.925	−6.11	8.31
	二年級	一年級	10.80(*)	2.784	.003	3.59	18.01
		三年級	11.90(*)	2.784	.001	4.69	19.11
	三年級	一年級	−1.10	2.784	.925	−8.31	6.11
		二年級	−11.90(*)	2.784	.001	−19.11	−4.69
考試壓力	一年級	二年級	−5.50(*)	1.781	.017	−10.11	−.89
		三年級	−17.80(*)	1.781	.000	−22.41	−13.19
	二年級	一年級	5.50(*)	1.781	.017	.89	10.11
		三年級	−12.30(*)	1.781	.000	−16.91	−7.69
	三年級	一年級	17.80(*)	1.781	.000	13.19	22.41
		二年級	12.30(*)	1.781	.000	7.69	16.91
期望壓力	一年級	二年級	−.10	3.115	.999	−8.17	7.97
		三年級	−2.80	3.115	.672	−10.87	5.27
	二年級	一年級	.10	3.115	.999	−7.97	8.17
		三年級	−2.70	3.115	.690	−10.77	5.37
	三年級	一年級	2.80	3.115	.672	−5.27	10.87
		二年級	2.70	3.115	.690	−5.37	10.77

以觀察的平均數為基礎。
*在水準.05上的平均數差異顯著。

　　上表為單變量變異數分析採Scheffe法之事後比較結果，事後比較採兩兩配對的方式，若是二個水準組別在依變項平均數的差異達到顯著，則於「平均數差異（I-J）」欄中的平均數差異值的旁加註「(*)」符號，「平均數差異（I-J）」欄中的正數與負數是配對呈現，研究者只要看差異值為正數且有加註「(*)」者即可。在「課堂壓力」向度，二年級群體顯著的高於一年級群體及三年級群體，至於一年級群體與三年級群體間則沒有顯著差異。在多重比較中二個群體配對差異比較，「群體[I] & 群體[J]」與「群體[J] & 群體[I]」平均數顯著性差異檢定的結果是相同的，只是「平均數差異（I-J）」欄數值的正負號相反，如「一年級 & 二年級」差異比較平均數差異值符號為「−10.80(*)」，表示一年級學生在課堂壓力的平均數顯著的低於二年級學生；「二年級 & 一年級」差異比較平均數差異值符號為

「10.80(*)」，表示二年級學生在課堂壓力的平均數顯著的高於一年級學生，二者的解釋結果是相同的。

在「考試壓力」向度，三年級群體顯著的高於一年級群體及二年級群體，其平均數差異值分別為17.80(p=.000<.05)、12.30(p=.000<.05)，而二年級群體又顯著高於一年級群體，平均數差異值為5.50（p=.017<.05）。

Post Hoc檢定輸出之單變量多重比較摘要表與之前「參數估計值」摘要表的結果是相同的，前者提供多重比較更為完整，其結果已包含「參數估計值」摘要表的內容，因而若是單變量F值達到顯著，且固定因子的水準數值在三個以上，要進行配對群組間差異比較之事後比較時，直接查看「多重比較」表較為方便。

上述單因子MANOVA之輸出結果，將之整理成如下二個表格：

【表格範例】

表3-50　不同年級學生在三個學習壓力向度之多變量變異數分析摘要表

變異來源	df		SSCP		多變量 Λ	單變量F值		
						課堂壓力	考試壓力	期望壓力
組間	2	864.867	−355.167	−113.767	.101***	11.157*		
		−355.167	1661.267	278.667			52.375*	
		−113.767	278.667	50.467				.520n.s.
組內	27	1046.500	19.900	353.100				
		19.900	428.200	−122.000				
		353.100	−122.000	1310.200				

*$p_j=\alpha\div3$=.017　　***p<.001　　n.s.p>.05

表3-51　不同年級學生在三個學習壓力向度之單變量變異數分析摘要表

來源	依變數	型III平方和	自由度	平均平方和	F檢定	事後比較	ω^2
年級	課堂壓力	864.867	2	432.433	11.157*	B>A、B>C	.412
	考試壓力	1661.267	2	830.633	52.375*	B>A、C>A、C>B	.780
	期望壓力	50.467	2	25.233	.520n.s.		

（續上頁表）

誤差	課堂壓力	1046.500	27	38.759			
	考試壓力	428.200	27	15.859			
	期望壓力	1310.200	27	48.526			

A：一年級；B：二年級；C：三年級。
*$p_j=\alpha\div 3=.017$

　　從上述多變量變異數分析摘要表可以得知：年級變項在三個學習壓力向度之多變量檢定統計量Λ值為.101，達到.05顯著水準，拒絕虛無假設，表示三個母群體的平均向量有顯著不同，即年級變項在三個學習壓力向度上的差異中，至少有一個學習壓力向度達到顯著水準。進一步經單變量檢定結果發現：年級變項在「課堂壓力」、「考試壓力」的差異均達顯著水準，F值分別為11.157、52.375，顯著性均於p_j(=.017)，經事後比較發現：在「課堂壓力」向度上，二年級學生（M=40.80）均顯著的高於一年級學生（M=30.00）及三年級學生（M=28.90）；在「考試壓力」向度上，二年級（M=35.20）與三年級（M=47.50）學生均顯著高於一年級學生（M=29.70），而三年級學生又顯著高於二年級學生。

三、以區別分析進行追蹤考驗

　　MANOVA追蹤考驗改採用區別分析時，二個區別函數均達到顯著，表示二個區別函數均能有效區別／預測群組成員。根據標準化區別函數係數二個標準化區別函數為：

$$D_1=-.317\times Z_{課堂壓力}+.988\times Z_{考試壓力}+.348\times Z_{期望壓力}$$
$$D_2=+1.002\times Z_{課堂壓力}+.228\times Z_{考試壓力}-.295\times Z_{期望壓力}$$

表3-52　標準化的典型區別函數係數

	函數	
	1	2
課堂壓力	−.317	1.002
考試壓力	.988	.228
期望壓力	.348	−.295

如果標準化區別函數係數值以其數值絕對值.50為分割點，則標準化區別函數係數絕對值大於.50表示是一個「大的」的區別函數係數，以此準則，就第一個標準化區別函數而言，「考試壓力」區別變項的區別函數為+.988，表示，考試壓力變項測量值的分數愈高，區別函數D_1的分數也愈高。就第二個標準化區別函數而言，「課堂壓力」區別變項的區別函數為+1.002，表示，課堂壓力變項測量值的分數愈高，區別函數D_2的分數也愈高。

表3-53　各組重心的函數

年級	函數	
	1	2
一年級	−1.809	−.925
二年級	−.991	1.124
三年級	2.801	−.200

從各組重心／形心的函數（functions at group centroids）摘要表中得知：就第一個區別函數而言，三年級學生群組的平均分數高於一年級群組及二年級群組的平均分數。由於區別函數D_1的分數愈高，「考試壓力」區別變項測量值的分數也愈高，因而三年級群體在「考試壓力」的測量值分數顯著的高於一年級學生群體及二年級學生群體在「考試壓力」的測量值分數。就第二個區別函數而言，二年級學生群組的平均分數高於一年級群組及三年級群組的平均分數，由於區別函數D_2的分數愈高，「課堂壓力」區別變項測量值的分數也愈高，因而二年級群體在「課堂壓力」的測量值分數顯著的高於一年級學生群體及三年級學生群體在「課堂壓力」的測量值分數。範例中區別分析結果與採用單變量ANOVAs所獲致的結論大致相同：在「課堂壓力」向度方面，二年級群體顯著的高於一年級及三年級群體；在「考試壓力」向度方面，三年級群體顯著的高於一年級及二年級群體。

二因子多變量變異數分析

在MANOVA分析中，若自變項有二個固定因子，則採用的統計方法為雙因子MANOVA，雙因子MANOVA分析程序與雙因子ANOVA分析程序一樣，若是交互作用項達到顯著，則必須進行單純主要效果檢定；如果交互作用項未達顯著，則直接查看二個固定因子主要效果是否達到顯著。

多變量雙因子固定效果模式中，若二個固定分子分別為A、B，二個固定因子分別有a、b個水準數，依變項有p個，此種有p個成分向量之雙固定因子效果的模式如下：

$$X_{ijk} = \mu + A_i + B_j + (A\beta)_{ij} + \varepsilon_{ijk}$$

其中i = 1, ..., a、j = 1, ..., b、k = 1, ..., n；參數μ為總平均數向量（vectors）、A_i為固定因子A在i水準的主要效果向量、β_j為固定因子B在j水準的主要效果向量、$(AB)_{ij}$為固定因子A在i水準且固定因子B在j水準之交互作用向量、ε_{ijk}是獨立隨機向量，性質為$N_p(0, \sum)$。上述向量均為p×1階（order），主要效果與交互作用項向量有以下關係：

$$\sum_{i=1}^{a} A_i = \sum_{j=1}^{b} B_j = \sum_{i=1}^{a} (AB)_{ij)} = \sum_{j=1}^{b} (AB)_{ij} = 0$$

若是只有一個固定因子A，則比較g個母群平均向量／均值向量（mean vectors）的模型為：$X_{ik} = \mu + A_i + \varepsilon_{ik}$，其中$\varepsilon_{ik}$為獨立變項性質為$N_p(0, \sum)$，參數向量$\mu$是整體平均數，$\alpha_i$是第i個水準的處理效果。根據上述模式，每個觀察向量X_{ik}的成分滿足單變量模式，X_{ik}的成分誤差間是有相關的，所有母群的共變數矩陣是相同的。若分別探究個別模式變異，則觀察向量X_{ik} = 整體樣本平均數 + 估計處理效果 + 殘差項。MANOVA交互作用項檢定的虛無假設為：$H_0: (AB)_{11} = (AB)_{12} = (AB)_{21} = (AB)_{21} = ... = (AB)_{ab} = 0$（沒有交互作用效果）、對立假設為所有$(aB)_{ab}$中，有一個以上不為0。

多變量交互作用項之Wilks Λ值檢定的計算為誤差項SSCP矩陣行列式除以交互作用項SSCP矩陣與誤差項SSCP矩陣和的行列式，以符號表示為：

$$\Lambda_{AB} = \frac{|SSCP_E|}{|SSCP_{AB} + SSCP_E|} = \frac{|Q_E|}{|Q_{AB} + Q_E|}$$

Wilks Λ 統計量也可以採用以下的卡方檢定統計量來判別是否拒絕虛無假設:

$$\chi^2 = -\left[ab(n-1) - \frac{p+1-(a-1)(b-1)}{2}\right]\ln(\Lambda) > \chi^2_{(a-1)(b-1)}(\alpha)$$

多變量模型中,二個固定因子主要效果檢定的虛無假設為A固定因子 $H_0: A_1 = A_2 = A_3 = \ldots\ldots = A_a = 0$,對立假設為至少有一個$A_i$不等於0:

$$\Lambda_A = \frac{|SSCP_E|}{|SSCP_A + SSCP_E|} = \frac{|Q_E|}{|Q_A + Q_E|}$$

轉換為卡方統計量的判別式為:

$$\chi^2 = -\left[ab(n-1) - \frac{p+1-(a-1)}{2}\right]\ln(\Lambda) > \chi^2_{(a-1)}(\alpha)$$

其中卡方分配的自由度為$(a-1) \times p$。

B固定因子$H_0: B_1 = B_2 = B_3 = \ldots\ldots = B_b = 0$,對立假設為至少有一個$B_j$不等於0:

$$\Lambda_B = \frac{|SSCP_E|}{|SSCP_B + SSCP_E|} = \frac{|Q_E|}{|Q_B + Q_E|}$$

轉換為卡方統計量的判別式為:

$$\chi^2 = -\left[ab(n-1) - \frac{p+1-(b-1)}{2}\right]\ln(\Lambda) > \chi^2_{(b-1)}(\alpha)$$

其中卡方分配的自由度為(b−1)×p。

若二個固定因子均為二分名義變項，A固定因子有二個水準、B固定因子有二個水準，則(a−1)(b−1) = (2−1)(2−1) = 1，此時交互作用項之Wilks Λ值可轉換為自由度v1 = |(a−1)(b−1)−p| + 1、v2 = ab(n−1)−p + 1的F分配，F統計量的求法為（*Johnson & Wichern, 1998, p.342*）：

$$F=\left(\frac{1-\Lambda}{\Lambda}\right)\left(\frac{[ab(n-1)-p+1]/2}{[|(a-1)(b-1)-p|+1]/2}\right)$$

二因子MANOVA分析之因子及因子交互作用摘要表為：

表4-1

變異來源	交乘積平方和矩陣（SSCP）	自由度
因子A	$SSCP_a(Q_a)$	g−1
因子B	$SSCP_b(Q_b)$	b−1
因子交互作用	$SSCP_{ab}(Q_{ab})$	(g−1)(b−1)
誤差／殘差項	$SSCP_{res}(Q_E/Q_{res})$	gb(n−1)
總和（校正總和）	$SSCP_T(Q_T)$	gbn−1

壹、二因子多變量變異數分析－交互作用顯著

【研究問題】

某位輔導教師想探究不同學校類型（公立、私立）與不同年級的高職學生在「生活壓力」的感受是否有顯著交互作用，採分層隨機取樣方式，從公立高職、私立高職中各抽取15位學生（每年級各5位），全部樣本有30位。「生活壓力量表」經探索性因素分析結果，包含三個向度：「學業壓力」、「經濟壓力」與「情感壓力」，各向度測量值愈大，表示學生所感受的壓力愈高。調查的數據原始資料如下。在資料建檔中，「類別」變項為二分名義變項，水準數值1為公立群體、水準數值2為私立群體；「年級」變項為三分名義變項，水準數值1為一年級群體、水準數值2為二年級群體、水準數值3為三年級群體。「學業壓力」、「經濟壓力」與「情感壓力」三個向度均為計量變數。

表4-2

類別	年級	學業壓力	經濟壓力	情感壓力	類別	年級	學業壓力	經濟壓力	情感壓力
1	1	7	4	6	2	2	8	5	7
1	1	8	4	7	2	2	7	6	8
1	1	7	3	10	2	2	8	5	3
1	1	8	2	4	2	2	7	4	9
1	1	6	5	3	2	2	6	4	6
2	1	5	10	7	1	3	10	8	5
2	1	6	9	8	1	3	10	8	6
2	1	4	8	4	1	3	9	9	7
2	1	5	9	3	1	3	9	8	6
2	1	3	10	6	1	3	8	9	5
1	2	8	4	8	2	3	8	9	7
1	2	9	3	4	2	3	7	10	8
1	2	9	2	3	2	3	10	5	6
1	2	8	2	9	2	3	9	7	5
1	2	9	5	4	2	3	8	7	10

一、二因子多變量變異數分析操作

● 步驟(一)

執行功能表「分析(A)」／「一般線性模式(G)」／「多變量(M)」程序，開啟「多變量」對話視窗。

● 步驟(二)

在「多變量」對話視窗中，在左邊變數清單中選取「學業壓力」、「經濟壓力」、「情感壓力」三個依變數選至右邊「依變數(D)」下的方格中；其次在左邊變數清單中將二個自變項「類別」、「年級」選入右邊「固定因子(F)」下的方格中。

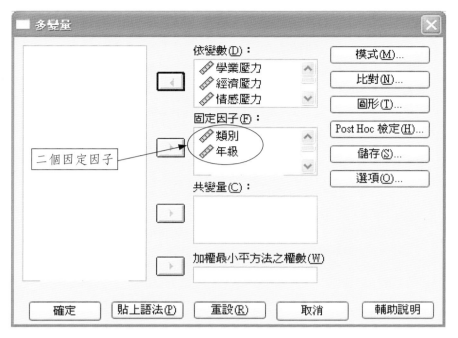

圖4-1

● 步驟（三）

　　按『選項(O)』（Options）鈕，開啟「多變量：選項」次對話視窗，在左邊「因子與因子交互作用(F)」方框中，將「A因子」（類別）、「B因子」（年級）、「A因子與B因子交互作用項」（類別*年級）選入右邊「顯示平均數(M)：」下的方框中（此功能可顯示邊緣平均數與細格平均數）。在「顯示」方盒勾選、「☑SSCP矩陣(S)」、「☑殘差SSCP矩陣(C)」、「☑同質性檢定(H)」三個選項→按『繼續』鈕，回到「多變量」對話視窗→按『確定』鈕。

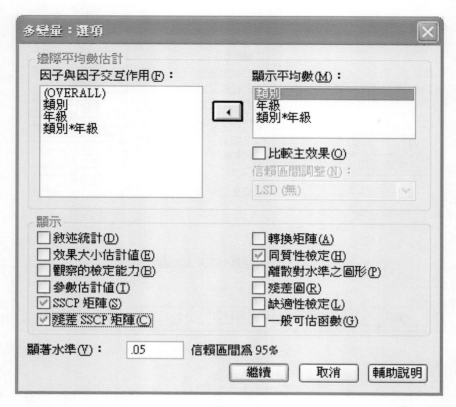

圖4-2

二、輸出結果——一般線性模式

表4-3　受試者間因子

		數值註解	個數
類別	1	公立	15
	2	私立	15
年級	1	一年級	10
	2	二年級	10
	3	三年級	10

　　上表為二個固定因子的變項名稱（類別、年級）及其水準數值，「類別」因子為二分名義變項、「年級」因子為三分名義變項，組成的細格為2×3，公立樣本學生有15位、私立樣本學生有15位；高職一、二、三年級學生各有10位。

表4-4 共變量矩陣等式的Box檢定(a)

Box's M	49.690
F檢定	1.095
分子自由度	30
分母自由度	1301.720
顯著性	.332
檢定依變數的觀察共變量矩陣之虛無假設，等於交叉組別。	
(a) 設計：Intercept + 類別 + 年級 + 類別*年級。	

上表為Box M多變量變異數共變數矩陣同質性檢定結果統計量，由表中可知Box's M值等於49.690，轉換成的F統計量為1.095，分子與分母的自由度各為30、1301.720，顯著性考驗的 p 值等於.332>.05，未達.05顯著水準，接受虛無假設，表示資料檔未違反多變量「變異數—共變數矩陣同質性」之假定。

表4-5 多變量檢定(c)

效應項		數值	F檢定	假設自由度	誤差自由度	顯著性
截距	Pillai's Trace	.996	1666.147(a)	3.000	22.000	.000
	Wilks' Lambda變數選擇法	.004	1666.147(a)	3.000	22.000	.000
	多變量顯著性檢定	227.202	1666.147(a)	3.000	22.000	.000
	Roy的最大平方根	227.202	1666.147(a)	3.000	22.000	.000
類別	Pillai's Trace	.579	10.079(a)	3.000	22.000	.000
	Wilks' Lambda變數選擇法	.421	10.079(a)	3.000	22.000	.000
	多變量顯著性檢定	1.374	10.079(a)	3.000	22.000	.000
	Roy的最大平方根	1.374	10.079(a)	3.000	22.000	.000
年級	Pillai's Trace	1.404	18.081	6.000	46.000	.000
	Wilks' Lambda變數選擇法	.072	20.019(a)	6.000	44.000	.000
	多變量顯著性檢定	6.285	21.997	6.000	42.000	.000
	Roy的最大平方根	4.945	37.908(b)	3.000	23.000	.000
類別*年級	Pillai's Trace	.618	3.429	6.000	46.000	.007
	Wilks' Lambda變數選擇法	.383	4.515(a)	6.000	44.000	.001
	多變量顯著性檢定	1.607	5.626	6.000	42.000	.000
	Roy的最大平方根	1.605	12.308(b)	3.000	23.000	.000
(a) 精確的統計量。						
(b) 統計量為在顯著水準上產生下限之F的上限。						
(c) 設計：Intercept + 類別 + 年級 + 類別*年級。						

上表為多變量檢定（Multivariate Tests）報表，從報表中得知A因子（類別）主要效果顯著（Wilks Λ = .421，p = .000<.05）；B因子）年級）主要效果也達到顯著水準（Wilks Λ = .072，p = .000<.05）；學校類別與學生年級二個固定因子在三個依變項的交互作用達顯著水準，Wilks Λ 值 = .383，p = .001<.05，其餘三個多變量交互作用檢定統計量各為.618、1.607、1.605，也均達.05顯著水準，表示二個自變項彼此間並非互相獨立，即類別變項在生活壓力平均向量的差異會受到年級變項的影響，而年級變項在生活壓力平均向量的差異也會受到類別變項的影響。由於A、B二個固定因子的交互作用項的MANOVA效果顯著，所以須進一步進行「單純主要效果」的MANOVA顯著性檢定。在二因子MANOVA的分析程序中，若交互作用項達到顯著，則二個個別固定因子主要效果是否達到顯著，沒有實質意義，研究者可以不用加以解釋；相反的，如果交互作用項未達到顯著水準，才須探究二個個別固定因子主要效果，此時即變為二個獨立單因子MANOVA的程序。

表4-6　受試者間效應項的檢定

來源	依變數	型III平方和	自由度	平均平方和	F檢定	顯著性
校正後的模式	學業壓力	67.467(a)	5	13.493	16.192	.000
	經濟壓力	167.467(b)	5	33.493	23.642	.000
	情感壓力	10.267(c)	5	2.053	.428	.825
截距	學業壓力	1702.533	1	1702.533	2043.040	.000
	經濟壓力	1128.533	1	1128.533	796.612	.000
	情感壓力	1128.533	1	1128.533	235.111	.000
類別	學業壓力	19.200	1	19.200	23.040	.000
	經濟壓力	34.133	1	34.133	24.094	.000
	情感壓力	3.333	1	3.333	.694	.413
年級	學業壓力	44.067	2	22.033	26.440	.000
	經濟壓力	81.067	2	40.533	28.612	.000
	情感壓力	2.467	2	1.233	.257	.776
類別*年級	學業壓力	4.200	2	2.100	2.520	.102
	經濟壓力	52.267	2	26.133	18.447	.000
	情感壓力	4.467	2	2.233	.465	.634
誤差	學業壓力	20.000	24	.833		
	經濟壓力	34.000	24	1.417		
	情感壓力	115.200	24	4.800		

（續上頁表）

總和	學業壓力	1790.000	30
	經濟壓力	1330.000	30
	情感壓力	1254.000	30
校正後的總數	學業壓力	87.467	29
	經濟壓力	201.467	29
	情感壓力	125.467	29
(a) R平方 = .771（調過後的R平方 = .724）			
(b) R平方 = .831（調過後的R平方 = .796）			
(c) R平方 = .082（調過後的R平方 = −.109）			

    二因子MANOVA之交互作用項達到顯著水準，表示樣本在三個依變項中至少有一個依變項在二個固定因子的交互作用是達到顯著的，至於是哪一個依變項，可從「受試者間效應項的檢定」（tests of between-subjects effects）表得知，此表即是二因子單變量的顯著性考驗。經單變量考驗結果，A因子與B因子在「學業壓力」向度的交互作用未達.05顯著水準（F = 2.520，p = .102>.05），A因子與B因子在「情感壓力」向度的交互作用也未達.05顯著水準（F = .465，p = .634>.05），A因子（類別變項）與B因子（年級變項）在「經濟壓力」向度的交互作用則達到顯著水準（F = 18.447，p = .000<.05）。可見，二因子MANOVA之交互作用項達到顯著水準，主要是「經濟壓力」依變項所造成的。在單變量二因子ANOVAs的檢定中，由於個別進行三個單變量二因子ANOVAs檢定，較為嚴謹的檢定為顯著水準也應設為族系錯誤率，由於進行三次獨立的二因子ANOVAs檢定，每個檢定的顯著水準 $\alpha_j = \alpha \div 5 = .05 \div 3 = 0.167$。依照新的顯著水準 α_j，A因子（類別變項）與B因子（年級變項）在「經濟壓力」向度的交互作用則達到顯著水準（F = 18.447，p = .000<.017）。

表4-7　受試者間SSCP矩陣

			學業壓力	經濟壓力	情感壓力
假設	截距	學業壓力	1702.533	1386.133	1386.133
		經濟壓力	1386.133	1128.533	1128.533
		情感壓力	1386.133	1128.533	1128.533
	類別	學業壓力	19.200	−25.600	−8.000
		經濟壓力	−25.600	34.133	10.667

（續上頁表）

		情感壓力	−8.000	10.667	3.333
	年級	學業壓力	44.067	11.467	9.967
		經濟壓力	11.467	81.067	6.667
		情感壓力	9.967	6.667	2.467
	類別*年級	學業壓力	4.200	−14.800	4.300
		經濟壓力	−14.800	52.267	−15.067
		情感壓力	4.300	−15.067	4.467
誤差		學業壓力	20.000	−11.200	−8.400
		經濟壓力	−11.200	34.000	3.200
		情感壓力	−8.400	3.200	115.200

以型III的平方和為基礎。

上表為「受試者間SSCP矩陣」（Between-Subjects SSCP Matrix），最上面為截矩項矩陣部分，依序為Q_a矩陣、Q_b矩陣、Q_{ab}矩陣、Q_E矩陣。

$$SSCP_A(Q_A) = \begin{bmatrix} 19.200 & -25.600 & -8.000 \\ -25.600 & 34.133 & 10.667 \\ -8.000 & 10.667 & 3.333 \end{bmatrix}$$

$$SSCP_B(Q_B) = \begin{bmatrix} 44.067 & 11.467 & 9.967 \\ 11.467 & 81.067 & 6.667 \\ 9.967 & 6.667 & 2.467 \end{bmatrix}$$

$$SSCP_{AB}(Q_{AB}) = \begin{bmatrix} 4.200 & -14.800 & 4.300 \\ -14.800 & 52.267 & -15.067 \\ 4.300 & -15.067 & 4.467 \end{bmatrix}$$

$$SSCP_{RES}(Q_E) = \begin{bmatrix} 20.000 & -11.200 & -8.400 \\ -11.200 & 34.000 & 3.200 \\ -8.400 & 3.200 & 115.200 \end{bmatrix}$$

要求出各方陣的行列式可使用試算表函數「MDETERM」求出，其語法為「＝MDETERM（方陣陣列範圍）」。殘差項SSCP方陣的行列式為：

$$|SSCP_{RES}| = \begin{vmatrix} 20.000 & -11.200 & -8.400 \\ -11.200 & 34.000 & 3.200 \\ -8.400 & 3.200 & 115.200 \end{vmatrix} = 61883.584$$

表4-8 估計的邊際平均數：1. 類別

依變數	類別	平均數	標準誤	95%信賴區間	
				下限	上限
學業壓力	公立	8.333	.236	7.847	8.820
	私立	6.733	.236	6.247	7.220
經濟壓力	公立	5.067	.307	4.432	5.701
	私立	7.200	.307	6.566	7.834
情感壓力	公立	5.800	.566	4.632	6.968
	私立	6.467	.566	5.299	7.634

　　上表為不同類別（A因子）樣本在三個依變項上的描述性統計量，若是交互作用項不顯著，則A因子主要效果項的MANOVA顯著性檢定，即在考驗二個水準（公立、私立二個群組）在依變項上邊緣平均數的差異是否達顯著。

表4-9 2. 年級

依變數	年級	平均數	標準誤	95%信賴區間	
				下限	上限
學業壓力	一年級	5.900	.289	5.304	6.496
	二年級	7.900	.289	7.304	8.496
	三年級	8.800	.289	8.204	9.396
經濟壓力	一年級	6.400	.376	5.623	7.177
	二年級	4.000	.376	3.223	4.777
	三年級	8.000	.376	7.223	8.777
情感壓力	一年級	5.800	.693	4.370	7.230
	二年級	6.100	.693	4.670	7.530
	三年級	6.500	.693	5.070	7.930

　　上表為不同年級（B因子）樣本在三個依變項上的描述性統計量，若是交互作用項不顯著，則B因子（年級）主要效果項的MANOVA顯著性檢定，即在考驗三個水準（三個群組）在依變項上邊緣平均數的差異是否達顯著。

表4-10　3. 類別*年級

依變數	類別	年級	平均數	標準誤	95%信賴區間	
					下限	上限
學業壓力	公立	一年級	7.200	.408	6.357	8.043
		二年級	8.600	.408	7.757	9.443
		三年級	9.200	.408	8.357	10.043
	私立	一年級	4.600	.408	3.757	5.443
		二年級	7.200	.408	6.357	8.043
		三年級	8.400	.408	7.557	9.243
經濟壓力	公立	一年級	3.600	.532	2.501	4.699
		二年級	3.200	.532	2.101	4.299
		三年級	8.400	.532	7.301	9.499
	私立	一年級	9.200	.532	8.101	10.299
		二年級	4.800	.532	3.701	5.899
		三年級	7.600	.532	6.501	8.699
情感壓力	公立	一年級	6.000	.980	3.978	8.022
		二年級	5.600	.980	3.578	7.622
		三年級	5.800	.980	3.778	7.822
	私立	一年級	5.600	.980	3.578	7.622
		二年級	6.600	.980	4.578	8.622
		三年級	7.200	.980	5.178	9.222

上表為細格平均數，即A因子與B因子交互作用顯著時，所要比較的平均數。在二因子多變量變異數分析中，交互作用顯著主要由「經濟壓力」依變項所造成，因而二個自變項在「經濟壓力」向度的細格平均數成為單純主要效果所要考驗的平均數。

視窗版SPSS執行MANOVA統計分析，除可使用「一般線性模式(G)」／「多變量(M)」程序外，也可直接利用MANOVA語法執行雙因子多變量分析，使用MANOVA指令語法，可求出多變量分析中由$W^{-1}B$特徵結構導出之特徵值。

表4-11

```
MANOVA
  學業壓力  經濟壓力  情感壓力  BY  類別（1, 2）  年級（1, 3）
  /PRINT SIGNIF (EIGN)
  /DESIGN.
```

（續上頁表）

| 備註：MANOVA執行多變量中，指令為 |
| MANOVA　依變項[1]　依變項[2]　依變項[3]...... |
| 　　　　BY　A固定因子（最小水準，最大水準）　B固定因子（最小水準，最大水準） |

執行MANOVA語法輸出之多變量顯著性檢定與特徵值如下：

表4-12

| EFFECT..類別BY年級 |
| Multivariate Tests of Significance (S = 2, M = 0, N = 10) |
| 【多變量顯著性檢定統計量】 |

Test Name	Value	Approx. F	Hypoth. DF	Error DF	Sig. of F
Pillais	.61810	3.42916	6.00	46.00	.007
Hotellings	1.60729	5.62553	6.00	42.00	.000
Wilks	.38309	4.51490	6.00	44.00	.001
Roys	.61618				

Note.. F statistic for WILKS' Lambda is exact.

Eigenvalues and Canonical Correlations 【特徵值與典型相關】

Root No.	Eigenvalue	Pct.	Cum. Pct.		Canon Cor.
平方根編號	特徵值	解釋變異	累積解釋變異		典型相關
1	1.605	99.880	99.880		.785
2	.002	.120	100.000		.044

　　四個多變量顯著性檢定統計量中，Wilks Λ值為.38309、Pillai跡統計量V為.61810、Hotelling跡統計量T為1.60729，三種統計量和之前執行「一般線性模式(G)」／「多變量(M)」程序出現的多變量檢定摘要表中的數據均相同，在「類別*年級」多變量交互作用項中之「Roy的最大平方根」列的Roy最大特徵值為1.065，此處Roy統計量θ為.61618，乃是二者估算的公式不同。由「特徵值與典型相關」列下的數據，二個特徵值分別為1.605、.002，即$\lambda_1 = 1.605$ & $\lambda_2 = .002$。

　　利用數據中的特徵值可以求交互作用項檢定之三個多變量檢定統計量，「Roy的最大平方根」為由$W^{-1}B$的特徵結構求出的最大特徵值λ_1，表中$\lambda_1 = 1.605$ & $\lambda_2 = .002$，「Roy的最大平方根」列的數據為λ_1，其數值等於1.605；「Pillai's Trace」列的數據為Pillai跡統計量V，其求法為

$$\sum_{i=1}^{2} \frac{\lambda_i}{1+\lambda_i} = \frac{1.605}{1+1.605} + \frac{.002}{1+.002} = 0.6160 + .002 = .618$$

.616、.002為二個典型相關係數的平方，即$(.785)^2 + (.004)^2 = .616 + .002 = .618$。「多變量顯著性檢定」列為Hotelling的跡統計量T，此統計量為特徵值的和 $\sum_{i=1}^{2}\lambda_i = 1.605 + .0021 = .607$。

$$SSCP_{res} = Q_E = \begin{bmatrix} 20.00 & -11.20 & -8.40 \\ -11.20 & 34.00 & 3.20 \\ -8.40 & 3.20 & 115.20 \end{bmatrix}$$

此矩陣為誤差（殘差）值矩陣。

$$SSCP_{A+res} = Q_A + Q_E = \begin{bmatrix} 39.20 & -36.80 & -16.40 \\ -36.80 & 68.13 & 13.87 \\ -16.40 & 13.87 & 118.53 \end{bmatrix}$$

矩陣為A因子之SSCP矩陣與誤差項之SSCP矩陣的和。

$$SSCP_{B+res} = Q_B + Q_E = \begin{bmatrix} 64.07 & 0.27 & 1.57 \\ 0.27 & 115.07 & 9.87 \\ 1.57 & 9.87 & 117.67 \end{bmatrix}$$

矩陣為B因子之SSCP矩陣與誤差項之SSCP矩陣的和。

$$SSCP_{AB+res} = Q_{AB} + Q_E = \begin{bmatrix} 24.20 & -26.00 & -4.10 \\ -26.00 & 86.27 & -11.87 \\ -4.10 & -11.87 & 119.67 \end{bmatrix}$$

矩陣為AB交互作用項之SSCP矩陣與誤差項之SSCP矩陣的和。

各效果值之多變量檢定統計量Λ值的求法如下：

固定因子A主要效果之多變量檢定統計量

$$\Lambda_A = \frac{|Q_E|}{|Q_A + Q_E|} = \frac{61883.584}{146932.478} = 0.421$$

固定因子B主要效果之多變量檢定統計量

$$\Lambda_B = \frac{|Q_E|}{|Q_B + Q_E|} = \frac{61883.584}{860920.736} = 0.072$$

雙因子交互作用效果之多變量檢定統計量

$$\Lambda_{AB} = \frac{|Q_E|}{|Q_{AB} + Q_E|} = \frac{61883.584}{161541.110} = 0.383$$

【表格範例】

綜合以上二因子多變量變異數分析報表，可將二因子多變量變異數分析摘要表整理如下：

表4-13　學校類別、學生年級在生活壓力三個向度之細格平均數與人數

依變項	B因子 / A因子		學生年級（B因子）			邊緣平均數
			一年級 b1	二年級 b2	三年級 b3	
學業壓力	學校類別（A因子）	公立 a1	7.200 (5)	8.600 (5)	9.200 (5)	8.333 (15)
		私立 a2	4.600 (5)	7.200 (5)	8.400 (5)	6.733 (15)
	邊緣平均數		5.900	7.900	8.800	
經濟壓力	學生性別（A因子）	公立 a1	3.600 (5)	3.200 (5)	8.400 (5)	5.067 (15)
		私立 a2	9.200 (5)	4.800 (5)	7.600 (5)	7.200 (15)

（續上頁表）

			6.400	4.000	8.000	
	邊緣平均數		6.400	4.000	8.000	
情感壓力	學生性別 （A因子）	公立 a1	6.000 (5)	5.600 (5)	5.800 (5)	5.800 (15)
		私立 a2	5.600 (5)	6.600 (5)	7.200 (5)	6.467 (15)
	邊緣平均數		5.800	6.100	6.500	

註：括號內數字為有效觀察值人數。

表4-14　學校類別、學生年級在生活壓力三個向度之二因子多變量變異數分析摘要表

變異來源	df	SSCP			∧ （多變量考驗）	單變量F值		
						學業壓力	經濟壓力	情感壓力
類別 （A因子）	1	19.200 −25.600 −8.000	−25.600 34.133 10.667	−8.000 10.667 3.333	.421***	23.040***	24.094***	.694n.s.
年級 （B因子）	2	44.067 11.467 9.967	11.467 81.067 6.667	9.967 6.667 2.467	.072***	26.440***	28.612***	.257n.s.
類別*年級 （A*B）	2	4.200 −14.800 4.300	−14.800 52.267 −15.067	4.300 −15.067 4.467	.383**	2.520n.s.	18.447***	.465n.s.
誤差	24	20.000 −11.200 −8.400	−11.200 34.000 3.200	−8.400 3.200 115.200				

*** p＜.001

從上表二因子多變量變異數分析摘要表可以發現，其交互作用項的∧值等於.383(p<.05)，達到.05顯著水準，此交互作用項主要由「經濟壓力」向度所導致，其單變量二因子變異數分析之F值為18.447(p<.001)，達.05顯著水準。因而進一步須進行獨立樣本二因子MANOVA單純主要效果考驗。將顯著水準設為族系錯誤率，則單變量顯著性檢定之$a_j = .017$，下表的摘要表F值顯著性檢定統計量符號可更改如下：

表4-15　學校類別、學生年級在生活壓力三個向度之二因子多變量變異數分析摘要表

變異來源	df	SSCP			$\wedge$ （多變量考驗）	單變量F值		
						學業壓力	經濟壓力	情感壓力
類別（A因子）	1	19.200　−25.600　−8.000 −25.600　34.133　10.667 −8.000　10.667　3.333			.421***	23.040***	24.094***	.694n.s.
年級（B因子）	2	44.067　11.467　9.967 11.467　81.067　6.667 9.967　6.667　2.467			.072***	26.440***	28.612***	.257n.s.
類別*年級（A*B）	2	4.200　−14.800　4.300 −14.800　52.267　−15.067 4.300　−15.067　4.467			.383**	2.520n.s.	18.447***	.465n.s.
誤差	24	20.000　−11.200　−8.400 −11.200　34.000　3.200 −8.400　3.200　115.200						
*** p < .001　*p < a_f(= .017)　n.s.p > a_f(= .017)								

三、二因子多變量單純主要效果檢定操作程序

二因子MANOVA「單純主要效果考驗」的流程圖與二因子ANOVA的程序類似，只是MANOVA程序中的依變項有二個以上，而ANOVA的依變項只有一個。二因子ANOVA單純主要效果檢定的流程，如下圖所列：

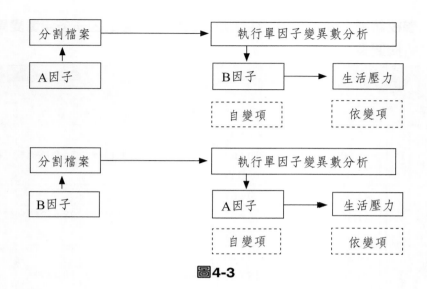

圖4-3

　　在ANOVA的操作程序中，先將A因子依其水準數值分割成不同的群組，之後再探討不同群組樣本中B因子在依變項的差異；其次，再將B因子依其水準數值分割成不同的群組，之後再探討不同群組樣本中A因子在依變項的差異；若是A因子有m個水準、B因子有n個水準，則總共要進行m + n次單純主要效果檢定。將ANOVA操作程序加以擴充，MANOVA單純主要效果的操作流程圖如下：

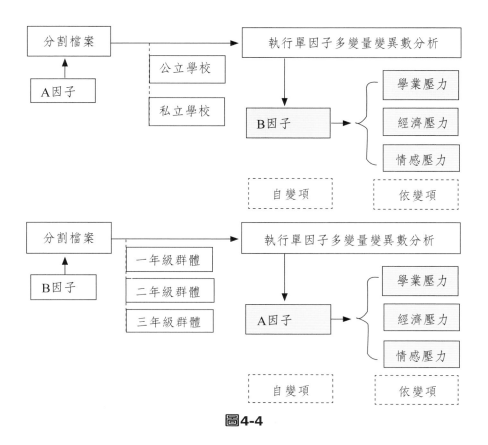

圖4-4

● (一)學生年級（B因子）單純主要效果檢定

1.步驟[1]

執行功能列「資料(D)」（Data）／「分割檔案(F)」（Split File）程序，開啟「分割檔案」對話視窗→選取「以組別組織輸出(O)」（Organize output by groups）選項，將A固定因子「類別」選入「以組別為準(G)」（Groups Based on）下的方格中→按「確定」鈕。

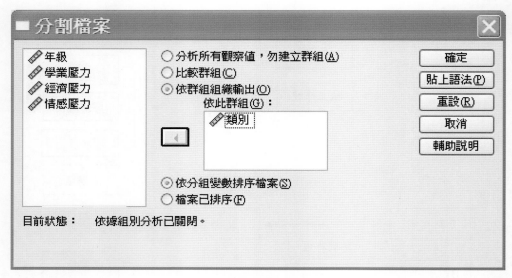

圖4-5

2.步驟[2]

以B因子（年級）為自變項，「學業壓力」、「經濟壓力」、「情感壓力」三個生活壓力向度為依變項，進行單因子MANOVA分析：

(1)執行功能表「分析(A)」／「一般線性模式(G)」／「多變量(M)」程序，開啟「多變量」對話視窗。

(2)在「多變量」對話視窗中，在左邊變數清單中選取「學業壓力」、「經濟壓力」、「情感壓力」三個依變數至右邊「依變數(D)」下的方格中；其次在左邊變數清單中將自變項、「年級」選入右邊「固定因子(F)」下的方格中。

(3)按『選項(O)』（Options）鈕，可開啟「多變量：選項」次對話視窗。在「顯示」方盒勾選、「☑SSCP矩陣(S)」、「☑殘差SSCP矩陣(C)」、「☑同質性檢定」三個選項→按『繼續』鈕，回到「多變量」對話視窗。

(4)按『Post Hoc檢定(H)』鈕，開啟「多變量：觀察值平均數的Post Hoc多重比較」次對話視窗，將固定因子「年級」點選至右邊「Post Hoc檢定(P)」下的方框中，勾選一個多重比較方法，範例中為「Tukey法(T)」→按『繼續』鈕，回到「多變量」對話視窗→按『確定』鈕。

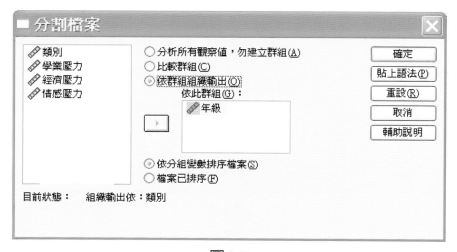

圖4-6

● (二)學校類別（A因子）單純主要效果檢定

1.步驟[1]

執行功能列「資料(D)」（Data）／「分割檔案(F)」（Split File）程序，開啟「分割檔案」對話視窗→選取「以組別組織輸出(O)」（Organize output by groups）選項，將B固定因子「年級」選入「以組別為準(G)」（Groups Based on）下的方格中→按「確定」鈕。

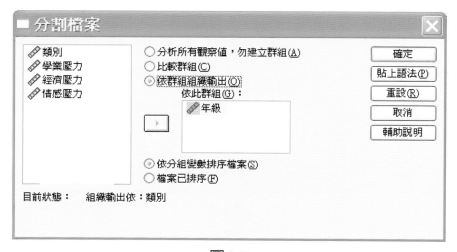

圖4-7

SPSS

2.步驟[2]

以A因子（類別）為自變項，「學業壓力」、「經濟壓力」、「情感壓力」三個生活壓力向度為依變項，進行單因子MANOVA分析：

⑴執行功能表「分析(A)」／「一般線性模式(G)」／「多變量(M)」程序，開啟「多變量」對話視窗。

⑵在「多變量」對話視窗中，在左邊變數清單中選取「學業壓力」、「經濟壓力」、「情感壓力」三個依變數至右邊「依變數(D)」下的方格中；其次在左邊變數清單中將自變項A固定因子「類別」選入右邊「固定因子(F)」下的方格中。

⑶按『選項(O)』（Options）鈕，可開啟「多變量：選項」次對話視窗。在「顯示」方盒勾選、「☑SSCP矩陣(S)」、「☑殘差SSCP矩陣(C)」、「☑同質性檢定」三個選項→按『繼續』鈕，回到「多變量」對話視窗→按『確定』鈕。

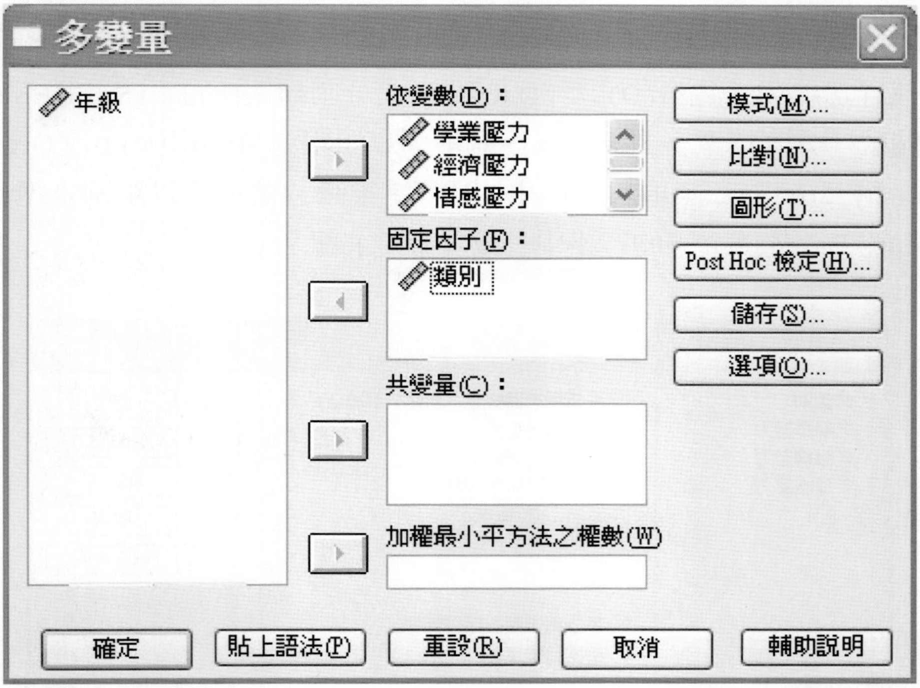

圖4-8

四、二因子多變量單純主要效果報表詮釋

● (一)B在a1的單純主要效果

B在a1的單純主要效果為就「公立學校群體」而言，不同年級的高職學生，在三個生活壓力變項的差異。

類別 = 公立

表4-16 多變量檢定（c, d）

	效應項	數值	F檢定	假設自由度	誤差自由度	顯著性
截距	Pillai's Trace	.997	1115.415(a)	3.000	10.000	.000
	Wilks' Lambda變數選擇法	.003	1115.415(a)	3.000	10.000	.000
	多變量顯著性檢定	334.625	1115.415(a)	3.000	10.000	.000
	Roy的最大平方根	334.625	1115.415(a)	3.000	10.000	.000
年級	Pillai's Trace	1.287	6.621	6.000	22.000	.000
	Wilks' Lambda變數選擇法	.051	11.422(a)	6.000	20.000	.000
	多變量顯著性檢定	11.968	17.952	6.000	18.000	.000
	Roy的最大平方根	11.386	41.747(b)	3.000	11.000	.000

(a) 精確的統計量。
(b) 統計量為在顯著水準上產生下限之F的上限。
(c) 設計：截距 + 年級。
(d) 類別 = 公立。

在公立學校群體中（A固定因子水準數值等於1的樣本），學生年級在三個學習壓力變項之單因子多變量變異數分析摘要表，整體考驗的Wilks Λ 統計量為.051，顯著性差異檢定之p值 = .000<.05，達到顯著水準，表示三個學習壓力變項中，至少有一個依變項在年級變項（B固定因子）的差異達到顯著。

表4-17　受試者間效應項的檢定(d)

來源	依變數	型III平方和	自由度	平均平方和	F檢定	顯著性
年級	學業壓力	10.533	2	5.267	9.294	.004
	經濟壓力	83.733	2	41.867	38.061	.000
	情感壓力	.400	2	.200	.039	.962
誤差	學業壓力	6.800	12	.567		
	經濟壓力	13.200	12	1.100		
	情感壓力	62.000	12	5.167		

(a) R平方 = .608（調過後的R平方 = .542）。
(b) R平方 = .864（調過後的R平方 = .841）。
(c) R平方 = .006（調過後的R平方 = −.159）。
(d) 類別 = 公立。

　　就公立學校群體而言，學生年級因子在三個依變項之多變量變異數分析達到顯著，其顯著主要由「學業壓力」、「經濟壓力」二個變項所造成的。換言之，在公立學校高職生群體中，學生年級在「學業壓力」的知覺上有顯著差異，F值等於9.294（顯著性p值 = .004<.05）；學生年級在「經濟壓力」的感受覺上也有顯著差異，F值等於38.061（顯著性p值 = .000<.05）。學生年級自變項對「學業壓力」、「經濟壓力」二個依變項的解釋變異各為54.2%、84.1%。在一系列個別單變量ANOVAs檢定中，研究者若要採用族系錯誤率，以控制第一類型錯誤率的膨脹，則顯著水準$\alpha_j = 0.05 \div 3 = .017$，單變量ANOVAs分析之F值統計量的顯著性p<.017，表示群組間的差異顯著；如果單變量ANOVAs分析之F值統計量的顯著性p>.017，表示群組間的差異不顯著。

表4-18　受試者間SSCP矩陣(a)

			學業壓力	經濟壓力	情感壓力
假設	截距	學業壓力	1041.667	633.333	725.000
		經濟壓力	633.333	385.067	440.800
		情感壓力	725.000	440.800	504.600
	年級	學業壓力	10.533	20.267	−1.400
		經濟壓力	20.267	83.733	.400
		情感壓力	−1.400	.400	.400

（續上頁表）

		學業壓力	6.800	−3.600	−3.600
誤差		經濟壓力	−3.600	13.200	−4.200
		情感壓力	−3.600	−4.200	62.000

以型III的平方和為基礎。
(a) 類別 = 公立。

上表為$Q_{B-at-a1}$之SSCP矩陣，下標註解「B」表示年級固定因子、「a1」表示A固定因子的水準數值為1的群體（公立學校樣本）。

表4-19　年級：多重比較(a)Tukey HSD

依變數	(I)年級	(J)年級	平均數差異 （I−J）	標準誤	顯著性	95%信賴區間	
						下限	上限
學業壓力	一年級	二年級	−1.40(*)	.476	.031	−2.67	−.13
		三年級	−2.00(*)	.476	.003	−3.27	−.73
	二年級	一年級	1.40(*)	.476	.031	.13	2.67
		三年級	−.60	.476	.443	−1.87	.67
	三年級	一年級	2.00(*)	.476	.003	.73	3.27
		二年級	.60	.476	.443	−.67	1.87
經濟壓力	一年級	二年級	.40	.663	.821	−1.37	2.17
		三年級	−4.80(*)	.663	.000	−6.57	−3.03
	二年級	一年級	−.40	.663	.821	−2.17	1.37
		三年級	−5.20(*)	.663	.000	−6.97	−3.43
	三年級	一年級	4.80(*)	.663	.000	3.03	6.57
		二年級	5.20(*)	.663	.000	3.43	6.97
情感壓力	一年級	二年級	.40	1.438	.958	−3.44	4.24
		三年級	.20	1.438	.989	−3.64	4.04
	二年級	一年級	−.40	1.438	.958	−4.24	3.44
		三年級	−.20	1.438	.989	−4.04	3.64
	三年級	一年級	−.20	1.438	.989	−4.04	3.64
		二年級	.20	1.438	.989	−3.64	4.04

以觀察的平均數為基礎。*在水準.05上的平均數差異顯著。
(a) 類別 = 公立。

上表為採用Tukey HSD法之事後比較結果摘要表。就「學業壓力」變

項而言，公立學校二年級學生群體顯著的高於公立學校一年級學生群體、公立學校三年級學生群體也顯著的高於公立學校一年級學生群體，至於公立學校二年級學生群體與三年級學生群體間則沒有顯著差異存在；就「經濟壓力」變項而言，公立學校三年級學生群體顯著的高於公立學校一年級學生及二年學生群體。

（二）B在a2的單純主要效果

B在a1的單純主要效果為就「私立學校群體」而言，不同年級的高職學生，在三個生活壓力變項的差異。

類別 = 私立

表4-20　多變量檢定(c, d)

效應項		數值	F檢定	假設自由度	誤差自由度	顯著性
截距	Pillai's Trace	.994	578.659(a)	3.000	10.000	.000
	Wilks' Lambda變數選擇法	.006	578.659(a)	3.000	10.000	.000
	多變量顯著性檢定	173.598	578.659(a)	3.000	10.000	.000
	Roy的最大平方根	173.598	578.659(a)	3.000	10.000	.000
年級	Pillai's Trace	1.451	9.690	6.000	22.000	.000
	Wilks' Lambda變數選擇法	.073	8.989(a)	6.000	20.000	.000
	多變量顯著性檢定	5.503	8.255	6.000	18.000	.000
	Roy的最大平方根	3.390	12.432(b)	3.000	11.000	.001

(a) 精確的統計量。
(b) 統計量為在顯著水準上產生下限之F的上限。
(c) 設計：截距＋年級。
(d) 類別 = 私立。

在私立學校群體中（A固定因子水準數值等於2的樣本），學生年級在三個學習壓力變項之單因子多變量變異數分析摘要表，整體考驗的Wilks Λ統計量為.073，顯著性差異檢定之p值 = .000<.05，達到顯著水準，表示三個學習壓力變項中至少有一個依變項在年級變項（B固定因子）的差異達到顯著。

表4-21　受試者間效應項的檢定(d)

來源	依變數	型III平方和	自由度	平均平方和	F檢定	顯著性
年級	學業壓力	37.733	2	18.867	17.152	.000
	經濟壓力	49.600	2	24.800	14.308	.001
	情感壓力	6.533	2	3.267	.737	.499
誤差	學業壓力	13.200	12	1.100		
	經濟壓力	20.800	12	1.733		
	情感壓力	53.200	12	4.433		

(a) R平方 = .741（調過後的R平方 = .698）。
(b) R平方 = .705（調過後的R平方 = .655）。
(c) R平方 = .109（調過後的R平方 = −.039）。
(d) 類別 = 私立。

　　就私立學校群體而言，學生年級因子在三個依變項之多變量變異數分析達到顯著，其顯著主要由「學業壓力」、「經濟壓力」二個變項所造成的。換言之，在私立學校高職生群體中，學生年級在「學業壓力」的知覺上有顯著差異，F值等於17.152，顯著性差異檢定p值 = .000<.05；學生年級在「經濟壓力」的感覺上也有顯著差異，F值等於14.308，顯著性差異檢定之p值 = .001<.05。學生年級自變項對「學業壓力」、「經濟壓力」二個依變項的解釋變異各為69.8%、65.5%。

表4-22　受試者間SSCP矩陣(a)

			學業壓力	經濟壓力	情感壓力
假設	截距	學業壓力	680.067	727.200	653.133
		經濟壓力	727.200	777.600	698.400
		情感壓力	653.133	698.400	627.267
	年級	學業壓力	37.733	−23.600	15.667
		經濟壓力	−23.600	49.600	−8.800
		情感壓力	15.667	−8.800	6.533
誤差		學業壓力	13.200	−7.600	−4.800
		經濟壓力	−7.600	20.800	7.400
		情感壓力	−4.800	7.400	53.200

以型III的平方和為基礎。
(a) 類別 = 私立。

上表為$Q_{B-at-a2}$之SSCP矩陣，下標註解「B」表示年級固定因子、「a2」表示A固定因子的水準數值為2的群體（私立學校樣本）。

表4-23 年級：多重比較(a) Tukey HSD

依變數	(I)年級	(J)年級	平均數差異 (I-J)	標準誤	顯著性	95%信賴區間 下限	上限
學業壓力	一年級	二年級	−2.60(*)	.663	.005	−4.37	−.83
		三年級	−3.80(*)	.663	.000	−5.57	−2.03
	二年級	一年級	2.60(*)	.663	.005	.83	4.37
		三年級	−1.20	.663	.208	−2.97	.57
	三年級	一年級	3.80(*)	.663	.000	2.03	5.57
		二年級	1.20	.663	.208	−.57	2.97
經濟壓力	一年級	二年級	4.40(*)	.833	.001	2.18	6.62
		三年級	1.60	.833	.175	−.62	3.82
	二年級	一年級	−4.40(*)	.833	.001	−6.62	−2.18
		三年級	−2.80(*)	.833	.014	−5.02	−.58
	三年級	一年級	−1.60	.833	.175	−3.82	.62
		二年級	2.80(*)	.833	.014	.58	5.02
情感壓力	一年級	二年級	−1.00	1.332	.739	−4.55	2.55
		三年級	−1.60	1.332	.475	−5.15	1.95
	二年級	一年級	1.00	1.332	.739	−2.55	4.55
		三年級	−.60	1.332	.895	−4.15	2.95
	三年級	一年級	1.60	1.332	.475	−1.95	5.15
		二年級	.60	1.332	.895	−2.95	4.15

以觀察的平均數為基礎。*在水準.05上的平均數差異顯著。
(a) 類別＝私立。

上表為採用Tukey HSD法之事後比較結果摘要表。就「學業壓力」變項而言，私立學校二年級學生群體顯著的高於私立學校一年級學生群體、私立學校三年級學生群體也顯著的高於私立學校一年級學生群體，至於私立學校二年級學生群體與三年級學生群體間則沒有顯著差異存在；就「經濟壓力」變項而言，私立學校三年級學生群體與一年級學生群體均顯著的高於二年學生群體，至於私立學校三年級學生群體與一年級學生群體間則沒有顯著差異。

●（三）A在b1的單純主要效果

A在b1的單純主要效果檢定，即就b1群體而言（B固定因子的水準數值為1－一年級樣本），公立與私立學校之學生在三個生活壓力向度的差異考驗。

年級 = 一年級

表4-24 多變量檢定(b, c)

效應項		數值	F檢定	假設自由度	誤差自由度	顯著性
截距	Pillai's Trace	.994	316.160(a)	3.000	6.000	.000
	Wilks' Lambda變數選擇法	.006	316.160(a)	3.000	6.000	.000
	多變量顯著性檢定	158.080	316.160(a)	3.000	6.000	.000
	Roy的最大平方根	158.080	316.160(a)	3.000	6.000	.000
類別	Pillai's Trace	.908	19.714(a)	3.000	6.000	.002
	Wilks' Lambda變數選擇法	.092	19.714(a)	3.000	6.000	.002
	多變量顯著性檢定	9.857	19.714(a)	3.000	6.000	.002
	Roy的最大平方根	9.857	19.714(a)	3.000	6.000	.002

(a) 精確的統計量。
(b) 設計：截距 + 類別。
(c) 年級 = 一年級。

在高職一年級群體中（B固定因子水準數值等於1的樣本），學校類別在三個學習壓力變項之單因子多變量變異數分析摘要表，整體考驗的Wilks Λ 統計量為.092，顯著性差異檢定之p值 = .002<.05，達到.05顯著水準，表示三個學習壓力變項中至少有一個依變項在類別變項（A固定因子）的差異達到顯著。

表4-25 受試者間效應項的檢定(d)

來源	依變數	型III平方和	自由度	平均平方和	F檢定	顯著性
類別	學業壓力	16.900	1	16.900	16.900	.003
	經濟壓力	78.400	1	78.400	78.400	.000
	情感壓力	.400	1	.400	.068	.801
誤差	學業壓力	8.000	8	1.000		
	經濟壓力	8.000	8	1.000		
	情感壓力	47.200	8	5.900		

（續上頁表）

| (a) R平方 = .679（調過後的R平方 = .639）。 |
| (b) R平方 = .907（調過後的R平方 = .896）。 |
| (c) R平方 = .008（調過後的R平方 = −.116）。 |
| (d) 年級 = 一年級。 |

就高職一年級學生群體而言，公立與私立學校二個群體學生在「學業壓力」向度「經濟壓力」向度的知覺有顯著差異存在，其單變量檢定F值分別為16.900(p = .003<.05)、78.400(p = .000<.05)；至於在「情感壓力」向度則沒有顯著差異存在，其單變量檢定F值為.068，顯著性差異檢定p值 = .801>.05。學校「類別」自變項可以解釋「學業壓力」及「經濟壓力」依變項的變異各為63.9%、89.6%。

表4-26　受試者間SSCP矩陣(a)

			學業壓力	經濟壓力	情感壓力
假設	截距	學業壓力	348.100	377.600	342.200
		經濟壓力	377.600	409.600	371.200
		情感壓力	342.200	371.200	336.400
	類別	學業壓力	16.900	−36.400	2.600
		經濟壓力	−36.400	78.400	−5.600
		情感壓力	2.600	−5.600	.400
誤差		學業壓力	8.000	−3.200	5.200
		經濟壓力	−3.200	8.000	.400
		情感壓力	5.200	.400	47.200

以型III的平方和為基礎。
(a) 年級 = 一年級。

上表為$Q_{A-at-b1}$之SSCP矩陣，下標註解「A」表示「類別」固定因子（A因子）、「b1」表示B固定因子的水準數值為1的群體（一年級群體）。

（四）A在b2的單純主要效果

A在b2的單純主要效果檢定，即就b2群體而言（B固定因子的水準數值為2－二年級樣本），公立與私立學校之學生在三個生活壓力向度的差異考

驗。

年級 ＝ 二年級

表4-27　多變量檢定(b, c)

	效應項	數值	F檢定	假設自由度	誤差自由度	顯著性
截距	Pillai's Trace	.997	626.381(a)	3.000	6.000	.000
	Wilks' Lambda變數選擇法	.003	626.381(a)	3.000	6.000	.000
	多變量顯著性檢定	313.191	626.381(a)	3.000	6.000	.000
	Roy的最大平方根	313.191	626.381(a)	3.000	6.000	.000
類別	Pillai's Trace	.745	5.844(a)	3.000	6.000	.033
	Wilks' Lambda變數選擇法	.255	5.844(a)	3.000	6.000	.033
	多變量顯著性檢定	2.922	5.844(a)	3.000	6.000	.033
	Roy的最大平方根	2.922	5.844(a)	3.000	6.000	.033

(a) 精確的統計量。
(b) 設計：截距 ＋ 類別。
(c) 年級 ＝ 二年級。

　　在高職二年級群體中（B固定因子水準數值等於2的樣本），學校類別在三個學習壓力變項之單因子多變量變異數分析摘要表，整體考驗的Wilks Λ統計量為.255，顯著性差異檢定之p值 ＝ .033<.05，達到.05顯著水準，表示三個學習壓力變項中至少有一個依變項在類別變項（A固定因子）的差異達到顯著。

表4-28　受試者間效應項的檢定(d)

來源	依變數	型III平方和	自由度	平均平方和	F檢定	顯著性
類別	學業壓力	4.900	1	4.900	9.800	.014
	經濟壓力	6.400	1	6.400	5.333	.050
	情感壓力	2.500	1	2.500	.397	.546
誤差	學業壓力	4.000	8	.500		
	經濟壓力	9.600	8	1.200		
	情感壓力	50.400	8	6.300		

（續上頁表）

(a) R平方 = .551（調過後的R平方 = .494）。
(b) R平方 = .400（調過後的R平方 = .325）。
(c) R平方 = .047（調過後的R平方 = −.072）。
(d) 年級 = 二年級。

就高職二年級學生群體而言，公立與私立學校二個群體學生在「學業壓力」向度的知覺有顯著差異存在，其單變量檢定F值為9.800(p = .014<.05)；至於在「經濟壓力」向度與「情感壓力」向度均沒有顯著差異存在，其單變量檢定F值各為5.333、.397，顯著性差異檢定p值分別為.050、.546。學校「類別」自變項可以解釋「學業壓力」依變項的變異為49.4。

表4-29　受試者間SSCP矩陣(a)

			學業壓力	經濟壓力	情感壓力
假設	截距	學業壓力	624.100	316.000	481.900
		經濟壓力	316.000	160.000	244.000
		情感壓力	481.900	244.000	372.100
	類別	學業壓力	4.900	−5.600	−3.500
		經濟壓力	−5.600	6.400	4.000
		情感壓力	−3.500	4.000	2.500
誤差		學業壓力	4.000	1.600	−8.400
		經濟壓力	1.600	9.600	−2.000
		情感壓力	−8.400	−2.000	50.400

以型III的平方和為基礎。
(a) 年級 = 二年級。

上表為$Q_{A-at-b2}$之SSCP矩陣，下標註解「A」表示「類別」固定因子（A因子）、「b2」表示B固定因子的水準數值為2的群體（二年級群體）。

（五）A在b3的單純主要效果

A在b3的單純主要效果檢定，即就b3群體而言（B固定因子的水準數值為3－三年級樣本），公立與私立學校之學生在三個生活壓力向度的差異考驗。

年級 = 三年級

表4-30　多變量檢定(b, c)

	效應項	數值	F檢定	假設自由度	誤差自由度	顯著性
截距	Pillai's Trace	.999	2059.414(a)	3.000	6.000	.000
	Wilks' Lambda變數選擇法	.001	2059.414(a)	3.000	6.000	.000
	多變量顯著性檢定	1029.707	2059.414(a)	3.000	6.000	.000
	Roy的最大平方根	1029.707	2059.414(a)	3.000	6.000	.000
類別	Pillai's Trace	.644	3.621(a)	3.000	6.000	.084
	Wilks' Lambda變數選擇法	.356	3.621(a)	3.000	6.000	.084
	多變量顯著性檢定	1.810	3.621(a)	3.000	6.000	.084
	Roy的最大平方根	1.810	3.621(a)	3.000	6.000	.084

(a) 精確的統計量。
(b) 設計：截距 + 類別。
(c) 年級 = 三年級。

在高職三年級群體中（B固定因子水準數值等於3的樣本），學校類別在三個學習壓力變項之單因子多變量變異數分析摘要表，整體考驗的Wilks Λ 統計量為.356，顯著性差異檢定之p值 = .084>.05，未達到.05顯著水準，表示三個學習壓力變項在「類別」自變項（A固定因子）的差異均未達到顯著。

表4-31　受試者間效應項的檢定(d)

來源	依變數	型III平方和	自由度	平均平方和	F檢定	顯著性
類別	學業壓力	1.600	1	1.600	1.600	.242
	經濟壓力	1.600	1	1.600	.780	.403
	情感壓力	4.900	1	4.900	2.227	.174
誤差	學業壓力	8.000	8	1.000		
	經濟壓力	16.400	8	2.050		
	情感壓力	17.600	8	2.200		

(a) R平方 = .167（調過後的R平方 = .063）。
(b) R平方 = .089（調過後的R平方 = −.025）。
(c) R平方 = .218（調過後的R平方 = .120）。
(d) 年級 = 三年級。

　　上表為單變量檢定結果，就高中職三年級群體而言，學校類別變項在學習壓力三個向度的差異均未達顯著，單變量檢定的F值分別為1.600（顯著性差異檢定p值 = .242>.05）、.780（顯著性差異檢定p值 = .403>.05）、2.227（顯著性差異檢定p值 = .174>.05），此結果符應之前多變量檢定結果。

表4-32　　受試者間SSCP矩陣(a)

			學業壓力	經濟壓力	情感壓力
假設	截距	學業壓力	774.400	704.000	572.000
		經濟壓力	704.000	640.000	520.000
		情感壓力	572.000	520.000	422.500
	類別	學業壓力	1.600	1.600	−2.800
		經濟壓力	1.600	1.600	−2.800
		情感壓力	−2.800	−2.800	4.900
誤差		學業壓力	8.000	−9.600	−5.200
		經濟壓力	−9.600	16.400	4.800
		情感壓力	−5.200	4.800	17.600

以型III的平方和為基礎。
(a) 年級 = 三年級。

　　上表為$Q_{A-at-b3}$之SSCP矩陣，下標註解「A」表示「類別」固定因子（A因子）、「b3」表示B固定因子的水準數值為3的群體（三年級群體）。

　　將上述多變量單純主要效果考驗的結果整理如下：

【表格範例】

表4-33　學校類別、學生年級在生活壓力三個向度之多變量變異數分析單純主要效果摘要表

變異來源	df	SSCP			多變量檢定Λ	F值（單變量）		
						學業壓力	經濟壓力	情感壓力
類別（A因子）								
在b1（一年級）	1	16.900　−36.400　2.600 −36.400　78.400　−5.600 2.600　−5.600　.400			.092**	16.900** 公>私	78.400*** 私>公	.068n.s.

（續上頁表）

在b2（二年級）	1	4.900	−5.600	−3.500	.255*	9.800*	5.333n.s.	.397n.s.	
		−5.600	6.400	4.000		公>私			
		−3.500	4.000	2.500					
在b3（三年級）	1	1.600	1.600	−2.800	.356	1.600n.s.	.780n.s.	2.227n.s.	
		1.600	1.600	−2.800					
		−2.800	−2.800	4.900					
年級（B因子）									
在a1（公立）	2	10.533	20.267	−1.400	.051***	9.294**	38.061***	039n.s.	
		20.267	83.733	.400		二>一	三>一		
		−1.400	.400	.400		三>一	三>二	.	
在a2（私立）	2	37.733	−23.600	15.667	.073***	17.152***	14.308**	.499n.s.	
		−23.600	49.600	−8.800		二>一	一>二		
		15.667	−8.800	6.533		三>一	三>二		
誤差	24	20.000	−11.200	−8.400					
		−11.200	34.000	3.200					
		−8.400	3.200	115.200					

註：*p<.05　**p<.01　***p<.001　n.s.p>.05
一：一年級　二：二年級　三：三年級　公：公立　私：私立

從上述MANOVA單純主要效果分析摘要表可以發現：

1. 就一年級學生群體而言，公立學校與私立學校學生在學業壓力與經濟壓力的感受上有顯著的不同，在「學業壓力」向度方面，公立學校學生顯著的高於私立學校學生；在「經濟壓力」向度方面，公立學校學生反而顯著的低於私立學校學生。

2. 就二年級學生群體而言，公立學校與私立學校學生在學業壓力的感受上有顯著的不同，在「學業壓力」向度方面，公立學校學生顯著的高於私立學校學生；至於在「經濟壓力」與「情感壓力」向度方面，公立學校學生與私立學校學生均沒有顯著的不同。

3. 就三年級學生群體而言，公立學校學生與私立學校學生在生活壓力三個向度上均沒有顯著的不同。

4. 就公立學校群體而言，三個年級學生在「學業壓力」與「經濟壓力」二個向度的感受上有顯著的不同，在「學業壓力」向度方面，二年級及三年級學生顯著的高於一年級學生；在「經濟壓力」向度

方面，三年級學生顯著的高於一年級學生及二年級學生。

5. 就私立學校群體而言，三個年級學生在「學業壓力」與「經濟壓力」二個向度的感受上有顯著的不同，在「學業壓力」向度方面，二年級及三年級學生顯著的高於一年級學生；在「經濟壓力」向度方面，一年級與三年級學生均顯著的高於二年級。

在單變量ANOVAs顯著性檢定中，研究者採用族系錯誤率，個別單變量ANOVAs顯著性考驗的顯著水準$\alpha_j = .017$，上述表格的標記為：

表4-34　學校類別、學生年級在生活壓力三個向度之多變量變異數分析單純主要效果摘要表

變異來源	df	SSCP			多變量檢定Λ	F值（單變量）		
						學業壓力	經濟壓力	情感壓力
類別（A因子）								
在b1（一年級）	1	16.900	−36.400	2.600	.092**	16.900**	78.400***	.068n.s.
		−36.400	78.400	−5.600		公>私	私>公	
		2.600	−5.600	.400				
在b2（二年級）	1	4.900	−5.600	−3.500	.255*	9.800*	5.333n.s.	.397n.s.
		−5.600	6.400	4.000		公>私		
		−3.500	4.000	2.500				
在b3（三年級）	1	1.600	1.600	−2.800	.356	1.600n.s.	.780n.s.	2.227n.s.
		1.600	1.600	−2.800				
		−2.800	−2.800	4.900				
年級（B因子）								
在a1（公立）	2	10.533	20.267	−1.400	.051***	9.294**	38.061***	039n.s.
		20.267	83.733	.400		二>一	三>一	
		−1.400	.400	.400		三>一	三>二	.
在a2（私立）	2	37.733	−23.600	15.667	.073***	17.152***	14.308**	.499n.s.
		−23.600	49.600	−8.800		二>一	一>二	
		15.667	−8.800	6.533		三>一	三>二	
誤差	24	20.000	−11.200	−8.400				
		−11.200	34.000	3.200				
		−8.400	3.200	115.200				

註：$*_j$　$p<\alpha_f(.017)$　　p<*p<.05　　**p<.01　　***p<.001　　n.s. p>.05
　　一：一年級　　二：二年級　　三：三年級　　公：公立　　私：私立

貳、二因子多變量變異數分析－交互作用不顯著

【研究問題】

學生性別（男生、女生）與學生年級（一年級、二年級、三年級）在三個學習壓力向度上是否有顯著的交互作用？統計分析的數據為前一章單因子MANOVA分析之資料檔。

研究問題中固定因子有二個：性別（二分名義變項）與年級（三分名義變項），依變項為三個學習壓力向度：「課堂壓力」、「考試壓力」、「期望壓力」，由於固定因子有二個，因而採用的方法為雙因子MANOVA (MANOVA for two independent variables or factors)。

一、雙因子多變量操作程序

● 步驟（一）

執行功能表「分析(A)」／「一般線性模式(G)」／「多變量(M)」程序，開啟「多變量」對話視窗。

● 步驟（二）

在「多變量」對話視窗中，在左邊變數清單中選取「課堂壓力」、「考試壓力」、「期望壓力」三個依變數選至右邊「依變數(D)」下的方格中；其次在左邊變數清單中將二個自變項「性別」、「年級」選入右邊「固定因子(F)」下的方格中。

● 步驟（三）

按『選項(O)』（Options）鈕，可開啟「多變量：選項」次對話視窗，在左邊「因子與因子交互作用(F)」方框中，將「A因子」（性別）、「B因子」（年級）、「A因子與B因子交互作用」項（性別*年級）選入右邊「顯示平均數」下的方框中（此功能可顯示邊緣平均數與細格平均數）。在「顯示」方盒勾選、「☑SSCP矩陣(S)」、「☑殘差SSCP矩陣(C)」、「☑同質性檢定(H)」三個選項→按『繼續』鈕，回到「多變量」對話視窗→按『確定』鈕。

二、雙因子多變量輸出報表

表4-35　受試者間因子

		數值註解	個數
性別	1	男生	15
	2	女生	15
年級	1	一年級	10
	2	二年級	10
	3	三年級	10

上表為二個固定因子的變項名稱（性別、年級）及其水準數值，「性別」因子為二分名義變項、「年級」因子為三分名義變項，組成的細格為2×3，男生群體樣本有15位、女生群體樣本有15位；一、二、三年級學生各有10位，有效樣本數為30位。

表4-36　多變量檢定(c)

效應項		數值	F檢定	假設自由度	誤差自由度	顯著性
性別	Pillai's Trace	.476	6.665(a)	3.000	22.000	.002
	Wilks' Lambda變數選擇法	.524	6.665(a)	3.000	22.000	.002
	多變量顯著性檢定	.909	6.665(a)	3.000	22.000	.002
	Roy的最大平方根	.909	6.665(a)	3.000	22.000	.002
年級	Pillai's Trace	1.288	13.874	6.000	46.000	.000
	Wilks' Lambda變數選擇法	.089	17.284(a)	6.000	44.000	.000
	多變量顯著性檢定	6.022	21.075	6.000	42.000	.000
	Roy的最大平方根	5.206	39.910(b)	3.000	23.000	.000
性別*年級	Pillai's Trace	.217	.931	6.000	46.000	.482
	Wilks' Lambda變數選擇法	.786	.940(a)	6.000	44.000	.476
	多變量顯著性檢定	.270	.944	6.000	42.000	.474
	Roy的最大平方根	.258	1.981(b)	3.000	23.000	.145

(a) 精確的統計量。
(b) 統計量為在顯著水準上產生下限之F的上限。
(c) 設計：Intercept＋性別＋年級＋性別*年級。

由多變量檢定統計量可以發現：

1.「性別*年級」交互作用之多變量顯著性考驗的Wilks∧值

= .786(p = .476>.05)，未達.05顯著水準，其他三種MANOVA統計檢定量也均未達顯著，表示A因子與B因子二個自變項在學習壓力三項依變項上沒有顯著的交互作用，由於交互作用項不顯著，須進一步檢定二個自變項的「主要效果」項是否達到顯著。

2.A固定因子（性別）主要效果之多變量顯著性考驗的Wilks ∧值

= .524(p = .002<.05)，達.05顯著水準，表示不同性別的學生在「課堂壓力」、「考試壓力」、「期望壓力」三個依變項上，至少有一個依變項的平均分數上有顯著差異。A因子主要效果的差異檢定即是不同性別變項在學習壓力三個向度之單因子MANOVA分析。

3.B固定因子（年級）主要效果之多變量顯著性考驗的Wilks ∧值

= .089(p = .000<.05)，也達.05顯著水準。表示不同年級學生在「課堂壓力」、「考試壓力」、「期望壓力」三個學習壓力向度上，至少有一個學習壓力向度的平均分數間上有顯著差異。B因子主要效果的差異檢定即是不同年級變項在學習壓力三個向度之單因子MANOVA分析。

表4-37　受試者間效應項的檢定

來源	依變數	型III平方和	自由度	平均平方和	F檢定	顯著性
校正後的模式	課堂壓力	988.967(a)	5	197.793	5.146	.002
	考試壓力	1714.267(b)	5	342.853	21.931	.000
	期望壓力	691.467(c)	5	138.293	4.960	.003
截距	課堂壓力	33133.633	1	33133.633	862.107	.000
	考試壓力	42112.533	1	42112.533	2693.765	.000
	期望壓力	40333.333	1	40333.333	1446.503	.000
性別	課堂壓力	61.633	1	61.633	1.604	.218
	考試壓力	2.133	1	2.133	.136	.715
	期望壓力	598.533	1	598.533	21.466	.000
年級	課堂壓力	864.867	2	432.433	11.252	.000
	考試壓力	1661.267	2	830.633	53.132	.000
	期望壓力	50.467	2	25.233	.905	.418

（續上頁表）

性別*年級	課堂壓力	62.467	2	31.233	.813	.456
	考試壓力	50.867	2	25.433	1.627	.217
	期望壓力	42.467	2	21.233	.762	.478
誤差	課堂壓力	922.400	24	38.433		
	考試壓力	375.200	24	15.633		
	期望壓力	669.200	24	27.883		

(a) R平方 = .517（調過後的R平方 = .417）。
(b) R平方 = .820（調過後的R平方 = .783）。
(c) R平方 = .508（調過後的R平方 = .406）。

　　A因子（學生性別）單變量顯著性檢定結果，性別變項在「課堂壓力」、「考試壓力」、「期望壓力」三個依變項考驗的F值統計量分別為 $1.604(p = .218 > .017)$、$.136(p = .218 > .017)$、$21.466(p = .000 < .0017)$，學生性別（A固定因子）在三個學習壓力向度多變量考驗之 Λ 值顯著，主要是由依變項「期望壓力」向度所造成。

　　B因子（學生年級）單變量顯著性檢定結果，年級變項在「課堂壓力」、「考試壓力」、「期望壓力」三個依變項考驗的F值統計量分別為 $11.252(p = .000 < .017)$、$53.132(p = .000 < .017)$、$.905(p = .418 > .0017)$，學生年級（A固定因子）在三個學習壓力向度多變量考驗之 Λ 值顯著，主要是由依變項「課堂壓力」與「考試壓力」向度所造成。

表4-38　受試者間SSCP矩陣

			課堂壓力	考試壓力	期望壓力
假設	截距	課堂壓力	33133.633	37354.267	36556.667
		考試壓力	37354.267	42112.533	41213.333
		期望壓力	36556.667	41213.333	40333.333
	性別	課堂壓力	61.633	−11.467	192.067
		考試壓力	−11.467	2.133	−35.733
		期望壓力	192.067	−35.733	598.533
	年級	課堂壓力	864.867	−355.167	−113.767
		考試壓力	−355.167	1661.267	278.667
		期望壓力	−113.767	278.667	50.467
	性別*年級	課堂壓力	62.467	−55.233	44.233

（續上頁表）

		考試壓力	−55.233	50.867	−43.867
		期望壓力	44.233	−43.867	42.467
誤差		課堂壓力	922.400	86.600	116.800
		考試壓力	86.600	375.200	−42.400
		期望壓力	116.800	−42.400	669.200

上表為「受試者間SSCP矩陣」（Between-Subjects SSCP Matrix），最上面為截矩項矩陣部分，依序為Q_a矩陣、Q_b矩陣、Q_{ab}矩陣、Q_E矩陣。

【表格範例】

綜合以上二因子多變量變異數分析報表，可將二因子多變量變異數分析摘要表整理如下：

表4-39 學生性別、年級在學習壓力三個向度之二因子多變量變異數分析摘要表

變異來源	df	SSCP			∧（多變量檢定）	單變量F值		
						課堂壓力	考試壓力	期望壓力
性別 （A因子）	1	61.633	−11.467	192.067	**.524*****	1.604n.s.		
		−11.467	2.133	−35.733			.136n.s.	
		192.067	−35.733	598.533				21.466*
年級 （B因子）	2	864.867	−355.167	−113.767	**.089*****	11.252*		
		−355.167	1661.267	278.667			53.132*	
		−113.767	278.667	50.467				.905n.s.
性別*年級 （A*B）	2	62.467	−55.233	44.233	**.786n.s.**	.813n.s.		
		−55.233	50.867	−43.867			1.627n.s.	
		44.233	−43.867	42.467				.762n.s.
誤差	24	922.400	86.600	116.800				
		86.600	375.200	−42.400				
		116.800	−42.400	669.200				

***p<.001　*p<.017　n.s.p>.05

CHAPTER

5

典型相關

　　典型相關分析（canonical correlation analysis；簡稱CCA）又稱「正準相關分析」，用以探討二組互為獨立數量變項間的關係。二組變項各以線性組合方式簡化為相對應的「典型變量」（canonical variates）。CCA分析與主成分分析類似，在主成分分析中，前面少數幾個線性組合（成分）可以解釋所有原始變項最多的總變異量，在典型相關分析中，前面少數配對線性組合（典型變量）可以解釋二組變項間的最大變異；在主成分分析中，研究者通常會探討成分和原始變項間的關係，在典型相關程序中，關注的是原始變項與典型變量間的關係，其重視的是二組變數間之關係（*Stevens, 2002, p. 471*）。典型相關分析的目的在於確認和以量化表示二組變項間關聯的程度，此統計程序由學者H. Hotelling（*1935; 1936*）提出，此方法關注的是一組變項的線性組合與另一組變項線性組合間的相關，使第一個配對之線性組合間的相關最大，第二個配對之線性組合間的相關次大，各組線性組合的變項稱為「典型變項」（canonical variables），「典型變項」間的相關稱為「典型相關」（canonical correlations）（*Johnson & Wichern, 2007, p. 539*）。

壹、理論基礎

　　在主成分分析中，主要在於以較少層面個數來重新代表資料大部分的資訊，第一個主成分為原始變項的線性組合，此線性組合的新變數可以解釋原始變數最大的變異量，典型相關分析中則包括二組變數，其目的也是重新代表與簡化資料，統計程序也是找出二組原始變項的線性組合，使二組變項之線性組合變數（稱為典型變量）有最大可能的共變關係。在主成分分析中是找出較少的成分以解釋最大的變異或資訊，典型相關分析程序則在於找出少數配對典型變量可以解釋二組變項間大部分的關係程度。在多數典型相關應用方面，二組變項於分析程序中是相同狀態，研究目的在於了解二組變數間關聯程度有多密切，但有時候，二組變項的前後順序是有差異的，其中一組變數是被影響的變數（稱為依變項，即dependent variables），另外一組變數是解釋的變項（稱為自變項）（*Lattin et al., 2003, pp. 313-314*）。

在行為科學研究中，研究者如要探討二個變項間的關係，可根據變項之測量尺度，選擇合適的相關方向，以求得相關係數來代表相關的大小與方向。當研究的變項只有X、Y二個連續的變項時，這二個變項的線性相關即為簡單相關；當研究變項有p個X變項，只有一個Y變項，這p個X變項與一個Y變項間的相關稱為多元相關（multiple correlation），資料分析方法可採用迴歸分析法。Y變項如果是間斷變項，可採用區別分析或Logistic迴歸分析等。

如果研究的問題同時探討多個自變項與多個依變項間之關係，即研究變項有p個X變項，q個Y變項（X變項與Y變項均為計量變項），這p個X變項與q個Y變項之間的相關是為典型相關（canonical correlation；或譯為規則相關或正準相關）。事實上，簡單相關與多元相關都只是典型相關的一個特例而已，也由於它是最「典型」的相關分析，故稱之為「典型相關」。在典型相關之中，分析的目的在找出p個X變項的加權值（類似迴歸分析中的加權值）與q個Y變項的加權值，使p個X變項的線性組合分數與q個Y變項的線性組合分數的簡單相關（此即為典型相關$\rho_{x\eta}$）達到最大。線性組合分數又稱典型因素（canonical factor）、典型分數（canonical score）或典型變量（canonical variate）（林清山，2003）。

典型相關分析為多變量統計方法之一，其參數統計考驗包含了單變量與多變量參數估計技巧，多數母數統計法均為典型相關分析的特例。典型相關分析的目的在找出第一組變項（X組變數）的線性組合（linear combinations）／典型分數與第二組變項（Y組變數）的線性組合／典型分數，使得這二個線性組合間（典型變量間）的簡單相關達到最大。典型相關分析最好符合以下統計假定：常態性（normality）、直線性（linearity）、變異數同質性。多變量常態性的假定為所有變項和所有變項的線性結合是常態分配，典型相關分析對計量變數的常態性假定並無嚴格的要求，但能符合常態性的假定還是較為理想，因為常態性使分配標準化，可使變項間有較高的相關；直線性的假定對典型相關分析而言，其重要性有二：一為相關或變異數共變數矩陣的分析反映的是直線關係，如果變項間不是線性關係，則無法藉統計量來估計；二為典型相關在於求出第一組變量與第二組變量最大化的線性關係，若是變量的關係為非線性關

聯，典型分析會遺漏成對典型變量間非線性成分關係，即無法掌握變量間的關係；此外，若是違反變異數同質性假定，也會降低變數間的關係（*Tabachnick & Fidell, 2007*；黃俊英，*2004*）。

　　典型相關即在求出一組X變項（自變項或稱控制變項）與一組Y變項（依變項）間是否有顯著的關係。為了要找出二組變項間關係，要求出X變項間的線性組合與Y變項間的線性組合，並使這二組的線性組合有最大的相關；X變項與Y變項的線性組合是潛在的，無法直接觀察，也是未知變項，把它們稱為「典型變項」（canonical variable），二個典型變項間的相關稱為典型相關，典型相關係數以「ρ」符號表示。對於確認二組變項間潛在關係時，採用典型相關是適當的方法，若是研究者依據理論文獻或經驗法則，確知其中一組變數為預測變項（predictor）或自變項（independent），另外一組變數為效標變項／準則變項（criterion）或依變項（dependent），則典型相關分析的目標在於決定一組預測變項是否影響另一組效標變項；相對的，如果研究者無法明確區分二組變數中，何組變項為自變項，何組變項為依變項，則典型相關的目標僅在於單純確認二組變數間的關係（*Sharma, 1996, p. 391*）。

　　學者Campo（*1990*）指出典型相關分析在教學上的重要性有三項理由：一為典型相關分析包含了其他母數統計方法，亦即，其他母數統計法均為典型相關分析的特例，故典型相關可達成其他母數統計法所欲達成的目的；但其他母數統計法卻不一定可進行典型相關分析。此種關係好像變異數分析可達成 t 檢定的目標，但 t 檢定卻無法達成變異數分析的目的。二為將典型相關分析當成一種具啟發式的架構，有助於學生了解所有母數統計法均運用加權（weight）方式來建構組合分數，而此組合分數為分析的焦點所在。三為透過典型相關分析可知，所有母數統計法均屬於相關性的（correlational）統計法，產生的效果值大小（effect size）就是r^2（傅粹馨，*1998*）。

　　在多元迴歸分析中，也有一組X變項（自變項），但只有一個依變項，多元迴歸分析即在找出X變項的線性組合（$B_0+B_1X_1+B_2X_2+B_3X_3+\cdots\cdots+B_kX_k$），使X變項的線性組合與Y變項間有最大的相關。如果依變項數目

在二個以上，求二組變項線性組合的相關，即為典型相關。

典型相關分析之基本假定如下：每一個變項具有單變量常態性，變項間之相關應該為「線性相關」（linear relationship），所建立的典型方程式也是線性相關，其二者之線性組合的相關必須最大。p個X變項與q個Y變項中：p與q的數目均須大於1（控制變項或效標變項最少要在二個以上）；X變項與Y變項均為連續變項（等距或比率變項）；典型因素之數目等於p與q中較小者，即f=min(p, q)，f為典型因素數目，以包括四個X變項與五個Y變項的典型相關分析，共可得到四組典型方程式；非對應的典型因素間必須獨立，即其間的相關係數等於0，如$\rho_{\chi 1\eta 2}$、$\rho_{\chi 2\eta 1}$、$\rho_{\chi 1\chi 2}$、$\rho_{\eta 1\eta 2}$間的相關均為0。典型相關實際一就是典型變量χ與η的簡單相關，在線性簡單相關中，X變項與Y變項的相互解釋量就是決定係數（r^2），在典型相關中，χ與η的相互解釋量就是$\rho^2_{x\eta}$。

若是X變項（第一組變項）有2個變數、Y變項（第二組變項）有4個變數，則可以求出二組典型變量，在典型相關分析中，若X組變數有p個、Y組變數有q個，則典型相關係數的個數為〔最小值(p, q)〕。典型相關程序在於分別從X變項與Y變項中找出二條線性組合，使這二條線性組合間有最大的相關，第一組線性組合方程式為：

$$U_1 = a_{11}X_1+a_{12}X_2 、 V_1=b_{11}Y_1+b_{12}Y_2+b_{13}Y_3+b_{14}Y_4$$

方程式中的係數a、b為已知數值量值（稱為加權係數），二個線性組合間的最大相關為$r_{U_1V_1}$，此數值稱為「最大典型相關」，通常以符號R_1或ρ_1表示。之後，分析的程序分別從X變項與Y變項中繼續找出第二組線性組合，第二組線性組合的方程式為：

$$U_2=a_{21}X_1 + a_{22}X_2 、 V_2=b_{21}Y_1+b_{22}Y_2+b_{23}Y_3+b_{24}Y_4$$

二個線性組合間的相關為$r_{U_2V_2}$，此相關係數是次於$r_{U_1V_1}$的最大相關值，稱為第二最大典型相關，以符號R_2或ρ_2表示。U_1 & V_1稱為第一組典型變量(χ_1 & η_1)、U_2 & V_2稱為第二組典型變量(χ_2 & η_2)。第一組典型變量與第

二組典型變量間（$r_{U_1 V_1}$ 與 $r_{U_2 V_2}$）彼此是互為獨立沒有相關的，其中也包括：⑴同一典型變量內彼此間沒有相關，即 U_1 & U_2 間的相關係數等於0、V_1 & V_2 間的相關係數等於0；⑵交叉之典型變量間彼此也互為獨立沒有相關，即 U_1 & U_2 間的相關係數等於0、U_2 & V_1 間的相關係數等於0（*Stevens, 2002, p. 473*）。

　　典型相關分析的目的非常類似於對每組變項進行主成分分析，二者的差別在於確認新軸時使用的準則不同。在主成分分析中，第一個新軸在於導出一個新的變數，使此新變項對資料有最大的解釋變異量；在典型相關分析中，在於從二組變數中找出新軸（新變項），使二個新變項間的相關達到最大。與主成分分析一樣，典型相關可能只需要少數典型變量即可解釋二組變數大部分的相關，因而典型相關分析也是一種「資料簡化」（data reduction）技巧，此方法不必檢驗二組變數間許多的相關係數來確定二組變數間的關係，每組變數均可簡化為少數可以解釋的線性組合，研究者只須探究這些相對應線性組合間的相關即可。以有p個變數的X組變項、q個變數的Y組變項為例，典型相關分析不必解釋X組變項與Y組變項間所有p×q個相關係數，只須詮釋少數幾個可以解釋的典型相關。需要解釋的典型相關個數為m<最小值(p, q)，因為並不是所有典型相關均會達到統計或實務顯著性（practically significant），因而典型相關分析程序一個重要課題是決定最少典型相關的個數，這些典型相關均是可以解釋的（*Sharma, 1996, p. 396*）。

　　典型相關中變數線性組合程序可簡化如下圖：假設X組變數有五個、Y組變數有三個，則有三對典型變量，進行典型相關分析可求出三個典型相關係數。

$$X = \begin{bmatrix} X_1 \\ X_2 \\ X_3 \\ X_4 \\ X_5 \end{bmatrix} \Rightarrow U = \begin{bmatrix} U_1 \\ U_2 \\ U_3 \end{bmatrix} \leftarrow \begin{bmatrix} \rho_1 \\ \rho_2 \\ \rho_3 \end{bmatrix} \rightarrow V = \begin{bmatrix} V_1 \\ V_2 \\ V_3 \end{bmatrix} \Leftarrow Y = \begin{bmatrix} Y_1 \\ Y_2 \\ Y_3 \end{bmatrix}$$

如果X組有四個變數、Y組有六個變數，則有四對典型變量，進行典型相關分析可求出四個典型相關係數。

$$X=\begin{bmatrix}X_1\\X_2\\X_3\\X_4\end{bmatrix}\Rightarrow U=\begin{bmatrix}U_1\\U_2\\U_3\\U_4\end{bmatrix}\leftarrow\begin{bmatrix}\rho_1\\\rho_2\\\rho_3\\\rho_4\end{bmatrix}\rightarrow V=\begin{bmatrix}V_1\\V_2\\V_3\\V_4\end{bmatrix}\Leftarrow Y=\begin{bmatrix}Y_1\\Y_2\\Y_3\\Y_4\\Y_5\\Y_6\end{bmatrix}$$

如果X組變項的個數與Y組變項個數相等，如各有五個，則進行典型相關分析時，可求出五對典型變量（五個典型相關係數）：

$$X=\begin{bmatrix}X_1\\X_2\\X_3\\X_4\\X_5\end{bmatrix}\Rightarrow U=\begin{bmatrix}U_1\\U_2\\U_3\\U_4\\U_5\end{bmatrix}\leftarrow\begin{bmatrix}\rho_1\\\rho_2\\\rho_3\\\rho_4\\\rho_5\end{bmatrix}\rightarrow V=\begin{bmatrix}V_1\\V_2\\V_3\\V_4\\V_5\end{bmatrix}\Leftarrow Y=\begin{bmatrix}Y_1\\Y_2\\Y_3\\Y_4\\Y_5\end{bmatrix}$$

學者Thompson（*1984*）認為進行典型相關分析時，不論從描述（descriptive）或推論（inferential）觀點，須注意下列三項的基本假設；如果進一步進行推論統計分析時，更需要符合第四項的假定：

1. 樣本之同質性高，各變項之變異數變小，易影響到相關係數之值。
2. 將各變項之測量誤差減至最小，因信度低會導致相關係數變小。
3. 變項是成對的數值，變項的次數分配情形也會影響相關係數矩陣。
4. 符合多變項常態性之假設。當各變項均符合常態分配之情況下，較易達成多變項常態性之假設。

典型相關徑路圖由於二組變項間屬性或關係界定的不同，一般有以下二種的模型，若第一組變數有二個變項：X1、X2；第二組Y變數有四個變

項：Y1、Y2、Y3、Y4，二種不同的典型相關徑路圖如下：

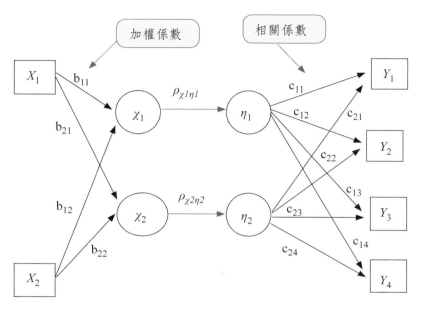

圖5-1

　　第一種典型相關徑路圖中，研究者能確認二組變數的關係，X組變數為預測變項、Y組變數為效標變項。其中χ_1、χ_2是二個X變項的線性組合；η_1、η_2是四個Y變項的線性組合，$\rho_{\chi 1\eta 1}$、$\rho_{\chi 2\eta 2}$就是典型相關係數。左邊的數字代表X變項對χ_1、χ_2的「加權係數」；χ_1、χ_2、η_1、η_2四個即為典型因素或典型變量。典型相關分析目的即在找出適當的加權係數值（b值與c值），使χ、η的簡單相關係數$\rho_{\chi\eta}$達到最大，$\rho_{\chi\eta}$即為典型相關係數，χ（讀作chi）、η（讀作eta）稱為典型因素（或稱典型變量或典型變項），左邊的係數稱為典型加權係數（canonical weight coefficient），右邊的係數為「典型結構相關係數」或「典型負荷量」。

　　如果研究者無法明確區分二組變數中何者為自變項，何者為依變項，此時典型相關僅單純在確認二組變數間的關係，則典型相關徑路圖應修改如下：

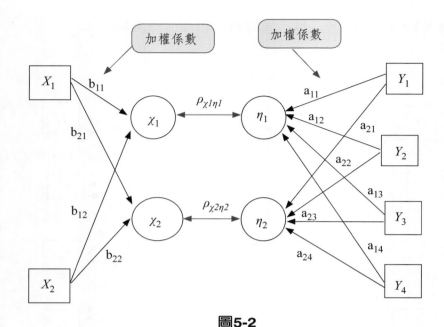

圖5-2

　　由於典型相關並不是一種對稱關係，其相關是一種非對稱關係，因而典型變量間的雙箭頭直線關係，有學者認為宜改為曲線雙箭頭較為適切。

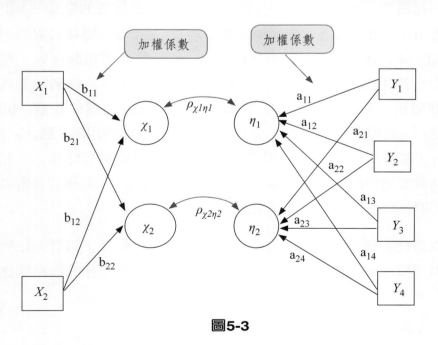

圖5-3

一個包括p個X變項與q個Y變項之典型相關的線性組合數學模式如下：

$$\chi_1=b_{11}X_1+b_{12}X_2+\cdots\cdots+b_{1p}X_p$$
$$\eta_1=c_{11}Y_1+c_{12}Y_2+\cdots\cdots+c_{1q}Y_q$$

χ_1是p個X變項的第一條線性組合函數、η_1是q個Y變項的第一條線性組合函數，$\rho_{\chi 1\eta 1}$是二條線性組合的相關，典型相關分析的目的在找出適當的係數值：b_{11}, b_{12}, $\cdots\cdots$, b_{1p}、c_{11}, c_{12}, $\cdots\cdots$, c_{1q}，使得$\rho_{\chi 1\eta 1}$的相關達到最大。

在找出第一組典型相關後，研究者可重複上述步驟，找出第二組典型相關$\rho_{\chi 2\eta 2}$，其線性組合數學模式如下：

$$\chi_2=b_{21}X_1+b_{22}X_2+\cdots\cdots+b_{2p}X_p$$
$$\eta_2=c_{21}Y_1+c_{22}Y_2+\cdots\cdots+c_{2q}Y_q$$

在典型相關分析中，典型加權係數之性質如同迴歸分析中之迴歸係數（Beta weight）、因素分析中之因素組型係數（factor pattern coefficient）、各區別分析中之區別函數係數（discriminant function coefficient），典型加權係數的SPSS報表中，會呈現原始典型係數（raw canonical coefficient）和標準化典型係數（standardized canonical coefficient）。典型加權係數表示每個變項對所屬之典型變項（canonical variate; canonical variable）之貢獻，絕對值愈大，表示其影響力愈大。但作如此解釋時，仍須注意一點：當一組內各變項間具有高度相關時，易因某一變項之故，而使另一變項之典型加權係數變小，造成解釋上的困難或錯誤的結論（A*fifi & Clark, 1990; Thompson, 1988a; Thompson, 988b*）。各變項之原始分數透過原始加權係數，形成組合分數，可以求出各對組合分數的相關；各變項之Z分數透過標準化加權係數，形成組合分數，也可以求出各對組合分數的相關。透過原始分數所得之χ_1、χ_2與η_1、η_2，其平均數均不為0，但其標準差均為1；而透過Z分數所得之χ_1、χ_2與η_1、η_2，其平均數均為0，但其標準差均為1（傅粹馨，*1998*）。

典型結構係數（canonical structure coefficient）或稱典型結構負荷量（canonical structure loading）於典型相關分析之重要性不亞於典型加權係

數，典型結構係數表示典型變項χ與X組各變項的相關，或典型變項η與Y組各變項的相關。學者Thompson（1996）認為，解釋典型相關分析結果時，只採典型加權係數，有時會導致嚴重的錯誤。相關的研究指出，某變項在第一個典型變量上之加權係數很小，而該變項在同一個典型變量上之結構係數則很高，二數值之差異頗大。或許有人會認為同一研究中，採加權係數與結構係數之解釋通常會得到相同的結論，但事實上不然，當各組內之各變項間毫無相關（如主成分分數），則結構係數與加權係數之數值完全相同；但如果二組內各變項間的相關不為0時，則結構係數與加權係數之數值是不相同的（傅粹馨，1998）。Thompson（1984）明確指出：當各組內之變項間的相關愈高時，則結構係數與加權係數之差異愈大。由於典型因素通常不只一組，因而若以矩陣表示，則典型結構係數如下：

1. X變項之典型結構係數矩陣為$S_X=R_{XX}C$，S_X為X變項的典型因素矩陣、R_{XX}為X組各變項之相關係數矩陣、C為X組變項之標準化典型加權係數矩陣。

2. Y變項之典型結構係數矩陣為$S_Y=R_{YY}D$，S_Y為Y變項的典型因素矩陣、R_{YY}為Y組各變項之相關係數矩陣、D為Y組變項之標準化典型加權係數矩陣。

上述之典型結構係數是X變項與組合分數χ典型變量之間的相關；或Y變項與組合分數η典型變量之間的相關，如果是交叉性的關係，如X變項與組合分數η典型變量之間的相關或Y變項與組合分數χ典型變量之間的相關，此相關係數在典型相關分析中，稱為「交叉結構係數」（cross-structure coefficient）或「交叉負荷量」（cross loading）；簡稱為「Index係數」。以上圖為例：如果要求X_1與η_1的相關係數，因為中間受到X_1與η_1的相關係數的影響，因而要採用相乘的方式：即$r_{X1\eta1}=r_{X1\chi1}\times\rho_{\chi1\eta1}$；而$Y_1$與$\chi_1$的相關係數，中間也受到$\chi_1$與$\eta_1$的相關係數的影響，因而$r_{Y1\chi1}=r_{Y1\eta1}\times\rho_{z1\eta1}$。至於平均解釋量（Adequacy係數）為各變項中某一個典型變量與各變項之結構係數的平方和，再除以變項個數（Thompson, 1984）。在範例圖示中，Adequacy係數表示χ_1自X_1、X_2二個變項中所抽出的變異數占二個變項總異量多少的百分比例；也可以表示是η_1自Y_1、Y_2、Y_3、Y_4四個變項中所抽出的變異數占四

個變項總變異的百分比。

重疊係數（redundancy coefficient）或稱重疊量數（redundancy measure）或稱重疊指數（redundancy index）是將二組之各典型變量之平均解釋量（adequacy係數）乘上相對應之典型相關係數平方而得。典型相關分析中，某一個典型相關係數$\rho_{\chi\eta}$是典型因素χ與η之間的相關，而典型相關係數的平方$\rho^2_{\chi\eta}$代表這二個典型因素的重疊程度，亦即典型變項χ與η所共有的變異數，但此一重疊程度卻無法反映出X變項與Y變項間的重疊程度。所謂重疊量數$Rd_{\chi j \cdot \eta j}$是指q個Y變項透過第j組典型因素，所能解釋p個X變項之變異量的百分比；重疊量數$Rd_{\eta j \cdot \chi j}$是指p個X變項透過第j組典型因素，所能解釋q個Y變項之變異量的百分比（陳正昌等，2005）。就每個典型因素而言，χ_1自X組變項中所抽取的變異量不一定等於η_1自Y變項中所抽取的變異量；相同的，χ_2自X組變項中所抽取的變異量不一定等於η_2自Y變項中所抽取的變異量。由於X變項與Y變項兩邊的平均解釋量不同（adequacy係數），所以X變項透過j組典型因素對Y變項的解釋量，與Y變項透過j組典型因素對X變項的解釋量並不會相同。因而典型相關分析是一種「非對稱關係」，而非是一種「對稱關係」。

典型相關分析在探討二組變項間的關係，而這二組變項各有二個以上的變數，計算典型相關係數之前，須先將二組各變項之分數（原始分數或標準分數）轉換為數個組合典型分數（synthetic canonical score/synthetic function score）或典型變量（canonical variate）或典型因素（canonical factor），以χ_1、χ_2……；η_1、η_2……表示，再求此數對組合分數間之簡單相關，即χ_1與η_1間之相關；χ_2與η_2間之相關，從簡單相關的觀點出發，對典型相關分析之原理較易理解，因而可以說簡單相關與複相關均是典型相關的一個特例。在求得min(p, q)個典型相關係數後，須進行典型因素之顯著性考驗。典型相關係數顯著性的考驗方法有二：一為Bartlett的χ^2近似值；二為Rao的F近似值，SPSS中採用F近似值的方法。

在解釋典型變量與典型相關之前，必須先進行典型相關係數統計性顯著性檢定（statistically significant）。典型相關分析的虛無假設為所有典型相關係數等於0，此敘述表示X組變項與Y組變數間的相關矩陣等於0，即

$R_{XY} = 0$；對立假設為所有典型相關係數均顯著不等於0或至少一個典型相關係數不等於0。二種假設以符號表示如下：

H_0: $C_1 = C_2 = \cdots\cdots = C_m = 0$

H_1: $C_1 \neq C_2 \neq \cdots\cdots \neq C_m \neq 0$

使用檢定上述虛無假設的統計量有很多，其中最常使用的檢定統計量為Wilks' Λ值。Wilks' Λ的求法為：

$\Lambda = \prod\limits_{i=1}^{m}(1 - C_i^2)$，$C_i^2$ 為典型相關係數的平方，此係數又稱為「特徵值」（eigenvalues），以特徵值表示，Wilks' Λ的求法的公式為：$\Lambda = \prod\limits_{i=1}^{m}(1 - \lambda_i)$。若有二個典型相關係數$C_1$ & C_2。

Wilks' Λ值的數值為 $\Lambda = \prod\limits_{i=1}^{2}(1 - C_i^2) = (1 - C_1^2) \times (1 - C_2^2)$ 或表示為：

$$\Lambda = \prod\limits_{i=1}^{2}(1 - \lambda_i) = (1 - \lambda_1) \times (1 - \lambda_2)$$

上述Wilks' Λ值有時也稱為「概似比值」（likelihood ratio），Wilks' Λ值或概似比值可以轉換為自由度為p×q的巴氏（M. S. Bartlett）的V統計量，此統計量大致呈卡方分配，因而數值可作為卡方分配統計量，其公式為：

$$\chi^2 = -\left[(N-1) - \frac{1}{2}(p+q+1)\right]\ln(\Lambda)$$

如果近似卡方分配值達到.05顯著水準（p<.05），則拒絕虛無假設，表示所有典型相關係數顯著不等於0或至少一個典型相關係數顯著不等於0。此種統計檢定程序是一種整體考驗，它考驗所有典型相關之統計顯著性，若是拒絕虛無假設只表示至少第一個典型相關係數達到統計顯著性（典型相關係數顯著不等於0），剩餘m−1個典型相關係數可能均未達.05顯

著水準。第二個典型相關係數顯著性檢定可以計算排除第一對典型變量效果後Wilks'Λ值。一般而言，第r個典型相關顯著性的檢核可改採以下的公式來重新計算Wilks'Λ值：

$\Lambda_r = \prod\limits_{i=r}^{m}(1 - C_i^2)$，相對應的近似卡方分配統計量為：

$$\chi_r^2 = -\left[(N-1) - \frac{1}{2}(p+q+1)\right]\ln(\Lambda_r)$$

卡方值自由度為(p-r)×(q-r)。如上述中要進行第二個典型相關統計顯著性檢定之Λ為：

$$\Lambda_2 = \prod\limits_{i=2}^{2}(1 - C_i^2) = (1 - C_2^2)$$

在相關統計軟體的輸出表格中，又會將Wilks' Λ值或概似比值轉換為近似F值。常被提及χ^2的考驗則是使用最為廣泛的檢定統計量，因為其進行典型相關統計顯著性考驗程序與區別函數檢定類似，然而卡方值對樣本大小特別敏感，在大樣本情況下，即使典型相關係數很小也會達到統計顯著性，因而進行典型相關分析時，最好也同時評估典型相關之實務顯著性（如重疊量數與解釋變異量大小）（*Sharma, 1996, pp. 402-404*）。

在SPSS的MANOVA語法中，會增列RAO F近似統計量來檢定個別典型相關係數是否達到顯著水準，WilksΛ值轉換為RAO F近似統計量的公式為：

$$Ra = \left[\frac{(1 - \Lambda^{1/s})}{\Lambda^{1/s}}\right] \times \left[\frac{\left(1 + ts - \frac{pq}{2}\right)}{pq}\right]$$

其中相關參數說明如下：

p是X組變項的個數（X的階數）、q是Y組變項的個數（Y的階數）、n為觀察值的個數。

$$t = (n-1) - \frac{(p+q-1)}{2}$$ ，如果$p^2+q^2 \leq 5$，則s數值為1，否則s數值為

$$s = \sqrt{\frac{p^2 q^2 - 4}{(p^2 + q^2 - 5)}}$$ ，Ra統計量近似於F分配，其分子的自由度為pq、分母的

自由度為，如果p=1或p=2，或是q=1或q=2，則Ra統計量即為F分配。

　　進行典型相關分析時，樣本數太少會影響結果可靠性。典型相關的程序，每個變項至少要有20個樣本，才能獲得正確的結果，如X組有4個變數、Y組有6個變數，全部變項有10個，分析的樣本數至少要在200以上。在解釋典型變量之標準化係數及典型變量與變間的相關時，若是樣本數與變數個數比值太小，則獲得的數值非常不可靠，若是只要解釋最大的典型相關，則比值最好為「20/1」；如果要同時解釋前二個最大的典型相關，則比值最好為「40/1」（*Stevens, 2002, p. 486*）。在社會科學領域中，若是量表的信度在.80附近，則每個變項所對應的樣本大約為「1：10」即可，如果量表或測量工具的信度有更高的信度，則較低之樣本與變項的比值也可以接受（*Tabachnick & Fidell, 2007, p. 570*）。

　　典型相關分析中之典型係數（canonical coefficients）於小樣本及資料有多元共線性情況下相當不穩定，為了克服此種不穩定的現象，研究者可以將樣本分割或保留樣本分析，保留樣本分析是在資料集中隨機將樣本分割成二個子樣本，二個子樣本分別進行典型分析，若是二個子樣本分析結果均顯示典型變量間有高度相關，則可以將典型係數視為是穩定的。另一種方法為使用其中一組樣本的典型係數去預測保留樣本中（另一組）的典型變項，再與保留樣本中的典型變項求相關，若二者間相關係數愈高，表示典型係數愈穩定。多數依變項檢定方法均是典型分析的特例，若是準則變項只包括一個變項，則典型相關程序就成為多元迴歸分析，其分析程序中只有一個依變項而有多個自變項。ANOVA及二個群組的區別分析是多元迴歸的特例，因而此二種統計方法也可視為典型相關分析的特例。如果準則變項組與預測變項組的變項個數均只有一個，則典型相關即成為二個變項間的簡單相關。MANOVA及多群組區別分析也是典型相關分析的特例，當準則變項是以虛擬變項（dummy variables）來代表多個群組時，則典型相關分析即變為多群組區別分析（自變項為多個計量變數、依變項為非計

量變項）；當預測變項是以虛擬變項來代替群組，以表示不同的因子時，則典型相關分析即為MANOVA分析（自變項為非計量變項、依變項為多個計量變數）。在SPSS操作程序中，並沒有獨立程序來執行典型相關分析，而是使用MANOVA語法或CANCORR語法來進行典型相關分析（*Sharma, 1996, p. 409*）。

貳、典型相關分析操作

【研究問題】

　　某教育學者想探究校長教學領導與學校效能之關係，分別對受試者施測「校長教學領導量表」與「學校效能量表」。「校長教學領導量表」經探索性因素分析結果分為四個向度：「願景形塑」、「品質確保」、「專業提升」、「環境支持」，「學校效能量表」探索性因素分析結果分為三個向度：「行政效能」、「學生效能」、「文化效能」。研究者想以典型相關探究二者之關係，X組變數為校長教學領導四個向度、Y組變數為學校效能三個向度，典型相關分析架構圖如下：

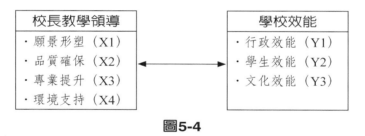

圖5-4

　　X組四個變數、Y組三個變數之平均數、標準差與變異數如下，有效樣本數為411。

表5-1　敘述統計

	個數	平均數	標準差	變異數
X1	411	16.63	2.483	6.166
X2	411	15.70	2.877	8.279
X3	411	14.31	2.985	8.911

（續上頁表）

X4	411	10.18	2.390	5.711
Y1	411	30.29	3.895	15.171
Y2	411	28.78	4.149	17.215
Y3	411	23.01	4.107	16.871

一、CANCORR語法指令

求X組變數與Y組變數間的典型相關，可使用SPSS之「cancorr」語法指令。

表5-2

```
include file='c:\program files\spss\canonical correlation.sps'.
cancorr set1= X1 X2 X3 X4/
        set2= Y1 Y2 Y3/.
```

開啟新的語法視窗之操作步驟如下：執行功能列【檔案(F)】／【新增(N)】／【語法(S)】程序，開啟「語法1-SPSS語法編輯程式」視窗，在中間語法撰寫處輸入上述典型相關語法程式。語法程式撰寫後，執行功能列【執行(R)】／【全部(A)】程序。

「cancorr」為視窗版SPSS分析典型所增列的相關巨集檔，呼叫巨集檔的語法如下：

表5-3

```
include file='c:\program files\spss\canonical correlation.sps'
```

上述的視窗版的SPSS軟體假定安裝在「c:\program files\spss」資料夾下「cancorr」指令在界定進行二組變項的典型相關，其語法如下：

表5-4

```
cancorr set1=p個X組變項名稱 /
        set2=q個Y組變項名稱 /.
```

以上述四個X組變項及三個Y組變項的典型相關分析語法如下（要在語法SPSS語法編輯程式視窗編輯），語法檔存檔的副檔名為「SPSS語法檔（*.sps）」。

表5-5

```
include file='c:\program files\spss\canonical correlation.sps'.
cancorr set1=X1 X2 X3 X4/
        set2=Y1 Y2 Y3/.
```

```
cancorr set1=p 個X變項名稱 / ------- 界定第一組變項，最後加上斜線「/」
        set2=q 個Y變項名稱 / .------- 界定第二組變項，最後加上斜線「/.」
變數與變數間要空一格。鍵入完後執行功能列「執行(R)」（Run）／「全部(A)」（All）
程序，由於典型相關是一種非對稱關係，X組變數與Y組變數順序相反的意義不同，若是
研究者能確定X組變數為自變項，Y組變數為依變項，典型相關分析即在探討X組變數是否
會顯著影響Y組變數。
```

若是研究者直接以向度名稱作為各變數名稱，則典型相關分析的語法檔為：

表5-6

```
include file='c:\program files\spss\canonical correlation.sps'.
cancorr set1=願景形塑  品質確保  專業提升  環境支持 /
        set2=行政效能  學生效能  文化效能 / .
```

二、報表結果

表5-7　矩陣

| Correlations for Set-1 | | | |
	X1	X2	X3	X4
X1	1.0000	.6878	.5794	.4061
X2	.6878	1.0000	.7170	.5085
X3	.5794	.7170	1.0000	.7197
X4	.4061	.5085	.7197	1.0000

【說明】：「Correlations for Set-1」數據為第一組變項（X組變數）

間之積差相關矩陣。「CANCORR」語法中第一組變數（控制變項）會以「Set-1」表示，第二組變數（效標變項）會以「Set-2」表示；在MANOVA語法中，第一組變項以「COVARIATES」（控制變項）表示，第二組變數以「DEPENDENT」（依變項）表示。

表5-8

Correlations for Set-2			
	Y1	Y2	Y3
Y1	1.0000	.7202	.5065
Y2	.7202	1.0000	.7009
Y3	.5065	.7009	1.0000

【說明】：「Correlations for Set-2」數據為第二組變項（Y組變數）間之積差相關矩陣。

表5-9

Correlations Between Set-1 and Set-2			
	Y1	Y2	Y3
X1	.5369	.5879	.4862
X2	.5159	.6141	.5411
X3	.3406	.4832	.5248
X4	.2543	.3078	.4121

【說明】：「Correlations Between Set-1 and Set-2」為第一組變項（X組變數）與第二組變項（Y組變數）間之積差相關矩陣，四個X變數與三個Y變數間呈現中度正相關，在此矩陣中，若是自變項變數組與依變項變數組的相關係數均很低，表示二者間的關係程度微弱。

表5-10

Canonical Correlations	
1	.687
2	.284
3	.150

（續上頁表）

Test that remaining correlations are zero:				
	Wilk's	Chi-SQ	DF	Sig.
1	.475	302.571	12.000	.000
2	.899	43.443	6.000	.000
3	.978	9.197	2.000	.010

【說明】：上表為典型相關分析中之典型相關係數及其顯著性檢定。由於X組變數有四個變項、Y組變數有三個變項，因而典型相關係數最多有三個。典型相關為自變項之典型因素χ（或稱典型變量、典型變項）與依變項之典型因素η間的積差相關係數。樣本在第一組典型變項χ_1與η_1間的典型相關係數等於.687（ρ_1），在第二組典型變項χ_2與η_2間的典型相關等於.284（ρ_2），在第三組典型變項χ_3與η_3間的典型相關等於.150（ρ_3）。典型函數的顯著性檢定結果，三個典型相關係數顯著性考驗Wilk's　Λ值分別為.475（轉換成Bartlett的χ^2值=302.571）（p=.000<.05）、.899（轉換成Bartlett的χ^2值=43.443）（p=.000<.05）、.978（轉換成Bartlett的χ^2值=9.197）（p=.010<.05），其中第一個典型相關、第二個典型相關係數與第三個典型相關係數均達顯著水準。

典型相關係數的平方為典型變量被另一個相對應典型變量解釋的變異（此數值在CANCORR語法中不會出現，但若使用MANOVA語法則會出現），即二個典型變量共有的變異數，其性質與積差相關係數的平方（決定係數）類似，典型相關係數的平方又稱為特徵值（eigenvalues）或典型根值（canonical roots），表示一個典型變量（canonical variate/canonical variable）的變異數可以由另一個典型變量解釋的部分，即二個典型變量共有的變異部分，如第一個典型相關係數的平方為$(.687)^2$=.472，表示效標變項的第一個典型變量η_1的總變異量中約有47.2%的變異量可以由預測變項的第一個典型變量χ_1所解釋，二個典型變量共有的變異數有47.2%，受誤差影響的部分約為52.8%，即典型變量χ_1無法解釋的變異量約為52.8%。三個典型變項的平方分別為.472、.081、.022，表示每組典型變項重疊的變異分別為47.2%、8.1%、2.2%。

表5-11

Standardized Canonical Coefficients for Set-1			
	1	2	3
X1	−.468	.654	.388
X2	−.547	.442	−.163
X3	−.094	−1.090	−1.230
X4	.004	−.334	1.376

【說明】：第一組變項（X組變數）之標準化典型係數（standardized canonical coefficients），此係數又稱為「典型加權係數」（canonical weight/canonical coefficient/function coefficient），典型加權係數的性質如同迴歸分析中的迴歸係數（beta weight）、因素分析中的因素組型係數（factor pattern coefficient）、區別分析中的區別函數係數（discriminant function coefficient）（*Thompson, 1996*）。典型加權係數的絕對值可能大於1（其數值可能大於+1或小於−1）。典型加權係數表示該組變數對所屬典型變項／典型變量（canonical variable/canonical variate）的貢獻程度，典型加權係數值的絕對值愈大，其對所屬典型變項的影響愈大。

典型加權係數表示每個變項對所屬之典型變量（canonical variate/canonical variable；典型變量為組合分數）之貢獻，絕對值愈大，表示其對典型變量的貢獻愈大，但作如此解釋時，必須謹慎：當一組內之各變項間的相關為高度相關時，易因某一個變項之故，而使得另一個變項的典型加權係數變小，造成解釋上的困難或錯誤的結論，故有學者（如*Thompson, 1984; Tucker & Chase, 1980*）認為採用「典型結構係數」來解釋反而較為適當（引自傅粹馨，*1998*）。

表5-12

Raw Canonical Coefficients for Set-1			
	1	2	3
X1	−.188	.264	.156
X2	−.190	.154	−.057
X3	−.032	−.365	−.412
X4	.002	−.140	.576

【說明】：第一組變項（X組變數）之原始典型係數，原始典型係數值乘上相對應變項的標準差等於標準化典型係數值。如X組變項在第一典型變量（χ_1）的標準化典型係數的求法分別等於(−.188)×(2.483)=−.468、(−.190)×(2.877)=−.547、(−.032)×(2.985)=−.094、(.002)×(2.390)=.004。

表5-13

Standardized Canonical Coefficients for Set-2			
	1	2	3
Y1	−.279	.763	1.190
Y2	−.529	.375	−1.617
Y3	−.320	−1.184	.679

【說明】：第二組變項（Y組變數）之典型加權係數（標準化典型係數）。

表5-14

Raw Canonical Coefficients for Set-2			
	1	2	3
Y1	−.072	.196	.306
Y2	−.128	.090	−.390
Y3	−.078	−.288	.165

【說明】：第二組變項（Y組變數）之原始典型係數。原始典型係數值乘上相對應變項的標準差等於標準化典型係數值。如Y組變項在第一個典型變量（η_1）的標準化典型係數的求法分別等於(−.072)×(3.895)=−.279、(−.128)×(4.149)=−.529、(−.078)×(4.107)=−.320。

表5-15

Canonical Loadings for Set-1			
	1	2	3
X1	−.897	.191	.122
X2	−.934	−.059	−.078
X3	−.755	−.634	−.131
X4	−.532	−.628	.566

【說明】：第一組變項（X組變數）之典型負荷量（canonical loading），典型負荷量又稱為「典型結構係數」或稱「典型結構負荷量」（canonical structure coefficient/canonical structure loading）或稱「結構相關係數」（structure correlations），典型負荷量為X組變數（第一組變數）與其典型變項χ間的相關或Y組變數（第二組變數）與其典型變項η間的相關，典型結構係數性質與相關係數類似，其絕對值最大為1。典型結構係數是X組變數（第一組變數）各變項的Z分數與其所屬典型變量χ間的相關係數，或Y組變數（第二組變數）各變項的Z分數與其所屬典型變量η間的相關係數，由於其數值為相關係數，因而其數值最小值為-1、最大值為+1。以第一組典型變量而言，X組變項（X1、X2、X3、X4）與其對應典型變量χ_1的相關分別為-.897、-.934、-.755、-.532，X組第一個典型變項與變數X2、X1的關係較為密切。

X組變項之典型結構係數矩陣$S_X=R_{XX}\times C$，其中R_{XX}為X組各變項間之相關係數矩陣；C為X變項之標準化典型加權係數矩陣。

Y組變項之典型結構係數矩陣 $S_Y = R_{YY} \times D$，其中R_{YY}為Y組各變項間之相關係數矩陣；D為Y變項之標準化典型加權係數矩陣。

典型結構係數的第二種求法亦可由X組變項之Z分數（ZX1、ZX2、ZX3、ZX4），分別求其與所屬之典型變量χ_1、χ_2、χ_3間之積差相關係數，或Y組變項之Z分數（ZY1、ZY2、ZY3），分別求其與所屬之典型變量η_1、η_2、η_3間之積差相關係數。

表5-16

		W1	W2	W3
ZX1	Pearson相關	-.897	.193	.121
	顯著性（雙尾）	.000	.000	.014
ZX2	Pearson相關	-.935	-.057	-.079
	顯著性（雙尾）	.000	.246	.108
ZX3	Pearson相關	-.755	-.633	-.132
	顯著性（雙尾）	.000	.000	.007
ZX4	Pearson相關	-.532	-.627	.565
	顯著性（雙尾）	.000	.000	.000

上表的相關係數為第一組四個變項與其三個典型變量之典型負荷量係數值。

表5-17

		V1	V2	V3
ZY1	Pearson相關	−.822	.434	.370
	顯著性（雙尾）	.000	.000	.000
ZY2	Pearson相關	−.954	.094	−.285
	顯著性（雙尾）	.000	.057	.000
ZY3	Pearson相關	−.832	−.535	.147
	顯著性（雙尾）	.000	.000	.003

上表的相關係數為第二組三個變項與其三個典型變量之典型負荷量係數值。

第三種求典型結構係數的方法為將每位受試者之X組變項之Z分數（ZX1、ZX2、ZX3、ZX4）分別乘以相對應的典型變項（χ_1、χ_2、χ_3），求出其總和，再將總和除以（N-1）；或將每位受試者Y組變項之Z分數（ZY1、ZY2、ZY3），分別乘以相對應的典型變項（η_1、η_2、η_3），求出其總和，再將總和除以（N-1）。

表5-18

	Cross Loadings for Set-1		
	1	2	3
X1	−.616	.054	.018
X2	−.642	−.017	−.012
X3	−.518	−.180	−.020
X4	−.366	−.179	.085

【說明】：第一組變項（X組變數）之跨典型負荷量（cross loading），跨典型負荷量又稱為「Index係數」或「跨結構係數」／「交叉結構係數」（cross-structure correlation），跨典型負荷量為X組變數（第一組變數）與另一組相對應典型變項η間的相關或Y組變數（第二組變數）與另一組相對應典型變項χ間的相關。以第一組典型變量而言，

X組變項（X1、X2、X3、X4）與其相對應典型變量η_1的相關分別為-.616、-.642、-.518、-.366。以每對典型變量而言，X組各變項與其所屬典型變量χ間（一個組合分數）的相關為典型結構係數；X組各變項與其相對應之典型變量間的相關即為Index係數。

典型結構係數與跨典型負荷量圖示如下：

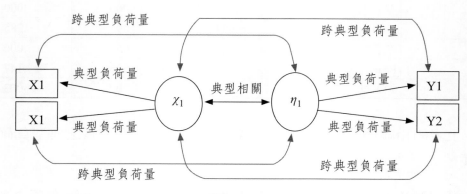

圖5-5

表5-19

Canonical Loadings for Set-2			
	1	2	3
Y1	-.822	.434	.369
Y2	-.954	.095	-.284
Y3	-.832	-.535	.148

【說明】：第二組變項（Y組變數）之典型負荷量（典型結構係數），為Y組變數（第二組變數）與其典型變項η_1、η_2、η_3間的相關。以第一組典型變量而言，Y組變項（Y1、Y2、Y3）與其對應典型變量η_1的相關分別為-.822、-.954、-.832，Y組變數與第一個典型變量η_1間的關係均很密切；就第二組典型變量而言，Y組變項（Y1、Y2、Y3）與其對應典型變量η_2的相關分別為.434、.095、-.535。Y組變項之結構係數的求法為：

$$
\begin{array}{ccc}
S_X & R_{XX} & D \\
\begin{bmatrix} 1 & .720 & .507 \\ .720 & 1 & .701 \\ .507 & .701 & 1 \end{bmatrix} = & \begin{bmatrix} 1 & .720 & .507 \\ .720 & 1 & .701 \\ .507 & .701 & 1 \end{bmatrix} \times & \begin{bmatrix} -.279 & .763 & 1.190 \\ -.529 & .375 & -1.617 \\ -.320 & -1.184 & .679 \end{bmatrix}
\end{array}
$$

表5-20

Cross Loadings for Set-2			
	1	2	3
Y1	-.565	.123	.055
Y2	-.655	.027	-.043
Y3	-.571	-.152	.022

【說明】：第二組變項（Y組變數）之跨典型負荷量，為Y組變數（第二組變數）與其相對應典型變項χ_1、χ_2、χ_3間的相關。以第一組典型變量而言，Y組變項（Y1、Y2、Y3）與其對應典型變量的相關分別為-.565、-.655、-.571；就第二組典型變量而言，Y組變項（Y1、Y2、Y3）與其對應典型變量χ_2的相關分別為.123、.027、-.152；就第三組典型變量χ_3而言，Y組變項（Y1、Y2、Y3）與其對應典型變量的相關分別為.055、.-043、.022。

表5-21

Redundancy Analysis:	
Proportion of Variance of Set-1 Explained by Its Own Can. Var.	
	Prop Var
CV1-1	.633
CV1-2	.209
CV1-3	.090
Proportion of Variance of Set-1 Explained by Opposite Can.Var.	
	Prop Var
CV2-1	.299
CV2-2	.017
CV2-3	.002

【說明】：「Proportion of Variance of Set-1 Explained by Its Own Can. Var.」數值為第一組變項（X組變數）被其典型變項χ_1、χ_2、χ_3解釋的百分比，其解釋變異分別為63.3%、20.9%、9.0%，χ_1、χ_2、χ_3三個典型變項共可解釋第一組四個X變項（X1、X2、X3、X4）93.2%的變異量（63.3%+20.9%+9.0%=93.2%），因為X組的變項個數共有四個、而萃取的典型變量只有三個，當典型變量個數少於該組變項的總個數，則萃取出典型變量對該組所有變數的解釋變異會少於1。「Proportion of Variance of Set-1 Explained by Opposite Can.Var.」列數值為第一組變項（X組變數）被其相對應典型變項η_1、η_2、η_3解釋的百分比，此數值又稱為「重疊係數」（redundancy coefficient），其解釋變異分別為29.9%、1.7%、0.2%，重疊係數即一組變數能被另一組變數解釋變異的程度。重疊係數的加總值31.8%(=29.9%+1.7%+0.2%)稱為「合併的重疊係數」（pooled redundancy coefficient），表示三個典型變量χ_1、χ_2、χ_3共自X組四個變數中抽取93.2%的變異量，其中有31.8%是X組變數與Y組變數所共同有的變異量，即Y組三個變項透過三對典型變量可以解釋四個X組四個變項31.8%的解釋變異。

表5-22

Proportion of Variance of Set-2 Explained by Its Own Can. Var.	
	Prop Var
CV2-1	.759
CV2-2	.161
CV2-3	.080
Proportion of Variance of Set-2 Explained by Opposite Can. Var.	
	Prop Var
CV1-1	.358
CV1-2	.013
CV1-3	.002

【說明】：「Proportion of Variance of Set-2 Explained by Its Own Can. Var.」列中數據為第二組變項（Y組變數）被其典型變項η_1、η_2、η_3解釋的百分比，其解釋變異分別為75.9%、16.1%、8.0%，因為Y組有三個變項，萃取三個典型變量，當典型變量個數等於該組變項個數時，萃取的典型變量可以解釋該組變項100%的變異量（75.9%+16.1%+8.0%=100%）。

「Proportion of Variance of Set-2 Explained by Opposite Can. Var.」列中數值為第二組變項（Y組變數）被其相對應典型變項χ_1、χ_2、χ_3解釋的百分比，此數值為重疊係數，其解釋變異分別為35.8%、1.3%、0.2%。就第一個重疊係數而言，表示四個X組變項（自變項）透過第一對典型變量（χ_1 & η_1），可以解釋三個Y組變項（依變項）35.8%的變異量；就第二個重疊係數而言，四個X組變項（校長教學領導四個向度）透過第二對典型變量（χ_2 & η_2），可以解釋三個Y組變項（學校效能三個向度）1.3%的變異量；就第三個重疊係數而言，四個X組變項（校長教學領導四個向度）透過第三對典型變量（χ_3 & η_3），可以解釋三個Y組變項（學校效能三個向度）0.2%的變異量。四個X組變項（校長教學領導四個向度）透過三對典型變量，總共可以解釋三個Y組變項（學校效能三個向度）總共37.3%(35.8%+1.3%+0.2%=37.3%)的變異量。

根據結構係數可以求出adequacy係數與重疊係數，adequacy係數為某一組變數在典型變量的結構係數之平方和再除以變項數，如第二組變項（Y組變數）在第一個典型變量的結構係數分別為-.822、-.954、-.832，Y組變數在第一個典型變量（η_1）的adequacy係數$=\dfrac{(-.822)^2+(-.954)^2+(-.832)^2}{3}$ = 0.7593，此係數表示第一個典型變量η_1自Y1、Y2、Y3三個變項中所抽出的變異數占三個變項總變異量的75.93%；X組變數在第一個典型變量（χ_1）的adequacy係數等於$\dfrac{(-.897)^2+(-.934)^2+(-.755)^2+(-.532)^2}{4}=0.6325$，adequacy係數0.6325表示典型變量$\chi_1$自X1、X2、X3、X4四個變項中所抽出的變異數占四個變項總異量的63.25%。

資料分析中X組四個變項、Y組三個變項之原始典型係數及標準化典型係數整理如下表：

表5-23

X組變數 （SET-1）	第一個典型變量		第二個典型變量		第三個典型變量	
	原始典型係數	標準化典型係數	原始典型係數	標準化典型係數	原始典型係數	標準化典型係數
X1	-.188	-.468	.264	.654	.156	.388

（續上頁表）

X2	−.190	−.547	.154	.442	−.057	−.163
X3	−.032	−.094	−.365	−1.090	−.412	−1.230
X4	.002	.004	−.140	−.334	.576	1.376
Y組變數 （SET−2）	原始典型 係數	標準化典 型係數	原始典型 係數	標準化典 型係數	原始典型 係數	標準化典 型係數
Y1	−.072	−.279	.196	.763	.306	1.190
Y2	−.128	−.529	.090	.375	−.390	−1.617
Y3	−.078	−.320	−.288	−1.184	.165	.679

　　根據原始或標準化的典型加權係數可以求出每位受試者三對典型分數或線性組合分數，以原始加權係數為例，每位受試者三對典型分數如下：

表5-24

$$\chi_1 = (-.188) \times X1 + (-.190) \times X2 + (-.032) \times X3 + (\ .002) \times X4$$
$$\chi_2 = (\ .264) \times X1 + (\ .154) \times X2 + (-.365) \times X3 + (-.140) \times X4$$
$$\chi_3 = (\ .156) \times X1 + (-.057) \times X2 + (-.412) \times X3 + (\ .576) \times X4$$
$$\eta_1 = (-.072) \times Y1 + (-.128) \times Y2 + (-.078) \times Y3$$
$$\eta_2 = (\ .196) \times Y1 + (\ .090) \times Y2 + (-.288) \times Y3$$
$$\eta_3 = (\ .306) \times Y1 + (-.390) \times Y2 + (\ .165) \times Y3$$

　　上述各個典型變量的求法執行SPSS功能列【轉換（T）】／【計算（C）】程序時轉換為語法檔如下：

表5-25

```
COMPUTE W1 = (−.188)*X1+(−.190)*X2+(−.032)*X3+(.002)*X4.
COMPUTE W2 = ( .264)*X1+( .154)*X2+(−.365)*X3+(−.140)*X4.
COMPUTE W3 = ( .156)*X1+(−.057)*X2+(−.412)*X3+(.576)*X4.
COMPUTE V1 = (−.072)*Y1+(−.128)*Y2+(−.078)*Y3.
COMPUTE V2 = ( .196)*Y1+( .090)*Y2+(−.288)*Y3.
COMPUTE V3 = ( .306)*Y1+(−.390)*Y2+( .165)*Y3.
EXECUTE.
```

　　執行SPSS功能列【分析（A）】／【相關（C）】／【雙變數（B）】程序，開啟「雙變數相關分析」對話視窗，求出六個典型變量間的相關。

KSI1與ETA1的相關係數為.687(p=.000<.05)、KSI2與ETA2的相關係數為.284(p=.000<.05)、KSI3與ETA3的相關係數為.150(p=.002<.05)，第一個、第二個典型相關係數達到.001的顯著水準，第三個典型相關係數也達到.01的顯著水準，未相對應的典型變量的相關係數均顯著的等於0。

表5-26　典型變量間之積差相關係數摘要表

		W1	W2	W3	V1	V2	V3
W1	Pearson相關	1	-.001	.002	.687	.000	.001
	顯著性（雙尾）		.978	.962	.000	.995	.992
W2	Pearson相關	-.001	1	-.001	-.001	.284	.000
	顯著性（雙尾）	.978		.986	.978	.000	.995
W3	Pearson相關	.002	-.001	1	.001	.000	.150
	顯著性（雙尾）	.962	.986		.985	1.000	.002
V1	Pearson相關	.687	-.001	.001	1	.000	.000
	顯著性（雙尾）	.000	.978	.985		.997	.994
V2	Pearson相關	.000	.284	.000	.000	1	.002
	顯著性（雙尾）	.995	.000	1.000	.997		.970
V3	Pearson相關	.001	.000	.150	.000	.002	1
	顯著性（雙尾）	.992	.995	.002	.994	.970	

第二種求出典型相關係數的方法為將每位受試者在各變項之原始分數轉換為Z分數，將每個Z分數乘上相對應的標準化典型加權係數，如$\chi_1 = (-.468)*ZX1+(-.547)*ZX2+(-.094)*ZX3+(.004)*ZX4$; $\eta_1 = (-.279)*ZY1+(-.529)*ZY2+(-.320)*ZY3$，再求出相對應典型變量間的相關。

$$\chi_1 = (-.468)*ZX1+(-.547)*ZX2+(-.094)*ZX3+(.004)*ZX4.$$
$$\chi_2 = (.654)*ZX1+(.442)*ZX2+(-1.090)*ZX3+(-.334)*ZX4.$$
$$\chi_3 = (.388)*ZX1+(-.163)*ZX2+(-1.230)*ZX3+(1.376)*ZX4.$$
$$\eta_1 = (-.279)*ZY1+(-.529)*ZY2+(-.320)*ZY3.$$
$$\eta_2 = (.763)*ZY1+(.375)*ZY2+(-1.184)*ZY3.$$
$$\eta_3 = (1.190)*ZY1+(-1.617)*ZY2+(.679)*ZY3.$$

上述各個典型變量的求法執行SPSS功能列【轉換（T）】／【計算（C）】程序時轉換為語法檔如下：

表5-27

```
COMPUTE ZW1 = (−.468)*ZX1+(−.547)*ZX2+(−.094)*ZX3+(.004)*ZX4.
COMPUTE ZW2 = (.654)*ZX1+(.442)*ZX2+(−1.090)*ZX3+(−.334)*ZX4.
COMPUTE ZW3 = (.388)*ZX1+(−.163)*ZX2+(−1.230)*ZX3+(1.376)*ZX4.
COMPUTE ZV1 = (−.279)*ZY1+(−.529)*ZY2+(−.320)*ZY3.
COMPUTE ZV2 = (.763)*ZY1+(.375)*ZY2+(−1.184)*ZY3.
COMPUTE ZV3 = (1.190)*ZY1+(−1.617)*ZY2+(.679)*ZY3.
EXECUTE.
```

表5-28　典型變量間之積差相關係數摘要表

		ZW1	ZW2	ZW3	ZV1	ZV2	ZV3
ZW1	Pearson相關	1	.000	.000	.687	.000	.000
	顯著性（雙尾）		.993	.993	.000	.998	1.000
ZW2	Pearson相關	.000	1	.000	.001	.284	.000
	顯著性（雙尾）	.993		.997	.991	.000	.999
ZW3	Pearson相關	.000	.000	1	.000	.000	.150
	顯著性（雙尾）	.993	.997		.998	1.000	.002
ZV1	Pearson相關	.687	.001	.000	1	.000	.000
	顯著性（雙尾）	.000	.991	.998		.997	.996
ZV2	Pearson相關	.000	.284	.000	.000	1	.000
	顯著性（雙尾）	.998	.000	1.000	.997		.996
ZV3	Pearson相關	.000	.000	.150	.000	.000	1
	顯著性（雙尾）	1.000	.999	.002	.996	.996	

第三種計算典型相關的方法類似第二種，但不是直接求出各組典型變量（χ_1 & η_1）間之相關，而是先求出每位受試者各組典型變量（$\chi_1 \times \eta_1$）的乘積，再計算這些乘積和，最後將乘積總和再除以(N−1)。以第一組典型變量為例，411位受試者在第一組組典型變量乘積（$\chi_1 \times \eta_1$）的總和為281.62，第一個典型相關係數R_1=281.62÷(411−1)=.685。

計算每位受試者各組典型變量的乘積之SPSS語法檔如下：

表5-29

```
COMPUTE WV1=ZW1*ZV1.
COMPUTE WV2=ZW2*ZV2.
COMPUTE WV3=ZW3*ZV3.
EXECUTE .
```

　　所有受試者之組合分數之交乘積和如下：第二個典型相關係數 R_2=116.56÷（411-1）=.284；第三個典型相關係數 R_3=61.35÷（411-1）=.150。

表5-30　組合分數之交乘積和

	個數	總和
WV1	411	281.62
WV2	411	116.56
WV3	411	61.35

　　η_1、η_2、η_3解釋的百分比，其解釋變異分別為75.9%、16.1%、8.0%；第二組變項（Y組變數）被其相對應典型變項χ_1、χ_2、χ_3透過原始分數求得之典型變量（χ_1、χ_2、χ_3、η_1、η_2、η_3），一為預測變項組的線性組合分數，一為效標變項組的線性組合分數，其平均數均不為0，但標準差均為1；透過Z分數求得之典型變量（χ_1、χ_2、χ_3、η_1、η_2、η_3），一為預測變項組的線性組合分數，一為效標變項組的線性組合分數，其平均數均為0，標準差均為1。

表5-31　六個典型變量之描述性統計量─以原始分數求得

	個數	最小值	最大值	平均數	標準差
W1	411	-8.174	-3.734	-6.54614	.999239
W2	411	-2.418	3.214	.15982	1.000249
W3	411	-2.300	4.824	1.66993	1.000252
V1	411	-9.340	-4.612	-7.65921	1.003696
V2	411	-2.126	5.088	1.90046	.999080
V3	411	-1.326	6.720	1.83946	1.000618

以變項原始測量值求出的六個典型變項分數之平均數不等於0，但標準差均為1。

表5-32　六個典型變量之描述性統計量─以Z分數求得

	個數	最小值	最大值	平均數	標準差
ZW1	411	−1.63	2.81	.0000	.99983
ZW2	411	−2.58	3.05	.0000	.99995
ZW3	411	−3.97	3.15	.0000	1.00001
ZV1	411	−1.68	3.04	.0000	1.00021
ZV2	411	−4.03	3.19	.0000	.99962
ZV3	411	−3.16	4.87	.0000	.99978

以變項Z分數求出的六個典型變項分數之平均數均等於0，標準差均等於1。

上述典型相關分析結果相關數據整理如下摘要表：

表5-33

	加權係數	結構係數	結構係數平方	跨典型係數	加權係數	結構係數	結構係數平方	跨典型係數	加權係數	結構係數	結構係數平方	跨典型係數	共同性
X1	−.468	−.897	.805	−.616	.654	.191	.036	.054	.388	.122	.015	.018	.856
X2	−.547	−.934	.872	−.642	.442	−.059	.003	−.017	−.163	−.078	.006	−.012	.882
X3	−.094	−.755	.570	−.518	−1.090	−.634	.402	−.180	−1.230	−.131	.017	−.020	.989
X4	.004	−.532	.283	−.366	−.334	−.628	.394	−.179	1.376	.566	.320	.085	.998
adequacy			.633				.209				.090		
重疊			.299				.017				.002		
ρ			.687				.284				.150		
ρ_2			.472				.081				.023		

	加權係數	結構係數	結構係數平方	跨典型係數	加權係數	結構係數	結構係數平方	跨典型係數	加權係數	結構係數	結構係數平方	跨典型係數	共同性
Y1	−.279	−.822	.676	−.565	.763	.434	.188	.123	1.190	.369	.136	.055	1.00
Y2	−.529	−.954	.910	−.655	.375	.095	.009	.027	−1.617	−.284	.081	−.043	1.00
Y3	−.320	−.832	.692	−.571	−1.184	−.535	.286	−.152	.679	.148	.022	.022	1.00
adequacy			.759				.161				.080		
重疊			.358				.013				.002		

　　表中「重疊係數」（redundancy coefficient）為將二組變項之各典型變量的adequacy係數乘上相應的典型相關係數的平方而得，如X組變項第一個典型變量χ_1之重疊係數為.299＝.633×.472；Y組變項在第一個典型變量η_1的重疊係數＝.759×$(.687)^2$＝.759×.472＝.358。因典型變量χ_1自X組變項中所抽取的變異量並不一定等於典型變量η_1自Y組變項中所抽取的變異量，故相對應二個典型變量（χ_1 & η_1）之重疊係數（.299 & .358）在多數情況下是不相等的。此表示典型相關分析中之「相關」在統計分析程序是屬於一種「非對稱關係」（asymmetrical），此外，它雖隱含著「因果關係」（causal relationships），但卻不是真正因果關係的探究，為了表示其有自變項與依變項間的屬性，典型變量間的相關之雙箭頭直線可以以「曲線雙箭頭」表示（*Tacq, 1997, p. 323*）。

　　在上表中將各變項的跨典型係數（Index係數）除以其典型結構係數，所得的數值即為典型相關係數（*Cliff, 1987*）。

表5-34　Index係數與典型結構係數比值表

	第一個典型相關係數			第二個典型相關係數			第三個典型相關係數		
	結構係數	Index係數	R_{C1}	結構係數	Index係數	R_{C2}	結構係數	Index係數	R_{C3}
X1	−0.897	−0.616	0.687	0.191	0.054	0.283	0.122	0.018	0.148
X2	−0.934	−0.642	0.687	−0.059	−0.017	0.288	−0.078	−0.012	0.154
X3	−0.755	−0.518	0.686	−0.634	−0.18	0.284	−0.131	−0.02	0.153
X4	−0.532	−0.366	0.688	−0.628	−0.179	0.285	0.566	0.085	0.150
Y1	−0.822	−0.565	0.687	0.434	0.123	0.283	0.369	0.055	0.149
Y2	−0.954	−0.655	0.687	0.095	0.027	0.284	−0.284	−0.043	0.151
Y3	−0.832	−0.571	0.686	−0.535	−0.152	0.284	0.148	0.022	0.149

　　學者對典型結構係數重要性的看法並未完全相同，有些認為典型結構係數較典型加權係數重要、有些認為典型結構係數與典型加權係數同等重要，有些則認為應視情況來決定。學者Thompson（*1996*）指出：解釋典型相關分析結果時，只採用典型加權係數，會導致嚴重的錯誤；學者Sexton（*1988*）等人研究指出：某變項在第一個典型變量上的加權係數可能很小（如.02），而該變項在同一個典型變量上的典型結構係數可能很

大（如.89），二個數值的大小差異頗大。或許有研究者認為：在同一研究中，採用加權係數與典型結構係數之解釋多數會得到相同的結論；但事實上不然，當各組內之各變項間相關很小或毫無相關時（如主成分分數），則結構係數與加權係數的數值會十分接近，但若是變項間的相關不為0，則結構係數與加權係數的數值就不會相等，如果變項間的相關為中高度相關時，結構係數與加權係數的數值差異會愈大（傅粹馨，1998; Thompson, 1984）。

【表格範例】

表5-35　校長教學領導與學校效能之典型相關分析摘要表

X變項	典型變量			Y變項	典型變量		
	χ_1	χ_2	χ_3		η_1	η_2	η_3
願景形塑	-.897#	.191	.122	行政效能	-.822#	.434	.369
品質確保	-.934#	-.059	-.078	學生效能	-.954#	.095	-.284
專業提升	-.755#	-.634#	-.131	文化效能	-.832#	-.535#	.148
環境支持	-.532#	-.628#	.566#				
抽出變異量%	63.3	20.9	9.0	抽出變異量%	75.9	16.1	8.0
重疊係數	.299	.017	.002	重疊係數	.358	.013	.002
典型相關	ρ_1=.687	ρ_2=.284	ρ_3=.150				
特徵值ρ^2	.472	.081	.022				
顯著性p	.000	.000	.010				
#：典型結構負荷量絕對值≧.50							

　　從X組變項與Y組變項之典型相關分析摘要表得知：三組典型變量之相關係數均達.05的顯著水準，三個典型相關係數分別為ρ_1=.687、ρ_2=.284、ρ_3=.150，三組典型變量χ_1 & η_1、χ_2 & η_2、χ_3 & η_3可以互相解釋的變異部分分別47.2%、8.1%、1.0%。

　　X組第一個典型變量（canonical variate）χ_1可以解釋校長教學領導四個向度變項63.3%的變異量、第二個典型變量χ_2可以解釋校長教學領導四個向度變項20.9%的變異量，第三個典型變量χ_3可以解釋校長教學領導四個向度變項9.0%的變異量，從自變項萃取出的三個典型變量χ_1、χ_2、χ_3共可解釋四個校長教學領導變項93.2%的變異量；Y組第一個典型變量η_1可以解釋三個

學校效能向度變項75.9%的變異量、第二個典型變量η_2可以解釋學校效能三個向度變項16.1%的變異量、第三個典型變量η_3可以解釋學校效能三個向度變項8.0%的變異量,從依變項萃取的三個典型變量η_1、η_2、η_3共可解釋Y組三個變項共100%的總變異量。

學校效能三個典型變量的重疊係數各為.358、.013、.002,表示從校長教學領導四個自變項萃取的三個典型變量可以解釋學校效能三個依變項共37.3%的變異;其中以從校長教學領導四個自變項萃取的第一個典型變量χ_1對學校效能三個依變項的解釋變異量最大(=35.8%)。

從典型負荷量或典型結構係數來看,就第一組典型變量而言,自變項四個變數均與第一個典型變項χ_1有高度的負相關,其典型負荷量分別為-.897、-.934、-.755、-.532;依變項三個變數與其第一個典型變項η_1也呈高度的負相關,其典型負荷量分別為-.822、-.954、-.832,可見「願景形塑」、「品質確保」、「專業提升」、「環境支持」四個控制變項透過第一組典型變量對「行政效能」、「學生效能」、「文化效能」產生正向影響,四個自變項中以「品質確保」和依變項中的「學生效能」間的關係最為密切。就第二組典型變量而言,自變項四個變數與第二個典型變項χ_2呈高度負相關者為「專業提升」、「環境支持」二個,其典型負荷量分別為-.634、-.628;依變項三個變數中與其第二個典型變項呈高度負相關者為「文化效能」,其典型負荷量為-.535,可見「專業提升」、「環境支持」二個控制變項透過第二組典型變量對「文化效能」也產生正向影響。至於四個控制變項透過第三組典型變量對學校效能三個向度的影響並不明顯。

三、MANOVA語法

在SPSS語法視窗中,要進行二組變數間的典型相關分析,也可採用「MANOVA」語法。

表5-36

```
MANOVA
    Y1 Y2 Y3 WITH X1 X2 X3 X4
    /DISCRIM
    /PRINT SIGNIF (EIGN)
    /DESIGN.
```

　　在「MANOVA」語法後面「WITH」關鍵字的前面要界定「效標變項」（依變項─Y組變數），「WITH」關鍵字的其後面界定「控制變項」（自變項─X組變數）。MANOVA語法界定典型相關時，「WITH」指令前界定的是第二組Y變項（SPSS報表中稱為依變項─DEPENDENT）；而在其指令後界定的是第一組X變項（SPSS報表中稱為共變量─COVARIATE）。

表5-37

```
「MANOVA
    依變項組WITH自變項組」
「MANOVA    第二組Y變項
            WITH    第一組X變項」
```

四、MANOVA語法輸出結果

表5-38

The default error term in MANOVA has been changed from WITHIN CELLS to WITHIN+RESIDUAL. Note that these are the same for all full factorial designs.

EFFECT .. WITHIN CELLS Regression

Multivariate Tests of Significance (S=3, M=0, N=201)

Test Name	Value	Approx. F	Hypoth. DF	Error DF	Sig. of F
Pillais	.57507	24.07064	12.00	1218.00	.000
Hotellings	1.00408	33.69232	12.00	1208.00	.000
Wilks	.47462	28.98807	12.00	1069.18	.000
Roys	.47178				

　　上表為典型相關之多變項考驗，若是多變量檢定統計量達到.05顯著水準，表示p個X變項與q個Y變項間有典型相關存在，即至少會有一個典型相關係數達到.05顯著水準。其虛無假設為：「p個X變項與q個Y變項間沒有典型相關存在」、對立假設為「p個X變項與q個Y變項間有典型相關存在」。表中多變量統計量之Wilks Λ值為.47462，顯著性p=.000<.001，表示四個校長教學領導向度變項與三個學校效能向度變項間沒有典型相關存在的虛無假設應予拒絕，即四個校長教學領導向度與三個學校效能變項間有顯著的典型相關存在。

表5-39

Eigenvalues and Canonical Correlations【特徵值與典型相關】				
	特徵值	百分比	累積百分比	典型相關係數　典型相關係數平方
Root No.	Eigenvalue	Pct.	Cum. Pct.	Canon Cor.　　Sq. Cor
1	.893	88.953	88.953	.687　　　　.472
2	.088	8.765	97.718	.284　　　　.081
3	.023	2.282	100.000	.150　　　　.022

【說明】：由於X組變項有四個、Y變變項有三個，因而特徵值或典型相關係數最多只有三個。

　　特徵值=$\rho^2 \div (1-\rho^2)$。第一個特徵值=.472÷(1-.472)=.893、第二個特徵值=.081÷(1-.081)=.088、第三個特徵值=.022÷(1-.022)=.023。特徵值所能解釋的變異百分比＝各特徵值÷總特徵值，如第一個特徵值所能解釋的變異量百分比＝.893÷(.893+.088+.023)=.893÷1.004=.889、第二個特徵值所能解釋的變異量百分比＝.088÷1.004=.088。第一對典型變量（χ_1與η_1）之間的相關為.687、相互的解釋變異量（ρ_1^2）為47.2%；第二對典型變量（χ_2與η_2）之間的相關為.284、相互的解釋變異量為8.1%（ρ_2^2）、第三對典型因素（χ_3與η_3）之間的相關為.150、相互的解釋變異量為2.2%(ρ_3^3)。

表5-40

Dimension Reduction Analysis【層面縮減度分析─典型相關顯著性考驗】					
Roots	Wilks L.	F Hypoth.	DF	Error DF	Sig. of F
1 TO 3	.47462	28.98807	12.00	1069.18	.000
2 TO 3	.89852	7.41942	6.00	810.00	.000
3 TO 3	.97760	4.65093	2.00	406.00	.010

【說明】上表數據為層面縮減度分析,也就是典型相關的顯著性考驗。MANOVA語法中的典型相關係數顯著性檢定與區別分析程序中之區別函數顯著性考驗的步驟相類似。

1. 「1 TO 3」達顯著時(Wilks Λ=.47462, p=000<.05),表示三個典型相關係數中至少有一個達到顯者,因為第一個典型相關係數最大,所以可視為是第一個典型相關係數的顯著性考驗。第二欄Wilks L.即典型相關係數考驗的Λ值,其求法為

   $\Lambda=(1-\rho_1^2)(1-\rho_2^2)(1-\rho_3^2)=(1-.472)\times(1-.081)\times(1-.022)=.475$,Wilks Λ值轉換為F統計量近似值為28.98071。「1 TO 3」欄之Wilks Λ達到.05顯著水準,表示第一個典型相關係數達到顯著,至於第二個與第三個典型相關是否達到顯著,還須進一步加考驗。

2. 「2 TO 3」為排除第一個典型相關的影響後,剩餘二個典型相關之顯著性檢定,若是Wilks Λ值達到顯著,表示二個典型相關係數至少有一個不為0,由於第二個典型相關係數較大,因而可作為第二個典型相關係數的顯著性考驗,至於第三個典型相關係數是否達到顯著,也須進一步加以檢定;如果Wilks Λ值未達.05顯著水準,表示剩餘二個典型相關係數均顯著等於0。典型相關係數考驗的Wilks Λ值的求法為:

   $\Lambda=(1-\rho_2^2)(1-\rho_3^2)=(1-.081)\times(1-.022)=.899$,轉換為F統計量近似值=7.41942,顯著性p=.000<.05,達到顯著水準,表示第二個典型相關係數也達到顯著。

3. 「3 TO 3」為排除第一個、第二個典型相關的影響後,剩餘一個典型相關之顯著性檢定,若是Wilks Λ值達到顯著,表示第三個典型相

關係數顯著不為0。典型相關係數考驗的Wilks Λ值的求法為：
$\Lambda=(1-\rho_3^2)=(1-.022)=.978$，轉換為F統計量近似值=4.65093，顯著性
p=.010<.05，達到.05顯著水準，表示第三個典型相關係數顯著不為
0。三組相對應典型變量間之相關均達到.05顯著水準。

表5-41

EFFECT .. WITHIN CELLS Regression (Cont.) Univariate F-tests with (4,406) D. F.【單變量F檢定】						
Variable	Sq. Mul. R	Adj. R-sq.	Hypoth. MS	Error MS	F	Sig. of F
Y1	.33696	.33042	523.97652	10.15817	51.58180	.000
Y2	.43200	.42640	762.29047	9.87470	77.19628	.000
Y3	.35006	.34366	605.34768	11.07288	54.66942	.000

【說明】單變量F檢定統計量為以X組四個變數為預測變項、分別以Y組三
個變數為依變項，進行複迴歸分析時，複迴歸方程式的顯著性檢定。以依
變項Y1為例，X1、X2、X3、X4四個變數可解釋Y1變項33.7%的變異量，
調整後的R平方為.330，複迴歸方程式的顯著性考驗的F值為51.58，顯著性
p=.000<.05，達到.05顯著水準，表示至少有一個迴歸係數顯著不等於0。將
這個複相關係數平方值相加後求其平均值為.373=(.33696+.43200+.35006)÷
3，.373為Y組變數三個重疊係數的總和。

表5-42

Raw canonical coefficients for DEPENDENT variables			
	Function No.		
Variable	1	2	3
Y1	−.072	.196	.306
Y2	−.128	.090	−.390
Y3	−.078	−.288	.165

【說明】依變項（Y組變數——學校效能三個向度）的原始典型係數。

表5-43

Standardized canonical coefficients for DEPENDENT variables			
	Function No.		
Variable	1	2	3
Y1	−.279	.763	1.190
Y2	−.529	.375	−1.617
Y3	−.320	−1.184	.679

【說明】依變項（Y組變數——學校效能三個向度）標準化的典型係數／標準化典型加權係數。

表5-44

Correlations between DEPENDENT and canonical variables			
	Function No.		
Variable	1	2	3
Y1	−.822	.434	.369
Y2	−.954	.095	−.284
Y3	−.832	−.535	.148

【說明】第二組變項（Y組變數）與其典型變量η間的相關，此係數即依變項的「典型負荷量」（canonical loading）／典型結構係數。

表5-45

Variance in dependent variables explained by canonical variables				
CAN. VAR.	Pct Var DE	Cum Pct DE	Pct Var CO	Cum Pct CO
典型變項	解釋變異	累積解釋變異量	重疊係數	累積重疊係數
1	75.924	75.924	35.819	35.819
2	16.102	92.026	1.303	37.122
3	7.974	100.000	.179	37.301

【說明】：依變項被典型變量解釋的變異量，在「CANCORR」語法輸出中為「Proportion of Variance of Set-2 Explained by Its Own Can. Var.」（第二組變數被自己典型變項解釋的變異比例）、「Proportion of Variance of Set-2 Explained by Opposite Can. Var.」（第二組變數被相對應典型變項解

釋的變異比例）二列中的數據。「Variance in dependent variables explained by canonical variables」標題表示依變項被其典型變量（η）解釋的百分比，此百分比又稱為平均解釋量。Y組中第一個典型變量η_1可以解釋Y1、Y2、Y3三個變數75.9%的變異量、第二個典型變量η_2可以解釋Y1、Y2、Y3三個變數16.1%的變異量、第三個典型變量η_3可以解釋Y1、Y2、Y3三個變數8.0%的變異量，η_1、η_2、η_3三個典型變項共可解釋三個Y組變數100%的變異量。

依變項第一個典型變量η_1可以解釋Y1、Y2、Y3三個變數的變異，可從典型負荷量數值求得，如第一個典型變量η_1可以解釋Y1、Y2、Y3三個變數的變異的求法為：

$$.759 = \frac{(-.822)^2 + (-.954)^2 + (-.832)^2}{3}$$、第二個典型變量η_2可以解釋Y1、Y2、Y3三個變數的變異的求法為：$.161 = \frac{(.434)^2 + (.095)^2 + (-.535)^2}{3}$。第三個典型變量$\eta_3$可以解釋Y1、Y2、Y3三個變數的變異的求法為：$.079 = \frac{(.369)^2 + (-.284)^2 + (.148)^2}{3}$。

第四欄標題「Pct Var CO」下的數值為重疊係數，表示四個「CO變項」（校長教學領導四個向度——X組變項）透過各對典型變項對依變項（學校效能三個向度——Y組變項）的解釋變異百分比。四個X組變項的透過第一組典型變量（χ_1 & η_1）可以解釋Y組三個變數35.8%的變異量、四個X組變項的透過第二組典型變量（χ_2 & η_2）可以解釋Y組三個變數1.3%的變異量、四個X組變項的透過第三組典型變量（χ_3 & η_3）可以解釋Y組三個變數0.2%的變異量。校長教學領導四個向度藉由三對典型變量共可解釋學校效能三個向度總變異的37.3%。

表5-46

Raw canonical coefficients for COVARIATES			
Function No.			
COVARIATE	1	2	3
X1	−.188	.264	.156
X2	−.190	.154	−.057
X3	−.032	−.365	−.412
X4	.002	−.140	.576

【說明】：控制變項（covariates）就是自變項（第一組變數或X組變數）。表中數字為X組變數（校長教學領導四個向度）的原始典型係數。

表5-47

Standardized canonical coefficients for COVARIATES			
CAN. VAR.			
COVARIATE	1	2	3
X1	−.468	.654	.388
X2	−.547	.442	−.163
X3	−.094	−1.090	−1.230
X4	.004	−.334	1.376

【說明】：上表中數字為X組變項（控制變項／自變項）之標準化典型係數。

表5-48

Correlations between COVARIATES and canonical variables			
CAN. VAR.			
Covariate	1	2	3
X1	−.897	.191	.122
X2	−.934	−.059	−.078
X3	−.755	−.634	−.131
X4	−.532	−.628	.566

【說明】：上表為自變項四個變數（X1、X2、X3、X4）與其三個典型變項χ_1、χ_2、χ_3間之典型結構係數，此係數即自變項的「典型負荷量」（canonical loading）。

表5-49

Variance in covariates explained by canonical variables				
CAN. VAR. 典型變項	Pct Var DE 重疊係數	Cum Pct DE 累積重疊係數	Pct Var CO 解釋變異量	Cum Pct CO 累積解釋變異量
1	29.852	29.852	63.275	63.275
2	1.691	31.543	20.905	84.181
3	.201	31.744	8.954	93.134

【說明】：「Variance in covariates explained by canonical variables」標題表示為共變項（X組變數／自變項——校長教學領導四個向度）被自己典型變項χ解釋的變異百分比，在「CANCORR」語法輸出中為「Proportion of Variance of Set-1 Explained by Its Own Can. Var.」（第一組變數被自己典型變項解釋的變異比例）、「Proportion of Variance of Set-1 Explained by Opposite Can. Var.」（第一組變數被相對應典型變項解釋的變異比例）二列中的數據。輸出報表「Variance in covariates explained by canonical variables」中數據與「Variance in dependent variables explained by canonical variables」中數據欄位所呈現的位置並不相同。研究者若是採用MANOVA語法進行典型相關分析，此二部分數據的詮釋必須特別注意，切勿混淆。

X組中第一個典型變量χ_1可以解釋X1、X2、X3、X4四個變數63.3%的變異量、第二個典型變量χ_2可以解釋X1、X2、X3、X4四個變數20.9%的變異量、第三個典型變量χ_3可以解釋X1、X2、X3、X4四個變數9.0%的變異量，χ_1、χ_2、χ_3三個典型變項共可解釋解釋X1、X2、X3、X4四個變數93.1%的變異量。因為X組的變項個數共有四個、而萃取的典型變量只有三個，當典型變量個數少於該組變項的總個數，則典型變量對該組所有變數的解釋變異會少於100%。

表中重疊係數數值位於第二欄，標題為「Pct Var DE」，第三欄標題「Cum Pct DE」為累積重疊係數數值。三個DE變項（Y組變項——學校效能三個向度）透過第一對典型變量（χ_1 & η_1）可以解釋X組四個變數（CO變項-自變項）29.9%的變異量、三個學校效能變項透過第二對典型變量（χ_2 & η_2）可以解釋校長教學領導四個變數1.7%的變異量、三個學校效能變項透過第三對典型變量（χ_3 & η_3）可以解釋校長教學領導四個變數0.2的

變異量,合計三個學校效能變項透過三組典型變項可以解釋四個校長教學領導變項總變異量的31.7%。

表5-50

Regression analysis for WITHIN CELLS error term					
--- Individual Univariate .9500 confidence intervals					
Dependent variable .. Y1					
COVARIATE	B	Beta	Std. Err.	t-Value	Sig. of t
X1	.57472	.36639	.089	6.485	.000
X2	.47951	.35424	.089	5.362	.000
X3	−.19478	−.14927	.095	−2.054	.041
X4	.05350	.03282	.095	.564	.573
COVARIATE	Lower −95%	CL− Upper			
X1	.400	.749			
X2	.304	.655			
X3	−.381	−.008			
X4	−.133	.240			

上表為以變數Y1為依變項,而以X組四個變項:X1、X2、X3、X4為預測變項,所進行的複迴歸分析中之迴歸係數參數顯著性摘要表。

表5-51

Regression analysis for WITHIN CELLS error term (Cont.)					
Dependent variable .. Y2					
COVARIATE	B	Beta	Std. Err.	t-Value	Sig. of t
X1	.51433	.30781	.087	5.886	.000
X2	.54391	.37720	.088	6.169	.000
X3	.11773	.08470	.094	1.259	.209
X4	−.12142	−.06993	.094	−1.298	.195
COVARIATE	Lower −95%	CL− Upper			
X1	.343	.686			
X2	.371	.717			
X3	−.066	.302			
X4	−.305	.063			

上表為以變數Y2為依變項，而以X組四個變項：X1、X2、X3、X4為預測變項，所進行的複迴歸分析中之迴歸係數參數顯著性摘要表。

表5-52

Dependent variable .. Y3					
COVARIATE	B	Beta	Std. Err.	t−Value	Sig. of t
X1	.29189	.17646	.093	3.154	.002
X2	.34474	.24150	.093	3.693	.000
X3	.26474	.19240	.099	2.673	.008
X4	.13607	.07917	.099	1.373	.170
COVARIATE	Lower −95%	CL− Upper			
X1	.110	.474			
X2	.161	.528			
X3	.070	.459			
X4	−.059	.331			

上表為以變數Y3為依變項，而以X組四個變項：X1、X2、X3、X4為預測變項，所進行的複迴歸分析中之迴歸係數參數顯著性摘要表。

採用MANOVA語法與使用CANCORR語法所獲得的典型相關數據是相同的，只是小數點的位數不同（並非所有資料檔二者語法之輸出的結果數據正負號均相同，有時二組變數之典型結構係數的正負號會相反），其中採用CANCORR語法所輸出的結果較易解讀，而採用MANOVA語法所輸出的結果則較為詳盡，二種方法研究者均可使用。二種典型相關分析徑路圖如下：二種典型相關分析徑路圖主要差別在於研究者之研究目的與研究假設而異，若是研究者研究目的在於確認校長教學領導對學校效能的影響，確定校長教學領導變項是自變項，而學校效能是效標變項，則採用第二種典型相關分析徑路圖。如果研究者僅在於確認二組變項之關係，無法明確區分何者為自變項、何者為依變項，則採用第一種典型相關分析徑路圖。

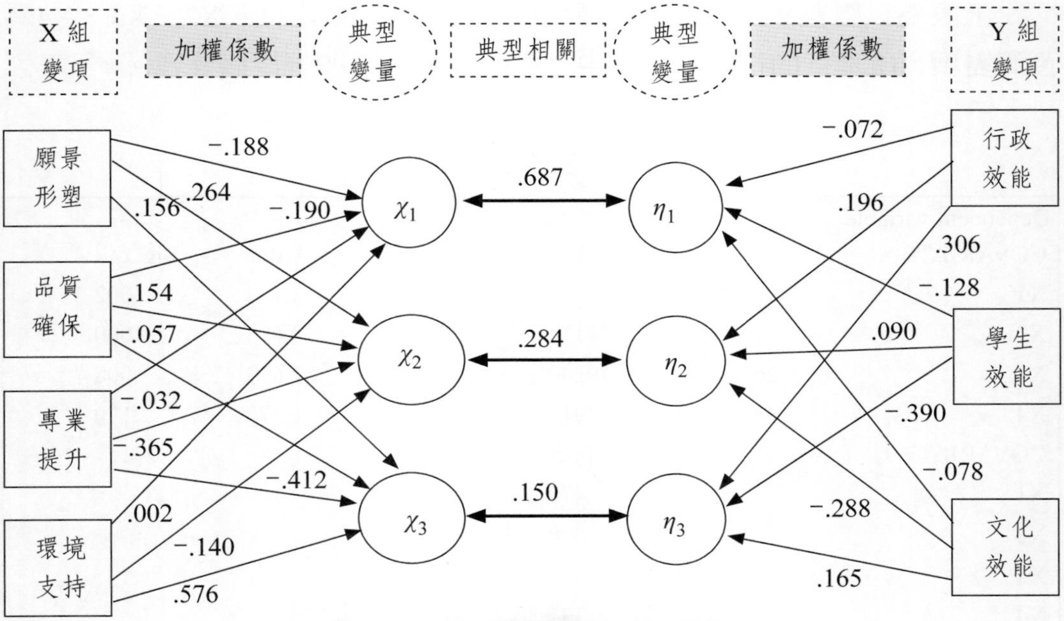

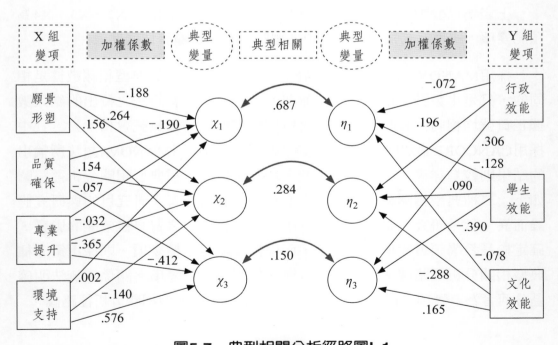

圖5-6　典型相關分析徑路圖I

圖5-7　典型相關分析徑路圖I_1

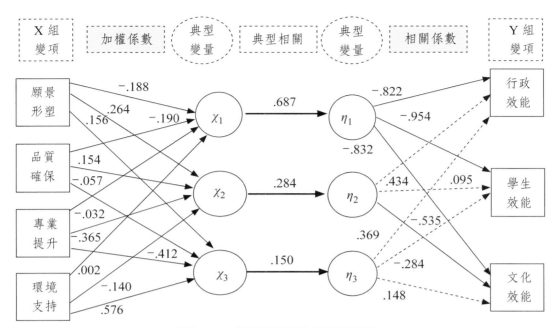

圖5-8 典型相關分析徑路圖II

CHAPTER

6

二元邏輯斯迴歸

在迴歸分析中，預測變項（predictor variable）與效標變項（criterion variable）通常是連續變項，自變項（預測變項）如果是間斷變項，要投入迴歸模式要轉化為虛擬變項。如果依變項是間斷變項且為二分名義變項，則可使用「邏輯斯迴歸」（Logistic regression）分析法，Logistic 迴歸分析法，自變項仍是等距或比率變項，而依變項則是二分之類別變項。如果依變項為間斷變項且為三分以上名義變項，則可使用區別分析法（discriminant analysis，或譯為判別分析），區別分析之自變項（預測變項）為連續變項（等距或比率變項）；而依變項（一般稱為分組變項）則是間斷變項（名義變項或次序變項）。邏輯斯迴歸與複迴歸程序類似，模式中可以包含一個或一個以上的預測變項，預測變項可以是計量變數、虛擬編碼的類別變項。邏輯斯迴歸分析中的依變項有時又稱為「結果變項」（outcome variable）或稱「反應變項」（response variable）。

壹、相關理論

區別分析屬於多變量分析的一種，其依變項通常是三分名義以上變項。若是自變項為連續變項，依變項為二分名義變項，除可採用區別分析法，也可以採用Logistic迴歸分析，Logistic迴歸分析與多元迴歸分析的最大差異在於依變項性質的不同，由於依變項的性質不同，使得二者在參數估計與假設上也有所差異。進行複迴歸分析時，迴歸模式通常必須符合常態性的假定；但Logistic迴歸分析的假定：是觀察值樣本在依變項上的機率分配呈S型分布，此分布情形又稱Logistic分配（*Hosmer & Lemeshow, 2000*）。此外，在參數估計方面，複迴歸通常透過古典最小平方方法（ordinary least square; OLS），讓殘差值極小化，以得到自變項參數之最佳估計值；而Logistic迴歸分析則是透過最大概率估計（maximum likelihood estimation; MLE），使依變項觀察次數之機率極大化，進而得到自變項參數之最佳估計值（王保進，*2004*）。與最小平方方法相比，最大概似估計法可以用於線性模型，也可以用於更複雜的非線性估計，由於Logistic 迴歸是非線性模型，因此最大概似估計法是最常用於Logistic迴歸模型估計計方法（王濟川、郭志剛，*2004*）。

一般線性模式（如多元線性迴歸與區別分析－DA）的統計應用均有嚴格的假定，如複迴歸分析的假定包括所有變項要呈多變量常態性分配，特別是效標變項Y的分數要呈單變量常態性分配，效標變項Y的分數與每個預測變項X的分數間要呈線性關係，此外，每對預測變項X的分數間也要呈線性關係，預測變項X分數間要有一致的誤差變異等。就區別分析而言，其額外的重要假定為預測變項在所有群組間有相同的變異數共變數矩陣。但相對的，邏輯斯迴歸資料不需要符合上述的假定，其一般的假定為：結果變項必須是二分名義變項，變項水準數值編碼不是1就是0；每個結果變項分數彼此獨立；模型的敘述必須明確，即模型所包括預測變項必須和結果變項有某種程度關聯；結果變項的二個類別必須互斥且包含的樣本要儘量完整，當某一成成員隸屬於第一個群組，就不能隸屬於另一個群組。二元邏輯斯迴歸不需要結果變項Y的分數呈常態分配的假定，也不需要結果變項Y的分數與計量預測變項分數間呈線性關係，結果變項Y分數在不同X預測變項間變異數不一定要同質，由於二元邏輯斯迴歸的假定較為寬鬆，在一般社會科學情境中，當結果變項之成員分別歸於二種不同的群組時，二元邏輯斯迴歸被視為是較複迴歸與區別分析的統計方法更為適切（*Warner, 2008, pp. 931-933*）。

邏輯斯迴歸程序中，研究者必須評估整體模型（包含所有預測變項的模式）的統計顯著性與效果值（effect size），研究者也可以進行包含不同預測變項模型的比較，如果整體模型達到顯著，研究者須進一步檢驗個別預測變項對結果變項（outcome variable）的貢獻程度，以評估每個預測變項是否都顯著的與結果變項有關及預測變項與結果變項間的關聯情形為何？邏輯斯迴歸也與一般複迴歸分析程序相同，可以進行原始迴歸係數顯著性的檢定，此外，邏輯斯迴歸增加了勝算（odds）與勝算比（odds ratios）的訊息，勝算是研究者感興趣之事件發生的次數與未發生次數的比值，勝算的最小值為0、最大值為無限大（+∞），通常研究者關注的是勝算值是大於1或小於1，如果勝算值小於1，表示目標事件發生的次數少於非目標事件發生的次數；若勝算值大於1，表示目標事件發生的次數多於非目標事件發生的次數，如果勝算的數值剛好等於1，則此勝算稱為「相等勝算」（even odds），表示目標事件與非目標事件發生的次數剛好相等，

如果目標事件發生的次數遠少於非目標事件的次數，則勝算值會接近於0。勝算的觀念與賭博輸贏的情形類似，如果勝算大於1，表示賭博下注的預期結果較可能發生（勝算愈大，事件發生的可能性愈高）；相對的，若勝算小於1，表示賭博下注的預期結果較不可能發生（勝算愈小，事件發生的可能性愈低）；至於勝算比則是結果事件在二個不同群組或情境的比值（*Warner, 2008, p. 937*）。

在線性迴歸中，估計迴歸模型參數的方法為「一般最小平方估計法」（ordinary least square estimation; OLSE）與「最大概似估計法」（maximum likelihood estimation; MLE），與一般最小平方估計法相較，最大概似估計法可用以線性迴歸模式，也可以適用於非線性的迴歸模式，由於邏輯斯迴歸是一種非線性迴歸模型，因而皆以最大概似估計法作為其模型估計方法。由於Logistic迴歸分析是採用最大概似法求解迴歸參數，因此迴歸模式的整體考驗也是透過概似值（likelihood），由概數的對數值是個負數，所以通常對數概似值（log likelihood；簡稱LL）先取其自然對數後再乘以−2，以便進行統計量檢定，概似值的統計量在SPSS輸出表格中以「−2對數概似」欄表示，此數值愈小，表示迴歸方程式的概似值愈接近1，迴歸模式的適配度愈佳；相對的，此數值愈大，表示迴歸方程式的概似值愈小，迴歸模式的適配度愈差。

二元邏輯斯迴歸模型整體適配度（goodness of fit）的評估採用的是「對數概似值」函數（LL函數），LL性質與多元線性迴歸中的殘差平方和（sum of squares residuals）類似，當殘差平方和愈大表示預測變項可以解釋效標變項的變異愈少；相同的，LL值的絕對值愈大，表示以邏輯斯迴歸模型所預測的組別成員的機率與實際組別成員的差異愈大，LL值的量數與結構方程模式中之模式適配度指標卡方值的性質相同，雖然是適配度量測指標，但其量測值的絕對值愈大表示模型愈不適配，因而有人將LL量數稱為「不適配度」（badness-of-fit）指標，LL量數的求法公式為：

對數概數值 $= \sum_{i=1}^{N} [Y_i \times \ln(\hat{Y}_i) + (1 - Y_i) \times \ln(1 - \hat{Y}_i)]$，其中 $\hat{Y}_i$ 為樣本為預測機率值，Y_i 為結果變項中的成員（其量測值不是0是1）。邏輯斯迴歸模型適配度的檢定，也可採用二種或更多不同模型的比較，其中二種最常見的模

型為「虛無模型」（null model）與「完全模型」（full model），所謂虛無模型為只包含常數項的模型，此模型中沒有任何預測變項；至於完全模型表示的是包含所有預測變項的模型，此種模型會顯示在預測變項有不同分數之樣本的預測勝算值與機率值。虛無模型的−2LL值與完全模型的−2LL值的差異會產生有k個自由度的卡方值（k剛好等於預測變項的個數）：

$\chi^2=(-2LL_{null\_model})-(-2LL_{full\_model})$。如果卡方值夠大並達到統計上顯著水準，表示有足夠證據可以說明完全模型（包含所有預測變項的模式）比虛無模型有更少的預測誤差。此種差異檢定的虛無假設為「以完全二元邏輯斯迴歸模型所預測的群組成員機率與實際組別成員的差異，與採用虛無模型所預測的群組成員機率與實際組別成員的差異並無顯著不同」，因而如果完全模型與虛無模型的LL值的差異夠大（所得到的卡方值也變大），且卡方值大於卡方分配表中的臨界值，研究者就可以拒絕虛無假設，表示完全模型比虛無模型提供更佳的群組成員預測力，較大的卡方值可以改善二元邏輯斯迴歸模型的適配度，此性質又與多元線性迴歸分析中，整體迴歸模式顯著性檢定或個別解釋變異量顯著性檢定的F值一樣，當F值愈大，則多元相關係數R也會變大，個別變項的解釋變異也會變大（*Warner, 2008, p. 942*）。

Logistic迴歸分析廣泛的應用於依變數為二分類別變數，此二分類別變數的編碼不是0就是1，國內相關的多變量統計書籍有人將之為譯為「邏吉斯迴歸分析」，又有人將之譯為「邏輯斯迴歸分析」，其實二者所使用的統計分析是相同的。邏輯斯迴歸分析的中心概念是「logit」（邏輯），它是勝算（odds）的自然對數。若p表示事件發生的機率、1-p表示事件不發生的機率，則事件發生的機率與不發生的機率與多項式關係如下：

事件發生的機率與函數關係為 $p=\dfrac{e^{f(x)}}{1+e^{f(x)}}$

事件不發生的機率與函數關係為 $1-p=\dfrac{1}{1+e^{f(x)}}$

則勝算（odds）$=\dfrac{p}{1-p}=\dfrac{\dfrac{e^{f(x)}}{1+e^{f(x)}}}{\dfrac{1}{1+e^{f(x)}}}=e^{f(x)}$，由於勝算不是線性模式，若是

取其自然對數就可轉換為一條線性方程式，勝算自然對數轉換如下：

$$\ln\left[\frac{p}{1-p}\right] = \ln\left[e^{f(x)}\right] = f(x) = B_0 + B_1 X_1 + B_2 X_2 + ... + B_k X_k，若是k=1，則勝算$$

自然對數的轉換式為一般簡單線性模式。

$$\ln\left[\frac{p}{1-p}\right] = \ln\left[e^{f(x)}\right] = f(x) = B_0 + B_1 X_1$$

　　若勝算[1]表示第一組案例中事件發生的次數與事件不發生次數之間的比值（事件發生的機率）；勝算[2]表示第二組案例中事件發生的次數與事件不發生次數之間的比值，二組案例中勝算的比值稱為「勝算比」（odds ratio；簡稱OR）。如男生通過資訊技能檢定的勝算為0.800，女生通過資訊技能檢定的勝算為0.200，性別與通過資訊技能檢定勝算比值為0.800÷0.200=4，表示男生通過資訊技能檢定的機率約為女生通過資訊技能檢定機率的4倍；相對的，勝算比值也可以表示為0.200÷0.800=0.25，表示女生通過資訊技能檢定的機率約為男生通過資訊技能檢定機率的0.25倍。邏輯斯迴歸分析程序中，結果變項的「反應類別」（response category）群組與「參照類別」（reference category）群組的編碼不同，模型中出現之預測變項的勝算比值就會不同，結果類別變項的編碼會決定勝算比值的大小及方向，此外也會影響B係數的符號，結果變項中的反應類別群組（目標事件）通常將其編碼水準數值界定為1，而參照類別群組（非目標事件）的編碼水準數值界定為0。

　　事件發生的機率與函數以下列20位樣本數據為例，結果變項中水準數值1為目標事件（假設為及格），水準數值0為非目標事件（假設為不及格）。利用SPSS二元Logistic程序求出常數項及預測變項的B係數分別為−2.504、.268。

表6-1　二元邏輯斯迴歸分析輸出之「變數在方程式中」摘要表

		B	S.E.	Wald	自由度	顯著性	Exp (B)
步驟1 (a)	SCORE	.268	.118	5.115	1	.024	1.307
	常數	−2.504	1.284	3.802	1	.051	.082
(a) 在步驟1中選入的變數：SCORE。							

利用B欄常數項及預測變項的係數可以求出目標事件1發生的機率（p）與未發生的機率（1-p），勝算數值[p/(1-p)]與勝算對數值[ln(p/(1-p)]。

$$f(x)=.268X+(-2.504)$$

$$p=\frac{e^{f(x)}}{1+e^{f(x)}}=\frac{e^{.268X-2.504}}{1+e^{.268X-2.504}} \cdot 1-p=\frac{1}{1+e^{f(x)}}=\frac{1}{1+e^{.268X-2.504}}$$

$$\ln\left(\frac{p}{1-p}\right)=f(x)=(-2.504)+.268X=B_0+B_1X_i$$

表6-2

結果變項	預測變項	f(x)	1+f(x)	p（事件1發生機率）	1-p（事件1未發生機率）	勝算值 p/(1-p)	勝算的對數 LN(p/1-p)
0	1	0.107	1.107	0.097	0.903	0.107	−2.236
0	2	0.140	1.140	0.123	0.877	0.140	−1.968
1	3	0.183	1.183	0.154	0.846	0.183	−1.700
1	4	0.239	1.239	0.193	0.807	0.239	−1.432
0	5	0.312	1.312	0.238	0.762	0.312	−1.164
0	6	0.408	1.408	0.290	0.710	0.408	−0.896
0	7	0.534	1.534	0.348	0.652	0.534	−0.628
0	8	0.698	1.698	0.411	0.589	0.698	−0.360
0	9	0.912	1.912	0.477	0.523	0.912	−0.092
0	10	1.192	2.192	0.544	0.456	1.192	0.176
1	11	1.559	2.559	0.609	0.391	1.559	0.444
1	12	2.038	3.038	0.671	0.329	2.038	0.712
0	13	2.664	3.664	0.727	0.273	2.664	0.980
1	14	3.483	4.483	0.777	0.223	3.483	1.248
1	15	4.554	5.554	0.820	0.180	4.554	1.516
1	16	5.954	6.954	0.856	0.144	5.954	1.784
1	17	7.783	8.783	0.886	0.114	7.783	2.052
1	18	10.176	11.176	0.911	0.089	10.176	2.320
1	19	13.303	14.303	0.930	0.070	13.303	2.588
1	20	17.392	18.392	0.946	0.054	17.392	2.856

目標事件1發生的機率（p）以曲線圖表示如下：

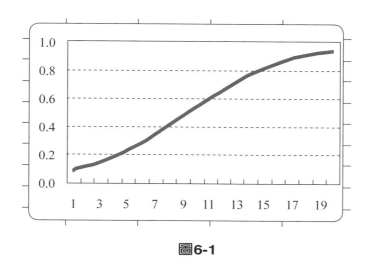

圖6-1

目標事件1未發生的機率（1-p）以曲線圖表示如下：

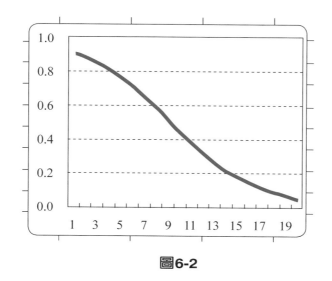

圖6-2

目標事件1的勝算[p/(1-p)]以曲線圖表示如下：

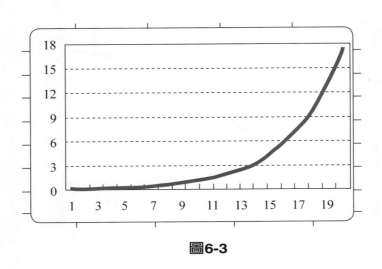

圖6-3

目標事件1的勝算[p/(1-p)]取其對數後的圖形如下：

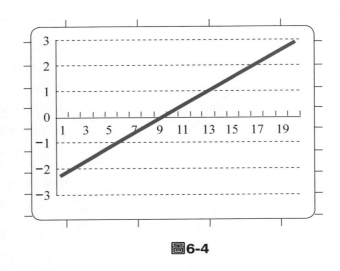

圖6-4

　　由上述四個圖形可以明顯的看出，目標事件發生的機率與未發生的機率所呈現的圖形是界於0於1之間的弧線，而目標事件的勝算（出現的機率與未出現機率的比值）也非線性關係，但若取勝算的自然對數值（natural log; logit），則轉換後的勝算對數值間呈簡單線性方程（直線關係），勝算對數或勝算邏輯線性迴歸方程式為：

$$\ln\left(\frac{p}{1-p}\right) = f(x) = (-2.504) + .268X = B_0 + B_1 X_1$$

當X值從−∞到+∞大時，累積的邏輯斯函數曲線如下：

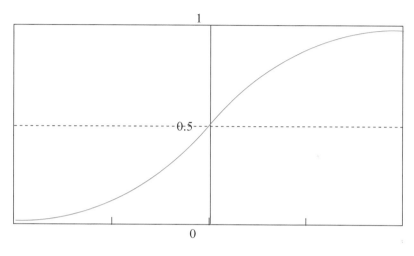

圖6-5

列聯表出現的機率值以下列範例而言，有心臟病的觀察值編碼為1、沒有心臟病的觀察值編碼為0；有運動的觀察值編碼為1、沒有運動的觀察值編碼為0。在二元Logistic迴歸分析中，常數項與預測變項「運動」（變數名稱設為X）的斜率係數值分別為1.012、−2.264，f(x)=1.012−2.264X、$e^{f(x)} = e^{1.012-2.264 \times 運動}$，則目標事件發生的機率值為 $p = \frac{e^{f(x)}}{1+e^{f(x)}} = \frac{e^{1.012-2.264X}}{1+e^{1.012-2.264X}}$ ，當X數值為1時， $p = \frac{e^{1.012-2.264}}{1+e^{1.012-2.264}} = \frac{0.286}{1+0.286} = 0.222$ ，目標事件未發生的機率為 1−p=1−0.222=0.778；當X數值為0時， $p = \frac{e^{1.012-2.264 \times 0}}{1+e^{1.012-2.264 \times 0}} = \frac{2.751}{1+2.751} = 0.733$ ，目標事件未發生的機率為1−p=1−0.733=0.267。

【備註】：EXP(1.012−2.264)=0.286、EXP(1.012)=2.751

$$\ln\left(\frac{p}{1-p}\right) = f(x) = 1.012 - 2.264X = B_0 + B_1 X_i$$

若X值爲1（有運動者），則觀察值爲反應類別（心臟病欄數值爲1）的機率爲0.222；如果X值爲0（沒有運動者），則觀察值爲反應類別（心臟病欄數值爲1）的機率爲0.733。若觀察值機率值小於0.50，則預測其不是爲反應類別組（心臟病欄數值爲0），預測的組別爲0（沒有心臟病者）；如果觀察值機率值大於0.50，則預測其是反應類別組（心臟病欄數值爲1），預測的組別爲1（有心臟病者）。

表6-3

心臟病	運動	f(x)	p	1-p	p/(1-p)	LN[p/(1-p)]	預測組別
0	0	2.751	0.733	0.267	2.751	1.012	1
0	0	2.751	0.733	0.267	2.751	1.012	1
0	0	2.751	0.733	0.267	2.751	1.012	1
0	0	2.751	0.733	0.267	2.751	1.012	1
1	0	2.751	0.733	0.267	2.751	1.012	1
1	0	2.751	0.733	0.267	2.751	1.012	1
1	0	2.751	0.733	0.267	2.751	1.012	1
1	0	2.751	0.733	0.267	2.751	1.012	1
1	0	2.751	0.733	0.267	2.751	1.012	1
1	0	2.751	0.733	0.267	2.751	1.012	1
1	0	2.751	0.733	0.267	2.751	1.012	1
1	0	2.751	0.733	0.267	2.751	1.012	1
1	0	2.751	0.733	0.267	2.751	1.012	1
1	0	2.751	0.733	0.267	2.751	1.012	1
0	1	0.286	0.222	0.778	0.286	−1.252	0
0	1	0.286	0.222	0.778	0.286	−1.252	0
0	1	0.286	0.222	0.778	0.286	−1.252	0
0	1	0.286	0.222	0.778	0.286	−1.252	0
0	1	0.286	0.222	0.778	0.286	−1.252	0
0	1	0.286	0.222	0.778	0.286	−1.252	0
1	1	0.286	0.222	0.778	0.286	−1.252	0
1	1	0.286	0.222	0.778	0.286	−1.252	0

根據上面的數據，可將列聯表中目標事件（反應類別群組）出現的機率繪製成如下曲線圖：

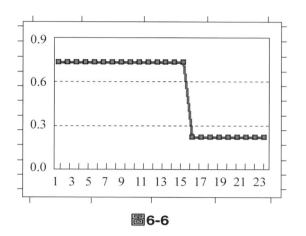

圖6-6

下圖為目標事件未出現的機率之曲線圖：

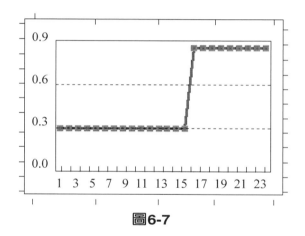

圖6-7

下圖為出現機率與未出現機率比值（勝算比值）的曲線圖：

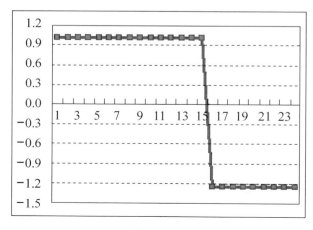

圖6-8

下圖為出現機率與未出現機率比值（勝算比值）之對數（log）函數的曲線圖，其分布的形狀接近Logistic函數之機率分配曲線：

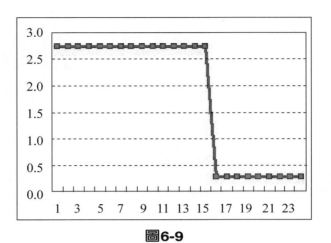

圖6-9

　　Logistic迴歸模式的顯著性檢定包括整體模式檢定及個別參數檢定二個部分。整體模式適配度（goodness of fit）的檢定在比較每一個觀察值之預測機率與實際機率間之差異。整體模式適配度檢定的方法有下列四個指標：Pearson χ^2值、離差值（Deviance；D統計量）、Hosmer-Lemeshow檢定法、訊息測量指標（information measure）（王濟川、郭志剛，*2004*）。在SPSS統計軟體中，會提供Pearson χ^2值、Hosmer-Lemeshow檢定法數據統計量，當Pearson值達到顯著，表示所投入的自變項中，至少有一個自變項能有效預測樣本在依變項之機率值；Hosmer-Lemeshow檢定法（統計量簡稱為HL）剛好相反，當其檢定值未達顯著水準時，表示整體模式的適配度佳，若是HL統計量顯著性機率值p<.05，則表示迴歸模式的適配度不理想。由於二元邏輯斯迴歸分析無法估算實際預測值分數，而是以預測機率值來作為估算每位樣本被分類的依據，因而不會像多元迴歸分析呈現真實多元相關係數R，但SPSS輸出結果會呈現一個與多元相關係數R性質相同的虛擬的R值（pseudo R），依據虛擬的R值會呈現二個R平方值：「Cox及Snell R^2值」與「Nagelkerke R^2值」。擬似的R^2係數也有以下重要性質：(1)其性質與複迴歸分析程序中的R^2類似；(2)採用概似估計法來估計模型的參數可以獲得最大的擬似R^2值；(3)它可理解為變異中被解釋的變異比例，其誤差值為1-R^2，而其較佳的詮釋為預測準確性數值；(4)擬似R^2值是沒有單

位的量測值；(5)擬似R^2值也可作為模型整體適配度指標值，其數值愈接近1，表示模型的整體適配度愈佳（*Nagelkerke, 1991*）。

二元邏輯斯迴歸分析在實務應用方面，在注意預測風險因子的編碼，因為結果變項之反應類別與參照類別群組的編碼不同，解釋的結果便會有所不同。風險因素（risk factor）的評估即在檢核負向結果（如死亡、未及格、低成就等）的勝算增加多少，當二元預測變項代表的出現與否時，不是風險因素的群組通常界定為參照群組（reference group），在SPSS內定的變項編碼中其水準數值為0，有風險因素的群組通常編碼為1，表示為反應群組，當然研究者若要將風險因素的群組編碼為0、不是風險因素群組的水準數值編碼為1也可以，只是編碼不同，所出現的勝算比值也會不同。

在邏輯斯迴歸分析中，最理想的迴歸模型是是χ^2檢定值統計量達到顯著而HL統計量未達到.05顯著水準，但在實務研究時，有時會出現χ^2檢定統計量與HL統計量均達到.05顯著水準的情形，此種情形在樣本數很大時愈有可能出現，此現象一方面呈現自變項對分組依變項有顯著的解釋與預測力，一方面又呈現迴歸模型的適配度不佳的情形，若是研究者在邏輯斯迴歸分析中遇到此種情形，可從自變項的相關矩陣來探討，看自變項間是否有高度共線性問題。

由於χ^2檢定值易受到樣本數的影響，因而學者Hair等人（*1998*）建議：對Logistic迴歸模式之整體適配度考驗，最好同時使用上述二種方法，以做綜合判斷。至於在個別參數之顯著性檢定的主要指標有以下二種：Wald檢定值、Score檢定值。當Wald檢定值達到顯著水準，表示該自變項與依變項間有顯著關聯，可以有效預測觀察值在依變項之機率值。根據常態分布理論，Wald統計量的計算不難，但其值會受到迴歸係數的影響，即當迴歸係數的絕對值很大時，Wald檢定值的估計標準差就會膨脹，於是導致Wald統計量變得很小，以致犯第二類型的錯誤率會增加，本應拒絕虛無假設卻未能拒絕，反而接受虛無假設，因而導致錯誤之結論（*Jennings, 1986; Menard, 1995*），在個別參數顯著性的檢定中，如發現迴歸係數的絕對值很大，最好再參考Score檢定值是否達到顯著水準，以作為個別參數顯著性的檢定指標或使用概似比檢驗法（likelihood ratio）（王保進，*2004*；王濟川、郭志

剛，*2004*）。

　　二元邏輯斯迴歸整體模型若達到顯著，表示所有預測變項中至少有一個預測變項對效果變項的預測機率達到顯著，至於是哪些預測變項的預測機率值達到顯著，研究者須進一步進行個別預測變項值顯著性的檢定。個別預測變項預測效益的評估在於探究個別預測變項對效果變項的貢獻程度，以了解哪些預測變項對群組成員預測的貢獻度達到統計上的顯著水準，進而探究預測變項與效果變項間的關聯。在多元迴歸分析中，個別預測變項對效標變項的影響情形可以直接從原始或標準化迴歸係數來判別，但因為二元邏輯斯迴歸之結果變項的型態與多元迴歸分析之效標變項的變項量尺不同，二者迴歸方程也不一樣，因而不會呈現原始分數斜率係數，個別預測變項對結果變項的影響大小會以B斜率係數表示，B斜率係數是一種對數勝算比值的觀念，表示X預測變項增加一個單位，對數勝算比值（log odds ratios）增加多少個單位。個別預測變項統計顯著性檢定的虛無假設為：$H_0: B_i=0$，虛無假設表示每個預測變項（$X_1, X_2, \cdots\cdots, X_k$）和結果變項勝算比值的對數無關。SPSS對個別預測變項顯著性檢定以「Wald卡方統計量」來考驗虛無假設，Wald卡方統計量為：

$$W=\left(\frac{B_i}{SE_{Bi}}\right)^2$$，W值為斜率係數除以其標準誤值的平方，此平方值為自由度等於1的卡方分配（在SAS統計軟體中個別預測變項的顯著性檢定增列「Score」量數）。

　　依據常態分配理論，Wald統計量很容易計算，但此統計量有一個不太穩定的性質，即當個別預測變項的迴歸係數之絕對值很大時，此一係數的估計標準誤（estimated standard error）會膨脹許多，由於分母變大，因而導致Wald統計量的數值會變小，造成接受虛無假設的機率變大，以致增加第二類型的錯誤，即實際上應該拒絕虛無假設（個別預測變項的迴歸係數等於0；或預測變項對結果變項之目標事件發生的可能性無顯著影響）卻反而接受虛無假設，而獲得個別預測變項對結果變項的預測力不顯著，因而Wald統計量檢定較為保守（*Menard, 2000*）。在二元邏輯斯迴歸分析中，若是發現個別預測變項B迴歸係數的絕對值很大，就不要採用Wald統計量來考驗個別預測變項的顯著性，而改用概似比值檢定（likelihood ratio；簡

稱L. R.）較佳。概似比考驗的程序為增列預測變項到模式是否可以顯著改善模型的適配度，或從模型中移除預測變項後是否會顯著降低模型的適配度，若增列某個預測變項到模式後可以顯著改善模型的適配度，則此預測變項對模型有顯著的貢獻。所謂概似比值即二個呈巢狀關係之迴歸模型間的−2LL值間的差異，如果樣本夠大，此差異值也會呈卡方分配，這個差異統計量稱為概似比值，如第一個模型包含X1、X2二個預測變項、第二個模型只包含X1預測變項，模型一包含模型二的所有自變項（但沒有包含預測變項X2），模型一即為模型二的巢狀模型，預測變項X2顯著性檢定的概似比值統計量為：L. R.(X2)=−2LL（模型二）−[−2LL（模型一）]=2LL（模型一）−2LL（模型二），模型二若包含所有預測變項則是完全模型（最大模型），如果只包含部分預測變項則稱為「不完全模型」，不完全模型中只包含更少數的預測變項模型稱為不完全模型的簡化模型，上述模型一與模型二的概似比值統計量的卡方值如果大於3.84，表示預測變項X2對結果變項之目標事件的發生有顯著影響。至於預測變項X1的顯著性檢定，可以將包含常數項與預測變項X1之模型的−2LL值與只包含常數項之虛無模型的−2LL值加以比較，二者差異之卡方值即為概似比值（*Tabachnick & Fidell, 2007, p. 459-460*；王濟川、郭志剛，*2004*）。

二元邏輯斯迴歸分析的適用時機圖（三個預測變項）如下：

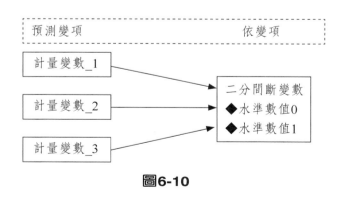

圖6-10

五個預測變項的範例如下：

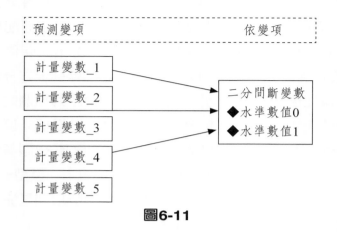

```
┌ ─ ─ ─ ─ ─ ─ ─ ─ ─ ─ ─ ─ ─ ─ ─ ─ ─ ─ ─ ─ ─ ─ ─ ─ ─ ─ ┐
   預測變項                           依變項
└ ─ ─ ─ ─ ─ ─ ─ ─ ─ ─ ─ ─ ─ ─ ─ ─ ─ ─ ─ ─ ─ ─ ─ ─ ─ ─ ┘
```

圖6-11

　　複迴歸分析與區別分析的主要型態有三種：直接（標準化）型態、序列（sequential）型態與統計型態，二元邏輯斯迴歸的分析程序也有上述三種類型：直接邏輯斯迴歸分析、序列邏輯斯迴歸分析、統計（逐步）邏輯斯迴歸分析。直接邏輯斯迴歸分析中，所有預測變項同時進入迴歸方程式中，此種分析型態不在探究哪一個預測變項對結果變項的貢獻度，或哪一個預測變項對結果變項的影響最大，而是在評估所有預測變項對結果變項的整體預測情形，此類型在複迴歸分析中接近於解釋型的迴歸應用，當預測變項彼此間有高度相關時，直接邏輯斯迴歸分析的結果較不容易解釋，因可能有多元共線性問題，邏輯斯迴歸分析之變項間關係與複迴歸分析相同，最佳的預測模型是預測變項與結果變項間有高度相關，但預測變項間的相關很低。統計邏輯斯迴歸分析程序與逐步多元迴歸分析相同，藉由統計準則的設定選入或排除預測變項，使用統計型態分析時，很容易對排除於方程式外的預測變項作出錯誤的解釋，如某個預測變項和結果變項有高度相關，但因為其他預測變項組合關係造成此預測變項被排除於迴歸方程式外，此種判定與結果是一種「資料導向」（data-driven）而非是「理論導向」（theory-driven）模型，就生物醫學的觀點而言其風險較大，學者Hosmer與Lemeshow（2000）建議：如果研究者採用統計型態的邏輯斯迴歸分析，變項被選入的統計準則不要採用傳統.05以下，將準則範圍改為.15至.20間，如此的判別程序可能較為適當，也才能確保被選入的變項之係數顯著的不等於0（*Tabachnick & Fidell, 2007, pp. 454-456*）

　　二元邏輯斯迴歸使用MLE（最大概似估計法）而非採用傳統OLS法來估計模型係數，因而如果預測變項分數組合之樣本觀察值較少，模型估計正確性較不可靠。學者Peduzzi等人（1996）建議樣本數N至少要是預測變項數k的十倍；而學者Long（1997）也提到：當樣本總數少於100時，使用MLE法估計迴歸模型的風險較大，如果樣本總數大於500，則可獲得較為穩定的模型。此外，在二元邏輯斯迴歸報表的呈現方面，學者Peng等人（2002）提議應包括預測的正確結果交叉表、被選入迴歸模式的預測變項、整體適配度的統計顯著性。Warner（2008, pp. 971-972）歸納相關學者的看法，認為研究者進行二元邏輯斯迴歸時要呈現的相關訊息包括以下幾項：

1. 初始的資料檢核及模型預測變項的選擇應有明確的敘述，作為預測變項者應和結果變項有某種程度的關聯。

2. 呈現整體模式適配度，包括整體適配度檢定的卡方值及其統計顯著性，此外，也應呈現模型的效果值，整體模型的效果值統計量如「Cox與Snell之R平方」及「Nagelkerke之R平方」。

3. 呈現個別預測變項的訊息。個別預測變項的訊息包括勝算比與估計機率值、統計顯著性的檢定、與結果變項關聯的方向等。

4. 如果有一個以上的計量預測變項，可以再呈現其他適配度指標訊息，如「Hosmer與Lemeshow」適配度統計量檢定。

5. 以線性方程表示，此線性方程可作為合理與有代表的分數數值之預測變項的勝算比對數函數，或以勝算自然對數的函數圖表示。

6. 其他的訊息如估計的殘差或可確認的多變量偏離值等。

　　二元邏輯斯迴歸於多變量應用中，有以下特性存在（Warner2008, pp. 961-962）：

1. 二元邏輯斯迴歸可以包含有二個群組以上的類別預測變項，作為預測變項的類別變項不用轉換為虛擬變項也可直接投入迴歸模式中，但要界定類別變項中的參照組別為哪一個水準或組別。

2. 二元邏輯斯迴歸的預測變項也可以為計量變數，如年齡、壓力、成就等。假如年齡是使用於預測樣本心臟病死亡的風險因素，則邏輯斯迴歸模型可以告知當年齡增加一年時，樣本心臟病死亡的勝算會增加或改變多少。

3. 二元邏輯斯迴歸的預測變項可以一個以上，預測變項可以為類別變項、計量變數或同時有類別變項與計量變數。如果預測變項達到統計顯著水準，表示於模型中控制所有其他預測變項後，個別預測變項分數增加一個單位，反應類別勝算比值會增加多少。如果所有預測變項都是類別變項、而結果變項也是類別變項，此時採用對數線性分析（log linear analysis）可能較邏輯斯迴歸分析較適切。

4. 藉由產出之配對的預測變項也可探究二元邏輯斯迴歸的交互作用項，此部分與多元線性迴歸之交互作用項的分析類似。

5. 二元邏輯斯迴歸程序也可應用於二個群組以上的結果變項，即結果變項為三分以上名義變項，此種邏輯斯迴歸稱為「多項式邏輯斯迴歸」（polytomous logistic regression）。

6. 採用直接或同時標準化方法，迴歸程序可以一次納入所有的預測變項，也可採用序列或階層方法，每次增列不同的預測變項；此外，採用統計決定規則可以決定被選入迴歸模式的預測變項順序或從最後模式中被排除的預測變項。以統計決定規則來選取預測變項的方法如向前、向後或逐步迴歸法，採用統計決定規則方法由於多次選取預測變項，因而會增加第一類型錯誤的風險，由於當預測變項個數很多，而被選入迴歸模型的變項相對較少時，此方法可能會膨脹型I的錯誤率。

貳、虛擬變項之邏輯斯迴歸分析

　　邏輯斯迴歸分析與複迴歸分析相同，如果預測變項為類別變項，必須將其轉換為虛擬變項。以下面數據為例，效標變項Y為二分名義變項0表示月考未及格者、1表示月考及格者，預測變項X1表示學生學習動機，測量值愈高表示學習動機愈強，預測變項X2表示社經地位，水準數值1為「高社經地位組」、水準數值2為「中社經地位組」、水準數值3為「低社經地

位組」，由於社經地位變項X2為三分名義變項，要投入迴歸方程式須轉換為虛擬變項（dummy variables），範例中的參照組為水準數值3。

表6-4

Y	X1	X2	D1_X2	D2_X2	預測機率 $\hat{Y}$	$1-\hat{Y}$ 殘差值	$Y \times \ln(\hat{Y})$	$(1-Y) \times \ln(1-\hat{Y})$	對數概數和
1	3	1	1	0	0.899	0.101	−0.107	0.000	−0.107
1	1	1	1	0	0.540	0.460	−0.616	0.000	−0.616
0	1	3	0	0	0.317	0.683	0.000	−0.382	−0.382
1	2	3	0	0	0.561	0.439	−0.578	0.000	−0.578
1	3	2	0	1	0.698	0.302	−0.360	0.000	−0.360
0	2	2	0	1	0.457	0.543	0.000	−0.610	−0.610
0	1	2	0	1	0.234	0.766	0.000	−0.267	−0.267
1	3	1	1	0	0.899	0.101	−0.107	0.000	−0.107
1	2	3	0	0	0.561	0.439	−0.578	0.000	−0.578
1	2	1	1	0	0.764	0.236	−0.270	0.000	−0.270
0	2	2	0	1	0.457	0.543	0.000	−0.610	−0.610
0	2	3	0	0	0.561	0.439	0.000	−0.823	−0.823
1	3	2	0	1	0.698	0.302	−0.360	0.000	−0.360
1	2	2	0	1	0.457	0.543	−0.784	0.000	−0.784
0	3	1	1	0	0.899	0.101	0.000	−2.290	−2.290

總和 = −8.740

註：對數概數和欄的數值＝$Y \times \ln(\hat{Y}) + (1-Y) \times \ln(1-\hat{Y})$ −2 對數概數值＝−2 × −8.74 = 17.48

表6-5 變數在方程式中

		B	S.E.	Wald	自由度	顯著性	Exp(B)
步驟 1(a)	X1	1.011	.896	1.273	1	.259	2.748
	D1_X1	.928	1.589	.341	1	.560	2.528
	D2_X2	−.418	1.387	.091	1	.763	.658
	常數	−1.777	1.890	.884	1	.347	.169
(a) 在步驟 1 中選入的變數：X1, D1_X1, D2_X2。							

執行SPSS「迴歸方法（R）」／「二元Logistic（G）」程序，輸出邏輯斯迴歸參數如上表，從參數中可以得知邏輯斯迴歸方程式之樣本月考及格機率為：

$$PROB(及格) = \hat{Y}_i = \frac{e^{-1.777+(1.011)(X1)+(0.928)(D1\_X2)+(-0.418)(D2\_X2)}}{1+e^{-1.777+(1.011)(X1)+(0.928)(D1\_X2)+(-0.418)(D2\_X2)}}$$

上述方程式為以學習動機及社經地位二個預測變項來預測學生月考及格機率值，以第一位樣本而言，X1、D1_X2、D2_X2三個變項的測量值分別為3、1、0，代入上述方程式為：

$$PROB(及格) = \hat{Y}_1 = \frac{e^{-1.777+(1.011)(3)+(0.928)(1)+(-0.418)(0)}}{1+e^{-1.777+(1.011)(3)+(0.928)(1)+(-0.418)(0)}} = \frac{e^{2.181}}{1+e^{2.181}}$$

$$= \frac{8.855}{9.855} = .899$$

【備註】：常數e為自然對數的基數，其數值約為2.71828，基數e的指數之求法為「=EXP（指數）」，上式指數為2.181，以試算表函數EXP計算的語法為「=EXP(2.181)」。

以第三位樣本而言，X1、D1_X2、D2_X2三個變項的測量值分別為0、0、0，代入上述方程式為：

$$PROB(及格) = \hat{Y}_1 = \frac{e^{-1.777+(1.011)(1)+(0.928)(0)+(-0.418)(0)}}{1+e^{-1.777+(1.011)(1)+(0.928)(0)+(-0.418)(0)}} = \frac{e^{-0.766}}{1+e^{-0.766}}$$

$$= \frac{0.465}{1+0.465} = .317$$

1減被預測的機率值為殘差值，各樣本之殘差值為$1-\hat{Y}$欄中的數值。根據各樣本被預測的機率值與殘差值可以估算對數概數值，其公式為：

$$對數概數值 = \sum_{i=1}^{N} [Y_i \times \ln(\hat{Y}_i) + (1-Y_i) \times \ln(1-\hat{Y}_i)]$$

範例中對數概數值的總和為-8.74，-2×對數概數值=(-2)×(-8.74)=17.48。在SPSS輸出之邏輯斯迴歸報表中有一個「模式摘要表」，其中第二欄「-2對數概似（log likelihood）」的數值即為上述數值。模式

摘要表中的另二個數值為SPSS提供的擬似的R平方值，此數值類似複迴歸分析中的R平方值，「Cox與Snell R平方」類似與真正複迴歸中的R平方性質，為預測變項可以解釋的變異百分比，此數值最大值小於1.00，「Cox與Snell R平方」係數與2×2列聯表之Φ相關係數性質又類似，其數值範圍很容易受到預測變項與結果變項的邊緣分配的影響。「Nagelkerke R平方」是「Cox與Snell R平方」數值的修改應用，此數值乃根據預測變項與結果變項之邊緣分數中，Cox與Snell R平方最大可能的數值修正而得，其最大數值可能等於1（*Warner, 2008, p. 944*）。

表6-6　模式摘要

步驟	−2對數概似	Cox & Snell R平方	Nagelkerke R平方
1	17.481 (a)	.165	.223

　　二元邏輯斯迴歸分析也有類似多元迴歸分析中的R^2之量測值，但其性質不像多元迴歸分析之R^2用於解釋效標變項的變異量，但二者性質相同，均表示迴歸模型的效果值，此效果值是從實際結果變項分數（0或1）及預測分數來直接計算R^2。從概似比（likelihood ratio）統計量可以轉換McFadden ρ^2效果值，McFadden ρ^2效果值的數值介於0至1之間，其求法為：

McFadden's $\rho^2 = 1 - \dfrac{LL(B)}{LL(0)}$，其中LL(B)是完全模型的對數概數值、LL(0)是只包含常數項模型的對數概數值，範例中LL(B)等於−8.74、LL(0)等於−10.095，

McFadden's $\rho^2 = 1 - \dfrac{LL(B)}{LL(0)} = 1 - \dfrac{-8.74}{-10.95} = .134$，由於McFadden ρ^2量數一般會遠低於多元迴歸分析R^2數值.20至.40之間，因而多數研究者會採用「Nagelkerke R^2」與「Cox與Snell R^2」二個量數作為二元邏輯斯迴歸分析的效果值（*Tabachnick & Fidell, 2007, pp. 460-461*）。

$$R^2_{CS} = 1 - \exp\left[-\frac{2}{N}\left[LL(B) - LL(0)\right]\right]$$

其中N為總樣本個數。

$R^2_{CS} = 1 - \exp\left[-\dfrac{2}{15}[-8.74-(-10.095)]\right] = 1 - .835 = .165$，Cox與Snell R^2量測值最大不會超過1。根據Cox與Snell R^2量測值可以導出Nagelkerke R^2量測值：

$$R^2_N = \dfrac{R^2_{CS}}{R^2_{MAX}} \text{、} R^2_{MAX} = 1 - \exp[2(N^{-1})LL(0)]$$

$$R^2_{MAX} = 1 - \exp[2(15^{-1})(-10.095)] = 1 - .26 = .74$$

$$R^2_N = \dfrac{R^2_{CS}}{R^2_{MAX}} = \dfrac{.165}{.74} = .223$$

邏輯斯迴歸整體模型的適配度檢定採用的完全模式（full model）與虛無模式（null model）間之「−2對數概似值（−2LL）」的差異大小來評估，所謂虛無模式即最小模式，模式中只包括一個常數項，沒有任何預測變項；完全模式為最大模式，模式中包含所有的預測變項，完全模式的−2LL值與虛無模式的−2LL值間的差異，會產生一個有k個自由度的卡方值，k為預測變項的個數，其公式為：

$$\chi^2 = -2(LL_{null\_model}-LL_{full\_model}) = (-2LL_{null\_model})-(-2LL_{full\_model})$$
$$\chi^2 = 2LL_{full\_model}-2LL_{null\_model} = 2[LL(\mathrm{B})-LL(0)]$$

範例中只包含常數項的LL值為−10.095，包含所有預測變項之完全模式的LL值為−8.74，模式適配度檢定的卡方值為：

$$\chi^2 = 2[LL(\mathrm{B})-LL(0)] = 2[(-8.740-(-10.095)] = 2.71$$

自由度為3（完全模式的自由度等於4、虛無模式的自由度等於1，相減後的自由度為3），顯著水準$\alpha=0.5$時的卡方值為7.81，模式適配度檢定的卡方值為2.71<7.81，接受虛無假設，因而整體模式是不適配的，此結果也反應所有的預測變項均沒有達到顯著的預測性。SPSS輸出之「模式係數的

Omnibus檢定」摘要表的卡方值即為模式適配度檢定統計量。

表6-7　模式係數的Omnibus檢定

		卡方	自由度	顯著性
步驟1	步驟	2.710	3	.439
	區塊	2.710	3	.439
	模式	2.710	3	.439

　　勝算與勝算比係數的解釋在二元邏輯斯迴歸分析中是個重要概念。勝算比是預測變項增加一個單位，結果變項的一個類別勝算改變的情形，預測變項的係數B是勝算比的自然對數：$or = e^B$，勝算比大於1表示預測變項增加一個單位，結果變項中類別水準為1的群組勝算會增加；勝算比小於1表示預測變項增加一個單位，結果變項中類別水準為1的群組勝算會降低，如勝算比值為1.5，表示預測變項增加一個單位，結果變項標記為1者的勝算會變為原來的1.5倍，即勝算增加50%；勝算比值為0.8，表示預測變項增加一個單位，結果變項標記為1者的勝算會變為原來的0.8倍，即勝算減少20%。勝算比的概念再以下列2×2列聯表說明，在一個資訊技能檢定中，非資訊相關科系參加的人數有24位，未通過的人數有15位、通過的人數有9位；資訊相關科系參加的人數有155位，未通過的人數有5位、通過的人數有150位，列聯表的細格人數如下（*Tabachnick & Fidell, 2007, pp. 462-463*）：

表6-8

		科系		合計
		非資訊相關科系（1）	資訊相關科系（0）	
資訊技能	未通過（1）	15	9	24
檢定結果	通過（0）	5	150	155
	合計	20	159	

　　非資訊相關科系未通過資訊技能檢定的勝算為15÷5=3、資訊相關科系未通過資訊技能檢定的勝算為9÷150=0.06。勝算比值等於$\dfrac{15/5}{9/150} = \dfrac{3}{0.06} = 50$，或勝算比值等於$\dfrac{9/150}{15/5} = \dfrac{0.06}{3} = 0.02$，在SPSS的輸出報表中，以依變項

水準數值編碼等於1者的勝算為分子，第一個勝算比值的分子為非資訊相關科系樣本中「未通過」與「通過」的機率（比值）=15÷5=3，其分母為資訊相關科系樣本中「未通過」與「通過」的機率（比值）=9÷150=0.02，二個勝算的比值即為勝算比。勝算比值為50表示資訊相關科系樣本參加資訊技能檢定，通過與非通過的機率為非資訊相關科系樣本參加資訊技能檢定，通過與非通過機率的五十倍。

SPSS輸出的報表中「步驟0變數在方程式中摘要表」為沒有包含任何預測變項的最小模型（虛無模型），其勝算比「Exp(B)」欄的數值為全部樣本中結果變項中水準編碼為1（未通過）與水準編碼為0（通過）者的比值=24：155=.155。勝算比數值等於B係數欄的自然對數=.155=$e_B=e^{(-1.865)}$ =$EXP(-1.865)$。

表6-9　變數在方程式中

		B	S.E.	Wald	自由度	顯著性	Exp (B)
步驟0	常數	−1.865	.219	72.314	1	.000	.155

「步驟1變數在方程式中摘要表」為包含預測變項的迴歸模型，預測變項「科系」列的「Exp（B）」欄的數值為50.000，即勝算比值。勝算比數值等於B係數欄的自然對數=50.00 = $e^B = e^{(3.912)}$=$EXP(3.912)$。

表6-10　變數在方程式中

		B	S.E.	Wald	自由度	顯著性	Exp (B)
步驟1(a)	科系	3.912	.620	39.808	1	.000	50.000
	常數	−2.813	.343	67.205	1	.000	.060
(a) 在步驟1中選入的變數：科系。							

勝算又稱相對風險，相對風險的分母為邊緣合計數字，20位非資訊相關科系觀察體未通過資訊技能檢定的機率為15/(15+5)、159位資訊相關科系樣本未通過資訊技能檢定的機率為9/(9+150)。相對風險比值（relative risk ratio；簡稱為RR）等於 $\frac{15/(15+5)}{9/(9+150)} = \frac{0.75}{0.057} = 13.16$。非資訊相關科系樣本未通過資訊技能檢定的風險（機率）為75%，資訊相關科系樣本未通過資訊技

能檢定的風險（機率）則低於6%，非資訊相關科系樣本與資訊相關科系樣本相較之下，前者未通過資訊技能檢定的機率是後者的13倍多，

　　在邏輯斯迴歸分析中勝算比的內涵接近效果值（effect size; η^2），當勝算比值愈接近1，表示效果值愈小，效果值的計算如下：

$$d = \frac{\ln(odds\_ratio)}{1.81} = \frac{\ln(50)}{1.81} = \frac{3.91}{1.81} = 2.16$$

　　根據d量數轉換為η^2值為：

$$\eta^2 = \frac{d^2}{d^2+4} = \frac{2.16^2}{2.16^2+4} = \frac{4.67}{8.67} = .54$$

參、預測變項為連續變項之邏輯斯迴歸分析

【研究問題】

　　在一項資訊素養與資訊技能檢定通過與否的研究中，研究者想探究應試者的資訊素養是否可以有效預測資訊技能檢定通過與否，其中結果變項為「技能檢定」，為二分類別變項，水準數值0表示未通過、水準數值1表示通過；預測變項為「資訊素養」，是計量變項，量測值愈高表示應試者的資訊素養愈佳。五十位應試者的數據如下：

表6-11

技能檢定	資訊素養	技能檢定	資訊素養	技能檢定	資訊素養
0	20	0	37	1	38
0	21	0	32	1	33
0	22	0	25	1	39
0	30	0	24	1	23
0	28	0	27	1	35
0	21	1	30	1	27
0	30	1	35	1	32
0	25	1	34	1	36

（續上頁表）

0	24	1	21	1	21
0	28	1	39	1	40
0	27	1	39	1	36
0	38	1	39	1	32
0	31	1	36	1	36
0	26	1	37	1	37
0	23	1	35	1	38
0	25	1	34	1	32
0	30	1	37		

　　五十位應試者之資訊素養的描述性統計量如下：平均數為30.90、標準差為6.115、全距為20。

表6-12　敘述統計

	個數	範圍	最小值	最大值	總和	平均數	標準差	變異數
資訊素養	50	20	20	40	1545	30.90	6.115	37.398

　　技能檢定變數的次數分配表如下：其中未通過資訊技能檢定者有22位、通過技能檢定者有28位。通過人數與未通過人數的比值為28：22=1.273。

表6-13　技能檢定

		次數	百分比	有效百分比	累積百分比
有效的	未通過（水準數值0）	22	44.0	44.0	44.0
	通過（水準數值1）	28	56.0	56.0	100.0
	總和	50	100.0	100.0	

　　技能檢定與資訊素養變數之點二系列相關矩陣如下：（因資訊素養變項為計量變數、技能檢定變數為真正名義二分變項，二者間的相關為點二系列相關）。

表6-14　點二列系相關摘要表

		技能檢定	資訊素養
技能檢定	Pearson相關	1	.571
	顯著性（雙尾）		.000
	個數	50	50
資訊素養	Pearson相關	.571	1
	顯著性（雙尾）	.000	
	個數	50	50

　　點二系列相關係數為.571，顯著性p=.000<.05，達到顯著水準，表示「技能檢定」與「資訊素養」二個變數間有顯著相關存在。在二分類別變項「技能檢定」的編碼中，水準數值1為「通過」、水準數值0為「未通過」，由於點二系列相關係數值為正數，表示技能檢定「通過者」（水準數值1的群體）的資訊素養顯著的高於技能檢定「未通過者」（水準數值0的群體）。

　　使用二元邏輯斯迴歸分析的摘要結果如下：

表6-15　變數在方程式中

		B	S. E.	Wald	自由度	顯著性	Exp(B)
步驟0	常數	.241	.285	.717	1	.397	1.273

　　上表為沒有包含預測變項的最小模型，勝算比值為1.273。

表6-16

		B	S. E.	Wald	自由度	顯著性	Exp(B)	EXP(B)的95.0% 信賴區間	
								下界	上界
步驟1(a)	資訊素養	.237	.067	12.678	1	.000	1.268	1.113	1.445
	常數	−7.028	2.063	11.600	1	.001	.001		
(a) 在步驟1中選入的變數：資訊素養。									

　　當預測變項未進迴歸模式時，常數項B斜率係數欄的數值為0.241，標準誤為0.285，常數項的指數值為$e^{0.241}=1.273$（以試算表運算式函數表示為「=EXP(0.241)」）。代表通過技能檢定的樣本數（28位）為沒有通過技能

檢定樣本數（22位）的1.273倍，當所有預測變項未投入迴歸方程式前，應試者中，若未通過技能檢定者有100人，則通過技能檢定的人數約有127.3人。

「資訊素養」預測變進迴歸模式後，邏輯迴歸式為：

$$\ln\left(\frac{p}{1-p}\right)=\ln\left(\frac{通過技能檢定}{未通過技能檢定}之勝算\right)=.237 \times 資訊素養 - 7.028$$

其中p為通過技能檢定者的機率，此式可寫成如下：

$$P(X)=\frac{e^{(.237 \times 資訊素養 - 7.028)}}{1+e^{(.237 \times 資訊素養 - 7.028)}}$$

若是樣本在「資訊素養」變項測量值的分數為29，則：

$$P(X)=\frac{e^{(.237 \times 29 - 7.028)}}{1+e^{(.237 \times 29 - 7.028)}}=\frac{0.8564}{1.8564}=0.4613$$

表示樣本通過資訊技能檢定的機率為0.4613，因為P(X)的機率值小於0.50，要進行預測的話，要預測這些樣本觀察值的技能檢定為「未通過」者；相對的，若是樣本在「資訊素養」變項測量值的分數為30，則：

$$P(X)=\frac{e^{(.237 \times 30 - 7.028)}}{1+e^{(.237 \times 30 - 7.028)}}=\frac{1.0855}{2.0855}=0.5205$$

樣本通過資訊技能檢定的機率為0.5205，因為P(X)的機率值已大於0.50，要進行預測的話，要預測這些樣本觀察值的技能檢定結果為「通過」者。機率值.50分類準則為SPSS內定選項，在「Logistic迴歸：選項」次對話視窗中，「分類分割值（U）」後面的數字內定為.5，表示樣本分類的準則以機率值.05為分割點。根據預測變項計算出的機率值大於.50，則預測為結果變項中水準數值編碼為1的群組（反應類別群體）、機率值小於.50，則預測為結果變項中水準數值編碼為0的群組（參照類別群體）。

當樣本觀察值在資訊素養測量值得分為29分，通過技能檢定的機率為0.4613，不會通過技能檢定的機率為1－0.4613＝0.5387，二者的比例值

為 $\dfrac{0.4613}{0.5387}=0.8563$，勝算小於1.000；當樣本觀察值在資訊素養變數量測值的分數為30分時，有通過資訊技能檢定的機率為0.5205，不會通過技能檢定的機率為 $1-0.5205=0.4795$，二者的比例值為 $\dfrac{0.5205}{0.4795}=1.0855$，勝算大於1.000，勝算比（OR值）$=\dfrac{1.0855}{0.8563}=1.268$，勝算比值為步驟1表中之「資訊素養」列最後一欄「Exp(B)」中的數值。勝算比值1.268也表示當樣本觀察值在資訊素養中的得分每增加1分時，則通過資訊技能檢定與未通過資訊技能檢定的勝算，就會增加0.268倍或26.8%($=1.268-1=0.268=26.8\%$)，若是樣本在資訊素養變數量測值分數每增加10分時，則其通過資訊技能檢定與未通過資訊技能檢定機率的勝算，就會增加2.68倍。

上述常數項及資訊素養的B係數分別為-7.028、.237，函數方程式為：

f(x)=.237×資訊素養+(−7.028)。反應類別（結果變項水準數值編碼為1的樣本）出現的機率與未出現的機率公式分別：

$$p=\frac{e^{f(x)}}{1+e^{f(x)}}=\frac{e^{.237X-7.028}}{1+e^{.237X-7.028}} \,、\, 1-p=\frac{1}{1+e^{f(x)}}=\frac{1}{1+e^{.237X-7.028}}$$

，目標事件的勝算為p/(1-p)，勝算的自然對數為：

$$\ln\left(\frac{p}{1-p}\right)=f(x)=(-7.028)+.237X=B_0+B_1X_1$$

如果樣本資訊素養的成績為15分至62分，則樣本通過資訊技能檢定的機率、未通過資訊技能檢定的機率、勝算值、勝算的自然對數值如下摘要表：

表6-17

X	f(x)	1+f(x)	通過的機率 p	未通過的機率 1-p	勝算值 p/1-p	勝算的自然對數 ln(p/1-p))
15	0.031	1.031	0.030	0.970	0.031	−3.473
16	0.039	1.039	0.038	0.962	0.039	−3.236
17	0.050	1.050	0.047	0.953	0.050	−2.999
⋮						

（續上頁表）

57	652.623	653.623	0.998	0.002	652.623	6.481
58	827.162	828.162	0.999	0.001	827.162	6.718
62	2134.526	2135.526	1.000	0.000	2134.526	7.666

目標事件（反應類別）出現機率的曲線圖如下：

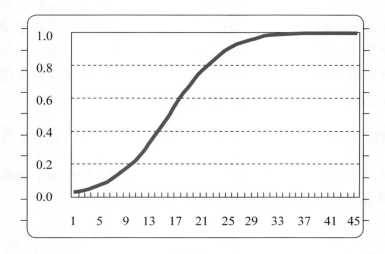

圖6-12

目標事件（反應類別）未出現機率的曲線圖如下：

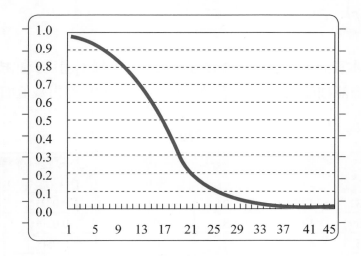

圖6-13

目標事件（反應類別）的勝算數值（出現機率與未出現機率數值的比值）之曲線圖如下：

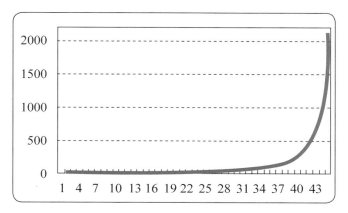

圖6-14

目標事件（反應類別）的自然對數勝算數值之圖示如下。此圖與上述圖形的最大差別在於勝算值並不是線性模式，因而繪出的圖形並非是直線，但將勝算值加以對數轉換後（即其勝算的自然對數），則轉換後的函數為一條線性方程式（圖中顯示為一條直線）。

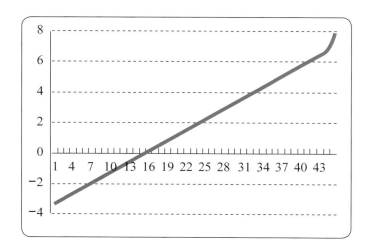

圖6-15

邏輯斯迴歸分析中的係數，代表個別預測變項相鄰一個單位間，效標變項是1（水準數值為1）與0（水準數值為0）勝算的比率，此比率即

為勝算比。當迴歸係數的值為正數時，則$e^{\text{正數}}>1$，如EXP(0.1)=1.11、EXP(0.5)=1.65、EXP(1)=2.72、表示預測變項的數值愈大，則效標變項水準數值為1的機率就會增加；相對的，當迴歸係數的值為負數時，則$e^{\text{負數}}<1$，如EXP(−0.1)=0.91、EXP(−0.5)=0.61、EXP(−1)=0.37，表示預測變項的數值愈小，則效標變項水準數值為1的機率就會減少（陳正昌等，2005）。如果迴歸係數為0，則EXP(0)=1.000。

在邏輯斯迴歸分析中所得到的預測值是機率值，因而會以一個機率值為分割點劃分成0與1，若是研究者沒有界定，一般均以機率值0.500作為分割點，之後再與實際蒐集的資料進行比較，以得到下列的交叉表：

表6-18

實際值	預測值		邊緣總數
	0（機率值≦0.500）	1（機率值>0.500）	
水準數值0	A（分類正確值）	B（分類錯誤值）	A+B
水準數值1	C（分類錯誤值）	D（分類正確值）	C+D
邊緣總數	A+C	B+D	

上述交叉表中，細格A表示以迴歸模式預測樣本在效標變項中，其水準數值為0，而樣本實際值的水準數值也為0，因而是分類正確值，細格D表示以迴歸模式預測樣本在效標變項中，其水準數值為1，而樣本實際值的水準數值也為1，因而是分類正確值，分類正確的總數為（A+D），樣本觀察值總人數為（A+B+C+D），因而整體分類正確率為[(A+D)÷(A+B+C+D)]×100%，數值愈高，表示迴歸模式的預測力愈大，迴歸分析的效度愈好；相對的，數值愈低，表示迴歸模式的預測力愈小，自變項與效標變項間的關聯程度愈低，迴歸分析的效度愈差。預測項目分割點（cutoff point）的預設值為機率值0.50，當機率值小於0.50時，被歸於「低」機率樣本，其水準數值編碼為0；當當機率值大於0.50時，被歸於「高」機率樣本，其水準數值編碼為1。

在上述表中，實際值的水準數值為0，而預測值水準數值也歸於0者為細格A的人數，細格A的人數占實際值的水準數值為0總人數（細格A+細格B）的百分比等於$\frac{A}{A+B}\times 100\%$，此百分比稱為「特異性」

（specificity），特異性即正確分類的未發生事件數（A）與實際事件未發生的總數（A+B）之比值；當實際值的水準數值為1，而預測值水準數值也歸於1者為細格D的人數，細格D的人數占實際值的水準數值為1總人數（細格C+細格D）的百分比等於 $\frac{D}{C+D} \times 100\%$，此百分比稱為「敏感性」（sensitivity），敏感性即正確預測事件「發生」的樣本數（D）與實際事件發生的總樣本數（C+D）的比值。「特異性」與「敏感性」是分類交叉表中預測正確的部分。

相對的，若樣本實際值水準數值為0，而預測值水準數值則歸於1者為細格B的人數，此細格的人數占預測值為1總人數（=B+D）的百分比為 $\frac{B}{B+D} \times 100\%$，此百分比值稱為「偽陽性率」（false positive rate），「偽陽性率」為錯誤分類未發生的事件為發生事件的案例（B）與預測事生發生總數（B+D）的比值；如果樣本是實際值水準數值為1，而預測值水準數值則歸於0者為細格C的人數，此細格的人數占預測值為0總人數（=A+C）的百分比為 $\frac{C}{A+C} \times 100\%$，此百分比值稱為「偽陰性率」（false negative rate），「偽陰性率」為錯誤分類發生的事件為未發生事件的案例（C）與預測事生未發生總數（A+C）的比值。「偽陽性率」與「偽陰性率」是事件預測錯誤的部分。當分割點的機率值愈高，敏感性會愈來愈低、特異性會愈來愈高，「偽陽性率」與「偽陰性率」均會愈來愈大，因而整體預測的準確率會愈來愈低。

表6-19　疊代過程（a, b, c）

疊代		−2對數概似	係數
			Constant
步驟0	1	68.593	.240
	2	68.593	.241
	3	68.593	.241
(a) 模式中包含常數。			
(b) 起始的−2對數概似：68.593。			
(c) 因為參數估計值變化小於.001，所以估計工作在疊代數3時終止。			

SPSS輸出之疊代過程摘要表中，「步驟0」的模型只有包含常數項，

表中的−2LL(0)值=68.593、LL(0)=−34.297。

表6-20　模式摘要

步驟	−2對數概似	Cox & Snell R平方	Nagelkerke R平方
1	50.559(a)	.303	.406
(a) 因為參數估計值變化小於.001，所以估計工作在疊代數5時終止。			

SPSS輸出之模式摘要表中，「步驟1」的模型為包含預測變項的最大模型，表中的−2LL(B)值=50.559、LL(B)=−25.28。

表6-21　模式係數的Omnibus檢定

		卡方	自由度	顯著性
步驟1	步驟	18.034	1	.000
	區塊	18.034	1	.000
	模式	18.034	1	.000

SPSS輸出之「模式係數的Omnibus檢定」摘要表中的卡方值為整體模式適配度指標，卡方值=−2LL(0)-[−2LL(B)]=68.593−50.559=18.034，顯著性檢定的p值=.000<.05，達到顯著水準，表示邏輯斯迴歸模型整體適配度佳。

肆、二元邏輯斯迴歸分析的實例

【研究問題】

　　某位心理輔導學者想探究私立技職院校學生的「家庭結構」、「人際壓力」、「情感壓力」、「學習壓力」、「期望壓力」、「經濟壓力」等六個變項是否可以有效預測及解釋技職院校學生的自殺意向。經分層隨機取樣方法，抽取100名受試者填寫「生活感受困擾量表」及自殺意向傾向量表，根據受試者自殺意向傾向量表得分的高低，將100名受試者分成「有自殺意向」（42人）、「無自殺意向」（58人），若根據學生家庭結構及生活壓力五個向度等六個預測變數是否能解釋及預測技職院校學生的自殺意向。

上述問題中，生活壓力五個面向均為計量變項，其變數名稱分別人際壓力、情感壓力、學習壓力、期望壓力、經濟壓力，此外，而技職院校學生家庭結構變數是二分類別變數，水準數值0為「單親家庭」、水準數值1為「完整家庭」，生活壓力五個面向的測量值愈高，表示其相對應的生活壓力愈高。依變項為「自殺意向」，是二分名義變項，二個水準分別為「無自殺意向」，水準數值編碼為0、「有自殺意向」水準數值編碼為1，因而可採用二元Logistic迴歸分析，以探究六個自變項對技職院校學生自殺意向預測及分類的正確性。

研究問題架構圖如下：

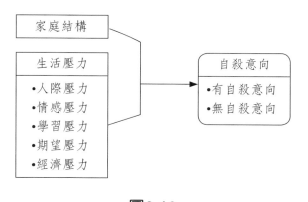

圖6-16

一、操作程序

步驟(一)

執行功能列「分析（A）」／「迴歸分法（R）」／「二元Logistic（G）……」程序，出現「Logistic迴歸」對話視窗。

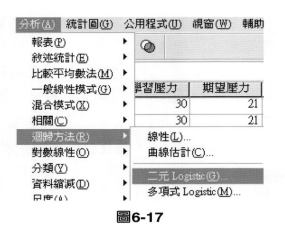

圖6-17

● 步驟（二）

　　將依變項「自殺意向」選入右邊「依變數（D）」下之方格中，將六個自變項「家庭結構」、「人際壓力」、「情感壓力」、「學習壓力」、「期望壓力」、「經濟壓力」選入右邊「共變量（C）」下的方格中，在「方法（M）」右邊下拉式選單選取「輸入」法（Enter）。

圖6-18

　　在「Logistic迴歸」（Logistic Regression）對話視窗中，右邊「共變量（C）」下的方盒為迴歸模式中的自變數（預測變數），在範例中為「家庭結構」、「人際壓力」、「情感壓力」、「學習壓力」、「期望壓力」、

「經濟壓力」等六個，「共變量（C）」的方盒中至少要選取一個以上自變數或預測變項。

「方法（M）」右邊的下拉式選單中，包括七種Logistic迴歸分析逐步法（SPSS手冊）：

1.「輸入法」（Enter法）

全部自變項均納入迴歸模式中，在一般複迴歸中為強迫輸入變數法，此方法在變數選擇的程序中，每個步驟會選入一個區塊中，所有的預測變項。

2.「向前：條件法」（Forward: conditional）

此法乃根據Score檢定與條件參數估計逐步選擇模式中顯著自變項，在一般複迴歸分析程序中類似逐步多元迴歸分析法。逐步選擇法的程序中會根據分數統計量的顯著性選入檢定變項，至於變項移除檢定準則是根據條件參數估計值的概似比（likelihood-ratio）統計量的機率值大小決定。

3.「向前：LR法」（Forward: LR）

此法乃根據Score檢定與概似比參數估計逐步選擇模式中顯著的自變項。逐步選擇法的程序中會根據分數統計量的顯著性選入檢定變項，至於變項移除檢定準則是根據最大偏概似比估計值（maximum partial likelihood estimates）的概似比統計量的機率值大小決定。

4.向前：Wlad法（Forward: Wlad）

此法乃根據Score檢定與Wald檢定逐步選擇顯著的自變項。逐步選擇法的程序中變項被選入的準則根據分數統計量的顯著性為準，至於變項移除檢定準則是根據Wald統計量的機率值大小來決定。

5.向後：條件法（Backward: conditional）

此法乃根據條件參數估計逐一剔除在模式中不顯著的自變項，在一般複迴歸分析程序中類似逐步多元迴歸分析法。向後逐步消去法（條件

的），變項被移除的準則為條件參數估計值的概似比統計量之的機率值大小。

6.向後：LR法（Backward: LR）

此法乃根據概似比逐一剔除在模式中不顯著的自變項。向後逐步消去法（概似比），變項被移除的準則為最大偏概似估計值的概似比統計量之的機率值大小。

7.向後：Wald法（Backward: Wald）

此法乃根據Wald檢定估計值剔除在迴歸模式中不顯著的自變項。向後逐步消去法（Wald法），變項被移除的準則為Wald統計量之的機率值大小。

「區塊」方盒下的按鈕『下一個（N）』、『前一個（V）』可以進行階層（序列）邏輯斯迴歸分析，點選第一組預測變項至右邊「共變量（C）」的方格中後，繼續按『下一個（N）』鈕，點選第二組預測變項至右邊「共變量（C）」的方格中，依序操作，可以增列不同的迴歸模式，此部分的操作與應用與階層複迴歸分析相同。

圖6-19

「Logistic迴歸」分析程序與複迴歸分析程序一樣，可以只挑選某些符合條件的樣本進行二元Logistic迴歸分析。在範例中，「家庭結構」變項為二分類別變數，水準數值0為單親家庭、水準數值1為完整家庭，假設研究者只要挑選出「完整家庭」的樣本，探究生活壓力五個向度對自殺意向的預測情形，其操作為：在左邊變數清單中將類別變項「家庭結構」選入右

邊「選擇變數（B）」下的方格，選取方格中的變數「家庭結構=？」→按右邊『規則（U）』鈕，開啟「Logistic迴歸：設定規則」次對話視窗。

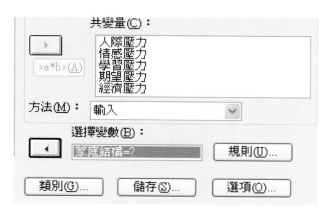

圖6-20

在「Logistic迴歸：設定規則」次對話視窗中，設定樣本水準的條件，範例中界定家庭結構變數之水準數值等於1，表示選取的樣本為「完整家庭」→按『繼續』鈕，回到「Logistic迴歸」對話視窗。

【備註】：中間方格下拉式的條件式包括「等於」、「不等於」、「小於」、「小於等於」、「大於」、「大於等於」六種。如教育程度變項為四分類別變數、水準數值1為高中職以下組、水準數值2為專科組、水準數值3為大學組、水準數值4為研究所以上組，研究者想挑選教育程度為大學以上的群組進行二元Logistic迴歸分析，中間下拉式條件設定選取「大於等於」，後面的「數值（V）」下方格輸入3，表示選取教育程度水準數值3以上的測量值（水準數值3、水準數值4）。作為選擇變數的類別變項不能作為預測變項，如範例中以「家庭結構」變數作為選擇目標群組的變數，則不能再作為預測變項或自變項。

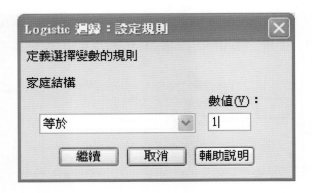

圖6-21

● 步驟(三)

按『選項(O)』鈕,開啟「Logistic迴歸:選項」次對話視窗,勾選「☑分類圖(C)」、「☑Hosmer-Lemeshow適合度(H)」、「☑估計值相關性(R)」、「☑疊代過程(I)」四項→按『繼續』鈕,回到「Logistic迴歸」對話視窗→按『確定』鈕。

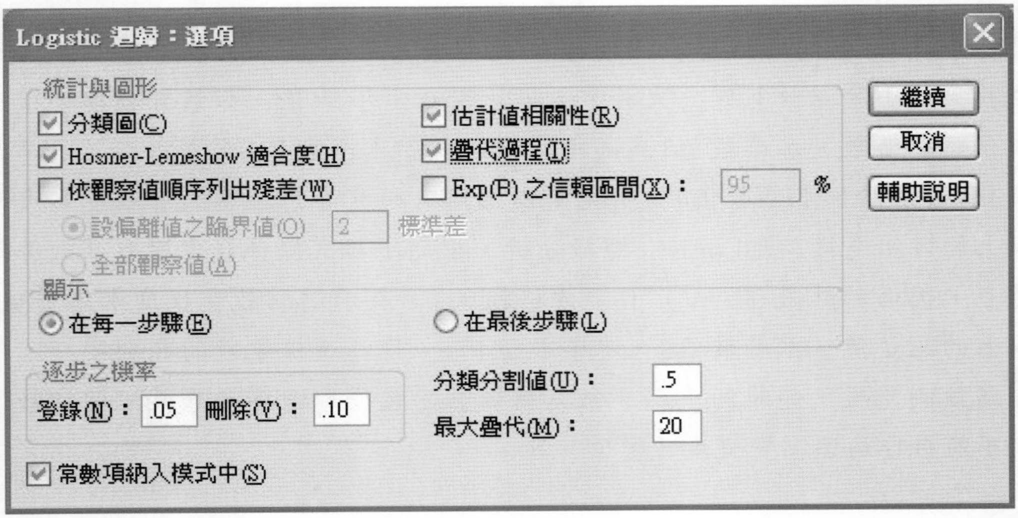

圖6-22

【備註】:在「Logistic迴歸:選項」次對話視窗,內定的選項為「☑常數項納入模式中(S)」、「分類分割值(U)」的臨界點為「.50」,表

示依預測變項建立的Logistic迴歸模型來預測樣本的機率大於.50，則將樣本歸於結果變項中水準數值為1的群組、預測樣本的機率小於.50，則將樣本歸於結果變項中水準數值為0的群組、「最大疊代（M）」運算的最大值為20，如果至第20次疊代程序還是無法聚合，研究者可將「最大疊代（M）」的次數調整為大一點，如50。

步驟（四）

按『儲存（S）』鈕，開啟「Logistic迴歸：儲存」次對話視窗，在「預測值」方盒中勾選「☑機率（P）」、「☑各組成員（G）」選項；在「殘差」方盒中勾選需要的殘差值→按『繼續』鈕，回到「Logistic迴歸」對話視窗。

在「Logistic迴歸：儲存」的次對話視窗中，包括三個方盒選項：

1. 「預測值」（Predicted Values）方盒：內有「機率（P）」（Probabilities）及「各組成員」（Group membership）二個選項。

2. 「影響」（Influence）方盒：內有「Cook's (C)」距離值、「影響量數（L）」（Leverage values）、「DfBeta (D)」（迴歸係數差異量值）三個選項。

3. 「殘差」（Residual）方盒中包括五種殘差值：未標準化殘差值（Unstandardized）、Logit分析殘差值、 t 化殘差值（Studentized）、標準化殘差值（Standardized）、離差值（Deviance）。

在「將模式資訊輸出至XML檔案（X）」方格中，可將模式以檔案方式將相關資訊儲存。

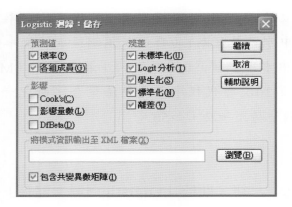

圖6-23

【備註】「未標準化殘差」（unstandardized residuals）爲觀察值與迴歸模型預測值之間的差異量；「Logit殘差」爲採用Logit量尺預測觀察值之殘差，Logit殘差是原殘差值除以預測機率乘以「1減預測機率值」；「學生化殘差」（studentized residual）爲排除觀察值後，模型離差值的改變量；「標準化殘差」（standardized residuals）爲殘差值除以其標準差的估計值（即標準誤），標準化殘差又稱爲Pearson殘差，其平均數爲0、標準差等於1；「離差」（deviation）爲以模型離差量爲基準的殘差。

步驟（五）

按『類別（G）』鈕，開啟「Logistic迴歸：定義類別變數」次對話視窗，將類別變項「家庭結構」選入右邊「類別共變量（T）」下的方格中→按『繼續』鈕，回到「Logistic迴歸」對話視窗→按『確定』鈕。

圖6-24

【備註】：「Logistic迴歸：定義類別變數」次對話視窗中，參照組別（reference group）內定為「⊙最後一個（L）」。「參考類別」選項有二個：「最後一個」及「第一個（F）」。如果預測變項為二分類別變項，且二分類別變項的水準數值編碼為0、1，則此二分類別變項可以不用於「Logistic迴歸：定義類別變數」次對話視窗中設定，若是預測變項的性質是類別變項，且類別變項為三分以上名義變項，要投入二元邏輯斯迴歸分析中必須轉為0、1的虛擬變項，如果研究者未轉為虛擬變項，必須於「Logistic迴歸：定義類別變數」次對話視窗中界定其為類別變數，否則SPSS分析程序會將其視為計量變數，造成統計結果的錯誤。

變更比對的方盒中，有以下七種對比方法（contrast method）（SPSS手冊）：

1.指標（indicator）

對比結果可指出讓類別成員是否存在，對比矩陣中的參考類別（reference category）是用一整列的0來表示，即參照組別的水準數值編碼均為0。指標對比為內定選項，此種對比方式與複迴歸程序中的虛擬變項的設定應用相同。

2.簡單（simple）

預測變項的每個類別（除了參照類別外）都會跟參照類別進行比較。

3.差異（difference）

預測變項的每個類別（除了第一個類別外）都會跟先前類別平均效果相互比較，此種對比又稱為「反Helmert對比」。

4.Helmert

預測變項的每個類別（除了最後一個類別外）都會跟之後類別平均效果相互比較。

5.重複（repeated）

預測變項的每個類別（除了第一個類別外）都會跟它前一個類別相互

比較。

6.多項式（polynomial）

　　正交多項式對比，此種對比假定類別間的間距都是相等的，多項式對比只適用於數值變數（計量變項）。

7.離差（deviation）

　　預測變項的每個類別（除了參照類別外）都會跟整體效果（overall effect）相互比較。

二、輸出結果

表6-22　次數分配表自殺意向

		次數	百分比	有效百分比	累積百分比
有效的	無自殺意向	58	58.0	58.0	58.0
	有自殺意向	42	42.0	42.0	100.0
	總和	100	100.0	100.0	

　　上表為結果變項自殺意向的編碼情形，變數「自殺意向」為二分類別變數，水準數值0為「無自殺意向」、水準數值1為「有自殺意向」，100位樣本觀察值中，實際無自殺意向者有58位、有自殺意向者有42位。要呈現結果變項的次數分配表須執行功能列「分析（A）」／「敘述統計（E）」／「次數分配表（F）」程序。「有自殺意向」群體為負向群組，在二元Logistic迴歸分析中，通常會將負向群組的水準類別編碼為1，作為「反應類別群體」，另一對照群組的水準類別編碼為0，作為「參照類別群體」。

表6-23　家庭結構

		次數	百分比	有效百分比	累積百分比
有效的	單親家庭	43	43.0	43.0	43.0
	完整家庭	57	57.0	57.0	100.0
	總和	100	100.0	100.0	

上表為預測變項家庭結構的水準數值標記，家庭結構變數中水準數值等於0者為單親家庭、水準數值等於1者為完整家庭，全部有效樣本觀察值有100位。單親家庭樣本有43位、完整家庭樣本有57位。

表6-24　生活壓力五個向度與結果變項之相關矩陣

		自殺意向	人際壓力	情感壓力	學習壓力	期望壓力	經濟壓力
自殺意向	Pearson相關	1	.314	.401	.488	.393	.619
	顯著性（雙尾）		.001	.000	.000	.000	.000
	個數	100	100	100	100	100	100
人際壓力	Pearson相關	.314	1	.124	.324	.027	.224
	顯著性（雙尾）	.001		.219	.001	.788	.025
	個數	100	100	100	100	100	100
情感壓力	Pearson相關	.401	.124	1	.173	.326	.383
	顯著性（雙尾）	.000	.219		.086	.001	.000
	個數	100	100	100	100	100	100
學習壓力	Pearson相關	.488	.324	.173	1	.226	.453
	顯著性（雙尾）	.000	.001	.086		.024	.000
	個數	100	100	100	100	100	100
期望壓力	Pearson相關	.393	.027	.326	.226	1	.388
	顯著性（雙尾）	.000	.788	.001	.024		.000
	個數	100	100	100	100	100	100
經濟壓力	Pearson相關	.619	.224	.383	.453	.388	1
	顯著性（雙尾）	.000	.025	.000	.000	.000	
	個數	100	100	100	100	100	100

上表為五個計量的預測變項與結果變項間的相關矩陣，由於效標變項為二分類別變數，五個生活壓力面向為連續變項，因而其相關方法為點二系列相關，點二系列相關適用於一個變項為等距或比率變項，另一個變項為真正的名義二分變項。上表中，自殺意向與五個生活壓力面向的點二系

列相關均達顯著正相關，其相關係數分別為.314(p=.001<.05)、.401(p=.000<.05)、.488(p=.000<.05)、.393(p=.000<.05)、.619(p=.000<.05)。由於自殺意向水準數值編碼中，1為有自殺意向、0為無自殺意向，點二系列相關為顯著正相關，表示與無自殺意向樣本（水準數值為0）相較之下，有自殺意向的樣本（水準數值為1）有較高的人際壓力、情感壓力、學習壓力、期望壓力與經濟壓力；或是生活壓力量測值愈高的學生，愈有自殺意向的可能。

表6-25　觀察值處理摘要

未加權的觀察值(a)		N	百分比
所選的觀察值	包含在分析中	100	100.0
	遺漏觀察值	0	.0
	總和	100	100.0
未選的觀察值		0	.0
總和		100	100.0
(a) 如果使用加權的話，觀察值總數請參閱分類表。			

上表「觀察值處理摘要表」為樣本基本資料訊息，包括有效觀察值（100位）、遺漏值（0位），未被選取的個數（0位）及總樣本數（100）。從「觀察值處理摘要表」中，研究者也可檢視是否有遺漏值（missing values）存在。

表6-26　依變數編碼

原始值	內部值
無自殺意向	0
有自殺意向	1

上表為依變項的水準編碼值及其數值標記，依變項的二個水準編碼值分別為0、1（系統執行時的內部編碼），0表示「無自殺意向」組、1表示「有自殺意向」組。在資料建檔時二分類別變數之依變項的編碼水準要編為0、1，1表示發生的事件或目標事件，0表示未發生的事件。依變項（dependent variable）或結果變項（outcome variable）的水準數值編碼不同，則SPSS輸出的二元邏輯斯迴歸結果會有稍許不同。在「自殺意向」依

變項的水準數值編碼中，水準數值0量測值代表的是「無自殺意向」、水準數值1量測值代表的是「有自殺意向」，研究者感興趣或想要探究的目標結果是「有自殺意向」，迴歸模型的解釋是有關「有自殺意向」的機率或勝算。SPSS輸出目標組員成員的勝算是以依變項水準數值編碼為1之量測值為基準，因而範例中的勝算為「有自殺意向」者的機率或勝算。在二元Logistic的資料檔編碼中，依變項或結果變項中的水準數值1的群組通常是較為負向的結果，如死亡、攻擊、未通過、肄業、不及格、有心臟病等；而水準數值0的群組通常是較為正向的結果，如未死亡、沒有攻擊行為、通過、畢業、及格、沒有心臟病等（*Warner, 2007, p. 959*）。

表6-27　區塊0：開始區塊：疊代過程（**a, b, c**）

疊代		−2對數概似	係數
			Constant
步驟0　1		136.059	−.320
2		136.058	−.323
3		136.058	−.323
(a) 模式中包含常數。			
(b) 起始的−2對數概似：136.058。			
(c) 因為參數估計值變化小於.001，所以估計工作在疊代數3時終止。			

上表之疊代過程為只包含常數項之最小邏輯斯迴歸模型（虛無模型），包括疊代步驟、概似值之對數值（或稱對數概似值）及常數項之估計值。在二元邏輯斯迴歸分析中，「區塊0」的輸出結果為未包含所有預測變項之最小模型或稱虛無模型，之後會以研究者選取預測變項的區組，分別以「區塊1」、「區塊2」等輸出結果。疊代過程在運算時，如果常數項係數估計值之差異小於.001時，則停止疊代運算過程（註c說明）。上表中常數項在第三次疊代之估計值等於−.323與第一次疊代之估計值（等於−.323）差異小於.001，表示達到聚斂標準，因此不用下一階段的疊代過程。上表中第二欄為概似比之對數值、第三欄為其常數項（Constant）之估計值。只包含常數項之虛無模型的−2LL(0)值為136.058、對數概似值（log-lkilihood）LL(0)=136.058÷(−2)=−68.029。

表6-28 分類表（a, b）

觀察			預測		
			自殺意向		百分比修正
			無自殺意向	有自殺意向	
步驟0	自殺意向	無自殺意向	58	0	100.0
		有自殺意向	42	0	.0
	概要百分比				58.0

(a) 模式中包含常數。
(b) 分割值為.500。

　　上表為邏輯迴歸初步分類結果，未分類前無自殺意向的樣本有58位、有自殺意向的樣本有42位，無自殺意向的樣本占總數的58.0%。因為無自殺意向的樣本數較多，只用常數項預測時，事件發生的機率全部預測為「有」自殺意向者，其預測正確性為58.0%。由於此表只是以常數項為預測變項，並不是迴歸模型對依變項正確的預測分類情形，因而其實質意義不大。

表6-29 變數在方程式中

		B	S. E.	Wald	自由度	顯著性	Exp(B)
步驟0	常數	−.323	.203	2.538	1	.111	.724

　　上表為只包括常數項之邏輯迴歸模式，常數項之估計值為−.323、估計標準誤為.203，Wald檢定值等於2.538，其求法為斜率係數B除以其相對應的標準誤（standard error；S. E.）的平方，此平方值接近於自由度為1的卡方分配值：$2.538=(-3.23\div.203)^2$。只包含常數項的模型在自由度等於1時，未達.05的顯著水準（p=.111>.05），勝算比值為.724。當所有預測變數皆未進入迴歸模式，只以常數項來預測時，勝算比值 $=e^{(-3.23)}=.724=\frac{42}{58}=\frac{42/50}{58/50}$，表示「有自殺意向」與「無自殺意向」的勝算比為.724，有自殺意向的比例為（事件發生比率）：$\frac{e^{(-3.23)}}{1+e^{(-3.23)}}=.0.420=\frac{42}{100}=42.0\%$，無自殺意向樣本的比例為（事件未發生比率）：$1-\frac{e^{(-3.23)}}{1+e^{(-3.23)}}=.0.580=\frac{58}{100}=58.0\%$。

【備註】：$e^{-3.23}$以試算表函數計算爲「=EXP(−.323)」，其數值結果等於 0.72397。

表6-30 變數不在方程式中

			分數	自由度	顯著性
步驟0	變數	家庭結構	28.045	1	.000
		人際壓力	9.839	1	.002
		情感壓力	16.112	1	.000
		學習壓力	23.797	1	.000
		期望壓力	15.474	1	.000
		經濟壓力	38.279	1	.000
	概要統計量		51.383	6	.000

上表爲僅包括常數項模式之初步邏輯迴歸模式，未納入模式中自變項之「分數」（Score）檢定值結果。進行邏輯迴歸分析時，一開始所有自變項都不會納入迴歸模式中，此時若以Score考驗對每一自變項參數估計值進行顯著性檢定，若所有自變項之係數值都未達顯著水準，就表示全部自變項對依變項都不具有解釋與預測的效果，如此則停止邏輯迴歸分析工作，當至少有一個自變項之係數值達到顯著水準，就進一步將該自變項選入迴歸模式中，並進行邏輯迴歸之參數估計（王保進，2004）。並進一步根據研究者界定的方法，逐一挑選或剔除自變項，直到進入迴歸模式之自變項的估計值均是顯著爲主。由於本範例採用強迫進入法（Enter法），因而不管Score檢定值是否達到顯著，自變項均會納入迴歸模式中，由表中知悉，六個自變項之Score檢定值分別爲28.045、9.839、16.112、23.797、15.474、38.279，由於是初步邏輯迴歸分析，進行運算前檢定之「分數」值均會達到顯著。

表6-31　區塊1：方法＝輸入　疊代過程（a, b, c, d）

疊代		-2對數概似	係數						
			Constant	家庭結構	人際壓力	情感壓力	學習壓力	期望壓力	經濟壓力
步驟1	1	79.530	-4.727	-.664	.023	.017	.031	.028	.042
	2	72.861	-7.544	-.730	.033	.030	.054	.041	.062
	3	72.050	-9.121	-.691	.036	.039	.069	.048	.070
	4	72.029	-9.446	-.678	.037	.041	.072	.050	.071
	5	72.029	-9.456	-.678	.037	.041	.072	.050	.071
	6	72.029	-9.456	-.678	.037	.041	.072	.050	.071

(a) 方法：選入。
(b) 模式中包含常數。
(c) 起始的-2對數概似：136.058。
(d) 因為參數估計值變化小於.001，所以估計工作在疊代數6時終止。

　　上表為自變項投入迴歸模式之疊代過程，由於採用Enter法進行參數估計，因而六個自變項皆投入疊代過程（與複迴歸分析中採用強迫進入法相同）。其中步驟六常數項與六個自變項的係數估計值就是最後所建立之Logistic迴歸模式的係數值。當六個預測變項進入迴歸模式後，「-2對數概似值」（-2LL）的數值為72.029、常數項為-9.456，家庭結構、人際壓力、情感壓力、學習壓力、期望壓力、經濟壓力六個預測變項的係數分別為-.678、.037、.041、.072、.050、.071。

表6-32　模式係數的Omnibus檢定

		卡方	自由度	顯著性
步驟1	步驟	64.030	6	.000
	區塊	64.030	6	.000
	模式	64.030	6	.000

　　「模式係數的Omnibus檢定」摘要表為整體模式係數顯著性之檢定結果，也就是二元邏輯斯迴歸分析整體適配度的檢定，如果卡方值達到顯著（p<.05），表示邏輯斯迴歸模型整體適配度良好。範例中，六個自變項所建立的迴歸模式之整體模式適配度檢定的卡方值等於64.030，p=.000<.05，達到顯著水準，表示在投入的六個自變項：「家庭結構」、「人際壓

力」、「情感壓力」、「學習壓力」、「期望壓力」、「經濟壓力」，至少有一個自變項可以有效地解釋與預測樣本在自殺意向「有」、「無」之分類結果，至於是哪幾個自變項，則需要進行個別參數係數顯著性之估計結果方能得知。若是採取向前逐步迴歸法或向後逐步迴歸法則進入迴歸模式的自變項均會達到顯著。

二元邏輯斯迴歸模型整體適配度良好只表示所有預測變項中至少有一個預測變項的斜率係數B值不等於0，或是所有預測變項的斜率係數B值均不等於0，至於是哪幾個預測變項的斜率係數B值不等於0，必須再加以統計檢定才能得知。表中模式適配度的卡方值為完全模式（full model）與虛無模式（null model）之−2LL數值的差異量。完全模式（最大模式）的−2LL(B)=72.029、虛無模式（最小模式）的−2LL(B)=136.058。模式適配度的卡方值=−2LL(0)−[−2LL(B)]=136.058−72.029=64.029。由於不是採取階層式邏輯斯迴歸分析，因而只有一個區組（此區組為包含所有預測變項的最大模式），所以「區塊」列的卡方值（=64.030）會等於「模式」列的卡方值（=64.030）。

表6-33　模式摘要

步驟	−2對數概似	Cox & Snell R平方	Nagelkerke R平方
1	72.029(a)	.473	.636
(a) 因為參數估計值變化小於.001，所以估計工作在疊代數6時終止。			

上表「模式摘要」表為自變項與依變項間之關聯強度檢定結果，關聯強度的性質與多元迴歸分析中的 R^2 值（決定係數）類似，但Logistic迴歸分析中的關聯強度旨在說明迴歸模式中的自變項與依變項關係之強度，無法說明依變項的變異量可以被自變解釋百分比（因Logistic迴歸分析中的依變項不是連續變項，不能以解釋變異量來解釋）。Cox-Snell R^2 與Nagelkerke R^2 值分別為.473、.636，表示所投入的六個自變項與自殺意向效標變項間有中強度的關聯。「−2對數概似」（−2LL）的數值為72.029與上述疊代過程中的最後一列數值相同。Cox-Snell R^2 與Nagelkerke R^2 數值表示二元Logistic迴歸分析中的效果值，其求法為：

$$R^2{}_{CS}=1-\exp\left[-\frac{2}{N}[LL(B)-LL(0)]\right]=1-\exp=1-\exp\left[\frac{1}{N}[(-2LL(B)-(-2LL(0))]\right],$$

其中N為總樣本個數100。$-2LL(0)=136.059$、$-2LL(B)=72.029$、
$2LL(0)=-136.059$

$$R^2{}_{CS}=1-\exp\left[\frac{1}{100}[72.029-(136.059)]\right]=1-EXP(-0.643)=1-.527=.473、$$

$$R^2{}_{N}=\frac{R^2{}_{CS}}{R^2{}_{MAX}}、R^2{}_{MAX}=1-\exp[2(N^{-1})LL(0)]=1-EXP\left[\frac{2LL(0)}{N}\right]$$

$$R^2{}_{MAX}=1-\exp\left[\frac{-136.059}{100}\right]=1-.256=0.744。$$

$$R^2{}_{N}=\frac{R^2{}_{CS}}{R^2{}_{MAX}}=\frac{0.473}{0.744}=0.636$$

Cox-Snell R^2與Nagelkerke R^2值除可表示為二元邏輯斯迴歸模型的效果值外，也可視為是二元邏輯斯迴歸模型整體適配度（overall goodness-of-fit）是否良好的評估指標，其中Cox-Snell R^2的最大值定小於1，但Nagelkerke R^2的最大值可能為1。二個指標的數值愈接近1，表示二元邏輯斯迴歸模型整體適配度愈佳；指標的數值愈接近0，表示二元邏輯斯迴歸模型整體適配度愈差。

表6-34　Hosmer和Lemeshow檢定

步驟	卡方	自由度	顯著性
1	15.102	8	.057

「Hosmer和Lemeshow檢定」摘要表也是迴歸模式整體適配度指標的一個檢定統計量，如果Hosmer-Lemeshow檢定值未達顯著水準，表示模式適配度佳（此解釋與上述採用卡方檢定正好相反）。表中Hosmer-Lemeshow檢定值等於15.012、p=.057>.05，未達顯著水準，接受虛無假設：「二元邏輯斯迴歸模型整體適配度佳」。整體迴歸模式的適配度良好，表示自變項可以有效預測依變項。此處「Hosmer-Lemeshow」卡方檢定統計量的性質與結構方程模式中適配度檢定的卡方值性質十分接近，當卡方值未達顯著時，表示模式的適配度或契合度佳，假設模型與樣本資料可以適配。在邏輯斯迴歸模式的假設驗證方面，「Hosmer-Lemeshow」檢

定之卡方統計量愈小愈好，卡方值愈小愈不會達到顯著，表示迴歸模式愈佳。「Hosmer-Lemeshow」適配度統計量比邏輯斯迴歸中使用之傳統適配度統計量更有統計強韌性（robust），特別是研究為小樣本或模式全部具有連續共變量時，此指標作為模式的適配度更為穩定。

表6-35　Hosmer和Lemeshow檢定的列聯表格

		自殺意向＝無自殺意向		自殺意向＝有自殺意向		總和
		觀察	期望	觀察	期望	
步驟1	1	9	9.723	1	.277	10
	2	10	9.512	0	.488	10
	3	10	9.212	0	.788	10
	4	10	8.832	0	1.168	10
	5	9	8.298	1	1.702	10
	6	3	5.576	7	4.424	10
	7	4	3.593	6	6.407	10
	8	1	2.203	9	7.797	10
	9	1	.931	9	9.069	10
	10	1	.120	9	9.880	10

「Hosmer和Lemeshow檢定的列聯表格」中的數據可以計算出Hosmer-Lemeshow的適配度卡方統計量，在交叉表的細格中，有觀察次數與期望次數，根據觀察次數與期望次數的數值，採用 $\sum \frac{(F_O-F_E)^2}{F_E}$ 公式，可以計算上述的卡方值（=15.102），表中數據計算出來的卡方值為15.123、SPSS輸出結果之卡方值為15.102，小數點後的差異值為二者小數點進位產生的誤差值。

表6-36

觀察	期望	$(F_O-F_E)^2$	$\frac{(F_O-F_E)^2}{F_E}$	觀察	期望	$(F_O-F_E)^2$	$\frac{(F_O-F_E)^2}{F_E}$
9	9.723	0.523	0.054	1	0.277	0.523	1.887
10	9.512	0.238	0.025	0	0.488	0.238	0.488
10	9.212	0.621	0.067	0	0.788	0.621	0.788
10	8.832	1.364	0.154	0	1.168	1.364	1.168

（續上頁表）

9	8.298	0.493	0.059	1	1.702	0.493	0.290
3	5.576	6.636	1.190	7	4.424	6.636	1.500
4	3.593	0.166	0.046	6	6.407	0.166	0.026
1	2.203	1.447	0.657	9	7.797	1.447	0.186
1	0.931	0.005	0.005	9	9.069	0.005	0.001
1	0.12	0.774	6.453	9	9.88	0.774	0.078
總和			8.712				6.411
							15.123

表6-37　分類表（a）

觀察			預測		
			自殺意向		百分比修正
			無自殺意向	有自殺意向	
步驟1	自殺意向	無自殺意向	51	7	87.9
		有自殺意向	5	37	88.1
	概要百分比				88.0
(a) 分割值為.500。					

　　上表為邏輯斯迴歸模式的分類預測結果，此表與區別分析中的分類結果摘要表（classification results）類似。原先58位無自殺意向的觀察值，根據邏輯迴歸模式進行分類預測，有51位被歸類於無自殺意向組（分類正確）、7位被歸類於有自殺意向組（分類錯誤）；原先42位有自殺意向的觀察值，根據邏輯斯迴歸模式進行分類預測，有5位被歸類於無自殺意向組（分類錯誤）、37位被歸類於有自殺意向組（分類正確）。整體分類正確的百分比為(51+37)÷100=88.0%。分類的正確性愈高，表示所建立的邏輯迴歸模式的整體適配性愈佳，自變項對依變項的影響愈大。

　　從上述分類表中可以計算出敏感性、特異性、偽陽性、偽陰性四個數值：

$$敏感性 = \frac{D}{C+D} = \frac{37}{5+37} = 0.881 ; 特異性 = \frac{A}{A+B} = \frac{51}{51+7} = 0.879$$

$$偽陽性 = \frac{B}{B+D} = \frac{7}{7+37} = 0.159 ; 偽陰性 = \frac{C}{A+C} = \frac{5}{51+5} = 0.089$$

表6-38

	預測值	
實際值	無自殺意向	有自殺意向
無自殺意向	51(A)	7(B)
有自殺意向	5(C)	37(D)

表6-39　變數在方程式中

		B	S. E.	Wald	自由度	顯著性	Exp(B)
步驟1 (a)	家庭結構	−.678	.769	.778	1	.378	.508
	人際壓力	.037	.028	1.771	1	.183	1.037
	情感壓力	.041	.032	1.700	1	.192	1.042
	學習壓力	.072	.031	5.429	1	.020	1.075
	期望壓力	.050	.042	1.401	1	.237	1.051
	經濟壓力	.071	.026	7.249	1	.007	1.073
	常數	−9.456	2.729	12.003	1	.001	.000
(a) 在步驟1中選入的變數：家庭結構，人際壓力，情感壓力，學習壓力，期望壓力，經濟壓力。							

　　「變數在方程式中」摘要表為迴歸模式中，個別自變項顯著性的參數估計。第一直行為投入變項名稱共有六個自變項、第二直行為自變項係數估計值、第三直行為係數估計標準誤（S. E.）、第四直行為個別參數檢定之Wald值、第五直行為自由度、第六直行為顯著性機率值、第七直行為勝算比（odd ratio）。由表中可知，在投入的六個自變項中，只有「學習壓力」與「經濟壓力」二個變項之Wald檢定值達顯著，其餘四個自變項：家庭結構、人際壓力、情感壓力、期望壓力的Wald檢定值係數均未達.05顯著水準，因而技職院校學生的「學習壓力」與「經濟壓力」二個變項可以是預測與解釋技職院校學生有無自殺意向的重要預測變項。

　　由於B係數的直接解釋較為不易，因為此係數所代表的並不是預測變項的權重係數，它所表示的是預測變項原始分數改變一個單位，目標群體改變多少的邏輯（logit）或勝算比。所謂勝算比（odd ratio; OR），乃在說明自變項與依變項間之關聯，若有一個虛擬自變項X之勝算比為3，表示在該自變項上測量值為1的觀察值，它在依變項Y上為1的機率是在X之測量值為0的觀察值的3倍，勝算比值愈高，表示自變項與依變項之關聯程度愈

強。e^{B_i}的數值表示預測變項原始測量值改變一個單位、預測目標群組成員的勝算會改變多少，如果e^{B_i}數值大於1，表示預測變項X的量測值增加，目標群組之成員的勝算也會增加；相對的，若是e^{B_i}數值小於1，表示預測變項X的量測值增加，目標群組之成員的勝算反而會降低，如果e^{B_i}數值剛好等於1，表示預測變項X的量測值增加，目標群組之成員的勝算不會改變。勝算比值改變的百分比（△%）與預測變項原始分數增加一個單位間關係可以下列算式表示：$△\%=(e^{B_i}-1)\times100$，如$e^{B_i}=1.45$（勝算比值為1.45），$△\%=(e^{B_i}-1)\times100=(1.45-1)\times100=45\%$，表示預測變項X的原始分數增加一個單位（增加一分），目標變項（有自殺意向）的勝算就增加45%。

上述「學習壓力」變數的勝算比為1.075，$△\%=(e^{B_i}-1)\times100=(1.075-1)\times100=7.5\%$，表示樣本在學習壓力測量值增高1分（增加一個單位），私立技職院校學生「有自殺意向與無自殺意向的勝算」之機率就增加.075(7.5%)；「經濟壓力」變數的勝算比為1.073，表示樣本在經濟壓力測量值增高1分，技職院校學生「有自殺意向與無自殺意向的勝算」之機率就增加.073(7.3%)。五個計量生活壓力預測變項迴歸係數均為正數，取其相對應的指數值後數值均大於1，表示預測變項的測量值愈高，有自殺意向與無自殺意向的勝算也愈大；相對的，若是計量預測變項迴歸係數為負數，取其相對應的指數值後數值會小於1，表示預測變項的測量值愈高，有自殺意向與無自殺意向的勝算值會愈小。

表6-40　相關矩陣

		Constant	家庭結構	人際壓力	情感壓力	學習壓力	期望壓力	經濟壓力
步驟1	Constant	1.000	−.548	−.349	−.624	−.551	−.407	−.275
	家庭結構	−.548	1.000	.003	.480	.051	.216	.321
	人際壓力	−.349	.003	1.000	.013	−.152	.144	−.086
	情感壓力	−.624	.480	.013	1.000	.269	−.060	.023
	學習壓力	−.551	.051	−.152	.269	1.000	.007	−.085
	期望壓力	−.407	.216	.144	−.060	.007	1.000	−.013
	經濟壓力	−.275	.321	−.086	.023	−.085	−.013	1.000

上表為變項參數估計值的相關矩陣，此相關矩陣並不是變項間的積差

相關係數矩陣。就常數項而言，其與六個預測變項均呈顯著的負相關，其中與「情感壓力」及「學習壓力」二個預測變項的關聯較為密切。

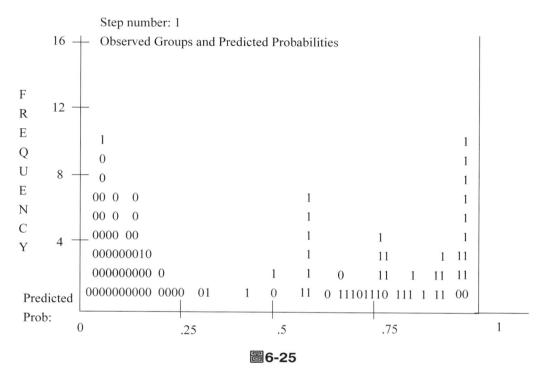

圖6-25

Group: 0000000000000000000000000000000111111111111111111111111111111
Predicted Probability is of Membership for　有自殺意向
The Cut Value is　　.50
Symbols: 0—無自殺意向
　　　　　1—有自殺意向
Each Symbol Represents 1 Case.

　　上圖為SPSS輸出之樣本預測機率散布圖，SPSS預設的切割點（cutoff point）為0.50，當預測機率大於0.50時，樣本就被歸類於效標變項水準數值為1者，即被歸類於「有自殺意向」組；當預測機率小於0.50時，樣本就被歸類於效標變項水準數值為0者，即被歸類於「無自殺意向」組，在機率值.50右邊標示為1者，表示迴歸模式分類為「有自殺意向」組，而樣本在依變項的水準編碼，實際上也是為1（有自殺意向），因而標示為1者，表示分類正確，而標示為0者表示迴歸模式分類為「有自殺意向」組，而樣本

在依變項的水準編碼，實際上卻為0（無自殺意向），因而標示為0者，表示分類錯誤；在機率值.50左邊標示為0者，表示迴歸模式分類為「無自殺意向」組，而樣本在依變項的水準編碼，實際上也是為0（無自殺意向），因而標示為0者表示分類正確，而標示為1者，表示迴歸模式分類為「無自殺意向」組，而樣本在依變項的水準編碼，實際上卻為1（有自殺意向），因而標示為1者，表示分類錯誤。

從上述預測分類圖中，可以看出，橫座標機率值0.50右邊標示為0者有七個，表示分類錯誤的樣本有7位，此7位實際上無自殺意向，但以迴歸模式預測卻歸類為「有自殺意向」；橫座標機率值0.50左邊標示為1者有五個，表示分類錯誤的樣本有5位，此5位實際上有自殺意向，但以迴歸模式預測卻歸類為「無自殺意向」。

上述二元Logistic迴歸分析的報表可整理如下二個表格：

【表格範例】

表6-41　整體模式之適配度檢定及個別參數顯著性之檢定摘要表

投入變項名稱	B	S. E.	Wald值	勝算比	效果值
家庭結構	−.678	.769	.778	.508	Cox-Snell R^2=.473
人際壓力	.037	.028	1.771	1.037	Nagelkerke R^2=.636
情感壓力	.041	.032	1.700	1.042	
學習壓力	.072	.031	5.429*	1.075	
期望壓力	.050	.042	1.401	1.051	
經濟壓力	.071	.026	7.249**	1.073	
常數	−9.456	2.729	12.003	.000	
整體模式適	χ^2=64.030***				
配度檢定	Hosmer-Lemeshow檢定值=15.102 n.s.				
註：* p<.05　** p<.01　*** p<.001　n.s. p>.05					

從表I可以發現：「家庭結構」、「人際壓力」、「情感壓力」、「學習壓力」、「期望壓力」、「經濟壓力」六個自變項對有無自殺意向組別預測之迴歸模型，其整體模式顯著性考驗的χ^2=64.030(p=.000<.05)，達到.05顯著水準；而Hosmer-Lemeshow檢定值為15.102(p>.05)未達顯著水

準，表示「家庭結構」、「人際壓力」、「情感壓力」、「學習壓力」、「期望壓力」、「經濟壓力」六個自變項所建立的二元邏輯斯迴歸模式適配度非常理想。從效果值係數而言：Cox-Snell R^2值為.473、Nagelkerke R^2指標值為.636，顯示自變項與依變項間，有中度的關聯存在，擬似的（pseudo）R^2解釋量分別47.3%、63.6%。

再從個別參數之顯著性指標來看，學習壓力、經濟壓力二個自變項的Wald指標值分別為5.429、7.249，均達.05顯著水準，表示學習壓力、經濟壓力二個自變項與有無自殺意向組別間有顯著關聯，這二個變項可以有效預測與解釋「有」、「無」自殺意向組別，二個變數的勝算比值分別1.075、1.073，表示樣本在學習壓力測量值增高1分，技職院校學生「有自殺意向與無自殺意向的勝算」之機率就增加.075(7.5%)；樣本在經濟壓力測量值增高1分，技職院校學生「有自殺意向與無自殺意向的勝算」之機率就增加.073(7.3%)。

表6-42　預測分類正確率交叉表

實際值	預測值		
	無自殺意向	有自殺意向	正確百分比
無自殺意向	51	7	87.9
有自殺意向	5	37	88.1
總預測正確率			88.0

從表II預測分類正確率交叉表來看，原先58位無自殺意向的觀察值，根據邏輯迴歸模式進行分類預測，有51位被歸類於無自殺意向組（分類正確）、7位被歸類於有自殺意向組（分類錯誤）；原先42位有自殺意向的觀察值，根據邏輯迴歸模式進行分類預測，有5位被歸類於無自殺意向組（分類錯誤）、37位被歸類於有自殺意向組（分類正確）。整體分類正確的百分比為(51+37)÷100=88.0%。

7

虛擬變項與多項式邏輯斯迴歸

在複迴歸分析中,若是預測變項為非計量變項,必須先將類別或名義變項於資料檔轉換為虛擬變項(dummy variables),才能投入迴歸模式中,在二元邏輯斯迴歸分析程序中也是一樣,如果預測變項為類別變項必須轉換為虛擬變項,才能將此變項投入迴歸模式之內。在二元邏輯斯迴歸分析程序中,對於類別預測變項的處理較有彈性,除可於資料檔中將類別變項轉換為虛擬變項外,也可以直接將類別變項選入二元邏輯斯迴歸分析程序之中,只要對於類別預測變項要加以界定即可。

壹、虛擬變項的邏輯斯迴歸實例

【研究問題】

某國中輔導主任探究學校男學生的學業成就、學習動機與年級變項是否可以有效預測學生有無攻擊行為。採用分層隨機取樣方式,各從三個年級群隨機抽取9位、10位、11位學生,蒐集這些學生在學業成就與學習動機的分數,學業成就變項的量測值愈高,表示學生的學業成就愈佳;學習動機量表分數的測量值從1至10,分數愈低表示學生的學習動機愈差,分數愈接近10表示學生的學習動機愈強。在攻擊行為變項的編碼方面,水準數值0表示「無攻擊行為」、水準數值1表示「有攻擊行為」。學生「年級」變數為三分類別變項,水準數值1表示為一年級群組、水準數值2表示為二年級群組、水準數值3表示為三年級群組。

表7-1

攻擊行為	學業成就	學習動機	年級	D1_年級	D2_年級
0	87	10	1	1	0
0	45	10	1	1	0
0	88	8	1	1	0
0	92	10	1	1	0
0	86	9	1	1	0
0	50	2	1	1	0
1	38	1	1	1	0
1	55	3	1	1	0
1	38	1	1	1	0

（續上頁表）

0	60	9	2	0	1
0	81	8	2	0	1
0	72	9	2	0	1
0	92	10	2	0	1
0	90	9	2	0	1
0	75	4	2	0	1
0	88	2	2	0	1
0	61	6	2	0	1
1	55	3	2	0	1
1	50	4	2	0	1
1	60	2	2	0	1
0	88	5	3	0	0
0	76	6	3	0	0
1	45	2	3	0	0
1	90	2	3	0	0
1	54	4	3	0	0
1	49	3	3	0	0
1	42	10	3	0	0
1	43	2	3	0	0
1	87	7	3	0	0
1	49	5	3	0	0

表7-2　攻擊行為

		次數	百分比	有效百分比	累積百分比
有效的	無攻擊行為	16	53.3	53.3	53.3
	有攻擊行為	14	46.7	46.7	100.0
	總和	30	100.0	100.0	

　　結果變項中男生「無攻擊行為」的樣本有16位，占全部樣本的53.3%；「有攻擊行為」的樣本有14位，占全部樣本的46.73%。攻擊行為變數編碼中，「無攻擊行為」群體的水準數值編碼為0，表示為「參照類別群組」；「有攻擊行為」群體的水準數值編碼為1，表示為「反應類別群組」。

表7-3　年級

		次數	百分比	有效百分比	累積百分比
有效的	一年級	9	30.0	30.0	30.0
	二年級	11	36.7	36.7	66.7
	三年級	10	33.3	33.3	100.0
	總和	30	100.0	100.0	

　　預測變項中年級變項為三分名義變項，三個水準數值編碼為1、2、3。如果要將年級變項直接投入二元Logistic迴歸分析，必須界定此變數為類別變數，否則會被視計量變數處理，造成統計分析結果錯誤。

一、操作程序

步驟（一）

　　執行功能列「分析（A）」／「迴歸分法（R）」（Regression）／「二元Logistic（G）……」程序，出現「Logistic迴歸」對話視窗。

步驟（二）

　　將依變項（或稱結構變項）「攻擊行為」選入右邊「依變數（D）」（Dependent）下之方格中，將三個自變項「學業成就」、「學習動機」、「年級」選入右邊「共變量（C）」（Covariates）下的方格中，在「方法（M）」右邊下拉式選單選取「輸入」法（Enter）。

步驟（三）

　　按「類別（G）」（Categorical）鈕，開啟「Logistic迴歸：定義類別變數」次對話視窗，將類別變項「年級」選入右邊「類別共變量（T）」下的方格中，參照類別（reference category）選內定選項為「⊙最後一個(L)」→按『繼續』鈕，回到「Logistic迴歸」對話視窗。

【備註】：「變更比對」方盒中如果沒有更改，表示類別變項的參照組為最後一個水準，範例中有三個水準，因而參照組為水準數值3，增列的二個年級虛擬變項分別為「水準數值1 & 水準數值3對比」（一年級與三年級樣本的對比）、「水準數值2 & 水準數值3對比」（二年級與三年級樣本的對

比）。

步驟（四）

回到「Logistic迴歸」對話視窗中，原先「共變量（C）」下方格中的預測變項「年級」會變為「年級（Cat）」，於原先變數名稱後面增列「Cat」（類別變數的簡稱），表示「年級」變數是一個類別變項而非計量變項。

按『選項（O）』鈕，開啟「Logistic迴歸：選項」次對話視窗，勾選「☑分類圖（C）」、「☑Hosmer-Lemeshow適合度（H）」、「☑估計值相關性（R）」、「☑疊代過程（I）」四項→按『繼續』鈕，回到「Logistic迴歸」對話視窗→按『確定』鈕。

二、輸出結果

表7-4　Logistic迴歸：類別變數編碼

		次數	參數編碼	
			(1)	(2)
年級	一年級	9	1.000	.000
	二年級	11	.000	1.000
	三年級	10	.000	.000

「類別變數編碼」為SPSS自動增列的二個年級虛擬變項，由於之前界定參考類別為最後一組，因而三年級在虛擬變項的編碼均為0、0，增列之「年級(1)」虛擬變項，表示是一年級與參照組的對比；增列之「年級(2)」虛擬變項，表示是二年級與參照組的對比。原年級變項與增列的二個虛擬變項對照如下：

表7-5

年級	年級(1)虛擬變項	年級(2)虛擬變項	備註
1	1	0	
2	0	1	
3	0	0	參照組

表7-6　區塊0：開始區塊──疊代過程(a, b, c)

疊代		−2對數概似	係數
			常數
步驟0	1	41.455	−.133
	2	41.455	−.134
(a) 模式中包含常數。			
(b) 起始的−2對數概似：41.455。			
(c) 因為參數估計值變化小於.001，所以估計工作在疊代數2時終止。			

只包含常數項的常數係數值為−.134，「−2對數概似值」−2LL(0)為41.455。

表7-7　變數在方程式中

		B	S.E.	Wald	自由度	顯著性	Exp(B)
步驟0	常數	−.134	.366	.133	1	.715	.875

只包含常數項的常數係數值為−.134，勝算比值為.875，表示全部樣本中「有攻擊行為」與「無攻擊行為」的勝算比值為.875，「有攻擊行為」機率（勝算）為14÷30；「無攻擊行為」機率（勝算）為16÷30，勝算比值$.875 = \dfrac{14/30}{16/30} = \dfrac{14}{16}$。

表7-8　區塊1：方法 = 輸入──疊代過程（a, b, c, d）

疊代		−2對數概似	係數				
			常數	學業成就	學習動機	年級(1)	年級(2)
步驟1	1	20.704	4.777	−.042	−.212	−1.485	−1.438
	2	16.486	7.972	−.072	−.344	−2.753	−2.207
	3	14.647	11.456	−.105	−.486	−4.356	−3.002
	4	14.130	14.383	−.132	−.615	−5.729	−3.751
	5	14.084	15.549	−.142	−.671	−6.267	−4.076
	6	14.084	15.672	−.143	−.677	−6.323	−4.112
	7	14.084	15.674	−.143	−.677	−6.323	−4.113
	8	14.084	15.674	−.143	−.677	−6.323	−4.113
(a) 方法：選入。							
(b) 模式中包含常數。							
(c) 起始的−2對數概似：41.455。							
(d) 因為參數估計值變化小於.001，所以估計工作在疊代數8時終止。							

　　迴歸模式經過八次疊代程序可以收斂，預測變數中「年級(1)」、「年級(2)」為SPSS自動增列的二個年級虛擬變項，「年級(1)」表示水準1與參照組的對比、「年級(2)」表示水準2與參照組的對比，由於參照組別為三年級，因而「年級(1)」為「一年級與三年級的對比」、「年級(2)」為「二年級與三年級的對比」。包含四個預測變項的完全模型之「－2對數概似值」－2LL(B)為14.084，常數項、「學業成就」、「學習動機」、「年級(1)」、「年級(2)」之斜率係數分別為15.674、－.143、－.677、－6.323、－4.113。

表7-9　模式係數的Omnibus檢定

		卡方	自由度	顯著性
步驟1	步驟	27.372	4	.000
	區塊	27.372	4	.000
	模式	27.372	4	.000

　　二元邏輯斯迴歸模型整體適配度檢定的卡方值為27.372，顯著性$p=.000<.05$，表示迴歸模型整體適配度良好，即邏輯斯迴歸模型中至少有一個預測變項的B斜率係數不等於0，或所有預測變項的B斜率係數均不等於0。「模式係數的Omnibus檢定」統計量之卡方值達到顯著（$p<.05$），也可以表示為所投入的自變項中，至少有一個自變項或全部的自變項對結果變項（依變項）的二個群體成員有顯著的預測力。「模式係數的Omnibus檢定」的卡方值統計量等於虛無模型之－2LL(0)值與完全模型之－2LL(B)值間的差異量，23.372=－2LL(B)－[－2LL(0)]=－2LL(0)－2LL(B)=41.455－14.084。

表7-10　模式摘要

步驟	－2對數概似	Cox & Snell R平方	Nagelkerke R平方
1	14.084(a)	.598	.799
(a) 因為參數估計值變化小於.001，所以估計工作在疊代數8時終止。			

　　Cox與Snell R平方值為.598、Nagelkerke R平方值為.799，表示預測變項所構成的邏輯斯迴歸模型可以有效預測結果變項，其效果值大小分別為59.8%、79.9%。效果值的大小乃根據實際結果變項的分數（0或1）及預測

變項的分數估算而得，其數值愈接近1，表示預測變項的正確分組率也愈高。

表7-11　Hosmer和Lemeshow檢定

步驟	卡方	自由度	顯著性
1	8.377	8	.398

二元邏輯斯迴歸模型整體適配度檢定的另一個統計量為HL檢定量，表中HL檢定統計量的卡方值為8.377，顯著性p=.398>.05，接受虛無假設，表示迴歸模型整體適配度良好。

表7-12　分類表(a)

			觀察		預測	
					攻擊行為	百分比修正
					無攻擊行為 / 有攻擊行為	
步驟1	攻擊行為	無攻擊行為			14 / 2	87.5
		有攻擊行為			2 / 12	85.7
	概要百分比					86.7

(a) 割值為.500。

以.500為分割預測值時，以四個預測變項所建立的邏輯斯迴歸模型對實際結果變項的總正確預測率為86.7%，16位實際無攻擊行為的樣本中，預測為無攻擊行為者有14位，預測正確率為87.5%；14位實際有攻擊行為的樣本中，預測為有攻擊行為者有12位，預測正確率為85.7%。

表7-13　變數在方程式中

		B	S. E.	Wald	自由度	顯著性	Exp(B)
步驟1(a)	學業成就	-.143	.069	4.379	1	.036	.866
	學習動機	-.677	.381	3.162	1	.075	.508
	年級			4.235	2	.120	
	年級(1)	-6.323	3.205	3.893	1	.048	.002
	年級(2)	-4.113	2.189	3.529	1	.060	.016
	常數	15.674	6.655	5.546	1	.019	6411174.092

(a) 在步驟1中選入的變數：學業成就，學習動機，年級。

原先投入的年級變項由於界定為「類別變數」，因而自動產生二個年級的虛擬變項，完全迴歸模型包含的預測變項為學業成就、學習動機、年級⑴、年級⑵四個。四個預測變項勝算比顯著性檢定的Wald值分別為4.379（p=.036<.05）、3.162（p=.075>.05）、3.893（p=.048<.05）、3.529（p=.060>.05），其中達到顯著水準的預測變項為學業成就與年級⑴，二個預測變項的勝算比值分別為.866、.002。當學業成就分數增加一個單位，有攻擊行為的機率（勝算）就減少13.4%（=1-.866=.134）；和三年級學生相較之下，一年級學生有攻擊行為的機率（勝算）減少99.8%。

貳、直接以虛擬變項進行二元Logistic迴歸分析

若研究者直接將預測變項中的類別變項先轉換為虛擬變項，在SPSS操作中不用進行界定類別變項。上述資料檔的「年級」變項為三分名義變項，若要轉換為虛擬變項必須增列二個，範例中的二個年級虛擬變項分別「D1_年級」、「D2_年級」，參照組別為水準數值3。

一、增列二個年級變項之虛擬變項

(一)增列「D1_年級」虛擬變項

執行功能列「轉換」／「計算（C）」的程序，開啓「計算變數」對話視窗。
→在左邊「目標變數（T）」下的方格中輸入虛擬變數的變項名稱：「D1_年級」，在右邊的「數值運算式（E）」下的方格中鍵入新變數來源屬性：「年級=1」。
→按『類型 & 標記（L）……』鈕，開啓「計算變數：類型與標記」次對話視窗，選取「⊙標記（L）：」選項，在其右邊方格鍵入虛擬變數的註解：「一年級 & 三年級對比」
→按『繼續』鈕→按『確定』鈕。

(二)增列「D2_年級」虛擬變項

執行功能列「轉換」／「計算（C）」的程序，開啓「計算變數」對話視窗。
→在左邊「目標變數（T）」下的方格中輸入虛擬變數的變項名稱：「D2_年級」，在右邊的「數值運算式（E）」下的方格中鍵入新變數來源屬性：「年級=2」。
→按『類型 & 標記（L）……』鈕，開啓「計算變數：類型與標記」次對話視窗，選取「⊙標記（L）：」選項，在其右邊方格鍵入虛擬變數的註解：「二年級 & 三年級對比」
→按『繼續』鈕→按『確定』鈕。

二、操作程序

步驟（一）

　　執行功能列「分析（A）」／「迴歸分法（R）」（Regression）／「二元Logistic（G）……」程序，出現「Logistic迴歸」對話視窗。

步驟（二）

　　將依變項（或稱結構變項）「攻擊行為」選入右邊「依變數（D）」（Dependent）下之方格中，將四個個自變項「學業成就」、「學習動機」、「D1_年級」、「D2_年級」選入右邊「共變量（C）」（Covariates）下的方格中，在「方法（M）」右邊下拉式選單選取「輸入」法（Enter）。

【備註】：由於「D1_年級」、「D2_年級」二個虛擬變項的水準數值編碼均為0、1，因而不能再界定其變項為類別變項。如果研究者直接將原始類別變項投入迴歸模型中，才要按『類別（G）』（Categorical）鈕，開啟「Logistic迴歸：定義類別變數」次對話視窗，界定原始名義變項為類別變項而非計量變數。

步驟（三）

　　按『選項（O）』鈕，開啟「Logistic迴歸：選項」次對話視窗，勾選「☑分類圖（C）」、「☑Hosmer-Lemeshow適合度（H）」、「☑估計值相關性（R）」、「☑疊代過程（I）」四項→按『繼續』鈕，回到「Logistic迴歸」對話視窗→按『確定』鈕。

三、輸出結果

表7-14　區塊0：開始區塊──疊代過程（a, b, c）

疊代		−2對數概似	係數
			常數
步驟 0	1	41.455	−.133
	2	41.455	−.134
(a) 模式中包含常數。			
(b) 起始的−2對數概似：41.455。			
(c) 因為參數估計值變化小於.001，所以估計工作在疊代數2時終止。			

只包含常數項的常數係數值為−.134，「−2對數概似值」−2LL(0)為
41.455。

表7-15　變數在方程式中

		B	S.E.	Wald	自由度	顯著性	Exp(B)
步驟0	常數	−.134	.366	.133	1	.715	.875

只包含常數項的常數係數值為−.134，勝算比值為.875，表示全部樣本
中「有攻擊行為」與「無攻擊行為」的勝算比值為.875，「有攻擊行為」
機率（勝算）為14÷30；「無攻擊行為」機率（勝算）為16÷30，勝算比
值.875 $= \frac{14/30}{16/30} = \frac{14}{16}$。

表7-16　區塊1：方法＝輸入——疊代過程（a, b, c, d）

疊代		−2對數概似	係數				
			常數	學業成就	學習動機	D1_年級	D2_年級
步驟1	1	20.704	4.777	−.042	−.212	−1.485	−1.438
	2	16.486	7.972	−.072	−.344	−2.753	−2.207
	3	14.647	11.456	−.105	−.486	−4.356	−3.002
	4	14.130	14.383	−.132	−.615	−5.729	−3.751
	5	14.084	15.549	−.142	−.671	−6.267	−4.076
	6	14.084	15.672	−.143	−.677	−6.323	−4.112
	7	14.084	15.674	−.143	−.677	−6.323	−4.113
	8	14.084	15.674	−.143	−.677	−6.323	−4.113

(a) 方法：選入。
(b) 模式中包含常數。
(c) 起始的−2對數概似：41.455。
(d) 因為參數估計值變化小於.001，所以估計工作在疊代數8時終止。

迴歸模式經過八次疊代程序可以收斂，預測變數中「D1_年級」、
「D2_年級」為研究者先行增列的二個年級虛擬變項，「D1_年級」表示水
準1與參照組的對比、「D2_年級」表示水準2與參照組的對比，由於範例
中將參照組別界定為三年級，因而「D1_年級」變數表示為「一年級與三
年級的對比」、「D2_年級」表示為「二年級與三年級的對比」。包含四
個預測變項的完全模型之「−2對數概似值」−2LL(B)為14.084，常數項、

學業成就、學習動機、「D1_年級」、「D2_年級」之斜率係數分別為15.6
74、－.143、－.677、－6.323、－4.113。

表7-17　模式係數的Omnibus檢定

		卡方	自由度	顯著性
步驟1	步驟	27.372	4	.000
	區塊	27.372	4	.000
	模式	27.372	4	.000

　　二元邏輯斯迴歸模型整體適配度檢定的卡方值為27.372，顯著性
p=.000<.05，表示迴歸模型整體適配度良好，即邏輯斯迴歸模型中至少有
一個預測變項的B斜率係數不等於0，或所有預測變項的B斜率係數均不等
於0，當邏輯斯迴歸模型整體適配度檢定達到顯著，表示至少有一個預測變
項對結果變項的預測率達到統計上的顯著水準，模型卡方值檢定的虛無假
設為：$H_0: \beta_1 = \beta_2 = \beta_3 = \cdots\cdots = \beta_k = 0$（除常數項外所有預測變項的迴歸係
數都等於0），因而當模型之卡方值達到.05顯著水準便可拒絕虛無假設，
並非所有預測變項的迴歸係數都等於0。「模式係數的Omnibus檢定」達到
顯著，即至少有一個預測變項或全部的預測變項對依變項有顯著的預測功
能。

表7-18　模式摘要

步驟	−2 對數概似	Cox & Snell R 平方	Nagelkerke R 平方
1	14.084(a)	.598	.799
(a) 因為參數估計值變化小於.001，所以估計工作在疊代數8時終止。			

　　Cox與Snell R平方值為.598、Nagelkerke R平方值為.799，表示預測變
項所構成的邏輯斯迴歸模型可以有效預測結果變項，其效果值大小分別為
59.8%、79.9%。效果值的大小乃根據實際結果變項的分數（0或1）及預測
變項的分數估算而得，其數值愈接近1，表示預測變項的正確分組率也愈
高。擬似之Cox與Snell R^2值與擬似之Nagelkerke R^2值愈接近1，也可以表示
邏輯斯迴歸模型的整體適配度愈佳。

表7-19　Hosmer和Lemeshow檢定

步驟	卡方	自由度	顯著性
1	8.377	8	.398

　　二元邏輯斯迴歸模型整體適配度檢定的另一個統計量為HL檢定量，HL指標與SEM模型中的卡方值性質相同，其統計檢定之虛無假設為：「邏輯斯迴歸模型與樣本資料可以適配」，表中HL檢定統計量的卡方值為8.377，顯著性p=.398>.05，接受虛無假設，表示迴歸模型整體適配度良好。

表7-20　分類表(a)

			觀察	預測		
				攻擊行為		百分比修正
				無攻擊行為	有攻擊行為	
步驟 1	攻擊行為	無攻擊行為		14	2	87.5
		有攻擊行為		2	12	85.7
	概要百分比					86.7
(a) 分割值為 .500。						

　　以.500為分割預測值時，以四個預測變項所建立的邏輯斯迴歸模型對實際結果變項的總正確預測率為86.7%，16位實際無攻擊行為的樣本中，預測為無攻擊行為者有14位，預測正確率為87.5%；14位實際有攻擊行為的樣本中，預測為有攻擊行為者有12位，預測正確率為85.7%。

表7-21　變數在方程式中

		B	S.E.	Wald	自由度	顯著性	Exp(B)
步驟 1(a)	學業成就	−.143	.069	4.379	1	.036	.866
	學習動機	−.677	.381	3.162	1	.075	.508
	D1_年級	−6.323	3.205	3.893	1	.048	.002
	D2_年級	−4.113	2.189	3.529	1	.060	.016
	常數	15.674	6.655	5.546	1	.019	6411174.092
(a) 在步驟1中選入的變數：學業成就，學習動機，D1_年級，D2_年級。							

　　由於採用直接邏輯斯迴歸分析法，所有預測變項均會投入迴歸模式中。完全迴歸模型（最大模型）包含的預測變項為學業成就、學習動機、「D1_年級」、「D2_年級」四個。四個預測變項勝算比顯著性檢定的Wald值分別為4.379（p=.036<.05）、3.162（p=.075>.05）、3.893（p=.048<.05）、3.529（p=.060>.05），其中達到顯著水準的預測變項為學業成就與「D1_年級」，二個預測變項的勝算比值分別為.866、.002。當學業成就分數增加一個單位，有攻擊行為的機率（勝算）就減少13.4%（=1−.866=.134）；學生年級樣本由三年級變為一年級時，有攻擊行為的機率（勝算）減少99.8%。

　　上述二種不同的操作程序，一為直接將類別變項投入二元邏輯斯迴歸分析程序後，再界定此變數為類別變項；二為先依類別變項水準數值（L）增列L−1個虛擬變項後再投入二元邏輯斯迴歸程序中，二者的操作程序雖然不同，但最後的輸出結果完全相同。

【表格範例】

表7-22

投入變項名稱	B	S. E.	Wald	勝算比值
常數	15.674	6.655	5.546	6411174.092
學業成就	−.143	.069	4.379*	.866
學習動機	−.677	.381	3.162	.508
D1_年級	−6.323	3.205	3.893*	.002
D2_年級	−4.113	2.189	3.529	.016
整體模式適配度統計量	χ^2=27.372***	χ_{HL}^2=8.377n.s.		
效果值	R_{CS}^2=.598	R_N^2=.799		
*p<.05　***p<.001　n.s.p>.05				

參、多項式邏輯斯迴歸分析

　　在多元迴歸分析中，研究者可從數個計量的預測變項分數的組合（方程式）來預測計量Y結果變項（outcome variable）的分數，如果Y

結果變項類別變項，則不能使用多元迴歸分析法，此時可改採區別分析（discriminant analysis；簡稱DA），區別分析即從數個計量X預測變項中來預測類別結果變項中的群組成員，區別分析與多元迴歸分析一樣，其預測變項必須為計量變項（quantitative variables），如果是名義預測變項則須轉換為虛擬變項（dummy variables）。區別分析程序可以發現數個X預測變項分數最大加權的線性組合，X分數的組合可以對Y結果變項有最佳的預測力。當結果變項的群組為二個類別時，研究者可採用區別分析程序，也可使用二元邏輯斯迴歸分析；當結果變項的群組為三個類別以上時，研究者除可使用區別分析程序來進行統計分析外，也可使用多項式元邏輯斯迴歸分析的方法來預測群組成員。

　　區別分析與邏輯斯迴歸分析間的差異，在於二者對於資料的假定不同，區別分析對於資料結構有較嚴格的假定，如結果變項中二個群組的人數差距很大，或預測變項的分數與結果變項分數間不是呈線性關係，則較不適宜使用區別分析法。邏輯斯迴歸與區別分析皆可以使用來預測群組中的成員，然而與區別分析相較之下，邏輯斯迴歸法較為便利。邏輯斯迴歸對於資料結果的假定沒有像區別分析那樣嚴苛，對於結果變項中，組別人數差距較大也可提供較佳的預測機率模式；此外邏輯斯迴歸也提供各預測變項的勝算及勝算的差異值，在許多情境中，勝算訊息可以提供研究者更多的資訊，從勝算比值中，研究者可以得知每個預測變項分數增加一個單位，反應結果類別的勝算會改變多少。然而使用邏輯斯迴歸法時，迴歸係數的數值不能使用OLS法估計法來估計，必須改用MLE法（最大概似估計法），最大概似估計法（maximum likelihood estimates）較適合應用於大樣本情境，於小樣本中使用估計出的係數值較不穩定，此外，勝算的概念對某些使用者而言較為陌生，若是對勝算概念不理解者，對於勝算比值的解釋較為不易。當群組樣本顯著不相等時（如群組分割為0、1時，水準數值編碼為0的樣本數顯著多於水準數值編碼為1的樣本數），使用區別分析時，整體樣本大小要夠大，且資料結構要符合多變量常態性假定及符合變異數／共變數矩陣同質性的假定，若是違反上述假定，對於結果變項反應類別群組成員的預測方面，邏輯斯迴歸法反而是較為適切的方法，在臨床或生物醫學方面，許多研究者反而較偏愛以邏輯斯迴歸來預測反應群組成

員（*Warner, 2008, pp. 970-971*）。

如果結果變項只有二個類別，研究者可採用二元邏輯斯迴歸分析法；若是結果變項的群組有三個以上，研究者除採用區別分析法外，也可使用多項式邏輯斯迴歸分析法（multinomial logistic regression）。「多項式Logisticy迴歸」方法在SPSS中包含於迴歸模組（regression models）內，研究者必須安裝迴歸模組才能使用邏輯斯迴歸分析法。

【研究問題】

以國中學生年級（一年級、二年級、三年級）、學業成就、同儕關係及考試焦慮四個變項來預測學生的學習壓力。其中學習壓力為三分名義變項，水準數值1為高學習壓力組、水準數值2為中學習壓力組、水準數值3為低學習壓力組。學生年級為類別變項，水準數值1為一年級群體、水準數值2為二年級群體、水準數值3為三年級群體；「學業成就」、「同儕關係」及「考試焦慮」三個變數均為計量變項。

一、操作程序

● 步驟(一)

執行功能列「分析(A)」／「迴歸方法(R)」／「多項式Logistic……(M)」（Multinomial Logistic）程序，開啟「多項式Logistic迴歸」對話視窗。

將結果變項「學習壓力」選入右邊「依變數(D)」下的方格，將類別預測變項「年級」選入右邊「因子(F)」下的方格，將計量預測變項選入右邊「共變量(C)」下的方格→按『參考類別(N)……』鈕。

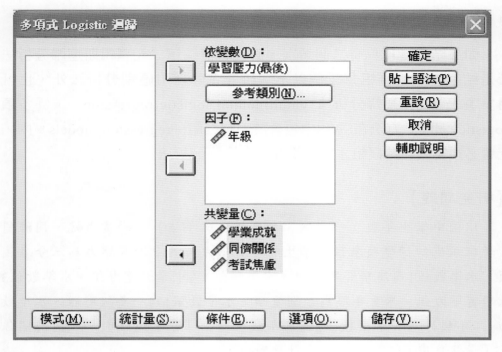

圖7-1

【備註】：被選入「因子(F)」方格中的預測變項可以是數值變項或類別變項，但被選入「共變量(C)」方格中的預測變項可以必須是數值變項（numeric variables）。

步驟（二）

按『參考類別』鈕後可開啟「多項式邏輯迴歸：參考類別」次對話視窗，此視窗可以界定參考類別（reference category）是哪個水準，內定選項為「⊙最後類別(L)」，研究者也可以在「參考類別」方盒中指定為第一個、或自訂類別水準數值；「類別順序」方盒中有二個選項：內定選項為「⊙遞增(A)」、另一選項為「遞減(D)」。選取「⊙遞增(A)」選項時，表示水準數值的編碼中第一類別為最小值、最後一個類別水準數值為最大值；選取「遞減(D)」選項時，水準數值最大值為第一個類別、水準數值最小值為最後一個類別。範例中，水準數值的編碼為1、2、3，以內定最後類別為參考群組，表示以「低壓力組」樣本（水準數值編碼為3）為參照組→按『繼續』鈕，回到「多項式Logistic迴歸」對話視窗。

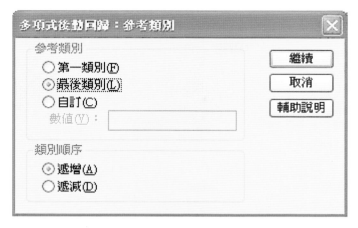

圖7-2

● 步驟（三）

按『統計量(S)……』鈕，開啟「多項式Logistic迴歸：統計量」對話視窗，此視窗研究者可勾選要輸出的統計量。

在「模式」方盒中包含「□假R-平方(P)」、「□步驟摘要(M)」、「□模型適合度資訊(D)」、「□資訊條件(I)」、「□儲存格機率(B)」、「□分類表(T)」、「□適合度檢定(G)」等選項；在「參數」方盒中包括「□估計值(E)」、「□概似比檢定(L)」、「□漸近線關聯(A)」、「□漸近線變異數(C)」等，「信賴區間」內定為95%。範例資料檔的操作，於「模式」方盒中勾選「☑假R-平方(P)」、「☑模型適合度資訊(D)」、「☑資訊條件(I)」、「☑分類表(T)」、「☑適合度檢定(G)」等選項；在「參數」方盒中包括「☑估計值(E)」、「☑概似比檢定(L)」選項→按『繼續』鈕，回到「多項式Logistic迴歸」對話視窗。

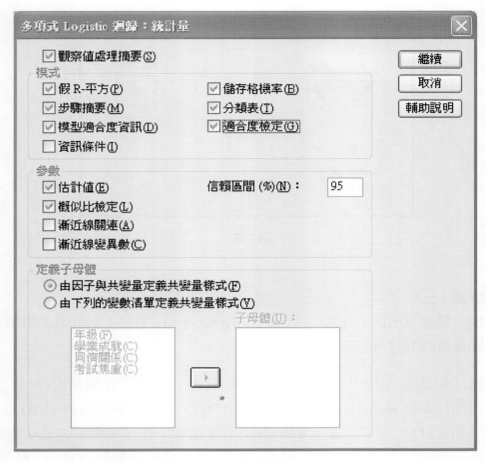

圖7-3

【備註】

　　模式表示整體模式統計量，在摘要統計量部分包括Cox與Snell、Nagelkerke及McFadden R^2統計量；「模型適配度資訊」（model fitting information）會進行適配模式與只包含常數項之虛無模式間的比較；「儲存格機率」會列出根據共變數組型與反應類別之觀察次數、期望次數（含殘差）與機率值；「資訊準則」可呈現Akaike information criterion (AIC)及Schwarz Bayesian information criterion (BIC)二個資訊準測統計量；「分類表」可呈現觀察與預測反應的交叉表格；「適合度卡方統計量」會呈現Pearson與概似比（likelihood-ration）卡方統計量，這些統計量根據所有因子與共變數，或使用者界定之因子與共變量次集合組所導出的共變量組型計算而來；「估計值」選項可輸出使用者特別界定之信賴區間的模型參數

估計值；「概似比檢定」選項可輸出模型偏效果值的概似比檢定，至於對整體模式的檢定會自動出現；「漸近相關」選項可以輸出參數估計值相關矩陣；「漸近共變數」選項可以輸出參數估計值共變異數矩陣。

步驟（四）

按『條件(E)……』鈕，開啟「多項式Logistic迴歸：收斂條件」次對話視窗，此視窗研究者可以讓使用者設定疊代收斂的條件。此對話視窗一般研究者均不用更改，其內定條件為最大疊代次數為100、對數概似收斂的最小值為0、參數收斂條件的數值為0.000001→按『繼續』鈕，回到「多項式Logistic迴歸」對話視窗。

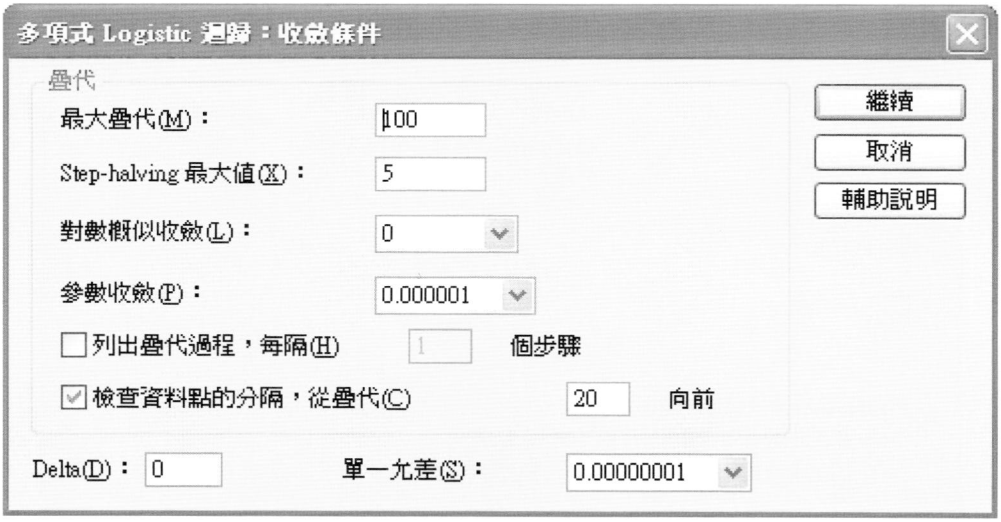

圖7-4

步驟（五）

按『選項(O)……』鈕，開啟「多項式Logistic迴歸：選項」次對話視窗，此對話視窗的選項，研究者通常也不用更改。其中「離散尺度」（dispersion scale）可以讓使用者界定離散尺度數值，以用於校正參數共變異數矩陣的估計值，離差會使用離差函數（概似比卡方）統計值來估計尺度數值；Pearson則會使用Pearson卡方統計值來估計尺度數值，研究者可以自行界定尺度數值，但此數值必須為正數。「逐步選項」（stepwise options）方盒可以讓使用者採用逐步法建立模式時，設定控制統計準則，此選項只有在「模式」對話方盒中指定逐步模式時，才會出現。內定變項被選入的機率為.05，此機率表示預測變項被選入模型時之概似比統計量的機率，指定的機率值愈大，變項被選入模式的機會就愈大，此條件只有在選定向前選入法、向前逐步法、向後逐步法時才會出現；內定變項被移除模型的機率為0.1，此機率表示預測變項被移除模型時之概似比統計量的機率，設定的機率值愈大，變項被保留於模式的機會就愈大→按『繼續』鈕，回到「多項式Logistic迴歸」對話視窗。

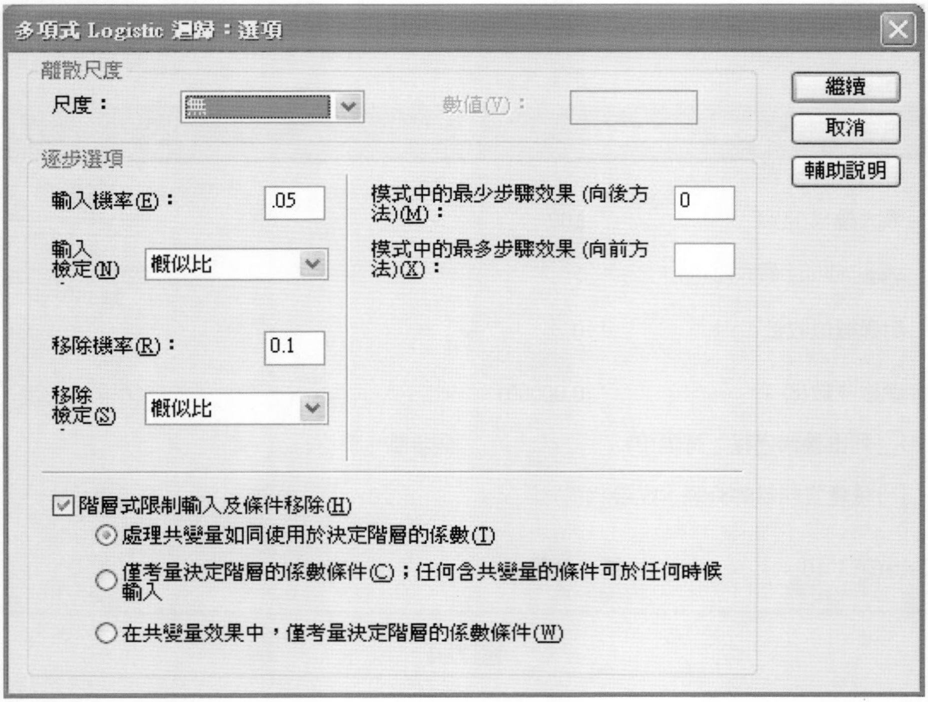

圖7-5

步驟（六）

按『儲存(V)……』鈕，開啟「多項式Logistic迴歸：儲存」次對話視窗，在「已儲存變數」方盒中的選項包括「估計反應機率(E)」、「已預測類別(D)」（為因子或共變異數組型最大期望機率的反應類別）、「預測的類別機率(P)」（最大的估計反應機率）、「實際類別機率(A)」（分類因子

或共變異數組型到觀察類別的估計機率值）等四個，範例中勾選「☑估計反應機率(E)」、「☑已預測類別(D)、「☑預測的類別機率(P)」、「☑實際類別機率(A)」四個選項→按『繼續』鈕，回到「多項式Logistic迴歸」對話視窗→按『確定』鈕。

圖7-6

● 步驟（七）

按『模式(M)』鈕，可開啟「多項式Logistic迴歸：模式」次對話視窗，視窗中「指定模式」方盒中有三大模式：「⊙主要效果項(M)」、「完全因子設計(A)」、「自訂／逐步」，主要效果項模式包含共變異量及因子的主效果，但不包括交互作用效果項；完全因子設計模式包含所有主要效果，及所有因子與因子的交互作用項，但不包括共變量的交互作用。選取「⊙自訂／逐步(C)」選項，右邊的設定包括三大部分，一為「強迫輸入條件」變項的選取、二為「逐步條件」變項的選取，三為「逐步方法」的選取，在「逐步方法」的下拉式選單包括四種方法：向前輸入法（forward entry）、向後消去法（backward elimination）、向前逐步法（forward stepwise）、向後逐步法（backward stepwise）。範例中選取內定選項「⊙主要效果項(M)」→按『繼續』鈕，回到「多項式Logistic迴歸」對話視窗→按『確定』鈕。「⊙主要效果項(M)」模式也可選取「⊙自訂／逐」選項

（C）」模式，將所有因子與共變量預測變項選入右邊「強迫輸件條件(O)」下的方格中。

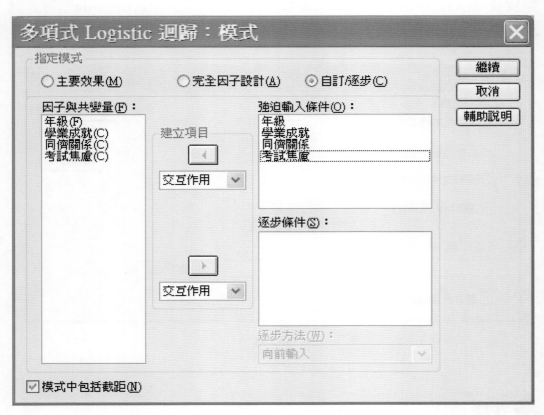

圖7-7

二、強迫輸入法輸出結果

表7-23　名義迴歸——模型適合度資訊

模型	模型適當的準則			概似比檢定		
	AIC	BIC	-2對數概似	卡方	自由度	顯著性
只截距	113.821	117.645	109.821			
最後	56.593	79.538	32.593	77.228	10	.000

　　模式適合度資訊摘要表中，左邊「模型適當的準則」中包含二個模式，一為只包含常數項的虛無模式（最小模式）、一為包含所有預測變項

的完全模式（最大模式）。只包含常數項之虛無模式的AIC、BIC值分別為113.821、117.645，其−2LL值為109.821；包含完全模式的AIC、BIC值分別為56.593、79.538，其−2LL值為32.593，二個模式−2LL值的差異量=109.821−32.593=77.228，顯著性p=000<.05，表示所投入的預測變項中至少有一個預測變項可以有效預測樣本在結果變項上的機率值。從AIC與BIC二個模式適配度準則來看，完全模式的AIC值與BIC值均較虛無模式之AIC值與BIC值減少很多，表示投入的預測變項對模式的貢獻量十分明顯。

表7-24　適合度

	卡方	自由度	顯著性
Pearson相關係數	36.159	88	1.000
離差	32.593	88	1.000

模式的適配度（goodness-of-fit）統計量（觀察次數與期望次數間的差異）為包含所有預測變項的完全模式，Pearson卡方值為36.159，顯著性p=1.000>.05，接受虛無假設（觀察次數與期望次數沒有差異）；離差（deviance）卡方值為32.593，顯著性p=1.000>.05，接受虛無假設，二個適配度指標值均呈現包含所有預測變項的完全模型適配度良好。

表7-25　假R平方

Cox和Snell	.787
Nagelkerke	.885
McFadden	.703

擬似R平方的性質與多元迴歸分析中的R平方性質相似，Cox和Snell R^2=.787、Nagelkerke R^2=.885、McFadden R^2=.703，擬似R平方值愈大表示預測變項對結果變項群組成員預測正確機率愈高，此數值可作為模式的效果值（effect size）。就效果值統計量而言，多項式邏輯斯迴歸分析報表較二元邏輯斯迴歸分析報表多了「McFadden擬似R平方」統計量數據。

表7-26　概似比檢定

效果	模型適當的準則			概似比檢定		
	縮減模型的 AIC	縮減模型的 BIC	調降模式的−2 對數概似	卡方	自由度	顯著性
截距	56.593	79.538	32.593(a)	.000	0	.
年級	63.087	78.384	47.087	14.494	4	.006
學業成就	64.007	83.127	44.007	11.413	2	.003
同儕關係	57.501	76.621	37.501	4.908	2	.086
考試焦慮	74.681	93.801	54.681	22.088	2	.000

卡方統計量是最後模式和調降模式之間−2對數概似的差。調降模式是從最後模式中刪去一個效果。虛無是指該效果的所有參數為0。

(a) 此減少模式與最終模式等值，因為跳過此效果並不會增加自由度數。

　　「概似比檢定」摘要表為個別預測變項的顯著性檢定，為避免第一類型錯誤率的膨脹，最好採用族系錯誤率（familywise error rate），個別預測變項顯著性檢定的顯著水準α=.05/4=.0125，預測變項顯著性臨界卡方值：自由度為2時，卡方值等於8.764、自由度為4時，卡方值等於12.762，四個預測變項中三個預測變項的預測力達到統計上顯著水準，三個預測變項分別為「年級」（χ^2=14.494、p=.006<.0125）、「學業成就」（χ^2=14.413、p=.003<.0125）、「考試焦慮」（χ^2=22.088、p=.000<.0125），至於「同儕關係」變項的預測力則未達顯著水準，自由度為2時，臨界值卡方值為8.764，「同儕關係」概似比統計量的卡方值為4.908<χ^2_{CR}=8.764，其顯著性p=.086>.0125。

【備註】

　　知道機率值與自由度要求出卡方分配的數值，可利用SPSS函數中的「反分配函數」，語法為「IDF.CHISQ（機率，自由度）」，此語法會傳回卡方分配的值（以特定自由度），其中累積機率為機率。例如，在0.05顯著水準時有3個自由度的卡方值就是「IDF.CHISQ (0.95, 3)」，當自由度為2，顯著水準為.0125（累積機率為1−.0125=0.9875），卡方分配的數值為「IDF.CHISQ (0.9875, df)」。利用上語法可求出下列自由度1至自由度10時的卡方值。

表7-27

顯著水準	df	卡方值
.0125	1.00	6.239
.0125	2.00	8.764
.0125	3.00	10.861
.0125	4.00	12.762
.0125	5.00	14.544
.0125	6.00	16.245
.0125	7.00	17.885
.0125	8.00	19.478
.0125	9.00	21.034
.0125	10.00	22.558

表7-28　參數估計值

學習壓力(a)		B估計	標準誤差	Wald	自由度	顯著性	Exp(B)	Exp(B)的 95%信賴區間	
								下界	上界
高壓力組	截距	13.149	8.314	2.501	1	.114			
	[年級=1]	−8.528	3.540	5.804	1	.016	.000	1.92E−007	.204
	[年級=2]	−6.124	3.123	3.845	1	.050	.002	4.81E−006	.997
	[年級=3]	0(b)	.	.	0	.	.	.	.
	學業成就	−.377	.156	5.858	1	.016	.686	.506	.931
	同儕關係	−.068	.138	.244	1	.621	.934	.712	1.224
	考試焦慮	.482	.159	9.171	1	.002	1.619	1.185	2.212
中壓力組	截距	11.531	7.713	2.235	1	.135			
	[年級=1]	−4.446	2.522	3.109	1	.078	.012	8.37E−005	1.642
	[年級=2]	−2.150	2.263	.903	1	.342	.116	.001	9.833
	[年級=3]	0(b)	.	.	0	.	.	.	.
	學業成就	−.259	.134	3.724	1	.054	.772	.594	1.004
	同儕關係	.097	.093	1.082	1	.298	1.102	.918	1.322
	考試焦慮	.187	.098	3.653	1	.056	1.206	.995	1.461

(a) 參考類別為：低壓力組。
(b) 由於這個參數重複，所以把它設成零。

　　參數估計值（Parameter Estimates）為預測變項在反應變項與參考類別的顯著性檢定。第一個比較表格為高壓力組與參考類別組（低壓力組）的比較（水準數值1與最後一個水準數值的比較）、第二個比較表格為中壓力

組與參考類別組（低壓力組）的比較（水準數值2與最後一個水準數值的比較）。避免第一類型錯誤率的膨脹，四個預測變項使用顯著水準準則為 α=.0125，自由度為1時，卡方分配的臨界值（critical value）為6.239，根據上述顯著水準或卡方分配臨界值對高壓力組與低壓力組樣本具有顯著預測力的變項為「考試焦慮」，即學生的考試焦慮可以有效來預測學生的學習壓力是高壓力組或低壓力組，其勝算比值為1.619，表示學生考試焦慮增加一個單位，學生是高壓力組學生的勝算增加就61.9%。參數估計值即為二元邏輯斯迴歸分析之個別預測變項顯著性檢定，因而若採用族系錯誤率，多數的預測變項均不會達到顯著水準，此時研究者也可以直接從Wald卡方值及其顯著性加以判別，將個別顯著水準設定為.05，以免增加第二類型錯誤，根據此標準，對高壓力組與低壓力組樣本具有顯著預測力的變項為「年級=1」（Wald=5.804、p=.016<.05）、「學業成就」（Wald=5.858、p=.016<.05）、「考試焦慮」（Wald=9.171、p=.002<.05）。學業成就的勝算比值為.686，表示學業成就增加一個單位，學生是高壓力組學生的勝算就減少31.4%（此時反應類別為高壓力組、參照類別為低壓力組）。

在中壓力組與低壓力組群體的比較而言，四個預測變項的預測力均沒有達到統計上的顯著水準。多項式邏輯斯迴歸分析中之「參數估計值」摘要表中的顯著性，研究者不用再將顯著水準 α 分割，直接以傳統顯著水準 α（=.05），作為個別參數是否顯著的判別依據，否則反而會增加第二類型錯誤率，並減低統計考驗力。

表7-29 分類

觀察層次	預測層次			
	高壓力組	中壓力組	低壓力組	百分比修正
高壓力組	15	2	0	88.2%
中壓力組	1	13	3	76.5%
低壓力組	0	3	13	81.3%
概要百分比	32.0%	36.0%	32.0%	82.0%

從交叉分類表（classification table）中可以看出，17位實際為高壓力組樣本被正確預測的百分比為88.2%、17位實際為中壓力組樣本被正確預測的

百分比為76.5%、16位實際為低壓力組樣本被正確預測的百分比為81.3%，多項式迴歸模型整體正確預測率的百分比為82.0%。

三、逐步向前法輸出結果

在「多項式Logistic迴歸：模式」次對話視窗，於「因子與共變量(F)」方格的清單中，將因子變項「年級(F)」及共變量「學業成就(C)」、「同儕關係(C)」、「考試焦慮(C)」個別選取至右邊「逐步條件(S)」下的方格中，在下方「逐步方法(W)」的下拉式選單中選取「逐步向前」法。

圖7-8

表7-30　名義迴歸：模型適合度資訊

模型	模型適當的準則			概似比檢定		
	AIC	BIC	−2對數概似	卡方	自由度	顯著性
只截距	113.821	117.645	109.821			
最後	57.501	76.621	37.501	72.320	8	.000

模式適合度資訊摘要表中，左邊「模型適當的準則」中包含二個模式，一為只包含常數項的虛無模式（最小模式）、一為包含所有顯著預測變項的不完全模式（incomplete model）。只包含常數項之虛無模式的AIC、BIC值分別為113.821、117.645，其−2LL值為109.821；包含不完全模式的AIC、BIC值分別為57.501、76.621，其−2LL值為37.501，二個模式−2LL值的差異量＝109.821−37.501＝72.320，顯著性p＝000<.05，表示所投入的預測變項中，至少有一個預測變項可以有效預測樣本在結果變項上

的機率值。從AIC與BIC二個模式適配度準則來看，不完全模式的AIC值與BIC值均較虛無模式之AIC值與BIC值減少很多，表示投入的預測變項對模式的貢獻量十分明顯。由於採用的方法為逐步向前，此法與逐步多元迴歸方法相同，藉由統計準則，模式會將預測力未達顯著的預測變項從最後模式中排除，因而最後被選入模式的預測變項其預測力均會達顯著。

表7-31　適合度

	卡方	自由度	顯著性
Pearson相關係數	43.689	90	1.000
離差	37.501	90	1.000

模式的適配度（goodness-of-fit）統計量（觀察次數與期望次數間的差異）為包含所有顯著預測變項的不完全模式，Pearson卡方值為43.689，顯著性p=1.000>.05，接受虛無假設（觀察次數與期望次數沒有差異）；離差（deviance）卡方值為37.501，顯著性p=1.000>.05，接受虛無假設，二個適配度指標值均呈現包含顯著預測變項的不完全模型適配度良好（如果所有預測變項均達顯著，則所有預測變項均會進入迴歸模型中，此時不完全模式又變為完全模式）。

表7-32　假R平方

Cox和Snell	.765
Nagelkerke	.860
McFadden	.659

擬似R平方的性質與多元迴歸分析中的R平方性質相似，Cox和Snell R^2=.765、Nagelkerke R^2=.860、McFadden R^2=.659，擬似R平方值愈大表示預測變項對結果變項群組成員預測正確機率愈高，此數值可作為模式的效果值（effect size）。三個擬似R平方值介於.659至.860間，表示預測變項與結果變項間的關聯程度密切。

表7-33　概似比檢定

效果	模型適當的準則			概似比檢定		
	縮減模型的AIC	縮減模型的BIC	調降模式的 -2對數概似	卡方	自由度	顯著性
截距	57.501	76.621	37.501(a)	.000	0	.
年級	62.028	73.500	50.028	12.527	4	.014
學業成就	73.828	89.124	57.828	20.327	2	.000
考試焦慮	82.918	98.214	66.918	29.417	2	.000

卡方統計量是最後模式和調降模式之間-2對數概似的差。調降模式是從最後模式中刪去一個效果。虛無是指該效果的所有參數為0。

(a) 此減少模式與最終模式等值，因為跳過此效果並不會增加自由度數。

　　採用逐步法時，出現於概似比檢定（likelihood ratio tests）摘要表中的預測變項均是達到統計顯著水準的變項。表中被選入模型中的預測變項為「年級」、「學業成就」、「考試焦慮」。表示「年級」、「學業成就」、「考試焦慮」三個預測變項可以有以區分／預測學生的學習壓力群組。

表7-34　參數估計值

學習壓力(a)		B估計	標準誤差	Wald	自由度	顯著性	Exp(B)	Exp(B)的95% 信賴區間	
								下界	上界
高壓力組	截距	8.780	6.958	1.592	1	.207			
	[年級=1]	−6.525	2.728	5.721	1	.017	.001	6.98E−006	.308
	[年級=2]	−4.996	2.624	3.625	1	.057	.007	3.95E−005	1.159
	[年級=3]	0(b)	.	.	0	.	.	.	.
	學業成就	−.344	.102	11.345	1	.001	.709	.580	.866
	考試焦慮	.445	.140	10.119	1	.001	1.560	1.186	2.052
中壓力組	截距	10.120	6.476	2.442	1	.118			
	[年級=1]	−4.064	2.075	3.834	1	.050	.017	.000	1.004
	[年級=2]	−1.871	1.940	.930	1	.335	.154	.003	6.900
	[年級=3]	0(b)	.	.	0	.	.	.	.
	學業成就	−.164	.069	5.692	1	.017	.848	.741	.971
	考試焦慮	.133	.077	2.987	1	.084	1.142	.982	1.329

(a) 參考類別為：低壓力組。

(b) 由於這個參數重複，所以把它設成零。

　　從「參數估計值」摘要中可以得知：對高壓力組與低壓力組群體樣本具有顯著預測力的變項為「年級=1」（Wald=5.721，p=.017<.05）、「學業成就」（Wald=11.345，p=.001<.05）、「考試焦慮」（Wald=10.119，p=.001<.05）。而「學業成就」（Wald=5.692，p=.017<.05）也可有效預測中壓力組及低壓力組之群體成員。

表7-35　分類

觀察層次	預測層次			
	高壓力組	中壓力組	低壓力組	百分比修正
高壓力組	16	1	0	94.1%
中壓力組	2	12	3	70.6%
低壓力組	1	2	13	81.3%
概要百分比	38.0%	30.0%	32.0%	82.0%

　　從交叉分類表（classification table）中可以看出，年級、學業成就及考試焦慮所組合的迴歸模型對所有樣本整體正確預測率的百分比為82.0%。17位實際為高壓力組樣本被正確預測的百分比為94.1%、17位實際為中壓力組樣本被正確預測的百分比為70.6%、16位實際為低壓力組樣本被正確預測的百分比為81.3%。

主成分分析

主成分分析主要是藉由少數觀察變項的線性組合來解釋一組變項的變異數共變數結構，以達到資料簡化與解釋的目標（*Johnson & Wichern, 2007, p. 430*）。

壹、主成分分析相關理論

主成分分析（principal components analysis；簡稱PCA）是由皮爾森（Karl Pearson）於1901年提出，之後再由Hotelling加以擴展應用。在行為與社會科學領域中，有時為了達到資料簡化，對原先有p個變數的資料，會以p個變數間的線性組合找出少數m個變數，使得m個變數間相互獨立，而少數m個變數能對原先所有k個變數的解釋變異達到最大，此m個變數即是m個主成分（principal components）。主成分分析萃取的新變數是原先變數的線性組合，主成分新變數的最大數目個數會等於原始變項的數目，而新變項間彼此間沒有相關存在。

主成分分析和因素分析（factor analysis；簡稱FA）的統計程序均是將一系列變項數縮減為彼此獨立的成分（components）或因素（factors），彼此相關的變項結合為因素，因素和其他變項的組合間有最大的獨立性，因素分析可說是主成分分析的擴大應用。PCA和FA的特殊目的在於簡化觀察變項相關的組型（pattern），簡化的程序在於從較多的觀察變項中將之變成較少的成分或因素，藉由使用觀察變項之潛在程序中，提供潛在變項的操作型定義（迴歸方程），或作為有關潛在程序之理論的檢定。PCA和FA的程序可以產生數個觀察變項的線性組合，每個觀察變項的線性組合是一個成分或因素。PCA和FA的執行程序大致相同：⑴選擇與測量一組觀察變項；⑵分析觀察變項的相關矩陣；⑶從相關矩陣中萃取因素；⑷決定因素的個數；⑸進行因素軸的旋轉（主成分分析不用進行因素軸的旋軸），以便於因素的命名；⑹解釋結果與因素命名。在PCA和FA分析程序中有數個定義不同的相關矩陣，由觀察變項所直接產生的相關矩陣稱為「觀察相關矩陣」（observed correlation matrix），由萃取因素所產生的相關矩陣稱為「再製相關矩陣」（reproduced correlation matrix），「觀察相關矩陣」與「再製相關矩陣」間的差異值稱為「殘差相關矩陣」（residual correlation matrix），一個良好的因素分析，「殘差相關矩陣」各元素的數值會很小，表示觀察矩陣與再製矩陣的適配度良好（*Tabachnkic & Fidell, 2007, pp. 608-609*）。

　　因素分析雖然是主成分分析的擴大應用，但二者統計使用的取向並不相同，因素分析較常使用萃取因素的方法稱為「主軸法」／「主軸因素法」（principal axis factoring；簡稱PAF），主成分分析萃取成分的方法稱為「主成分」法（PC），PC法較為簡易且發展較早，PAF法則是使用最為廣泛的方法。二種方法雖然潛在模型和計算程序不同，但二種方法卻經常使用於類似的研究情境中：即將p個個別測量變項X的量測值簡化為少數有意義的潛在變項（latent variables），使用PC法時此潛在變項稱為「成分」（components），使用PAF法時此潛在變項稱為「因素」（factors），成分或因素有時又稱為「潛在構念」（underlying constructs）。潛在變項是一種無法直接觀察或測量的潛在屬性或特質，它被假定是存在的，可用來解釋顯性變項（manifest variables）或觀察變項，此種潛在變項又稱為成分或因素，有時又稱作「層面」／「向度「／「面向」（dimensions）（*Warner, 2008, pp. 753-754*）。

　　主成分分析即是在找到系列互相垂直的新軸，使資料點投影在軸上後距離盡可能最大，資料點在新軸上的投影長即為新變項或稱主成分分數（principal components score），由於主成分間相互獨立，因而其解釋原始資料的變異量不會相互重疊，由於主成分分析希望以最少的新變項來解釋原先資料變數的變異，並且保留原先資料變項的特性，因而是一種「維度簡化」（dimensional reducing）的技巧。如果主成分分析無法達到變數「簡化」，或萃取的主成分無法解釋原始變數大部分的總變異，或萃取的主成分會損失原始資料變數大部分資訊，則採用主成分分析就不是適當的方法。

　　假設有一系列的變項，則總變異量為所有原始變項變異量的總和，若能發現第一組原始變項的線性組合新變數，使得新變數能解釋最大的總變異，則原始變項線性組合之新變數即為主成分，原始變項線性組合數學式如下：

$$X_1^* = W_{11}X_1 + W_{12}X_2 + W_{13}X_3 + \cdots\cdots + W_{1p}X_p$$

X_1^*的變異量等於樣本共變數矩陣的最大特徵值，主成分的係數即是最大特徵值中相對特徵向量（eigenvector）的元素。之後，再找出第二組原始變項的線性組合新變數：$X_2^* = W_{21}X_1 + W_{22}X_2 + W_{23}X_3 + \cdots\cdots + W_{2p}X_p$，第二個新變數可以解釋第一個新變數外之最大的總變異量，二個主成分X_1^*、X_2^*間沒有相關，其Pearson積差相關係數等於0，第二個主成分的係數是樣本共變數矩陣最大特徵值中特徵向量的元素，X_2^*的樣本變異量等於第二個最大特徵值。第三個原始變項的線性組合可以解釋之後最大的總變異量，新變數與先前二個新變數間X_1^*、X_2^*均沒有關聯。主成分是一組測量變項X_1、X_2、$\cdots\cdots$、X_p的線性組合，這些線性組合彼此間沒有相關，線性組合對測量變項盡可能有最大的解釋變異量。主成分分析可根據資料結構X_1、X_2、$\cdots\cdots$、X_p的共變數矩陣或相關矩陣導出，這些資料並不需要符合多變量常態性的假定。

以三個指標變數（indicators）／顯性變項（manifest variables）／題項（items）／觀察變項（observations）／問卷中的測量問題（questions in the questionnaire）為例，主成分分析之圖示為（*Tacq, 1997, pp. 267-269*）：

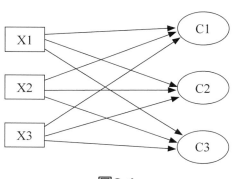

圖8-1

主成分分析從指標變數萃取的潛在構念（latent structure）稱為「成分」（components），在因素分析中萃取的潛在構念稱為「因素」（factors）或「層面」（dimensions），主成分分析與因素分析一樣是沒有依變項的分析程序，因而其圖示實質上不能稱為因果模式（causal model），而要以測量模式（measuring model）表示。若將三個指標變數化為標準化Z分數後，則三個成分的線性組合的資料矩陣為：C=XU，資料矩陣中三個成分的線性組合為：

$$C_1 = u_{11}Z_1 + u_{12}Z_2 + u_{13}Z_3$$
$$C_2 = u_{21}Z_1 + u_{22}Z_2 + u_{23}Z_3$$
$$C_3 = u_{31}Z_1 + u_{32}Z_2 + u_{33}Z_3$$

若受試樣本有12位，則X是變項X1、X2、X3的分數（原始資料標準化矩陣分數）矩陣（12×3矩陣），U是因素分數係數矩陣（3×3），C是成分分數矩陣（12×3）。上述算式可以調整為以三個成分之線性組合表示三個指標變項：

$$Z_1 = a_{11}C_1 + a_{12}C_2 + a_{13}C_3$$
$$Z_2 = a_{21}C_1 + a_{22}C_2 + a_{23}C_3$$
$$Z_3 = a_{31}C_1 + a_{32}C_2 + a_{33}C_3$$

以矩陣符號表示為$X = CA'$，矩陣A的係數稱為成分負荷量（components loadings），此係數是（標準化）變項（三個成分函數）複迴歸中的標準化係數，標準化加權值等於原始變項與成分間的相關係數，矩陣A多數用於解釋主成分解。因素分析是主成分分析進一步的擴展應用。以上述三個指標變數進行因素分析時之分析模式圖如下。在因素分析模式中，不僅考量到共同因素F，也關注到唯一因素ε，其矩陣符號為：$X = FA' + E$

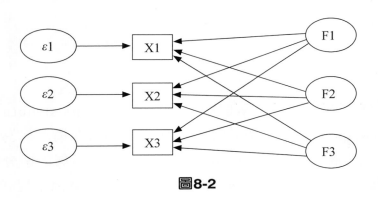

圖8-2

透過主成分分析可以將一系列相關的變項轉換成一組彼此間沒有相關的新變數（成分），變項轉換的目的在於以較少的成分數可以解釋原始變項最大量的總變異，而成分本身可以賦予有意義的構念詮釋，一般主成分分析希望萃取出的主成分個數少於5個，其解釋原始變項的總變異量能達75%以上。主成分與原始變項間的相關係數值又稱為「因素負荷量」（factor loading），若是成分與原始變項負荷量較大者之正負號相同（如全部為正數或全部為負數），表示變項間所測量的成分構念之方同是相同的。主成分分析程序中，有時某個特別主成分同時包括較高正數負荷量與較高的負數負荷量，此種成分因素通常稱為「雙向因子」（bipolar factor）（*Stevens, 2002, p. 387*）。

若是原始資料變數間彼此成直交（orthogonal）或相關很低，則進行主成分分析時，無法達到「維度簡化」的目的，即無法減少變數的個數，因為變數間成直交時，每個主成分可解釋相同的變異量；原始變數之所以要採用主成分分析只有在原始變數彼此間有中高度相關時，才可能簡化變數的個數，且原始資料變數間的相關愈高，愈能達到變數簡約的目的。另一方面，若是原始變數間成完全相關（perfectly correlated），則只須第一個主成分即可解釋原始變數100%的變異，原始變數間的相關愈高，愈能達到資料簡化，萃取的少數新變項（主成分）愈能解釋原始變數大部分的變異，原始資料變數損失的資訊就愈少。如果無法達到維度簡約的目的，則進行主成分分析便無實質的意義（*Sharma, 1996, p. 76*）。

主成分分析可以從測量變項的相關矩陣R得出，也可以從測量變項的共變數矩陣S（或Σ）計算得出，但二者所萃取的主成分並不相同。如果變項間的測量尺度有很大的差異，且測量尺度不同，在進行主成分分析之前，最好將測量變項化為標準分數。若是共變數矩陣剛好是對角矩陣（非對角線元素均為0），則萃取的主成分剛好是沒有相關的隨機變項X_i。主成分分析的目的在於達到「向度簡化」（dimension reduction），其使用的目標有以下三點（*Stevens, 2002, pp. 388-389*）：

（一）達到變項簡化

主成分分析的目的之一在於決定以較少的層面（潛在構念）來解釋工具或量表中原始變項的最大的總異量，以達到變項簡化的目標，其中原始

變項通常是量表中的題項個數，變項的簡化可以幫助研究者以新變數（成分）作為新的研究變項或指標值。若是原始變項間幾乎沒有相關或相關很低，則進行主成分分析便沒有實質意義，因為主成分分析目的在於將一組有關聯的變項轉換為少數彼此間沒有相關的新變數，使新變數能解釋原始變項大部分變異，在轉換為新變數程序盡可能遺失極少的資訊，如果原始變項間關聯性很低，則轉換後的成分性質與原始變項性質大同小異，不但沒有達到變項簡化目的，又會遺失部分資訊。

● （二）解決迴歸共線性問題

在多元迴歸分析中，若是預測變項的個數多於樣本觀察值個數，則可以使用主成分分析來減少預測變項的個數；此外，若是樣本數與新變項的比值過大，也可以進行跨效度分析（cross-validation）。其次是在複迴歸分析中，有時預測變項間有很高相關，使得以一般最小平方法所估算出的參數之標準差值變大，造成參數估計結果無法合理解釋（如標準化迴歸係數超過1、多數的參數都不顯著），此種結果即為「多元共線性」（multicollinearity）問題，多元共線性的問題導因於原始預測變項間的相關太高，此時，若改用主成分分析，從原始變項中萃取少數沒有相關的新變數（成分），這些新變數間由於彼此間沒有關聯，因而可以解決共線性問題，此外，新變數（成分）又可以解釋原始變項最大的總變異量，保留原始變項的資訊內容，此種迴歸方法又稱為「主成分迴歸法」（principal component regression）。

● （三）簡化準則變項

在 k 組多變數量分析中，利用主成分分析可以將較多準則變項（criterion variables；即依變項）的數目減少，以數個較少而彼此沒有關聯的新變數（成分）作為多變量分析的檢定變項，以符合多變量分析的假定。

主成分分析的幾何意義在於確認一組新的相互垂直的新軸，使得（*Sharma, 1996, p. 66*）：

SPSS OPERATION AND APPLICATION

1. 新變項能使資料點投影至相對應的位置（新座標），使資料點間的差距明顯，所得的新軸或新變項稱為主成分；新變項的數值（新座標）稱為主成分分數。

2. 每個新變項為原先變數的線性組合。

3. 第一個新變項（第一個主成分）可以解釋原先資料最大的變異量。

4. 第二個新變項（第二個主成分）可以解釋第一個新變數未能解釋原先資料的最大的變異量。

5. 第三個新變項（第三個主成分）可以解釋前二個新變數未能解釋原先資料的最大的變異量。

6. 第p個新變項（第p個主成分）可以解釋前p-1新變數未能解釋原先資料的最大的變異量。

7. p個新變項（主成分）彼此間沒有相關（新變項間的相關係數為0）。

8. 新變項（主成分）與原始資料變項間的簡單相關係數稱為負荷量（loadings），負荷量表示原始變數對新變項的影響力或重要性，其負荷量愈大，表示原始資料變數對新變項的影響程度愈大。如果主成分負荷量已估算出來，原始變數與主成分間的關係可用下列的數學式表示：

$$X_1 = C_{11}X_1^* + C_{12}X_2^* + C_{13}X_3^* + \cdots\cdots + C_{1p}X_p^*$$
$$X_2 = C_{21}X_1^* + C_{22}X_2^* + C_{23}X_3^* + \cdots\cdots + C_{2p}X_p^*$$
$$\cdots\cdots$$
$$X_p = C_{p1}X_1^* + C_{p2}X_2^* + C_{p3}X_3^* + \cdots\cdots + C_{pp}X_p^*$$

9. 主成分分析中常以負荷量來解釋萃取出的主成分或新變項的意義。

主成分分析是一種常用於資料簡約的方法，其目的在將原始變數進行轉換，轉換後的新變項為原始變數的線性組合。轉換後的少數幾個新變項能解釋大部分原始資料變數總變異量。若有p個變數$X_1, X_2, X_3, \cdots\cdots, X_p$，變項間轉換以數學式表示如下：

$$X_1^* = W_{11}X_1 + W_{12}X_2 + W_{13}X_3 + \cdots\cdots + W_{1p}X_p$$
$$X_2^* = W_{21}X_1 + W_{22}X_2 + W_{23}X_3 + \cdots\cdots + W_{2p}X_p$$
$$\cdots\cdots$$
$$X_{11}^* = W_{n1}X_1 + W_{n2}X_2 + W_{n3}X_3 + \cdots\cdots + W_{np}X_p$$

若是上面的數學式子是依照新變項對原始變數解釋變異量大小排列，則：

1. $Var(X_1^*) > Var(X_2^*) > \cdots\cdots > Var(X_n^*)$；$Var(X_1^*) + Var(X_2^*) + \cdots\cdots + Var(X_n^*) = $ 原始變數之變異數的總和（所有主成分變異數的總和等於原始所有變數之變異數的總和），各個主成分的變異數等於其對應的特徵值，即：$Var(X_i^*) = \lambda_i$。

2. 而當n=1, 2, $\cdots\cdots$, p，1，$W_{n1}^2 + W_{n2}^2 + \cdots\cdots + W_{np}^2 = 1$左邊式子表示主成分的權重（加權係數）的平方和為1。

3. 對所有i ≠ j時，$W_{i1}W_{j1} + W_{i2}W_{j2} + \cdots\cdots + W_{ip}W_{jp} = 0$，左邊式子表示二組主成分權重乘積和剛好等於0。

　　主成分分析時可以採用相關矩陣或變異數共變數矩陣，若是分析的原始變數之單位不一樣（或測量尺度差異很大時），則應考慮將原始變數的資料先進行標準化轉換，之後再進行主成分分析，因為測量單位不同，改變某些變數的單位，則主成分分析的結果也會不同。而以相關係數矩陣進行主成分分析時，其隱含的前提假定是：每一個原始變數的重要性相當，但變數重要性的認定卻有主觀的認知，因而要採用相關係數矩陣（correlation coefficient matrix）或變異數──共變數矩陣（variance-covariance matrix）最好能根據研究目的與變數性質加以評估（林師模、陳苑欽，2006）。

　　在社會科學領域中，研究者較偏愛使用原始變項相關矩陣來萃取主成分，其原因在於教育、社會和心理研究取向中使用的量表或測驗的標準化主觀認知不同，原始資料經過標準化後，共變數矩陣可以轉換為相關係數矩陣，若是原先量表的測量尺度差異不大，也可以使用共變數矩陣進行主

成分分析。基本上，使用原始變項的共變數矩陣或相關矩陣所抽取的成分並不會完全相同，這二種方法SPSS均有提供。進行主成分分析時，研究者要思考的一個問題是以小樣本數（樣本數個數約為100或更少時）進行主成分萃取時，若是樣本相關矩陣中的相關係數也不高，則應先進行Bartlett球形檢定，以考驗母群體相關矩陣是否有顯著關聯，若是無法拒絕虛無假設，則表示變項間沒有顯著相關，此時進行主成分分析便沒有實質的意義（*Stevens, 2002, p. 388*）。Bartlett球形檢定的公式為：

$$\chi^2\left[\frac{(p^2-p)}{2}\right]=\left[(n-1)-\frac{(2p+5)}{6}\right]\ln|R|$$

其中，$\ln|R|$為相關矩陣行列式的自然對數，p為原始變項的個數、n為觀察值的個數（樣本數）、$(p^2-p)/2$為卡方檢定統計量之自由度的數值。

相關矩陣的行列式一般視為變異數的測量值，其數值也可以由矩陣特徵值的乘積求得：$|R|=\prod_{j=1}^{p}\lambda_i$。如果原始變項互為獨立（彼此間沒有相關），則相關矩陣R就成為單元矩陣I（所謂單元矩陣即矩陣中的主對角線數值均等於1，而非主對角線數值的絕對值接近0或等於0），此時資料結構的散布圖呈球面形狀（spherical-shaped）而非是橢欖球或足球形（football shaped），矩陣的特徵值接近1（橢圓最長軸並沒有顯著的長於其他軸），相關矩陣行列式$|R|$接近1.0，則相關矩陣行列式的對數「$\ln|R|$」會接近0。如果變項間的相關愈高，則變項間的散布圖愈接近橢圓形，此時相關矩陣中某些特徵值大於1、某些特徵值會接近0，相關愈高，特徵值的乘積愈接近0，相關矩陣行列式的對數$\ln|R|$會變較大的負值。Bartlett之卡方檢定為一種適配度檢定統計量，其虛無假設為潛在成分之真正相關矩陣為單元矩陣（identity matrix）（一組完美之多變量球面資料），如果樣本相關矩陣的行列式接近1，Bartlett卡方檢定統計量會接近0，指出模式是良好適配，研究者不能拒絕球面性的虛無假設，如果研究者無法拒絕虛無假設，表示縮減層面來解釋原始資料是不適當的；相對的，當資料結構間有較高相關時，相關矩陣行列式接近0.0（相關矩陣行列式的對數$\ln|R|$會變較大的負值），Bartlett卡方檢定統計量會變成較大的正數，此時表示的資料與虛無

假設是不良適配，研究者可以拒絕球面性的虛無假設（*Lattin et al., 2003, p.110*）。

【備註】：LN(1) = 0、LN(0.5) = −.69、LN(0.01) = −4.61、LN(0.001) = −6.91。

　　　主成分分析及因素分析一般都是資料檔的相關矩陣R開始（矩陣中的元素為所有X變項配對組之Pearson積差相關係數），如果X變項有p個，則資料檔相對應的相關矩陣R為：$R = \begin{bmatrix} 1 & r_{12} & \cdot & r_{1p} \\ r_{21} & 1 & \cdot & r_{2p} \\ \cdot & \cdot & 1 & \cdot \\ r_{p1} & r_{p2} & \cdot & 1 \end{bmatrix}$，主成分分析中的資料結構和Pearson積差相關係數一樣，均須滿足以下的假定：每個X_i變項的分數必須是計量數值，且其分布符合常態性分配；每個X變數之配對組間的關係呈線性；X變項組（線性組合）的聯合分配呈多變量常態性。在實務應用上，要檢定X變項組的聯合分配是否呈多變量常態性較為困難，一般取代方法為考驗每個X_i變項的直方圖，以確認每個X變項的分數分配是近似常態分配且無偏離值或極端值。此外，也可以從所有配對變項（X_i & X_j）的散布圖（scatter plots）來檢核X變配對組的關係是否為線性，確認沒有曲線關係。在進行主成分分析或因素分析時，也必須假定相關矩陣R不是「對角線矩陣」（diagonal matrix），所謂對角線矩陣，除了主對角線元素外，其餘非對角線的元素均為0，由於相關矩陣的主對角線元素均為1，若所有非對角線的元素均為0，則此對角線矩陣變為「單元矩陣」（identity matrix）。如果相關矩陣R不是「對角線矩陣」，表示至少有一對 r_{ij} 相關係數顯著不等於0，如果所有非對角線元素均為0，由於沒有變項的相關達到顯著，此時無法從原先p個觀察變項中萃取少數的成分或因素，進行主成分分析或因素分析之資料結構中多數的配對變項（X_i & X_j）之相關係數絕對值至少要在.300以上，如此才有共同成分或潛在構念存在（*Warner, 2008, p. 764*）。

　　　資料結構之相關矩陣R所有非對角線元素均為0，表示會以p個變項對應p個無相關的成分或因素，此種情況，便無法達到資料簡化或因素簡約的目的，因為每個X變項測量值間彼此均沒有相關，無法進行同性質變項的

分群。相對的，如果資料結構之相關矩陣R所有非對角線元素均為1，表示所有X變項配對組間的相關呈現完全相關（perfect correlation），此時，以一個成分或因素便可代表所有X變項，完全相關表示所有X變項均提供相等的資訊，此種完全相關情況也並非主成分分析或因素分析的主要目的。因為潛在心理特質是多向度的，研究者較為關注的是變項的群組、區塊或子集，即相同子集內變項有較高的相關，但不同子集內變項間的相關，每個子集就是一個主成分或因素（*Warner, 2008, p. 764*）。

　　主成分分析時所選取的主成分（新變項）最好能保留原始變數的資訊，此外，對原始變數的解釋總變異量能達到最大，至於無法解釋的變異不要超過多少（資訊流失的程度），並沒有一定客觀的標準值。一般的判別標準如下（*Sharma, 1996; Stevens, 2002*）：

● （一）特徵值大於1法則

　　就標準化資料而言，保留特徵值大於1的主成分，此決策規則稱為「特徵值大於1法則」（eigenvalue-greater-than-one rule）。「特徵值大於1法則」為SPSS內定選項，但使用此一法則可能使保留的成分沒有實務顯著性（practical significance）。此法則又稱為「平均特徵值」法則（average eigenvalue），平均特徵值也是原始變項的平均變異量，與原始變項平均變異相較之下，此法則可以使保留的成分解釋較多的變異量，因為成分從相關矩陣中抽取時「跡（R）=p」，平均特徵值為1（*Everitt & Dunn, 2001, p. 53*）。根據此一法則，相關的實徵研究顯示：

1. 此一準則較適用於變項的數目介於10到40之間的量表或測驗。
2. 若是原始變項個數多於40，變項的共同性低於.40，則此準則會萃取過多的成分或因素。
3. 如果原始變項數較少（10到15間）或是適中（20到30間），且變項共同性大於.70，則特徵值大於1的準則會獲得較為正確結果。
4. 當樣本數大於250、原始變項的平均共同性≧.60，不論採用特徵值大於1法則或陡坡圖均能正確估計真正成分／因素的個數。若是萃取因素數與變項數的比值小於.30（Q/p<.30），則估計出的成分更為可靠。

5. 原始變項的平均共同性為.30，或萃取因素數與變項數的比值大於.30（Q/p>.30），則採用特徵值大於1法則的結果較不正確。

Kaiser判斷準則若是在下列情況下，其結果非常可靠：變項個數少於30且變項共同性大於.70，或樣本數大於250且平均共同性等於或大於.60。在其他條件且樣本數在200以上時，採用陡坡圖反而會較為正確。

(二)陡坡圖檢視法

繪製每一個主成分能解釋總變異量之百分比的圖，並從圖中尋找轉折點，此種圖示即稱為「陡坡圖」（scree plot/scree diagram），「陡坡圖」由學者Cattell（*1966*）所提出，其縱軸（垂直軸）為萃取出新變數的特徵值，依照新變數特徵值的高低排序，將之繪製一條由左上至右下的曲線。「陡坡圖」的判斷準則是曲線特徵值突然變成平緩的轉折點（elbow）時，平緩轉折點後的特徵值就可捨棄，因為轉折點／肘點是大特徵值的結束點，也是小特徵值的起始點。此種方法適用於校正平均值的資料與標準化的資料。

(三)變異量百分比準則

變異量百分比準則（percentage of variance criterion）乃是依據抽取之成分／因素之累積解釋變異的比例而定。在自然科學領域中，抽取的共同因素所能解釋的累積變異百分比至少要達95%以上，或是最後抽取成分／因素的解釋變異低於5%，此成分可以捨棄不用。在社會科學領域中，由於測量工具的誤差較大，且影響的變因較多，因而解釋變異比例的準則較低，抽取成分／因素的累積解釋變異一般若是大於60%以上則可以接受（*Hair Jr. et al., 1998*）。在主成分分析中，抽取的成分最好能解釋總變異量的70%以上，若能超過80%或85%更佳。學者Everitt與Dunn（*2001, p. 53*）建議：所保留的成分要能解釋原始變項總變異的70%至90%中間，但若是指標變項p的個數較多或樣本數較大，成分能解釋原始變項總變異的數值可要再小一些。

●（四）平行分析法

平行分析法（parallel analysis）由學者Horn（1965）所提出，此方法只適用於標準化資料，它使用不同的切割規則取代使用特徵值為固定數值1的法則，此法則根據抽樣誤差（sampling error）原理而來，假定原始資料檔中有N位觀察值、p個變項，其步驟為：每次k個多變量常態隨機樣本中均包括N位觀察值、p個變項，隨機樣本資料均從母群相關矩陣而得，隨機抽取的資料檔，每次均進行主成分分析，由於資料變項間沒有相關，每個主成分的特徵值期望數值為1，但由於抽樣誤差的關係，某些特徵值可能大於1也可能小於1，之後將k個樣本每次主成分的平均特徵值繪於原先陡坡圖上，此圖稱為平行程序（parallel procedure）圖，新增列之平行程序圖與原先陡坡圖會有交會點，交會點以上的特徵值即是要保留的主成分個數。

在實務研究中，研究者不可能從多變量常態分配母群體抽取k次的樣本資料，通常只會抽取一次，因而Horn（1965）所提的方法較少為研究者採用。學者Lattin等人（2003）建議可採用以下的提代方式：研究者先抽取包括N個觀察值、p個變項之量測值，其次進行第一次主成分分析；之後，再隨機從原先抽取之N個觀察值中排除部分樣本，如排除M個，再另外測量此M個觀察值在p個變項之結果，將M個觀察值的測量結果與原先抽取之N個觀察值合併，重新進行另一次主成分分析，繪製平行程序圖，平行程序圖與原先陡坡圖會有交叉點，交叉點以上的特徵值即是要萃取保留的成分（王保進，2004）。

●（五）統計考驗準則

對主成分進行統計考驗，只保留達到統計水準的主成分，常用的統計考驗為Bartlett's檢定法，但此種方法對樣本大小非常敏感，因而在實務應用上很少使用。

主成分分析中由特徵向量（eigenvectors）可以求出各變項主成分分數，以下列X1、X2原始資料變項而言（*Sharma, 1996, p. 89*），第一主成分特徵向量數值分別為0.728238、0.685324；第二主成分特徵向量數值分別為-0.685324、0.728238（特徵向量值可由SAS軟體求出，SPSS主成分分析中不會輸出特徵向量值），由原始變數與特徵向量的線合組合，二個主成

分的數學式分別為：

$$X_1^* = 0.728238X_1 + 0.685324X_2$$
$$X_2^* = 0.685324X_1 + 0.728238X_2$$

將各觀察值在X1、X2原始變數測量值的數值代入上面數學式，可以求出各觀察資料點在新軸上的投影點，此點稱為主成分分數（principal component scores）。如觀察值A在二個轉換後新變項的主成分分數為：

$$X_1^* = 0.728238 \times 16 + 0.685324 \times 8 = 17.134$$
$$X_2^* = -0.685324 \times 16 + 0.728238 \times 8 = -5.139$$

二個主成分加權係數值的平方相加的總和各為1：

$$(0.728238)^2 + (0.685324)^2 = 0.530331 + 0.469546 = 0.999876 \cong 1.00$$
$$(-0.685324)^2 + (0.728238)^2 = 0.469546 + 0.530331 = 0.999876 \cong 1.00$$

二個主成分相對應加權係相乘積的總和等於0

$$(0.728238) \times (0.685324) + (-0.685324) \times (0.728238) = 0$$

表8-1

觀察值	X1	X2	ZX1	ZX2	PRIN_1	PRIN_2	ZPRIN_1	ZPRIN_2
A	16.00	8.00	1.665	1.089	17.134	−5.139	1.490	−0.778
B	12.00	10.00	0.832	1.524	15.592	−0.942	1.241	0.995
C	13.00	6.00	1.041	0.653	13.579	−4.540	0.917	−0.525
D	11.00	2.00	0.624	−0.218	9.381	−6.082	0.241	−1.176
E	10.00	8.00	0.416	1.089	12.765	−1.027	0.786	0.959
F	9.00	−1.00	0.208	−0.871	5.869	−6.896	−0.324	−1.520
G	8.00	4.00	0.000	0.218	8.567	−2.570	0.110	0.308
H	7.00	6.00	−0.208	0.653	9.210	−0.428	0.214	1.212
I	5.00	−3.00	−0.624	−1.306	1.585	−5.611	−1.014	−0.977
J	3.00	−1.00	−1.041	−0.871	1.499	−2.784	−1.028	0.217

（續上頁表）

K	2.00	−3.00	−1.249	−1.306	−0.600	−3.555	−1.366	−0.109
L	0.00	0.00	−1.665	−0.653	0.000	0.000	−1.269	1.393
平均值	8.00	3.00	0.00	0.00	7.88	−3.30	0.00	0.00
變異數	23.091	21.091	1.000	1.000	38.576	5.606	1.000	1.000
變異數和	44.182				44.182			

　　從上面的表格數據中，可以發現：原始變數X1、X2的變異數分別為23.091、21.091，原始資料的總變數為23.091 + 21.091 = 44.182，原始變數X1、X2的變異數分別占總變異的52.26%、47.74%。經主成分分析後，萃取二個主成分（新變項PRIN_1、PRIN_2）的變異數分別為38.576、5.060，二個新變項的總變數為38.576 + 5.606 = 44.182，其數值等於原始二個變數的變異數和。經主成分分析轉換後的新變項（主成分），第一個主成分的變異數占全部總變異的87.31%、第二個主成分的變異數占全部總變異的12.69%，$Var(X_1^*) > Var(X_2^*)$，由於第一個主成分可以解釋原始變數87.31%的總變異，因而以新變項PRIN_1取代二個原始變數，可以解釋原始變數大部分的變異。萃取後主成分（轉換後變項）的變異數，即是其特徵值（eigenvalue），故二個主成分的特徵值（λ）分別為38.576、5.060，其中$\lambda_1 > \lambda_2$。

　　從下列積差相關係數矩陣表可以看出：原始變數X1與X2的相關為.746，二者屬中度關係，因而可以進行變數轉換，經主成分分析轉換後的新變項（二個主成分）PRIN_1、PRIN_2間的相關係數為0，表示二個主成分間成直交或正交（orthogonal），原始變項X1、X2與第一個主成分PRIN_1的相關係數分別為.941、.927，與第二個主成分PRIN_2的相關係數分別為−.338、.375，可見轉換後的新變項中，以第一個新變項與原始變數的關係最為密切。

　　上表中最後二欄數據為觀察值主成分分數的標準化分數（平均數為0、標準差為1），有時由於測量尺度不同，研究者要進一步就主成分分數加以分析，可將主成分分數標準化（standardized）。主成分分析結果會受到測量尺度的影響，當原始變數相對的標準差或變異數愈大，轉換後新變項相對應的加權係數值也會愈大。

表8-2　原始變數與主成分間的相關係數矩陣

		X1	X2	PRIN_1	PRIN_2
X1	Pearson相關	1			
	顯著性（雙尾）				
X2	Pearson相關	.746	1		
	顯著性（雙尾）	.005			
PRIN_1	Pearson相關	.941	.927	1	
	顯著性（雙尾）	.000	.000		
PRIN_2	Pearson相關	−.338	.375	.000	1
	顯著性（雙尾）	.283	.229	1.000	

表8-3　原始變項轉換為標準分數後與其主成分間的相關係數矩陣

		ZX1	ZX2	ZPRIN_1	ZPRIN_2
ZX1	Pearson相關	1			
	顯著性（雙尾）				
ZX2	Pearson相關	.746(**)	1		
	顯著性（雙尾）	.005			
ZPRIN_1	Pearson相關	.941(**)	.927(**)	1	
	顯著性（雙尾）	.000	.000		
ZPRIN_2	Pearson相關	−.338	.375	.000	1
	顯著性（雙尾）	.283	.229	1.000	
**在顯著水準為0.01時（雙尾），相關顯著。					

　　將原始變項轉換為標準分數後，萃取二個主成分ZPRIN_1、ZPRIN_2間的相關係數為0，表示二個主成分間互為獨立。標準分數ZX1、ZX2與第一個主成分ZPRIN_1間的相關係數分別為.941、.927，表示二個測量變項與第一個主成分ZPRIN_1間的關係甚為密切。

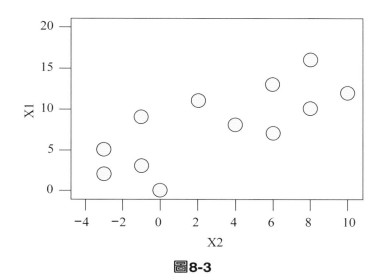

圖8-3

上圖為二個測量變項的散布圖，從散布圖中，可以看出二個測量變項大致呈正相關分布型態（r=.746，p=.000<.05）。

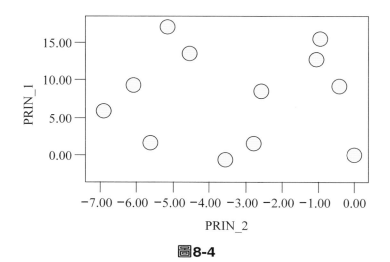

圖8-4

上圖為二個主成分變項的散布圖，從散布圖中，可以看出二個主成分呈零相關分布型態。主成分的散布圖中可以發現，從測量變項萃取出的主成分變項彼此間互為獨立（沒有相關）。

在SPSS主成分分析中可以將主成分分數以新變項名稱增列於原資料檔中，在「因子分析：產生因素分數」次對話視窗中，可以勾選計算主成分

分數的方法，變項「FAC1_1」、「FAC2_1」欄為採用迴歸方法估算出的二個主成分分數、「FAC1_2」、「FAC2_2」欄為採用Bartlett法估算出的二個主成分分數。二種不同方法所估算的主成分分數相同，各主成分分數之總平均值為0、標準差與變異數均為1。

表8-4

觀察值	X1	X2	FAC1_1	FAC2_1	FAC1_2	FAC2_2
A	16	8	1.474	0.808	1.474	0.808
B	12	10	1.261	−0.970	1.261	−0.970
C	13	6	0.906	0.543	0.906	0.543
D	11	2	0.218	1.181	0.218	1.181
E	10	8	0.805	−0.943	0.805	−0.943
F	9	−1	−0.355	1.513	−0.355	1.513
G	8	4	0.117	−0.305	0.117	−0.305
H	7	6	0.238	−1.208	0.238	−1.208
I	5	−3	−1.033	0.956	−1.033	0.956
J	3	−1	−1.023	−0.238	−1.023	−0.238
K	2	−3	−1.367	0.081	−1.367	0.081
L	0	0	−1.241	−1.418	−1.241	−1.418
平均值	8.00	3.00	0.00	0.00	0.00	0.00
標準差	4.805	4.592	1.000	1.000	1.000	1.000
變異數	23.091	21.091	1.000	1.000	1.000	1.000

進行因素分析或主成分分析時，對於樣本數的大小沒有絕對的準則，多數的分析讚同樣本的總個數（N）必須相對的大於變項總個數（p），一般而言，樣本數不得少於100，或樣本數N至少為變項數p的10倍以上（N>10p），如果樣本數太少，會造成相關係數的不穩定，從因素中產生再製相關矩陣的數值較不可靠。在分析程序中，若有p個變數，需要估計[p×(p−1)]÷2個配對相關係數，資料結構中必須有比待估計之相關係數為多的自由度才行，如果樣本數不夠大，可能會出現如「行列式值等於0」（determinant = 0）或R不是「正定」（positive definite）的錯誤訊息，要有足夠的自由度，就必須要有足夠的樣本數N，如此才能估計所有獨立的相關係數。若是研究者要進行因素分析，則樣本數N要盡可能夠大才好（*Warner, 2008, p. 766*）。

貳、SPSS操作程序範例

【研究問題】

在一項「生活壓力」的研究中，研究者從四個向度來測量國中學生的生活壓力：「考試壓力」（X1）、「課堂壓力」（X2）、「家長期望」壓力（X3）、「家庭經濟」壓力（X4），各向度的測量值從1至10，測量值的分數愈高，表示學生感受的壓力愈大。研究的數據如下，研究者想進行主成分分析，其程序與結果為何？

表8-5

觀察值	X1	X2	X3	X4
01	5	6	8	9
02	6	11	12	15
03	7	8	10	10
04	7	5	8	9
05	9	10	14	13
06	7	8	3	2
07	6	8	14	15
08	4	6	10	9
09	9	9	5	6
10	15	14	8	8
平均數	7.50	8.50	9.20	9.60
變異數	9.39	7.17	12.84	16.04

一、操作程序

● 步驟（一）

執行功能列「分析（A）」／「資料縮減（D）」／「因子（F）」程序，開啟「因子分析」對話視窗。

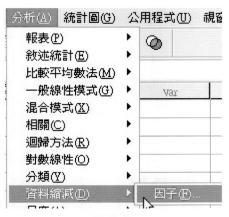

圖8-5

● 步驟（二）

在左邊變數清單中將目標變數X1、X2、X3、X4選入右邊「變數（V）」下的方框中。

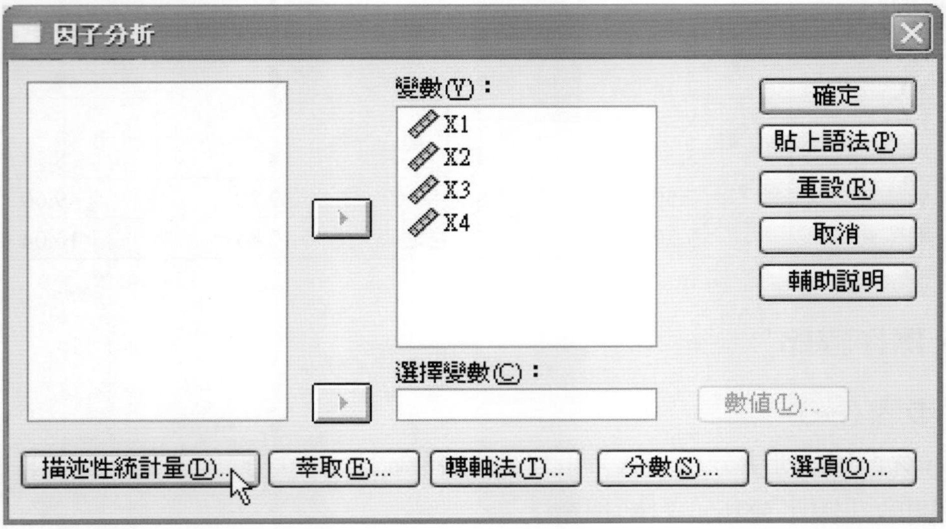

圖8-6

● 步驟（三）

按『描述性統計量（D）』鈕，開啟「因子分析：描述性統計量」次對話視窗，「統計量」方盒中勾選「☑單變量描述性統計量（U）」、

「☑未轉軸之統計量（I）」選項；在「相關矩陣」方盒中勾選「☑係數（C）」、「☑顯著水準（S）」、「☑行列式」、「☑KMO與Bartlett的球形檢定（K）」等選項→按『繼續』鈕，回到「因子分析」對話視窗。

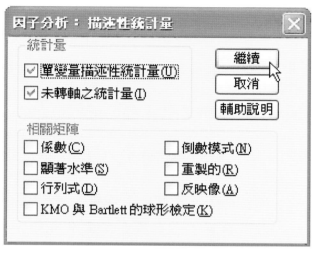

圖8-7

🔵 步驟（四）

按『萃取（E）』鈕，開啟「因子分析：萃取」次對話視窗，視窗內定萃取因子的方法為「主成分」（Principal components），「分析」方盒中內定的選項為「⊙相關矩陣（R）」（相關矩陣假定每個變數的重要性相當，變數間的單位尺度不同，若是變數間的單位尺度相同，研究者可改選「⊙共變異數矩陣」選項）；「顯示」方盒中勾選「☑未旋轉因子解（F）」、「☑陡坡圖（S）」選項；「萃取」方盒中選取內定選項「⊙特徵值（E）」大於1的主成分→按『繼續』鈕，回到「因子分析」對話視窗。

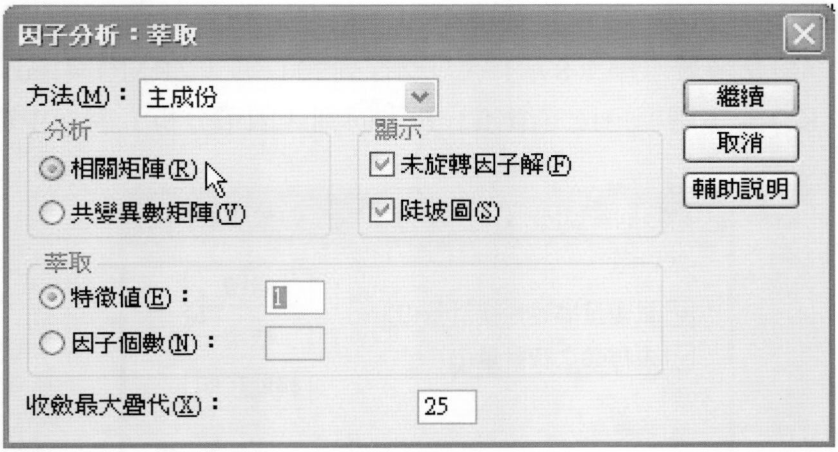

圖8-8

【備註】：「因子分析」對話視窗中按『轉軸法（T）』鈕，可開啓「因子分析：轉軸法」次對話視窗，「方法」方盒中內定的轉軸法為「⊙無（N）」選項，在主成分分析中，不用進行成分轉軸，但如果研究者要進行因素分析，必須進行因素軸的轉軸，才能獲得有意義的因素。

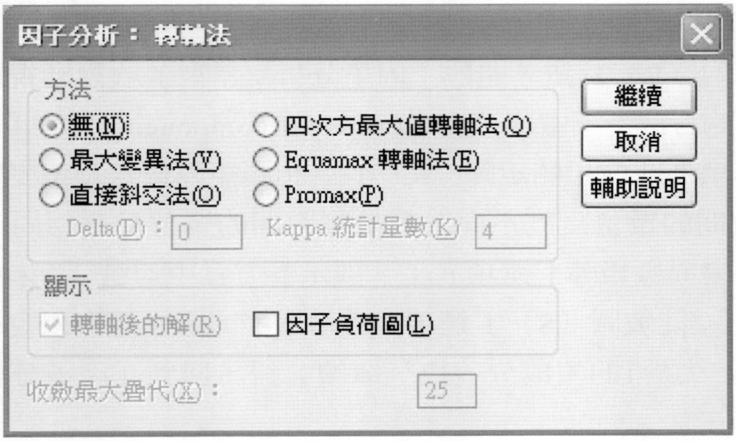

圖8-9

● 步驟（五）

按『分數（S）』鈕，開啟「因子分析：產生因素分數」次對話視窗，勾選「☑因素儲存成變數（S）」→按『繼續』鈕，回到「因子分析」對話視窗→按『確定』鈕。

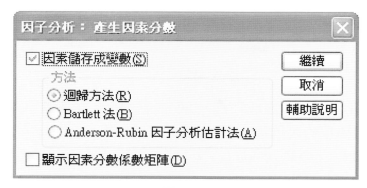

圖8-10

【備註】：「因子分析」對話視窗中按『選項（O）』鈕，可開啓「因子分析：選項」次對話視窗，「遺漏值」方盒中內定的的選項爲「⊙完全排除觀察值（L）」，若遺漏值的個數不多，研究者也可以選取「⊙用平均數置換（R）」選項，以變數有效觀察值的總平均值取代遺漏觀察值。

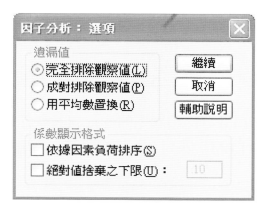

圖8-11

二、報表解說

●（一）萃取特徵值大於1的主成分

表8-6　因子分析——敘述統計

	平均數	標準差	分析個數
X1	7.50	3.064	10
X2	8.50	2.677	10

（續上頁表）

X3	9.20	3.584	10
X4	9.60	4.006	10

上表為四個變數的描述性統計量，包含平均數、標準差與觀察值個數。四個觀察變項的平均數分別為7.50、8.50、9.20、9.60，其標準差分別為3.064、2.677、3.584、4.006。

表8-7　相關矩陣(a)

		X1	X2	X3	X4
相關	X1	1.000	.792	−.162	−.190
	X2	.792	1.000	.127	.145
	X3	−.162	.127	1.000	.950
	X4	−.190	.145	.950	1.000
顯著性（單尾）	X1		.003	.328	.299
	X2	.003		.363	.345
	X3	.328	.363		.000
	X4	.299	.345	.000	
(a) 行列式 = .025。					

根據相關矩陣可以計算出相關矩陣的行列式與行列式的對數值。利用試算表函數「=MDETERM（陣列名稱）」，可以求出相關矩陣行列式。

當顯著水準 α 設為.05，自由度為6時的卡方臨界值為12.59，統計檢定之 $\chi^2 = 25.0067 > \chi_{CR}^2 = 12.59$，拒絕球面性的虛無假設，表示從原始變項之相關矩陣中，可以有效達到層面縮減的功能。

表8-8　KMO與Bartlett檢定

Kaiser-Meyer-Olkin 取樣適切性量數。		.466
Bartlett球形檢定	近似卡方分配	25.092
	自由度	6
	顯著性	.000

Bartlett球形檢定之近似卡方值為25.092（上述公式算出卡方值為25.0067），顯著性p=.000<.05，拒絕資料結構為球面性的假定，表示測量變項間有某種顯著的相關，資料結構以縮減層面可以有效解釋原始變項。

表8-9　共同性

	初始	萃取
X1	1.000	.925
X2	1.000	.926
X3	1.000	.969
X4	1.000	.977
萃取法：主成分分析。		

「共同性」（Communality）為主成分對個別變數所能解釋的變異量，四個變數最多可萃取四個主成分，四個主成分對每個變數能解釋的變異量均為100%，共同性是負荷量平方值，此平方值是成分對觀察變項可以解釋的變異部分，主成分分析中，所有p個主成分負荷量平方值的總和為1，數值1是標準化X變項的總變異量。若是萃取主成分的個數少於變項數，則主成分對每個變數能解釋的變異量會少於100%。在範例中，只萃取特徵值大於1的主成分（有二個），這些主成分對變項X1、X2、X3、X4的解釋變異分別為92.5%、92.6%、96.9%、97.7%，四個變數的共同性都高於.90，表示所萃取的二個主成分均能解釋各個變項大部分的變異量。

表8-10　解說總變異量

成分	初始特徵值			平方和負荷量萃取		
	總和	變異數的%	累積%	總和	變異數的%	累積%
1	2.012	50.293	50.293	2.012	50.293	50.293
2	1.785	44.636	94.929	1.785	44.636	94.929
3	.158	3.951	98.880			
4	.045	1.120	100.000			
萃取法：主成分分析。						

特徵值（Eigenvalues）為各個主成分的變異數，即各主成分對所有變項變異數的解釋比例。主成分特徵值的總和等於變項個數，範例中的四個

主成分的特徵值分別為2.012、1.785、.158、.045,其總和 = 2.012 + 1.785 + .158 + .045 = 4,第一個主成分可以解釋所有變項50.293%（= 2.012 ÷ 4 = .50293）的變異量、第二個主成分可以解釋所有變項44.636%（= 1.785 ÷ 4 = .44636）的變異量、第三個主成分可以解釋所有變項3.951%的變異量、第四個主成分可以解釋所有變項1.120%的變異量,其中第三個主成分與第四個主成分對所有變項解釋變異比例約只有5%,其解釋力相當低;而第一個主成分與第二個主成分對所有變項解釋變異比例累積達94.929%,可見萃取出的前二個主成分即可解釋所有變項大部分的變異。

表8-11　成分矩陣(a)

	成分	
	1	2
X1	−.345	.898
X2	−.008	.962
X3	.970	.166
X4	.975	.161
萃取方法:主成分分析。		
(a) 萃取了2個成分。		

　　成分矩陣（componenet matrix）為萃取的主成分（新變項）與原始變數間的相關係數,成分矩陣中的係數又稱負荷量（loadings）,第一個主成分與原始變數X3、X4間的相關係數分別為.970、.975,可見第一個主成分受到原始變數X3、X4的影響較大;第二個主成分與原始變數X1、X2間的相關係數分別為.898、.962,第二個主成分受到原始變數X1、X2的影響較大。與第一個主成分關係較密切者為「家長期望壓力」（X3）、「家庭經濟壓力」（X4）,其壓力均來自家庭,因而第一個主成分可以命名為「家庭壓力」;與第二個主成分關係較密切者為「考試壓力」（X1）、「課堂壓力」（X2）,其壓力均來自學校,因而第二個主成分可以命名為「學校壓力」。

　　主成分分析中負荷量的大小常用來解釋主成分或新變項的意義,負荷量係數可由下列公式求得:

$$L_{ij} = \frac{W_{ij}}{\hat{S}_j} \times \sqrt{\lambda_i}$$

其中 L_{ij} 為第 j 個原始變數在第 i 個主成分的負荷量、W_{ij} 為第 j 個原始變數在第 i 個主成分的權重（weight）、λ_i 是第 i 個主成分的特徵值（即變異數）、$\hat{S}_j$ 為第 j 個原始變數的標準差。

由於主成分（新變項）間彼此成直交不相關，因而每個主成分（新變項）對原始變數的解釋相互獨立，其對原變數的解釋變異可直接進行加總，加總後的數值即為「共同性」（communalities）。二個主成分對各變數的解釋變異如下：

X1 的共同性 $= (-0.345)^2 + (0.898)^2 = 0.925$
X2 的共同性 $= (-0.008)^2 + (0.962)^2 = 0.926$
X3 的共同性 $= (0.970)^2 + (0.166)^2 = 0.968$
X4 的共同性 $= (0.975)^2 + (0.161)^2 = 0.977$
第一個主成分的特徵值 $= (-0.345)^2 + (-0.008)^2 + (0.970)^2 + (0.975)^2$
$$= 2.012$$
第二個主成分的特徵值 $= (0.898)^2 + (0.962)^2 + (0.166)^2 + (0.161)^2$
$$= 1.785$$

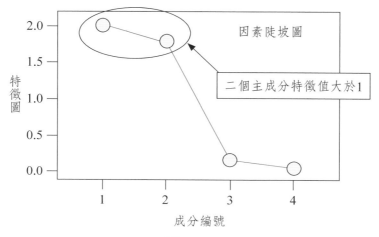

圖8-12

主成分分析輸出之陡坡圖，特徵值大於1的主成分有二個，平坦線之上有二個圓點，表示萃取二個主成分是適當的。

●（二）萃取四個主成分

如果研究者要呈現p個變項所萃取的p個主成分，開啟「因子分析：萃取」次對話視窗，在「萃取」方盒中改選「⊙因子個數(N)」選項，在因子個數後面的方框中輸入變項的個數4（內定萃取保留的成分為特徵值大於1者，研究者若自訂萃取因子個數，則主成分分析程序會依研究者界定個數輸出所有主成分分析的結果數據，主成分的個數m必須小於或等於p）。

表8-12　共同性

	初始	萃取
X1	1.000	1.000
X2	1.000	1.000
X3	1.000	1.000
X4	1.000	1.000
萃取法：主成分分析。		

主成分分析中保留的主成分（新變項）個數若與原始資料變數的數目相同，則原始變數的共同性均為1，即四個主成分對原始變數的解釋變異量為100%。

$$X1的共同性 = (-0.345)^2 + (0.898)^2 + (0.272)^2 + (0.031)^2$$
$$= 1.0004 \cong 1.00$$
$$X2的共同性 = (-0.008)^2 + (0.962)^2 + (-0.270)^2 + (-0.030)^2$$
$$= 0.9993 \cong 1.00$$
$$X3的共同性 = (0.970)^2 + (0.166)^2 + (0.105)^2 + (-0.142)^2$$
$$= 0.9996 \cong 1.00$$
$$X4的共同性 = (0.975)^2 + (0.161)^2 + (-0.010)^2 + (0.151)^2$$
$$= 0.9994 \cong 1.00$$

表8-13　解說總變異量

成分	初始特徵值			平方和負荷量萃取		
	總和	變異數的%	累積%	總和	變異數的%	累積%
1	2.012	50.293	50.293	2.012	50.293	50.293
2	1.785	44.636	94.929	1.785	44.636	94.929
3	.158	3.951	98.880	.158	3.951	98.880
4	.045	1.120	100.000	.045	1.120	100.000
萃取法：主成分分析。						

四個主成分共可解釋原始四個變數總變異量的100%。

第三個主成分的特徵值：

$$(0.272)^2 + (-0.270)^2 + (0.105)^2 + (-0.010)^2 = 0.158$$

第三個主成分的特徵值：

$$(0.031)^2 + (-0.030)^2 + (-0.142)^2 + (0.151)^2 = 0.045$$

表8-14　成分矩陣(a)

	成分			
	1	2	3	4
X1	−.345	.898	.272	.031
X2	−.008	.962	−.270	−.030
X3	.970	.166	.105	−.142
X4	.975	.161	−.010	.151
萃取方法：主成分分析。				
(a) 萃取了4個成分。				

四個主成分（新變項）與原始變數的相關係數矩陣，相關係數值即為成分負荷量。

【表格範例】

上述萃取四個主成分之分析結果，可以統整歸納如下表：

表8-15

成分　＼成分	1	2	3	4	共同性
變項					
考試壓力	−.345	.898	.272	.031	1.000
課堂壓力	−.008	.962	−.270	−.030	1.000
家長期望壓力	.970	.166	.105	−.142	1.000
家庭經濟壓力	.975	.161	−.010	.151	1.000
特徵值	2.012	1.785	.158	.045	
解釋變異量%	50.293	44.636	3.951	1.120	
累積解釋變異量%	50.293	94.929	98.880	100.000	

　　由於第三個主成分與第四個主成分的合計的解釋變異約只有5.0%，若保留第一個主成分與第二個主成分即可解釋原始所有變項94.929%的變異量，要達到變數簡化目的，保留二個主成分即可。

表8-16　保留二個主成分之分析結果摘要表

成分　＼成分	家庭壓力	學校壓力	共同性
變項			
考試壓力	−.345	.898	.925
課堂壓力	−.008	.962	.926
家長期望壓力	.970	.166	.969
家庭經濟壓力	.975	.161	.977
特徵值	2.012	1.785	
解釋變異量%	50.293	44.636	
累積解釋變異量%	50.293	94.929	

　　四個主成分分數的數據如下表，變項「FAC1_1」、「FAC2_1」、「FAC3_1」、「FAC4_1」為選取「⊙迴歸方法(R)」選項所估算出的主成分分數；變項「FAC1_2」、「FAC2_2」、「FAC3_2」、「FAC4_2」，為選取「⊙Bartlett法（B）」選項所估算出的主成分分數，二種不同方法所產生的主成分分數相同。各主成分分數值之總平均（M）均等於0、標準差均為1，表示主成分分數為一種標準化分數。

表8-17

X1	X2	X3	X4	FAC1_1	FAC2_1	FAC3_1	FAC4_1	FAC1_2	FAC2_2	FAC3_2	FAC4_2
5	6	8	9	−0.091	−0.958	−0.020	0.609	−0.091	−0.958	−0.020	0.609
6	11	12	15	1.111	0.451	−2.008	1.137	1.111	0.451	−2.008	1.137
7	8	10	10	0.185	−0.153	0.180	−0.356	0.185	−0.153	0.180	−0.356
7	5	8	9	−0.201	−0.831	1.742	1.304	−0.201	−0.831	1.742	1.304
9	10	14	13	0.971	0.749	0.717	−1.397	0.971	0.749	0.717	−1.397
7	8	3	2	−1.726	−0.514	−0.985	−0.937	−1.726	−0.514	−0.985	−0.937
6	8	14	15	1.384	−0.101	0.277	0.114	1.384	−0.101	0.277	0.114
4	6	10	9	0.235	−1.071	−0.213	−1.378	0.235	−1.071	−0.213	−1.378
9	9	5	6	−1.086	0.157	−0.195	0.877	−1.086	0.157	−0.195	0.877
15	14	8	8	−0.783	2.271	0.506	0.028	−0.783	2.271	0.506	0.028
7.50	8.50	9.20	9.60	0.00	0.00	0.00	0.00	0.00	0.00	0.00	0.00
3.06	2.68	3.58	4.01	1	1	1	1	1	1	1	1

執行功能列「分析（A）」／「相關（C）」／「雙變數（B）」程序，可以求出四個主成分變數間的相關矩陣，由相關矩陣中可以得知：四個主成分彼此間的相關均顯著的等於0，表示配對組之主成分間彼此均呈正交關係。

表8-18 四個主成分間的相關矩陣

		FAC1_1	FAC2_1	FAC3_1	FAC4_1
FAC1_1	Pearson相關	1	.000	.000	.000
	顯著性（雙尾）		1.000	1.000	1.000
FAC2_1	Pearson相關	.000	1	.000	.000
	顯著性（雙尾）	1.000		1.000	1.000
FAC3_1	Pearson相關	.000	.000	1	.000
	顯著性（雙尾）	1.000	1.000		1.000
FAC4_1	Pearson相關	.000	.000	.000	1
	顯著性（雙尾）	1.000	1.000	1.000	

利用SAS統計軟體可以求出四個變數相對應的特徵向量，利用特徵向量也可以直接求出各主成分分數。

表8-19　Eigenvectors（特徵向量）

	Prin1	Prin2	Prin3	Prin4
x1	−0.24314	0.671931	0.684359	0.145065
x2	−0.005698	0.7202	−0.67951	−0.13982
x3	0.68415	0.123891	0.263196	−0.66882
x4	0.687596	0.120299	−0.02551	0.715604

　　特徵向量即為各變數的加權係數，加權係數乘於各測量變項的線性組合即為各主成分分數。

```
COMPUTE PRIN_1 = −.24*X1−.01*X2 + .68*X3 + .69*X4.
COMPUTE PRIN_2 = .67*X1 + .72*X2 + .12*X3 + .12*X4.
COMPUTE PRIN_3 = .68*X1−.68*X2 + .26*X3−.03*X4.
COMPUTE PRIN_4 = .15*X1−.14*X2−.67*X3 + .72*X4.
EXECUTE.
```

參、採用共變數矩陣進行主成分分析

【研究問題】

　　在一項資優班入學考試中，筆試作答內容包含七個大項：字義、語詞、閱讀、作文、推理、空間、計算。各項評分採用十等第計分法，1分最差、10分最佳。下表為二十位受試者的測驗成績。若採用主成分分析，其分析程序為何？

表8-20

受試者	字義	語詞	閱讀	作文	推理	空間	計算	FAC1_1	FAC2_1
01	9	8	10	8	7	7	6	0.761	−1.032
02	8	7	9	8	8	9	8	0.718	0.135
03	9	8	8	9	7	8	7	0.744	−0.497
04	8	9	10	8	6	6	5	0.640	−1.604
05	9	9	10	10	6	7	6	0.930	−1.396
06	9	10	9	9	8	9	9	1.103	0.064
07	10	8	9	8	10	10	10	1.125	0.933

(續上頁表)

08	10	8	9	10	9	8	9	1.122	0.056
09	3	4	3	4	8	9	8	−0.628	1.451
10	2	4	3	3	6	7	7	−0.959	0.651
11	1	2	1	2	4	5	4	−1.655	−0.253
12	4	3	2	4	6	5	5	−1.021	−0.135
13	6	7	7	6	4	4	3	−0.247	−2.072
14	5	5	4	4	7	7	8	−0.435	0.662
15	6	5	6	5	9	10	9	0.090	1.429
16	5	6	5	6	8	7	7	−0.145	0.327
17	2	1	1	1	3	4	3	−1.825	−0.744
18	1	2	2	1	4	5	5	−1.611	−0.078
19	9	9	8	7	10	10	10	0.964	1.099
20	6	7	6	7	9	9	9	0.330	1.005

一、操作程序

● 步驟（一）

執行功能列「分析（A）」／「資料縮減（D）」／「因子（F）」程序，開啟「因子分析」對話視窗。

● 步驟（二）

在左邊變數清單中，將目標變數「字義」、「語詞」、「閱讀」、「作文」、「推理」、「空間」、「計算」等七個選入右邊「變數（V）」下的方框中。

● 步驟（三）

按『描述性統計量（D）』鈕，開啟「因子分析：描述性統計量」次對話視窗，「統計量」方盒中勾選「☑單變量描述性統計量（U）」、「☑未轉軸之統計量（I）」選項；在「相關矩陣」方盒中勾選「☑係數（C）」選項→按『繼續』鈕，回到「因子分析」對話視窗。

步驟(四)

按『萃取（E）』鈕，開啟「因子分析：萃取」次對話視窗，視窗內定萃取因子的方法為「主成分」（Principal components），在「分析」方盒中將內定之「⊙相關矩陣（R）」改為「☑共變異數矩陣（V）」選項；「顯示」方盒中勾選「☑未旋轉因子解（F）」、「☑陡坡圖（S）」選項；「萃取」方盒中選取內定選項「⊙特徵值（E）」大於1的主成分→按『繼續』鈕，回到「因子分析」對話視窗。

步驟(五)

按『分數（S）』鈕，開啟「因子分析：產生因素分數」次對話視窗，勾選「☑因素儲存成變數（S）」及「☑顯示因素分數係數矩陣（D）」二個選項，在「方法」方盒中選取「⊙迴歸方法（R）」選項→按『繼續』鈕，回到「因子分析」對話視窗→按『確定』鈕。

二、輸出結果

表8-21　敘述統計

	平均數	標準差	分析個數
字義	6.10	3.093	20
語詞	6.10	2.693	20
閱讀	6.10	3.227	20
作文	6.00	2.865	20
推理	6.95	2.064	20
空間	7.30	1.976	20
計算	6.90	2.198	20

上表為七個變數的描述性統計量，包括平均數、標準差與有效樣本數。七個觀察變項的平均數分別為6.10、6.10、6.10、6.00、6.95、7.30、6.90，其標準差分別為3.093、2.693、3.227、2.865、2.064、1.976、2.198。

表8-22　相關矩陣

		字義	語詞	閱讀	作文	推理	空間	計算
相關	字義	1.000	.927	.948	.950	.636	.563	.528
	語詞	.927	1.000	.950	.941	.588	.538	.500
	閱讀	.948	.950	1.000	.939	.522	.490	.417
	作文	.950	.941	.939	1.000	.587	.521	.476
	推理	.636	.588	.522	.587	1.000	.933	.950
	空間	.563	.538	.490	.521	.933	1.000	.952
	計算	.528	.500	.417	.476	.950	.952	1.000
顯著性（單尾）	字義		.000	.000	.000	.001	.005	.008
	語詞	.000		.000	.000	.003	.007	.012
	閱讀	.000	.000		.000	.009	.014	.034
	作文	.000	.000	.000		.003	.009	.017
	推理	.001	.003	.009	.003		.000	.000
	空間	.005	.007	.014	.009	.000		.000
	計算	.008	.012	.034	.017	.000	.000	

　　上表為七個變數間的相關矩陣及相關係數的顯著性檢定。表的上半部為變數間的相關矩陣，相關矩陣對角線的數字均為1.000，上三角的數值與下三角的數值均相同。表的下半部為相關係數的顯著性的檢定。此處的顯著性為「單尾檢定」的錯誤率，若是雙尾檢定，顯著性數值要乘於2，如「計算」變數與「字義」變數單尾檢定之顯著性為.008、改為雙尾檢定時其顯著性p=.008×2=.016、「空間」變數與「字義」變數單尾檢定之顯著性為.005、改為雙尾檢定時其顯著性p=.005×2=.010。

表8-23　共同性

	原始		重新量尺化	
	初始	萃取	初始	萃取
字義	9.568	9.204	1.000	.962
語詞	7.253	6.865	1.000	.947
閱讀	10.411	10.116	1.000	.972
作文	8.211	7.844	1.000	.955
推理	4.261	4.106	1.000	.964
空間	3.905	3.722	1.000	.953
計算	4.832	4.738	1.000	.981
萃取法：主成分分析。				

以共變異數矩陣（covariance matrix）進行主成分分析，會出現「原始」與「重新量尺化」二欄之共同性數值。此時，研究者應查看「重新量尺化」之共同性數據。「共同性」（communalities）為主成分對個別變數所能解釋的變異量，七個變數最多可萃取七個主成分，七個主成分對每個變數能解釋的變異量均為100%，若是萃取主成分的個數少於變項數，則主成分對每個變數能解釋的變異量會少於1（100%）。在範例中，只萃取特徵值大於1的主成分（有二個），這些主成分對變項「字義」、「語詞」、「閱讀」、「作文」、「推理」、「空間」、「計算」等七個的解釋變異分別為96.2%、94.7%、97.2%、95.5%、96.4%、95.3%、98.1%，七個變數的共同性都高於.90，表示所萃取的二個主成分均能解釋各個變數大部分的變異量。

表8-24　解說總變異量

	成分	初始特徵值(a)			平方和負荷量萃取		
		總和	變異數的%	累積%	總和	變異數的%	累積%
原始	1	38.820	80.141	80.141	38.820	80.141	80.141
	2	7.776	16.053	96.194	7.776	16.053	96.194
	3	.649	1.339	97.533			
	4	.537	1.108	98.641			
	5	.342	.706	99.347			
	6	.188	.388	99.736			
	7	.128	.264	100.000			
重新量尺化	1	38.820	80.141	80.141	5.105	72.929	72.929
	2	7.776	16.053	96.194	1.628	23.257	96.186
	3	.649	1.339	97.533			
	4	.537	1.108	98.641			
	5	.342	.706	99.347			
	6	.188	.388	99.736			
	7	.128	.264	100.000			

萃取法：主成分分析。
(a) 分析共變數矩陣時，原始和重新計算的解 擁有相同的初始特徵值。

採用共變數矩陣分析時，「原始」和「重新量尺化」的估算中初始的特徵值均相同，七個主成分的初始特徵值分別為38.820、

7.776、.649、.537、.342、.188、.128，特徵值大於1的主成分有二個。特徵值（Eigenvalues）為各個主成分的變異數，即各主成分對所有變項變異數的解釋比例。萃取之特徵值大於1的主成分有二個，其數值分別為5.105、1.628，二個成分對所有變項的解釋變異分別為72.929%、23.527%，第一個主成分與第二個主成分對所有變項解釋變異比例累積達96.186%，其餘五個成分對所有變項解釋的變異只有3.814%，可見萃取出的前二個主成分即可解釋所有變項大部分的變異。

表8-25　成分矩陣(a)

	原始 成分		重新量尺化 成分	
	1	2	1	2
字義	3.009	−.385	.973	−.124
語詞	2.583	−.437	.959	−.162
閱讀	3.074	−.818	.953	−.254
作文	2.752	−.521	.960	−.182
推理	1.508	1.354	.730	.656
空間	1.347	1.381	.682	.699
計算	1.408	1.660	.641	.755

萃取方法：主成分分析。
(a) 萃取了2個成分。

　　成分矩陣（component matrix）為萃取的主成分（新變項）與原始變數間的相關係數，成分矩陣中的係數又稱負荷量（loadings）。七種能力變數與第一個主成分的相關均大於.45以上，其中又「字義」、「語詞」、「閱讀」、「作文」等四個變項與第一個主份的關係最為密切，其負荷量分別為.973、.959、.953、.960，因而第一個主成分可以命名為「語文能力」；就第二個主成分而言，以「推理」、「空間」、「計算」三個變項與第二個主成分的關係最為密切，其負荷量分別為.656、.699、.755，所以第二個主成分可以命名為「數學能力」。

　　下面為前二個成分變數「FAC1_1」、「FAC2_1」與七個原始變項間的相關係數。以第一個成分而言，其與「字義」、「語詞」、「閱讀」、「作文」、「推理」、「空間」、「計算」的積差相關係數分別為.973、

.959、.953、.960、.730、.682、.641，其相關係數均為正值，此數值即為上述「成分矩陣」表中「重新量尺化」欄中原始變項在第一個成分的負荷量。第二個成分而言，其與「字義」、「語詞」、「閱讀」、「作文」、「推理」、「空間」、「計算」的積差相關係數分別為−.124、−.162、−.254、−.182、.656、.699、.755，此數值即為「重新量尺化」欄中原始變項在第二個成分的負荷量。二個成分間的相關係數為0，表示二個成分間呈正交／直交關係。

表8-26 前二個成分與原始變項之相關摘要表

		FAC1_1	FAC2_1
字義	Pearson相關	.973	−.124
	顯著性（雙尾）	.000	.601
語詞	Pearson相關	.959	−.162
	顯著性（雙尾）	.000	.494
閱讀	Pearson相關	.953	−.254
	顯著性（雙尾）	.000	.281
作文	Pearson相關	.960	−.182
	顯著性（雙尾）	.000	.443
推理	Pearson相關	.730	.656
	顯著性（雙尾）	.000	.002
空間	Pearson相關	.682	.699
	顯著性（雙尾）	.001	.001
計算	Pearson相關	.641	.755
	顯著性（雙尾）	.002	.000
FAC1_1	Pearson相關	1	.000
	顯著性（雙尾）		1.000
FAC2_1	Pearson相關	.000	1
	顯著性（雙尾）	1.000	

表8-27 成分分數係數矩陣(a)

	成分	
	1	2
字義	.240	−.153
語詞	.179	−.151
閱讀	.255	−.340

（續上頁表）

作文	.203	−.192
推理	.080	.359
空間	.069	.351
計算	.080	.469
萃取方法：主成分分析。成分分數。		
(a) 係數已標準化。		

　　「成分分數係數矩陣」為主成分加權係數，根據此矩陣可求出主成分的標準化加權係數。此時主成分為標準分數，其平均數為0、標準差與變異數均為1

表8-28　二個主成分之敘述性統計統計量

	個數	最小值	最大值	平均數	標準差
FAC1_1	20	−1.825	1.125	.00000	1.000000
FAC2_1	20	−2.072	1.451	.00000	1.000000

　　所有觀察值在二個主成分分數的平均數均為0、標準差均為1，表示主成分分數是標準化分數。

肆、主成分於複迴歸分析中的應用

　　在複迴歸分析中，若是要得到最佳的模式與解釋力，則各預測變項與效標變項（依變項）間，應有中高度的相關，但各預測變項間要有低度相關或彼此間沒有相關（即預測變項彼此間呈正交關係）。如果預測變項間也有中高度的相關，則在複迴歸模式中，可能發生多元共線性問題（multicollinearity），多元共線性又稱為線性相依（linearly dependent）。當複迴歸分析存在有嚴重的多元共線性問題時，會發生迴歸分析結果前後矛盾或結果無法合理詮釋的現象。如多元迴歸模式之整體性統計考驗達到.05顯著水準，多元相關係數平方（R^2）也很高，但研究者原先假定的重要預測變項均沒有達到.05顯著水準；或是進入迴歸方程式之預測變項，其標準化迴歸係數出現不合理的參數，如正負號相反或絕對值數值大於1等。

複迴歸分析中預測變項是否有多元共線性問題，可從預測變項之相關矩陣係數高低作為初步的判斷，其次是根據共線性診斷指標加以判別：如容忍值（tolerance；或稱允差值）、變異數膨脹因素（variance inflation factor; VIF）、特徵值（eigenvalue）與條件指標值（conditional index；CI值）。容忍值愈接近0（如小於0.10）、VIF愈大（如大於10），表示預測變項的共線性愈嚴重；特徵值愈接近0、CI值數值愈大（如大於30以上），表示預測變項愈有共線性問題。

複迴歸分析中發生嚴重多元共線性問題時，研究者除改採逐步多元迴歸分析法外，最好改用「主成分迴歸分析法」（principal component regression）。因為採用主成分迴歸分析法時，可以將原先彼此關係密切的變項，轉換為彼此獨立沒有相關的新變數，而原始變項線性組合的新變數（成分）保留了原始變項的大部分資訊，可以解釋原始變項大部分的變異。

以五個預測變項為例，假設預測變項X1、X2間有高度相關存在、預測變項X4、X5間也有高度相關，預測變項X1、X2出現性相依情形、預測變項X4、X5也出現性相依情形。採用主成分分析時，從變項X1、X2中萃取第一個解釋變異最大的成分C1、從變項X4、X5中萃取第一個解釋變異最大的成分C2，此時複迴歸分析中的預測變項為C1、X3、C2，原先存在於變數X1、X2間及變數X4、X5間之線性相依情形便不會出現，此時進行多元迴歸分析便可避免發生多元共線性問題。

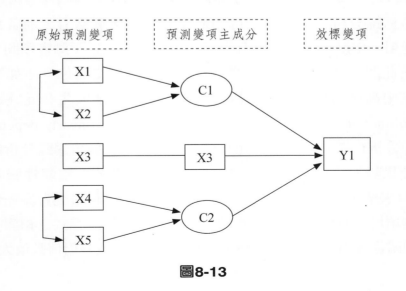

圖8-13

主成分迴歸模型架構如下：若有七個預測變項，七個預測變項中萃取三個主成分，則新的預測變項為三個主成分變數：

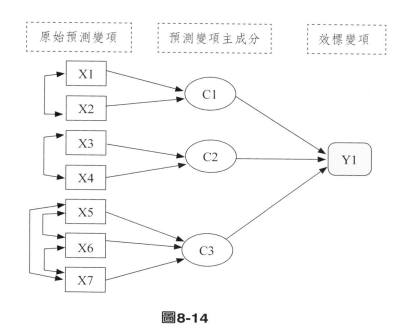

圖8-14

【研究問題】

某研究者想探究高職學生之「課堂壓力」、「考試壓力」、「經濟壓力」、「父親期望壓力」、「母親期望壓力」五個變項來預測學生之「憂鬱傾向」程度。研究者採分層隨機取樣方式抽取有效樣本130位，對樣本施予「生活壓力量表」與「憂鬱傾向量表」，量表的測量值愈高，表示受試者知覺的壓力愈大或感受的憂鬱傾向愈高。

一、一般複迴歸結果說明

⬤（一）變項間的相關矩陣操作與結果

1.操作程序

從功能列執行「分析（A）」/「相關（C）」/「雙變數（E）」開啟「雙變數相關分析」對話視窗。

503

（續上頁表）

> →在左邊變數清單中將目標變數「課堂壓力」、「考試壓力」、「經濟壓力」、「父親期望」、「母親期望」、「憂鬱傾向」等六個點選至右邊「變數（V）」下的方盒中。
> →在下方「相關係數」方盒中勾選『☑Pearson相關係數（N）』選項，「顯著性檢定」方盒中選取內定「雙尾檢定（T）」→按『確定』鈕。

2.輸出結果

表8-29　預測變項與效標變項間之相關矩陣

		課堂壓力	考試壓力	經濟壓力	父親期望	母親期望	憂鬱傾向
課堂壓力	Pearson相關	1					
	顯著性（雙尾）						
	個數	130					
考試壓力	Pearson相關	.914	1				
	顯著性（雙尾）	.000					
	個數	130	130				
經濟壓力	Pearson相關	.722	.739	1			
	顯著性（雙尾）	.000	.000				
	個數	130	130	130			
父親期望	Pearson相關	.668	.611	.743	1		
	顯著性（雙尾）	.000	.000	.000			
	個數	130	130	130	130		
母親期望	Pearson相關	.679	.628	.745	.923	1	
	顯著性（雙尾）	.000	.000	.000	.000		
	個數	130	130	130	130	130	
憂鬱傾向	Pearson相關	.809	.804	.855	.798	.802	1
	顯著性（雙尾）	.000	.000	.000	.000	.000	
	個數	130	130	130	130	130	130

　　上表為五個自變項與效標變項間之相關矩陣，「課堂壓力」、「考試壓力」、「經濟壓力」、「父親期望壓力」、「母親期望壓力」五個自變項與效標變項「憂鬱傾向」的相關係數分別為.809（p=.000）、.804（p=.000）、.855（p=.000）、.798（p=.000）、.802（p=.000），均達.05顯著水準，相關係數絕對值數值在.798以上，表示五個預測變項與效標變

項間均呈現顯著的高度關係。再從五個自變項間的相關矩陣來看，五個自變項間的積差相關係數介於.611（p=.000）至.923間（p=.000），呈現顯著的中度或高度相關，其中預測變項「課堂壓力」與「考試壓力」間的相關係數高達.914（p=.000<.05），「父親期望」壓力與「母親期望」壓力間的相關係數高達.923（p=.000<.05），由於二組預測變數間呈現高度的相關情形，因而在複迴歸分析中，可能會發生線性重合問題。

●（二）複迴歸分析操作與結果

1.操作程序

→功能表執行「分析（A）」／「迴歸方法（R）」／「線性（L）」程序，開啟「線性迴歸」對話視窗。
→在左邊變數清單中選取效標變項「憂鬱傾向」至右方「依變數（D）」下的方格中。
→在左邊變數清單中選取投入迴歸模式的預測變項：「課堂壓力」、「考試壓力」、「經濟壓力」、「父親期望壓力」、「母親期望壓力」等五個，將之點選至右邊「自變數（I）」下的方格中。
→在「方法（M）」右邊的下拉式選單中選取「強迫進入變數法」。
→按『統計量（S）……』鈕，開啟「線性迴歸：統計量」次對話視視窗，勾選「☑估計值（E）」、「☑模式適合度（M）」、「☑共線性診斷（L）」等選項→按『繼續』鈕，回到「線性迴歸」對話視窗→按『確定』鈕。

2.輸出結果

表8-30　模式摘要

模式	R	R平方	調過後的R平方	估計的標準誤
1	.920(a)	.847	.841	8.958
(a) 預測變數：（常數），母親期望、考試壓力、經濟壓力、課堂壓力、父親期望。				

上表為迴歸模式摘要表，五個自變項與效標變項「憂鬱傾向」的多元相關係數（R）等於.920、決定係數（R^2）為.847、調整後的R平方等於.841、估計標準誤為8.958，五個自變項共可解釋效標變項84.7%的變異量，預測變項對依變項的解釋力相當高。

表8-31　變異數分析(b)

模式		平方和	自由度	平均平方和	F 檢定	顯著性
1	迴歸	55128.111	5	11025.622	137.391	.000(a)
	殘差	9950.997	124	80.250		
	總和	65079.108	129			

(a) 預測變數：（常數），母親期望、考試壓力、經濟壓力、課堂壓力、父親期望。
(b) 依變數：憂鬱傾向。

上表為整體迴歸模式考驗的統計量，變異數分析的F值等於137.391，顯著性機率值p=.000<.05，達到.05顯著水準，表示五個自變項中，至少有一個自變項的迴歸係數達到顯著，即迴歸模式中，至少有一個迴歸係數不等於0，或者全部迴歸係數均顯著不等於0。即學生的憂鬱傾向至少可由「課堂壓力」、「考試壓力」、「經濟壓力」、「父親期望壓力」、「母親期望壓力」五個自變項中一個來解釋。

表8-32　係數(a)

模式		未標準化係數		標準化係數	t	顯著性	共線性統計量	
		B之估計值	標準誤	Beta分配			允差	VIF
1	（常數）	−20.349	2.337		−8.709	.000		
	課堂壓力	.178	.117	.141	1.524	.130	.144	6.924
	考試壓力	.289	.125	.212	2.314	.022	.147	6.797
	經濟壓力	.819	.143	.361	5.729	.000	.311	3.212
	父親期望	.226	.127	.168	1.785	.077	.139	7.179
	母親期望	.198	.125	.150	1.588	.115	.138	7.252

(a) 依變數：憂鬱傾向。

上表為迴歸模式中個別迴歸係數參數的估計值，「課堂壓力」、「考試壓力」、「經濟壓力」、「父親期望壓力」、「母親期望壓力」五個預測變項的標準化迴歸係數（β值）分別為.141、.212、.361、.168、.150，迴歸係數顯著性考驗的t值分別為1.524（p=.130>.05）、2.314（p=.022<.05）、5.729（p=.000<.05）、1.785（p=.077>.05）、1.558（p=.115>.05），其中「課堂壓力」、「父親期望壓力」與「母親期望壓力」三個預測變項的迴歸係數均未達顯著水準。在共線性統計量中，「課堂壓力」、「考試壓力」、「父親期望壓力」、「母親期望壓力」四個預

測變項的容忍度值（允差欄）均小於.200（容忍度數值愈接近0，愈有共線性問題），而變異數膨脹因素（VIF值）則均大於6.000以上，迴歸模式中可能有線性相依問題（VIF值若大於10，表示自變項間愈有共線性問題）。

表8-33　共線性診斷(a)

模式	維度	特徵值	條件指標	變異數比例					
				（常數）	課堂壓力	考試壓力	經濟壓力	父親期望	母親期望
1	1	5.747	1.000	.00	.00	.00	.00	.00	.00
	2	.115	7.075	.47	.00	.01	.00	.05	.04
	3	.080	8.500	.51	.05	.07	.00	.02	.02
	4	.036	12.633	.02	.06	.01	.92	.02	.02
	5	.013	21.201	.00	.02	.01	.00	.84	.91
	6	.010	23.806	.00	.86	.90	.07	.07	.01
(a) 依變數：憂鬱傾向。									

上表為共線性診斷的指標，包括特徵值、條件指標、變異數比例，其中第五個維度的特徵值為.013、條件指標值為21.201，特徵值很接近0，條件指標值大於20，因而自變項間可能存在多元共線性問題，再從變異數比例值來看，自變項「父親期望壓力」與「母親期望壓力」在第五個特徵值的變異數比例值分別為.84、.91，非常接近1，表示「父親期望壓力」與「母親期望壓力」可能產生多元共線性問題。第六個維度的的特徵值為.010、條件指標值為23.806，特徵值很接近0，條件指標值大於20，因而自變項間可能存在多元共線性問題，再從變異數比例值來看，自變項「課堂壓力」、「考試壓力」在第六個特徵值的變異數比例值分別為.86、.90，非常接近1，表示「課堂壓力」與「考試壓力」二個變項也可能產生多元共線性問題。由於迴歸方程式中的自變項產生線性重合，因而雖然「課堂壓力」、「父親期望壓力」、「母親期望壓力」與效標變項有高度相關，但在複迴歸分析仍被排除於迴歸模式之外，對於效標變項沒有顯著的影響。複迴歸分析結果與原先積差相關矩陣所呈現的結果，似乎無法前後呼應。

二、抽取預測變項主成分

●（一）新增預測變項「課堂壓力」、「考試壓力」的潛在變項（成分）

1.操作程序

執行功能列「分析（A）」／「資料縮減（D）」／「因子（F）」程序，0開啟「因子分析」對話視窗。

→在左邊變數清單中將「課堂壓力」、「考試壓力」二個變項選入右邊「變數（V）：」下的空盒中。

→按『分數（S）……』鈕，開啟「因子分析：產生因素分數」次對話視窗，勾選「☑因素儲存成變數(S)」選項，在「方法」方盒中點選「⊙迴歸方法(R)」選項，按『繼續』鈕，回到「因子分析」對話視窗。

→按『萃取（E）……』鈕，開啟「因子分析：萃取」次對話視窗，抽取因素方法選取內定「主成分」，在「方析」方盒中點選「⊙相關矩陣（R）」選項；在「顯示」方盒中勾選「☑未旋轉因子解」選項，抽取因素限定為特徵值大於1者，在「⊙特徵值：」後面的空格內選取內定數值「1」（此為內定選項）→按『繼續』鈕，回到「因子分析」對話視窗→按『確定』鈕。

2.輸出結果

表8-34　因子分析──共同性

	初始	萃取
課堂壓力	1.000	.957
考試壓力	1.000	.957
萃取法：主成分分析。		

上表為每一個變項初始值的共同性及以主成分方法（principal component method）抽取主成分後之共同性（communalities）。共同性愈高，表示該變項與其他變項所欲測量的共同特質愈多；相反的共同性愈

低，表示該變項與其他變項所欲測量的共同特質愈少，上表中的最後之共同性值為.957，表示變項「課堂壓力」與變項「考試壓力」所欲測量的共同特質很多。

表8-35　解說總變異量

成分	初始特徵值			平方和負荷量萃取		
	總和	變異數的%	累積%	總和	變異數的%	累積%
1	1.914	95.696	95.696	1.914	95.696	95.696
2	.086	4.304	100.000			
萃取法：主成分分析。						

　　上表為以主成分方法抽取主成分的結果，初始特徵值（initial eigenvalues）有二個，（因有二個變項，故初始特徵值有二個，其總和等於2），二個特徵值分別為1.914、.086（特徵值的總和等於相關矩陣對角線元素的總和=2），其解釋變異量分別為95.696%、4.304%，第二個特徵值不但遠小於1，而且非常接近0，似乎可將之刪除。因而二個變項經主成分分析法所抽出的第一個主成分，可以解釋全體總異量的95.696%，再從下表主成分分析的加權係數來看，二個變項相對應的加權係數分別為.978、.978，正好反映「課堂壓力」與「考試壓力」二個變項均勻貢獻於第一個主成分，二個變項適合以第一主成分（新的潛在變項）來取代。

表8-36　成分矩陣(a)

	成分
	1
課堂壓力	.978
考試壓力	.978
萃取方法：主成分分析。	
(a) 萃取了1個成分。	

　　上表成分矩陣為各變項在主成分上的加權係數，加權係數是根據各變項的共同性估計得來，其性質與複迴歸分析中的標準化迴歸係數相同。將每一變項在各主成分上係數值的平方加總，即可求得各變項的共同性。

　　經由主成分分析結果，變項「課堂壓力」、變項「考試壓力」可以以一個潛在變項來取代，此主成分變數名稱可以命名為「學校壓力」。在主成分分析中，於「因子分析：產生因素分數」次對話視窗，勾選「☑因素儲存成變數（S）」選項，執行完因子分析程序後，會於資料檔新增一個因素分數變項「FAC1_1」。

● (二)新增預測變項「父親期望壓力」、「母親期望壓力」的潛在變項（成分）

1.操作程序

　　執行功能列「分析（A）」／「資料縮減（D）」／「因子（F）」程序，開啟「因子分析」對話視窗。

　　→在左邊變數清單中將「父親期望壓力」、「母親期望壓力」二個變項選入右邊「變數（V）：」下的空盒中。

　　→按『分數（S）……』鈕，開啟「因子分析：產生因素分數」次對話視窗，勾選「☑因素儲存成變數（S）」選項，在「方法」方盒中點選「⊙迴歸方法（R）」選項，按『繼續』鈕，回到「因子分析」對話視窗。

　　→按『萃取（E）……』鈕，開啟「因子分析：萃取」次對話視窗，抽取因素方法選取內定「主成分」，點選「⊙相關矩陣（R）」、「☑未旋轉因子解」等選項，抽取因素採用內定選項：限定為特徵值大於1者，在「⊙特徵值（E）：」後面的空格內選取內定數值「1」→按『繼續』鈕，回到「因子分析」對話視窗→按『確定』鈕。

2.輸出結果

表8-37　共同性

	初始	萃取
父親期望	1.000	.961
母親期望	1.000	.961
萃取法：主成分分析。		

上表為每一個變項初始值的共同性及以主成分方法抽取主成分後之共同性。共同性愈高，表示該變項與其他變項所欲測量的共同特質愈多；相反的共同性愈低，表示該變項與其他變項所欲測量的共同特質愈少，上表中最後之共同性值為.961，表示變項「父親期望壓力」與「母親期望壓力」所欲測量的共同特質很多。

表8-38　解說總變異量

成分	初始特徵值			平方和負荷量萃取		
	總和	變異數的%	累積%	總和	變異數的%	累積%
1	1.923	96.150	96.150	1.923	96.150	96.150
2	.077	3.850	100.000			
萃取法：主成分分析。						

上表為以主成分方法抽取主成分的結果，初始特徵值（Initial Eigenvalues）有二個，（因有二個變項，故初始特徵值有二個，其總和等於2），二個特徵值分別為1.923、.077（特徵值的總和等於相關矩陣對角線元素的總和=2），其解釋變異量分別為96.150%、3.850，第二個特徵值不但遠小於1，而且非常接近0，似乎可將之刪除。因而二個變項經主成分分析法所抽出的第一個主成分，可以解釋全體總異量的96.150%，再從下表主成分分析的加權係數來看，二個變項相對應的加權係數分別為.981、.981，正好反映二個「父親期望壓力」與「母親期望壓力」二個變項均勻貢獻於第一個主成分，二個變項適合以第一主成分（新的潛在變項）來取代。

表8-39　成分矩陣(a)

	成分
	1
父親期望	.981
母親期望	.981
萃取方法：主成分分析。	
(a) 萃取了1個成分。	

上表成分矩陣為各變項在主成分上的加權係數，加權係數是根據各變項的共同性估計得來，其性質與複迴歸分析中的標準化迴歸係數相同。將

每一變項在各主成分上係數值的平方加總，即可求得各變項的共同性。經由主成分分析結果，變項「父親期望壓力」與變項「母親期望壓力」可以以一個潛在變項來取代，此主成分變數名稱可以命名為「家長期望壓力」（變數名稱為家長期望）。在主成分分析中，於「因子分析：產生因素分數」次對話視窗，勾選「☑因素儲存成變數（S）」選項，執行完因子分析程序後，會於資料檔新增一個因素分數變項「FAC1_2」。

三、主成分迴歸分析

1. 操作程序

→功能表執行「分析(A)」／「迴歸方法(R)」／「線性(L)」程序，開啟「線性迴歸」對話視窗。
→在左邊變數清單中選取效標變項「憂鬱傾向」至右方「依變數（D）」下的方格中。
→在左邊變數清單中選取投入迴歸模式的預測變項：「經濟壓力」、「家長期望」壓力、「學校壓力」等三個，將之點選至右邊「自變數（I）」下的方格中。
→在「方法（M）」右邊的下拉式選單中選取「強迫進入變數法」。
→按『統計量（S）……』鈕，開啟「線性迴歸：統計量」次對話視窗，勾選「☑估計值（E）」、「☑模式適合度（M）」、「☑共線性診斷（L）」等選項→按『繼續』鈕，回到「線性迴歸」對話視窗。

2. 輸出結果

表8-40　模式摘要

模式	R	R平方	調過後的R平方	估計的標準誤
1	.920(a)	.847	.843	8.893
(a) 預測變數：（常數），家長期望，學校壓力，經濟壓力。				

上表為迴歸模式摘要表，三個自變項與效標變項Y的多元相關係數（R）等於.920、決定係數（R^2）為.847、調整後的R平方等於.843、估計標準誤為8.892，R平方改變量（ΔR^2）等於.847，三個自變項共可解釋效標變項84.7%的變異量，自變項對依變項的解釋力相當高。在之前以原始五個自變項對依變項的複迴歸分析中，自變項對依變項的解釋變異量為84.7%，

變項「課堂壓力」、「考試壓力」改以其主成分「學校壓力」投入迴歸模式，「父親期望壓力」與「母親期望壓力」二個變項也改以其主成分「家長期望」投入迴歸模式，「經濟壓力」、「學校壓力」、「家長期望」壓力三個預測變項對效標變項的解釋變異量為84.7%，與原先相比幾乎沒有差異。

表8-41　變異數分析(b)

模式		平方和	自由度	平均平方和	F 檢定	顯著性
1	迴歸	55114.352	3	18371.451	232.299	.000(a)
	殘差	9964.756	126	79.085		
	總和	65079.108	129			
(a) 預測變數：（常數），家長期望，學校壓力，經濟壓力。						
(b) 依變數：憂鬱傾向						

上表為整體迴歸模式考驗的統計量，F值等於232.299，p=.000<.05，達到顯著水準，表示三個自變項中，至少有一個自變項的迴歸係數達到顯著，即迴歸模式中至少有一個迴歸係數不等於0，或者全部迴歸係數均顯著不等於0。家長期望壓力、學校壓力、經濟壓力三個自變項至少有一個變項對效標變項「憂鬱傾向」的解釋力是達到顯著的（p<.05）。

表8-42　係數(a)

模式		未標準化係數		標準化係數	t	顯著性	共線性統計量	
		B之估計值	標準誤	Beta分配			允差	VIF
1	（常數）	15.816	3.587		4.409	.000		
	經濟壓力	.830	.139	.365	5.954	.000	.323	3.100
	學校壓力	7.750	1.216	.345	6.373	.000	.415	2.412
	家長期望	6.877	1.240	.306	5.545	.000	.399	2.509

上表為迴歸模式個別參數的估計值，其中「經濟壓力」、主成分一「學校壓力」、主成分二「家長期望壓力」三個預測變項的標準化迴歸係數（β值）分別為.365、.345、.306，迴歸係數顯著性考驗的 t 值分別為5.954（p=.000<.05）、6.373（p=.000<.05）、5.545（p=.000<.05），均達到顯著水準，表示這三個自變項均能有效解釋效標變項。從共線性統計

量來看，原先投入五個自變項時，容忍度值介於.138至.311間、VIF值介於3.212至7.252間；而改以主成分迴歸分析時，容忍度值介於.323至.415間、VIF值介於2.412至3.100間，容忍度值（允差欄值）變大、VIF值變小，表示變項間發生多元共線性的可能性更小，甚至沒有多元共線性問題。

表8-43　共線性診斷(a)

模式	維度	特徵值	條件指標	變異數比例			
				（常數）	經濟壓力	學校壓力	家長期望
1	1	2.117	1.000	.01	.01	.03	.03
	2	1.535	1.174	.01	.00	.09	.09
	3	.326	2.548	.00	.00	.64	.61
	4	.022	9.774	.99	.99	.24	.28
(a) 依變數：憂鬱傾向。							

　　上表為共線性診斷結果，與原先複迴歸比較之下，條件指標值（CI）最大值由23.806變成為9.774，特徵值最小值由.010變成.022；再從變異數比例指標來看，沒有二個自變項在某一個特徵值之變異數比例值接近1或大於.65之情形，可見變項間沒有線性重合問題。因而經由主成分迴歸分析，以變項間抽取的主成分建構新的自變項（能測出變項共同特質的潛在變項），則可以有效解決預測變項間之多元共線性問題。

【表格範例】

表8-44　高職學生學校壓力、家長期望壓力、經濟壓力對其憂鬱傾向之複迴歸摘要表

變項名稱	非標準化迴歸係數	標準誤	標準化迴歸係數	t值
截距項	15.816	3.587		4.409
經濟壓力	.830	.139	.365	5.954***
學校壓力	7.750	1.216	.345	6.373***
家長期望	6.877	1.240	.306	5.545***
R = .920***	R^2 = .847	調整後R^2=.843		
***p<.001				

迴歸模式之非標準化迴歸方程式為：

憂鬱傾向 = 15.816 + .830×經濟壓力 + 7.750×學校壓力 + 6.877×家長期望壓力

迴歸模式之標準化迴歸方程式為：

憂鬱傾向＝.365×經濟壓力＋.345×學校壓力＋.306×家長期望壓力

　　從標準化迴歸係數β值可以看出，經濟壓力、學校壓力、家長期望壓力對高職學生憂鬱傾向的影響程度均為正向，表示學生感受愈高的經濟壓力、學校壓力與家長期望壓力，則其憂鬱傾向的程度就會愈高；相對的，學生感受愈低的經濟壓力、學校壓力與家長期望壓力，則其知覺的憂鬱傾向的程度就會愈低。

CHAPTER

9

因素分析

因素是一種潛在特質或無法觀察的屬性，又稱為潛在構念（*Lattin et al., 2003, p. 128*）。

壹、因素分析的相關理論

因素分析（factor analysis）與主成分分析都是縮減變數的方法，達到資料簡化的目標，在性質上二者有某些相似之處，但在目的與程序中二者也有相異的地方。因素分析是主成分分析的擴展，因素分析最早發展於1904年，由學者C. Spearman所提出，用於解釋學生各學科之學習表現，以了解學生智商與學業成績間的相關情形。Spearman假定學生於不同學科的學業表現間是互有相關的（intercorrelated），而學生一般智力變項可以解釋此種互有關聯的情形，Spearman認定的智力就是學科變項間的共同因素。

因素分析用於偵測一組變項間的組型（patterns），這一組變項通常被視為依變項，其目的在於減少測量變項的數目，使之變為一組較少的潛在因素，這些因素也可視為「潛在自變項」（latent independent variables），之前的測量變項可稱作可觀察的依變項，因素分析是這些觀察依變項配對關係的脈絡。就統計觀點而言，因素分析的主要目標在於發現一系列因素，這些因素可以解釋變項組型關聯的程度，此即為簡約作用或資料簡化（data reduction），簡約功能在於從資料檔中抽取最少數可以解釋的因素，與原資料相比，這些因素不會遺失重要資訊。因素分析有三種不同型態：一為強調以較少的一系列因素取代原先較多的資料變項；二為導出沒有相關的因素，以因素作為迴歸分析的預測變項，以解決多元共線性問題；三為著重於資料變項潛在因素的使用，以潛在因素來解釋分析原始資料的組型。上述變項簡化、心理計量與因素分析的理論應用取向雖然不同，但實務應用上是有重疊的，三者間是有所關聯的（*Spicer, 2005, pp. 181-182*）。下圖為因素分析的概念圖，左邊小方框為指標變項，將相關較為密切的指標變項作類似集群分析，原先二十個指標變項，可以簡化為以三個共同因素F1、F2、F3來表示。

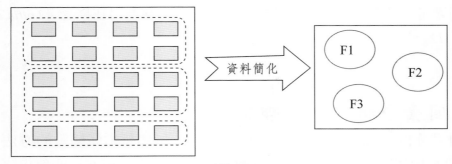

圖9-1

　　因素分析是主成分分析的擴大應用，二者分析型態的結果是類似的，但二者的分析取向有所不同，主成分分析只將原始變項進行變項線性組合的轉換，以三或四個變項的線性組合（主成分）解釋原始變項的大部分的變異，因素分析是要抽取出能解釋原始變項量測值的潛在因素（構念），達到資料簡化的目標。若是獨特變異量很小，則因素分析與主成分分析的結果會較為類似；但相對的，如果獨特變異量較大，則分析結果會偏向於主成分分析部分；此外，若是觀察變項間均沒有相關，則採用因素分析與主成分分析結果也會較為類似（*Everitt & Dunn, 2001, p. 287*）。

　　綜合因素分析與主成分分析二者的主要差異點如下（*Everitt & Dunn, 2001, p. 287; Stevens, 2002, p. 410*；林師模、陳苑欽，2006；陳順宇，2005）：

1. 主成分分析較偏重在分析及應用原有資料變項的變異，而因素分析則關注於探討原始指標變數的交互影響關係；在主成分分析中，原始變數是用來組成新的變項（主成分），因而可稱為「形成性指標」（formative indicators），在因素分析中，原始指標變數是用來反映潛在因素或構念的存在，因而是一種「反映性指標」（reflective indicators）。

2. 二者的假定不同，因素分析的假定是從原始指標變項來估計因素或潛在構念，主成分分析中的成分是原始變數特定的線性組合，未包含「估計」（estimate）的程序；在因素分析中，共同性（比1小的數值）是置放於相關矩陣主要對角線上。

3. 主成分分析主要為變異數取向，萃取的成分盡可能解釋所有原始變

項最大的總變異量，而因素分析則以共變異數為取向，其所關注的是每個指標變數與其他變數間共同分享部分的大小；此外，主成分分析中變數使用不同的量測單位，所獲致的結果便不同，因而它是一種「單位變量」；而因素分析是單位不變量，不論採用相關矩陣或標準化量測所獲得的結果均是相同的。

4. 主成分分析目的主要在於資料簡化，萃取的成分不用進行成分轉軸；但因素分析在於指標變數的分群，萃取的因素必須加以轉軸，才能達到變數分群的目的，若未進行轉軸程序，則萃取的因素無法賦予有意義的構念名稱。

5. 因素分析程序會從資料檔中建構一個因素模式，而主成分分析通常會用建構模式；主成分分析之主成分分數的計算比較直接簡易，因素分析之因素分析計算較為複雜，估算的方法較為多元。

6. 因素分析藉著少數共同因素解釋觀察變項間的共變或相關程度，主成分分析則較關注萃取成分對觀察變項變異的解釋多寡；在主成分分析中，樣本相關矩陣的主成分與樣本共變異數矩陣的主成分間沒有相關，在最大概似法因素分析中，樣本相關矩陣與樣本共變異數矩陣分析的結果一樣。

7. 因素分析是主成分分析應用的擴展，主成分分析法只是其抽取共同因素的方法之一，因素分析的結果更能對抽取共同因素予以合理的解釋。經由主成分分析萃取的潛在變項（latent variables）通稱為「成分」（components），經由因素分析萃取的潛在變項通稱為「因素」（factors），因素又稱為「層面」、「潛在構念」，因素分析程序更能了解不同資料型態的組型。

以下以某企業組織在普通類科七項甄選考試的項目為例，說明因素分析中相關的術語。十五位受試者在七個項目的原始測量值如下：

表9-1

受試者	字義	語詞	閱讀	作文	推理	空間	計算
A	5	8	10	8	7	7	6
B	8	7	9	8	8	9	8

（續上頁表）

C	9	8	8	4	5	5	5
D	8	9	6	8	6	6	5
E	9	8	10	8	7	9	9
F	9	5	9	9	6	8	10
G	10	8	5	8	10	10	10
H	10	8	9	10	9	8	9
I	3	4	3	4	5	5	8
J	2	4	3	3	8	6	6
K	1	4	1	4	4	3	4
L	4	3	8	4	6	5	5
M	6	3	3	6	4	4	5
N	5	5	4	4	7	7	5
O	6	5	6	5	8	8	9
平均數	6.33	5.93	6.27	6.20	6.67	6.67	6.93
標準差	2.94	2.12	2.96	2.31	1.76	2.02	2.12

七個變項的相關矩陣如下：

表9-2

變項	字義 （X1）	語詞 （X2）	閱讀 （X3）	作文 （X4）	推理 （X5）	空間 （X6）	計算 （X7）
字義（X1）	1.000						
語詞（X2）	.713	1.000					
閱讀（X3）	.652	.583	1.000				
作文（X4）	.758	.646	.640	1.000			
推理（X5）	.437	.453	.347	.423	1.000		
空間（X6）	.679	.560	.576	.643	.849	1.000	
計算（X7）	.576	.285	.412	.587	.626	.810	1.000

下圖為一個因素測量模式，字義（X1）、語詞（X2）、閱讀（X3）、作文（X4）四個變項稱為觀察變項或指標變項（indicator）或量測（measure），這些變項的測量值是可以由觀察或由受試者測驗成績，或由受試者以自陳量表等方式蒐集。四個測量指標在於測出受試者無法觀察到的潛在特質（變項FACT）或潛在特徵，此潛在特質即稱為「共同因素」（common factor）或「潛在因素」（latent factor），或稱為「構

念」／「潛在構念」（construct），潛在因素是影響字義（X1）、語詞（X2）、閱讀（X3）、作文（X4）四個指標變項的共同因子，也是導致字義（X1）、語詞（X2）、閱讀（X3）、作文（X4）四個變項間互有關聯的潛在因素（無法觀察的構念）。測量指標是可觀察的變項（又稱為顯性變項），如題項、行為、外在生理特質等。在探索性因素分析中，共同因素通常以符號「ξ」表示，一因素模式中測驗X_i之觀察分數是因素ξ的函數再加上一個獨特因素（以符號e、δ、ε表示），獨特因素為測量變項的測量誤差（measurement error），因為獨特因素只影響到其測量指標變項，因而獨特因素彼此間是沒有相關的，即其相關係數等於0，此外獨特因素與潛在共同因素間也沒有相關。

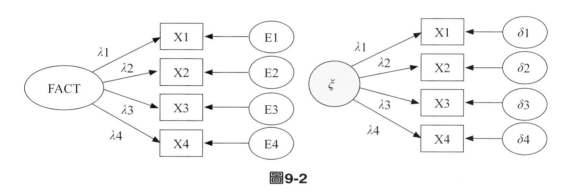

圖9-2

共同因素與各指標變項間的函數關係為一系列迴歸方程式，其中Λ_1、Λ_2、Λ_3、Λ_4稱為「因素負荷量」（factor loading），此因素負荷量又稱「組型負荷量」（pattern loading）。有共同因素之多個測量指標變項間雖有互有關聯性，但由於測量指標是一個量測值，因而會有測量誤差存在，變項ε_1、ε_2、ε_3、ε_4（或δ_1、δ_2、δ_3、δ_4）為指標變項的誤差項（error term），此誤差項又稱獨特因素（unique factor）。在因素模式中，指標變項／觀察變項以方形物件□表示，潛在因素／構念與獨特因素／誤差項以橢圓形物件○表示，另以單箭頭→表示變項間的因果關係，箭頭的起始點為因變項、箭頭所指的變項為果。共同因素模型的標準化假定為：「獨特因素間沒有相關、獨特因素與潛在共同因素ξ間也沒有相關。」單因素模式之模式方程如下（p為測量變項個數）：

$$X_1=\Lambda_1 \times FACT+E_1=\Lambda_1\zeta+\varepsilon_1$$
$$X_2=\Lambda_2 \times FACT+E_2=\Lambda_2\zeta+\varepsilon_2$$
$$X_3=\Lambda_3 \times FACT+E_3=\Lambda_3\zeta+\varepsilon_3$$
$$X_4=\Lambda_4 \times FACT+E_4=\Lambda_4\zeta+\varepsilon_4$$
$$\cdots\cdots$$
$$X_p=\Lambda_p \times FACT+E_p=\Lambda_p\zeta+\varepsilon_p$$

如果假定所有X與共同因素ζ均是標準化變項（平均數等於0、標準差等於1），則X_i的變異量可以分解為：$Var(X_i)=Var(\Lambda_1\zeta+\varepsilon_1)=\Lambda_1^2+Var(\varepsilon_1)=1$。因為變項均為標準化分數，因而$\Lambda_i$（因素負荷量）可以解釋為相關係數，而$\Lambda_i^2$可解釋為測量變項$X_i$可以被共同因素$\zeta$解釋的變異部分，$\Lambda_i^2$數值稱為測量變項的$X_i$「共同性」（communality），測量變項$X_i$被獨特因素解釋的變異部分為$1-\Lambda_i^2$。如果測量變項$X_i$的共同性接近1，表示此測量變項幾乎完美的可測量出潛在共同因素ζ；相反的，若是測量變項X_i的共同性接近0，表示測量變項X_i幾乎無法反映潛在共同因素ζ，此時，潛在共同因素ζ的變異完全是獨特因素（誤差項）所造成的（*Lattin et al., 2003, p. 133*）。

多因子模式的模型圖如下：左邊的模型圖表示二個共同因素間沒有相關（因素軸間成直角）、右邊的模型圖表示二個共同因素間有相關（因素軸間並不是成直角90度），因素軸間沒有相關的因素結構又稱為「正交／直交」模型。

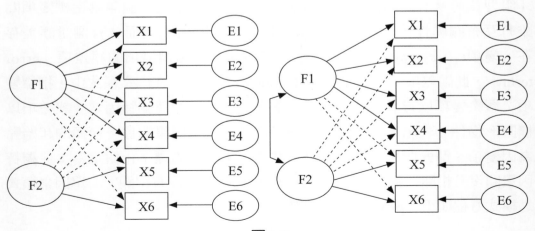

圖9-3

二因素模式的數學函數表示如下（p為變項數）：

$$X_1=\Lambda_{11}\times F1+\Lambda_{12}\times F2+E_1=\Lambda_{11}\zeta_1+\Lambda_{12}\zeta_2+\varepsilon_1$$
$$X_2=\Lambda_{21}\times F1+\Lambda_{22}\times F2+E_2=\Lambda_{21}\zeta_1+\Lambda_{22}\zeta_2+\varepsilon_2$$
$$X_3=\Lambda_{31}\times F1+\Lambda_{32}\times F2+E_3=\Lambda_{31}\zeta_1+\Lambda_{32}\zeta_2+\varepsilon_3$$
$$\cdots\cdots$$
$$X_p=\Lambda_{P1}\times F1+\Lambda_{P2}\times F2+E_p=\Lambda_{P1}\zeta_1+\Lambda_{P2}\zeta_2+\varepsilon_p$$

　　主成分分析和探索性因素分析的差異點之一為共同因素模式中的獨特因素，因為獨特因素被假定為互斥沒有相關，且與潛在共同因素間互為獨立，共同因素只對應於共變數矩陣的主對角線元素，任何測量變項的變異可從共變數矩陣的對角線元素加以判定：

$$Var(X_i)=Var(\Lambda_{i1}\zeta_1+\Lambda_{i2}\zeta_2+\varepsilon_i)$$

　　假定共同因素也是標準化（變異數等於1），排除矩陣中所有非對角元素之共變數，則測量變項X_i的變異可分解為：

$$Var(X_i)=Var(\Lambda_{i1}{}^2+\Lambda_{i2}{}^2+Var(\varepsilon_i)=\Lambda_{i1}{}^2+\Lambda_{i2}{}^2+\theta_i{}^2$$

　　獨特因素會呈現於共變數矩陣S的主對角線。在主成分分析中，相關矩陣主對角元素數值為1，在共同因素模式中，相關矩陣主對角元素數值為$1-\theta_i{}^2$（1減獨特性變異量即為共同性數值），相關矩陣以共同性數值取代即為「主軸因素分析法」（principal axis factoring）的分析程序（*Lattin et al., 2003, pp. 134-135*）。

　　若有p個指標變項、m個共同因素，Λ_{PM}為第p個變數在第m個共同因素的型態負荷量，ε_p是第p個變數的唯一性因素，則多因素模式之指標變項的數學式為：

$$X_1=\Lambda_{11}\zeta_1+\Lambda_{12}\zeta_2+\Lambda_{13}\zeta_3+\cdots\cdots+\Lambda_{1M}\zeta_M+\varepsilon_1$$
$$X_2=\Lambda_{21}\zeta_1+\Lambda_{22}\zeta_2+\Lambda_{23}\zeta_3+\cdots\cdots+\Lambda_{2M}\zeta_M+\varepsilon_2$$

......

$$X_p = \Lambda_{P1}\zeta_1 + \Lambda_{P2}\zeta_2 + \Lambda_{P3}\zeta_3 + \cdots\cdots + \Lambda_{PM}\zeta_M + \varepsilon_p$$

若以矩陣表示，數學式為：$X = \Lambda \times \zeta + \varepsilon$，其中X是p×1之變數向量、$\Lambda$是p×m之型態負荷矩陣、$\zeta$是m×1之無法觀察的因素向量、$\varepsilon$是p×1之唯一性因素（或稱獨特性）向量。

指標變數向量=因素組型矩陣×潛在因素向量+獨特因素向量。以向量及矩陣表示為：

$$\begin{bmatrix} X_1 \\ X_2 \\ \cdot \\ X_P \end{bmatrix} = \begin{bmatrix} \lambda_{11} & \lambda_{12} & \cdot & \lambda_{1m} \\ \lambda_{21} & \lambda_{22} & \cdot & \lambda_{2m} \\ \cdot & \cdot & \cdot & \cdot \\ \lambda_{p1} & \lambda_{p2} & \cdot & \lambda_{pm} \end{bmatrix} \times \begin{bmatrix} \zeta_1 \\ \zeta_2 \\ \cdot \\ \zeta_P \end{bmatrix} \begin{bmatrix} \varepsilon_1 \\ \varepsilon_2 \\ \cdot \\ \varepsilon_P \end{bmatrix}$$

其中共同因素ζ間互斥沒有相關的，獨特因素ε間是互斥沒有相關的，其數值為共變數陣之對角線元素，共同因素ζ獨特因素ε間是互為獨立沒有相關。

字義（X1）、語詞（X2）、閱讀（X3）、作文（X4）四個變項的單因素模型圖加入組型負荷量及誤差值如下：

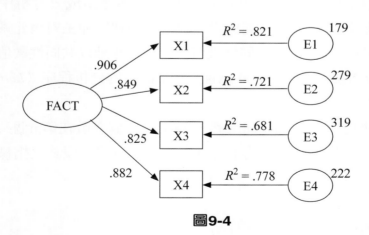

圖9-4

　　因素分析之因素萃取（extraction）若從矩陣代數的觀點而言，矩陣在特定條件下可以進行對角轉換（diagonalized），測量變數之相關矩陣或共變數矩陣多數均可以進行對角轉換程序，矩陣的對角轉換即是將各向量轉換為正的對角線矩陣向量，矩陣中的非對角線元素均為0，在應用上，正對角線矩陣的個數表示從相關矩陣中抽取的變異量，一個相關矩陣的對角矩陣等於相關矩陣本身乘於一組特徵向量（eigenvectors）V再乘於特徵向量V的轉置矩陣V'，以符號表示為：$L=V'RV$。符號中，L矩陣為相關矩陣R的對角矩陣，向量矩陣V稱為特徵向量，特徵向量矩陣的轉置矩陣乘於原特徵向量矩陣，會變成單元矩陣（主對角線數值均為1，非對角線的元素均為0）：$V'V=I$。對角矩陣L的主對角線元素稱為「特徵值」（eigenvalues），第一個特徵向量會對應於第一個特徵值、第二個特徵向量會對應於第二個特徵值，特徵值即萃取共同因素對測量變項的解釋變異量，L矩陣中非主對角線的元素均為0，表示萃取之因素間呈直交關係。範例中，有七個測量變項，相關矩陣為7×7矩陣，因而會有七個特徵向量，與七個特徵向量相對應的也有七個特徵值，因素分析的目的在於簡化相關的組型，使之盡可能成為少數幾個因素，因為每個特徵值反映不同的潛在因素構念，因素分析中通常只保留特徵值較大者，一個良好的因素分析，所保留的較少因素通常幾乎可再製原先變項的相關矩陣。在因素分析中，測量變項的相關矩陣之變異量可以簡化為特徵值，最大特徵值會有最大的解釋變異量，較小或負的特徵值通會從因素解中被排除掉（*Tabachnick & Fidell, 2007, pp. 617-618*）。

【備註】：矩陣的轉置（transpose）即將矩陣的列向量改為行向量、行向量改為列向量，求矩陣轉置矩陣的試算表函數為「{=TRANSPOSE（陣列範圍）}」，符號「{}」表示矩陣並非在單一儲存格，函數對話視窗中，不能按『確定』鈕，要同時按『Ctrl』＋『Shift』＋『Enter』三個組合鍵。

　　以「字義」、「語詞」、「閱讀」、「作文」四個變數作為測量變項，執行SPSS「分析（A）」／「資料縮減」／「因子（F）」程序，輸出之共同性與組型負荷量如下：

表9-3　共同性

	初始	萃取
字義	1.000	.821
語詞	1.000	.720
閱讀	1.000	.681
作文	1.000	.777

四個變項最後的共同性分別為.821、.720、.681、.777。

表9-4　成分矩陣（a）

	成分
	1
字義	.906
語詞	.849
閱讀	.825
作文	.882

萃取方法：主成分分析。

採用主成分分析法共同因素一四個測量變項的因素負荷量分別為.906、.849、.825、.882。

表9-5　單因素模式的組型負荷量、共同性與誤差值一覽表

變數	組型負荷量	結構負荷量	共同性	誤差值（獨特性平方）	分享變異數
X1（字義）	0.906	0.906	0.821	0.179	0.821
X2（語詞）	0.849	0.849	0.721	0.279	0.721
X3（閱讀）	0.825	0.825	0.681	0.319	0.681
X4（作文）	0.882	0.882	0.778	0.222	0.778
總和			3.000	1.000	3.000
加總值			4.000		（特徵值）

從上表中可以發現：任何一個指標變項的總變異數分成二個部分，一為共同因子可以解釋指標變項的變異，此變異為組型負荷量值的平方，此數值稱為「共同性」（communality），共同性的數值愈大，表示指標變項愈能測出潛在特質，變項是個可靠性佳的量測；二為指標變項的誤差變異

量（error variance），誤差變異量為指標變項變異量減掉指標變項與共同因素的共同性，此數值又稱為唯一性（unique）變異或獨特性（specific）變異，獨特性數值為獨特性變異量的開平方根值。

任何一個指標變項與潛在因素間的簡單相關值稱為「結構負荷量」（structure loading），在直交轉軸中（假定共同因素間沒有相關，因素軸間成90度）結構負荷量數值（第j個變數與第p個共同因素之相關係數）會等於該指標變數在第p個因素上之組型負荷量數值。但若是共同因素間之相關係數不等於0（彼此間的夾角不等於90度），則第j個變數與第p個共同因素之相關係數不會等於該指標變數在第p個因素上之組型負荷量數值，即結構負荷量數值與組型負荷量數值不會一樣。

從幾何觀點而言，二個測量變項（X_1 & X_2）分別以二個向量（vectors）表示，每個向量表示一個測量變項，二個向量夾角的cosine值就等於二個變項間的相關。因而二個測量變項間的相關可以從二個向量之夾角角度θ來判別，若是二個變項的相關係數值為1.00，則二個向量的夾角角度θ為0度；相對的，如果二個變項的相關係數值為0.00，則二個向量的夾角角度θ為90度，此時二個測量變項彼此間沒有相關或成直交（orthogonal），二個向量的夾角角度θ介於0度至90度之間，表示二個變項間有不同程度的線性關係，二個向量的夾角角度θ愈小，表示二個測量變項的相關愈高，如二個向量的夾角角度θ為45度，則二個測量變項間的相關就等於.71，cos(45)=.71=r。因素分析中的因素負荷量（factor loading）也是一種相關，表示的是每個測量變項與萃取因素間的相關，如果共同因素彼此間沒有相關，即成一種直交關係；若是共同因素彼此間有相關，則因素間的夾角就不會等於90度（*Warner, 2008, pp. 793-794*）。

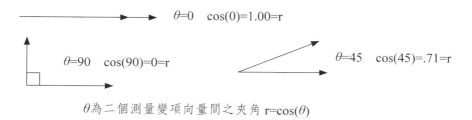

θ為二個測量變項向量間之夾角 r=cos(θ)

圖9-5

結構負荷量的平方值是指標變項與其因素間「共享變異量」（shared variance），共享變異量亦即是指標與其因素間的共同性，共同性通常用評估指標變項是否是其因素良好或可靠的量測，共享變異（共同性）數值愈大，表示指標變項是一個較佳的量測或有效的量測值，由於共同性等於結構負荷量平方和，因而結構負荷量也可以用來評估指標變項與潛在構念間關聯的程度。任何二個指標變項的相關係數等於其組型負荷量的乘積。利用共同因素之組型負荷量導出的相關係數稱為「再製相關係數」（reproduced correlation coefficient），再製相關係數與原先變數間相關係數的差異值稱為「殘差相關係數」（residual correlation coefficient），殘差係數愈大，表示共同因素對原始指標變數之相關矩陣的解釋力愈低；相對的，殘差係數愈小，表示共同因素對原始指標變數之相關矩陣的解釋力愈高。因素分析程序中相關的矩陣符號與意義如下表（*Tabachnick & Fidell*, *2007, p. 616*）：

表9-6

符號	名稱	轉軸	大小	意義
R	相關矩陣	直交、斜交	$p \times p$	變數間的相關矩陣
Z	變項矩陣	直交、斜交	$N \times p$	標準化觀察變項分數矩陣
F	因素分數矩陣	直交、斜交	$N \times m$	因素或成分標準化分數矩陣
A	因素負荷量矩陣 組型矩陣	直交 斜交	$p \times m$	類似迴歸分析加權，用以估計每個因素變項變異的獨特貢獻，如果是直交，表示的是變項與因素間的相關矩陣
B	因素分數係數矩陣	直交、斜交	$p \times m$	類似迴歸分析加權，用以從變項中產生因素分數
C	結構矩陣	斜交	$p \times m$	變項和有關因素間的相關矩陣
Φ	因素相關矩陣	斜交	$m \times m$	因素間的相關矩陣
L	特徵值矩陣（特質根值／潛在根值）	直交、斜交	$m \times m$	特徵值對角線矩陣，每個特徵值表示一個因素
V	特徵向量矩陣（特質向量）	直交、斜交	$p \times m$	特徵向量矩陣，一個向量表示一個特徵值

註：p為變項個數、N為樣本總數、m為萃取之因素或成分個數。

範例中「推理」、「空間」、「計算」三個測量變項為例，觀察變項之原始相關矩陣如下：「推理」變項與「空間」、「計算」間的相關係數

分別為.849、.625；「空間」、「計算」測量變項間的相關係數為.810，三者呈現中高度的正相關。

表9-7　原始測量變項之相關矩陣（a）

		推理	空間	計算
相關	推理	1.000	.849	.626
	空間	.849	1.000	.810
	計算	.626	.810	1.000
(a) 行列式 = .092。				

　　根據測量變項與萃取共同因素之成分矩陣導出之再製相關矩陣及殘差矩陣如下，如果研究者萃取的共同因素F等於原始測量變項數p，則再製相關矩陣會等於原始測量變項之相關矩陣，此時殘差相關矩陣中的元素均等於0。原始觀察變項相關矩陣與再製相關矩陣的差異稱為殘差相關矩陣，以符號表示為：$R_{res} = R - \overline{R}$ 。

表9-8　SPSS輸出之再製相關矩陣與殘差矩陣

		推理	空間	計算
重製相關	推理	.810(b)	.872	.794
	空間	.872	.938(b)	.855
	計算	.794	.855	.779(b)
殘差(a)	推理		−.023	−.169
	空間	−.023		−.045
	計算	−.169	−.045	

　　再製相關矩陣由「成分矩陣」中的係數值計算而得，成分矩陣中的數值為因素負荷量，因素負荷量表示的是每個測量變項與共同因素間的相關，因素負荷量的絕對值愈大，表示測量變項與共同因素的關係愈密切，二者分享的變異量愈多（變異量為因素負荷量的平方）。再製相關矩陣中的元素求法如下：

　　推理 & 空間=.900×.969=.872、空間 & 計算=.969×.883=.855、計算 & 推理=.883×.900=.794、推理 & 推理=.900×.900=.810、空間 & 空間=.969×.969=.938、計算 & 計算=.883×.883=.779。原始變項相關矩陣非

對角元素減去再製相關矩陣相對應的元素即為殘差矩陣中的元素數值：如「推理 & 空間」=.849−872=−.023、「推理 & 計算」=.626−.794=−.168、「空間 & 計算」=.810−.855=−.045。一個良好的因素分析結果，殘差相關矩陣的各元素要接近0，若殘差相關矩陣中元素的數值愈小，表示原始變項的相關矩陣與由因素負荷量導出之相關矩陣的差異愈小。

表9-9　成分矩陣

	成分1
推理	.900
空間	.969
計算	.883

　　因素分析假定觀察值在所有指標變項上的反應或量測值主要由二個部分組成，一為各指標變數共有的部分（能測出共同特質構念的部分），此部分稱為「共同因素」（common factor）；二為各指標變項個別擁有的獨特部分，此部分是其餘指標變項沒有的，稱為「獨特因素」（unique factor），各指標變項的獨特因素間沒有相關，而獨特因素與共同因素間也沒有相關。由於每個指標變數均有一個獨特因素，因而一份有p個指標變數的量表，便有p個獨特因素，也會有p個主成分，但由於研究者通常只保留前面幾個解釋變異較大的共同因素／主成分，因而共同因素的數目會少於指標變數的數目。

$$Z_{ji}=a_{j1}F_{1i}+a_{j2}F_{2i}+a_{j3}F_{3i}+\cdots\cdots+a_{jk}F_{ki}+e_jU_{ji}$$

　　上述中a_{jp}是共同因素的加權係數或因素權重（factor weight），表示第p個共同因素能對第j個變數變異解釋的程度，因素權重即組型負荷量（因素負荷量），e_j是第j個變數之獨特因素的權重，因素是所有變項的加權組合，嚴格來講，原始變項既不是自變項也不是依變項，但在因素分析程序中可將其視為潛在因素的依變項。假定共同因素間沒有相關存在，則共同性為：

$h_j^2=a_{j1}^2+a_{j2}^2+a_{j3}^2+\cdots\cdots+a_{jk}^2$，共同性為所有共同因素與指標變項間之

共同變異量或共享變異量（shared variance），共同性通常以符號h_j^2表示，至於共同因素無法解釋指標變項的變異部分，稱為指標變數的獨特變異量（specific variance）或唯一變異量，簡稱為「獨特性」（specificity/uniqueness）。因而就第j個指標變項而言，所有觀察值在第j變項的總變異量可以分割為「共同變異」與「獨特變異」二部分，以數學符號表示為：$\sigma_j^2=h_j^2+e_j^2=$ ｛共同變異量｝＋｛獨特變異量｝。其中獨特變異量為獨特性的平方值。

在主成分分析中，假定所有主成分（共同因素）彼此間均沒有相關，其相關係數為0，而且沒有考量到指標變項的誤差項（獨特因素），指標變數的線性組合為：

$$Z_{ji}=a_{j1}F_{1i}+a_{j2}F_{2i}+a_{j3}F_{3i}+\cdots\cdots+a_{jk}F_{ki}$$

其中共同性$h_j^2=a_{j1}^2+a_{j2}^2+a_{j3}^2+\cdots\cdots+a_{jk}^2=1$

範例資料結構中七個測量變項執行SPSS「分析（A）」／「資料縮減」／「因子（F）」程序，輸出之組型負荷量（成分矩陣）、轉軸後的成分矩陣與成分轉換矩陣如下：

表9-10　成分矩陣（組型負荷量矩陣）

	成分	
	1	2
字義	.862	.273
語詞	.752	.417
閱讀	.746	.377
作文	.840	.251
推理	.733	−.524
空間	.913	−.337
計算	.768	‾.455

萃取方法：主成分分析。
(a) 萃取了2個成分。

成分矩陣中的數值為未轉軸前的因素負荷量，未轉軸的成分矩陣中，多數的測量指標變數與第一個共同因素間的相關均較高。

表9-11　轉軸後的成分矩陣（a）

	成分	
	1	2
字義	.825	.370
語詞	.839	.189
閱讀	.808	.216
作文	.793	.372
推理	.198	.879
空間	.457	.859
計算	.270	.850

採用最大變異法之直交轉軸法後，使得共同因素對測量變項的解釋變異的差異變大，如此，很容易將測量變項分為數個群組。

表9-12　成分轉換矩陣

成分	1	2
1	.746	.666
2	.666	−.746

轉軸後的成分矩陣為未轉軸的因素負荷量矩陣乘上成分轉換矩陣，範例資料檔中為：

$$\begin{bmatrix} .862 & .273 \\ .752 & .417 \\ .746 & .377 \\ .840 & .251 \\ .733 & -.524 \\ .913 & -.337 \\ .768 & -.455 \end{bmatrix} \times \begin{bmatrix} .746 & .666 \\ .666 & -.746 \end{bmatrix} = \begin{bmatrix} .825 & .370 \\ .839 & .189 \\ .808 & .216 \\ .793 & .372 \\ .198 & .879 \\ .457 & .859 \\ .270 & .850 \end{bmatrix}$$

由於未轉軸的成分矩陣為7×2階、成分轉換矩陣為2×2階，二個矩陣相乘後為7×2階的矩陣，矩陣相乘的試算表函數語法為「{=MMULT（陣列一範圍，陣列二範圍）}」。

表9-13　雙因素模式的組型負荷量、共同性與誤差值一覽表（未轉軸前）

變數	組型負荷量（共同因素1）	組型負荷量（共同因素2）	共享變異數	共享變異數	共同性	唯一性變異量
X1（字義）	0.862	0.273	0.743	0.075	0.818	0.182
X2（語詞）	0.752	0.417	0.566	0.174	0.739	0.261
X3（閱讀）	0.746	0.377	0.557	0.142	0.699	0.301
X4（作文）	0.840	0.251	0.706	0.063	0.769	0.231
X5（推理）	0.733	−0.524	0.537	0.275	0.812	0.188
X6（空間）	0.913	−0.337	0.834	0.114	0.947	0.053
X7（計算）	0.768	−0.455	0.590	0.207	0.797	0.203
總和	5.614	0.002	4.531（特徵值）	1.049（特徵值）	5.580	1.420
加總值			5.58		7.000	

表9-14　雙因素模式的組型負荷量、共同性與誤差值一覽表（直交轉軸後）

變項名稱	型態負荷量	型態負荷量	共享變異數	共享變異數	共同性	唯一性變異量	獨特性
X1（字義）	0.825	0.370	0.681	0.137	0.818	0.182	0.427
X2（語詞）	0.839	0.189	0.704	0.036	0.740	0.260	0.510
X3（閱讀）	0.808	0.216	0.653	0.047	0.700	0.300	0.548
X4（作文）	0.793	0.372	0.629	0.138	0.767	0.233	0.483
X5（推理）	0.198	0.879	0.039	0.773	0.812	0.188	0.434
X6（空間）	0.457	0.859	0.209	0.738	0.947	0.053	0.230
X7（計算）	0.270	0.850	0.073	0.723	0.795	0.205	0.453
總和	4.190	3.735	2.987（特徵值）	2.591（特徵值）	5.578	1.422	
			5.58		7.000		

　　表中獨特性變異量（specific variances）為1減共同性數值，獨特性為獨特性變異量的平方根。$\sigma^2_i = 1 = h_i^2 + \psi_i = h_i^2 + e_i^2$，採用直交轉軸法時，轉軸前二個共同因素對所有測量指標變項解釋的變異量和，等於轉軸後二個共同因素對所有測量指標變項解釋的變異量和，即轉軸前七個測量指標變項之因素負荷量平方的總和，會等於轉軸前七個測量指標變項之因素負荷量平方的總和（範例中為5.58，此數值即特徵值）。從轉軸後的組型負荷量（因素負荷量）可以看出，測量變項X1、X2、X3、X4與共同因素一的關

係較為密切，測量變項X5、X6、X7與共同因素二的關係較為密切，共同因素一可以命名為「語文能力」，共同因素二可以命名為「數學能力」。七項甄選考試科目經直交轉軸後之因素分析結果摘要表如下：

【表格範例】

表9-15

變項名稱	語文能力型態負荷量	數學能力型態負荷量	共同性	獨特性
X1（字義）	0.825	0.370	0.818	0.427
X2（語詞）	0.839	0.189	0.740	0.510
X3（閱讀）	0.808	0.216	0.700	0.548
X4（作文）	0.793	0.372	0.767	0.483
X5（推理）	0.198	0.879	0.812	0.434
X6（空間）	0.457	0.859	0.947	0.230
X7（計算）	0.270	0.850	0.795	0.453
特徵值	2.987	2.591	5.578	
解釋變異%	42.7%	37.0%		
累積解釋變異%	42.7%	79.7%		

以四個變項抽取二個共同因素為例，四個變項的線性組合分別為：

$$Z_1=a_{11}F_1+a_{12}F_2+U_1 \text{、} Z_2=a_{21}F_1+a_{22}F_2+U_2$$
$$Z_3=a_{31}F_1+a_{32}F_2+U_3 \text{、} Z_4=a_{41}F_1+a_{42}F_2+U_4$$

其萃取之因素矩陣、共同性、特徵值與獨特性如下：

表9-16

變項	F_1（共同因素一）	F_2（共同因素二）	共同性 h^2	獨特性變異量	獨特性
X_1	a_{11}	a_{12}	$a_{11}^2+a_{12}^2$	$1-h_1^2$	$\sqrt{1-h_1^2}$
X_2	a_{21}	a_{22}	$a_{21}^2+a_{22}^2$	$1-h_2^2$	$\sqrt{1-h_2^2}$

（續上頁表）

X_3	a_{31}	a_{32}	$a_{31}^2 + a_{32}^2$	$1-h_3^2$	$\sqrt{1-h_3^2}$
X_4	a_{41}	a_{42}	$a_{41}^2 + a_{42}^2$	$1-h_4^2$	$\sqrt{1-h_4^2}$
特徵值	$a_{11}^2 + a_{21}^2 + a_{31}^2 + a_{41}^2$	$a_{12}^2 + a_{22}^2 + a_{32}^2 + a_{42}^2$			
解釋量	$\dfrac{(a_{11}^2 + a_{21}^2 + a_{31}^2 + a_{41}^2)}{4}$	$\dfrac{(a_{12}^2 + a_{22}^2 + a_{32}^2 + a_{42}^2)}{4}$			
	解釋量為特徵值除以指標變項個數。				

　　因素與變項間相關的因素負荷量可以由之前$L=V'RV$導出，測量變項之相關矩陣由三個矩陣相乘得出，特徵向量矩陣（V）、特徵值矩陣（L）、特徵向量矩陣的轉置矩陣，以符號表示為：$R=VLV'$，其中特徵值矩陣（L）可以切割為二個平方根值：$R= (V)\sqrt{L}\sqrt{L}\,(V')= (V\times\sqrt{L})(\sqrt{L}\times V')$ $=AA'$，相關矩陣可視為是二組特徵向量矩陣與特徵值平方根矩陣的乘積。其中A被定義為因素負荷量矩陣（factor loading matrix），此矩陣等於$V\times\sqrt{L}=A$，因而相關矩陣也可視為是因素負荷量矩陣與因素負荷量矩陣轉置矩陣的乘積，$R=AA'$被視為是因素分析中基本方程，如果要完全再製相關矩陣，必須使用到所有特徵值與特徵向量。根據變項與因素間相關的因素負荷量矩陣A與相關矩陣的反矩陣R^{-1}，可以導出因素分數係數（factor score coefficients），因素分數係數類似於複迴歸分析中的迴歸係數，以符號表示為：$B=R^{-1}A$，因素分數係數矩陣為因素負荷量矩陣A與相關矩陣的反矩陣R^{-1}的乘積，為了估計每位觀察值的因素分數，必須將將所有觀察值的原始分數轉換為標準分數，因素分數（factor scores）等於測量變項的標準分數乘於因素分數係數，以符號表示為：F=ZB (*Tabachnick & Fidell, 2007, pp. 619-623*)。

　　透過因素分析可以達到「資料簡化」（data reduction）的目的，因素分析常用於發展以多題項量表來測量個人特質的歷程之中，也用於理論的發展與理論檢定。在因素分析程序中，研究者常會遭遇到二個問題：一為p個指標變項可以測量多少個不同的理論構念（成分／因素／潛在變項）；二為萃取的因素或潛在變項的意義為何？這些因素如何解釋？（*Warner, 2008, p. 759*）此種探究p個指標變項隱涵多少個潛在特質的因素分析法，是一種因素模型的發展，而非是因素模式的檢定，因而又稱為「探索性因素

分析」（exploratory factor analysis）。

因素分析程序，一般分為以下幾個步驟。

一、輸入指標變項的量測值

因素分析時最常用的資料檔為計算指標變數間的相關矩陣，根據相關矩陣的數值進行變數的分群，此種方法又稱為R型因素分析。指標變數要能分群，必須指標變數間有某種程度的相關，分在同一群的指標變數間的相關程度應較高，如果變數間的相關矩陣係數均很小，或彼此間呈低度相關，則指標變數進行因素分析時，則萃取的共同因素可能過多。相關矩陣是否進行因素分析，也可從Kaiser與Rice（1974）所提出的適切性量測指標KMO值（Kaiser-Meyer-Olkin measure）來判別，KMO值又稱為「抽樣適切性量測值」（measure of sampling adequacy），KMO值愈接近1愈好，一般而言，當KMO值大於等於.80時，表示資料愈適合進行因素分析，最小可接受值為.60以上，當KMO值小於.60時，表示指標變數間不適合進行分群。Kaiser與Rice（1974）所提出KMO的判斷準則如下表：

表9-17

KMO值	建議
KMO≧.90	非常適合（marvelous）
.90>KMO≧.80	良好程度（meritorious）
.80>KMO≧.70	適中程度（middling）
.70>KMO≧.60	普通程度（mediocre）
.60>KMO≧.50	不太適合（miserable）
KMO<.50	不可接受（unacceptable）

以範例而言，執行SPSS因子分析程序後會現「KMO與Bartlett檢定」統計量，表中的KMO值為.794、Bartlett球形檢定統計量為64.631，在自由度為21情況下，顯著性p=.000<.05，達到.05顯著水準，拒絕變項間的淨相關矩陣不是單元矩陣的假設，變項間適合進行因素分析。

表9-18

Kaiser-Meyer-Olkin 取樣適切性量數		.794
Bartlett 球形檢定	近似卡方分配	64.631
	自由度	21
	顯著性	.000

除了以變數相關矩陣作為目視檢核指標外，研究者也可以檢核淨相關（partial correlations）係數的數值大小，淨相關係數又稱為偏相關係數，指控制所有其他變數後，估算每對變數間的相關，此相關係數又稱為「負反映像相關矩陣」（negative anti-image correlations，在SPSS輸出表格中為正反映像相關矩陣，其數值與淨相關係數符號正好相反），指標變數間的淨相關矩陣中的數值愈小，表示資料檔愈適合進行因素分析。二個變項的淨相關係數顯著地小於其簡單相關係數，表示這二個變項或其中一個變項與其他被控制的變項間有緊密關係，簡單相關與淨相關係數的差異愈大，且淨相關係數愈小，愈可支持變數與控制變項間有多變量結構關係。因為若各指標變項之獨特因素 ε_i 間是互相獨立的，變數 X_i 經萃取m個共同因素 ξ 後，所剩餘的獨特因素 εi 間是相互不相關的，因而由樣本所估算出的反映像相關係數應很小。至於淨相關係數要低於何種數值，才算是「小」，是一個主觀判別的問題（呂金河，2005; Sharma, 1996, p. 116; Spicer, 2005, p. 186）。下表是執行SPSS因子分析程序出現之反映像矩陣表，表的上半部為反映像共變數矩陣、表的下半部為反映像相關矩陣，反映像相關矩陣的對角線為「取樣適切性量數（MSA）」，此數值愈小表示此題項與其他題項間的相關性愈低，指標題項愈不適合進行因素分析。

表9-19　執行SPSS因子分析程序出現之反映像矩陣表

		字義	語詞	閱讀	作文	推理	空間	計算
反映像共變數	字義	.265	−.129	−.048	−.077	.058	−.031	−.045
	語詞	−.129	.335	−.040	−.094	−.046	−.022	.129
	閱讀	−.048	−.040	.460	−.084	.074	−.064	.055
	作文	−.077	−.094	−.084	.329	.023	−.002	−.078
	推理	.058	−.046	.074	.023	.213	−.106	.027
	空間	−.031	−.022	−.064	−.002	−.106	.092	−.086
	計算	−.045	.129	.055	−.078	.027	−.086	.244

(續上頁表)

反映像相關	字義	.860(a)	−.433	−.136	−.260	.246	−.198	−.177
	語詞	−.433	.779(a)	−.101	−.284	−.171	−.128	.453
	閱讀	−.136	−.101	.876(a)	−.217	.235	−.312	.164
	作文	−.260	−.284	−.217	.893(a)	.088	−.009	−.275
	推理	.246	−.171	.235	.088	.710(a)	−.756	.118
	空間	−.198	−.128	−.312	−.009	−.756	.733(a)	−.574
	計算	−.177	.453	.164	−.275	.118	−.574	.743(a)
(a) 取樣適切性量數（MSA）。								

　　若是樣本數較少，相關係數判別法的可靠性相對較低，因而相關係數的估計要可靠，必須是樣本個數夠大，樣本大小與母群變數相關程度及因素個數有關，若是變數間相關較高，因素較少且彼此間獨立，以小樣本來分析也是適切的。至於進行分析時，要取多少樣本才算適切，學者Comrey與Lee（1992）提出以下看法：樣本數50很差、樣本數100不理想、樣本數200普通、樣本數300很好、樣本數500非常好、樣本數1,000非常理想，一個較常為研究者採用的準則是進行因素分析時，樣本個數最好在300以上，但如果同時考量到因素解，則樣本數多少並不是絕對的，如變項有數個較高的因素負荷量（>.80），則樣本數大約150個即可。

二、選擇萃取共同因素方法

　　萃取共同因素的方法最常用的方法為主成分因素分析法（principal components factoring; PCF）、主軸因素法（principal axis factoring; PAF），主成分分析法與主軸因素法在估計變數的共同性時，會將其起始值設定1，但主軸因素法會重新檢核指標變數間的相關係數，以最高相關係數法重新估算組型負荷量與結構負荷量，計算各指標變數的共同性，之後再將共同性作為原相關矩陣主對角線的元素，根據PCF法重新估算共同性，逐一疊代運算直到共同性收斂為止（二次共同性估計的差異小於某個設定的數值）。除了PCF及PAF二種萃取因素的方法外，在SPSS的選項中也提供了一般化最小平方法、未加權最小平方法、最大概似法、Alpha因素抽取法與映像因素抽取法等方法。在探索性因素分析中，部分學者認為PCF法假定所有指標變數的共同性均為1、誤差變異（獨特因素）為0，未

符合因素分析的假定，因而認為不應採用PCF法來進行因素，建議採用PAF法較為適宜。主成分分析和主軸分析法最主要的差別為「主成成分分析法是從所有變項的變異量中抽取因素，而主軸因素分析法只從所有變項之分享變異量中抽取因素。」（*Spicer, 2005, p. 187*）

　　PCF和PAF的分析程序雖然都是根據指標變項相關矩陣R進行初始分析，但二者對於相關矩陣中，元素的替換程序並不相同。PCF分析過程與產生再製相關矩陣時，R矩陣的對角線的數值均設定為1，每個數值1表示的是一個標準化測量變項的總變異量，p個變項萃取p個主成分時，每個變項與p個主成分相關的平方和均為1，因而p個成分之PCF模型可以再製每個標準化測量變項的所有變異量；相對的，在PAF程序中，會以每個測量變項可以被其他測量變項預測／分享之變異部分（迴歸分析中的R^2），取代相關矩陣R中主對角線的數值1，測量變項被其他觀察變項預測之R^2值為測量變項的初始共同性，之後，共性才會以因素負荷量平方的總和來取代。就某些資料結構而言，採用PCF和PAF所萃的成分或因素的本質與個數大致會相同，從概念性論點而言，PAF資料結構關注的是分享變異量而非是個別變項測量之獨特誤差來源，在行為及社會科學領域之因素分析的應用，PAF程序可以藉由一組較少的潛在變項或因素了解來X測量變項的共享變異量，PAF程序較PCF的數學運算較為簡易，因而在因素分析中，是使用最為廣泛的方法（*Warner, 2008, pp. 784-785*）。

　　主軸因素法（PAF）是一種反覆進行疊代運算程序以估計共同性及因素解（factor solution）的一種方法，疊代運算程序直到估算之共同性達到收斂為止。此方法之疊代運算程序的步驟如下（*Sharma, 1996, p. 107*）：

　　步驟1：與主成分分析法相同，先假定各指標變數的共同性的初始值為1，根據指標變數之相關矩陣及主成分分析估算，以獲得PCF之因素解，根據保留之成分（因素）個數，計算結構負荷或組型負荷，再根據前述之結構或組型負荷數值重新估算各指標變數的共同性。

　　步驟2：計算指標變數之最大共同性改變量數值，數值變化量最大者的定義為將各變數已估計出的共同性與初始共同性（均為1）數值相減，其中差異值最大者，為共同性最大改變量。

步驟3：假如共同性最大改變量數值大於先前假定收斂標準值（如0.001），則以各指標變數之新的共同性數值取代原始相關矩陣中的主對角線數值，以修正後的相關矩陣再進行主成分分析估計因素解，重新估算出各指標變數的共同性。

步驟4：再計算新的共同性數值與之前估算出之共同性數值的差異，求出共同性差異改變的最大量，如果最大共同性改變量大於先前假定的收斂標準，則重複[步驟3]，以新的共同性數值取代之前相關矩陣主對角線共同性數值。若是最大共同性改變量小於先前假定的收斂標準，則停止疊代運算。

三、選擇因素轉軸的方法

因素轉軸的目的在達到「簡單結構準則」（criteria of simple structure），簡單結構準則在於讓萃取的共同因素容易命名與解釋。因素分析若未進行轉軸，則多數指標變項會集中於第一個因子，而各指標變項在每個因子的因素負荷量差異不大，指標變項要歸屬於哪個因子較為困難。進行因素轉軸後，會使每一個指標變數在某一個因素上有較高的因素負荷量，而在其餘因素上的負荷量會很小或趨近於0，如此指標變數歸於哪個因素便易於辯認。因素轉軸常用的方法有二種：一為「直交轉軸法」（又稱正交轉軸法）（orthogonal rotation）與「斜交轉軸法」（oblique rotation），直交轉軸法假定因素間彼此互為獨立，因素與因素間沒有相關，因素軸間的夾角成直角90度；斜交轉軸法假定因素間彼此有某種程度關聯，因素與因素間有相關，因素軸間的夾角並非直角90度。

轉轉後的因素負荷矩陣等於未轉轉之因素負荷矩陣乘上轉置矩陣（transformation matrix），以符號表示為：$A_{未轉軸} \times \Lambda = A_{轉軸後}$，其中轉置矩陣以空間觀點解釋為sin與cos的函數，若Ψ為角度，轉置矩陣為：

$$\Lambda = \begin{bmatrix} \cos(\psi) & -\sin(\psi) \\ \sin(\psi) & \cos(\psi) \end{bmatrix}$$

「簡單結構」原則的概念起源於Thurstone（1947），Thurstone相信

單一觀察變項只和一個或少數幾個潛在因素有相關，任一共同因素也只和少數的測量變項的關聯較密切，此種概念是測量指標變項的集群（或分組）。若是潛在簡單結構是有效的，轉軸的因素解之因素負荷量矩陣會出現以下特別的組型樣式（*Lattin et al., 2003, p. 139*）：

1. 在任一個特別因素（直行）多數變項的負荷量應會很小，其數值盡可能接近0，只有少數變項負荷量的絕對值很大。
2. 在橫列負荷量矩陣中，表示的是指標變項與每個因素的負荷量數值，這些數值中，不是零的負荷量只出現在一個因素或少數因素中，大部分因素的數值很少或接近0。
3. 任何二個配對因素（直行）中應有不同負荷量組型，即某些指標變數在第一個因素的負荷量很接近0、在第二個因素的負荷量不為0，否則因素間無法有效區辨。

假設有p個指標變數，萃取m個共同因素之直交轉軸模型為：

$$X(p \times 1) = \mu(p \times 1) + L(p \times m) \times F(m \times 1) + \varepsilon(p \times 1)$$

μ_i：變項i的平均數、ε_i：第i個變項的獨特性因素、F_j：第j個共同因素、I_{ij}：第i個變項在第j個因素的負荷量。無法觀察之隨機向量F與ε滿足下列條件：(1).F與ε是獨立的、(2).E(F)=0、Cov(F)=I、(3).E(ε)=0、Cov(ε)=Ψ（對角矩陣）。

直交轉軸中最常使用的是變異最大旋轉法（varimax rotation）與四次方最大旋轉法（quartimax rotation）。四次方最大旋轉法的轉軸準則是要簡化因素矩陣的橫列，亦即要使因素矩陣中同一橫列（指標變數）上高負荷量與低負荷量的數目盡量多，而中等因素負荷量的數目盡量減少，以達到因素簡單結構的目標，為達到此目的，此法會先將因素矩陣中的各負荷量予以平方，再讓同一變數的平方值之變異數為最大值，四次方最大旋轉法雖能達到某種因素結構簡化的程度，但卻常常讓最主要的共同因素變得相當複雜，造成因素解釋的不易。變異最大旋轉法（或稱最大變異法）的轉軸原則剛好與四次方最大旋轉法相反，其程序並非簡化因素矩陣的橫列，

而是要簡化因素矩陣的直行（共同因素），即要使因素矩陣同一直行（共同因素）的結構簡單化，為達到此目的，此法會先將因素矩陣中的各負荷量平方，再讓同一因素上各平方值的變異數為最大值（黃俊英，2004）。直交轉軸中的最大變異法可以使最小的測量變項在每個因素有較高的負荷量，達到資料簡化與因素可以合理解釋的目標，利用最大變異法所獲得的因素結構較為簡單，而且解釋較為容易，因而在多數研究中，若是研究者採用直交轉軸法，多數會選用此種轉軸法，在行為及社會科學領域中最大變異法是使用最為普遍及為最多研究者使用的因素轉軸法（Warner, 2008, p. 796）。

學者Everitt學Dunn（2001, p. 280）主張斜交轉軸法考量到因素間的相關，在因素解的解釋方面已融入相關矩陣因素與負荷量矩陣因素，負荷量矩陣的元素並不單純表示顯性變項與因素間的相關，從探索性因素分析到驗證性因素分析，因素間有相關的考量是一個重要的關鍵，因而在某些領域或情境，假定因素間有相關而非互為獨立，反而對因素解的詮釋更為簡易。

斜交轉軸法較常使用的如直接斜交法（direct oblimin）、最優斜交法（promax rotation）、共變最小法（covarimin）、四次方最小法（quartmin）、maxplane等。因素經斜交轉軸後因素彼此間有重疊現象，因而結構負荷係數與組型負荷係數並不會相同，組型係數（座標值）可能為正或為負，其絕對值也可能大於1，而指標變數與因素之相關係數表示指標變數在因素軸上的投影長，相關係數（結構係數或結構負荷量）的絕對值不可能大於1。組型負荷量與結構負荷量在二個因素軸的圖示如下：

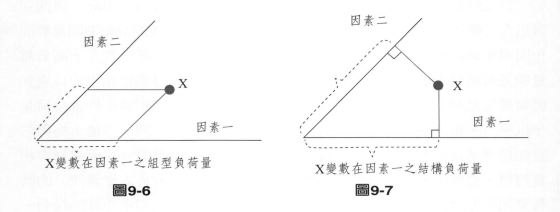

圖9-6　　　　　　　　　　　　　　　圖9-7

　　學者Tacq（*1997, p. 297*）認為不論是採用正交轉軸或斜交轉軸，其最終目的均在於獲得「簡單結構」（simple structure）的因素矩陣，簡單結構的概念來自於塞斯通（Thurstone）。嚴格來講，簡單結構即是每個因素代表一組有高因素負荷量變項的集群，就社會科學領域而言，同一量表之因素間應有某種程度的關係，因而斜交轉軸實務應用的合理性較直交轉軸為高。採用斜交轉軸時會同時出現因素組型矩陣（factor pattern matrix）與因素結構矩陣（factor structure matrix），研究者應重視於因素組型矩陣（迴歸係數）的負荷量，而不要太關注於因素結構係數（指標變項與因素間的相關）的高低，因為因素結構矩陣中的負荷量為相關係數。

　　學者Stevens（*2002, p. 392*）綜合許多論點，認為因素分析時假定因素間有相關是較為合理的，因而建議研究者在進行因素分析時最好採用斜交轉軸法，但與直交轉軸法相交之下，斜交轉軸法的解釋較為複雜，研究者要同時檢核以下二個矩陣：一為因素組型矩陣：矩陣的對角線元素類似多元迴歸中的標準化迴歸係數，此矩陣的元素表示指標變項對因素的相對重要性，若數值愈大，表示變數對此因素構念的影響愈重要，此矩陣可作為因素命名的依據；二為因素結構矩陣：矩陣中的元素表示變項與因素間的簡單相關，元素數值即為因素負荷量。研究者若採用斜交轉軸法於因素分析表格中最好同時呈現因素組型與因素結構二個矩陣。

　　與直交轉軸相對應之下，斜交轉軸中的組型矩陣／樣式矩陣（pattern matrix）即變成負荷矩陣（loading matrix），組型矩陣中的數值的平方表示的每個共同因素對每個測量變項的獨特貢獻，其中沒有包括來自與此共同因素有相關的其他因素之重疊的解釋變異部分；至於結構矩陣（structure matrix）表示的是變項與因素間的相關，相關係數的平方除了包含單一共同因素可以解釋的變異部分，也包括與此共同因素有相關之其他因素對測量變項重疊的解釋變異量。結構矩陣等於樣式矩陣乘於因素相關矩陣。在斜交轉軸中，多數研究者喜愛呈現結構矩陣，因為結構矩陣較易了解，然而由於因素相關的重疊關係，會造成測量變項與因素間相關係數的膨脹，如果共同因素間的相關愈高，則測量變項與因素間相關係數的膨脹會愈大，此時要將決定測量變項歸於哪個共同因素較為困難。另一方面，組型矩陣中元素數值表示的每個因素對個別測量變項變異獨特的貢獻，忽略與其他

有關共同因素分享的變異量，組成共同因素的一組測量變項較易判別。如果因素間有很高的相關，一旦排除其他相關因素之分享變異量後，單一共同因素之獨對變異量會變得很小，此時，可能發生共同因素內所包含的測量指標數很少，甚至沒有測量指標變項的情形。有許多研究者進行斜交轉軸時只呈現因素組型矩陣而沒有呈現因素結構矩陣，這樣的結果欠缺完整，採用斜交轉軸時，最好能同時將斜交轉軸中的因素組型矩陣與因素結構矩陣同時呈現，若可以的話，也可以將因素相關矩陣（factor correlation matrix）也一併呈現（*Tabachnick & Fidell, 2007, p. 627*）。

範例中七個測量變項採用直接斜交轉軸法所輸出的部分SPSS結果：

表9-20　解說總變異量

成分	初始特徵值			平方和負荷量萃取			轉軸平方和負荷量
	總和	變異數的%	累積%	總和	變異數的%	累積%	總和
1	4.530	64.709	64.709	4.530	64.709	64.709	3.943
2	1.049	14.981	79.689	1.049	14.981	79.689	3.590
3	.554	7.919	87.609				
4	.407	5.810	93.418				
5	.243	3.468	96.886				
6	.154	2.197	99.084				
7	.064	.916	100.000				
萃取法：主成分分析。							

「解說總變異量」摘要表中會呈現七個因素的特徵值，特徵值大於1的因素有二個，第一個因素的特徵值為4.530、第二個因素的特徵值為1.049，採用斜交轉軸後，萃取保留的二個因素的特徵值分別為3.943、3.590，轉軸前保留的二個特徵值總和為5.579、轉軸前保留的二個特徵值總和為7.533，轉軸後的特徵值明顯的高於轉軸前的特徵值，之所以造成此種現象，乃是進行斜交轉軸時，假定因素間有相關，因而對測量變項的解釋變異除原有共同因素解釋的變異部分外，也包含與此因素有相關的其他因素對測量變項的解釋變異部分，由於轉軸後特徵值有重疊情況，是故採用斜交轉軸程序，保留的因素之轉軸後的特徵值總和均會高於轉軸前的特徵值總和。「轉軸平方和負荷量」的特徵值是由「結構矩陣」的負荷量數值計算而得。

表9-21　樣式矩陣（a）

	成分	
	1	2
字義	.826	−.127
語詞	.906	.087
閱讀	.861	.045
作文	.789	−.141
推理	−.082	−.945
空間	.226	−.827
計算	.012	−.885
旋轉方法：含 Kaiser 常態化的 Oblimin 法。		

　　斜交轉軸中會同時輸出組型負荷量／樣式負荷量與結構負荷量，樣式負荷量矩陣為個別共同因素與測量變項間的相關，從樣本負荷量矩陣中可以看出哪些測量變項與共同因素有較高的相關，從共同因素包含的測量變項，可以作為共同因素的命名。表中排除共同因素二對測量變項的解釋變異部分，與共同因素一相關較高的測量變項為「字義」、「語詞」、「閱讀」、「作文」；排除共同因素一對測量變項的解釋變異部分，與共同因素二相關較高的測量變項為「推理」、「空間」、「計算」。

表9-22　結構矩陣

	成分	
	1	2
字義	.898	−.594
語詞	.857	−.426
閱讀	.835	−.442
作文	.869	−.587
推理	.453	−.899
空間	.694	−.955
計算	.513	−.892

　　結構負荷量矩陣中，負荷量的部分為原先共同因素對測量變項可解釋的變異外，也包含與此共同因素有相關的其他因素對測量變項可解釋的變異部分。結構矩陣（C）與組型負荷矩陣之轉置矩陣相乘，剛好為原始變項

的再製相關矩陣：$\overline{R} = C \times A'$。結構矩陣表示變項與共同因素間的相關，其數值介於−1至+1之間。在解釋因素解之時結構負荷量的數據功能較少，因為因素簡單結構模型被潛在因素相關所混淆，有時會發生某個測量變項在二個有高度相關因素中的負荷量均較大。至於組型負荷量則像淨迴歸係數（partial regression coefficients），同時考量到被其他因素解釋的變異量，組型負荷量係數為斜交因素之線性組合，允許研究者重新建構原始構形圖，組型負荷量的數值不限於-1至+1之間，但對於因素解的解釋較為容易（*Lattin, et al., 2003, p. 154*）。斜交轉軸中由於組型負荷量與結構負荷量所代表的意涵不同，因而若是研究者採用斜交轉軸法，最好能同時呈現以上二種負荷量型態。

表9-23　七個測量變項之重製相關矩陣摘要表

	字義	語詞	閱讀	作文	推理	空間	計算
字義	.817(b)	.762	.746	.792	.488	.694	.537
語詞	.762	.740(b)	.718	.736	.332	.546	.388
閱讀	.746	.718	.699(b)	.721	.349	.554	.402
作文	.792	.736	.721	.768(b)	.484	.682	.531
推理	.488	.332	.349	.484	.812(b)	.845	.801
空間	.694	.546	.554	.682	.845	.946(b)	.854
計算	.537	.388	.402	.531	.801	.854	.796(b)

上述範例中，採用斜交轉軸與直交轉軸法所估算的因素負荷量如下：

表9-24

	直接斜交轉軸法				直交轉軸法					
	組型矩陣（樣式矩陣）		結構矩陣		最大變異法（Varimax）		均等最大法（Equamax）		四次方最大法（Quartimax）	
	因素1	因素2	因素1	因素2	因素1	因素2	因素1	因素2	因素1	因素2
字義	.826	−.127	.898	−.594	.927	.316	.825	.370	.871	.243
語詞	.906	.087	.857	−.426	.918	.327	.839	.189	.858	.062
閱讀	.861	.045	.835	−.442	.949	.243	.808	.216	.831	.093
作文	.789	−.141	.869	−.587	.935	.291	.793	.372	.840	.250
推理	−.082	−.945	.453	−.899	.311	.928	.198	.879	.326	.840
空間	.226	−.827	.694	−.955	.290	.937	.457	.859	.580	.781
計算	.012	−.885	.513	−892	.276	.938	.270	.850	.394	.801

　　因素轉旋轉的幾何解釋圖如下：因素未進行旋轉前，七個變項多數歸於因素1，七個指標變項與其所屬因素並不明確；將因素軸旋轉某個角度，可以很明確看出，變項X1、X2、X3、X4與因素軸1關係較密切、變項X5、X6、X7與因素軸2關係較密切，因而旋轉軸對於因素與變項間的關係提供了較佳的詮釋。

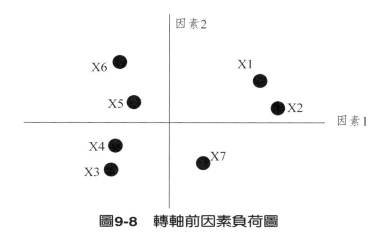

圖9-8　轉軸前因素負荷圖

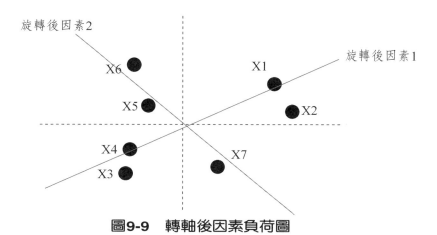

圖9-9　轉軸後因素負荷圖

　　在SPSS報表中，若是資料變數萃取的因素有二個或三個可以呈現轉軸後的因子負荷圖，抽取二個因素時會輸出二維平面圖、抽取三個因素時會輸出三D立體圖。範例中，萃取二個共同因素所出現的因子負荷圖如下：從轉軸後負荷圖中可以看出：作文、字義、閱讀、語詞四個變數分成一個群組，推理、空間、計算三個變數分成另一個群組，第一個因素可以命名為「語文能力」、第二個因素可以命名為「數學能力」。

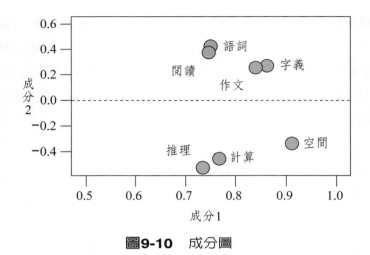

圖9-10 成分圖

上圖為轉軸前因素負荷圖，所有測量變項在成分1（共同因素一）均有

$$\begin{bmatrix} .862 & .273 \\ .752 & .417 \\ .746 & .377 \\ .840 & .251 \\ .733 & -.524 \\ .913 & -.337 \\ .768 & -.455 \end{bmatrix}$$

較高的負荷量，未轉軸前的負荷量矩陣為：

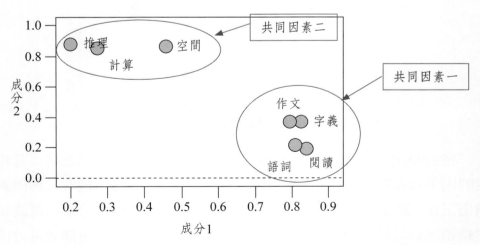

圖9-11 轉軸後空間中的成分圖——直交轉軸

　　上圖為採用直交轉軸法後輸出之因素負荷圖，從因素負荷圖中可以明顯看出：作文、語詞、閱讀、作文四個測量變項在成分1的負荷量較高、在成分2的負荷量較低；推理、空間、計算三個測量變項在成分1的負荷量較低、在成分2的負荷量較高。直交轉軸後的負荷量矩陣為：$\begin{bmatrix} .825 & .370 \\ .839 & .189 \\ .808 & .216 \\ .793 & .372 \\ .198 & .879 \\ .457 & .859 \\ .270 & .850 \end{bmatrix}$。

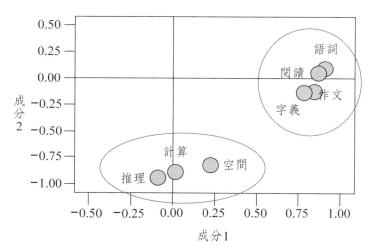

圖9-12　轉軸後空間中的成分圖──斜交轉軸

　　上圖為採用斜交轉軸法後輸出之因素負荷圖，從因素負荷圖中，可以明顯看出：作文、語詞、閱讀、作文四個測量變項單獨成一個群組；推理、空間、計算三個測量變項另外成一個群組。斜交轉軸後的負荷量矩陣

（組型矩陣／樣式矩陣）為：$\begin{bmatrix} .826 & -.127 \\ .906 & .087 \\ .861 & .045 \\ .789 & -.141 \\ -.082 & -.945 \\ .226 & -.827 \\ .012 & -.885 \end{bmatrix}$。SPSS繪製之斜交轉軸因素負

荷圖是根據組型矩陣數值繪製，而非依據結構矩陣的因素負荷量繪製。

就正交轉軸而言，因素轉軸後，有下列幾個特性：

1. 抽取之因素（特徵值大於1的因素）的特徵值會重新分配，讓抽取因素的特徵值彼此間的差異數變小，讓各因素的解釋變異較為平均。
2. 特徵值大於1的因素之特徵值總和與累積解釋變異量，在轉軸前與轉軸後的數值不會改變。
3. 各指標變項的共同性在轉軸前與轉軸後的數值相同。

因素旋轉的數學幾何圖如下：假設有六個變項，將因素軸旋轉某個角度後（如20度），則變項A、變項B、變項C在因素軸「F2*」有較高的負荷量，在因素軸「F1*」有較低的負荷量；相反的，變項D、變項E、變項F在因素軸「F1*」有較高的負荷量，在因素軸「F2*」有較低的負荷量，如此，六個變項就可分為二個有意義的集群組。

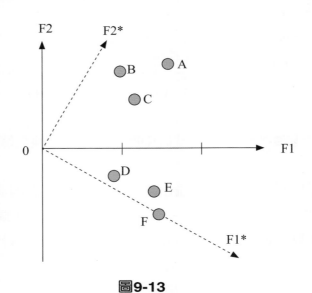

圖9-13

表9-25　直交轉軸前與轉軸後之因素負荷量變化摘要表

	未轉軸前成分矩陣			轉軸後成分矩陣		
	1	2	共同性	1	2	共同性
字義	.862	.273	0.818	.825*	.370	0.818
語詞	.752	.417	0.739	.839*	.189	0.740
閱讀	.746	.377	0.699	.808*	.216	0.700
作文	.840	.251	0.769	.793*	.372	0.767
推理	.733	−.524	0.812	.198	.879*	0.812
空間	.913	−.337	0.947	.457	.859*	0.947
計算	.768	−.455	0.797	.270	.850*	0.795
特徵值	4.531	1.049	5.581	2.987	2.591	5.579
累積特徵值	5.580			5.578		

　　在上述直交轉軸前與轉軸後之因素負荷量變化摘要表中，轉軸前二個因素的特徵值分別為4.531、1.049，總特徵值為5.580，轉軸後二個因素的特徵值分別為2.987、2.591，總特徵值為5.578，小數點的差異在於小數進位所產生的誤差。若使用斜交轉軸法會同時呈現樣式矩陣與結構矩陣，下表為採用最優斜交法（promax rotation）之樣式矩陣與結構矩陣中的係數值，採用最優斜交法保留之二個萃取因素，轉軸後的特徵值總和大於轉軸前的特徵值總和。

表9-26　採用最優斜交轉軸法之樣式矩陣與結構矩陣摘要表

	未轉軸前成分矩陣		轉軸後成分矩陣					
	成分矩陣		樣式矩陣			結構矩陣		
	1	2	1	2	h^2	1	2	h^2
字義	.862	.273	.834*	.109	0.707	.900*	.616	1.189
語詞	.752	.417	.923*	−.112	0.864	.855*	.449	0.933
閱讀	.746	.377	.875*	−.068	0.770	.834*	.464	0.911
作文	.840	.251	.795*	.124	0.647	.871*	.608	1.128
推理	.733	−.524	−.121	.969*	0.954	.469	.896*	1.023
空間	.913	−.337	.196	.841*	0.746	.707	.960*	1.421
計算	.768	−.455	−.023	.906*	0.821	.528	.892*	1.074
特徵值	4.531	1.049	2.999	2.512		3.994	3.686	
累積特徵值	5.580		5.511	5.511		7.680		7.680

註：由於結構矩陣同時納入跟原共同因素有相關因素對測量變項的解釋變異，因而其總特徵值會大於樣式矩陣中的總特徵值。

表9-27 解說總變異量

成分	初始特徵值			平方和負荷量萃取			轉軸平方和負荷量(a)
	總和	變異數的%	累積%	總和	變異數的%	累積%	總和
1	4.530	64.709	64.709	4.530	64.709	64.709	3.995
2	1.049	14.981	79.689	1.049	14.981	79.689	3.686
3	.554	7.919	87.609				
4	.407	5.810	93.418				
5	.243	3.468	96.886				
6	.154	2.197	99.084				
7	.064	.916	100.000				

採用「PROMAX」斜交轉軸法，特徵值大於1的因素共有2個，其特徵值分別為4.530、1.049，萃取保留的二個共同因素共可解釋原始測量變項79.689的變異量，轉軸後萃取保留的二個共同因素的特徵值分別為3.995、3.686。

表9-28 樣式矩陣(a)

	成分	
	1	2
字義	.834	.109
語詞	.923	−.112
閱讀	.875	−.068
作文	.795	.124
推理	−.121	.969
空間	.196	.841
計算	−.023	.906

萃取方法：主成分分析。旋轉方法：含 Kaiser 常態化的 Promax 法。

採用「PROMAX」斜交轉軸法SPSS輸出之「樣式矩陣／組型矩陣」，根據樣式矩陣中測量變項與共同因素的相關情形，可以判別共同因素包含哪些測量變項，根據測量變項的屬性或所測的潛在特質，可對共同因素進行命名。

表9-29　結構矩陣

	成分	
	1	2
字義	.900	.616
語詞	.855	.449
閱讀	.834	.464
作文	.871	.608
推理	.469	.896
空間	.707	.960
計算	.528	.892

採用「PROMAX」斜交轉軸法SPSS輸出之「結構矩陣」，根據結構矩陣中的負荷量大小，可以計算共同因素的特徵值，二個共同因素轉軸後的特徵值分別為3.995、3.686。由於斜交轉軸法假定因素軸彼此間有相關，因而共同因素對測量變項的解釋變異會有重疊部分，無法說明個別因素的解釋變異，研究者可直接說明二個共同因素累積的解釋變異部分（=79.686%）即可。若要說明個別因素的累積解釋變異，必須根據樣式矩陣中測量變項與因素之相關數值，重新估算二個共同因素的特徵值（分別為2.999、2.512），再將特徵值的數值除以題項數。

四、決定選取共同因素的準則

因素分析的功能之一即在把多數個關聯較高的指標變數間合併成一組，如此便能以少數的因素來描述所有的指標變數，以達到簡單結構的目的。常用於決定選取共同因素的方法有以下幾種：一為保留特徵值（eigenvalue）大於1的因素；特徵值大於1的準則較適合指標變項數介於20至50之間，若是指標變項數超過50個，則可能會抽取過多的因素，相對的，若是指標變項數少於20個，則反而會抽取太少的因素；二為利用特徵值繪製之陡坡圖（scree plot）來判斷；三為以共同因素能解釋的累積百分比值來判別，當萃取因素累積的解釋變異達到某個設定標準（如70%或80）以上，則其餘因素可以捨棄不用。在社會科學領域中，萃取因素對所有指標變數的累積變異最好在60%以上，最低的接受標準最好在50%以上；若是在自然科學領域，所萃取的共同因素對所有指標變數的累積變異最好能達95%，最低的接受標準最好在80%以上；四為以平均變項

（average variable）的解釋變異來決定，如投入指標變數有十個，則萃取的共同因素的個別解釋變異比例最好大於10%，若是某個變數解釋的變異少於10%，則此因素可以捨棄。

下表為範例中執行SPSS因子分析程序所萃取的因子數目，其內定的選項為保留特徵值大於1的因素，由於有七個指標變數，因而會萃取七個因素，七個因素的特徵值總和為7（指標變項的個數）。中間「平方和負荷量萃取」欄為特徵值大於1的因素，第一個因素的特徵值為4.530、第二個因素的特徵值為1.049，二個因素累積的解釋變異量為79.689；第三欄「轉軸平方和負荷量」為採用直交轉軸後二個因素的特徵值，第一個因素的特徵值為2.987、第二個因素的特徵值為2.591，二個因素累積的解釋變異量為79.689%。

表9-30　執行SPSS因子分析程序所萃取的因子數目摘要表

成分	初始特徵值			平方和負荷量萃取（轉軸前）			轉軸平方和負荷量（轉軸後）		
	總和	變異數的%	累積%	總和	變異數的%	累積%	總和	變異數的%	累積%
1	4.530	64.709	64.709	4.530	64.709	64.709	2.987	42.676	42.676
2	1.049	14.981	79.689	1.049	14.981	79.689	2.591	37.013	79.689
3	.554	7.919	87.609						
4	.407	5.810	93.418						
5	.243	3.468	96.886						
6	.154	2.197	99.084						
7	.064	.916	100.000						
萃取法：主成分分析。									

在因素負荷量大小的取捨方面，變數在因素之因素負荷量的絕對值最低的接受標準應在.30以上，較佳的數值為.40以上，或變項與因素的共享變異數至少要達15%，因素負荷量絕對值為.40時，變項與因素的共享變異數為16%。變項與其因素（構念）間的共享變異數若是低於16%，指標變項與其因素構念間的關聯太低。但因素負荷量的取捨標準也與樣本大小有關，多數研究證實樣本大小可作為分析變項個數的函數，進行因素分析時每個指標變數至少要有五位受試者，即取樣樣本數至少為指標變項數目的五倍以上。考量到樣本大小與因素負荷量時，研究者可參考以下標準

（*Stevens, 2002, pp. 394-395*）：

1. 不管樣本大小，有4個以上因素負荷量絕對值在.60以上的成分是可靠的。
2. 除非樣本數多於300，否則只包含少數因素負荷量較低的成分是不可靠的。
3. 任何一個成分，有三個以上變數之因素負荷量高於.80，則此成分是可靠的。

　　學者Tabachnick與Fidell（*2007, p. 649*）從個別共同因素可以解釋題項變數的解異程度，提出因素負荷量選取的指標準則，因素可以解釋指標變項的變異程度即二者共同分享的變異量。從結構方程模式的測量模式檢定觀點來看，指標變項要能有效反映潛在因素，其信度指標值至少要達.500以上，因素負荷量愈大，變項能測量到的共同因素特質愈多，亦即標準化係數值（因素負荷量）若大於.71，則共同因素可以解釋指標變項50%的變異量（因素負荷量的平方），此時因素負荷量的狀況甚為理想；若是因素負荷量大於.63，則共同因素可以解釋指標變項40%的變異量，此時因素負荷量的狀況為理想；若是因素負荷量小於.32，則共同因素可以解釋指標變項的變異量不到10%，此時因素負荷量的狀況甚為不理想，在此種狀況下，測量題項變數無法有效反映其共同因素，因而題項可以考慮刪除。因素負荷量、解釋變異百分比及選取準則判斷標準如下表：

表9-31

因素負荷量	因素負荷量^2（解釋變異量）	題項變數狀況
.71	50%	甚為理想（excellent）
.63	40%	非常好（very good）
.55	30%	好（good）
.45	20%	普通（fair）
.32	10%	不好（poor）
<.32	<10%	捨棄

　　依上述對照表，在因素分析程序中，因素負荷量的挑選準則最好

在.400以上,此時共同因素可以解釋題項變數的百分比為16%,學者Tabachnick與Fidell(*2007*)的論點與Stevens(*2002*)的觀點相同。

五、共同因素的命名與解釋

因素分析經轉軸後,相關較高或同質性較高的指標變數會分派到同一群組中,研究者可根據共同因素所包含的指標變數加以命名,如指標變數均在於測量受試者的課堂壓力、懼怕與緊張的心理特質,則此因素可以命名為「課堂焦慮」,因素除了命名外,更要賦予各因素構念的概念型定義與操作型定義,如此才能使他人對因素內涵(潛在構念)有進一步的了解。

一般對指標變數加以分群的因素分析法,通常稱為「R因素分析」(R factor analysis),若是資料矩陣中,有p個指標變數,則因素分析時會計算p×p之相關矩陣,以達到層面縮減的目標。另一方面若是有m個樣本,因素分析時估算的相關矩陣是m×m矩陣,則資料相關矩陣的數值並不是變項間的相關,而是觀察值間的相關,此種的因素分析法稱為「Q因素分析」(Q factor analysis),「Q因素分析」的理念與觀察值之集群分析甚為接近,進行Q因素分析時,樣本人數最好能較指標變數多出許多,否則估算出的相關矩陣會較不穩定(*Tacq, 1997, p. 320*)。

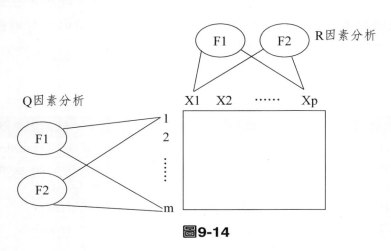

圖9-14

探索性因素分析中最重要的決定是共同因素m的個數,進行因素分析時如果樣本數較大,則獲得之因素模型結果較為可靠,共同因素m的決定

通常會考量以下三個因素：一為因素對測量變項解釋的變異比例、二為因素解釋的合理性、三為研究者個人之研究目的。學者Johnson與Wichern（*2007, pp. 519-520*）從樣本資料的大小與萃取共同因素的方法，建立研究者在進行探索性因素分析程序時，可採取以下具體策略：

1. 先採用主成分因素分析法，因為這個方法對於初始資料結構之第一個主成分最為適當，它不需要相關矩陣R或樣本共變數矩陣要為非特異矩陣（nonsingular）（若一個矩陣是一個特異矩陣，則無法求出其反矩陣）。再藉由因素分數之散布圖找出偏離的觀察值，計算每個觀察值的標準分數與平方距離，此外，要採用最大變異法之轉軸法。

2. 使用最大概似因素分析法配合最大變異法之轉軸法來萃取共同因素。

3. 比較上述二種不同因素分析方法所獲得的因素解，其中要檢核的項目包括：一為共同因素所包含的測量變項是否相同；二為從主成分獲得的因素分數散布圖與採用最大概似估計分析法獲得的因素分數散布圖的差異如何？

4. 對於其他共同因素的檢核可重複前三個步驟，以判定其他的共同因素對於了解和解釋資料變項是否有貢獻？

5. 對於大樣本的資料檔，可以將資料檔分割為二個子資料檔分別進行因素分析，將二個子資料檔獲得的因素解與採用全部資料檔進行分素分析獲得的因素解作一比較，以檢核因素解的穩定性。

從許多測量指標或觀察變項中找出其潛在變項或潛在構念的因素分析，為一種探索性因素分析法，與探索性因素分析相對的另一種因素分析法稱為「驗證性因素分析」（confirmatory factor analysis；簡稱CFA），CFA也是結構方程模式（structural equation model；簡稱SEM）的一種型態，此種因素分析方法在於因素模型的檢定，而非是因素模型的發展。在CFA中，研究者的因素模型已經明確指定潛在變項（因素）的個數，及測量每個潛在變項的指標變項（indicators），CFA模型通常會增列較多的限制，如假定某些測量指標變項與某些潛在變項間的沒有相關（相關係數參

數設定為0），以減少模型中待估計之自由參數的個數。在探索性因素分析中，初始p個成分或因素解是從相關矩陣R完全再製，因而會有足夠的自由參數（p個測量變項與p個潛在變項構成的相關矩陣階數為p×p），從p個測量指標變項可以完美的再製p×(p-1)/2個相關係數。但在CFA的程序中，由於有較多的限制，因而無法從測量變項間完美再製相關或共變數矩陣；此外，在CFA的分析程序中，會以測量變項間的變異數共變數矩陣取代相關矩陣，因而CFA模型的評估在於再製之變異數共變數矩陣與原觀察變項之變異數共變數矩陣間是否有顯著的不同，若二者的差異顯著等於0，表示研究者所提的因素模型與樣本資料可以適配（*Warner, 2008, p. 815*）。

一個二因子之CFA測量模型範例如下，假定二個潛在變項間有相關（在SEM模型中潛在變項與誤差變項均以橢圓形物件表示、觀察變項或指標變項以長方形物件表示）：

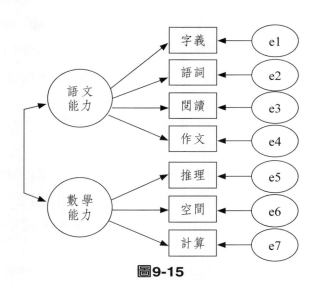

圖9-15

若是某個指標變項均能同時反映二個潛在變項／因素，即二個潛在變項均能解釋某個指標變項，則CFA之測量模型圖如下，在測量模型圖中假定測量誤差項e1與e2間也有相關：

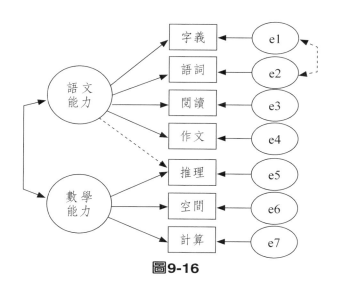

圖9-16

有關CFA與SEM的理論與實務應用，可參閱筆者出版之《結構方程模式—AMOS的操作與應用》一書（五南圖書出版公司出版）。

貳、因素分析操作程序

【研究問題】

某研究者在一項「國民中學學校知識管理與學校效能關係之研究中」，自編一份「學校知識管理量表」，研究者根據相關文獻與專家效度審核，知識管理量表依三個面向各編製五題，全量表共十五個，三個面向分別為「知識創新」、「知識分享」、「知識獲得」。為探究量表的信效度及題項的適切性，研究者隨機抽取130位國中教師作為預試對象，經項目分析程序未刪除任何一個題項，試求此15題的建構效度為何？

表9-32　「學校知識管理」量表

題項	完全不符合	少數符合	半數符合	多數符合	完全符合
01.本校常鼓勵教師創新教學或工作創新。	☐	☐	☐	☐	☐
02.本校教師會積極尋求班級經營上的創新。	☐	☐	☐	☐	☐

（續上頁表）

03.教師會積極的在其負責的行政工作上創新展現。................	☐	☐	☐	☐	☐
04.本校會激勵教師以創新理念提升學生學習成效。................	☐	☐	☐	☐	☐
05.本校鼓勵教師以創新有效方法激勵學生學習動機。...........	☐	☐	☐	☐	☐
06.校長會積極鼓勵同仁，分享研習吸取的新知能。...............	☐	☐	☐	☐	☐
07.本校教師會將班級經營的有效策略，與其他教師分享。......	☐	☐	☐	☐	☐
08.本校教師很少於相關會議中提供意見供其他教師分享。......	☐	☐	☐	☐	☐
09.本校同仁會於朝會上分享其研習的心得與知能。...............	☐	☐	☐	☐	☐
10.本校教師會於同仁會議中分享其處理學生問題的策略。......	☐	☐	☐	☐	☐
11.學校會鼓勵教師透過教學觀摩，以獲取專業知能。...........	☐	☐	☐	☐	☐
12.學校積極鼓勵教師參與研習活動，以獲取專業知能。........	☐	☐	☐	☐	☐
13.學校鼓勵教師透過教師社群活動，以獲取專業知能。........	☐	☐	☐	☐	☐
14.學校鼓勵教師透過數化位資料來獲取新知識。..................	☐	☐	☐	☐	☐
15.學校會影印相關教育新知給教師，以增進教師知能。.........	☐	☐	☐	☐	☐

　　「學校知識管理量表」在編製時，雖然依三大面向：「知識創新」、「知識分享」、「知識獲得」來編製題項，為進一步求出量表的建構效度，乃進行因素分析，其中第8題「本校教師很少於相關會議中提供意見供其他教師分享」為反向題，在之前進行項目分析時已反向計分，因而在進行因素分析時，不用再進行反向計分程序。在變數名稱編碼上，15題的原題項變數名稱依序為A1、A2、A3、……、A14、A15，在因素分析時，為便於判讀，將第一個層面的五題變數名稱分別改為AA_1、AA_2、……、AA_5，第二個層面的五題變數名稱分別改為AB_1、AB_2、……、AB_5，第三個層面的五題變數名稱分別改為AC_1、AC_2、……、AC_5，第一個字母A為問卷中第一份量表（學校知識管理量表）、第二個字母為量表中的層面名稱編號：A代表「知識創新」、B代表「知識分享」、C代表「知識獲得」，第三個數字為層面名稱的題號順序。

一、操作程序

　　執行功能列「分析（A）」／「資料縮減（D）」／「因子（F）」程序，開啟「因子分析」對話視窗。

　　在左邊變數清單中將「學校知識管理量表」題項15題：AA_1、AA_2、……、AA_15選入右邊「變數（V）：」下的空盒中。

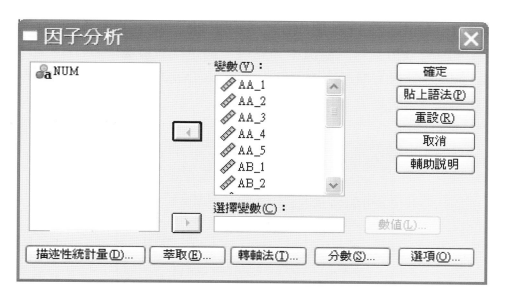

圖9-17

在「因子分析」對話視窗下面列中共有五個按鈕：『描述性統計量（D）……』、『萃取（E）……』、『轉軸法（T）……』、『分數（S）……』、『選項（O）……』。若是研究者在因素分析時，不以全體的有效觀察值為對象，而想要以某個群體為對象（如男生或婚姻狀態為離婚者），可先選取觀察值：執行功能列「資料（D）」／「選擇觀察值（C）」程序，之後再執行因素分析程序；如果研究者未先執行選擇觀察值程序，也可以於「因子分析」對話視窗中執行選擇觀察值程序。如研究背景變項之性別二個水準編碼中，1為男生、2為女生，研究者在建構效度的分析上只要針對男生群體，其執行步驟如下：

> 在左邊變數清單中將「性別」變項選入中間下方「選擇變數(C)」下的方框中，此時，方框內出現「性別=?」，按方框右邊『數值(L)』鈕，開啟「因子分析：設定值」次對話視窗，中間「選擇變數的值：」下方輸入男生群體的水準數值編碼1（數值須為整數水準數值）→按『繼續』鈕，回到「因子分析」對話視窗。

「因子分析」下方五個按鈕的次對話視窗的功能如下：

● (一) 『描述性統計量（D）……』鈕

於「因子分析」對話視窗中，點選『描述性統計量（D）……』鈕可以開啟「因子分析：描述性統計量」（Factor Analysis: Descriptives）次對話視窗。

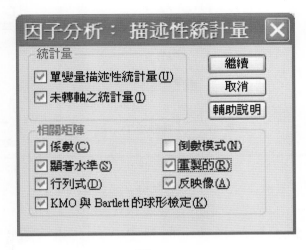

圖9-18

1.「統計量」選項方盒

(1)「□單變量描述性統計量（U）」：輸出每一題項的變項名稱、平均數、標準差與有效觀察值個數。

(2)「□未轉軸之統計量（I）」：輸出因素分析未轉軸前之共同性（communality）、特徵值（eigenvalues）、因素個別解釋的變異數百分比及所有共同因素累積解釋百分比。

2.「相關矩陣」選項方盒

(1)「□係數（C）」：輸出題項變項間的相關係數矩陣。

(2)「□顯著水準（S）」：輸出前述相關係數矩陣的顯著水準。

(3)「□行列式（D）」：輸出前述相關矩陣的行列式值。

(4)「□KMO與Bartlett的球形檢定（K）」：輸出KMO抽樣適當性參數與Bartlett's的球形檢定，此選項數據可判斷量表是否進行因素分析。KMO樣本適當性測量值可檢定變數間的淨相關數值的大

小，Bartlett's球形檢定可檢定相關矩陣是否為單元矩陣（identity matrix；或稱單位矩陣），如果是單元矩陣表示變數間不適合進行因素分析。

【備註】：所謂單位矩陣即一個矩陣的行數與列數相等時，若是矩陣對角的數值或元素全為1、非對角線的數值或元素全為0，則稱為單位矩陣。以一個p×p矩陣而言，單位矩陣如下。如果矩陣的行數與列數相等，非對角線的數值或元素全為0，而矩陣對角線數值不一定全為1，則稱為「對角矩陣」。

$$\begin{pmatrix} 1 & 0 & 0 & ...... & 0 \\ 0 & 1 & 0 & ...... & 0 \\ \cdot & \cdot & \cdot & \cdot & \cdot \\ 0 & 0 & 0 & ...... & 1 \end{pmatrix}$$

(5)「□倒數模式（N）」：求出相關矩陣的反矩陣。如果M是一個方形矩陣，則矩陣M的反矩陣通常以M^{-1}表示，反矩陣M^{-1}與矩陣M間的關係可以以下列算式表示：

$M^{-1} \times |M| = N'$，矩陣 N 為矩陣M的伴隨矩陣（adjoint matrix），矩陣N'是矩陣N的轉置矩陣（transpose matrix），$|M|$為矩陣M的行列式（determinant）。矩陣M乘以其反矩陣M^{-1}會變成一個相同階數的單元矩陣I，即$MM^{-1} = M^{-1}M = I$。

(6)「□重製的（R）」（Reproduced）：輸出重製相關矩陣（或稱再製相關矩陣）。再製矩陣中會包含觀察變項原始之相關矩陣R與由成分矩陣導出之再製相關矩陣之差異值，此差異值稱為「殘差相關矩陣」。

(7)「□反映像（A）」（Anti-image）：輸出反映象的共變數及相關矩陣。反映像相關矩陣的對角線數值，代表每一個變項的取樣適當性量數（MSA），此量數數據可作為個別題項變數是否進行因素分析的判斷依據。

在「因子分析：描述性統計量」次對話視窗中，選取「☑單變項描述性統計量(U)」、「☑未轉軸之統計量(I)」；相關矩陣方盒中勾選「☑係數(C)」、「☑顯著水準(S)」、「☑行列式(D)」、「☑重製的(R)」、「☑反映像(A)」、「☑KMO與Bartlett的球形檢定(K)」選項→按『繼續』鈕，回到「因子分析」對話視窗。

【備註】：相關矩陣方盒中的選項研究者可依實際研究所需勾選。

● (二)『萃取（E）……』鈕

於「因子分析」對話視窗中，點選『萃取（E）……』鈕可以開啟「因子分析：萃取」（Factor Analysis: Extraction）次對話視窗。

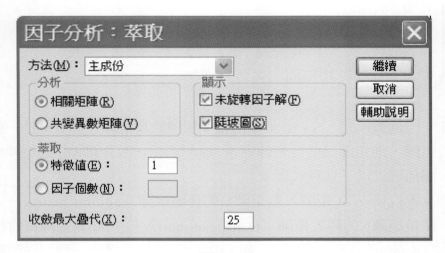

圖9-19

1.「方法（M）」選項方盒：下拉式選項內有七種抽取因素的方法（SPSS手冊）

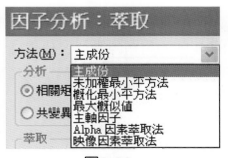

圖9-20

⑴「主成分」（Principal components）分析法：主成分分析法抽取因素，此為SPSS內定方法。此方法可以形成變數的線性組合（新變項），新變項間沒有相關，第一個主成分的解釋變異最大，其次是第二個主成分，依次類推。

⑵「未加權最小平方法」（Unweighted least squares）法：此方法可以使觀察係數矩陣與對角再製矩陣間的差異平方和減到最小。

⑶「概化最小平方」法或「一般化最小平方法」（Generalized least square）：此法可以使觀察與再製相關矩陣間的差異平方和減到最小，進行相關分析時會以其獨特性的反函數進行加權，使具有高獨特性變數所用的加權係數小於低獨特性變數。

⑷「最大概似值法」（Maximum likelihood）：當樣本是來自多變量常態分配時，此法可以導出最佳之觀察相關矩陣的參數估計值，其相關會以變數獨特性的反函數進行加權，並採用疊代演算法。

⑸「主軸因子或主軸法」（Principal-axis factoring）：此法可從原始相關矩陣萃取因子，它將平方的多重相關係數置放在矩陣對角線做為共同性的初始估計值，因子負荷量可用來估計新的共同性，以新數值取代原對角之舊的共同性估計值。疊代進行時會持續共同性的改變量達到收斂標準為止。

⑹「Alpha因素抽取法」或「α因素抽取法」（Alpha factoring）：此法會考量分析中的變數是否來自潛在變項之樣本，它將因子的α值調整到最大。

⑺「映像因素萃取法」（Image factoring）：此法由Guttman根據映像理論所發展而來，變數的共同部分（稱為偏映像）定義為它在其餘變數上的線性迴歸，而非是假設因子的函數。

2.「分析」選項方盒

⑴「⊙相關矩陣（R）」：以相關矩陣（Correlation matrix）來抽取因素，選擇此選項才能輸出標準化後的特徵值，此為SPSS預設選項。一般使用者在執行因素分析程序時，均使用原始資料檔，而非是變項間共變異數矩陣，若是變數間測量尺度不同，採用相關矩陣或共變異數矩陣之因素分析結果相同，因為因素分析是一種「單位不變

量」，因而因素分析時，「分析」方盒中，一般直接選用內定的「⊙相關矩陣（R）」即可。

(2)「○共變異數矩陣（V）」：以共變數矩陣（Covariance matrix）來抽取因素。共變異數矩陣的對角線為變項的變異數，而相關矩陣的對角線為變項與變項自身的相關係數，其數值為1.00。若是因素分析要套用到多個群組，且群組間的每個變數的變異數各不相同，則選取「⊙共變異數矩陣（V）」選項所得結果更為適切。

3.「顯示」選項方盒

(1)「☑未轉軸因子解（F）」：輸出未轉軸時因素負荷量（組型負荷量）、特徵值及共同性，此為SPSS預設選項，「未轉軸因子解」選項可以與「轉軸後因子解」的結果作一比較，一般在研究論文中，均呈現轉軸後的結果數據，此選項也可以不用勾選。

(2)「□陡坡圖（S）」：輸出陡坡圖（Screet plot），陡坡圖也可以作為判別共同因素數目的依據。陡坡圖可顯示每個因素之變異數間的變化，圖形會以坡線表示，當因素點從陡峭斜率忽然變為平緩的趨勢坡線時，會有明顯的轉折點（陡坡），成平緩坡線的因素點解釋所有變數的變異很低，可以取捨不用。

4.「萃取」選項方盒

(1)「⊙特徵值（E）」：後面的空格內定為1，表示因素抽取時，只抽取特徵值大於1者，使用者可隨意輸入0至變項總數之間的值，在因素分析時此數值通常不要隨意更改，此為SPSS預設選項。研究者若要萃取特徵值大於某一數值指標值的共同因素，此特徵值數值的界定必須要有相關的理論或文獻支持，或要經驗法則支持。

(2)「○因子個數（N）」；選取此項時，後面的空格內輸入限定之因素個數。如果研究者在編製問卷時，依照四個層面編製，希望因素分析時也能抽取四個因素，那在「⊙因子個數（N）」後面的數字就應填入「4」，表示強迫電腦進行因素分析時，抽取四個因素。若是研究者在初始問卷編製中，量表的內容效度編製三個向度，進行因素分析時也希望只抽取三個共同因素，可選取「⊙因子個數

（N）」選項，並在後面方框中輸入「3」。

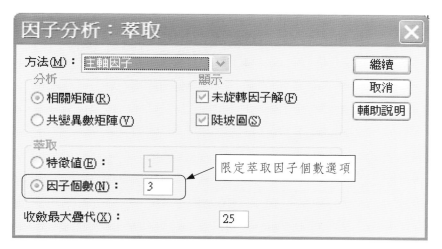

限定萃取因子個數選項

圖9-21

最下面一列「收斂最大疊代（X）」（Maximum Iterations for Convergence）為抽取共同因素時，收斂最大的疊代次數（運算程序最大的次數），內定值為25。一般在進行因素分析時，此數值通常不用更改。

在「因子分析：萃取」次對話視窗中，抽取因素方法選內定選項「主成分」，「分析」方盒中選取內定「⊙相關矩陣(R)」選項，「顯示」方盒中勾選「☑未旋轉因子解(F)」、「☑陡坡圖(S)」等項，在抽取因素時限定為特徵值大於1者，於「⊙特徵值：」後面的空格內選取內定數值「1」→按『繼續』鈕，回到「因子分析」對話視窗。
【備註】：因素分析萃取共同因素最常使用的方法為「主軸法」及「主成分」分析法。

●（三）『轉軸法（T）……』鈕

於「因子分析」對話視窗中，點選『轉軸法（T）……』鈕可以開啟「因子分析：轉軸法」（Factor Analysis: Rotation）次對話視窗。

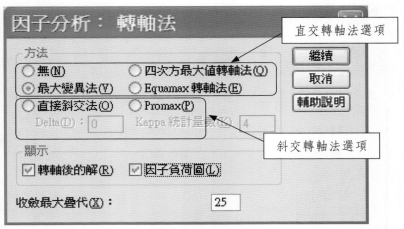

圖9-22

1. 「方法」選項方盒內有六種因素轉軸方法

(1)「○無（N）」：不須要進行轉軸，此為內定選項，如研究者要進行主成分分析則不用選取其他轉軸法，但在因素分析時，如不進行轉軸，則抽取之共同因素無法適切命名與解釋其意義。

(2)「○最大變異法（V）」：最大變異法，屬正交（或稱直交）轉軸法之一。

(3)「○四次方最大值轉軸法（O）」：四次方最大值法（或稱四分變異法），屬正交轉軸法之一。

(4)「○Equamax轉軸法（E）」：相等最大值法（或稱均等變異法），屬正交轉軸法之一。

(5)「○直接斜交法（O）」：直接斜交轉軸法，屬斜交轉軸法之一。選取「⊙直接斜交法（O）」法時，必須在其下方「Delta（D）」的右方格中，鍵入一個小於或等於0.80的數值，當δ的數值為負數，且其絕對值愈大，則表示因素間的斜交情形愈不明顯（愈接近直交）；當δ的數值等於−4，表示因素間的相關為0，此時即變為直交轉軸；當δ的數值愈接近0.80，表示因素間的相關愈高。SPSS內定的δ數值為0。

(6)「○Promax (P)」：最優轉軸法，屬斜交轉軸法之一。選取「⊙Promax (P)」選項，下方「Kappa統計量數（K）」會出現作用

狀態，此時必須在其右邊的方格中，鍵入一個數值，內定的數值為4，表示因素負荷量取4次方以產生接近0但不為0的值，以估算出因素間的相關，並簡化因素。Promax旋轉法假定因子間會有相關，它執行的計算速度比直接最小偏斜旋轉快，所以較適用樣本資料較大型的資料集。

如果研究者根據理論基礎或文獻探討結果，認為因子之間沒有相關，就應採取正交／直交轉軸法，正交轉軸法中，最常使用者為「最大變異法」。如果研究者認為因子之間有相關存在，就應採用斜交轉軸法，斜交轉軸法中，較常使用者為「直接斜交法」或最優轉軸法，在進行因素分析之轉軸法選取時，最常為研究者使用者的為「⊙最大變異法（V）」或「⊙直接斜交法（O）」二種，前者為直交轉軸法，後者為斜交轉轉法。

2.「顯示」選項方盒

(1)「□轉軸後的解（R）」：輸出轉軸後的相關資訊，正交轉軸印出因素組型（pattern）矩陣及因素轉換矩陣；斜交轉軸則輸出因素組型矩陣（或稱因素樣式矩陣）、因素結構矩陣與因素相關矩陣。

(2)「□因子負荷圖（L）」：繪出因素的散布圖，顯示因子的負荷與集中圖。因子負荷圖可以顯示題項變數與共同因素間的關係，若是抽取的共同因素有三個以上，則預設值會輸出前三個共同因素的3D立體圖，從圖中可以看出各共同因素所包含的題項；如果只抽出二個共同因素，則輸出2D平面圖。

3.「收斂最大疊代（X）」

轉軸時執行的疊代（iterations）最多次數，後面內定的數字25（演算法執行轉軸時，執行步驟的次數上限），若是題項變數較多，內定的收斂最大疊代數25無法進行因素轉軸時，可以將「收斂最大疊代（X）」後的數字更改為大一些，如50或100。

在「因子分析：轉軸法」次對話視窗中，「方法」方盒中選取「(最大變異法」、「顯示」方法中選取「☑ 轉軸後的解(R)」、「☑ 因子負荷量(L)」等選項→按『繼續』鈕，回到「因子分析」對話視窗。

【備註】：若是研究者假定因子間有相關（即因子間並非成直交或正交關係），在轉軸法方法中可以選取「⊙直接斜交法(O)」或「○Promax(P)」轉軸法。

(四)『分數（S）……』鈕

於「因子分析」對話視窗中，點選『分數（S）……』可以開啟「因子分析：產生因素分數」（Factor Analysis: Factor Scores）對話視窗。

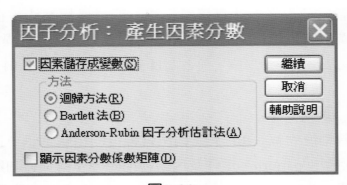

圖9-23

1.「☑因素儲存成變數（S）」方盒

勾選時可將新建立的因素分數儲存至資料檔中，並產生新的變數名稱，第一次新建立的因素分數內定為FAC1_1、FAC2_1、FAC3_1、FAC4_1……，第二次新建立的因素分數為FAC1_2、FAC2_2、FAC3_2、FAC4_2……。這個選項會替最後解中的每個因子，分別建立一個新變數，計算因子分數的方式包括「方法」盒中所列的三種。

在「方法」方盒中表示計算因素分數的方法有三種：

(1)「○迴歸方法（R）」：使用迴歸法。迴歸法也是估計因子分數係數的一種方法，以此法估算出的變數之分數的平均數為0、變異數則等於所估計的因子分數與原始測量值之間的多元相關係數平方，即使因子間為正交，因子分數間仍有可能有相關。

(2)「○Bartlett（B）」：使用Bartlette法估計因子分數係數，其估算出因子分數的平均數為0，而在所有變數中獨特因子的平方和會降到最小值。

(3)「○Anderson-Rubin因子分析估計法（A）」：使用Anderson-Rubin法估計因子分數係數，此法是Bartlett方法的修正，它可確保因子間成正交關係，所估算的因子分數係數的平均數為0、標準差為1，且因子間沒有相關存在。

2.「□顯示因素分數係數矩陣（D）」選項：勾選時可輸出因素分數係數矩陣。此矩陣的數值與原變相乘可以估算因子分數係數，此外也可顯示因子分數間的關係。

在「因子分析：產生因素分數」次對話視窗中，勾選「☑因素儲存成變數（S）」選項，在「方法」方盒中選取「⊙迴歸方法（R）」選項→按『繼續』鈕，回到「因子分析」對話視窗。

> 在「因子分析：產生因素分數」次對話視窗中，勾選「☑因素儲存成變數(S)」選項，在「方法」方盒中選取「⊙迴歸方法(R)」選項→按『繼續』鈕，回到「因子分析」對話視窗。

● (五) 『選項 (O) ……』 鈕

於「因子分析」對話視窗中，點選『選項（O）……』可以開啟「因子分析：選項」次對話視窗。

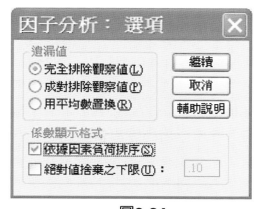

圖9-24

1.「遺漏值」方盒選項：遺漏值的處理方式

(1)「⊙完全排除遺漏值（L）」：觀察值在所有變數中沒有遺漏值才加以分析，此選項為SPSS內定值。以一個有十五題變項的資料檔為例，每筆觀察值必須在十五個題項變數上均沒有遺漏值或缺失值，才會視為有效觀察值，而納入因素分析程序之中。

(2)「○成對方式排除（P）」：在成對相關分析中出現遺漏值的觀察值捨棄。

(3)「○用平均數置換（R）」：以變數平均值取代遺漏值。

在因素分析資料檔中若有許多觀察值在少數幾個題項變項上有遺漏值，則這些觀察值在因素分析程序中，均會被排除，因而可能會有許多筆觀察值只因一題或二題為缺失值而被視為無效值，此時可能會造成有效樣本數過少的問題，造成因素分析的效度不夠穩定，此時，在「遺漏值」方盒中可改選為「⊙用平均數置換（R）」選項，觀察值在某個題項的遺漏值會以所有有效樣本在此題項的平均數取代。但是若是觀察值在題項遺漏值的變項數很多，選取「⊙用平均數置換（R）」選項反而可能會造成分析結果的偏誤，因而是否選取「⊙完全排除遺漏值（L）」選項或選取「⊙用平均數置換（R）」選項，研究者要根據每筆觀察值遺漏值的題項變數數目多寡自行判別。

2.「係數顯示格式」方盒選項：因素負荷量出現的格式

(1)「□依據因素負荷排序（S）」：每一因素層面根據因素負荷量的大小排序，若沒有勾選此選項，則轉軸後的因素負荷量摘要表會根據被選入的題項變數順序呈現，此時，在進行共同因素的題項歸類時較為不方便，因而建議使用者在進行因素分析時最好勾選此選項。

(2)「□絕對值捨棄之下限（U）」：因素負荷量小於後面數字者不被輸出，內定的值為0.10，一般在選取題項時因素負荷量最好在.45以上，此時共同因素解釋題項的變異量為20%，為便於輸出報表的檢視，使用者勾選「☑絕對值捨棄之下限（U）」選項後，後面的數字可輸入.45。在因素分析最後統整的報表中，應該呈現完整的資訊，因而「□絕對值捨棄之下限」選項最好不要勾選，此外，為了

使研究者檢視因子的題項，最好勾選「☑ 依據因素負荷排序
（S）」選項。

在「因子分析：選項」對話視窗中，勾選「⊙完全排除遺漏值（L）」、「☑ 依據因素負
荷排序（S）」等選項→按『繼續』鈕，回到「因子分析」對話視窗→按『確定』鈕。

二、第一次因素分析輸出結果

◉（一）因素抽取方法－主成分分析＆轉軸法－最大變異法

最大變異法（Varimax）屬於直交轉軸法一種，假定共同因素間之間沒
有相關或相關很低。

表9-33　敘述統計

	平均數	標準差	分析個數
AA_1	3.91	.720	130
AA_2	3.66	.793	130
AA_3	3.85	.741	130
AA_4	3.80	.709	130
AA_5	3.68	.747	130
AB_1	3.95	.697	130
AB_2	3.95	.714	130
AB_3	3.75	.708	130
AB_4	3.83	.749	130
AB_5	3.79	.754	130
AC_1	4.39	.665	130
AC_2	4.02	.726	130
AC_3	3.98	.709	130
AC_4	3.88	.678	130
AC_5	3.68	.780	130

SPSS所輸出的描述性統計量，包括各變數的平均數、標準差與有效樣
本數。在遺漏值的處理方面，於「因子分析：選項」的次對話視窗中，內
定選項為「完全排除觀察值（L）」，此選項的意義為某個觀察值在十五個
指標變數中，只要有一個以上指標變數為遺漏值，則此筆觀察值則視為無

效值,會被排除於因素分析程序中,如果觀察值只在少數指標變數值為遺漏值(可能是受試者遺漏填答或跳題),則研究者可於「遺漏值」方盒中改選「用平均數置換(R)」選項,如此可以以該變數中有效觀察值的平均數作為遺漏值的數值,以免缺失值太多,造成有效樣本數過少,造成因素分析之偏誤;相對的,若是某筆觀察值的缺失值太多,以其餘有效樣本的平均數取代,反而會使資料失真,研究者在取代遺漏值時,要特別謹慎。

表9-34　相關矩陣[Ⅰ]

		AA_1	AA_2	AA_3	AA_4	AA_5	AB_1	AB_2	AB_3
相關	AA_1	1.000	.624	.685	.617	.622	.469	.504	.486
	AA_2	.624	1.000	.517	.555	.564	.402	.452	.440
	AA_3	.685	.517	1.000	.752	.597	.464	.441	.560
	AA_4	.617	.555	.752	1.000	.553	.512	.518	.501
	AA_5	.622	.564	.597	.553	1.000	.503	.525	.536
	AB_1	.469	.402	.464	.512	.503	1.000	.821	.727
	AB_2	.504	.452	.441	.518	.525	.821	1.000	.713
	AB_3	.486	.440	.560	.501	.536	.727	.713	1.000
(a) 行列式 = 2.33E-005。									

表9-35　相關矩陣[II]

	AB_4	AB_5	AC_1	AC_2	AC_3	AC_4	AC_5
AB_4	1.000	.651	.259	.476	.431	.481	.610
AB_5	.651	1.000	.287	.530	.498	.559	.649
AC_1	.259	.287	1.000	.453	.381	.445	.306
AC_2	.476	.530	.453	1.000	.618	.555	.488
AC_3	.431	.498	.381	.618	1.000	.559	.589
AC_4	.481	.559	.445	.555	.559	1.000	.472
AC_5	.610	.649	.306	.488	.589	.472	1.000
(a) 行列式 = 2.33E-005。							

　　上表為十五個變項的相關係數矩陣及顯著水準(略),最下方一列的數據為相關矩陣的行列式值(determinant),數值等於2.33×10^{-5},行列式值可以用來計算Bartlett的球形檢定,二個變項間如出現完全線性重合的情形,則相關矩陣的行列式值會變為0,如果行列式值為0,則無法求出相關

矩陣的反矩陣（inverse matrices），亦即無法計算特徵值，在此種情況下，無法進行因素分析。在相關矩陣中，上半部為變項間相關係數矩陣，下半部為相關係數的顯著性考驗（此部分報表略），在相關矩陣中，如果某個變項與其他變項的相關係數間多數均未達顯著，或相關係數均很低，表示此變項與其餘變項所欲測出之心理特質的同質性不高，可以考慮將此變項刪除。

以二個測量變項為例，其相關矩陣為 $\begin{bmatrix} 1 & r_{x1x2} \\ r_{x1x2} & 1 \end{bmatrix}$，其行列式為 $1 \times 1 - (r_{x1x2}) \times (r_{x1x2})$，若行列式數值為0表示 r_{x1x2} 的數值為1，此時二個測量變項呈完全相關，行列式的數值大，表示二個測量變項的相關愈小，如相關矩陣 $\begin{bmatrix} 1 & .20 \\ .20 & 1 \end{bmatrix}$ 的行列式數值為.96，此時二個測量變項的相關為.20；$\begin{bmatrix} 1 & .80 \\ .80 & 1 \end{bmatrix}$ 的行列式數值為.36，此時二個測量變項的相關為.80，因而從相關矩陣之行列式數值，也可判別測量變項間的相關情形，相關矩陣之行列式數值的求法，可以使用試算表函數「MDETERM」求出。

在相關矩陣中，變項間的相關最好不要完全低度相關或全部高度相關，若變項間的相關太低，則變項間很難抽出共同因素層面，但變項間的相關如果全部皆很高，則可能只抽出一個共同因素而已，因而變項間如要抽出多個因素層面，題項變數間應該呈現某些高相關、某些呈現低度相關或相關不顯著，同一層面中的指標變數，最好有中高度相關、不同層面間的指標變數間的相關最好為低度相關。在「學校知識管理量表」相關係數矩陣中，正好符合此項性質，如題項變數AA_1至AA_5間的相關較高，但與其他變項間的相關很低、題項變數AB_1至AB_5間的相關較高，與其他變項間的相關較低、題項變數AC_1至AC_4間的相關較高，但與其他變項間的相關較低（AC_5例外），這些相關較高的題項可能有共同因素存在。指標變項AC_5與構念二指標變項的相關係數反而較高，在因素分析中，此變數可能會被歸於構念二中。

表9-36　KMO與Bartlett檢定

Kaiser-Meyer-Olkin	取樣適切性量數	.915
Bartlett 球形檢定	近似卡方分配	1314.027
	自由度	105
	顯著性	.000

　　KMO是Kaiser-Meyer-Olkin的取樣適當性量數（其值介於0至1之間），當KMO值愈大時（愈接近1時），表示變項間的共同因素愈多，變項間的淨相關係數愈低，愈適合進行因素分析，根據學者Kaiser（1974）觀點，如果KMO的值小於0.5時，較不宜進行因素分析，進行因素分析之良好的（meritorious）準則至少在.80以上，此處的KMO值為.915，指標統計量大於.90，呈現的性質為「極佳的」標準，表示變項間具有共同因素存在，變項適合進行因素分析。

　　此外，Bartlett's球形考驗的χ^2值為1314.027（自由度為105）達到.05顯著水準，可拒絕虛無假設，即拒絕變項間的淨相關矩陣不是單元矩陣的假設。根據Bartlett所提公式，若n是樣本人數、p是指標變項數目，則其球形檢定公式接近於自由度為$[0.5(p^2-p)]$的卡方分配，球形檢定公式為：$-[n-1-(1/6)(2p+5)]\ln|R|$，其中$\ln|R|$為相關矩陣行列式的自然對數值，相關矩陣行列式可根據所有特徵值估算而得。卡方檢定的虛無假設為母群相關矩陣為「單元矩陣」（identity matrix），當資料檔之相關矩陣為單元矩陣，表示變項間沒有相關，卡方檢定結果，若沒有拒絕虛無假設（Bartlett球形檢定未達.05顯著水準），則資料檔間由於變項間相關很低，因而不適合進行因素（*Tacq, 1997, p. 280*）。

　　所謂單元矩陣表示的淨相關矩陣中的非對角線數值（此數值為淨相關係數）均為0，若Bartlett's球形考驗結果，未達.05顯著水準，則應接受虛無假設，表示淨相關係數矩陣不是單元矩陣，若是淨相關係數矩陣是單元矩陣表示變項間的淨相關係數均為0，變項資料檔適合進行因素分析，單元矩陣的考驗在於檢定相關矩陣是否為正交，若是矩陣為正交矩陣其行列式為1，表示指標變數間不相關，不適合進行因素分析。此處的顯著性機率值p=.000<.05，拒絕虛無假設，拒絕淨相關矩陣不是單元矩陣的假設，

接受淨相關矩陣是單元矩陣的假設，指標變數間有相關存在，相關矩陣未呈正交關係（指標變數間有相關），代表母群體的相關矩陣間有共同因素存在，適合進行因素分析。以Bartlett's球形考驗來判別資料是否適合進行因素的方法較少為研究者採用，因為Bartlett's球形考驗對樣本大小特別敏感，當樣本數愈大，則愈容易拒絕虛無假設。

表9-37 反映像矩陣(I)

		AA_1	AA_2	AA_3	AA_4	AA_5	AB_1	AB_2	AB_3
反映像共變數	AA_1	.372	−.108	−.111	.003	−.078	.002	−.032	.021
	AA_2	−.108	.461	−.001	−.045	−.068	.032	−.018	−.009
	AA_3	−.111	−.001	.274	−.158	−.063	.014	.040	−.064
	AA_4	.003	−.045	−.158	.289	.002	−.027	−.017	.038
	AA_5	−.078	−.068	−.063	.002	.469	−.010	−.020	−.033
	AB_1	.002	.032	.014	−.027	−.010	.221	−.127	−.054
	AB_2	−.032	−.018	.040	−.017	−.020	−.127	.244	−.050
	AB_3	.021	−.009	−.064	.038	−.033	−.054	−.050	.328
反映像相關	AA_1	.928(a)	−.261	−.348	.010	−.186	.005	−.105	.060
	AA_2	−.261	.935(a)	−.002	−.123	−.147	.100	−.054	−.024
	AA_3	−.348	−.002	.847(a)	−.563	−.177	.056	.157	−.212
	AA_4	.010	−.123	−.563	.863(a)	.006	−.108	−.065	.124
	AA_5	−.186	−.147	−.177	.006	.965(a)	−.031	−.060	−.084
	AB_1	.005	.100	.056	−.108	−.031	.889(a)	−.548	−.201
	AB_2	−.105	−.054	.157	−.065	−.060	−.548	.911(a)	−.176
	AB_3	.060	−.024	−.212	.124	−.084	−.201	−.176	.954(a)

(a) 取樣適切性量數 (MSA)。

表9-38 反映像矩陣(II)

		AB_4	AB_5	AC_1	AC_2	AC_3	AC_4	AC_5
反映像共變數	AB_4	.400	−.066	.038	−.038	−.019	−.023	−.084
	AB_5	−.066	.360	.020	−.025	−.018	−.064	−.047
	AC_1	.038	.020	.660	−.109	−.027	−.115	−.033
	AC_2	−.038	−.025	−.109	.405	−.138	−.026	.056
	AC_3	−.019	−.018	−.027	−.138	.423	−.123	−.107
	AC_4	−.023	−.064	−.115	−.026	−.123	.470	.026
	AC_5	−.084	−.047	−.033	.056	−.107	.026	.326

(續上頁表)

反映像相關	AB_4	.928(a)	−.173	.073	−.095	−.046	−.053	−.232
	AB_5	−.173	.965(a)	.042	−.065	−.046	−.155	−.138
	AC_1	.073	.042	.859(a)	−.211	−.051	−.207	−.071
	AC_2	−.095	−.065	−.211	.914(a)	−.333	−.061	.153
	AC_3	−.046	−.046	−.051	−.333	.894(a)	−.275	−.288
	AC_4	−.053	−.155	−.207	−.061	−.275	.938(a)	.066
	AC_5	−.232	−.138	−.071	.153	−.288	.066	.918(a)

　　上表為反映像矩陣（Anti-image Matrices），表的上半部為反映像共變數矩陣（Anti-image Covariance），下半部為反映像相關係數矩陣（Anti-image Correlation）。若以第n個題項變項為依變項（效標變項），其餘各題項變項為預測變項，進行多元迴歸分析，此第n個效標變項能被預測變項預測的部分稱為P_n，不能被預測變項預測部分稱為E_n，P_n即為該變項的影像，E_n即為該變項的反影像。根據每個變項的反影像E_n即可求得各變項反影像共變數矩陣及反影像相關矩陣（陳正昌等，2005）。下半部反映像相關係數矩陣，在性質上與淨相關係數矩陣類似，只是二者正負號正好相反，即變項間的淨相關係數取其負數值即得反映像相關係數矩陣，反映像相關係數愈小，表示變項間愈有共有因素，變項愈適合進行因素分析；相反的，反映像相關係數值愈大，表示共同因素愈少，愈不適合進行因素分析。

　　反映像相關矩陣的對角線數值代表每一個變項「取樣適當性量數」（Measures of Sampling Adequacy；簡稱MSA），「取樣適當性量數」數值大小的右邊會加註「(a)」的標示。MSA值類似KMO值，KMO值愈接近1，表示整體資料（整個量表）愈適合進行因素分析，而個別題項的MSA值愈接近1，則表示此個別題項愈適合投入於因素分析程序中，因而研究者可先由KMO值來判別量表是否適合進行因素分析，次則判別個別題項的MSA值，以初步決定哪些變項不適合投入因素分析程序中，一般而言，如果個別題項的MSA值小於0.50，表示該題項（變項）不適合進行因素分析，在進行因素分析時可考慮將之刪除。上述表格中，十五個題項的MSA值界.847至.965間，表示題項變數都適合進行因素分析。

表9-39 共同性

	初始	萃取
AA_1	1.000	.742
AA_2	1.000	.649
AA_3	1.000	.702
AA_4	1.000	.713
AA_5	1.000	.634
AB_1	1.000	.847
AB_2	1.000	.770
AB_3	1.000	.728
AB_4	1.000	.714
AB_5	1.000	.700
AC_1	1.000	.673
AC_2	1.000	.674
AC_3	1.000	.617
AC_4	1.000	.639
AC_5	1.000	.656

萃取法：主成分分析。

　　上表為每個變項的初始（initial）共同性以及以主成分分析法（principal component analysis）抽取主成分後的共同性（最後的共同性）。共同性愈低，表示該變項不適合投入主成分分析之中，共同性愈高，表示該變項與其他變項可測量的共同特質愈多，亦即該變項愈有影響力。採用主成分分析法抽取共同因素時，初步的共同性估計值均為1，若是研究者採用主軸法來抽取共同因素，則題項初始共同性值不會等於1，主軸法的題項初始共同性值是以該題項為效標變項，其餘變項為預測變項，進行多元迴歸時所得的決定係數值（R^2）值。共同性估計值的高低也可作為項目分析時，篩選題項是否合適（保留）的指標之一，若是題項的共同性低於.20可考慮將題項刪除。

表9-40　解說總變異量

成分	初始特徵值			平方和負荷量萃取			轉軸平方和負荷量		
	總和	變異數的%	累積%	總和	變異數的%	累積%	總和	變異數的%	累積%
1	8.085	53.901	53.901	8.085	53.901	53.901	4.022	26.816	26.816
2	1.288	8.585	62.487	1.288	8.585	62.487	3.867	25.782	52.598
3	1.086	7.242	69.729	1.086	7.242	69.729	2.570	17.131	69.729
4	.750	5.000	74.729						
5	.623	4.151	78.880						
6	.536	3.571	82.451						
7	.450	2.999	85.450						
8	.391	2.609	88.058						
9	.370	2.469	90.528						
10	.326	2.174	92.701						
11	.303	2.022	94.724						
12	.282	1.880	96.604						
13	.227	1.516	98.120						
14	.142	.945	99.065						
15	.140	.935	100.000						

萃取法：主成分分析。

　　上表為採主成分分析法抽取主成分的結果，轉軸方法為直交轉軸之最大變異法。表格中共有四大欄，第一部分為「成分」（Factor）、第二部分為「初始特徵值」第三部分為「平方和負荷量萃取」、第四部分為「轉軸平方和負荷量」。「初始特徵值」中的「總和」（Total）直行的數字為每一主成分的特徵值，特徵值愈大表示該主成分在解釋15個變項的變異量時愈重要；第二直行「變異數的%」（% of Variance）為每一個抽取因素可解釋變項的變異量；第三直行「累積%」（Cumulative %）為萃取之因素可以解釋所有指標變項變異量的累積百分比。

　　在上述整體解釋變異量的報表中共分三大部分：初始特徵值（Initial Eigenvalues）（初步抽取共同因素的結果）、平方和負荷量萃取（Extraction Sums of Squared Loadings）（轉軸前的特徵值、解釋變異量及累積解釋變異量，此部分只保留特徵值大於1的因素）、轉軸平方和負荷量（Rotation Sums of Squared Loadings）（轉軸後的特徵值、解釋變異量及累積解釋變異量）。「初始特徵值」項中，左邊十五個成分因素的特徵

值（Total縱行）總和等於15（15即為題項總數）。解釋變異量為因子之特徵值除以題項數，如第一個特徵值的解釋變異量為8.055÷15＝53.901%，第二個因子之特徵值的解釋變異量為1.288÷15＝8.585%，第二個因子之特徵值的解釋變異量為1.086÷15＝7.242%。累積百分比欄是將每個因素成分所能解釋的變異百分比累積相加而得，當抽取的因素數目等於變項的題項數時，累加的變異百分比等於100%，表中三個共同因素的累積的解釋變異為69.729%，已超過60%。

特徵值即萃取因素可以解釋所有p個測量變項變異的部分，每個因素的特徵值為所有p個測量變項與因素相關之因素負荷量平方的總和，特徵值可以解釋為解釋變異的百分比或解釋變異的比例，如果一組p個測量變項全部轉換為Z分數（標準分數），由於每個測量變項之標準分數的變異量均為1，因而所有p個測量變項的總變異量剛好等於p。範例中，由於p等於15，因而15個測量變項的總變異量剛好等於15（測量變項的個數）。因素分析程序中，萃取保留的共同因素對測量變項可以解釋的變異部分最好介於40%至70%之間，如果共同因素解釋的變異太小，表示測量變項間可能測量較多不同的潛在構念（*Warner, 2008, p. 806*）。

把左邊十五個成分之特徵值大於一者列於中間（取特徵值大於1之因素為內定選項），即是「平方和負荷量萃取」（Extraction Sums of Squared Loadings）欄的資料。因SPSS內設值是以特徵值大於一以上的主成分，作為主成分保留的標準，上表中特徵值大於一者共有三個，這也是因素分析時所抽出之共同因素個數。由於特徵值是由大至小排列，所以第一個共同因素的解釋變異量通常是最大者，其次是第二個，再來是第三個……。三個共同因素共可解釋69.729%的變異量。採用主成分分析時，「初始特徵值欄」中的特徵值會等於「平方和負荷量萃取欄」中的特徵值，但若是採用主軸法抽取共同因素時，「初始特徵值」中的特徵值與「平方和負荷量萃取」中的特徵值會有所差異。

最後一大項「轉軸平方和負荷量」（Rotation Sums of Squared Loadings）為採用最大變異法之直交轉軸後的數據。轉軸後各共同因素之特徵值會改變，與轉軸前不同，轉軸前三個共同因素的特徵值分別為

8.085、1.288、1.086,特徵值總和為10.459;轉軸後三個共同因素的特徵值分別為4.022、3.867、2.570,特徵值總和為10.459(8.085+1.288+1.086=4.022+3.867+2.570),因而轉軸後個別共同因素的特徵值會改變,但所有共同因素的總特徵值不變,轉軸前三個被抽取因素的特徵值間差異較大,轉軸後三個被抽取因素的特徵值間差異較小,此外,每個題項之共同性也不會改變,但每個題項在每個共同因素之因素負荷量會改變。轉軸後,被所有共同因素解釋的總變異量不變(特徵值總和不變),範例中,轉軸前三個共同因素累積可以解釋的累積總變異量為69.729%,轉軸後三個共同因素可以累積解釋的總變異量亦為69.729%。

　　SPSS內設保留特徵值大於1以上的因素作為最後的共同因素,因此學校知識管理量表共抽取三個共同因素。由於SPSS於共同因素抽取方面,預設值為保留特徵值大於或等於1以上的因素,此種方面雖然很容易的得出共同因素,但在實際應用上有其限制,如共同因素所包含的題項是否與原先研究者編製的差不多?共同因素所包含的題項間所要測量的心理或行為特質是否差異很大,共同因素是否可以命名?共同因素所包含的題項數是否在三個題項以上等等。因而單單根據特徵值大於1以上的因素作為最後的共同因素有時是欠缺嚴謹的,研究者還須參考陡坡圖及轉軸後的因素結構等來綜合判斷共同因素是否保留,其中一個重要的因素是共同因素所包含的題項的同質性,同一共同因素之題項所要測量的特質是否相同,如此,因素的命名才有實質意義。

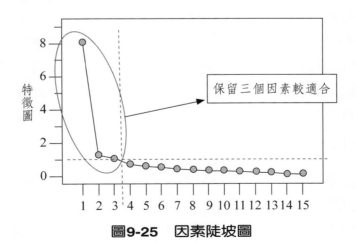

圖9-25　因素陡坡圖

上圖為陡坡圖考驗的結果，陡坡圖考驗可以幫助研究者決定因素的數目。陡坡圖係將每一主成分的特徵值由高至低依序排序所繪製而成的一條坡線，愈向右邊的特徵值愈小，圖中的橫座標是因素數目（題項變數數目）、縱座標是特徵值。陡坡圖考驗的判斷準則取坡線突然劇升的因素，若是坡線為平坦的因素則可以將之刪除。從圖中可以看出從第四個因素以後，坡度線甚為平坦，表示無特殊因素值得抽取，因而以保留三個因素較為適宜。在探索性因素分析中，要保留多少個因素，研究者還須參考抽取的共同因素是否有其「合理性」而定。因素的合理性有二個內涵，一為共同因素包含的題項變數最少在三題以上，二為題項變數所要測量的潛在特質類似，因素可以命名。若是一個共同因素包含的指標變數間差異甚大，也就是各指標變數所要測得的潛在心理特質間歧異很大，此共同因素根本無法命名，此時雖然已萃取了此共同因素，但由於因素間部分的指標變數還須刪除，是故要再進行第二次以上的因素分析。

表9-41 成分矩陣(a)

	成分		
	1	2	3
AB_2	.812	.247	−.222
AB_5	.810	.079	−.196
AB_3	.806	.196	−.200
AC_5	.802	−.021	−.113
AB_1	.791	.221	−.414
AA_4	.756	−.332	.177
AA_1	.739	−.437	.070
AA_3	.737	−.383	.114
AC_2	.728	.236	.296
AB_4	.727	.259	−.343
AA_5	.720	−.337	−.048
AC_4	.698	.266	.285
AC_3	.678	.121	.379
AA_2	.673	−.443	.018
AC_1	.462	.409	.540

萃取方法：主成分分析。
(a) 萃取了 3 個成分。

上表為15個題項變數在三個因素上之未轉軸的因素矩陣（即原始因素負荷量矩陣），因素矩陣中的數值為各題項變數在共同因素的組型負荷量，因素負荷量類似迴歸分析中的迴歸係數權數，因素負荷量數值愈大表示題項變數與共同因素間的關聯愈大。由此矩陣，可以計算每一變項的共同性，每個因素（主成分）的特徵值及再製相關矩陣。

共同性為每個變項在各主成分上的負荷量的平方加總，如第7題（AB_2）的共同性等於$(.812)^2+(.247)^2+(-.222)^2=.770$。特徵值是將所有指標變項在某一因素上的負荷量的平方相加而得，如：

轉軸前因素一的特徵值$8.085=.812^2+.810^2+.806^2+\cdots\cdots+.673^2+.462^2$

轉軸前因素二的特徵值$1.288=.812^2+.247^2+0.79^2+\cdots\cdots+(-.443)^2+.409^2$

轉軸前因素三的特徵值

$1.086=(-.222)^2+(-.196)^2+(-.200)^2+\cdots\cdots+.018^2+.540^2$

在「成分矩陣」的表格中，第一直行並非按題項變數次序呈現，而是根據其在第一個共同因素中的因素負荷量數值高低呈現，之後再根據其在第二個共同因素中的因素負荷量高低依次呈現。之所以呈現此輸出結果，乃是在進行因素分析程序時，在「因子分析：選項」次對話視窗之「係數顯示格式」方盒中勾選「☑依據因素負荷排序（S）」選項。從成分矩陣中可以看出，大部分的題項變數均歸屬於成分1。

表9-42　重製相關矩陣(I)

		AA_1	AA_2	AA_3	AA_4	AA_5	AB_1	AB_2	AB_3
重製相關	AA_1	.742(b)	.692	.719	.716	.676	.459	.477	.496
	AA_2	.692	.649(b)	.667	.659	.633	.427	.433	.452
	AA_3	.719	.667	.702(b)	.704	.654	.451	.479	.496
	AA_4	.716	.659	.704	.713(b)	.648	.452	.493	.509
	AA_5	.676	.633	.654	.648	.634(b)	.515	.513	.524
	AB_1	.459	.427	.451	.452	.515	.847(b)	.789	.764
	AB_2	.477	.433	.479	.493	.513	.789	.770(b)	.748
	AB_3	.496	.452	.496	.509	.524	.764	.748	.728(b)

（續上頁表）

		AA_1	AA_2	AA_3	AA_4	AA_5	AB_1	AB_2	AB_3
殘差(a)	AA_1		−.068	−.035	−.100	−.053	.010	.028	−.010
	AA_2	−.068		−.150	−.105	−.069	-.025	.019	−.012
	AA_3	−.035	−.150		.048	−.057	.013	−.038	.064
	AA_4	−.100	−.105	.048		−.095	.060	.025	−.008
	AA_5	−.053	−.069	−.057	−.095		-.012	.012	.012
	AB_1	.010	−.025	.013	.060	−.012		.032	−.037
	AB_2	.028	.019	−.038	.025	.012	.032		−.034
	AB_3	−.010	−.012	.064	−.008	.012	-.037	−.034	

萃取法：主成分分析。

(a) 殘差的計算介於觀察相關值和重製相關值之間。絕對值大於 0.05 的非多餘殘差共有 37 (35.0%) 個。

(b) 重製共同性。

表9-43 重製相關矩陣(II)

		AB_4	AB_5	AC_1	AC_2	AC_3	AC_4	AC_5
重製相關	AB_4	.714(b)	.677	.256	.489	.394	.479	.616
	AB_5	.677	.700(b)	.300	.550	.484	.530	.670
	AC_1	.256	.300	.673(b)	.593	.567	.585	.301
	AC_2	.489	.550	.593	.674(b)	.634	.655	.546
	AC_3	.394	.484	.567	.634	.617(b)	.613	.498
	AC_4	.479	.530	.585	.655	.613	.639(b)	.522
	AC_5	.616	.670	.301	.546	.498	.522	.656(b)
殘差(a)	AB_4		−.026	.003	−.014	.036	.002	−.007
	AB_5	−.026		−.013	−.021	.014	.029	−.020
	AC_1	.003	−.013		−.140	−.186	−.140	.005
	AC_2	−.014	−.021	−.140		−.016	−.100	−.058
	AC_3	.036	.014	−.186	−.016		−.054	.091
	AC_4	.002	.029	−.140	−.100	−.054		−.050
	AC_5	−.007	−.020	.005	−.058	.091	−.050	

萃取法：主成分分析。

(a) 殘差的計算介於觀察相關值和重製相關值之間。絕對值大於 0.05 的非多餘殘差共有 37 (35.0%) 個。

(b) 重製共同性。

上表為指標變數間的再製（或重製）相關（reproduced correlations）矩陣及殘差相關矩陣（residual correlation matrix）。重製相關矩陣中的報

表上半部為再製相關係數矩陣，下半部為殘差相關係數矩陣。上半部中，非對角線的數值為再製相關係數值，如指標變數AA_1與變數AA_2、AB_3的再製相關係數分別為.692、.496，對角線的數值有加註標記（b）為各指標變數最後估算出的共同性，其數值與之前表格標題為「共同性」之「萃取」欄中的數值相同。殘差相關係數為指標變數間的積差相關係數減去二者之再製相關係數，以變項AA_1與AA_2為例，二者的積差相關係數為.624、二者之重製相關係數值為.692，其殘差值為.624-.692=-.068；以變項AB_4與AB_5為例，二者的積差相關係數為.651、二者之重製相關係數值為.677，其殘差值為.651-.677=-.026

所謂二個指標變數間的再製相關係數，是根據二個變數在所有萃取之共同因素上的組型負荷量相乘後加總的數值（此數值求法的前提是因素間沒有相關），因而，再製相關係數表示的所保留的共同因素可以解釋二變數間原有相關係數的程度，當再製相關係數愈接近二變數原先的積差相關係數值時，表示所萃取出的共同因素愈能解釋它們原來的關係（王保進，2004），此時殘差值會愈接近0。以指標變數AA_1、AA_2為例，二者轉軸後的組型負荷量相乘數值所導出的再製相關係數=.253×.242+.804×.762+.177×.105=.061+.613+.019=.692

以指標變數AB_4、AB_5為例，二者轉軸後的組型負荷量相乘數值所導出的再製相關係數=.796×.681+.204×.413+.197×.258=.542+.084+.051=.677。

表9-44

	因素一組型負荷量	因素二組型負荷量	因素三組型負荷量
AA_1	0.253	0.804	0.177
AA_2	0.242	0.762	0.105
變數相乘	0.061	0.613	0.019
總和		0.692	
AB_4	0.796	0.204	0.197
AB_5	0.681	0.413	0.258
變數相乘	0.542	0.084	0.051
總和		0.677	

　　殘差係數絕對值的大小可評估因素解（factor solution）是否良好，以作為資料檔所萃取的共同因素是否適切，若是殘差係數絕對值愈小，表示變數所萃取出的共同因素是適宜的。一般殘差值的判別大小指標為絕對值小於.05，若大多數殘差值絕對值均小於.05，表示因素分析模式適配或良好。在SPSS輸出之重製相關矩陣中會呈現殘差值絕對值小於.05的個數及其百分比，表中範例的殘差值係數絕對值大於.05者有37個，占全部殘差值的35%，其中總殘差值有15×(15-1)÷2=105，37÷105=.35，殘差係數絕對值大於.05的百分比例，可以評估因素分析中，萃取出的共同因素是否適配。

表9-45　轉軸後的成分矩陣(a)

	成分		
	1	**2**	**3**
AB_1	.868	.264	.154
AB_4	.796	.204	.197
AB_2	.767	.281	.320
AB_3	.728	.319	.310
AB_5	.681	.413	.258
AC_5	.581	.497	.269
AA_1	.253	.804	.177
AA_3	.245	.766	.235
AA_2	.242	.762	.105
AA_4	.238	.747	.315
AA_5	.358	.700	.128
AC_1	.113	.035	.812
AC_2	.373	.303	.666
AC_4	.372	.260	.658
AC_3	.240	.372	.650

萃取方法：主成分分析；旋轉方法：旋轉方法：含 Kaiser 常態化的 Varimax 法。
(a) 轉軸收斂於 6 個疊代。

　　上表為轉軸後的因素矩陣，採用最大變異法（Varimax）進行直交轉軸，轉軸時採用內定之Kaiser常態化方式處理，轉軸時共需要進行六次疊代（iterations）換算。題項在其所屬之因素層面順序，乃按照因素負荷量的高低排列，轉軸主要目的，在於重新安排題項在每個共同因素的因素負荷量，轉軸後，使原先轉軸前較大因素負荷量變得更大，而使轉軸前

較小的因素負荷量變得更小；轉軸後題項在每個共同因素之因素負荷量的平方總和不變（題項的共同性在轉軸前後均一樣）。以第7題（AB_2）的共同性為例，其轉軸前為$(.812)^2+(.247)^2+(-.222)^2=.770$，轉軸後為$(.767)^2+(.281)^2+(.320)^2=.770$。由於是直交轉軸，故表中係數可視為變項與因素之相關係數矩陣，即因素結構矩陣，也可以視為是因素的加權矩陣（即因素組型矩陣），轉軸後的因素矩陣是由未轉軸前的因素矩陣乘以成分轉換矩陣（Factor Transformation Matrix）而來。從轉軸後的成分矩陣中可以發現：共同因素一包含AB_1、AB_4、AB_2、AB_3、AB_5、AC_5六題，共同因素二包含AA_1、AA_3、AA_2、AA_4、AA_5五題，共同因素三包含AC_1、AC_2、AC_4、AC_3四題。

　　其中除題項AC_5外，三個共同因素所包含的指標變數與原先研究者編製者大致符合，共同因素一的構念命名為「知識分享」、共同因素二的構念命名為「知識創新」、共同因素三的構念命名為「知識獲取」。在因素分析中共同因素所包含的題項數最少為三題較為適合，亦即一個構念或層面所包含的指標變數最少在三題以上。轉軸的目的在於獲取「簡單結構」（simple structure），其目的在於使每一個因素很清楚的被一組變項數所界定，使每一個題項變數能歸屬於一個明確的「主因素」（home factor）（*Spicer, 2005*）。因素負荷量的選取標準若以.400來檢核，題項AC_5雖歸屬於共同因素一，但其在共同因素二的因素負荷量為.497、反而在共同因素三之因素負荷量最低（.269）。此種結果顯示，以直交轉軸之最大變異法來進行因素轉軸，並未完全符合簡單結構的要求，但此種情形可能只出現在少數指標變數中。

表9-46　成分轉換矩陣

成分	1	2	3
1	.644	.616	.453
2	.405	-.777	.481
3	-.649	.127	.750

萃取方法：主成分分析。旋轉方法：含 Kaiser 常態化的 Varimax 法。

　　上表為因素轉換矩陣，利用轉軸前的因素矩陣×此處的因素轉換矩陣

（續上頁表）

AA_4	.692	.237	.336
AA_2	.649	.235	.183
AA_5	.638	.343	.186
AB_1	.279	.875	.190
AB_2	.299	.716	.371
AB_3	.350	.661	.352
AB_4	.255	.654	.289
AB_5	.425	.589	.336
AC_2	.298	.334	.662
AC_3	.334	.204	.628
AC_4	.276	.334	.615
AC_1	.099	.163	.553
萃取方法：主軸因子。旋轉方法：含 Kaiser 常態化的 Varimax 法。			
(a) 轉軸收斂於 6 個疊代。			

採用最大變異法之正交轉軸後的組型負荷量矩陣，轉軸時採用內定的 Kaiser常態化方式程序，轉軸經過6次疊代運算過程即已達到收斂程度。由於採用的正交轉軸法，因而表中因素負荷量數值可視為因素的加權係數（組型負荷量），或指標變數與因素間之相關係數（結構負荷量）。經轉軸後因素一包括AA_1、AA_3、AA_4、AA_21、AA_5五個題項，變數之因素負荷量介於在.638至.769間、因素二包括AB_1、AB_2、AB_3、AB_4、AB_5五個題項，變數之因素負荷量介於在.589至.875間、因素三包括AC_2、AC_3、AC_4、AC_1四個題項，變數之因素負荷量介於在.553至.662間，各因素所包含的題項與原先研究者編製者相同，各指標變數在其構念之因素負荷量數值均大於.500以上。

(二)下表之因素抽取方法為「主軸法」，轉軸法為斜交轉軸法中之「直接斜交法」

表9-51　共同性

	初始	萃取
AA_1	.628	.698
AA_2	.505	.509

（續上頁表）

AA_3	.718	.673
AA_4	.689	.649
AA_5	.526	.559
AB_1	.776	.880
AB_2	.756	.740
AB_3	.668	.684
AB_4	.578	.577
AB_5	.633	.641
AC_1	.337	.342
AC_2	.585	.639
AC_3	.539	.547
AC_4	.528	.566
萃取法：主軸因子萃取法。		

以主軸法萃取共同因素時，不論採用直交轉軸或斜交轉軸法，各指標變數在初始共同性與萃取後共同性的數值均相同。

表9-52　解說總變異量

因子	初始特徵值			平方和負荷量萃取			轉軸平方和負荷量(a)
	總和	變異數的%	累積%	總和	變異數的%	累積%	總和
1	7.474	53.382	53.382	7.118	50.846	50.846	5.910
2	1.287	9.196	62.579	.922	6.588	57.433	5.812
3	1.078	7.701	70.280	.664	4.743	62.176	4.856
4	.694	4.956	75.236				
5	.612	4.372	79.608				
6	.529	3.781	83.389				
7	.426	3.043	86.432				
8	.381	2.723	89.154				
9	.339	2.420	91.574				
10	.322	2.297	93.870				
11	.285	2.036	95.907				
12	.276	1.973	97.880				
13	.155	1.109	98.989				
14	.142	1.011	100.000				

萃取法：主軸因子萃取法。
(a) 當因子產生相關時，無法加入平方和負荷量 以取得總變異數。

　　採用主軸法時，在「初始特徵值」項數值與轉軸前「平方和負荷量萃取」欄項的數值，採用直交轉軸或斜交轉軸法均相同，但使用直接斜交法轉軸法之報表中，最後一大項「轉軸平方和負荷量（rotation sums of squared loadings）只呈現各因素的特徵值，其數值分別為5.910、5.812、4.856，由於斜交轉軸法假定因素間的夾角不是90度，共同因素間彼此有相關，因而不會估算個別解釋變異量，研究者只要說明萃取共同因素可以解釋的所有指標變數的總變異量62.176%即可；此外，轉軸前萃取之平方和負荷量總和（=8.704）不會等於轉軸後萃取之平方和負荷量（=16.578）。轉軸後三個共同因素特徵值總和為16.578、轉軸前三個共同因素特徵值總和為8.704，轉軸後的特徵值顯著的高於轉軸前的特徵值，轉軸後的特徵值之所以變大，乃是因為採用斜交轉軸持，共同因素間彼此有相關，其解釋的變異量有重疊。

　　根據下面報表中的因子矩陣可以估算「平方和負荷量萃取」值，如因素一平方和負荷量的加總值為：

$$(.805)^2+(.799)^2+(.794)^2+\cdots\cdots+(.634)^2+(.437)^2=7.118$$

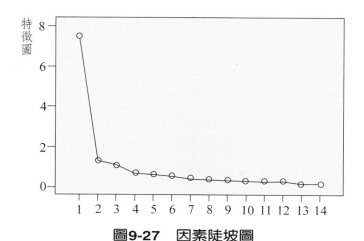

圖9-27　因素陡坡圖

　　斜交轉軸呈現之因素坡陡圖中，和直交轉軸唯一的差別在於橫軸座標上的名稱，直交轉軸法橫軸座標的因素個數稱為「成分編號」（Component Number），而斜交轉軸法橫軸座標的因素個數稱為「因素數」（Factor

Number），從此圖可以發現從第三個因素以後，陡坡線呈現平坦的曲線，左邊三個因素呈現陡峭的曲線，因而保留三個共同因素較為適宜。在多數情況下，斜交轉軸和直交轉軸所呈現的陡坡圖差異不大。

表9-53　因子矩陣(a)

	因子		
	1	2	3
AB_2	.805	−.282	−.111
AB_1	.799	−.354	−.341
AB_3	.794	−.205	−.108
AB_5	.788	−.101	−.097
AA_4	.740	.317	.040
AA_3	.733	.365	−.055
AA_1	.732	.396	−.078
AC_2	.719	−.114	.331
AB_4	.699	−.261	−.140
AA_5	.695	.243	−.132
AC_4	.681	−.121	.296
AC_3	.645	−.001	.363
AA_2	.634	.318	−.080
AC_1	.437	−.141	.362

萃取方法：主軸因子。
(a) 萃取了 3 個因子。需要 10 個疊代。

　　上表的「因子矩陣」類似直交轉軸法中的「成分矩陣」，為非轉軸前的題項變數在三個抽取因素上的因素負荷量，題項變數的排列次序先根據其在第一個共同因素之因素負荷量值的高低順序呈現，次依據其在第二個共同因素之因素負荷量值的高低依序呈現。根據因子矩陣可以計算每個題項變數萃取後共同性與特徵值。題項變數萃取後，共同性等於變數在各因素之因素負荷量平方的總和，以題項AB_2為例，萃取後的共同性為.740，其數值求法如下：

$$(.805)^2+(-.282)^2+(-.111)^2=.740$$

從因子矩陣中可以看出，大部分的題項變數均歸屬於因素一。

表9-54　樣式矩陣(a)

	因子		
	1	**2**	**3**
AB_1	1.032	−.029	−.127
AB_2	.748	.011	.152
AB_4	.706	.000	.079
AB_3	.661	.106	.132
AB_5	.540	.238	.114
AA_1	−.019	.857	−.017
AA_3	−.007	.811	.023
AA_4	−.041	.728	.160
AA_2	.021	.713	−.024
AA_5	.173	.654	−.052
AC_2	.131	.084	.653
AC_3	−.048	.191	.643
AC_1	.007	−.082	.626
AC_4	.155	.067	.599

萃取方法：主軸因子。旋轉方法：含 Kaiser 常態化的 Oblimin 法。
(a) 轉軸收斂於 7 個疊代。

在斜交轉軸法中，較常用的方法為直接斜交法（direct oblimin）或最優斜交法（promax），此二種方法SPSS均有提供。採用斜交轉軸法後會產生二個轉軸後的矩陣：因素樣式矩陣或稱因素組型矩陣（factor pattern matrix）與因素結構矩陣（factor structure matrix）。樣式矩陣中的數值性質上類似多元迴歸分析中的迴歸係數，可反應題項變數在因素間相對的重要性，即和其他變項同時比較之下，樣式矩陣的數值高低可反映出變項在某個因素的重要程度；而因素結構矩陣中的數值性質表示的是變項與因素間的簡單相關，其數值也就是因素負荷量（*Stevens, 2002*）。

在斜交轉軸中，由於因素軸間並沒有限制為彼此直交，即斜交轉軸假定因素間互為相關而非彼此獨立（*Φ* ≠ 1），其組型負荷量／樣式負荷量（pattern loadings）與結構負荷量（structure loading）的數值不會相同，而二個負荷量矩陣的解釋也有所差異，就幾何意義而言，向量或點於因素

軸上的投影，可得二種不同的負荷量，組型負荷量為變數在因素軸上的座標，而結構負荷量為變數在因素軸上的投影，組型負荷量的平方表示因素對指標變項變異量解釋的大小程度；結構負荷為因素與指標變數間的簡單相關（simple correlations）係數，一個變項結構負荷量的平方表示因素量測變異的大小，其數值表示指標變項的變異被該個別因素及該因素與其他因素交互作用共同解釋的變異部分，因而結構負荷量較不適合解釋因素結構；相對的，對於以組型負荷量來解釋因素的意義較為適合（*Sharma, 1996, p. 141*）。

在斜交轉軸中，組型負荷量數值的平方為個別共同因素對測量變項的解釋變異，若研究者直接只呈現組型負荷量，表示與研究者最初使用斜交轉軸的假定相互矛盾，斜交轉軸程序因素軸並非互相垂直，而是假定因素軸間有某種程度的相關，因素間的相關愈高，對測量變項的解釋變異重疊部分愈多，因而，有時相關係數會膨脹，尤其是共同因素間有高度相關時，可能出現一個指標變項與某個共同因素間有高度相關，但其二者間的相關是由於與此共同因素有高相關的因素所產生的（此種情形可能發生於結構矩陣中）。由於組型矩陣中的元素已排除因素間重疊解釋的變異部分，因而可以很簡單的看出其所包含的指標變項，在共同因素的命名上較為簡易。由於組型負荷量的大小有可能超過1，因而通常以組型負荷量中因子包含的指標變項來作為共同因素的命名，而結構負荷量的數值絕對值不可能大於1，故以結構負荷量來作為各因子的因素負荷量較為適宜。

從上述樣式矩陣中可以看出，題項AB_1、AB_2、AB_4、AB_3、AB_5對因素一而言有較重要的影響力；題項AA_1、AA_3、AA_4、AA_2、AA_5對因素二而言有較重要的影響力；題項AC_2、AC_3、AC_1、AC_4對因素三而言有較重要的影響力。各因素所包含的指標變數與原先研究者編製之構念相同，各因素可以賦予有意義的因素名稱，因素一為「知識分享」、因素二為「知識創新」、因素三為「知識獲取」。

表9-55　結構矩陣

	因子		
	1	2	3
AB_1	.932	.579	.506

（續上頁表）

AB_2	.851	.598	.631
AB_3	.814	.622	.611
AB_5	.769	.663	.596
AB_4	.757	.516	.525
AA_1	.539	.835	.480
AA_3	.545	.820	.500
AA_4	.543	.796	.567
AA_5	.574	.738	.445
AA_2	.479	.714	.413
AC_2	.599	.559	.786
AC_4	.577	.525	.737
AC_3	.484	.541	.726
AC_1	.347	.294	.582

萃取方法：主軸因子。旋轉方法：含 Kaiser 常態化的 Oblimin 法。

　　上表為結構矩陣，此矩陣的意義與直交轉軸法中轉軸後的成分矩陣（Rotated Component Matrix）相似。由於因素結構矩陣中的數值表示的是因素負荷量，數值高低可反映變項與個別因素之關係，因而也可從個別因素包含的題項變數內容，作為共同因素（構念或層面）的命名。因素一包含AB_1、AB_2、AB_3、AB_5、AB_4五題，此因素可命名為「知識分享」，因素二包含AA_1、AA_3、AA_4、AA_5、AA_2五題，此因素可命名為「知識創新」、因素三包含AC_2、AC_4、AC_3、AC_1四題，可命名為「知識獲取」。結果矩陣中的係數為彼此有相關之共同因素對測量指標的解釋變異，因而變異量會重疊，對單一共同因素與測量指標間之真正關係有時會過度膨脹，但採用結構矩陣與研究者原先採手斜交轉軸法的假定是相符合的。

表9-56　因子相關矩陣

因子	1	2	3
1	1.000	.663	.631
2	.663	1.000	.594
3	.631	.594	1.000

萃取方法：主軸因子。旋轉方法：含 Kaiser 常態化的 Oblimin 法。

上表為「因素間相關矩陣」，若是因子間的相關係數較高（絕對值>0.300），表示因素與因素間有某種程度關係，因素間並非獨立，此時最好採用斜交轉軸法；相對的，如果因子間的相關係數較低（絕對值<0.300），表示因素與因素間的相關不高，此時最好採用直交轉軸法。範例中因素間相關矩陣的相關係數絕對值>.500以上，表示因素間呈中度關係，採用斜交轉軸法可能較為適宜。

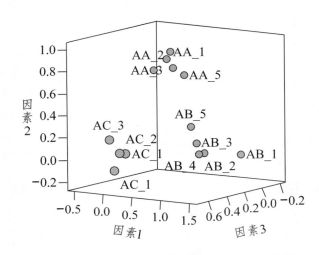

圖9-28　轉軸後因素空間內的因素圖

上圖為「轉軸後因素空間內的因素圖」，因素圖只能繪出前三個共同因素及其包含題項的3D立體圖，因素1、因素2、因素3表示前三個共同因素。從轉軸後空間內的因素圖可以看出，三個共同因素所包含的測量指標變項（十四個測量指標變項剛好成三個群組）。

【表格範例】

上述學校知識管理量表第二次因素分析結果，共萃取三個因素，三個因素均可合理命名，各共同因素所包含的指標變項與原先編製者甚為接近，表示量表的建構效度良好。茲將因素分析輸出結果統整如下：

表9-57 「學校知識管理量表」因素分析結果摘要表一－直交轉軸

題項變數及題目	最大變異法直交轉軸後之因素負荷量			共同性
	知識創新	知識分享	知識獲取	
01本校常鼓勵教師創新教學或工作創新。	.769	.246	.217	.698
03教師會積極的在其負責的行政工作上創新展現。	.741	.253	.244	.673
04本校會激勵教師以創新理念提升學生學習成效。	.692	.237	.336	.649
02本校教師會積極尋求班級經營上的創新。	.649	.235	.183	.509
05本校鼓勵教師以創新有效方法激勵學生學習動機。	.638	.343	.186	.559
06校長會積極鼓勵同仁，分享研習吸取的新知能。	.279	.875	.190	.880
07本校教師會將班級經營的有效策略，與其他教師分享。	.299	.716	.371	.740
08本校教師很少於相關會議中提供意見供其他教師分享。	.350	.661	.352	.684
09本校同仁會於朝會上分享其研習的心得與知能。	.255	.654	.289	.577
10本校教師會於同仁會議中分享其處理學生問題的策略。	.425	.589	.336	.641
12學校積極鼓勵教師參與研習活動，以獲取專業知能。	.298	.334	.662	.639
13學校鼓勵教師透過教師社群活動，以獲取專業知能。	.334	.204	.628	.547
14學校鼓勵教師透過數位化資料來獲取新知識。	.276	.334	.615	.566
11學校會鼓勵教師透過教學觀摩，以獲取專業知能。	.099	.163	.553	.342
特徵值	3.269	3.136	2.300	8.145
解釋變異量%	23.347	22.401	16.627	
累積解釋變異量%	23.347	45.749	62.176	

表9-58 「學校知識管理量表」因素分析結果摘要表二－斜交轉軸

題項變數及題目	直接斜交法斜交轉軸後之結構矩陣			共同性
	知識分享	知識創新	知識獲取	
06校長會積極鼓勵同仁，分享研習吸取的新知能。	.932	.579	.506	.880
07本校教師會將班級經營的有效策略，與其他教師分享。	.851	.598	.631	.740
08本校教師很少於相關會議中提供意見供其他教師分享。	.814	.622	.611	.684
10本校教師會於同仁會議中分享其處理學生問題的策略。	.769	.663	.596	.641
09本校同仁會於朝會上分享其研習的心得與知能。	.757	.516	.525	.577
01本校常鼓勵教師創新教學或工作創新。	.539	.835	.480	.698
03教師會積極的在其負責的行政工作上創新展現。	.545	.820	.500	.673
04本校會激勵教師以創新理念提升學生學習成效。	.543	.796	.567	.649
05本校鼓勵教師以創新有效方法激勵學生學習動機。	.574	.738	.445	.559

（續上頁表）

02本校教師會積極尋求班級經營上的創新。	.479	.714	.413	.509
12學校積極鼓勵教師參與研習活動，以獲取專業知能。	.599	.559	.786	.639
14學校鼓勵教師透過數位化資料來獲取新知識。	.577	.525	.737	.566
13學校鼓勵教師透過教師社群活動，以獲取專業知能。	.484	.541	.726	.547
11學校會鼓勵教師透過教學觀摩，以獲取專業知能。	.347	.294	.582	.342
特徵值	5.910	5.812	4.856	
累積解釋變異量%				62.176

　　在「因子分析：選項」對話視窗中，在「係數顯示格式」方盒內有二個選項：「□依據因素負荷排序（S）」、「□絕對值捨棄之下限（U）」，若是二個選項研究者均沒有勾選，則轉軸後的因素負荷量／組型負荷量／結構負荷量矩陣，均會依照被選入「變數（V）」方框中的順序呈現，此時，指標變項歸於那個共同因素，研究者最好用符號「*」表示。

表9-59　「學校知識管理量表」因素分析結果摘要表三－直交轉軸

題項變數及題目	最大變異法直交轉軸後之因素負荷量			共同性
	知識創新	知識分享	知識獲取	
01.本校常鼓勵教師創新教學或工作創新。	.769*	.246	.217	.698
02.本校教師會積極尋求班級經營上的創新。	.649*	.235	.183	.509
03.教師會積極的在其負責的行政工作上創新展現。	.741*	.253	.244	.673
04.本校會激勵教師以創新理念提升學生學習成效。	.692*	.237	.336	.649
05.本校鼓勵教師以創新有效方法激勵學生學習動機。	.638*	.343	.186	.559
06.校長會積極鼓勵同仁，分享研習吸取的新知能。	.279	.875*	.190	.880
07.本校教師會將班級經營的有效策略，與其他教師分享。	.299	.716*	.371	.740
08.本校教師很少於相關會議中提供意見供其他教師分享。	.350	.661*	.352	.684
09.本校同仁會於朝會上分享其研習的心得與知能。	.255	.654*	.289	.577
10.本校教師會於同仁會議中分享其處理學生問題的策略。	.425	.589*	.336	.641
11.學校會鼓勵教師透過教學觀摩，以獲取專業知能。	.099	.163	.553*	.342
12.學校積極鼓勵教師參與研習活動，以獲取專業知能。	.298	.334	.662*	.639
13.學校鼓勵教師透過教師社群活動，以獲取專業知能。	.334	.204	.628*	.547
14.學校鼓勵教師透過數位化資料來獲取新知識。	.276	.334	.615*	.566
特徵值	3.269	3.136	2.300	8.145

（續上頁表）

	23.347	22.401	16.627	
解釋變異量%	23.347	22.401	16.627	
累積解釋變異量%	23.347	45.749	62.176	

表9-60　「學校知識管理量表」因素分析結果摘要表四－斜交轉軸

題項變數及題目	直接斜交法斜交轉軸後之結構矩陣			共同性
	知識創新	知識分享	知識獲取	
01.本校常鼓勵教師創新教學或工作創新。	.539	.835*	.480	.698
02.本校教師會積極尋求班級經營上的創新。	.479	.714*	.413	.509
03.教師會積極的在其負責的行政工作上創新展現。	.545	.820*	.500	.673
04.本校會激勵教師以創新理念提升學生學習成效。	.543	.796*	.567	.649
05.本校鼓勵教師以創新有效方法激勵學生學習動機。	.574	.738*	.445	.559
06.校長會積極鼓勵同仁，分享研習吸取的新知能。	.932*	.579	.506	.880
07.本校教師會將班級經營的有效策略，與其他教師分享。	.851*	.598	.631	.740
08.本校教師很少於相關會議中提供意見供其他教師分享。	.814*	.622	.611	.684
09.本校同仁會於朝會上分享其研習的心得與知能。	.757*	.516	.525	.577
10.本校教師會於同仁會議中分享其處理學生問題的策略。	.769*	.663	.596	.641
11.學校會鼓勵教師透過教學觀摩，以獲取專業知能。	.347	.294	.582*	.342
12.學校積極鼓勵教師參與研習活動，以獲取專業知能。	.599	.559	.786*	.639
13.學校鼓勵教師透過教師社群活動，以獲取專業知能。	.484	.541	.726*	.547
14.學校鼓勵教師透過數位化資料來獲取新知識。	.577	.525	.737*	.566
特徵值	5.910	5.812	4.856	
累積解釋變異量%				62.176

表9-61　「學校知識管理量表」因素分析結果摘要表五－斜交轉軸

題項變數及題目	直接斜交法斜交轉軸後之組型矩陣			共同性
	知識創新	知識分享	知識獲取	
01.本校常鼓勵教師創新教學或工作創新。	−.019	.857*	−.017	.698
02.本校教師會積極尋求班級經營上的創新。	.021	.713*	−.024	.509
03.教師會積極的在其負責的行政工作上創新展現。	−.007	.811*	.023	.673
04.本校會激勵教師以創新理念提升學生學習成效。	−.041	.728*	.160	.649
05.本校鼓勵教師以創新有效方法激勵學生學習動機。	.173	.654*	−.052	.559
06.校長會積極鼓勵同仁，分享研習吸取的新知能。	1.032*	−.029	−.127	.880

（續上頁表）

07.本校教師會將班級經營的有效策略，與其他教師分享。	.748*	.011	.152	.740
08.本校教師很少於相關會議中提供意見供其他教師分享。	.661*	.106	.132	.684
09.本校同仁會於朝會上分享其研習的心得與知能。	.706*	.000	.079	.577
10.本校教師會於同仁會議中分享其處理學生問題的策略。	.540*	.238	.114	.641
11.學校會鼓勵教師透過教學觀摩，以獲取專業知能。	.007	−.082	.626*	.342
12.學校積極鼓勵教師參與研習活動，以獲取專業知能。	.131	.084	.653*	.639
13.學校鼓勵教師透過教師社群活動，以獲取專業知能。	−.048	.191	.643*	.547
14.學校鼓勵教師透過數位化資料來獲取新知識。	.155	.067	.599*	.566
累積解釋變異量%				62.176

主要參考文獻

一、中文部分

SPSS中文版手冊（12.0）。SPSS附贈之說明電子檔。

SPSS英文版手冊（15.0）。SPSS附贈之說明電子檔。

王保進（2004）。多變量分析─套裝程式與資料分析。台北：高等。

王濟川、郭志剛（2004）。Logistic迴歸模型─方法及應用。台北：五南。

吳明隆、涂金堂（2007）。SPSS與統計應用分析。台北：五南。

呂金河編譯（2005）（Subhash Sharma著）。多變量分析。台中：滄海。

沈明來（1998）。實用多變數分析。台北：九州。

周文賢（2004）。多變量統計分析。台北：智勝。

林師模、陳苑欽（2006）。多變量分析─在管理上的應用。台北：雙葉。

林清山（2002）。心理與教育統計學。台北：東華書局。

林清山（2003）。多變項分析統計法（五版）。台北：東華書局。

林震岩（2006）。多變量分析─SPSS的操作與應用。台北：智勝。

邱皓政譯（2006）（Ita Kreft、Jan De Leeuw著，1998）。多層次模型分析導論。台北：五南。

馬信行（1999）。教育科學研究法。台北：五南。

張紹勳、林秀娟（2005）。SPSS多變量統計分析。台中：滄海。

陳正昌、程炳林、陳新豐、劉子鍵（2005）。多變量分析方法─統計軟體應用（四版）。台北：五南。

陳順宇（2005）。多變量分析（四版）。台北：華泰。

傅粹馨（1998）。典型相關分析簡介。教育研究，**6**，25-40。

黃俊英（2004）。多變量分析（七版）。台北：華泰。

二、英文部分

Afifi, A. A., & Clark, V. (1990). *Computer-aided multivariate analysis.*(2nd ed.). New York: Chapman & Hall.

Agresti, A., & Finlay, B. (1986). *Statistical Methods for the Social Sciences.* (2nd ed.).

Ahmanan, J. S., & Glock, M. D. (1981). *Evaluating student progress: Principles of tests and measurement.* (6th ed.). Boston: Allyn and Bacon.

Aldenderfer, M. S., & Blashfield, R. K. (1984). *Cluster analysis.* Newbury Park: Sage.

Anastasi, A. (1988). *Psychological testing.* (6th ed.). New York: Macmillan Publishing.

Bartlett, M. S. (1951). The goodness of fit of a single hypothetical discriminant function in the case of several groups. *Annuals of Eugenics, 16*, 199-214.

Benton, R. L. (1991, January). *The redundancy index in canonical correlation analysis.* Paper presented at the annual meeting of the Southwest Educational Research Association. San Antonio. (ERIC Document Reproduction Service No. ED 334 215).

Bird, K. D. (1975). Simultaneous contrast testing procedures for multivariate experiments. *Multivariate Behavioral Research, 10*, 343-351.

Borg, W. R., & Gall, M. D. (1983). *Educational Research: An introduction* (4th ed.). New York: Longman.

Borgen, F., & Seling, M. (1978). Uses of discirminant analysis following MANOVA: Multivariate statistics for multivariate purposes. *Journal of Applied Psychology, 63*, 689-697.

Bray, J. H., & Maxwell, S. E. (1985). *Multivariate analysis of variance.* Newbury Park: Sage.

Bryman, A., & Cramer, D. (1997). *Quantitative data analysis with SPSS for Windows.* London: Routledge.

Camines, E. G., & Zeller, R. A. (1979). *Reliability and validity assessment.* Beverly Hills, CA: Sage.

Campo, S. F. (1990, January). *Canonical correlation as the most general parametric method: Implication for educational research.* Paper presented at the annual meeting of the Southwest Educational Research Association. Austin. (ERIC Document Reproduction Service No. ED 315 440).

Chase, C. I. (1978). *Measurement for educational evaluation.* (2nd ed.). Reading, Massachusetts: Addison-Wesley.

Clark-Cater, D. (1997). The account taken of statistical power in research published in the British Journal of Psychology. *British Journal of Psychology, 88,* 71-83.

Cliff, N. (1988). The eigenvalue-greater-than-one rule and the reliability of components. *Psychological Bulletin, 103,* 276-279.

Comrey, A. L. (1973). *A first course in factor analysis.* New York: Academic Press.

Comrey, A. L. (1988). Factor analytic methods of scale development in personality and clinical psychology. *Journal of Consulting and Clinical Psychology, 56,* 754-761.

Conover, (1980). *Practical Nonparametric Statistics.* (2nd ed.). New York: Wiley & Sons.

Cowles, M., & Davis, C. (1982). On the origins of the .05 level of statistical significant. *American Psychologist, 37,* 553-558.

Cronbach, L. (1951). Coefficient alpha and the internal structure of tests. *Psychometrika, 16,* 297-334.

Cronbach, L. J. (1990). *Essentials of psychological testing.* (5th ed.). New York: Happer Collins.

Cureton, E. E. (1957). The upper and lower twenty-seven percent rule, *Psychometrika, 22,* 293-296.

DeVellis, R. F. (1991). *Scale Development Theory and Applications.* London: SAGE.

Ebel, R. L. (1979). *Essentials of educational measurement.* (3rd ed.). Englewood Cliffs. NJ: Prentice Hall.

Ebel, R. L., & Frisbie, D. A. (1991). *Essentials of educational measurement.*(5th ed.). Englewood, NJ: Prentice Hall.

Edelbrock, C. (1979). Comparing the accuracy of hierarchical clustering algorithms: The problem of classifying everybody. *Multivariate Behavioral Research, 14*, 367-384.

Everitt, B. (1980). *Cluster analysis*. New York: Halsted.

Everitt, B. S., Dunn, G. (2001). *Applied multivariate data analysis*. New York: Madison Avenue.

Fan, C. T. (1952). *Item analysis table*. Princeton, NJ: Educational Testing Service.

Fan, X., & Thompson, B. (2001). Confidence intervals about score reliability coefficient please: An EPM guidelines editorial. *Educational and Psychological Measurement, 61*, (4), 517-531.

Ford, J. K., MacCllum, R. C., & Tait, M. (1986). The application of exploratory factor analysis in applied psychology: A critical review and analysis. *Personnel Psychology, 39*, 291-314.

Gardner, P. L. (1995). Measuring attitudes to science: Unidimensionality and internal consistency revisited. *Research in Science Education, 25*, (3), 283-289.

Gay, L. R. (1992). *Educational Research Competencies for Analysis and Application*. New York: Macmillan.

Girden, E. R. (1992). *ANOVA: Repeated measures*. Newbury Park: Sage Publication.

Gorsuch, R. L. (1983). *Factor Analysis*. Hillsdale, NJ: Lawrence Erlbaum.

Gorsuch, R. L. (1988). *Exploratory factor analysis*. In J. Nesselroade & R. B. Cattell (Eds.), *Handbook of multivariate experimental psychology*, (pp. 231-258). New York: Plenum Press.

Greenhouse, S. W., & Geisser, S. (1959). On methods in the analysis of profile data. *Psychometrika, 24*, 95-122.

Gulliksen, H. (1987). *Theory of mental test*. Hillsdale, NJ: Lawrence Erlbaum Associates.

Hair, J. F. Jr., Anderson, R. E., Tatham, R. L., & Black, W. C. (1998). *Multivariate data analysis*. Upper Sadder River, NJ: Prentice-Hall.

Hardy, M. A. (1993). *Regression with dummy variable*. Newbury Park: Sage.

Harman, H. H. (1960). *Modern factor analysis*. Chicago: The University of Chicago Press.

Harman, H. H. (1976). *Modern factor analysis*. (3rd ed.). Chicago: The University of Chicago Press.

Harris, R. J. (1975). *A primer multivariate statistics*. NY: Academic.

Hays, W. L. (1988). *Statistics for Psychologist*. New York: Holt, Rinehart & Winston.

Hays, W. L. (1994). *Statistics*. (5th ed.). Orlando, FL: Holt, Rinehart and Winston.

Henson, R. K. (2001). Understanding internal consistency reliability estimates: A conceptual primer on coefficient alpha. *Measurement and Evaluation in Counseling and Development, 34*, 177-189.

Hinkle, D. E., & Oliver, J. D. (1983). How large should the sample be? A question with no simple answer? Or.... *Educational and Psychological Measurement, 43*, 1041-1060.

Hosmer, D. W., & Lemeshow, S. (2000). *Applied logistic regression*. (2nd ed.). New York: John Wiley & Sons.

Howell, D. C. (1987). *Statistical Methods for Psychology*. (2nd ed.). Boston: Duxbury Press.

Huberty, C. J. (1984). Issues in the use and interpretation of discriminant. *Psychological Bulletin, 95*(1), 156-171.

Huberty, C. J. (1993). Historical origins of statistical testing practices: The treatment of Fisher versus Neyman-Pearson views in textbooks. *Journal of experimental education, 6*, 317-333.

Huberty, C. J. (1994). *Applied dicriminant analysis*. New York: John Wily.

Huynh, H., & Feldt, L. (1976). Estimation of the Box correction for degrees of freedom from sample data in the randomized block and split plot designs. *Journal of Educational Statistics, 1*, 69-82.

Jennings, D. E. (1986). Judging inference adequacy in logistic regression. *Journal of the American Statistical Association, 81*, 987-990.

Johnson, D. E. (1998). *Applied multivariate methods for data analysis*. Pacific

Grove, CA: Duxbury Press.

Johnson, R. A., & Wichern, D. W. (1998). *Applied multivariate statistical analysis*. (4th Ed.).NJ: Pearson Prentice Hall.

Johnson, R. A., & Wichern, D. W. (2007). *Applied multivariate statistical analysis*. (6th Ed.). NJ: Pearson Prentice Hall.

Judd, C. M., Smith, E. R., & Kidder, L. H. (1991). *Research methods in social relations*. Fort Worth, TX: Halt, Rinehart and Winston.

Kaiser, H. F. (1960). The application of electronic computers to factor analysis. *Educational and Psychological Measurement, 20*, 141-151.

Kaiser, H. F. (1970). *A second-generation Little Jiffy. Psychological, 35,* 401-415.

Kaiser, H. F. (1974). Little Jiffy, Mark IV. *Educational and Psychological Measurement, 34*, 111-117.

Kazdin, A. E., & Bass, D. (1989). Power to detect differences between treatments in comparative psychotherapy outcome research. *Journal of Consulting and Clinical Psychology, 57*, 138-147.

Kelley, T. L. (1939). The selection of upper and lower groups for the validation of test items. *Journal of Educational Psychology, 30*, 17-24.

Kenny, D. A. (1987). *Statistics for social and behavioral science*. Boston: Little, Brown and Company.

Kiess, H. O. (1989). *Statistical concepts for the behavioral science*. Boston: Allyn & Bacon.

Kirk, R. E. (1982). *Experimental Design Procedures for the Behavior Sciences*. Belmont, CA: Brooks-Cole.

Kirk, R. E. (1995). *Experimental Design Procedures for the Behavior Sciences*. (3rd ed.). Pacific Grove, CA: Brooks/Cole.

Klecka, W. R. (1980). *Discriminant analysis*. CA: Sage Publications, Inc.

Kleinbaum, D. G., Kupper, L. L., & Muller K. E. (1988). *Applied Regression Analysis and Other Multivariable Methods*. (2nd ed.). Boston: PWS-KENT.

Kruskal, J. B. (1964). Multidimensional scaling by optimizing goodness of fit to a nonmetric hypothesis. *Psychometrika, 29*, (1), 1-27.

Lattin, J., Carroll, J. D., & Green, P. E. (2003). *Analyzing multivariate data*.

Pacific Grove, CA: Thomson Learning.

Lewis-Beck, M. S. (1993). *Regression Analysis*. London: SAGE.

Long, J. S. (1997). *Regression models for categorical and limited dependent variables*. Thousand Oaks, CA: Sage.

Loo, R. (2001). Motivational orientations toward work: An evaluation of the Work Preference Inventory (Student form). *Measurement and Evaluation in Counseling and Development, 33*, 222-233.

MacDonald, R. P. (1999). *Test theory: A unified treatment*. Mahwah, NJ: Lawrence Erlbaum.

Menard, S. (1995). *Applied logistic regression analysis*. Thousand Oaks, CA: Sage.

Merrian, S. B. (1988). *Case study research in education: A qualitative approach*. San Francisco & London: Jossey-Bass Publishers.

Meyer, G. E. (1993). *SPSS A Minimalist Approach*. Orlando: Holt, Rinehart and Winston.

Noll, V. H., Scannell, D. P., & Craig, R. C. (1979). *Introduction to educational measurement*. (4th ed.). Boston: Houghton Mifflin.

Nunnally, J. C. (1978). *Psychometric Theory*. (2nd ed.). New York: McGraw-Hill.

Olson, C. L. (1976). On choosing a test statistic in multivariate analysis of variance. *Psychological Bulletin, 83*, (4), 579-586.

Pedhazur, E. J. (1982). *Multiple regression in behavior research: Explanation and prediction*. (2nd ed.). New York: Holt, Rinehart & Winston.

Pedhazur, E. J. (1997). *Multiple regression in behavioral research: Explanation and prediction*. (3rd ed.). New York: Harcourt Brace College Publishers.

Peduzzi, P., Concato, J., Kemper, E., Holford, T. R., & Feinstein, A. (1996). A simulation of the number of events per variable in logistic regression analysis. *Journal of Clinical Epidemiology, 99*, 1373-1379.

Peng, C. J., Lee, K. L., & Ingersoll, G. M. (2002). An introduction to logistic regression analysis and reporting. *Journal of Educational Research, 96*, (1), 3-14.

Reinhart, B. (1996). Factors affecting coefficient alpha: A mini Monte Carlo study. In B. Thompson(Ed.), *Advanced in Social Science Methodology*. (Vol. 4, pp. 3-20). Greenwich, CT: JAI Press.

Reise, S. P., Waller, N. G., & Comery, A. L. (2000). *Factor analysis and scale revison. Psychological Assessment, 12*, (3), 287-297.

Rossi, J. (1990). Statistical power of psychological research: What have we gained in 20 years? *Journal of Consulting and Clinical Psychology, 58*, 646-656.

Sadlmeier, P., & Gigerenzer, G. (1989). Do studies of statistical power have an effect on power of studies? *Psychological Bulletin, 105*, 309-316.

Sax, G., & Newton, J. W. (1997). *Principles of educational and psychological measurement.* (4th ed .). Belmont, CA: Wadsworth.

Seo, T., Kanda, T., & Fujikoshi, Y. (1995). The effects of nonnormality on tests for dimensionality in canonical correlation and MANOVA models. *Journal of Multivariate Analysis, 52*, 325-337.

Sexton, D., McLean, M., Boyd, R. D., Thompson, B., & McCormick, K. (1988). Criterionrelated validity of a new standard development measure for use with infants who are handicapped. *Measurement and Evaluation in Counseling and Development, 21*, 16-21.

Sharma, S. (1996). *Applied multivariate techniques.* New York: John Wiley & Sons, Inc.

Spicer, J. (2005). *Making sense of multivariate data analysis.* London: Sage.

Stevens, J. (1979). Comment on Olson: Choosing a test statistic in multivariate analysis of variance. *Psychological Bulletin, 86*, (2), 355-360.

Stevens, J. (1992). *Applied Multivariate Statistics for the Social Sciences.* (2nd ed.). Hillsdale, NJ: Lawrence Erlbaum.

Stevens, J. (1996). *Applied multivariate statistics for the social science.* Mahwah, NJ: Lawrence Erlbaum.

Stevens, J. (2002). *Applied multivariate statistics for the social sciences.* (4th ed.). Hillsdale, NJ: Lawrence Erlbaum.

Sudman, S. (1976). *Applied Sampling.* New York: Academic Press.

Tabachnick, B. G., & Fidell, L. S. (1989). *Using Multivariate Statistics.* (2nd ed.).

New York: Harper & Row.

Tabachnick, B. G., & Fidell, L. S. (2007). *Using multivariate statistics*. New York: Allyn and Bacon.

Tacq, J. (1997). *Multivariate analysis techniques in social science research*. London: Sage.

Takane, Y., Young, F. W., & Leeuw, J. De.(1977). Non-metric individual differences multidimensional scaling: Alternating least square with optimal scaling features. *Psycometrika, 42*, 7-67.

Thompson, B. (1984). *Canonical correlation analysis: Uses and interpretation*. Newbury Park: Sage.

Thompson, B. (1988a, April). *Canonical correlation analysis: An explanation with comments on correct practice*. Paper presented at the annual meeting of the Southwest Educational Research Association. New Orelean. (ERIC Document Reproduction Service No. ED 315 440).

Thompson, B. (1988b, November). *Canonical methodology mistakes in dissertation: Improving dissertation quality*. Paper presented at the annual meeting of the Southwest Educational Research Association. Louisvile. (ERIC Document Reproduction Service No. ED 315 440).

Thompson, B. (1991). A primer on the logic and use of canonical correlation analysis. *Measurement and Evaluation in Counseling and Development, 24,* 80-95.

Thompson, B. (1994). Guideline for authors. *Educational and Psychological Measurement, 54*, 837-847.

Thompson, B. (1996). Variable important in multiple regression and canonical correlation. *Advances in Social Science Methodology, 4*, 107-135.

Timm, N. H. (1975). *Multivariate analysis with applications in education and psychology*. Monterey, CA: Brooks-Cole.

Tinsley, H. E. A., & Tinsley, D. J. (1987). Uses of factor analysis in counseling psychology research. *Journal of Counseling Psychology, 34*, 414-424.

Tzeng, O. S. (1992). On reliability and number of principal components jojinder with Cliff and Kaiser. *Perceptual and Motor Skill, 75*, 929-930.

Warner, R. M. (2008). *Applied statistics: From bivariate through multivariate techniques*. Thousand Oaks, CA: Sage.

Widaman, K. F. (1990). Bias in pattern loading represented by common factor analysis and component analysis. *Multivariate Behavioral Research, 25*, (1), 89-95.

Zwick, W. R., & Velicer, W. F. (1986). A comparison of five rules for determining the number of factors to retain. *Psychological Bulletin, 99*, 432-442.

國家圖書館出版品預行編目資料

SPSS操作與應用：多變量分析實務／吳明隆
著.－－二版.－－臺北市：五南圖書出版股
份有限公司, 2021.07
面；　公分
ISBN 978-986-522-682-4（平裝）

1.統計套裝軟體　2.統計分析　3.多變量分析

512.4　　　　　　　　　　　110005498

1H58

SPSS操作與應用：
多變量分析實務

作　　　者 ― 吳明隆

發 行 人 ― 楊榮川

總 經 理 ― 楊士清

總 編 輯 ― 楊秀麗

主　　　編 ― 侯家嵐

責任編輯 ― 鄭乃甄

文字校對 ― 許宸瑞

封面設計 ― 王麗娟

出 版 者 ― 五南圖書出版股份有限公司

地　　　址：106台北市大安區和平東路二段339號4樓

電　　　話：(02)2705-5066　　傳　　　真：(02)2706-6100

網　　　址：https://www.wunan.com.tw

電子郵件：wunan@wunan.com.tw

劃撥帳號：01068953

戶　　　名：五南圖書出版股份有限公司

法律顧問　林勝安律師事務所　林勝安律師

出版日期　2008年9月初版一刷
　　　　　2018年3月初版四刷
　　　　　2021年7月二版一刷

定　　　價　新臺幣750元

經典永恆·名著常在

五十週年的獻禮──經典名著文庫

五南，五十年了，半個世紀，人生旅程的一大半，走過來了。

思索著，邁向百年的未來歷程，能為知識界、文化學術界作些什麼？

在速食文化的生態下，有什麼值得讓人雋永品味的？

歷代經典·當今名著，經過時間的洗禮，千錘百鍊，流傳至今，光芒耀人；

不僅使我們能領悟前人的智慧，同時也增深加廣我們思考的深度與視野。

我們決心投入巨資，有計畫的系統梳選，成立「經典名著文庫」，

希望收入古今中外思想性的、充滿睿智與獨見的經典、名著。

這是一項理想性的、永續性的巨大出版工程。

不在意讀者的眾寡，只考慮它的學術價值，力求完整展現先哲思想的軌跡；

為知識界開啟一片智慧之窗，營造一座百花綻放的世界文明公園，

任君遨遊、取菁吸蜜、嘉惠學子！